中国地震年鉴

CHINA EARTHQUAKE YEARBOOK

2002

地震出版社

图书在版编目（CIP）数据

中国地震年鉴.2002/《中国地震年鉴》编辑部编.—北京：地震出版社，2003.11

ISBN 7-5028-2307-7

Ⅰ.中… Ⅱ.中… Ⅲ.地震-中国-2002-年鉴 Ⅳ.P316.2-54

中国版本图书馆 CIP 数据核字（2003）第 052842 号

中国地震年鉴

CHINA EARTHQUAKE YEARBOOK

（2002）

《中国地震年鉴》编辑部

责任编辑：李　玲

责任校对：王花芝

出版发行：地震出版社

北京民族学院南路9号　　邮编：100081

发行部：68423031　68467993　　传真：88421706

门市部：68467991　　传真：68467972

总编室：68462709　68423029　　传真：68467972

E-mail：seis@ht.rol.cn.net

经销：全国各地新华书店

印刷：北京地大彩印厂

版（印）次：2003年11月第一版　2003年11月第一次印刷

开本：787×1092　1/16

字数：807千字　插页：9

印张：31.5

印数：0001~1200

书号：ISBN 7-5028-2307-7/P·1172（2885）

定价：98.00元

2002年2月28日，中共中央政治局常委、国务院总理朱镕基视察中国地震局，听取工作汇报并作指示

中共中央政治局常委、国务院总理朱镕基（前左二），中共中央政治局委员、国务院副总理温家宝（前右二），国务委员、国务院秘书长王忠禹（前右一）在中国地震局局长宋瑞祥（前左一）陪同下，参观中国地震局30周年纪念展

朱镕基、温家宝、王忠禹同志与中国地震局干部专家合影

2002年1月29日，中共中央政治局委员、国务院副总理、国务院抗震救灾指挥部指挥长温家宝主持召开国务院防震减灾工作联席会议，听取工作汇报并讲话

工作汇报会会场

（本版摄影　许　晖）

2002年5月19日，全国政协副主席李贵鲜视察国家地震灾害紧急救援队训练基地并观看训练

（尹光辉　提供）

2002年6月21日，第九届全国政协副主席杨汝岱（右五）参观唐山抗震纪念馆　（唐山抗震纪念馆　提供）

2002年12月5日，国务委员司马义·艾买提（左一）在新疆喀什市视察抗震加固和老城改造工作　　　　（买买提明·孜比布拉　摄）

2002年4月1日，天津市市长李盛霖（右）会见在天津考察的中国地震局局长宋瑞祥　　　　（王树义　摄）

2002年6月24日，宁夏回族自治区党委书记陈建国、人民政府主席马启智与中国地震局局长宋瑞祥、中国地震局原局长方樟顺等研究宁夏防震减灾工作　　　　（柴炽章　摄）

2002年12月24日，吉林省委书记王云坤（右）会见正在吉林省考察调研的中国地震局局长宋瑞祥

（秦双辅　摄）

2002年8月4～9日，中国地震局局长宋瑞祥在内蒙古自治区政府副主席周维德（左二）陪同下视察包头地震局

（弓建平　提供）

2002年1月29日，北京市副市长刘敬民（前）到北京市地震局检查工作时参观北京市地震局首都圈项目展

（肖　杰　摄）

2002年6月12日，陕西省常务副省长陈德铭（右三）视察陕西省地震局地震监测中心分析室　（袁志祥　摄）

2002年3月15日，湖北省副省长王少阶（中）到湖北省地震局检查、指导工作　（詹洁晖　提供）

2002年2月25日，山东省委副书记王修智（左一）听取山东省地震局工作汇报

（郭　宏　提供）

2002年7月25日，中国地震局局长宋瑞祥（前左二）、副局长岳明生（前右二）、赵和平（前左一）在河北唐山观摩国家地震灾害紧急救援队空运演练（孟书和　摄）

国家地震灾害紧急救援队正在登机

（李强华　摄）

紧急救援队到达模拟现场后进行破拆操作训练

（尹光辉　提供）

2002 年 12 月 18 日，“中共中国地震局党组学习贯彻十六大精神扩大会议”在京召开

2002 年 8 月 19 日，中国地震局在京召开 2002 年全国地震局长会议

2002 年 3 月 1 日，中国地震局在京召开 2002 年度纪检监察审计工作会议

2002 年 1 月 29 日，中国地震局在京召开 2002 年度计划财务工作会议

2002 年 1 月 10 日，国务院法制办与中国地震局联合召开《地震安全性评价管理条例》新闻发布会，国务院法制办主任曹康泰(中)、中国地震局副局长陈建民(右)出席

（本版摄影　许　晖）

2002年9月18日，中国地震局与中国地调局合作协议签字仪式在京举行。中国地震局局长宋瑞祥（前排右三）与国土资源部副部长、中国地调局局长寿嘉华（前排左三）等出席合作签字仪式

2002年1月7日，中国地震局在京召开2002年度全国地震趋势会商会 （许 晖 摄）

2002年3月20日，全国防震减灾宣传工作会议在北京召开

2002年11月25日，中国地震局直属科研机构科技体制改革实施动员大会在京召开

2002年10月10日，首都圈防震减灾示范区项目工程通过国家计委验收 （许 晖 摄）

2002年10月15日，中国地震局副局长汤泉陪同全国人大教科文卫委员会检查组赴重庆市进行《防震减灾法》执法检查，并听取重庆市政府工作汇报　　（黎益仕　摄）

2002年9月，中国地震局岳明生副局长带领全国地震应急检查组，在宁夏回族自治区政府领导陪同下检查宁夏化工厂的地震预防工作

2002年10月22日，海南省政府防震减灾行政执法组在三亚市进行执法检查　　（邢增藻　提供）

2002 年 8 月 16 日，山西省召开《山西省防震减灾条例》新闻发布会

（牛润喜　摄）

2002 年 3 月 6 日，辽宁省地震系统防震减灾工作会议在沈阳召开。辽宁省副省长赵新良（主席台中）出席会议并讲话

（辽宁省地震局办公室　提供）

2002 年 5 月 21 日，海南省政府召开全省防震减灾工作会议，海南省副省长吴昌元（左三）、中国地震局副局长刘玉辰（右二）出席会议并讲话

（邢增藻　提供）

2002 年 3 月 25 日，河北省政府召开防震减灾工作联席会议扩大会议，副省长杨迁（中）出席会议并讲话

（张晓达　摄）

2002 年 9 月 28 日，我国著名地震学家李善邦先生诞辰 100 周年纪念活动在京举行

2002年9月28日，中国地震局局长宋瑞祥（左二）和曾与李善邦先生共同在鹫峰地震台工作过的秦馨菱院士（右一），为李善邦先生铜像揭幕

（本版摄影　许　晖）

2002年6月28日，中国地震局局长宋瑞祥（左二）在考察河南防震减灾工作时，到郑州地震台慰问台站职工　（河南省地震局　提供）

2002年7月26～28日，中国地震局与新闻出版总署联合组织举办党支部书记培训班。中央国家机关党工委副书记臧献甫（右三）、中国地震局副局长陈建民（右二）出席会议并讲话　（刘宏伟　摄）

2002年12月4日，《中国地震年鉴》第八次会议在海口召开，中国地震局副局长、《中国地震年鉴》主编赵和平（左二）出席会议并讲话　（刘宏伟　摄）

2002年9月7～10日，中国地震学会第六次全国会员代表大会暨第九次学术会议在青海西宁召开　（许　晖　摄）

2002年12月2日，中国地震局局长宋瑞祥（左）、江苏省委副书记、省长季允石（右）为南京地震科学馆揭牌

（王建宇　摄）

2002年7月28日，中国地震科普教育馆正式对外开放

（肖　杰　提供）

2002年12月10日，建在南昌地震台的江西省青少年校外地震科普教育基地落成。江西省副省长胡振鹏（左）、中国地震局副局长陈建民出席揭牌仪式

（熊　斌　张　波　提供）

2002年7月，广东省佛山市青少年防震减灾教育基地建成。佛山市中小学生分期分批参观防震避震教育展览并进行应急避震演练

（邹　波　摄）

2002年10月31日，“第三届大城市防震减灾国际研讨会”在上海召开，中国地震局局长宋瑞祥出席会议并讲话 （金　胜　提供）

2002年6月3日，中国地震局副局长陈建民（右）会见冰岛环境部长 （刘宏伟　摄）

2002年5月12～27日，中国地震局副局长汤泉（左二）率团赴秘鲁进行访问考察 （赵　明　提供）

2002年11月29日，中法双方合作举行的兰州地磁台加入国际实时数字地磁台网INTERMAGNBT入网仪式在兰州观象台举行。法国国家宇宙科学院维达尔（Philipevidal）副院长（左五）、甘肃省副省长李重庵（左六）、中国地震局副局长岳明生出席（右五）仪式 （李　健　提供）

2002年9月14日，中国地震局副局长刘玉辰（右二）会见加拿大自然资源部副部长（左二），签定合作协议 （许　晖　摄）

2002年3月7日，中国地震局向乌兹别克斯坦赠送地震仪器仪式在京举行　（许　晖　摄）

2002年4月26日，中国地震局党组成员、中纪委驻中国地震局纪检组组长李友博（左二）在美国南加州台网中心考察　（王满达　提供）

2002年11月21日，中国地震局副局长赵和平（右四）率团赴日本进行地震预报工作考察　（王满达　提供）

2002年11月11～13日，由联合国人道主义事务办公室、中国地震局和上海市政府联合举办的“联合国亚太地区搜索与救援会议”在上海举行。会后代表观摩了由中国国际救援队的救援演习　（徐德诗　提供）

国外同行与救援队员进行交流　（徐德诗　提供）

2002年4月15日，物探中心的野外工作人员正在首都圈地区野外探测工作现场施工 （赵金仁 摄）

2002年7月，第二监测中心水准观测小组在甘肃省进行元八线监测任务 （单 鸣 提供）

2002年4月，第二监测中心外业小组在野外作业中 （单 鸣 提供）

2002年1月，中国地震局地球物理研究所的地震科学考察队队员在昆仑山口西发生8.1级地震现场架设仪器进行监测 （安镇文 提供）

2002年3月，第一监测中心科考队员在昆仑山口西8.1级地震区附近的阿尔金山GPS-A204点位溶雪煮饭 （褚秋然 提供）

2002年10月20日，内蒙古自治区锡林郭勒盟西乌珠穆沁旗发生5.0级地震，哈达图煤矿居民住宅破坏情况

（弓建平　提供）

2002年4月22日，河北隆尧发生5.0级地震，冯村部分砖混结构墙皮掉块

（赵　军　摄）

2002年12月14日玉门市5.9级地震玉门市清泉乡土坯房砖柱断裂

（陈永明　提供）

玉门市南坪家属楼一楼楼梯震裂错位　（陈永明　提供）

目 录

专 载

地震与地震灾害

防 震 减 灾

科技进展与为国民经济服务

科技成果

机构与人事教育

机构设置

人事教育

人物

合作与交流

附　　录

CONTENTS

Special Column

Earthquake and Earthquake Disasters

Work of Earthquake Disaster Preparedness and Mitigation

Progress in Earthquake Study and Its Serving National Economy

Achievements in Earthquake Study

Progress in Earthquake Study

Serving National Economy

Organizations and Personnel Education

Organization Structure

International Cooperation and Exchange

Appendix

专　载

主要收载国家、中国地震局及省级领导有关防震减灾工作的讲话；国务院、国务院办公厅和中国地震局及省级机关印发的有关防震减灾工作的重要法规和文件。

中共中央政治局常委、国务院总理朱镕基在中国地震局干部专家座谈会上的讲话

（2002年2月28日）

刚才，地震局三位同志的汇报，介绍了地震工作和地震趋势，讲得很好。几位院士、专家、海外归来的学者发表的意见和建议都很重要，国务院将给予充分支持。请国家计委、财政部的同志回去研究一下科研资源的分配问题。要重视基础研究，同时对公益性应用研究也要给予扶持。请与会各部门的负责同志回去对这些意见和建议认真加以研究。

去年，是中国地震局成立30周年。今天，我和家宝、忠禹等同志一起来看望大家，一是向地震局30年来做出的成绩表示热烈的祝贺；二是向全国防震减灾战线的全体同志表示诚挚的慰问和衷心的感谢；三是希望你们继续努力，为防震减灾事业做出更大的贡献。

去年陈章立同志请我来，我答应了，但是没能来。今年宋瑞祥同志又来请我，一言既出，驷马难追，不能不来了。国务院有这么多部门和直属单位，我一直在挤时间争取多到几个部门去看看。去年我考察了几个单位，大都是加强政府监管职能和执法的单位。现在到地震局来，主要是听取同志们的意见。今天来了这么多科学院和工程院的院士，都是有成就的学者，我很高兴。

家宝同志是学地质学的，是这方面的专家。本届政府内，家宝同志代表国务院每年听取地震局工作和震情趋势的汇报。这几年，地震工作进步很大，成立了国务院抗震救灾指挥部，首次以国务院名义召开了全国防震减灾工作会议，国家财政加大了对地震工作的投入，组建了我国第一支国家地震灾害紧急救援队，地震立法工作也得到了加强。

地震局做了大量的工作，这是有目共睹的。30年来，我们探索出“预防为主、防御与救助相结合”的防震减灾工作思路，建立起符合我国国情的防震减灾工作体制，在监测预报、震灾预防、紧急救援三个方面取得了很大成绩。

我们的科技人员经过多年艰苦攻关，研制出具有国际先进水平的数字地震仪，建立了覆盖全国的地震监测台网。近年，还开始援建周边国家建设地震台网。

地震局多次作出成功的地震预报。1975年预报了辽宁海城地震，1999年又预报了辽宁岫岩地震。预报地震是非常难的，我们能够达到这么高的水平，在地震预报领域保持着世界领先地位，很不容易，我听了很自豪。

地震工作在工程的抗震设防和安全性评价方面，做出的贡献也是很大的，它创造的价值比我们投入的要大得多。今后，重大工程必须进行地震安全性评价，其设计和施工必须严格遵循抗震设防要求和抗震设计规范。

这些成绩的取得离不开广大地震工作者的艰苦努力和无私奉献。地震部门许多同志，长年在极为艰苦的一线台站和野外观测点，坚守岗位，恪尽职责。地震科技人员为了攻克难

关，几十年如一日，不计名利，不懈探索，有的甚至在观测或科学考察现场献出了宝贵的生命，有二十几位同志在岗位上牺牲了，都是很值得我们怀念的。地震队伍具有艰苦奋斗、爱岗敬业、无私奉献的优良传统，是一支好的队伍。刚才宋瑞祥同志有两句话讲得非常好，就是“甘于清贫，默默奉献”，这是对一个人品德的最高评价。但我们也要加大支持力度，不能老让你们清贫。

地震工作十分重要。地震突发性强，地震预报又是一个尚未攻克的科学难题，加上我国城乡建筑的抗震设防能力还相当薄弱，所以地震一旦成灾，损失极大。“地震多发、灾害严重”是我国的基本国情。刚才的汇报给了我一个很鲜明的概念，我国因地震所造成的人员死亡占所有自然灾害的54%。可以说，地震灾害是最大的自然灾害。这也突显出地震局的重要性。

刚才听了瑞祥等三位同志的汇报和院士、专家们的发言，我想，今天我们首先研究解决三个问题，其它问题请家宝同志进一步研究，加以解决。

第一个问题，地震局作为社会公益部门，事业经费不足，职工待遇低，这是地震局当前面临的一个主要困难。我看这反映了现实情况，应当引起有关部门的重视。地震局不能创收，也不能乱收费。但是，地震工作又非常重要，如果多作出一次准确预报，国家和人民的财产会少受多少损失，少死多少人啊！今天有关部门的同志连同我在内都受到了深刻教育。防震减灾是一项光荣的社会公益事业，各级财政特别是中央财政要确保他们的人员经费和工作经费。要高度重视地震工作队伍的建设和稳定，提高他们的工资水平。现在财政情况改善了，有的重复建设项目少上几个，就可以做到这一点。

第二个问题是要支持科学研究。首先，要加大对科学研究的投人。本届政府对科技教育的投入不少，科研经费增加的幅度相当大。在落实科教兴国战略方面，我们做了大量工作，但是认识并不完全一致，有的落实力度还是不够。其次，对基础科学研究加大投入的同时，对应用科学的研究也要相应有较大幅度地增加。地震学不能简单地说是应用科学，也带有基础科学的性质，有些是科学研究的基础性工作，如观测等。当然，研究地震学的目的是为了应用于防震减灾。对这些研究要给予足够的重视。还有一点，支持科学研究，要注重硬件建设，刚才陈章立同志提出的希望对数字地震观测网络项目给予支持的问题，国务院没有阻力，将给予支持。同时，还要保证运行经费和研究经费。刚才马瑾院士讲了，有大钱没小钱，设备有了，维护的钱没有，人招进来了，研究经费不够，工资也很低，人又会被挖走。你们有几位是海归派，有没有想走的？有没有已经走了的？不该让他们走。如果我们没有支持他的科研事业，他没有用武之地，那么他就可能走。我们并不缺少这一点钱。请财政部、国家计委、科技部加强对中国地震局各项工作的支持力度。特别是要认真解决地震局经费不足、待遇比较低、地震观测台网和科研设备的维护及运行经费不够的问题。中央和各级财政都要确保地震局的人员和工作经费，希望你们在可能的范围里面给予最大支持，最好能在本届政府任期内切实解决一些问题。

第三个问题是加强国家地震灾害紧急救援队的建设。建立一支示范救援队伍很有好处，常备不懈，随时应变，机动性很强。紧急救援队不仅能在地震救灾中发挥作用，也可以在爆炸、撞击、火灾等其他灾害引起建筑物倒塌时出动救灾，对消防队等其他救援队伍的建设也有示范意义。紧急救援队要集中优秀人才，购买最先进的装备，加快训练基地建设，严格训练，尽快达到国际一流水平。可以派人到国外考察，看看美国“9·11”事件中是怎样实施救援的。各个地方不必单独成立地震救援队，要发展当地的综合救援队伍。这次“9·11”事件，消防队发挥了很大作用。北京市高楼很多，要做好应急防范。财政部对国家紧急救援队的建设要给予支持。

最后，我再强调一点，你们在国民经济建设中的地位很重要，希望你们不辜负党和人民的重托与期望，开拓进取，扎实工作，做到思想过硬、业务精通、作风扎实、精干高效，为保护人民生命财产安全、维护社会稳定，保障经济和社会发展继续做出更大的贡献。请向地震战线的全体职工问好，谢谢！

中共中央政治局委员、国务院副总理温家宝在中国地震局干部专家座谈会上的讲话

（2002年2月28日）

我讲三句话。第一，在我国地震事业发展的关键时期，朱总理亲自到中国地震局考察、指导工作，这充分表明了党中央、国务院对防震减灾工作的高度重视。第二，从我国的地震趋势来看，正处在相对比较活跃的时期，未来几年局部地区有可能发生比较大的地震。朱总理这次考察并作重要指示对于推动防震减灾工作具有重要的指导作用。第三，这次会议以后，地震局以及有关部门要认真学习和贯彻朱总理的指示。对地震局领导和专家提出的各项意见，有关部门要认真研究，并帮助解决。大家共同努力，把地震预报工作做好，把震灾预防和紧急救援工作做好，保证人民的生命安全，保证经济建设和社会事业的顺利发展。

国务委员、国务院秘书长王忠禹在中国地震局干部专家座谈会上的讲话

（2002年2月28日）

刚才总理在讲话中，对地震局的工作和防震减灾事业取得的成绩给予了充分肯定，也进一步明确了地震局的地位和作用。对大家提出的几个具体问题，总理已要求各部门给予支持，并在今年就要有所安排。请瑞祥同志在地震系统传达总理的重要讲话和今天会议的精神。希望地震系统广大干部职工继续发扬埋头苦干的精神，把防震减灾工作做得更好。

中国地震局令

第 7 号

《建设工程抗震设防要求管理规定》，已于 2002 年 1 月 16 日经中国地震局局务会议通过，现予发布，自发布之日起施行。

局　长　宋瑞祥

二〇〇二年一月二十八日

建设工程抗震设防要求管理规定

第一条　为了加强对新建、扩建、改建建设工程（以下简称建设工程）抗震设防要求的管理，防御与减轻地震灾害，保护人民生命和财产安全，根据《中华人民共和国防震减灾法》和《地震安全性评价管理条例》，制定本规定。

第二条　在中华人民共和国境内进行建设工程抗震设防要求的确定、使用和监督管理，必须遵守本规定。

本规定所称抗震设防要求，是指建设工程抗御地震破坏的准则和在一定风险水准下抗震设计采用的地震烈度或地震动参数。

第三条　国务院地震工作主管部门负责全国建设工程抗震设防要求的监督管理工作。

县级以上地方人民政府负责管理地震工作的部门或者机构，负责本行政区域内建设工程抗震设防要求的监督管理工作。

第四条　建设工程必须按照抗震设防要求进行抗震设防。

应当进行地震安全性评价的建设工程，其抗震设防要求必须按照地震安全性评价结果确定；其他建设工程的抗震设防要求按照国家颁布的地震动参数区划图或者地震动参数复核、地震小区划结果确定。

第五条　应当进行地震安全性评价的建设工程的建设单位，必须在项目可行性研究阶段，委托具有资质的单位进行地震安全性评价工作，并将地震安全性评价报告报送有关地震工作主管部门或者机构审定。

第六条　国务院地震工作主管部门和省、自治区、直辖市人民政府负责管理地震工作的部门或者机构，应当设立地震安全性评审组织。

地震安全性评审组织应当由15名以上地震行业及有关行业的技术、管理专家组成，其中技术专家不得少于二分之一。

第七条 国务院地震工作主管部门和省、自治区、直辖市人民政府负责管理地震工作的部门或者机构，应当委托本级地震安全性评审组织，对地震安全性评价报告进行评审。

地震安全性评审组织应当按照国家地震安全性评价的技术规范和其他有关技术规范，对地震安全性评价报告的基础资料、技术途径和评价结果等进行审查，形成评审意见。

第八条 国务院地震工作主管部门和省、自治区、直辖市人民政府负责管理地震工作的部门或者机构，应当根据地震安全性评审组织的评审意见，结合建设工程特性和其他综合因素，确定建设工程的抗震设防要求。

第九条 下列区域内建设工程的抗震设防要求不应直接采用地震动参数区划图结果，必须进行地震动参数复核：

（一）位于地震动峰值加速度区划图峰值加速度分区界线两侧各4公里区域的建设工程；

（二）位于某些地震研究程度和资料详细程度较差的边远地区的建设工程。

第十条 下列地区应当根据需要和可能开展地震小区划工作：

（一）地震重点监视防御区内的大中城市和地震重点监视防御城市；

（二）位于地震动参数0.15 *g* 以上（含0.15 *g*）的大中城市；

（三）位于复杂工程地质条件区域内的大中城市、大型厂矿企业、长距离生命线工程和新建开发区；

（四）其他需要开展地震小区划工作的地区。

第十一条 地震动参数复核和地震小区划工作必须由具有相应地震安全性评价资质的单位进行。

第十二条 地震动参数复核结果一般由省、自治区、直辖市人民政府负责管理地震工作的部门或者机构负责审定，结果变动显著的，报国务院地震工作主管部门审定；地震小区划结果，由国务院地震工作主管部门负责审定。

地震动参数复核和地震小区划结果的审定程序按照本规定第七条、第八条的规定执行。

省、自治区、直辖市人民政府负责管理地震工作的部门或者机构，应当将审定后的地震动参数复核结果报国务院地震工作主管部门备案。

第十三条 经过地震动参数复核或者地震小区划工作的区域内不需要进行地震安全性评价的建设工程，必须按照地震动参数复核或者地震小区划结果确定的抗震设防要求进行抗震设防。

第十四条 国务院地震工作主管部门和县级以上地方人民政府负责管理地震工作的部门或者机构，应当会同同级政府有关行业主管部门，加强对建设工程抗震设防要求使用的监督检查，确保建设工程按照抗震设防要求进行抗震设防。

第十五条 国务院地震工作主管部门和县级以上地方人民政府负责管理地震工作的部门或者机构，应当按照地震动参数区划图规定的抗震设防要求，加强对村镇房屋建设抗震设防的指导，逐步增强村镇房屋抗御地震破坏的能力。

第十六条 国务院地震工作主管部门和县级以上地方人民政府负责管理地震工作的部门或者机构，应当加强对建设工程抗震设防的宣传教育，提高社会的防震减灾意识，增强社会防御地震灾害的能力。

第十七条 建设单位违反本规定第十三条的规定，由国务院地震工作主管部门或者县级以上地方人民政府负责管理地震工作的部门或者机构，责令改正，并处5000元以上30000元以下的罚款。

第十八条 本规定自公布之日起施行。

中国地震局令

第8号

《地震安全性评价资质管理办法》，已于2002年1月16日经中国地震局局务会议通过，现予公布，自公布之日起施行。

局　长　宋瑞祥

二〇〇二年二月二十七日

地震安全性评价资质管理办法

第一条　为了加强对地震安全性评价资质的管理，保证工作质量，维护市场秩序，根据《中华人民共和国防震减灾法》和《地震安全性评价管理条例》，制定本办法。

第二条　在中华人民共和国境内申请地震安全性评价资质和对地震安全性评价资质的监督管理，适用本办法。

第三条　从事地震安全性评价工作的单位，必须取得资质证书。与地震安全性评价工作相关的地震动参数复核、地震小区划、地震活动断层探测和危险性鉴定、震害预测工作，应当由地震安全性评价持证单位承担。

第四条　地震安全性评价资质，是指从业单位必须具备的资历、人员、技术、设备等条件。

地震安全性评价资质分为甲级、乙级、丙级。

第五条　国务院地震工作主管部门是全国地震安全性评价资质的管理部门，负责甲级、乙级资质的审批。

省、自治区、直辖市人民政府负责管理地震工作的部门或者机构是本行政区域内地震安全性评价资质的管理部门，负责丙级资质的审批，并报国务院地震工作主管部门备案。

第六条　从事地震安全性评价工作的专业技术人员，必须取得地震安全性评价执业资格。未取得执业资格的人员不得作为地震安全性评价项目的技术负责人。

地震安全性评价执业资格设一级、二级，分为地震、地震地质和工程地震三个专业。

地震安全性评价执业资格的管理按照国家的有关规定执行。

第七条　国务院地震工作主管部门负责地震安全性评价一级执业资格证书的审批。

省、自治区、直辖市人民政府负责管理地震工作的部门或者机构，负责地震安全性评价二级执业资格证书的审批，并报国务院地震工作主管部门备案。

第八条　申请地震安全性评价资质证书的单位应当具有独立法人资格，并符合国家有关法律、法规的规定。

第九条　申请地震安全性评价甲级资质证书的单位应当具备以下条件：

（一）具有固定的专业技术人员，持有一级执业资格证书 6 人以上，其中地震、地震地质、工程地震专业必须各有 2 人以上；

（二）具有承担地震安全性评价工作的技术装备及地震安全性评价专用软件系统，并具备相应的实验、测试、分析能力；

（三）高、中级专业技术人员不少于 15 人；

（四）具有独立承担地震安全性评价工作和编写评价报告的能力；

（五）掌握国家有关法律、法规、标准和地震安全性评价技术规范等；

（六）具有健全的质量、技术管理制度。

第十条　申请地震安全性评价乙级资质证书的单位应当具备以下条件：

（一）具有固定的专业技术人员，持有一级、二级执业资格证书各 3 人以上，其中地震、地震地质、工程地震专业必须各有 2 人以上；

（二）具有承担地震安全性评价工作的技术装备及地震安全性评价专用软件系统，并具备相应的实验、测试、分析能力；

（三）高、中级专业技术人员不少于 10 人；

（四）具有独立承担地震安全性评价工作和编写评价报告的能力；

（五）熟悉国家有关法律、法规、标准和地震安全性评价技术规范等；

（六）有健全的质量、技术管理制度。

第十一条　申请地震安全性评价丙级资质证书的单位应当具备以下条件：

（一）具有固定的专业技术人员，持有二级以上执业资格证书 4 人以上，其中地震、地震地质、工程地震专业必须各有 1 人以上；

（二）具有承担地震安全性评价工作的技术装备及地震安全性评价专用软件系统；

（三）初级以上专业技术人员不少于 6 人；

（四）具有独立承担地震安全性评价工作和编写工作报告的能力；

（五）了解国家有关法律、法规、标准和地震安全性评价技术规范等；

（六）有健全的质量、技术管理制度。

第十二条　首次申请地震安全性评价资质的单位，只能申请乙级、丙级资质证书。

取得地震安全性评价乙级、丙级资质证书满 2 年的单位，可以按照资质条件申请上一级资质证书。

第十三条　地震安全性评价甲级资质证书持证单位的从业范围是：全国范围内各种类型的建设工程的地震安全性评价和地震小区划、地震动参数复核及地震活动断层探测与危险性鉴定、震害预测等有关工作。

地震安全性评价乙级资质证书持证单位的从业范围是：全国范围内除国家重大建设工程、核电站和核设施建设工程以外的建设工程的地震安全性评价和地震动参数复核及 100 万人口以下城市的地震小区划工作。

地震安全性评价丙级资质证书持证单位的从业范围是：所在省、自治区、直辖市辖区内的地震动参数复核工作。

第十四条 申请地震安全性评价一级执业资格证书的人员应当具备以下条件：

（一）从事与地震安全性评价相关工作五年以上，并具有高级技术职称；

（二）熟悉本专业的技术和知识，掌握国内外先进技术和发展趋势，并能解决关键性技术问题；

（三）具有承担重大建设工程地震安全性评价工作的能力，并能独立编写评价报告；

（四）掌握国家有关法律、法规、标准和地震安全性评价技术规范等，并能结合实际工作熟练运用。

第十五条 申请地震安全性评价二级执业资格证书的人员应当具备以下条件：

（一）从事与地震安全性评价相关工作三年以上，并具有中级以上技术职称；

（二）熟悉本专业的技术和知识，能应用国内外先进技术解决工程技术问题；

（三）具有参加重大建设工程地震安全性评价工作的能力，并能独立编写地震安全性评价工作报告；

（四）熟悉国家有关法律、法规、标准和地震安全性评价技术规范等，并能在实际工作中运用。

第十六条 申请地震安全性评价执业资格证书的技术人员，应当参加发证机关组织的地震安全性评价技术考试，取得合格证书。

第十七条 申请地震安全性评价资质证书的单位，应当向资质管理部门提供下列资料：

（一）地震安全性评价资质申请表；

（二）单位法人资格证明文件、单位所有制性质证明文件（复印件）；

（三）法人代表与技术负责人的有关证明材料；

（四）主要技术人员情况；

（五）主要设备；

（六）单位资历。

申请甲、乙级资质证书，应当经省、自治区、直辖市人民政府负责管理地震工作的部门或者机构审核。审核部门应当对申请单位的资质条件和提供的资料进行核实，并向国务院地震工作主管部门提供核实意见。

国务院部委的直属机构申请甲级、乙级资质证书，经其主管部门审核后，直接向国务院地震工作主管部门提供申请资料。

第十八条 申请地震安全性评价执业资格证书的人员，应当向资质管理部门提供下列资料：

（一）地震安全性评价执业资格证书申请表；

（二）工作资历和主要业绩；

（三）所在单位的审核意见；

（四）地震安全性评价技术考试合格证书。

第十九条 资质管理部门收到申请人的申请资料后，应当委托地震安全性评审组织，对资质证书和执业资格证书的申请进行业务审查。

第二十条 资质管理部门应当自收到申请之日起 30 日内作出审查决定。符合条件的，予以颁发证书，并通知申请人；需要补充有关资料的，应当要求申请人限期补交，逾期不交的，视为放弃申请；不予批准的，应当说明理由。

申请人自收到批准通知之日起30日内到资质管理部门领取证书。

第二十一条 国务院地震工作主管部门和省、自治区、直辖市人民政府负责管理地震工作的部门或者机构，应当将地震安全性评价资质审批结果予以公告。

第二十二条 地震安全性评价资质证书包括正本和副本，正本和副本具有同等法律效力，其式样由国务院地震工作主管部门统一规定。

第二十三条 地震安全性评价资质证书的有效期为4年。持证单位应当在资质证书有效期满30日前向发证机关提出延展申请，经审查后重新确认资质等级，核发证书。逾期不办理的，到期自行失效。

第二十四条 地震安全性评价资质单位名称或者法定代表人发生变化，应当在30日内到资质审批部门办理变更手续。机构、人员发生重大变化，应当向资质审批部门申报。

第二十五条 地震安全性评价资质实行定期审查制度，每2年审查一次。审查时间由资质审批部门决定，提前30日告知持证单位。

审查结论分为合格、基本合格、不合格。

根据审查结论，对资质单位分别予以确认、限期整改、降级或终止的决定。

第二十六条 地震安全性评价资质审查包括以下主要内容：

（一）持证单位从事地震安全性评价工作的机构、人员状况；

（二）固定技术人员的业务水平及持执业资格证书状况；

（三）仪器设备、分析测试手段和数据质量；

（四）抽查已完成的地震安全性评价工作报告；

（五）遵守有关法律、法规、标准的情况。

第二十七条 持证单位违反本办法规定，有下列行为之一的，由资质管理部门依据职权，责令改正，根据违法情节，处以警告、处1万元以上3万元以下的罚款、暂扣或吊销资质等级证书：

（一）弄虚作假领取资质证书的；

（二）转借资质证书的；

（三）机构、人员发生变化与资质等级不符又不及时申报的；

（四）无故不参加定期审查或者上报的材料不真实的。

第二十八条 地震安全性评价资质持证单位超越其资质等级证书规定的业务范围承揽地震安全性评价业务的，按照《地震安全性评价管理条例》第二十四条的规定处理。

第二十九条 审查颁发地震安全性评价资质证书和执业资格证书的工作人员违反本办法规定的，按照《地震安全性评价管理条例》第二十五条的规定处理。

第三十条 本办法自公布之日起施行；1998年1月4日公布的《建设工程地震安全性评价许可证书管理办法》和《地震安全性评价工作上岗证书管理办法》（震发防［1998］004号）同时废止。

山西省人民代表大会常务委员会

公　　告

山西省第九届人民代表大会常务委员会第三十次会议于2002年7月27日修订通过了《山西省防震减灾条例》，现将修订后的《山西省防震减灾条例》予以公布，自2002年9月1日起施行。

山西省人民代表大会常务委员会
2002年7月27日

山西省防震减灾条例

（1996年9月23日山西省第八届人民代表大会常务委员会第二十四次会议通过
2002年7月27日山西省第九届人民代表大会常务委员会第三十次会议修订）

目　　录

第一章　总　　则

第一条　为防御和减轻地震灾害，保护人身和财产安全，根据《中华人民共和国防震减灾法》和其他有关法律、法规的规定，结合本省实际，制定本条例。

第二条　本省行政区域内的一切单位和个人均应遵守本条例。

第三条　防震减灾实行预防为主、防御与救助相结合的方针。

第四条　县级以上人民政府领导本行政区域内的防震减灾工作。

县级以上人民政府的地震工作主管部门负责管理本行政区域内的防震减灾工作。

县级以上人民政府的其他部门应按照各自职责，相互配合，做好防震减灾工作。

第五条　县级以上人民政府应将防震减灾工作纳入国民经济和社会发展计划，将防震减灾经费列入年度财政预算，并根据防震减灾的需要增加经费投入。

第六条　各级人民政府应组织人民群众开展防震减灾活动。机关、社会团体和企业事业组织应加强防震减灾宣传教育，提高公民的防震减灾意识和能力。

第七条　防震减灾应依靠科学技术进步。

鼓励和支持地震科学研究，推广应用新科技成果，增强防御地震灾害的能力。

第八条　国务院和省人民政府确定的地震重点监视防御区和地震重点监视防御城市是防震减灾工作的重点。

第二章　管 理 职 责

第九条　省人民政府、设区的市人民政府、地区行政公署和地震重点监视防御区的县级人民政府应建立健全防震减灾领导机构。防震减灾领导机构检查、督促、协调和指导本行政区域内的防震减灾工作，其办事机构设在同级地震工作主管部门。

发布破坏性地震临震预报或发生破坏性地震后，省和震区人民政府的防震减灾领导机构直接转为抗震救灾指挥部。

第十条　县级以上地震工作主管部门在防震减灾工作中应履行下列主要职责：

（一）实施防震减灾的法律、法规和规章；

（二）会同有关部门编制防震减灾规划和拟订破坏性地震应急预案，报同级人民政府批准后实施；

（三）拟订防震减灾年度计划并组织实施；

（四）管理地震监测预报工作，提出地震趋势预报意见；

（五）管理震害预测、震情和灾情速报及地震灾害损失评估；

（六）参与震区救灾和制定重建规划；

（七）会同有关部门开展防震减灾知识的宣传教育工作；

（八）负责建设工程抗震设防要求和地震安全性评价工作的管理、监督。

第十一条　县级以上人民政府各部门在防震减灾工作中应履行下列职责：

（一）拟订本部门、本行业的地震应急预案，承担同级人民政府部署的应急救灾任务；

（二）落实生命线工程、易产生次生灾害工程的抗震减灾措施，组织岗位应急反应训练；

（三）检查、监督本行业建设工程的抗震设防；

（四）配合地震工作主管部门进行地震监测预报、震害预测和地震灾害损失评估。

第十二条　地震工作主管部门和有关部门应对执行有关法律、法规和规章的情况进行监督检查；被监督检查单位应提供方便。

第十三条　各级人民政府和企业事业组织应建立健全防震减灾责任制度，并定期检查考核。

第三章　地震监测预报与监测设施保护

第十四条　省地震工作主管部门依据全国地震监测预报方案，制定本省的地震监测预报方案，并组织实施。

地震重点监视防御区的县级以上地震工作主管部门应根据全省地震监测预报方案，制定本行政区域内的短期和临震监测预报方案，报省地震工作主管部门审批后实施。

第十五条　省内地震监测台网由国家、省、市、县级地震监测台网组成，实行统一规划、分级分类管理。

省、市、县级地震监测台站的设立、停测或撤销，须经省地震工作主管部门批准。

地震监测台网的建设和运行经费由同级财政承担。

大型煤炭、电力、冶金、化工等企业和水库应根据防震减灾需要，建立承担特定观测任务的地震监测台站，接受当地地震工作主管部门的业务指导。

第十六条　地震监测实行专业监测同群测群防相结合。

地震工作主管部门应鼓励、支持各种形式的群测群防活动，并给予指导。

地震重点监视防御区的各级人民政府应组织开展地震群测群防工作，建立健全地震测报网络，观测、报告地震宏观异常现象。

第十七条　本省的地震预报由省人民政府按照《地震预报管理条例》规定的程序发布。

鼓励单位和个人将地震异常现象和地震预测意见及时报告地震工作主管部门。

任何单位和个人不得向社会散布地震预测意见、地震预报意见。涉及地震预报的宣传报道应遵守国家规定。

第十八条　任何单位和个人不得损害地震监测设施和破坏地震观测环境，不得干扰和妨碍地震监测台站工作。

地震监测设施所在地的乡（镇）人民政府和地震、公安、规划、国土资源等部门应依法保护地震监测设施和地震观测环境。

新建、扩建、改建建设工程，应避免妨害地震观测环境。确实无法避免的重点建设工程，建设单位应在工程设计前征得工程所在地的县级以上地震工作主管部门的同意，并增建抗干扰工程或迁移地震监测设施，其费用和造成的损失由建设单位承担和赔偿。

第十九条　任何单位和个人应为地震监测和异常现象调查提供便利，不得妨碍和阻挠地震工作人员进行地震监测和异常现象调查。

第四章　地震灾害预防

第二十条　各级人民政府编制城市规划应考虑地震构造环境，并符合抗震设防要求。

地震重点监视防御区的市、县人民政府应按照国家和省有关规定，开展地震小区划工作。

建设工程选址应避开地震活动断层。

第二十一条　新建、扩建和改建的建设工程，应符合抗震设防要求。

按照国家和省有关规定应进行地震安全性评价的建设工程，由省地震工作主管部门根据审定的地震安全性评价结果确定抗震设防要求，下达抗震设防要求审批书，或将初审意见报国务院地震行政主管部门。

前款规定以外的建设工程，建设单位应到工程所在地的县级以上地震工作主管部门审核抗震设防要求。

除国务院地震行政主管部门、省地震工作主管部门及其授权的地震工作主管部门外，任何单位和个人不得审核、提供抗震设防要求。

第二十二条 抗震设防要求应纳入建设工程管理程序。

建设工程项目的可行性研究报告和初步设计报告应有经审定的抗震设防要求方面的内容。应进行场地地震安全性评价的建设工程，其建设项目的可行性研究报告和初步设计报告应附有地震安全性评价报告。

不符合前款规定的建设工程项目，审批部门不予批准。

建设工程的可行性研究论证、初步设计审查、竣工验收，应有县级以上地震工作主管部门的人员参加。

第二十三条 设计单位应按照审定的抗震设防要求和抗震设计规范进行抗震设计。施工单位应按照抗震设计进行施工。监理单位应按照《中华人民共和国建筑法》的规定对抗震设防措施进行监理。

设计、施工、监理等单位应对工程抗震设防质量负终身责任。

第二十四条 承担地震安全性评价的单位应具有地震安全性评价资质。评价工作按照《工程场地地震安全性评价技术规范》和本省有关规定执行。

建设单位应委托具有地震安全性评价资质的单位进行地震安全性评价，并按照规定将地震安全性评价报告报省地震工作主管部门评审。

第二十五条 已建成的建筑物、构筑物，未采取抗震设防措施、不符合现行抗震设防要求或未达到抗震设计标准的，建筑物、构筑物所有权人或管理者应按照国家有关规定进行抗震性能鉴定，并采取必要的抗震加固措施；建设、地震、文物等部门应监督管理并给予技术指导。

第二十六条 新建、扩建、改建的重大工程，应根据本地的地震安全需要设置强震观测仪器，所需资金列入工程项目预算。

第二十七条 地震重点监视防御区的县级以上人民政府应对城市和工业区进行震害预测。地震工作主管部门收集震害预测和地震应急信息时，有关单位和个人有义务提供。

第二十八条 交通、通信、供水、供电、供气、供热等企业事业组织应进行专项震害预测，强化抗震设防，加强设备维护和更新改造。

化工、军工、煤气、煤矿、水库、油库等企业事业组织，应对因地震可能引起的火灾、水灾、爆炸、塌陷、毒气泄漏、放射性污染和化学污染等严重次生灾害进行专项震害预测，并采取有效防护和预警措施。

第二十九条 各级人民政府应引导农民建造符合抗震设防要求的住房。

村镇公共建筑和乡镇企业的生产、办公用房应符合抗震设防要求。

第三十条 编制城市规划应考虑地裂缝影响。

建设工程选址应避开地裂缝影响地段；确实无法避开的，应进行地裂缝探查，并采取预防和自保措施。

在地裂缝影响地段选址建房，应到当地县级以上地震工作主管部门或国土资源部门咨询。

第三十一条 县级以上人民政府应组织规划、建设、地震、消防、人防等部门确定避难场所，在人员集中的场所设置紧急疏散通道。

避难场所、紧急疏散通道的所有权人或管理者，应保持避难场所的完好和疏散通道的畅通，并设置明显标志。

第三十二条 地震重点监视防御区的机关、社会团体、企业事业组织、居民委员会、村民委员会，应开展必要的防震、避险、疏散、救助训练。居民委员会、村民委员会可以根据需要组织防灾救助志愿者队伍，发生地震时实施救援活动。

第三十三条 各级人民政府应组织有关部门开展防震减灾知识的宣传教育。

每年7月28日所在周为全省防震减灾宣传周。

大众传媒负有开展防震减灾社会公益性宣传的义务。

学校应对教师和学生普及防震减灾知识，必要时进行防震演练。

第五章 地震应急与救灾

第三十四条 县级以上地震工作主管部门应会同有关部门拟订本行政区域的破坏性地震应急预案，报同级人民政府批准，并报上一级地震工作主管部门备案。100万以上人口的城市，其破坏性地震应急预案应报国务院地震行政主管部门备案。

县级以上人民政府各部门应依据同级人民政府破坏性地震应急预案，拟订本部门或本系统的破坏性地震应急预案，报同级人民政府防震减灾领导机构批准。

大中型企业、生命线工程、易产生次生灾害的单位和学校、医院、大型商场、影剧院、车站等人员集中的单位，应拟订破坏性地震应急预案，报当地县级以上人民政府防震减灾领导机构批准。

第三十五条 拟订破坏性地震应急预案的单位应根据震情的变化和实施中发现的问题，对破坏性地震应急预案及时进行修订；涉及重大事项调整的，应报经原批准机关同意。

拟订破坏性地震应急预案的单位，必要时应组织地震应急模拟演练。

第三十六条 地震重点监视防御区的县级以上人民政府应设置地震应急指挥场所，预留救灾资金和储备应急救援物资、装备，制定地震应急救援物资、装备的紧急调度方案。

地震重点监视防御区设区的市以上人民政府应组建平震结合的地震紧急救援队，配备救助装备。地震紧急救援队应组织救援演练。

第三十七条 破坏性地震临震预报发布后，省人民政府和震区县级以上人民政府应采取下列应急措施：

（一）启动破坏性地震应急预案，并紧急处置临震应急中发生的问题；

（二）向预报区内的人员提出避震撤离劝告，情况紧急时有组织地进行避震疏散；

（三）紧急占用场地，调用应急物资、设备和人员；

（四）对生命线工程和次生灾害源采取紧急防护措施，储备生活必需品。

第三十八条 破坏性地震发生后，省地震工作主管部门应及时将震情、地震趋势判断意见和灾情报告省人民政府和国务院地震行政主管部门。

第三十九条 破坏性地震发生后，省人民政府和震区人民政府应立即组织有关部门和单位实施破坏性地震应急预案，开展抗震救灾。

第四十条 破坏性地震发生后，居民委员会、村民委员会应组织志愿者队伍帮助老年人、儿童、残疾人避险，救助遇险人员；居民应关闭户内电源、水源、气源，开展自救、互救。

第四十一条 地震救灾资金和物资，通过国家救助、生产自救、公民互助、保险理赔、社会捐赠、自筹、借贷、国外援助等多种方式解决。

任何单位和个人不得截留、挪用地震救灾资金和物资。

审计机关和其他有关部门应加强对地震救灾资金和物资使用情况的监督。

提倡参加人身和财产地震灾害保险。

第四十二条 破坏性地震发生后，省地震工作主管部门应会同有关部门组成地震灾害损失评估机构，对地震灾害损失进行评估，并将评估结果报省人民政府和国务院地震行政主管部门。

第四十三条 灾区县级以上人民政府应根据震害情况和重新核定的抗震设防要求，组织制定恢复重建规划，并报经上一级人民政府批准后实施。

第四十四条 典型地震遗址、遗迹，由地震工作主管部门报经同级人民政府批准后进行特殊保护。典型地震遗址、遗迹的保护应列入地震灾区重建规划。

第六章　奖励与处罚

第四十五条 在防震减灾活动中有下列情形之一的单位和个人，由县级以上人民政府给予表彰、奖励：

（一）地震测报准确，信息传递及时，对减轻地震灾害有突出贡献的；

（二）保护地震监测设施或观测环境成绩突出的；

（三）保护或抢救生命、财产有突出贡献的；

（四）震前采取有效防护措施，震后及时排除险情，防止灾情扩大有突出贡献的；

（五）防震减灾知识宣传教育成效显著的；

（六）取得重大防震减灾科技成果的；

（七）有其他突出贡献的。

第四十六条 违反本条例规定，有下列行为之一的，由所在单位、上级行政主管部门或监察部门对负有直接责任的主管人员和其他直接责任人员给予行政处分；违反治安管理规定的，依照《中华人民共和国治安管理处罚条例》处罚；构成犯罪的，依法追究刑事责任：

（一）不按照规定拟订并实施破坏性地震应急预案的；

（二）违抗抗震救灾指挥部命令，拒不承担地震应急任务的；

（三）阻挠抗震救灾指挥部紧急占用场地或调用应急物资、设备、人员的；

（四）擅自发布地震预报的；

（五）不按照规定及时上报地震监测数据和异常信息，贻误重要震情的；

（六）在地震应急期间擅离岗位、玩忽职守的；

（七）故意谎报、瞒报灾情的。

第四十七条 违反本条例规定，损害地震监测设施或破坏地震观测环境的，由县级以上地震工作主管部门责令停止违法行为，恢复原状或采取其他补救措施；情节严重的，可以处五千元以上十万元以下罚款；造成损失的，依法承担赔偿责任；构成犯罪的，依法追究刑事责任。

第四十八条 违反本条例第二十一条第四款规定提供抗震设防要求的，由县级以上地震工作主管部门责令改正，并处以一万元以上五万元以下罚款。

第四十九条 违反本条例规定，有下列行为之一的，由县级以上地震工作主管部门责令改正，并处以一万元以上十万元以下罚款：

（一）建设单位擅自确定或更改抗震设防要求的；

（二）设计单位不按照审定的抗震设防要求进行抗震设计的。

第五十条 违反本条例规定，有下列行为之一的，按照《中华人民共和国防震减灾法》和《中华人民共和国建筑法》的有关规定处罚：

（一）设计单位不按照抗震设计规范进行设计的；

（二）施工单位不按照抗震设计进行施工的；

（三）监理单位不依法对抗震设防措施进行监理的。

第五十一条 破坏性地震发生后，因违反法律、法规规定，抗震设防要求确定失当，未按照抗震设防要求和抗震设计规范进行设计，未按照抗震设计进行施工，或未依法对抗震设防措施进行监理，造成严重破坏和损失的，依法追究有关单位直接负责的主管人员和其他直接责任人员的行政责任；构成犯罪的，依法追究刑事责任。

第五十二条 有下列行为之一，依照《中华人民共和国治安管理处罚条例》处罚；构成犯罪的，依法追究刑事责任：

（一）散布地震谣言，扰乱社会秩序的；

（二）阻碍抗震救灾人员执行职务的；

（三）哄抢公私财物的；

（四）盗窃、贪污、挪用救灾资金或物资的；

（五）损毁生命线工程或次生灾害源防护设施的。

第五十三条 地震工作主管部门和有关部门工作人员不履行法定职责、滥用职权、徇私舞弊的，由其所在单位、上级主管部门或监察部门给予行政处分；构成犯罪的，依法追究刑事责任。

第七章　附　　则

第五十四条 本条例自 2002 年 9 月 1 日起施行。

浙江省第九届人民代表大会常务委员会公告

第65号

《浙江省实施〈中华人民共和国防震减灾法〉办法》已于2002年6月28日经浙江省第九届人民代表大会常务委员会第三十五次会议通过，现予公布，自2002年7月28日起施行。

2002年6月28日

浙江省实施《中华人民共和国防震减灾法》办法

（2002年6月28日浙江省第九届人民代表大会常务委员会第三十五次会议通过）

第一章　总　　则

第一条　为防御与减轻地震灾害，规范防震减灾活动，保护人民的生命和财产安全，根据《中华人民共和国防震减灾法》和其他有关法律、法规的规定，结合本省实际，制定本办法。

第二条　在本省行政区域内从事地震监测预报、地震灾害预防、地震应急、震后救灾与重建等（以下简称防震减灾）活动，适用本办法。

第三条　防震减灾工作，实行预防为主，防御与救助相结合的方针。

第四条　防震减灾工作，应当纳入各级国民经济和社会发展计划。

第五条　各级人民政府统一领导防震减灾工作。

县级以上人民政府应当加强对防震减灾工作的领导，将防震减灾经费纳入财政预算，组织有关部门、单位做好防震减灾的科学技术研究和成果推广、防震减灾知识的教育和普及、地震灾害的预测和预防、地震应急和震后救灾与重建等工作，提高综合防御地震灾害的能力。

第六条　省地震部门和市、县、区人民政府管理地震工作的部门是防震减灾工作主管部门，负责本行政区域内防震减灾工作的综合管理。

县级以上人民政府计划、经贸、建设、公安、民政、卫生、交通、水利、电力、通讯以及其他有关部门按照各自职责，共同做好防震减灾工作。

第七条 任何单位和个人都有依法参加防震减灾活动的义务。

广播、电视、报纸等新闻媒体应当积极宣传防震减灾知识，提高全社会的防震减灾意识和公民在地震灾害中的自救、互救能力。

对在防震减灾工作中成绩显著的单位和个人，县级以上人民政府应当给予表彰和奖励。

第二章 地震监测预报

第八条 县级以上人民政府及其防震减灾工作主管部门应当根据国家地震监测台网（站）建设规划的要求，加强本级地震监测台网（站）的建设和管理。

省级地震监测台网（站）的建设所需投资，以省为主，有关地方财政共同承担，建成后由省防震减灾工作主管部门为主管理，所在地市、县人民政府协同管理。省级地震监测台网（站）的设置与撤销，由省防震减灾工作主管部门批准，报国务院地震主管部门备案。

市、县地震监测台网（站）由市、县财政投资建设，建成后由市、县防震减灾工作主管部门负责管理，业务上接受省防震减灾工作主管部门的指导。市、县地震监测台网（站）的设置与撤销，由设区的市防震减灾工作主管部门批准，报省防震减灾工作主管部门备案。

第九条 地震监测设施和地震观测环境受法律保护。

禁止任何单位和个人危害、破坏地震监测设施和地震观测环境，妨碍、干扰地震监测台网（站）正常工作。

第十条 省防震减灾工作主管部门应当根据全国地震监测预报方案，制定本省地震监测预报方案，并组织实施。

设区的市以及地震重点监视防御区内的县（市）防震减灾工作主管部门应当加强对地震活动和地震前兆的信息收集、检测和传递工作，组织开展地震震情会商，提高地震前兆异常的识别、处置能力。

第十一条 任何单位和个人根据地震观测资料和研究结果提出的地震预测意见及其依据，应当向所在地或者所预测地区的县级以上防震减灾工作主管部门报告，也可以直接向国务院地震工作主管部门报告，不得擅自向社会散布。

接到报告的防震减灾工作主管部门应当及时进行核实和分析研究，并答复报告人。

第十二条 省防震减灾工作主管部门应当建立地震震情跟踪会商制度和地震预报意见评审制度；地震预报意见的评审结果，应当按照国家规定报告省人民政府和国务院地震工作主管部门。

任何单位和个人不得泄露地震预报意见及其评审结果。

第十三条 地震预报依法实行统一发布制度。

本省行政区域内的地震预报及其延期与撤销的决定，应当按照国家规定的程序和权限批准发布。

新闻媒体刊登或者播发有关本省行政区域内的地震预报消息，必须以国家或者省人民政府发布的地震预报为准。

第十四条 任何单位和个人不得制造、传播地震谣言。

因地震谣言影响社会正常秩序的，县级以上地震主管部门应当迅速采取措施予以澄清，其他有关部门和新闻媒体应当予以配合、协助，公安机关应当依法进行查处。

第三章 地震灾害预防

第十五条 省和设区的市防震减灾工作主管部门应当根据震情和震害预测结果，会同同级有关部门编制本行政区域防震减灾规划，报同级人民政府批准后实施。

第十六条 下列建设工程必须进行地震安全性评价，并根据地震安全性评价的结果，确定抗震设防要求，进行抗震设防：

（一）国家重大建设工程；

（二）受地震破坏后可能引发严重次生灾害的建设工程；

（三）核电站和核设施建设工程；

（四）对本省社会有重大价值或者有重大影响的其他建设工程。

前款第（二）项、第（四）项建设工程的范围，由省人民政府规定。

第十七条 对本省社会有重大价值或者有重大影响的建设工程和受地震破坏后可能引发严重次生灾害的建设工程，县级以上人民政府负责工程项目审批的部门应当在受理项目建议书后十五日内将工程项目通报同级地震主管部门。

建设单位应当在项目可行性研究阶段，委托具有相应资质的地震安全性评价单位进行地震安全性评价，并将地震安全性评价报告报省防震减灾工作主管部门审定。

省防震减灾工作主管部门应当在收到地震安全性评价报告之日起十五日内，组织有关专家或者地震安全性评定委员会进行评审，确定建设工程的抗震设防要求，并以书面形式通知工程建设单位，同时告知工程所在地市、县防震减灾工作主管部门。

建设工程可行性研究报告或者初步设计未包含抗震设防要求或者不符合抗震设防要求的，县级以上人民政府负责项目审批的部门不得予以批准建设。

第十八条 本办法第十六条规定以外的建设工程，必须按照国家发布的地震动参数区划图规定的抗震设防要求，进行抗震设防。

省人民政府可以根据城市发展水平和防震减灾的需要，决定提高城市抗震设防要求。

第十九条 县级以上防震减灾工作主管部门应当加强对本行政区域内建设工程抗震设防要求的管理和建设工程进行抗震设防的监督检查。

建设行政主管部门和铁路、交通、民航、电力、通讯、水利等其他有关专业主管部门应当依照防震减灾工作主管部门确定的抗震设防要求和国家发布的建设工程抗震设计规范，加强对建设工程抗震设计、施工与监理的监督管理。

第四章 地震应急、震后救灾与重建

第二十条 省、设区的市以及地震重点监视防御区内的县（市）防震减灾工作主管部门应当会同同级有关部门并组织有关单位，制定本行政区域内的地震应急预案，报本级人民政府批准实施，并报上一级防震减灾工作主管部门备案。人口在一百万以上的城市的地震应急预案，还应当报国务院地震主管部门备案。

省和设区的市建设、经贸、交通、民政、卫生、公安、电力、通讯、水利等有关部门应当根据省、市地震应急预案，制定相应的部门地震应急预案，并报同级防震减灾工作主管部门备案。

第二十一条 强烈有感地震发生后，有关市、县防震减灾工作主管部门应当迅速将震情上报省防震减灾工作主管部门；省防震减灾工作主管部门应当迅速确定地震震级、地点和发震时刻，并作出震后地震趋势判定，报告省人民政府；有关市、县人民政府应当迅速按照应急预案，采取措施安定人心，稳定社会。

第二十二条 破坏性地震临震预报发布后，预报区县级以上人民政府应当按照地震应急预案，组织有关部门动员社会力量，做好地震应急的准备工作。

第二十三条 破坏性地震发生后，地震灾区县级以上人民政府应当立即组织有关部门实施地震应急预案，做好抢险救灾工作。

第二十四条 地震灾区的震后救灾和重建工作，由各级人民政府负责。

第五章 法律责任

第二十五条 违反本办法规定的行为，《中华人民共和国防震减灾法》、《地震监测设施和地震观测环境保护条例》、《破坏性地震应急条例》、《地震预报管理条例》、《地震安全性评价管理条例》等法律、行政法规已有处罚规定的，从其规定。

第二十六条 违反本办法第十一条第一款、第十二条第二款规定，擅自向社会散布地震预测意见或者泄露地震预报意见及其评审结果的，由县级以上防震减灾工作主管部门责令改正，并可处警告；情节严重的，对个人处五百元以上五千元以下的罚款，对单位处五千元以上五万元以下的罚款。

第二十七条 国家工作人员在防震减灾工作中滥用职权、玩忽职守、徇私舞弊的，依法给予行政处分；构成犯罪的，依法追究刑事责任。

第六章 附 则

第二十八条 本办法自 2002 年 7 月 28 日起施行。

重庆市人民代表大会常务委员会公告

第193号

《重庆市防震减灾条例》2002年6月7日经重庆市第一届人民代表大会常务委员会第四十次会议通过，现予公布，自2002年7月1日起施行。

重庆市人民代表大会常务委员会
2002年6月7日

重庆市防震减灾条例

（2002年6月7日重庆市第一届人民代表大会常务委员会第四十次会议通过）

第一条 为了防御和减轻地震灾害，保护人民生命财产安全，维护社会稳定，保障我市经济建设和社会事业发展，根据《中华人民共和国防震减灾法》和有关法律、行政法规的规定，结合本市实际，制定本条例。

第二条 本市行政区域内的地震监测预报、地震灾害预防、地震应急、震后救灾与重建等（以下简称防震减灾）活动，适用本条例。

第三条 防震减灾工作实行预防为主、防御与救助相结合的方针。

第四条 市和区、县（自治县、市）人民政府应当加强对防震减灾工作的领导，建立防震减灾工作领导责任制，建立健全地震监测预报、震灾预防和紧急救援三大工作体系，将防震减灾工作纳入国民经济和社会发展的年度和中长期计划，所需经费纳入同级财政预算。

第五条 各级人民政府及有关部门应当加强防震减灾知识的宣传教育，增强全社会的防震减灾意识，提高公民对地震灾害的预防、自救、互救能力。

对防震减灾工作做出显著成绩的单位和个人，市和区、县（自治县、市）人民政府或有关部门应当给予表彰或奖励。

第六条 市和区、县（自治县、市）人民政府负责管理地震工作的部门（以下简称地震主管部门）应会同计划、财政、经济、建设、规划、民政、公安、教育、科技、国土和房屋等有关部门在同级人民政府领导下，按照职责分工，各负其责，密切配合，共同做好本行政区域内的防震减灾工作。

第七条 地震主管部门应当会同同级有关部门编制防震减灾规划，报同级人民政府批准后实施。

修改防震减灾规划，应当报经原批准机关批准。

第八条 地震重点监视防御区的区、县（自治县、市）人民政府应当建立地震灾害预警系统。

第九条 地震主管部门负责制定本行政区域的地震监测预报方案，并组织实施。

第十条 地震主管部门应当加强对地震活动与地震前兆的信息检测、传递、分析、处理和对可能发生地震的地点、时间和震级的预测，提高监测预报能力。

鼓励、支持地震监测预报、科学技术研究和各种形式的群众性的地震监测预报和防御、救助活动。

第十一条 地震预报由市人民政府按照国务院规定的程序统一发布。其他单位和个人不得向社会发布地震预报。

任何单位和个人的地震预测意见，不得擅自向社会扩散，应该向地震主管部门报告。

第十二条 一次齐发爆破用药相当于四吨 TNT 炸药能量以上或者在人口稠密地区实施大型爆破作业的，施工单位应当报告当地地震主管部门，并通过有效方式提前三日向社会发布信息。

第十三条 地震监测台网（站）建设实行统一规划，分级、分类管理。各级人民政府应加强市和区、县（自治县、市）地震监测台网（站）及仪器和设备的现代化建设。

区、县（自治县、市）地震监测台网（站）及仪器和设备建设的所需资金由同级人民政府筹集，市人民政府给予适当补助。

各级地震监测台网（站）的设置和撤销，由地震主管部门提出，经同级人民政府批准，报上一级地震主管部门备案。

第十四条 大型水库、特大型桥梁和高度超过一百二十米的超高层建筑应按强震观测点布局规划设立地震监测台网（站）或强震观测设施。

地震监测台网（站）或强震观测设施由工程建设单位投资并管理，市地震主管部门负责业务指导。

第十五条 在国家规定的地震监测设施保护范围内，新建、改建、扩建工程应当避免对地震监测设施和地震观测环境造成危害，必须建设而又无法避免造成危害的，建设单位在立项前应当征得市地震主管部门的同意，并承担增建抗干扰工程或者拆迁、重建地震监测设施的全部费用。

第十六条 规划部门在规划和审批项目时，应当依据国家颁布的地震烈度区划图或者地震动参数区划图，将重要建设项目避开地震危险地段和地震活动断裂带。

第十七条 需进行地震安全性评价的新建、扩建、改建重大建设工程和其他可能发生严重次生灾害的建设工程的具体范围，由市人民政府规定。

地震安全性评价应当纳入基本建设管理程序。需要进行地震安全性评价的建设工程项目的可行性研究报告，必须有抗震设防要求的内容。未按规定进行地震安全性评价的，有关主管部门不得批准项目可行性研究报告，不得办理开工等手续。

第十八条 从事地震安全性评价工作的单位，应当具备国家规定的资质条件。必须遵守国家颁布的技术规范和要求。

第十九条 地震安全性评价报告必须经国家或者市地震安全性评审委员会评审通过。地震主管部门按照管理权限，根据地震安全性评价的结果，在五个工作日内确定该建设工程项目的抗震设防要求。

第二十条 建设工程必须按照抗震设防要求和抗震设计规范进行抗震设计，并按照抗震设计进行施工，保证工程抗震质量。

地震安全性评价、设计、施工、工程监理等单位按照各自的职责，对工程抗震设防质量负责。工程抗震设防质量达不到要求的，有关主管部门不得发给工程竣工验收合格证。

第二十一条 地震主管部门应当会同同级有关部门制定地震应急预案，报同级人民政府批准，并报上一级地震主管部门备案。

市级有关部门应根据市地震应急预案，制定本部门的地震应急预案，报市地震主管部门备案。

第二十二条 破坏性地震临震预报发布后，市人民政府可以宣布所预报区进入临震应急期。

破坏性地震发生后，地震灾区所在地人民政府应当立即启动本行政区域的地震应急预案，开展抢险救灾工作。

严重破坏性地震发生后，市人民政府应立即启动市地震应急预案，迅速开展抢险救灾工作。

第二十三条 市地震主管部门应当会同有关部门对地震灾害损失进行调查、评估，灾区各级人民政府应积极配合，不得虚报、瞒报、迟报地震灾情。市地震主管部门的灾情调查结果应及时报市人民政府和国务院地震主管部门。

第二十四条 各级人民政府负责领导、组织震后救灾与重建工作。

地震灾区的单位和有救助能力的公民应当参加抗震救灾活动，进行自救和互救。

非地震灾区的各级人民政府应当组织和动员社会力量，对地震灾区提供援助。

第二十五条 灾区人民政府应当根据震害情况和重新核定的抗震设防要求组织重建工作。

第二十六条 违反本条例规定，有下列行为之一的，由其所在单位或上级主管部门给予行政处分；违反治安管理行为的，依照《中华人民共和国治安管理处罚条例》的规定给予处罚；构成犯罪的，依法追究刑事责任。造成经济损失的，依法承担赔偿责任。

（一）擅自发布、散布或泄露地震预测预报意见的；

（二）制造、散布地震谣言，扰乱社会正常秩序的；

（三）实施第十二条规定的爆破作业未向地震主管部门报告并未按规定向社会发布信息的；

（四）破坏地震监测设施的。

第二十七条 国家工作人员在防震减灾工作中，有下列行为之一的，由其所在单位给予行政处分；构成犯罪的，依法追究刑事责任。造成经济损失的，依法承担赔偿责任。

（一）虚报、瞒报、迟报地震灾情的；

（二）未按国家颁布的技术规范和要求进行地震安全性评价的；

（三）擅自批准项目可行性研究报告、办理开工手续的；

（四）滥用职权、徇私舞弊、玩忽职守、索贿受贿的。

第二十八条 本条例自 2002 年 7 月 1 日起施行。

安徽省人民政府令

第 148 号

《安徽省建设工程地震安全性评价管理办法》已经 2002 年 9 月 17 日省人民政府第 119 次常务会议通过，现予公布，自 2002 年 12 月 1 日起施行。

省　长　许仲林

二〇〇二年九月二十七日

安徽省建设工程地震安全性评价管理办法

第一条　为了加强建设工程地震安全性评价管理，防御和减轻地震灾害，根据《中华人民共和国防震减灾法》和国务院《地震安全性评价管理条例》，结合本省实际，制定本办法。

第二条　在本省行政区域内从事地震安全性评价活动，应当遵守本办法。

第三条　县级以上地方人民政府负责管理地震工作的部门或者机构负责本行政区域内建设工程地震安全性评价的监督管理工作。

县级以上地方人民政府计划、经贸、财政、建设、交通、水利、通信、卫生等部门应当按照各自职责，共同做好建设工程地震安全性评价工作。

第四条　国务院规定应当进行地震安全性评价的建设工程，按照国务院规定执行。

下列建设工程应当进行地震安全性评价，并根据地震安全性评价的结果，确定抗震设防要求，进行抗震设防：

（一）重大建设工程：

1. 公路、铁路干线的特大型桥梁、大型桥梁以及长度 1000 米以上的隧道。

2. 铁路干线上大型站的候车室和枢纽的主要用房；4D 标准以上机场；5000 吨级以上港口、码头工程。

3. 单机容量 30 万千瓦以上或者规划容量 80 万千瓦以上的火力发电厂和装机容量 20 万千瓦以上的水电站；500 千伏以上的变电站；省、市电力调度中心大楼。

4. 大中城市长途电信枢纽、终局容量 10 万门以上程控电话端局和承担特殊重要任务的市话局、一级邮件处理中心。

5. 省、市、县级中心医院主体建筑；大中城市广播电视中心主体工程及广播电视发射塔；大中城市大型供水、供气的主体工程。

6.80米以上高层建筑工程；大型影剧院、大会堂、体育馆以及单体面积2万平方米以上的其他大型公共建筑工程。

7.位于地震动参数分界线两侧各8公里内的新建大中型工程；占地范围较大、跨不同地质条件区域的大城市、大型厂矿企业和新建开发区。

（二）受地震破坏后可能引发水灾的大型水库大坝和重要中型水库大坝及其堤防。

（三）省人民政府规定的对本行政区域有重大价值或者有重大影响的其他建设工程。

第五条 从事地震安全性评价的单位应当取得国务院地震工作主管部门或者省人民政府负责管理地震工作的部门颁发的地震安全性评价资质证书，并按资质许可范围承揽地震安全性评价业务。

地震安全性评价单位应当严格执行国家地震安全性评价的技术规范，确保地震安全性评价的质量。

地震安全性评价收费应当按照国家和省人民政府财政、价格行政主管部门的规定执行，不得擅自增加收费项目或者提高收费标准。

第六条 建设单位应当将建设工程的地震安全性评价业务委托给具有相应资质的地震安全性评价单位。

第七条 地震安全性评价单位编制的建设工程地震安全性评价报告，依照国务院《地震安全性评价管理条例》的规定，除依法应当由国务院地震工作主管部门审定外，由省人民政府负责管理地震工作的部门负责审定，确定建设工程的抗震设防要求。

省人民政府负责管理地震工作的部门审定建设工程地震安全性评价报告，不得收取任何费用。

第八条 县级以上地方人民政府负责项目审批的部门，应当将抗震设防要求纳入建设工程可行性研究报告的审查内容。对可行性研究报告中未包含抗震设防要求的项目，不予批准。

第九条 建设工程应当按照抗震设防要求和抗震设计规范进行抗震设计，并按照抗震设计进行施工。

第十条 县级以上地方人民政府负责管理地震工作的部门或者机构应当会同建设、交通、水利、通信等有关专业主管部门，加强对地震安全性评价工作的监督检查。

第十一条 违反本办法的行为，由县级以上地方人民政府负责管理地震工作的部门或者机构依据职权，责令改正，并依照《中华人民共和国防震减灾法》和国务院《地震安全性评价管理条例》的规定给予行政处罚。

第十二条 违反本办法的规定，省人民政府负责管理地震工作的部门向不符合条件的单位颁发地震安全性评价资质证书和审定地震安全性评价报告，县级以上地方人民政府负责管理地震工作的部门或者机构不履行监督管理职责，或者发现违法行为不予查处，致使公共财产、国家和人民利益遭受重大损失的，依法追究有关责任人的刑事责任；没有造成严重后果，尚不构成犯罪的，对负有责任的主管人员和其他直接责任人员给予降级或者撤职的行政处分。

第十三条 本办法自2002年12月1日起施行。

关于印发《中国地震局地震与火山现场应急工作队工作规范》的通知

各有关单位：

为保障中国地震局地震与火山现场应急工作队高效、有序地开展工作，加强队伍日常和应急时的管理，现将组织制定的《中国地震局地震与火山现场应急工作队工作规范》（以下简称《规范》）印发给你们，请遵照执行。

望各队、组负责单位要依据本《规范》，对其负责的现场应急和日常管理工作制定相应的工作细则和培训计划，并根据实际情况修订本单位地震应急预案，一并报中国地震局备案。

中国地震局

二〇〇二年六月七日

中国地震局地震与火山现场应急工作队工作规范（地震部分）

第一章 总 则

第一条 为了使中国地震局地震现场应急工作队高效、有序地开展地震现场工作，最大限度地减轻地震灾害损失，提高地震科学水平，根据《破坏性地震应急条例》和《地震现场工作规定》等规章，制定本规范。

第二条 中国地震局地震现场应急工作队是直属中国地震局领导、直接服务于抗震救灾的地震应急现场科学工作队伍。

第三条 中国地震局地震现场应急工作队按照分级、分类的管理原则，设立两个地震现场指挥应急工作组和两个地震现场科学考察应急工作队，互为备份。

第四条 中国地震局地震现场应急工作队的主要职责包括地震现场工作与日常应急准备两部分。

根据地震现场应急工作和地震发生演变过程的阶段性特点，地震现场工作分为现场应急与现场科学考察两个阶段。

第五条 中国地震局地震现场应急工作队涉及的直属研究所（中心）和个人，应将地震现场应急工作放在首要位置。

第二章 组 织 管 理

第六条 中国地震局现场指挥应急工作组主要由中国地震局有关司室人员组成。

中国地震局现场指挥应急工作组的职责是，统筹协调、派遣和指挥地震现场科学考察应急工作队；协调与灾区党委、政府及有关部门的关系，保障救灾工作的顺利开展和灾区的社会稳定。

第七条 地震现场科学考察应急工作队的职责是，在现场指挥应急工作组的领导下，在震区和围绕震区开展各项应急与科学考察工作。

地震现场科学考察应急工作队由负责单位承担日常管理。第一队的负责单位是中国地震局地质研究所，第二队的负责单位是中国地震局地球物理研究所。

第八条 地震现场科学考察应急工作队各组成员本着“学科、专业配置合理、精干高效”的原则，从有关局直属单位遴选专家组成。

第九条 地震现场科学考察应急工作队下属各组分别由中国地震局直属研究所（中心）负责，各负责单位承担相应组的日常管理，并在应急启动时为调遣队员、保障队员和仪器设备迅速到位提供条件。各专业组的组长由各负责单位任命，报监测预报司备案。各组的负责单位为：

（一）灾害损失评估组、现场建筑物安全鉴定组由工程力学研究所负责。

（二）现场地震趋势分析预报组、现场通信组由局分析预报中心负责。

（三）科学考察组由地质研究所整体负责。其中科考 1 组由地质研究所负责，科考 2 组由地球物理研究所负责、科考 3 组由地壳应力研究所负责，科考 4 组由局分析预报中心负责。

（四）现场地震监测组由各观测学科专业组组成，整体由地球物理研究所负责。其中的测震观测 1 组、电磁观测组由地球物理研究所负责，测震观测 2 组由局分析预报中心负责，强震观测组由工程力学研究所负责，流体观测组由地质研究所负责，地壳形变观测组由一测中心负责。

第十条 地震现场科学考察应急工作队队长由担任直属研究所（中心）领导职务的专家担任。

队长的职责是确定地震现场科学考察应急工作方案，指挥、协调各组开展工作，并向中国地震局现场指挥应急工作组负责。

第十一条 地震现场科学考察应急工作队各组在地震现场工作的职责是：

（一）地震灾害损失评估组与科学考察组：

在现场应急阶段开展震灾损失评估工作：调查人员伤亡情况；收集和核实灾区基础资料，对灾区进行抽样调查，确定破坏房屋建筑类型，确定破坏等级标准，确定灾区范围，划分评估区，计算灾害经济损失。

在现场科学考察阶段开展科学考察工作：对地震现场的烈度进行调查，确定地震烈度的空间分布；全面调查和详细记录地震地表破裂的几何形态、位移分布和破坏特征；调查和研究震区地震构造环境，确定发震构造；调查地震地质灾害、地震宏观异常现象、工程结构震害特征和地震社会影响等。

（二）现场建筑物安全鉴定组：对灾区重要的建筑物安全性能进行鉴定，并在建筑物上作出安全等级标记。

（三）现场地震监测组：布设或恢复地震现场测震和前兆台站（网、点），捕捉近场强地面运动数据，增强震区监测能力。为地震类型判定、震后地震趋势估计、后续地震的短临预报及有关工作提供及时、可靠、连续的观测资料。

（四）现场地震趋势分析预报组：分析处理震区及相关地区的地震序列、前兆观测资料，核实与判断重大异常，收集宏观异常，经过充分会商，对震区地震类型、地震趋势、短临预测提出判定意见。

（五）现场通信组：确保现场与后方指挥部、现场各组之间通信畅通。

第三章 应急启动

第十二条 启动条件：发生严重破坏性地震或造成特大损失的严重破坏性地震，有重要影响或重大研究价值的地震。一般为大中城市或人口稠密、经济发达地区发生 $M_S \geqslant 6.0$；首都圈地区发生 $M_S \geqslant 5.0$；或者灾情初报死亡人数超过 200 人。

第十三条 一旦符合启动条件，由中国地震局监测预报司负责将集结地点、时间及方式通知地震现场科学考察应急工作队各组的负责单位。同时，由各负责单位负责完成相应各组人员与设备的到位。

第十四条 中国地震局现场指挥应急工作组审核地震现场科学考察应急工作队的组成，并统筹部署其工作任务。

第十五条 由地震现场指挥应急工作组与地震所在省（自治区、直辖市）地震局取得联系，确定联合组队方案。

地震现场科学考察应急工作队队长负责具体落实联合组队方案。

第四章 现场应急

第十六条 现场应急的目标是为政府快速提供震情、灾情信息；为政府部署救灾、稳定社会、减轻可能发生的后续地震造成的灾害提供依据。

第十七条 震情内容包括：地震三要素、地震序列和地震趋势分析判定等。

地震灾情内容包括地震造成的人员伤亡、经济损失、环境破坏和社会影响等。

第十八条 地震灾害损失评估与科学考察组首先应开展现场灾害调查与评估工作。该组负责人应根据初步掌握的灾情、震中位置、震级和当地地震地质情况，确定极灾区位置和估计大概的受灾范围，合理布置震害损失调查路线和抽样点的分布，迅速开展抽样调查工作，进行地震灾害损失评估。

负责协助队长起草现场《灾情简报》，上报中国地震局现场指挥应急工作组。

第十九条 地震现场监测组应迅速增强震区的监测能力（包括架设临时性台网、建立前兆异常观测手段等），以最快的速度投入观测工作。确保资料的连续准确、及时处理。

第二十条 现场分析预报组建立健全地震现场临时会商制度，及时进行地震序列、前兆观测资料的分析处理，核实与判断重大异常，收集宏观异常，通过综合分析，对地震类型、地震趋势作出判断，并密切跟踪和监视震情的发展趋势。

负责协助队长起草现场《震情简报》，上报中国地震局现场指挥应急工作组。

第二十一条 现场建筑物安全鉴定组应优先对在抗震救灾应急期急需恢复使用或在使用的建筑和重要的生命线建（构）筑物的安全性进行鉴定，给出安全或暂不使用标志。其后，对抗震救灾有重要作用的建筑及其他受震建筑进行安全鉴定。

第二十二条 现场通信组应迅速建立地震现场与应急指挥中心之间的通信系统，确保各工作组获得的重要资料、数据与图像能准确、及时传到后方指挥部。

第二十三条 各组应及时将本组的工作情况向队长汇报，由队长负责汇总后上报现场指挥应急工作组。

第二十四条 现场应急后勤保障工作由现场指挥应急工作组协调地震所在省（自治区、直辖市）地震局承担。

第二十五条 地震现场应急工作期应根据地震实际情况适时确定。当地震趋势已经明确，地震活动已明显衰减并趋于平稳，地震灾害损失评估及各项应急工作已经完成，灾区人民群众情绪基本稳定，震区社会生活趋于正常时，经中国地震局地震现场指挥应急工作组批准，可开展地震现场科学考察工作。

第五章 现场科学考察

第二十六条 现场科学考察的目的在于全面、准确地获取震后现场各项有科学价值的数据与图像，为地震研究和工程抗震积累科学资料，并可作为震区灾后重建工作的参考依据。

第二十七条 现场科学考察主要包括发震构造与地震地质灾害调查、地震宏观异常现象考察、工程结构震害与建筑物结构抗震性能调查、以及地震社会影响调查等。

并在震区进行数字化流动台网观测、地壳形变观测（包括 GPS 流动台网、短基线、短水准观测）。必要时开展重力、地磁、地电阻率复测。

第二十八条 现场地震科学考察工作在应急期后进行，也可专门安排时间进行。

第六章 地震现场工作总结

第二十九条 地震现场工作结束后，必须对现场工作进行全面的总结。

第三十条 地震现场科学考察应急工作队各工作组在撤离地震现场前，应向队长提交初步成果报告，报告按相关技术规范编写。

第三十一条 在撤离现场之前，地震现场科学考察应急工作队队长召集全体队员会议，责成各专业组对所承担的工作做全面汇报，并根据中国地震局的有关技术规范，对各专业组的报告编写所需的科学资料和结果进行认真的分析，对所缺资料要进行收集和补充。

第三十二条 地震现场科学考察应急工作队在各组提交的报告基础上，编写工作总结和科学考察报告。

第三十三条 地震现场指挥应急工作组在撤离地震现场后，应尽快提交地震现场工作报告。地震现场工作报告一般包括地震现场人员组成、组织机构、工作日志（大事记）、现场工作部署、工作进展、对各种突发事件采取的措施（现场对策）、经验与教训等内容。

第三十四条 地震现场工作结束后两个月内，应将各种现场工作的原始资料、各种报告和总结，按地震科技档案的要求整理归档。

第七章 日常工作管理

第三十五条 按照“平震结合，常备不懈”的原则，必须加强平时队伍的业务培训和模拟应急演练工作，作好仪器设备的维护保养和更新工作。

第三十六条 地震现场科学考察应急工作队各队、各组的业务培训和模拟演练由各负责单位负责实施。

地震现场应急工作队的模拟演练由中国地震局监测预报司负责实施。

第三十七条 地震现场应急工作队所用的仪器设备由各专业组的负责单位专人保养和管理，确保其在地震现场能正常工作。

必须保障的仪器设备种类主要有：通信、监测、科学考察设备、应急车辆及现场个人生活装备等。

对仪器设备应定期或不定期进行必要的更新，确保地震应急工作。

第三十八条 中国地震局地震现场应急工作队的日常工作费用和大震现场应急预备金应给予充分保障。

第三十九条 中国地震局地震现场应急工作队的成员出差必须向所在单位备案。

第八章 附 则

第四十条 各队、组的负责单位应依据本规范，对其负责的现场应急和日常管理工作制定相应的工作细则，同时修订本单位地震应急预案，并报中国地震局监测预报司备案。

第四十一条 本规范由中国地震局监测预报司负责解释。

中国地震局地震与火山现场应急工作队
工作规范（火山部分）

第一章 总 则

第一条 减轻火山灾害是党中央、国务院交给中国地震局的重要任务之一。成立火山现场应急工作队，是一项最大限度地减轻火山灾害损失、保证灾区社会稳定、促进人类与火山和平共处的重要举措。

第二条 为了使中国地震局火山现场应急工作队高效、有序地开展火山现场工作，最大限度地减轻火山灾害损失，提高火山科学水平，针对我国现有活火山的特征，结合一般性火山喷发过程与国外有关减轻火山灾害实例，并根据《中华人民共和国防震减灾法》制定本工作规范。

第三条 中国地震局火山现场应急工作队是直属中国地震局领导、直接服务于火山减灾救灾的火山应急现场科学工作队伍。

第四条 火山现场工作的基本任务是在火山发生喷发之后或出现明显异常时，为保证火山区的社会稳定，协助政府开展防灾救灾工作和积累科学资料而围绕火山进行的各项工作，包括火山现场监测、火山灾害损失评估、防灾对策制定、火山科学考察和社会宣传等。

第五条 火山现场应急工作队的主要职责包括现场工作与日常应急准备两部分。根据火山现场救灾工作和火山喷发过程的阶段性特点，火山现场工作一般分为现场应急和现场科学考察两个阶段。

第六条 火山现场应急工作队涉及的直属研究所（中心）和个人，应将火山现场应急工作放在首要位置。

第二章 组 织 管 理

第七条 中国地震局现场指挥应急工作组主要由中国地震局有关司室人员组成。

中国地震局现场指挥应急工作组的职责是，统筹协调、派遣和指挥火山现场科学考察应急工作队；协调与灾区党委、政府及有关部门的联系，保障救灾工作的顺利开展和灾区的社会稳定。

第八条 火山现场应急工作队的职责是，在现场指挥应急工作组的领导下，在火山灾害区和围绕火山灾害区开展各项应急与科学考察工作。火山现场应急工作队由负责单位中国地震局地质研究所承担日常管理。

第九条 火山现场应急工作队各组成员本着“学科、专业配置合理、精干高效”的原则，从有关局直属单位遴选专家组成。

第十条 火山现场科学考察应急工作队下属各组分别由中国地震局直属研究所（中心）负责，各负责单位承担相应组的日常管理，并在应急启动时调遣队员、保障队员和仪器设备迅速到位提供条件。各专业组组长由各负责单位任命，报科技发展司备案。各组的负责单位为：

1. 现场火山监测组由各观测学科专业小组组成，整体由地球物理研究所负责，测震小组由地球物理研究所负责，形变小组由二测中心负责，流体小组由地质研究所负责。

2. 现场火山综合分析组由地质研究所负责。

3. 现场通信组由分析预报中心负责

第十一条 火山现场科学考察应急工作队队长由中国地震局火山研究中心的专家担任。

队长的职责是确定火山现场科学考察应急工作方案，指挥、协调各组开展工作，并向中国地震局现场指挥应急工作组负责。

第十二条 科技发展司负责建立中国地震局火山现场应急工作队队长的备份机制，各工作组的负责单位负责建立人员更新和备份机制。

第十三条 火山现场应急工作队各组在火山现场的职责是：

1. 现场火山监测组

现场火山监测组负责喷发过程实时监测和流动火山地震、形变、流体等的应急监测工作，提供各种监测数据和初步分析结果。火山现场监测的基本任务是：布设或恢复火山现场测震、形变、流体等前兆台站（网），增强火山区的监测能力；为火山类型的判定、火山喷发趋势估计、后继火山喷发的短临预报及有关工作提供及时、可靠、连续的观测资料；协助综合分析组开展喷发活动预测工作。

2. 现场火山综合分析组

现场火山综合分析组负责各种监测数据的综合分析，提出火山喷发预测意见和防灾减灾对策意见，负责火山灾害调查和损失评估。火山现场分析预报工作主要包括：喷发序列的及时分析处理、火山及邻区火山资料与喷发前兆资料的收集、处理，以及重大异常的核实与判断、宏观异常的收集。在以上工作基础上，经过充分会商，对于喷发类型、喷发趋势、灾害类型、灾害分布及减灾措施提出意见。

3. 现场通信组

确保现场与后方指挥部、现场各组之间通信畅通。

第三章 应急启动

第十四条 火山现场应急工作队启动条件是发生火山喷发时或出现明显异常现象。

第十五条 一旦符合启动条件，由中国地震局科技发展司负责将集结地点、时间及方式通知火山现场应急工作队各组的负责单位。同时，由各负责单位负责完成相应各组人员与设备的到位。

第十六条 中国地震局现场指挥应急工作组审核火山现场应急工作队的组成，并宣布其组织的成立与任命。

第十七条 由火山现场指挥应急工作组与火山所在省地震局取得联系，确定联合组队方案。火山现场应急工作队队长负责具体落实联合组队方案。

第四章 现场应急

第十八条 火山现场应急的目标是为政府快速提供灾情信息，为政府部署防灾救灾、稳定社会、减轻火山灾害提供依据。

第十九条 火山现场应急工作内容主要是：协助地方政府与指导相应机构开展火山减灾与救援工作；火山监测工作；危险区和疏散区确定；火山灾难与损失的调查；火山灾害区划图的编制、减灾措施的制定与协助实施。

第二十条 火山现场应急工作程序是：选择安全近距离地点设立火山现场应急工作队工作大本营；选择撤离路线与临时安置点供政府决策参考；远、近距离连续火山监测摄像（空中与地面结合）；选定不同级别警戒带；选择安全、关键地点架设监测仪器与设施；火山灾难与损失的调查；填制火山应急调查卡片，组织火山实时通报；编制火山灾害区划图、未来可能的灾害类型与各类灾害的影响范围的判定；分析判断大规模人口迁移时间的选取时机；

检查不同类型火山警报系统的安全有效性；查找相应资料，保持网络通讯系统与外界的联系畅通；根据火山现状适时修改隔离带范围，判断稳定的安全区。

第二十一条 确有必要进入严格限定的警戒区时，一定要事先得到现场指挥人员的批准并与直升机驾驶员取得联系。根据火山活动节律选择相对安全时间进入警戒区并保证按时返回。

进入警戒区除配备必要安全设备外，要随时收听当地电台锁定频率的广播，通过步话机随时与现场工作指挥部取得联系。严格按照三人一组进入警戒区，工作时必须有一人负责直接监视火山与周围情况，遇异常情况时，紧急撤离现场是第一需要。现场工作内容重视实际资料的收集，推理性研究内容待撤离警戒区后补充进行。

第二十二条 火山现场应急工作队下属各工作组应及时将本组的工作情况向队长汇报，由队长负责汇总后上报中国地震局现场指挥应急工作组。

第二十三条 火山现场应急后勤保障工作由现场指挥应急工作组协调火山所在省、区、市地震局承担。

第二十四条 当火山喷发趋势已经明确，喷发活动已明显衰减并趋于平稳，灾害损失评估及各项应急工作已经结束，灾区人民群众情绪基本稳定，灾区社会生活趋于正常时，经中国地震局火山现场指挥应急工作组批准，工作重点可转为开展火山现场科考工作。

第五章　现场科学考察

第二十五条 现场科学考察是火山现场应急工作队的一项重要任务，是理解火山发生、发展与熄灭过程规律的最根本手段，也是了解火山喷发机理与确定未来减灾措施的基础依据。现场科考以事实收集为主，以机理解释为辅。

第二十六条 现场科学考察最基础性工作是调查火山喷发物的空间分布及其随时间的演化过程，通过喷发物与灾害现状的调查恢复喷发灾害的类型与强度；通过考察者对火山过去行为的了解推测未来灾害的预期类型、影响范围与强度；通过对火山生命过程的了解达到人与火山和平共处之目的。

第二十七条 现场科考内容视未来火山喷发实际情况而定，一般都放在现场应急工作稍后时间进行。分为火山本身的考察和灾害类型与机理的考察两部分。考察队成员以火山学家为主，同时配合有地方地震，医疗，林业，农业等部门的专业人员。必要时聘请国内外火山学家参加。

第二十八条 对于火山的考察，根据火山喷发的不同类型，采用不同的考察方案。

1. 对于爆破性火山喷发，科考内容首先是考察喷发物性质，建立喷发堆积序列，确定不同类型喷发物的时空分布。根据考察所获综合的喷发堆积相模型对未来喷发类型与致灾过程做出判断。

2. 对于溢流式喷发，重点考察岩浆溢出速率与展布范围，根据熔岩流推进速度与流经路线制定相应减灾措施。

3. 对于熔岩穹隆式喷发，注意考察宁静式溢出与爆破性突发事件的转换频率与影响范围。

第二十九条 对于直接和间接火山灾害，根据致灾喷发物确定不同的灾害类型。

1. 对于空降堆积物，考察确定其冲撞、掩埋、灼烧、压垮建筑物等严重灾害带的范围；确定喷发柱影响航空、通讯与环境效应范围。

2. 对于火山碎屑流和火山碎屑涌浪造成的灾害，考察其流动切割、冲撞掩埋、热伤害与窒息等灾害类型与强度范围；恢复流动速度与流体温度等参数，划分不同参数灾害带；圈定细粒火山灰尘窒息作用和有毒气体窒息作用灾害带范围；考察人员与牲畜死伤原因、分布地带与灾害频率，在此基础上绘制火山灾害区划图。

3. 对于次生火山灾害，主要考察喷发对农作物的影响、火山泥石流灾害、环境与大气污染等效应。

第六章　火山现场工作总结

第三十条　火山现场应急与科考工作结束后，必须对现场工作进行全面的总结。

第三十一条　火山现场科学考察应急工作队各工作组在撤离火山现场前，应向队长提交初步成果报告，报告按相关技术规范编写。

第三十二条　在撤离现场之前，火山现场科学考察应急工作队队长召集全体队员会议，责成各专业组对所承担的工作做全面汇报，并根据中国地震局的有关技术规范，对各专业组的报告编写所需的科学资料和结果进行认真的分析，对所缺资料要进行收集和补充。

第三十三条　火山现场科学考察应急工作队在各组提交的报告基础上，编写工作总结和科学考察报告。

第三十四条　火山现场指挥应急工作组在撤离火山现场后，应尽快提交火山现场工作报告。火山现场工作报告一般包括火山现场人员组成、组织机构、工作日志（大事记）、现场工作部署、工作进展、对各种突发事件采取的措施（现场对策）、经验与教训等内容。

第三十五条　火山现场工作结束后两个月内，应将各种现场工作的原始资料、各种报告和总结，按地震科技档案的要求整理归档。

第七章　日常工作管理

第三十六条　按照“居安思危，常备不懈”的原则，必须加强平时队伍的业务培训和模拟应急演练工作，作好仪器设备的维护保养和更新工作。

第三十七条　火山现场应急工作队各队、各组的业务培训和模拟演练由各负责单位负责实施。

火山现场应急工作队模拟演练工作与地震现场应急工作队同时进行，由监测预报司统一负责实施。

第三十八条　火山现场应急工作队所用的仪器设备由各专业组的负责单位专人保养和管理，确保其在火山现场能正常工作。

必须保障的仪器设备种类主要有：通信、监测、科学考察设备、应急车辆及现场个人生活装备等。

对仪器设备应定期或不定期进行必要的更新，确保火山应急工作。

第三十九条　中国地震局火山现场应急工作队的日常工作费用和喷发现场应急预备金应

给予充分的保障。

第四十条 中国地震局火山现场应急工作队的成员出差必须向所在单位备案。

第八章 附 则

第四十一条 各队、组挂靠单位对其负责的现场工作，应依据本工作规范制定相应的工作细则，并报中国地震局科技发展司备案。

第四十二条 本规范由中国地震局科技发展司负责解释。

关于印发《中国地震局知识产权保护管理暂行规定》的通知

各省、自治区、直辖市地震局，各直属单位：

为加强地震系统知识产权保护与管理，维护国家、单位和职工的合法权益，鼓励发明创造，促进地震科技进步和创新，特制定《中国地震局知识产权保护管理暂行规定》，现印发给你们，请认真学习并遵照执行。

中国地震局

二〇〇二年八月二十六日

中国地震局知识产权保护管理暂行规定

第一章　总　　则

第一条　为了加强地震系统知识产权保护与管理，促进地震科技进步和创新，维护国家、单位、职工的合法权益，适应防震减灾事业和经济发展的需要，依据国家有关法律、法规，特制定本暂行规定。

第二条　本规定所保护、管理的地震系统的知识产权，是指地震系统各单位及其职工通过智力创造性劳动所取得的成果，并依照法律、法规或者合同约定应该由单位享有的一种权利，包括单位与单位、单位与个人共享的知识产权。

本规定所称知识产权包括：

（一）专利权：发明专利权、实用新型专利权、外观设计专利权；

（二）商标权：商标、服务标记（商标）、单位（厂商）名称及产地识别标志等；

（三）著作权及计算机软件、集成电路布图设计等；

（四）技术秘密和商业秘密；

（五）国家法律、法规所保护的其他创造性智力成果的权利。

第三条　本规定适用于地震系统各事业单位和企业（以下简称单位）。

中国地震局科学技术管理部门主管地震系统知识产权保护与管理工作。各省、自治区、直辖市地震局和局各直属单位科学技术主管部门归口负责本单位知识产权保护与管理工作。

第四条 各单位应当加强知识产权保护和管理工作，并将形成和拥有知识产权的数量及其质量作为评定科研机构、高新技术企业和科技人员贡献大小及能力的重要指标之一。通过掌握和应用自主知识产权，提高自身的科技创新能力和市场竞争力。

第二章 权 属

第五条 执行国家科技计划项目所形成的发明创造和其他科技成果及其依法取得的知识产权，除以保证重大国家利益、国家安全和社会公共利益为目的，并由国家科技计划项目主管部门与承担单位在合同中明确约定外，由承担单位所有，承担单位有管理、保护知识产权的义务，可以依法自主决定实施、许可他人实施、转让、作价入股，取得相应的收益。

执行国家科技计划项目所产生的发明权、发现权及其他科技成果权等，属于对项目单独或共同作出创造性贡献的人员。

第六条 执行本单位任务完成的或主要利用本单位的物质技术条件完成的发明创造为职务发明创造。

执行本单位任务完成的职务发明创造是指：

（一）在本职工作中作出的发明创造；

（二）履行本单位交付的本职工作之外的任务所作出的发明创造；

（三）退职、离退休或者调动工作后 1 年内作出的，与其在原单位承担的本职工作或者原单位分配的任务有关的发明创造。

本单位的物质技术条件，是指本单位的资金、设备、零部件、原材料或者不对外公开的科技资料等。

第七条 职务发明创造申请专利的权利属于该单位；申请被批准后，该单位为专利权人。单位对职务发明创造及其专利拥有使用权、转让权、许可权和收益权。完成者依法享有在有关技术文件上署名的权利以及获得报酬和奖励的权利。

对于非本单位任务来源或非本职工作任务，仅利用本单位的物质技术条件所完成的发明创造及其它科技成果，单位与科技人员之间可以协商方式确定成果权属，协商不成的，科技人员在交付相应的物质技术条件使用费、租赁费后，可以依法享有该项成果及其知识产权。

第八条 以单位名义申请注册的商标和服务标记等，其专用权依法归单位所有。

第九条 由单位主持、代表单位意志创作、并由单位承担责任的职务作品，其著作权（包括计算机软件、集成电路布图设计等）及其邻接权由单位所有，作者享有署名权。

第十条 为完成单位的工作任务所创作的作品，其著作权由完成者享有，单位在其业务范围内对其享有优先使用权。

第十一条 在执行单位任务过程中所产生或形成的、不对外公开的信息，包括调研资料、设计方案、图纸、试验数据、工艺参数、工艺技术流程、技术诀窍、试用情况、用户情况、经营渠道等技术信息和商业信息，属单位所有。

第十二条 受单位委派出国讲学、进修、培训、留学等人员，除与接收方另有协议外，在国外完成的发明创造和科技成果及其依法取得的知识产权归委派单位所有。

第十三条 经合法途径接收的培训、进修、离退休返聘、借用及兼职人员，在学习或工作期间，利用接收单位物质技术条件所完成的发明创造和科技成果及其依法取得的知识产权，除合同另有约定外，归接收单位所有，完成者享有署名权、获得奖励和报酬的权利。

第十四条 两个以上单位或者个人合作完成的发明创造和科技成果、一个单位或者个人接受其他单位或者个人委托所完成的发明创造和科技成果，除另有协议的以外，其发明创造和科技成果及依法取得的知识产权属于完成或者共同完成的单位或者个人。

第十五条 单位变更、终止时，对其知识产权，依法由继承人或承担权利义务的单位享有。若无承担其权利义务的法人单位，由中国地震局享有。

第十六条 知识产权权属不清或有争议的，应当依照相关法律、法规和本规定及时进行界定。

第三章 职 责

第十七条 中国地震局科学技术管理部门负责地震系统知识产权制度的建立、保护和管理工作，其主要职责：

（一）宣传、贯彻执行国家有关知识产权的法律、法规；

（二）研究制定本系统知识产权保护和管理工作的政策和措施；

（三）指导、监督、检查地震系统各单位的知识产权保护和管理工作；

（四）依照合同、政策法规调处本系统有关单位发生的知识产权纠纷；

（五）负责国家各类计划项目的知识产权管理；

（六）归口管理国家秘密技术的知识产权；

（七）完成上级主管部门交办的有关任务。

第十八条 各省、自治区、直辖市地震局、局各直属单位，负责本单位知识产权制度的建立、保护、管理工作；其主要职责：

（一）组织学习和宣传普及知识产权知识，增强职工知识产权保护意识和能力；

（二）负责组织制定知识产权保护、管理的具体措施并组织实施；

（三）负责组织有关的无形资产评估，技术秘密和商业秘密认定；对已认定的技术秘密、商业秘密的内容、范围采取相应的保护措施；

（四）负责本单位知识产权纠纷调处、诉讼等有关法律事宜；

（五）负责本单位知识产权的统计、备案和上报工作；

（六）参加洽谈、审核本单位涉及有关知识产权内容的各类合同、协议，并进行监督。

第四章 管 理

第十九条 科学技术研究与科技开发项目在立项前，应当进行专利、计算机软件及相关文献检索，提交该项目的知识产权可行性分析报告，防止知识产权侵权和低水平重复研究、开发，并在合同中明确对知识产权的要求和权属划分。

研究、开发过程中，要跟踪知识产权发展动态，做好科技资料记录、保管工作，确保原始资料的完整。

项目完成后，课题负责人须按知识产权和科技档案管理要求将知识产权及调研、计算和实验数据、记录、工作底稿、图纸、声像等科技资料汇齐，按各研究阶段整理并送相应管理部门登记、归档。

第二十条 研究、设计、开发和中试、生产、经营等过程中形成的科技成果及相应的知识产权，课题负责人应及时向单位的知识产权管理部门报告，并同时提出拟保护的内容、范围及保护措施。

凡准备申请专利的职务发明创造，在申请前任何人不得以任何形式公开（《专利法》规定的不丧失新颖性的情况除外）；对不宜申请专利的职务发明创造，应作为单位的非专利技术、技术秘密予以保护。

第二十一条 单位（尤其是企业）应当注册服务标记；生产批量产品必须按规定使用注册商标。

第二十二条 执行国家科技计划项目所形成的发明创造及依法取得的知识产权，承担单位无正当理由不采取或者不适当采取知识产权保护措施，以及无正当理由在一定期限内(2～3年）确能转化而不转化应用国家科技计划项目研究成果的，中国地震局可以依法另行决定相关知识产权的归属及使用、开发和获取收益的权利。

第二十三条 各单位应加强国际科技合作与交流中的知识产权保护和管理工作。在国际科技合作交流活动中要明确有关知识产权的权利和义务，注意科技成果权属与保密；避免产权纠纷；要采取有效的措施，既要保护外国投资者、合作者的知识产权，也要保护我们自己在国外的知识产权和经济利益。

为了避免侵权或失权，在引进或出口技术时，应对输出国或输入国有关该项技术的知识产权法律状况和技术状况进行检索、核查，并将结果报主管部门，作为决定引进或出口的参考。

第二十四条 知识产权管理部门应当参加单位各种科技合同、知识产权许可合同等合同签定工作，明确知识产权保护和管理条款，再由单位法定代表人或其委托代理人签署。

第二十五条 单位在重组联合、建立股份制、股份合作制企业、以技术投资入股或合资创办企业，或以专利权、非专利技术等无形资产进行产权交易或许可贸易时，除另有规定的外，必须根据国家规定委托有资格的评估中介机构进行无形资产价值评估。

第二十六条 单位对所拥有的技术秘密和商业秘密应按科技保密的有关规定建立相应的保密制度；对涉及或可能知悉技术秘密、商业秘密的相关人员，单位应按科技保密的有关规定，采取签署《保密协议》等合法有效的保密措施。

在职、离退休留用、借调、进修、培训人员或在校学生应自觉维护单位的合法权益，未经单位同意或许可，不得擅自将属于单位的知识产权或信息泄露、发表、使用或转让。

第二十七条 单位应当实行知识产权保证书制度，与有关人员签定《知识产权保证书》，履行保护本单位知识产权的义务。

对单位技术权益和经济利益有重要影响的科技、管理或相关业务人员（包括离、退休人员），单位应在《劳动聘用合同》或者《保密协议》中约定在本单位之外从事包括研究、开发、生产或经营同类业务有竞争关系的竞业限制条款（约定限制期限一般不应超过 2 年），不经单位允许或拒签有关限制条款者，单位可依据有关法律、法规对其处分。

第二十八条 凡承担国家或部门重大科技项目的主要科技人员，在任务尚未结束之前，原则上不得调离、出国定居或辞职；各类人员在办理离、退休或调动、辞职、出国定居手续前，须交回属于单位的全部资料、实验数据、仪器设备、样品等，否则不予办理。

第二十九条 在科技人员合法有序的流动中，可以利用自己在工作中积累和掌握的知识、经验和信息从事科技创新活动，但不得将原单位拥有的知识产权的核心技术或特定的科技秘密擅自提供给其他单位或个人，侵害原单位的技术权益；对于以流动为名，故意利诱他人披露相关科技秘密的单位或个人，应依法追究法律责任。

对未经批准擅自离职，对单位科技工作造成影响或造成损害的，单位有权拒绝办理各种手续，拒绝开具各种证明，并有权要求经济赔偿。

第三十条 管理人员对其业务范围内所涉及的科技秘密或不宜公开的信息负有保密责任，不得非法使用或透露给第三方。

第三十一条 参加项目鉴定、评审、评估、验收工作的专家及相关人员，未经项目承担单位或个人同意，不得擅自披露、使用或向他人提供、转让有关项目的科技资料、文件或商业秘密。

第三十二条 各单位要建立相应的参观、来访接待制度，除规定参观范围、注意事项等内容外，对涉及科技秘密的研究、开发、实验、生产、制造、保存等重点场所，应当采取专门的防范措施，按《中华人民共和国保守国家秘密法》和《科学技术保密规定》管理。

第三十三条 单位应依据有关规定设立知识产权保护和管理专项费用，用于支持知识产权管理、培训和申请、维持取得的国内外相关知识产权等费用；有条件的单位还可以设立资助科技成果转化的“实施资金”。

第五章 奖 惩

第三十四条 单位应按照国家有关规定，对职务发明创造者或被认定为科技秘密项目的完成者，给予如下相应的报酬及表彰、奖励等：

（一）著作权人在作品发表后有权获取基本稿酬和印数稿酬；著作权人许可他人使用作品的，可依法获取相应报酬；

（二）商标注册后，商标注册人应给予设计人一定的报酬或奖励；

（三）专利授权后，专利权人应对发明人或设计人予以如下奖励：

1. 发明专利的奖金最低不少于2000元；

2. 实用新型专利和外观设计专利的奖金最低不少于500元。

专利权人应当自专利权公告之日起3个月内发给发明人或设计人奖金。

第三十五条 凡获得“中国专利奖”的发明人，并符合原国家地震局震发科［1998］011号文件关于对“中国专利奖”发明人奖励条件的规定，中国地震局按以下标准予以奖励：

（一）发明专利获“中国专利发明创造金奖”的，按中国地震局防震减灾优秀成果奖一等奖予以奖励；

（二）实用新型专利获“中国专利发明创造金奖”的，按中国地震局防震减灾优秀成果奖二等奖予以奖励；

（三）发明专利、实用新型专利获“中国专利发明创造优秀奖”的，按中国地震局防震减灾优秀成果奖三等奖予以奖励。

第三十六条 单位将其知识产权或职务发明创造、职务科技成果自行产业化、自行实施的，单位应当在成功投产后连续3至5年从实施该项目所取得的年净收人中提取不低于5%的比例，作为报酬支付给对完成该项目及对其产业化作出重要贡献的人员；单位将其知识产权或职务发明创造、职务科技成果进行转让，或者许可他人实施的，应从取得的净收入中提取不低于20%的比例，作为一次性报酬发给项目完成人员和转让有功人员。

第三十七条 采用股份制形式的科技企业，或者主要以技术向其它股份制企业投资入股的单位，对科技成果研究、开发、转化中作出重要贡献的有关人员的报酬或奖励，可按国家有关规定折算为股份份额或出资比例分享收益。

第三十八条 违反本规定，对科研、开发项目完成后不按时归档，或重要资料不齐全、或有意隐匿资料以及拒不归档的，要追究项目负责人和当事人的责任，包括不受理成果鉴定，不准申报相应的科技奖励，影响其业务考核和提职晋级以至给予其它处分。

第三十九条 违反本规定，擅自将属于单位的科技成果、职务作品、注册商标或信息泄露、发表、使用或转让的；或借工作、职务之便，擅自披露、使用或向他人提供、转让有关科技资料、文件或商业秘密的，单位有权延期晋级、通报批评、不予聘用或中止聘用等；对造成权益、科技、经济损失的，所在单位有权视情节轻重，给予行政处分、要求相应的经济赔偿直至追究法律责任。

第四十条 任何单位和个人都有监督本规定执行的权利和义务，并有责任劝阻、制止和举报违反本规定的单位、个人和行为；对举报有功的人员给予保护和合理奖励。

第六章　附　　则

第四十一条 本规定由中国地震局科学技术管理部门负责解释。

第四十二条 本规定自公布之日起施行。

知识产权保证书

我已认真阅读了《中国地震局知识产权保护管理暂行规定》，完全同意其中各条款的内容，并保证履行其中所列的应由我履行的义务，保证在职或离休退休期间以及调动工作或退职一年之内履行上述义务。如果未履行上述义务给单位造成损失，我愿意承担相应的责任。同时声明：属于我个人的有关知识产权的各项权利也应受到法律的保护。

保证人（签字）　　　　年　　月　　日

保证人所在单位（盖章）　　　　年　　月　　日

本保证书一式两份，由保证人留存一份，其所在单位保存一份，具同等法律效力。

关于印发《中国地震局关于直属科研机构管理体制改革组织实施工作的意见》的通知

各省、自治区、直辖市地震局，各直属单位：

为贯彻落实《国务院办公厅转发科技部等部门关于深化科研机构管理体制改革的实施意见的通知》(国办发［2000］38号）和《国务院办公厅转发科技部等部门关于非营利性科研机构管理的若干意见（试行）的通知》(国办发［2000］78号)，以及科技部、财政部、中编办《关于农业部等九部门所属科研机构改革方案的批复》（国科发政字［2002］356号）精神，我局制定了《中国地震局直属科研机构改革组织实施工作的意见》(以下简称《意见》)，现印发给你们。

各直属科研机构要按照《意见》的要求，结合本单位的实际情况，制定具体的改革方案，并抓紧组织实施。在工作中，要正确处理好改革、发展、稳定之间的关系，做好转制和未聘人员的安置工作，确保改革工作的顺利进行。

中国地震局

二〇〇二年十一月二十六日

中国地震局关于直属科研机构管理体制改革组织实施工作的意见

根据《国务院办公厅转发科技部等部门关于深化科研机构管理体制改革实施意见的通知》(国办发［2000］38号)、《关于非营利性科研机构管理的若干意见（试行）的通知》(国办发［2000］78号）和《关于对农业部等九部门所属科研机构改革方案的批复》(国科发政字［2002］356号）的精神，中国地震局对直属科研机构管理体制改革的组织实施工作提出以下意见。

一、改革总体思路

（一）指导思想

坚持以邓小平理论和“三个代表”思想为指导，贯彻党的十六大精神，按照《国务院办公厅转发科技部等部门关于深化科研机构管理体制改革实施意见的通知》（国办发［2000］38号）的要求，结合地震科研机构的实际情况，以改革为动力，以提高创新能力为目标，建立和完善地震科技创新体系，促进防震减灾事业的可持续发展。

（二）基本原则

1. 符合国家科技工作和科研机构改革的总体要求；

2. 突出防震减灾事业社会公益性特点；

3. 适应地震科技创新和科技进步的需要；

4. 促进地震科研队伍精干高效、素质提高；

5. 实事求是、积极稳妥、循序渐进、务求实效。

（三）总体目标

通过结构调整、机制转换、人员分流和制度创新，优化地震部门科技力量布局和科技资源配置，建立“开放、流动、竞争、协作”的管理和运行机制，形成与防震减灾事业发展相适应的地震科技创新体系，显著提高地震科研队伍的整体素质和科技创新能力，努力将直属科研机构建设成为在大陆地震研究领域具有国际先进水平的科学研究基地。

二、结构调整方案

根据防震减灾事业和地震科技发展的要求，通过对地震科技力量布局进行调整，进一步明确各科研机构主要研究领域和研究方向，建立结构合理、分工明确、精干高效的地震科研队伍。

（一）机构调整

1. 按照科技部批准的保留5个科研机构和1035人编制的方案。根据防震减灾科技工作四大支柱学科地球物理学、地质学、大地测量学、地震工程学的发展需要，分别相应保留地球物理研究所、地质研究所、地壳应力研究所、工程力学研究所，并保留分析预报中心为地震与火山灾害预测预报研究牵头单位，形成“4 + X”格局。这5个单位作为我国地震科学技术研究的骨干力量，在调整结构、转换机制、分流人员的基础上，建成非营利性科研机构。

各科研机构可按照改革工作和事业发展的实际需要，提出更名意见，验收时报有关部门审批。

2. 将地震研究所并入湖北省地震局，转为地震事业单位，保留50人的精干科研队伍进入地壳应力研究所的创新基地，支持其优势学科大地测量、重力、水库诱发地震和地震仪器研发的发展。将兰州地震研究所并入甘肃省地震局，转为地震事业单位，保留30人的精干科研队伍进入分析预报中心的创新基地，支持其优势学科强震研究、黄土地震工程的发展。保留人员的机构、方向任务及管理方式另文下发。

（二）方向任务

以地球物理研究所、地质研究所、地壳应力研究所、分析预报中心、工程力学研究所及地震研究所、兰州地震研究所的优势力量为主体，组成一支精干科技队伍，围绕解决防震减灾与火山监测预报工作中的重大关键科学问题组织多学科研究，同时在相关的地球科学研究领域开展研究，推进防震减灾与火山监测预报和相关地球科学领域的科技创新。

根据任务和学科特点，在机构调整基础上，5个研究所（中心）的主要研究领域为：

地球物理研究所：以地震孕育与发生机制、地震灾害预测与工程应用为主要研究领域，开展地球物理学相关的基础研究与应用研究。

地质研究所：以大陆强震发生的地质构造环境及地点预测、火山喷发机理、大陆动力学为主要研究领域，开展地质学、地球化学相关的基础研究与应用研究。

地壳应力研究所：以大陆地震构造力学状态和地震强度预测、水库诱发地震为主要研究领域，开展大地测量学相关的基础研究和应用研究。

分析预报中心：以地震与火山监测、地震预测预报理论与技术为主要研究领域，承担全国地震分析预报科学技术集成工作。

工程力学研究所：以地震工程与防灾减灾工程为主要研究领域，开展地震工程学相关的基础研究和应用研究。

（三）人员结构调整

1. 根据所承担的任务，各科研机构进入创新基地的人数为：地球物理研究所210人，地质研究所175人，地壳应力研究所225人，分析预报中心235人，工程力学研究所190人。

2. 各科研机构具有面向市场能力的技术开发、后勤服务部门等先在内部转为企业方式运行，条件成熟后逐步从科研机构中分离出去。

科研机构地震仪器生产单位改革必须走集约化的道路，通过组建地震仪器集团将各科研机构的仪器生产单位优势资源进行整合，实现强强联合，优势互补，实现资源的合理配置，提高地震仪器生产的实力和竞争能力。适应市场经济的规则，适应“十五”防震减灾事业发展的要求，在防震减灾事业的发展中，求得地震仪器生产能力的发展。

3. 地震研究所和兰州地震研究所人员分别并入湖北省地震局和甘肃省地震局，部分人员以集体方式进入创新基地。

三、管理体制改革

（一）中国地震局对保留的5个科研机构进行宏观管理和指导，同时按照非营利性科研机构管理的原则，积极探索实行理事会决策制、所长（主任）负责制、科学技术委员会咨询制和职工代表大会监督制，并组建虚拟地震科学研究院。

1. 科研机构理事会

理事会由中国地震局代表、本单位代表、同行知名专家代表和有关出资方代表组成（理事会章程另文下发）。

理事会的主要任务是负责推荐所长（主任），审定研究机构的发展规划、年度工作计划和财务收支计划，监督业务和管理活动的合法性。

2. 研究所所长（中心主任）

在理事会推荐基础上，采用由中国地震局考核直接聘任或引入竞争激励机制通过公开招聘方式产生研究所所长（中心主任）。

在坚持党管干部原则、严格干部管理权限的前提下，公开招聘工作由中国地震局和科研机构理事会负责组织实施，并根据答辩考核结果提出拟聘人选建议报局党组研究决定，并由中国地震局正式聘任。

研究所所长（中心主任）是单位法定代表人，负责执行中国地震局决议，负责科研业务和日常管理工作。

3. 科学技术委员会

科学技术委员会由所长（主任）聘任。由各学科在国内、外学术界具有一定影响力和知名度，在学术上具有较高造诣的科学家组成，其中三分之一以上应为外单位专家。

科学技术委员会的职责是对科研机构的学科发展、科学规划提供咨询建议，同时承担对课题立项和科技成果审核评价的责任。

各科研机构可以根据本单位实际情况，自主决定设立资深专家委员会。

4. 职工代表大会

职工代表大会代表由全体职工选举产生。职工代表大会负责反映群众的意见，并对涉及职工利益的重大决策施行民主监督。

5. 虚拟地震科学研究院

为加强各地震科研机构的交流与合作，形成合力，使 4 + X 等于 1，以为推进第二步改革、建立地震科学研究院作好准备，有必要成立跨单位的虚拟地震科学研究院。

虚拟地震科学研究院由知名科学家代表和各科研机构主要负责人组成，研究提出地震科学研究院方向、任务和发展规划，审定首席科学家人选。

（二）地震研究所、兰州地震研究所进入创新基地的人员，由湖北、甘肃两个省局日常管理，改革增量部分分别由地壳应力研究所、分析预报中心拨付，专款专用，并按拨款渠道进行财务决算；科研工作由双方共同管理，科研成果由双方共享（有关管理办法另文下发）。

（三）各科研机构中转企部分（包括地球物理研究所地震仪器厂）按照现代企业制度进行股份制改造。逐步推行董事会决策制、总经理负责制和监事会监督制。

四、运行机制改革

对于转为非营利性的科研机构，要按照国家关于改革的要求，建立“开放、流动、竞争、协作”的运行机制；建立以“促竞争”和“重贡献”为核心的用人机制、分配机制和奖惩机制。

1. 研究所所长（中心主任）负责制

研究所所长（中心主任）作为法人代表，按照改革方案和有关人事规定，可自主决定内部机构和岗位设置；按干部管理权限任免干部，组织招聘、考核、解聘、辞退工作；组织制定发展规划、年度计划、财务收支计划；负责科学技术研究和其它工作的日常管理；执行理事会决议并对理事会负责。

2. 岗位聘用制

科研机构根据承担任务和学科发展需要，科学合理地设置岗位，明确岗位责任、任职条件、聘用期限，制定相应的选聘、解聘、辞退和奖惩制度；按照“公开、平等、竞争、择优”的原则竞争上岗，实行以按岗聘用、合同管理为核心的岗位管理制度。

3. 分配激励制度

根据按岗定酬、按任务定酬、按业绩定酬的精神，各科研机构要建立完善内部分配激励制度，使科技人员的收入与其贡献、绩效挂钩，建立起重实绩、重贡献，主要由工资、岗位津贴和绩效奖励组成的多元分配方式。工资由职务工资、津贴、各种补贴构成，职务工资按国家规定晋升并计入个人档案；岗位津贴按不同岗位设定，随岗位变动；绩效奖励由课题津贴和贡献奖组成，前者按课题管理规定执行，后者主要奖励那些对成果完成和转化做出突出贡献的群体和个人。

4. 课题管理制

各科研机构除了承担中国地震局下达的科研任务之外，通过竞争申请国家其他部门和自然科学基金委员会的科研项目；逐步推行课题负责制；建立有效的科研协作机制和科技成果转化的机制，提高科研工作的效率和水平。

五、人事制度改革

1. 引入竞争机制，全面推行岗位聘用制

各科研机构根据本单位的研究方向和事业发展需要设立具体专业岗位，岗位职责要明确具体，考核办法应定性和定量相结合。原则上研究员、副研究员、助研及以下岗位按 1:2:2 比例设置，对关键的研究员岗位可以设立首席科学家。管理、辅助部门编制原则上不超过人员编制的 20%。

各科研机构要按照岗位设置，通过组织招聘委员会公开招聘，在一定的范围内和领域内选择优秀人才，岗位招聘工作要坚持标准，严格把关，宁缺勿滥，首批招聘人员原则上不超过编制总数的 65%，并应有一定比例的外单位人员。

在招聘委员会对应聘者进行评审的基础上，由单位领导集体确定聘用人员，并与其签订聘任合同书。聘用人员首次聘期 3 年左右，可低职高聘或高职低聘。

首席科学家的岗位设置由各单位提出建议，由虚拟地震科学研究院讨论确定。

2. 建立完善聘用人员岗位管理制度

各科研机构依据国家有关规定可制定聘用人员岗位管理制度，包括聘用人员考核、解聘、辞退制度等；对合同聘用人员进行年度考核、聘任中期和期满考核制度，考核结果作为续聘、奖励、晋升的重要依据，考核不合格者将低聘或解聘。

3. 建立固定与流动岗位相结合的用人制度

各科研机构在减员增效的基础上，根据各单位的任务和发展方向，推行固定与流动岗位相结合的用人制度。除固定岗位外，还要设立流动岗位和客座研究岗位（包括聘任省局、直属单位的科技人员），建立以竞争和流动为核心的动态人事管理机制，按科技部要求，流动岗位和客座研究岗位不少于 20%。

鼓励科研人员创办高新技术企业或在完成本职工作的前提下兼职从事研究开发和成果转化活动。也可以根据长期交流与合作的需要，选派科研人员在一定时间内到其它科研机构或省地震局工作。科研机构按照国家有关规定通过合同或协议，建立规范的管理制度，明确单位与个人相互之间的权利、义务。

4. 建立未聘人员分流安置制度

各单位对未聘人员要统一管理，区别对待，通过内部转岗、交内部人才中心托管等方式进行安置，并建立相应的管理制度。各单位要通过拓宽业务领域、创办经济实体和大力发展科技服务产业等创造内部就职岗位，并积极探索各种有效的社会化安置方式，鼓励未聘人员参加各种培训和按照国家的有关规定进人人才市场。

六、财务和资产管理

在科研机构转制过程中，各单位财务、资产管理部门要精心组织，密切配合，各级财务、科技行政管理部门要加强协调和监督，尽职尽责地对科研机构转制进行业务指导和工作支持，确保国有资产不流失，财会工作正常有序进行。

1. 财务管理体制及经费关系划转

转为非营利性科研机构的科研所，其财务关系由中国地震局管理，原有的正常事业费(不包括财政一次性专项经费)、房改经费和改革专项启动费由中国地震局拨付。

转为事业单位的机构，其财务关系由中国地震局管理，2003年度科学事业费由中国地震局拨付，2004年改为地震事业费仍由中国地震局拨付。

科研机构中转为企业的部分，在过渡期科学事业费补助经费和房改经费由中国地震局拨付。

2. 科学事业费专项经费及科研课题、项目经费的管理

由转制科研机构承担并正在实施的国家基础研究、攀登计划、中国地震局重点项目等，以及已经批准的科研课题和科技项目等仍按原计划继续组织实施，有关经费由中国地震局按原渠道继续拨付并管理。

3. 财务会计制度

转为非营利性科研机构的，继续执行科学事业单位财务会计制度。

转为事业单位的机构，执行事业单位财务会计制度。

科研机构中转为企业的部分，执行相应企业财务会计制度。

4. 转制中的国有资产管理

科研机构中转为企业的部分，其国有资本金的核定由所在单位填报《科研机构专制国家资本金审核表》，根据中国地震局批准的本单位科研机构改制方案，按程序对资产进行资本评估、确认后，到财政主管部门办理产权登记手续。

七、实施进度安排

1. 2002年11月底召开中国地震局直属科研机构管理体制改革实施工作动员会，全面启动管理体制改革工作。

2. 2003年1月底前组建虚拟地震科学研究院。

3. 2003年3月底以前，地质研究所在试点工作基础上，完成改革方案的修订工作，地球物理研究所、地壳应力研究所（包括地震研究所)、分析预报中心（包括兰州地震研究所)、工程力学研究所完成科技体制改革的动员、基本情况汇总和方案的制定工作，并上报中国地震局审批。

4. 2003年5月底以前，中国地震局要完成对各单位的改革方案的批复，并召开直属科研机构管理体制改革工作研讨会，部署下一阶段改革工作。

5. 2003年6月开始，保留的5个单位组织结构调整和首批人员选聘工作，并在2003年

年底前完成。

6. 2003年9月底前，地震研究所、兰州地震研究所完成向省地震局的转制工作，2004年1月开始，湖北省地震局、甘肃省地震局实行地震事业费预算。

7. 2004年6月底以前，完成科研机构中具有面向市场能力的部分向企业转制的工作和人员的分流工作。

8. 2004年9月底以前，进行科技体制改革的部门预验收工作，并组织筹建地震科学研究院。

9. 2004年年底以前，进行科技体制改革的验收工作。

八、政策保障措施

1. 中国地震局成立直属科研机构管理体制改革实施工作领导小组，组织指导直属科研机构管理体制改革的实施工作；指导各单位制定改革方案，落实科技体制改革的各项政策和措施，积极稳妥地推进改革工作。

2. 认真贯彻执行中共中央组织部《关于加强和改进科研院所党的建设工作的意见》（中组发［2000］8号），充分发挥党委的政治核心作用、党支部的战斗堡垒作用和党员的先锋模范作用，做好改革过程中的思想政治工作，尤其是做好未聘人员的耐心细致的思想工作，处理好改革、发展和稳定的关系，保障改革工作顺利进行。

3. 做好部分转制和未聘人员的安置，保证改革的顺利进行。对于转为事业单位的人员执行国家事业单位改革有关规定；对转为企业部分执行国家经贸委管理的10个国家局所属科研机构转制时有关的政策；对于未聘人员按国家有关规定保障相应的待遇。

4. 中国地震局将组建中国地震仪器集团，科研机构地震仪器生产单位在自行整合、优化、转制的基础上，通过某种形式参加集团，有能力的省局生产单位也可按同样规则参加。

5. 中国地震局各业务管理部门要加大对管理体制改革工作的支持力度，积极争取国家有关部门对科研机构的投入，加强科研和管理队伍建设，优化科研工作环境。

6. 按照国家有关规定和推进社会保障总体布置妥善解决好科研机构改革中的职工社会保障问题。

关于印发《中国地震局局管干部年度考核暂行办法》的通知

各省、自治区、直辖市地震局党组，各直属单位党委：

为了进一步规范局管干部年度考核工作，根据《党政领导干部考核工作暂行规定》，结合我局实际，制定了《中国地震局局管干部年度考核暂行办法》。现将《中国地震局局管干部年度考核暂行办法》印发给你们，请各单位在年度考核工作中认真贯彻实施。

中国地震局

二〇〇二年十二月五日

中国地震局局管干部年度考核暂行办法

为全面、客观、公正、准确地考核局管干部政治业务素质和年度履行职责的情况，进一步规范局管干部的年度考核工作，加强对局属各单位领导班子和局管干部的管理与监督、激励与约束，促进防震减灾事业的发展，根据中共中央《党政领导干部选拔任用工作条例》、中组部《党政领导干部考核工作暂行规定》和有关文件精神，结合地震系统的实际情况，制定本办法。

一、年度考核工作的原则和范围

（一）年度考核工作必须坚持党管干部原则、客观公正原则、注重实绩原则、群众公认原则。

（二）本办法适用于中国地震局所属各单位的局管干部。

二、年度考核工作的组织领导

（一）局管干部的年度考核工作是在中国地震局党组的领导下，由中国地震局人事教育司负责组织、指导，并委托各单位党组（委）具体实施，中国地震局适时派人参加；各单位根据实际情况邀请地方党委组织部门参加、指导。

（二）各单位要在本单位党组（委）的领导下成立考核组。考核组承办本单位局管干部年度考核的具体工作。考核组一般由人事、党委、纪检监察等部门的同志及职工代表5~7人组成。

（三）考核组成员应具备《党政领导干部考核工作暂行规定》中第四十三条要求的条件。

三、考 核 内 容

对局管干部应从以下五个方面进行考核：

（一）思想政治素质

理论素养和思想水平。包括学习马列主义、毛泽东思想、邓小平理论特别是江泽民同志“三个代表”重要思想，学习党和国家的方针政策，掌握基本原理和精神实质，学以致用，不断提高理论和政策水平的情况。

政治方向和政治立场。包括执行党的基本路线，在事关方向、原则问题上的立场、观点、态度，在政治、思想和行动上与中央保持一致，增强法制观念，严格依法办事的情况，贯彻执行《党政领导干部选拔任用工作条例》的情况。

群众观点和群众路线。包括实践全心全意为人民服务的宗旨，正确行使人民赋予的权力，联系群众，自觉为人民群众谋利益的情况。

政治品德和道德品质。包括襟怀坦白，公道正派，坚持原则，严守纪律，谦虚谨慎，克己奉公，遵守社会主义道德，在两个文明建设中发挥表率作用的情况。

（二）组织领导能力

包括运用马克思主义的立场、观点和方法，分析、研究、解决实际问题的能力；组织协调、科学决策、开拓创新的能力；发现人才、培养干部、知人善任的能力；对党政正职领导干部，还要重点考核其驾驭全局、处理复杂问题的能力。

（三）工作作风

包括执行民主集中制，维护领导班子团结，发扬民主，虚心听取不同意见，勇于开展批评与自我批评的情况；坚持从群众中来、到群众中去的工作方法，深入实际，调查研究，求真务实的情况；勇于改革，敢于负责，坚持原则，严格管理，严谨细致，勤奋敬业的情况。

（四）工作实绩

包括在完成任期目标和履行岗位职责过程中所提出的工作思路、采取的措施、发挥的具体作用以及所取得的绩效等。

（五）廉洁自律

包括保持和发扬艰苦奋斗的优良传统，遵守中央关于党政领导干部廉洁自律的有关规定，清正廉洁，以身作则，自重、自省、自警、自励的情况；执行党风廉政建设责任制的情况；对亲属及身边工作人员加强教育、严格要求的情况。

四、年度考核工作程序

年度考核工作可结合年终总结工作进行，具体考核程序如下：

（一）考核准备：

1. 拟定考核实施方案；

2. 组成考核组；

3. 组织考核对象和考核组成员进行学习；

4. 考核对象认真准备材料并撰写述职报告。

（二）召开述职会议：

1. 由各单位主要负责人进行考核动员。

2. 考核对象作述职报告，一般要求不超过30分钟。考核对象因故不能到会述职的，可委托他人代为述职。

述职报告应实事求是地反映本人的工作情况，不扩大成绩，不隐瞒缺点或错误，事实清楚，简明扼要。

3. 参加述职会议的人员按如下范围确定：

参加述职会议的人员应包括管理机构全体干部和下属事业单位处级干部及具有高级职称的专业技术人员。

人数较少的单位可扩大到全体干部、职工；有条件的可扩大到地震台站负责人。

（三）民主测评表应列出评价等次，由参加民主测评的人员填写评价意见。民主测评表由考核组回收，并按不同类别的人员填写的民主测评表分别统计。参加民主测评人员的范围应与参加述职会议人员范围基本一致。

参加民主测评人员分为：

A类：管理机构处级以上干部；

B类：管理机构处级以下干部；

C类：下属事业单位处级干部及具有高级职称专业技术人员；

D类：下属事业单位其他人员。

（四）个别谈话要选择了解情况的人员，并注意代表性，具体人选由考核组确定，一般包括：

1. 考核对象所在单位的同级领导干部、下一级的领导干部，组织人事部门、纪检监察部门和党组（委）的有关人员；

2. 考核对象所分管的单位（部门）领导和部分工作人员；

3. 考核对象本人；

4. 其他熟悉和了解情况的人员。

个别谈话时，考核组应有两名以上人员参加，并做好谈话记录。

（五）考核组根据需要可采取查阅资料、采集核实有关数据、审计、实地考察、专项调查等方法调查核实考核对象的有关情况。

（六）考核组在完成考核工作后，应向所在单位党组（委）汇报考核情况。

（七）考核组在综合分析的基础上，撰写考核材料。并向考核对象反馈意见和本人的测评结果。

（八）年度考核工作结束后，各单位党组（委）撰写考核工作总结报告连同《民意测评汇总表》及本单位局管干部的年度考核登记表、考核材料报送中国地震局党组（寄中国地震局人事教育司）。年度考核登记表中“本单位评鉴意见”一栏，除单位主要负责人的外，其他局管干部的由单位主要负责人签署意见。

（九）人事教育司根据各单位上报的考核材料和测评结果以及平时掌握的情况，提出各局管干部考核等次的初步意见，并在机关各司室征求意见，并将意见报中国地震局党组研究确定。

（十）考核结果正式通知考核对象，考核对象对考核结果若有异议，可以提出申诉。

（十一）一般情况下，局管干部的年度考核按照上述程序进行。有下列情况之一的不再参加会议述职：

1. 当年7月1日以后宣布任职的领导班子成员；

2. 当年7月1日以后进行换届或届中考核的领导班子成员；

3. 领导班子以外的其他局管干部。

（十二）有条件的单位，应积极推进量化考核。

五、年度考核工作时间

局管干部年度考核工作应于次年1月31日之前完成，同时将有关材料上报中国地震局人事教育司。

六、年度考核的纪律与监督

（一）考核工作的要求

1. 考核组成员要认真履行考核职责，按照规定的程序和要求实施考核，要全面、准确、细致地了解和客观公正地反映考核对象的情况。

2. 考核组成员实行考核工作回避制度。回避对象包括：与自己有夫妻关系、直系血亲关系、三代以内旁系血亲关系、近姻亲关系及其他原因需要回避的人员。

3. 考核对象要正确对待组织考核，如实汇报工作和思想，客观反映有关情况。有关部门和人员应客观、负责地向考核组提供真实情况和数据。

（二）考核工作的纪律

在考核工作中，考核组成员和考核对象必须遵守以下纪律：

1. 不准凭个人好恶了解或反映情况；

2. 不准借考核之机谋取私利；

3. 不准泄露考核机密；

4. 不准故意夸大、缩小、隐瞒、歪曲事实；

5. 不准搞非组织活动；

6. 不准设置障碍、干扰或妨碍考核工作；

7. 不准弄虚作假、向考核组提供虚假情况；

8. 不准对反映其问题的人打击报复。

对违反上述纪律的，视其性质、情节轻重和造成的后果，进行批评教育，或给予党纪、政纪处分。

（三）考核工作的监督

中国地震局党组、人事教育和纪检（监察）部门以及本单位纪检（监察）部门对年度考核工作实施监督；支持、鼓励群众监督。

七、本办法自发布之日起施行，由中国地震局人事教育司负责解释。

年度考核登记表

（　　年度）

单位＿＿＿＿＿＿＿＿　　　　　　填表日期＿＿＿＿＿＿＿＿

姓　名		性　别		出生年月	
政治面貌		文化程度		现任职务	
任现职时间					
分管工作					
个人总结					
本单位评鉴意见	签名　　盖章 年　月　日				
审核机关意见	签名 年　月　日				
被考核人意见	签名 年　月　日				
备注					

说明："个人总结"的填写应简明扼要，重点突出。书写要求用钢笔（蓝黑墨水）或签字。

用 16 开纸打印，纸张边缘距装订线不得少于1.5 cm。

中共中央组织部印制

关于印发《中国地震局培训活动管理暂行规定》的通知

各省、自治区、直辖市地震局，各直属单位：

现将《中国地震局培训活动管理暂行规定》印发给你们，请结合本单位实际，认真贯彻执行。

中国地震局

二〇〇二年十二月十三日

中国地震局培训活动管理暂行规定

第一章　总　　则

第一条　为建设高素质、专业化的防震减灾工作队伍，提高培训工作质量，规范培训行为，促进全局教育培训事业健康发展，制订本规定。

第二条　本规定适用于中国地震局机关各部门、直属教育培训机构等单位举办的面向地震行业的各类培训活动。

第三条　中国地震局各部门、单位举办培训活动，应当坚持理论联系实际的原则，注重实用性和针对性，保证培训质量，提高培训效果。

第二章　培训活动的规划与计划

第四条　中国地震局对培训活动实行统一规划计划、统筹安排、分工落实的管理体制。局人事教育司负责综合管理各类培训活动。各部门根据职能实施相关业务培训。

第五条　中国地震局机关各部门举办的培训活动，其培训对象主要是局系统的科技骨干和管理骨干，并通过受训的骨干实现以点带面，推动全局系统的培训工作。

第六条　中国地震局培训计划可根据影响程度分为重点培训和一般培训两类。重点培训主要包括：高层次管理骨干的培训；学术技术带头人的培训；局重点项目实施类培训；重大科技成果推广类培训；重要学科专业建设及其重要骨干的培训；推进局重点工作开展的相关培训等。一般培训包括一般业务管理类培训和专业技术类培训。

第七条 编制培训计划既要考虑工作需要，也要考虑下属单位的承受能力。要突出和强化重点培训，适当控制一般培训。对于内设机构较多、业务工作量相对较大的部门，每年举办一般业务管理类培训班的数量原则上不超过两个；对于内设机构较少、业务工作相对较单一的部门，原则上每年不超过一个班。

第八条 一般培训班原则上每期不超过7天，确因培训内容较多需要延长的，一般不超过15天。

局重点培训计划根据重点项目实施和人才培养的需要，可组织较长时间、系列化的培训，以保证培训效果和质量。

第九条 中国地震局机关各部门、直属教育培训机构等单位应在每年年底前将本部门、本单位下一年度举办培训活动的建议计划以书面形式报局人事教育司，并填报《________年中国地震局举办培训班申请表》（附件一）。

第十条 局人事教育司根据服务重点工作、避免重复办班的原则，汇总各部门、各单位申报的培训计划，提出综合、调整意见，拟定中国地震局培训年度计划，报局办公会审定。

第十一条 每年1月份，中国地震局人事教育司将年度培训计划印发到各省、自治区、直辖市地震局和各直属单位。

第十二条 确因工作需要必须举办而又未列入当年培训计划的，主办单位应及时将培训事由及计划报人事教育司，由人事教育司报局领导批准后方可举办。

第十三条 中国地震局各单位举办的各类涉外培训班按外事审批程序报批。

第三章　培训活动的组织与实施

第十四条 重点培训由局人事教育司和主办部门、单位共同组织实施。一般培训计划由各主办部门、单位组织实施。

第十五条 除中国地震局对参加培训的单位及对象带有指令性要求的培训计划外，原则上各类培训由各单位视情况自愿派员参加。

第十六条 为确保培训质量，便于管理，培训班原则上应安排在局属各教育培训基地或局属有培训条件的单位。

第十七条 各主办部门、承办单位应当加强培训班的组织管理，周密安排，精心实施。培训结束一个月内，主办部门或承办单位应将《中国地震局培训班执行情况表》（附件二）、学员名单、培训教材等材料报人事教育司备案。

第十八条 为进一步提高培训效果，扩大收益面，提倡利用现代信息技术开展多种形式的培训活动。在确保网络安全和维护知识产权和尊重专家和作者意愿的前提下，逐步实现培训课件多媒体化、教学活动网络化。

第四章　培训经费管理

第十九条 培训经费实行主管部门、单位、个人等多渠道投入的原则。属于重点项目实施推广类的培训，由项目经费予以支持；其它重点培训主要由主办部门和局人事教育司共同投入经费；一般类培训原则上由主办部门、单位自行安排经费。

第二十条 举办培训活动不以赢利为目的，可以按有关规定向参训学员适量收取培训费和资料费等费用。对于自愿性培训班，可以支定收，按国家有关规定合理收费。

第二十一条 培训班收费，一律使用符合国家规定的票据。

第二十二条 培训活动经费收支情况应接受财务、监察等有关部门的监督检查。

第五章 培训证书管理

第二十三条 纳入中国地震局年度培训计划并按计划举办的培训班，由教育培训机构或主办部门在学员的《国家公务员培训证书》或相应培训证书上填注培训科目、学时及成绩；无上述证书的，也可由教育培训机构或办班部门颁发相应的培训证书。

第六章 附 则

第二十四条 对违反本规定在培训活动中出现重大责任问题的，对主办单位和直接责任人进行通报批评；情节严重的，给予行政处分或纪律处分。

第二十五条 局属教育培训机构等单位举办的面向非地震行业的培训班，由各单位按国家有关规定自主举办，实行备案管理和责任追究制度。

第二十六条 本规定由局人事教育司负责解释。

第二十七条 本规定自颁布之日起实施。

附件一（略）

附件二（略）

关于印发《中国地震局2002~2005年专业技术人才队伍建设规划》的通知

各省、自治区、直辖市地震局，各直属单位：

为贯彻《中共中央办公厅、国务院办公厅关于加强专业技术人才队伍建设的若干意见》（中办发［2001］14号），根据《2002~2005年全国人才队伍建设规划纲要》（中办发［2002］12号）的精神和要求，中国地震局编制了《中国地震局2002~2005年专业技术人才队伍建设规划》，现印发给你们。请结合本单位实际，认真贯彻落实。

中国地震局

二〇〇二年十二月二十三日

中国地震局2002~2005年专业技术人才队伍建设规划

专业技术人才是我局人才队伍的主体和重要组成部分，在发展防震减灾事业、推进地震科技进步中发挥着不可替代的作用。改革开放以来，我局专业技术人才队伍的建设取得了显著成就，“九五”期间加大了培养工作的力度，队伍建设取得了新的进展。但是与二十一世纪地震科学技术发展和防震减灾任务的要求相比，我局专业技术人才队伍还存在一些不相适应的方面。主要表现在：站在科学前沿、能带动学科发展的年轻杰出人才偏少，在国际国内学术上的影响力偏低；年轻学术技术带头人总量不足，在地区、单位分布及学科专业分布的不平衡现象十分突出；专业技术人才队伍知识面偏窄，与业务工作的快速发展不相适应；科技骨干流失现象较为突出，对口专业后备人才来源不足，质量下降，在某种程度上有形成新的“人才断层”的危险等等。

为了全面实施人才战略，进一步加强专业技术人才队伍建设，更好地适应和服务于新世纪防震减灾事业发展的需要，根据《2002~2005年全国人才队伍建设规划纲要》（中办发［2002］12号）和《关于加强专业技术人才队伍建设的若干意见》（中办发［2001］14号），结合我局的实际，制定本规划。

一、专业技术人才队伍建设的指导思想、原则和目标

（一）指导思想。坚持以邓小平理论和“三个代表”重要思想为指导，贯彻党的十六大精神，按照《中国地震局事业发展“十五”计划纲要》的要求，以实施人才战略为总揽，以提高队伍总体素质为目标，创新工作思路，加大培养力度，完善管理制度，培养、吸引和用好人才，促进防震减灾事业的可持续发展。

（二）原则。专业技术人才队伍建设坚持以下原则：

1. 坚持以人才能力建设为主题。从促进地震科技进步和事业发展及人才自身发展的需要出发，通过多种方法和途径，重点培养人才的创新精神，开发人才的创新能力。

2. 坚持以调整和优化人才结构为主线。适应建立健全防震减灾三大工作体系和事业结构性、战略性调整的需要，调整优化专业技术人才队伍的专业结构、层次结构和知识结构，建立人才结构与事业结构调整相协调的动态机制。

3. 坚持以培养选拔学术技术带头人和科技骨干为重点。按照分层次管理的原则，实行重点带动、整体推进，推动专业技术人才队伍建设全面发展。

4. 坚持以改革创新为动力。继续深化专业技术人才队伍管理体制改革，通过体制创新、政策创新、观念创新，营造队伍建设的良好环境和氛围。

5. 坚持以为事业发展提供人才支持为根本出发点。把人才工作纳入事业发展的总体规划和布局中，加强人才队伍建设，在促进人的全面发展的同时，推动事业的持续稳定发展。

（三）工作目标。2002～2005年，专业技术人才队伍建设的总体目标是：全局专业技术人才队伍的结构进一步得到优化，人才在地区、单位、学科方面分布不平衡的突出矛盾有一定缓解；新的一批优秀青年科技人才涌现出来，后备专业人才来源渠道进一步拓宽，质量稳步提高；现有中青年科技骨干及学术带头人水平进一步提高，并逐步形成学科整体优势；形成一支结构基本合理的、整体素质较高的具有创新能力的专业技术人才队伍，为推进新世纪地震科技进步和开创防震减灾事业发展新局面提供较为坚实的人才支持。

二、学术技术带头人队伍建设

（四）继续发挥老一辈地震专家在队伍建设中的重要作用。我局系统有包括两院院士在内的一批著名地震专家学者，他们学术造诣深厚，经验丰富，在国内外具有很高的知名度和影响力，有强烈的事业心和培养年轻人才的使命感，是我局的宝贵财富。要尊重他们，积极创造条件，进一步发挥他们在学术上的影响力，尤其是在培养年轻人才方面的“传帮带”作用。以他们为核心成立人才培养小组或科技创新群体，指导培养年轻科技骨干，使他们在提携年轻人才、推进学科建设方面做出新的更大的贡献。

（五）加速培养造就新一代学术技术带头人。在重视和充分发挥现有中青年学术技术带头人作用的同时，加大培养力度，促使新一代学术技术带头人脱颖而出。实施“中国地震局新世纪优秀人才百人计划”，与人事部等七部委“新世纪百千万人才工程”相呼应，即在继承“九五”跨世纪科技人才培养成果的基础上，面向新形势和新任务，遴选百名左右年轻学术技术带头人作为培养对象。加大对他们的经费资助力度，鼓励、支持他们通过竞争承担重

点科研课题和重大工程项目，支持他们开展国内外学术交流活动，加强以他们为骨干或核心的人才群体建设，努力为他们的成长创造良好的工作、生活条件，培养造就一支高水平的、能担当重任的年轻学术技术带头人队伍。

三、年轻专业后备人才培养

（六）强化研究生教育。研究生是地震系统高层次专门人才的最重要的来源，也是一支流动的、富有创新活力的科研生力军。建立中国地震局、招生单位、用人单位包括个人等多渠道的投入机制，大力培养高层次后备人才，不断改善队伍学历结构。继续把局属科研机构作为全系统培养研究生的主要基地，扩大招生规模，至“十五”末，年度招收研究生达到140人左右，其中博士生60人左右。继续将中国科技大学等高校作为我局培养高层次地震专门人才的补充基地，定期选送在职人员接受研究生教育。要不断改善办学条件，稳步提高研究生待遇，营造良好育人环境。

要将研究生的创新意识、创新能力的培养作为研究生教育的灵魂，贯穿到研究生教育的各个环节和方面。重视对新上岗年轻导师的培训，努力建设一支高水平的导师队伍。鼓励系统内外、国内国外联合培养研究生。提倡学科交叉和渗透，拓宽培养口径。鼓励研究生参加学术活动和在国内外学术刊物上发表有创新性成果的论文。

（七）在相关高校实施“地震贷学金计划”。从长远发展的角度看，补充到地震系统的对口专业本科生的数量、质量状况，将对地震专业队伍的构成和总体素质产生重要而深远的影响。为解决近些年来普遍存在的对口专业本科生来源渠道不畅、数量不足和质量下降的突出问题，计划在相关高校对口专业设立地震贷学金，资助愿意来地震系统工作的学生并签订相关的协议，以此扩大行业影响，鼓励、吸引对口专业学生到地震系统就业或报考地震系统的研究生。

加强地震系统与相关高校在专业建设及学生培养方面的合作。支持相关高校对口专业师生来地震系统进行参观和实验实习，提倡双方共建专业实验实习基地。鼓励局系统知名地震专家到相关高等学校担任兼职教师或举办讲座，增进学生对地震科研工作的了解，培养兴趣，激发投身防震减灾事业的使命感和荣誉感。

（八）培养应用技术型人才。指导防灾技术高等专科学校围绕建立健全防震减灾三大工作体系的需要，加强专业建设，拓宽培养目标，努力为行业培养和输送所需的应用技术型人才。继续办好地球物理专业，并根据地震观测技术数字化、综合化发展的要求，做好专业课程调整、教学内容更新及相关的教材建设工作；新办工程地震专业，抓紧做好新专业建设的一系列准备工作，实现在2002年秋季招收全日制学生的目标；在应急救援技术方面，可以先行承担相关的短期培训任务，逐步形成课程体系。要特别重视专业教师队伍的培养培训工作，不断提高教育教学质量。

（九）在实践中培养和锻炼青年科技人才。青年科技人才是各单位的生力军和希望所在，对青年人才的培养直接关系到事业发展是否后继有人。要努力营造爱护青年人才、关心青年人才、支持青年人才的良好氛围。要加强对他们的培养，大胆使用，放手工作，鼓励创新，允许失败，并及时进行教育和引导，让他们在科研业务工作的实践中经受磨炼、增长才干。同时要特别重视他们的培训学习，促使他们掌握新理论、新技术、新方法，不断拓宽知识面，优化知识结构，以适应科学技术进步和业务工作快速发展的要求。

四、西部地区专业技术人才的培养与开发

（十）稳定现有人才。树立“西部大开发，人才是关键”的观念，大力改善各类人才特别是专业技术人才的工作、生活条件。建立有利于留住人才、吸引人才的收入分配机制，加大对西部地区工资政策的倾斜力度，逐步提高西部地区各类人才的工资水平。西部地区各单位要根据人才资源现状，尽快制定并实施符合本单位实际情况的政策和措施，创造良好的用人环境和机制，稳定现有人才，同时要树立“不求所有、但求所用”的用人观念，吸引更多的人才参与西部防震减灾工作。要特别注意依托重点科研项目的开展和重大工程的实施锻炼骨干人才，给人才以用武之地。

（十一）进一步加大对西部地区人才培养工作支持倾斜的力度。要制定特殊的政策，采取特别的措施，对西部地区人才培养工作进行支持。支持内容包括为西部地区增招定向研究生、组织西部地区中青年科技骨干出国考察培训、增加年轻学术技术带头人培养人选名额和科技骨干交流访问名额、开展东部地区与西部地区对口支持活动等等，为西部地区提供人才和智力支持。同时在享受政府特殊津贴专家的名额分配、专业技术职务聘任指标等方面对西部地区予以政策倾斜。

五、专业技术人才的培训和继续教育

（十二）建立教育培训经费多渠道投入体制。以改善知识结构、增强创新能力、提高综合素质为目标，加强专业技术人员继续教育工作。建立国家、单位、个人三方负担的继续教育投入体制，多渠道筹集教育培训经费。建立完善专业技术人员定期接受继续教育制度，鼓励、支持专业技术人员通过参加培训班（进修班、研修班）、到相关业务单位进修、参加国内外学术会议（讲座）、出国（境）进修（考察、培训）、通过公共传播媒体接受远程教育等多种形式，逐步达到每人每年脱产接受继续教育的时间累计不少于12天的目标。运用信息技术手段，推进继续教育手段的现代化。

（十三）做好分层次、分类培训工作。遵照《中国地震局培训工作管理暂行规定》，规范培训行为，提高培训质量，促进全局教育培训事业健康发展。按照分层次培训的原则和分工，中国地震局举办的培训活动主要是培训局系统的科技骨干和管理骨干，并通过以点带面，带动全系统培训工作，推进事业发展；各单位主要组织本单位人员的培训。要根据技术进步和业务领域拓展的要求，及时对从事监测预报、震害防御、应急救援的人员和有关科研人员进行相关技术、理论的培训。要注意围绕和结合重大科技和工程项目的实施，开展针对性培训。

（十四）加强专业技术人员职业道德建设。在补充更新知识、增强业务能力的同时，要注重专业技术人员职业道德建设，确保专业技术人才队伍健康成长，更好地为防震减灾事业服务。要大力弘扬“求实、创新、拼搏、攀登”的科学精神和“诚信、团结、协作、奉献”的人文精神，提高专业技术人才队伍的职业道德修养。要做好专业技术人才的思想政治工作，教育他们忠于真理、探求真知，自觉维护学术尊严和专业技术人员的声誉。结合学习先

进典型，进行爱国主义、理想信念和职业道德教育。要开展向全国杰出专业技术人才学习活动，弘扬新时期我国专业技术人才顽强拼搏、开拓创新、勇攀高峰、无私奉献的崇高精神，增强献身地震科技、造福社会的历史使命感和社会责任感，爱岗敬业，奋发工作，为推进防震减灾工作、提高地震科技水平不断贡献自己的智慧和力量。

六、拓宽人才培养和来源渠道

（十五）实施“中国地震局系统交流访问学者制度”。在地震系统建立一套较为完备的政策措施和条件保证体系，重点资助青年科技人才到系统内相关单位进修访问，参与科研课题和项目，积累实践经验，提高科研能力，拓宽视野，加速成长。鼓励省局与研究所等直属事业单位之间、东部与西部单位之间进行青年科技人才的交流访问。

（十六）充分发挥博士后制度的特殊作用。加强博士后流动站的建设，改善博士后工作、生活条件，吸引国内外更多的优秀博士进站工作，进一步发挥博士后制度在我局高层次人才培养、重点实验室建设和科技创新中的作用。在保证质量的前提下，采取多种渠道，加大投资力度，努力扩大博士后的招收规模，争取到2005年实现招收人数、在站人数在现有基础上翻一番，即分别达到15人和30人。同时要丰富博士后研究人员的培养手段，采取多种有效措施，努力提高培养的质量和效益。

（十七）大力吸引海外优秀留学人才。在海外学子中，有相当一批非常优秀的中青年地震科技人才，他们具有报效祖国的良好愿望，时刻关注着祖国地震科技事业的发展。要密切同他们的联系，采取多种措施，吸引他们回国工作或以多种方式为国服务。要着重引进那些在国外著名高校和科研机构从事科研工作、有较深学术造诣、能把握学科发展方向的海外留学人才，充实到我局的中青年学术和技术带头人队伍，以满足重点学科建设、重点科技项目攻关和重大科学工程实施对高水平人才的需求。

七、建立健全人才激励机制

（十八）全面推行事业单位人员聘用制度。建立和推行聘用制度，是事业单位用人管理工作中一项重大的制度创新，是事业单位用人制度上的一场深刻变革。按照统一部署、稳步推进的原则，做好事业单位各类人员特别是管理人员和专业技术人员的聘用工作。推行聘用制度，要抓好科学设岗、公开招聘、竞争上岗、合同管理、严格考核等环节，规范聘用操作程序，强化竞争激励机制，转变人才管理模式，并做好相关配套改革工作。在全面建立岗位聘用制的基础上，科研机构等事业单位可根据任务的需要，推行固定与流动岗位相结合的用人制度，形成以竞争和流动为核心的动态用人机制。

（十九）深化职称制度改革。职称工作是人才评价的主要手段，是进行人才配置和使用的基础，要根据促进事业发展和科技进步的需要进行改革。深化职称改革，一是改革完善专业技术职务聘任制度。继续坚持个人自由申报、社会公正评价、单位自主聘任、政府宏观调控的人才评价与使用的改革方向，以科学设岗为基础，以加强单位自主聘任为核心，真正建立起“按需设岗、按岗聘任、竞争择优、动态管理”的运行机制。二是在某些重要岗位领域如地震安全性评价领域推行执业资格制度。三是探索和建立具有鲜明行业特色的专业技术人才评价体系。要拓展人才评价内涵，丰富和发展人才评价方式，进一步探索考试、评审、考核、直接聘任等多种评价手段。要严格评审标准，创新评审模式，规范评审程序，实行评审公示制，建立考试、评审责任追究制度。

（二十）探索建立灵活有效的专业技术人员分配激励制度。建立分配激励制度是加强专业技术人才队伍建设的重要方面，对专业技术人才积极性、创造性的发挥及其配置、流动具有重要的导向作用。要贯彻效率优先、兼顾公平的原则，积极稳妥地进行事业单位的收入分配改革。根据按岗定酬、按任务定酬、按业绩定酬的精神，建立完善内部分配激励制度，使专业技术人员的收入与其贡献、绩效挂钩，形成重实绩、重贡献，主要由工资、岗位津贴和绩效奖励组成的多元分配方式。对于特殊人才、关键人才，要用长远眼光，借鉴国际国内通行做法，确定收入分配的标准和方法。

八、加强领导，保证规划的顺利实施

（二十一）切实加强对专业技术人才队伍建设工作的领导。各单位党组（党委）和领导干部要真正树立起科学技术是第一生产力和人才是第一资源的理念，把专业技术人才队伍建设工作摆上重要议事日程，定期讨论研究。建立和完善领导干部联系专家制度，主要领导要带头学习新的科技知识，关注科技进步，密切联系专家，与专家交朋友。将队伍建设和人才工作纳入考核领导干部工作业绩的重要内容。

（二十二）建立协调有效的专业技术人才工作机制。专业技术人才队伍建设涉及方方面面，为加强各有关部门之间的联系、沟通，协调有关重要政策的研究、执行和工作的部署、落实，中国地震局由相关局领导为负责人、人事教育司和有关部门负责人为成员组成局专家工作委员会。有关部门要各司其职，密切配合，形成合力。各单位也要根据实际情况建立和完善相应的专业技术人才工作领导体制和工作制度。在发挥管理部门职能作用的同时，还要充分发挥科技委、政策研究室等学术组织、机构的参谋咨询作用，群策群力，共同做好专业技术人才队伍建设工作。

（二十三）加强督促检查，狠抓人才队伍建设工作的落实。各单位要结合实际，依据本规划制定本单位人才队伍建设规划，并认真付诸实施，在抓落实上下功夫。各级领导要定期对专业技术人才队伍建设工作进行调查研究、督促检查。人事教育部门要充分发挥职能作用，主动与有关方面密切配合，共同抓好落实。

关于印发《中国地震局行政事业类项目资金管理办法》（试行）的通知

各省、自治区、直辖市地震局，各直属单位：

为规范和加强地震行政事业类项目资金的管理，提高资金的使用效益，保障行政事业类项目圆满完成，依据《中华人民共和国预算法实施条例》和《中央本级项目支出预算管理办法》（试行）、《中国地震局行政事业类项目支出预算管理办法》（试行），制定《中国地震局行政事业类项目资金管理办法》（试行），现印发给你们，请遵照执行。

中国地震局

二○○二年八月二十六日

中国地震局行政事业类项目资金管理办法（试行）

第一章　总　　则

第一条　为规范地震行政事业类项目资金管理（以下简称项目资金），加强项目资金分配、使用的科学性和公正性，提高资金使用效益，依据《中华人民共和国预算法实施条例》和《中央本级项目支出预算管理办法》（试行）、《中国地震局行政事业类项目支出预算管理办法》（试行），特制定本办法。

第二条　本办法适用于财政部指定专门用途的行政事业类项目资金。

第三条　行政事业类项目资金管理是指对项目资金分配、使用和监督的管理。

第二章　行政事业类项目资金的分配与使用

第四条　项目资金实行规范化管理。主持项目的业务主管部门依据项目评审报告对项目资金进行管理。

第五条　项目单位应根据主管部门批复的项目预算，组织项目实施。

第六条　对专项计划项目、中国地震局统一规划的项目（不含专项业务项目），业务主管部门应与项目单位的法人代表或负责人签订目标责任书，明确各自的权利和责任。

第七条 主管财务部门应按项目进度及时将项目资金拨付到项目承担单位，按照有关规定监督项目单位的资金使用。

第八条 承担项目任务的单位必须将项目资金用于指定的项目，单独核算、专款专用，不得挤占挪用。

第九条 为组织协调项目的实施，对符合中国地震局统一规划实行滚动管理的项目、经国家或有关部委批准的项目可提取一定比例（8%～10%）的项目管理费。项目管理费由业务主管部门管理，并纳入本单位的财务管理。

第十条 项目管理费主要用于本项目的组织、协调和管理，包括：制定项目实施计划、项目内部有关技术问题协调、项目的评审、检查、验收及会议等。业务主管部门每年年底报告项目管理费的使用情况，接受检查、监督。

第十一条 承担项目的单位，对项目资金的使用情况和年末结存资金要如实反映。

第三章 行政事业类项目资金的监督检查

第十二条 中央与地方共同投入的项目资金，中央投入为主，地方配套为辅，在地方财政配套资金不到位时，中央财政资金不得擅自启用。

第十三条 承担项目单位要定期向业务、财务主管部门报告项目资金使用和项目实施情况，对项目单位不按规定使用资金的，主管部门可停拨项目资金或中止项目执行。

第十四条 项目完工后，业务主管部门可组织人员对项目的技术成果、财务、资产等情况进行验收；项目验收的依据是财务主管部门批复的预算项目文件。

第十五条 对于在《项目申报书》和项目执行中，存在严重弄虚作假的项目单位，取消该单位此类项目申报资格。

第十六条 财务主管部门要定期对项目资金的使用情况进行总结分析，并报财政部。

第十七条 财务主管部门要配合审计和财政监督检查部门对项目资金进行审计或检查。

第四章 附　　则

第十八条 本管理办法由中国地震局负责解释。

第十九条 本办法自 2002 年 10 月 1 日起实施。

关于印发《中国地震局行政事业类项目支出预算管理办法》(试行)的通知

各省、自治区、直辖市地震局，各直属单位：

为规范和加强地震行政事业类项目支出预算管理，提高资金的使用效益，促进防震减灾事业的发展，依据《中华人民共和国预算法》、《中央本级项目支出预算管理办法》(试行)等有关法律法规，并结合地震系统的实际情况，制定《中国地震局行政事业类项目支出预算管理办法》(试行)，现印发给你们，请遵照执行。

中国地震局

二〇〇二年八月二十六日

中国地震局行政事业类项目支出预算管理办法(试行)

第一章 总 则

第一条 为了规范和加强地震事业单位行政事业类项目支出预算管理，提高资金使用效益，促进防震减灾事业的发展，依据《中华人民共和国预算法》、《中央本级项目支出预算管理办法》(试行)和有关法律法规，结合地震系统的实际情况，特制定本办法。

第二条 行政事业类项目支出预算是部门支出预算的组成部分，是地震事业单位为完成事业发展目标和特定的工作任务，在基本支出预算之外编制的年度项目支出计划。

第三条 本办法适用于地震事业单位由中央财政拨款、地方财政拨款和单位收入安排的项目，行政事业类项目按照其性质包括国家批准设立的有关事业发展专项计划、工程、基金项目(以下简称专项计划项目)，专项业务项目，以及大型修缮、大型购置、大型会议和其他项目。

(一)专项计划项目，是指国家批准设立的有关事业发展的专项计划、工程、基金等项目(不包括中国地震局自行设立的计划、工程、基金等项目)。如国家“863”计划、“211”工程、自然科学基金等项目。

(二)专项业务项目，是指中国地震局及所属单位为履行其职能、在开展专业业务活动中持续发生的特定支出项目。这类项目是行政事业单位(尤其是事业单位)完成行政工作任务和事业发展计划的重要保障。专项业务项目的定义包括四层含义：1. 它是单位履行固有职能发生的项目；2. 它是单位开展专业业务活动（即主营业务活动）发生的项目；3. 这种项目往往不是一次性的，而是具有持续发生的特点；4. 这种项目往往具有特定性的用途。必须同时满足上述条件的才可以作为专项业务项目。包括地震台站（网）观测经费、传输台网、流动观测经费、分析预报预防、应急指挥系统运行等业务项目。

（三）大型修缮项目，是指中国地震局及所属单位按照国家有关规定，经有关部门鉴定需要对其危险性房屋、建筑物及附属设施修缮和大型专业设备修理等项目。其中：危险性房屋、建筑物类及附属设施项目一般是指按照国家建设部《危险房屋鉴定标准》（建标［1999］277 号）规定属于 C 类和 D 类危险性房屋、建筑物的修缮；大型设备是指一些技术复杂、专业性较强、维修价值高的设备，如大型计算机主机维修等。单位对其所属房屋因改变用途而进行修缮的项目，也按大型修缮项目申报预算。

C 类：是指部分承重结构承载力不能满足正常使用要求，局部出现险情，构成局部危房。

D 类：承重结构承载力已不能满足正常使用要求，房屋整体出现险情，构成整幢危房。

（四）大型购置项目，是指中国地震局及所属单位按照国家有关规定在基本支出以外的设备购置项目。大型购置项目中的预算数额较大且专业技术复杂的单台购置项目、由中国地震局集中组织实施批量购置的同类设备也属于大型购置项目。

（五）大型会议项目，是指中国地震局按照有关规定召开的“一类会议”和经国务院批准召开的国际性会议等项目。

（六）其他项目，是指中国地震局及所属单位在上述项目之外发生的支出项目。

第四条 项目支出预算管理的基本原则。

（一）综合预算及统筹规划的原则。项目支出预算要依据地震事业发展目标和工作任务，体现预算内、预算外资金及其他资金统筹安排的原则。

（二）科学论证、合理排序原则。在对申报项目进行充分的可行性论证和严格审核的基础上，结合当年财力状况分轻重缓急合理排序。

（三）专款专用的原则。项目资金要按批准用途专款专用，不得挤占挪用。

（四）追踪问效的原则。财政部、中国地震局及有关部门对财政预算安排的项目的实施过程及其完成结果进行绩效考评，追踪问效。

为管好用好项目资金，项目承担单位要切实加强对项目经费的管理，项目资金进行单独核算，指定专人负责，保证项目经费合理使用，并对项目实施进度和资金使用情况进行监督检查，发现问题及时纠正。

第二章　管理机构与职责

第五条 中国地震局系统行政事业类项目实行两级管理体制。

（一）中国地震局为一级管理单位，对地震系统行政事业类项目实行宏观管理。其主要职责是：

1. 贯彻执行国家有关方针、政策、法律、法规和财务规章制度，指导、监督、检查二级管理单位工作；

2. 根据国家财政支持方向、范围和防震减灾事业发展需要，组织编制专项计划项目、专项业务等项目规划；

3. 对二级管理单位申报的一般项目进行审核；负责组织或者协助对专项计划项目进行评审、评估；

4. 负责组织编制行政事业类项目年度预算，并向财政部办理立项工作；根据财政预算批复情况，下达二级管理单位项目预算；

5. 负责对行政事业类项目预算执行、资金使用、财务管理、项目实施过程和完成结果进行监督、检查；

6. 负责对年度预算安排的项目绩效进行考评；

7. 负责组织行政事业类项目验收和总结。

（二）各省、自治区、直辖市地震局和中国地震局各直属单位为二级管理单位，负责本单位行政事业类项目的管理工作。其主要职责是：

1. 贯彻执行国家有关方针、政策、法律、法规和财务规章制度；

2. 根据国家财政支持方向、范围和本地区防震减灾事业发展需要以及中国地震局统一规划的要求，组织编制本单位行政事业类项目；

3. 组织对本单位拟申报的行政事业类项目进行审核、评审；根据要求协助财政部和中国地震局对行政事业类项目进行评审、评估；

4. 负责组织编制本单位行政事业类项目年度预算，并向中国地震局办理立项工作；

5. 根据中国地震局预算批复情况，负责组织本单位行政事业类项目的实施；

6. 负责本单位行政事业类项目资金使用和财务管理，以及对预算执行、项目实施过程和完成情况进行监督、检查；

7. 负责组织行政事业类项目的验收和总结，以及完成情况的上报。

第六条 一级管理单位内各部门的主要职责。

（一）规划财务部门主要职责：

1. 会同有关部门组织编制专项计划项目、专项业务项目规划，组织编制中国地震局组织实施的专项计划项目、专项业务项目申报材料。

2. 会同有关部门组织或协助咨询公司对专项计划项目、专项业务项目进行咨询、评估。

3. 对二级管理单位申报的事业类项目进行审核，负责组织编制事业类项目年度预算，向财政部办理项目立项的有关工作，并下达项目预算。

4. 负责行政事业类项目财务管理和资金使用管理，对二级管理单位行政事业类项目预算执行、实施过程和完成结果进行监督、检查。

5. 组织对年度预算安排的项目绩效进行考评，会同有关部门组织项目验收和总结。

（二）其他有关职能部门主要职责：

1. 按各部门职能，规划组织本部门实施的专项计划项目、专项业务项目申报材料并进行咨询、评估。

2. 负责有关专项计划项目、专项业务项目实施中的技术标准和要求。

3. 参与对二级管理单位申报的专项计划项目、专项业务项目进行审核，对预算执行、实施过程和完成结果进行监督、检查。

4. 参与对年度预算安排的专项计划项目、专项业务项目绩效进行考评，负责汇总整理有关专项计划项目、专项业务项目验收材料和总结。

第七条 二级管理单位参照一级管理单位模式，结合本单位实际，明确本单位及相应机构的职责。

第三章 项目库的设立

第八条 项目库是指对申请预算的行政事业类项目进行规范化、程序化管理的数据库系统，按照预算级次分为财政部项目库、中国地震局项目库和所属各单位项目库。

单位项目库（二级单位），按照中国地震局统一规划的要求，结合实际情况，对本单位申报的行政事业类项目按轻重缓急、择优遴选进行归集排序后设立。

中国地震局项目库（一级单位），由中国地震局按照申报行政事业类项目支出预算的要求，结合本部门特点，对所属单位申报的行政事业类项目进行筛选排序后设立。

财政部项目库，由财政部负责对中国地震局所报项目进行筛选排序后设立。

第九条 项目库实行滚动管理。

第四章 项目申报和审核

第十条 各二级管理单位在建立单位项目库排序的基础上，按照财政部和中国地震局编制年度部门预算的要求，向中国地震局申报项目支出预算；由中国地震局根据实际情况审核汇总后向财政部申报。

第十一条 申报的项目应当符合以下条件：

（一）符合国家有关方针政策和财政资金支持的方向和范围；

（二）属于防震减灾事业发展需要安排的行政事业类项目；

（三）有明确的项目目标、组织实施计划和科学合理的项目预算，分年度实施的项目需列明各年度的项目内容和经费预算；

（四）经过充分的研究和论证，具有良好社会经济效益。

第十二条 项目库采用财政部统一制定的项目申报文本、项目支出预算报表及计算机应用软件技术标准。

第十三条 项目按照申报要求分为新增项目和延续项目。

新增项目，是指本年度新增的需列入预算的项目。

延续项目，是指以前年度批准的、需在本年度预算中继续安排的项目。

第十四条 申报材料及相关要求。

（一）项目申报材料包括项目申报文本和中国地震局要求的其他材料。

项目申报文本（范本）由项目支出预算汇总表和项目申报书两部分组成，其中项目申报书分为项目申报书（甲）和项目申报书（乙）两种类型。中国地震局和项目申报单位要按照财政部的规定填报项目申报文本。

1. 行政事业类项目的新增专项计划项目，新增专项业务项目，大型修缮项目，大型购置项目中的预算数额较大且专业技术复杂的单台购置项目、批量购置的同类项目等，项目申报单位应当填报项目申报书（甲）并附相关材料。

2. 除上述项目之外的项目，项目申报单位应当填写项目申报书（乙）并附相关材料。

（二）申报的项目包括新增项目和延续项目。

新增项目必须按照财政部的要求填报项目申报书的有关内容并附相关材料。

延续项目中项目计划及项目预算没有变化的，可以不再填写“项目申报书”；项目计划和项目预算发生较大变化的，需重新填写“项目申报书”并附相关材料。

（三）专项计划项目应当按照国家有关政策规定和核定的年度预算，由该专项主管部门按照有关专项计划项目及其经费管理的规定，统一向财政部申报。

（四）各单位应当按照中国地震局规定的时间报送申报材料，申报材料的内容必须真实、准确、完整。

第十五条 申报程序。

（一）项目单位应当按照预算管理级次申报项目，不得越级上报。

（二）二级管理单位对本单位拟申报的项目审核后，将符合条件的项目纳入本级项目库。

（三）对进入二级管理单位项目库的项目，二级管理单位择优排序后汇总向中国地震局申报。

第十六条 行政事业类项目审核内容主要包括：

（一）申请项目是否属于财政供给范围。

（二）申报材料是否符合规定的填报要求，相关材料是否齐全等。

（三）申请项目的立项依据是否真实可靠，项目预算是否合理等。

（四）项目实施是否具有良好的社会经济效益。

第十七条 中国地震局规划财务部门会同有关职能部门对二级管理单位申报的行政事业类项目进行审核，对符合条件的项目，经商二级管理单位后，排序纳入中国地震局项目库。

第十八条 对纳入中国地震局项目库的二级管理单位申报的行政事业类项目，中国地震局规划财务部门将会同有关职能部门组织专家或者委托中介机构进行评审。

第十九条 中国地震局根据财政支持方向、事业发展目标和项目排序，编制中国地震局年度项目支出预算，并上报财政部。

第五章　项 目 实 施

第二十条 中国地震局根据财政部对年度项目支出预算的核定情况，下达各单位年度项目支出预算。

第二十一条 项目预算正式下达后，中国地震局规划财务部门应会同其他有关职能部门按照财政部核定的项目支出预算组织项目的实施，并责成项目单位严格执行项目计划和项目支出预算。

项目单位应对项目实行目标责任管理，对项目投资、进度和质量进行全面控制，确保项目投资不超预算，工期不拖延，工程质量达到设计要求和国家有关标准。

第二十二条 行政事业类项目支出预算一经核定，原则不得调整。预算执行过程中，发生项目终止、撤消、变更、追加预算的，必须按照规定的程序报批。项目完成后，结余的资金报经财政部批准同意后，可结转下一年度使用。

第二十三条 纳入政府采购的项目以及项目实施中所需仪器设备和材料的采购必须按规

定实行政府采购。

第六章 项 目 验 收

第二十四条 项目验收前准备。项目完成后，项目单位应根据项目内容，组织有关工程技术人员和专业技术人员对项目进行全面检查，并对检查中发现的问题及时进行整改；及时整理验收资料。

第二十五条 项目验收。项目单位应根据项目内容及时组织验收和总结，并将项目完成情况和项目验收后的有关材料报中国地震局。

重点业务项目的验收。项目单位在完成项目验收各项准备工作后，向中国地震局提出项目验收申请，由中国地震局规划财务部门会同其他有关职能部门组织或委托项目单位组织进行。

第二十六条 中国地震局规划财务部门应会同其他有关职能部门对项目完成情况进行汇总，并上报财政部。

第七章 项目的监督检查与绩效考评

第二十七条 中国地震局各有关职能部门以及项目单位应按照各自职责加强对项目实施进度、质量和预算执行情况进行和完成结果进行监督检查。对违反国家有关法律、法规和财务规章制度的，要按照国家有关规定进行处理。

第二十八条 审计监察部门应根据国家有关法律、法规和规章制度对项目实施进行跟踪审计监督。

第二十九条 中国地震局规划财务部门将会同其他有关职能部门依据财政部制定的绩效考评办法对年度预算安排的项目实行绩效考评，并将绩效考评结果记入中国地震局项目库，作为以后年度审批立项的参考依据。

第八章 附 则

第三十条 本办法由中国地震局负责解释。

第三十一条 本办法自 2002 年 10 月 1 日起实施。

关于印发《中国地震局政务信息网管理规定》的通知

各省、自治区、直辖市地震局，各直属单位：

中国地震局政务信息网已通过验收，正式交付使用。为加强网络管理，规范网络应用，确保网络安全和信息保密，现将《中国地震局政务信息网管理规定》印发给你们，请遵照执行。

中国地震局

二〇〇二年一月八日

中国地震局政务信息网管理规定

第一条 为加强中国地震局政务信息网（以下简称政务网）的网络管理，规范网络应用，确保网络运行的安全和信息系统的保密，根据国家有关法律法规的要求，特制定本管理规定。

第二条 政务网是中国地震局应用于办公事务处理和政务信息服务的专用网络系统，也是全国政府系统政务信息资源专网的节点系统。

第三条 政务网的接入用户即中国地震局机关的各接入部门和地震系统的各接入单位，以及依托政务网开展的各项网络应用活动，应遵守本管理规定。

第四条 政务网建设、管理的基本原则是：统一规划、分步实施、相互协调、讲求实效、强化管理、安全保密。

第五条 政务网由中国地震局统一规划和组织建设，并制定相应的管理办法指导应用与管理。

中国地震局办公室负责政务网的建设实施和日常管理，具体职责：根据总体设计组织建设实施和保障网络运行；组织开发网络应用；根据有关管理规定，对各接入用户的建设、应用工作进行指导、管理和检查等。

第六条 政务网的接入用户，应当按照中国地震局的统一规划和要求，在中国地震局办公室的指导下，开展各节点系统的建设、应用和管理。

第七条 中国地震局及各接入单位保密委员会负责本级政务网网络安全和信息保密的管理工作，网络的技术管理部门负责配合开展有关工作，政务网的用户均有义务维护网络的安全和保证信息的保密。

第八条 按照国家有关法律法规的要求，政务网必须采取各种技术措施和管理手段，以确保网络系统安全和信息系统的保密。

第九条 政务网是封闭运行的内部办公网络系统，必须与公众信息网实行物理隔离，以确保网络的安全和信息的保密。

第十条 通过政务网接收、下载、打印和存储的涉密文件、信息，必须按同密级纸质文件、信息的保密要求进行管理。

第十一条 所有通过政务网发布的信息，必须经规定的程序审核之后方可发布，发布者必须确保所发布信息的真实、合法和保密。

第十二条 用户申请联入政务网或依托政务网开展网络应用，必须按规定程序申报、审核，方可入网或开展应用。

申请联入政务网的接入单位须提交按中国地震局统一规划所制定的节点系统建设方案、实施方案、安全保密方案和有关管理机构、制度等相关材料。

申请联入政务网的局域网的接入部门用户须提交按规定填写的入网申请表。

申请依托政务网开展的网络应用，应由规划建设部门提交建设方案、实施方案和相应的管理办法。

第十三条 中国地震局办公室负责受理用户申请和网络的接入等技术支持。

第十四条 政务网的用户必须认真遵守网络管理的有关规则。政务网的安全保密管理部门应采取各种技术措施和管理手段，及时发现、纠正用户的违规行为。

第十五条 本管理规定自 2002 年 1 月 8 日起施行。

关于印发《中国地震局因公临时出国用汇管理办法》的通知

各省、自治区、直辖市地震局，各直属单位：

为深入落实党中央、国务院关于“勤俭办外事”的方针，规范我局系统因公临时出国（境）用汇管理工作，节约国家外汇资金，防止逃汇、套汇、骗汇等行为的发生，根据财政部《因公临时出国用汇管理办法》，我局制定了《中国地震局因公临时出国用汇管理办法》，现印发给你们，请认真学习，并在今后组织出国团组的工作中按规定执行。执行中如有问题，请函告局国际合作司。

中国地震局

二〇〇二年八月六日

中国地震局因公临时出国用汇管理办法

第一章　总　　则

第一条　为规范我局系统因公临时出国（境）（以下简称“因公出国”）用汇管理工作，节约国家外汇资金，防止逃汇、套汇、骗汇等行为的发生，根据财政部《因公临时出国用汇管理办法》，结合我局具体情况，制定本办法。

第二条　因公出国时间在三个月以内（含三个月）的为因公临时出国。

第三条　因公出国用汇包括经我局批准出国进行考察、访问、学习、出席国际学术会议、短期培训或研修及执行其他出国项目的用汇。我局出国用汇重点支持以下出国团组：局领导出访团组、执行政府间合作协议的团组、由我局组织参加重要国际会议等列入年度对外交流计划的团组和确因局业务工作需要临时派遣的团组。

第四条　根据职责范围，我局购汇人民币限额管理工作由局国际合作司负责，有关的财务事宜由局办公室机关财务处审核办理。

第五条　为加强出国团组的计划管理，各单位和局机关各司室应在每年10月中旬将下一年度出国计划报局国际合作司审核确定，并报局领导批准。凡未列入年度出访计划的出国团组原则上不予考虑。在申报出访计划时，应列出团组出访人数、时间、出国路线和所需购汇额度，与出访任务同时审批。所有出国团组必须贯彻“小、少、精”的原则，努力压缩参团人数，尽量控制出国时间，严禁绕道旅游，避免重复考察，节约外汇开支。

第六条 出国用汇统一从财政部下达给我局的非贸易非经营性购汇人民币限额预算中列支，各出国团组应通过中国银行办理购汇手续，不得使用其他外汇。

第二章 申 请

第七条 出国团组在取得出国任务正式批件，办理完护照、签证手续后，到局国际合作司办理购汇申请。

第八条 出国团组在办理购汇申请时，应提供详细日程和机票（或机票订单），并填写《临时出国团组外汇开支预算表》（表A）一式三份，根据财政部《临时出国人员费用开支标准和管理办法》编制用汇预算：

1. 根据国家规定的标准可以申请住宿费、伙食费、公杂费、零用费及自费购汇的用汇指标，对没有固定开支标准的项目用汇，原则上不予安排；

2. 城市间交通费包括一国或多国城市间交通费，应在国内购买往返联程机票时，尽量包含在国际旅费中，确需单独开支的，根据外方邀请函和经我局批准的出国路线，参照有关资料和惯例编制预算，但不得超过同程间国际机票的价格；

3. 出国团组在出国期间有关费用如由外方负担的，应扣减相应申请数额。

第三章 审核、供汇和购汇

第九条 局国际合作司负责对临时出国团组外汇开支预算进行审核，预算表须由局机关财务处复核并加盖财务专用章。

第十条 预算审核的内容应包括：

1. 预算表是否按照“出国任务批件”批准的出国国别、路线、时间等编制；

2. 预算金额是否符合财政部《临时出国人员费用开支标准和管理办法》的标准；

3. 出国实习、培训用汇预算是否符合国家外国专家局《关于出国实习培训人员费用开支标准和管理办法的规定》的标准。

第十一条 根据已批准的《临时出国团组外汇开支预算表》（表A）由局国际合作司专人负责开具由财政部统一印制的“预算内非贸易非经营性用汇申请书”一式四联和“中国银行外汇兑换水单”一式二联，并加盖银行预留印鉴章。

第十二条 出国团组持“预算内非贸易非经营性用汇申请书”和“中国银行外汇兑换水单”及人民币支票和个人购汇部分所用现金，在核准的限额内，到中国银行按当天外汇牌价办理购汇手续。

第十三条 出国团组购汇后，务必在出国之前将中国银行退回用汇单位的“预算内非贸易非经营性用汇申请书”和“中国银行外汇兑换水单”留存联及时交回局机关财务处，并将购汇使用的人民币数额通知局国际合作司。

第四章　用　　汇

第十四条　出国团组必须按照批准的用汇项目和限额预算使用外汇，不得擅自突破，结余的外汇必须退回，不得擅自挪用。

第十五条　出国团组和个人对下列费用应全部上缴，不得挪用或私分：

1. 国外接待部门和国际组织等赠发的零用费、生活补助费、住宿费等，出国前已经领用相关费用的；

2. 住宿费、机票的回扣和公款利息收入等；

3. 出国团组和个人取得的其它应上缴的收入（包括从事科研合作和学术交流的劳务费、出国展览的展品销售收入等）。

第十六条　在国外一般不搞宴请活动，特殊情况确需宴请的，应按照事先经我局审批的预算开支外汇。

第十七条　出国团组在国外的外汇开支必须取得原始凭证，并经经办人、证明人和团组负责人签字，确保费用开支真实、准确。

第十八条　出国团组在国外期间，要有专人管理、使用外汇，及时填写“日记账”，并保存好单据，二人以上团组要实行外汇、账务分人管理。

第五章　核销和退汇

第十九条　所有出国团组均应在回国后 15 日内到局机关办理外汇核销手续。

第二十条　出国团组办理外汇核销手续前，应对原始单据进行整理，数额较大的开支单据必须要有出国团组负责人签字，对应由个人负担和不能报销的单据予以剔除。

第二十一条　出国团组在办理外汇核销时，要填写《临时出国团组外汇开支核销表》（表 B）一式三份，并携带国外开支日记账及原始单据等资料。

第二十二条　局国际合作司负责对临时出国团组外汇开支进行审核，并由局机关财务处进行复核把关，对以下开支不予核销：

1. 超出规定开支范围和标准的开支；

2. 无原始单据的开支；

3. 未经批准擅自改变国外活动路线、增加出访地点和延长出访时间的开支；

4. 属于不应该负担的开支或因私发生的开支等。

第二十三条　《临时出国团组外汇开支核销表》（表 B）经审核无误后，要由出国团组负责人、局国际合作司和局机关财务处主管领导在表上签署意见，并加盖公章，方可据此办理相应财务报销手续。

第二十四条　出国团组如有外汇结余，应在核销后将外汇原币交回局机关财务处，由机关财务处工作人员填写由财政部统一印制的“预算内非贸易非经营性用汇退汇通知书”，到中国银行办理退汇手续；如出国团组购汇时使用的不是局机关财务的支票，退汇手续办理完毕后，由局机关财务处将相应人民币数额退回购汇单位。

第二十五条 凡使用局机关财务以外支票购汇的单位，在出国团组没有办理外汇核销手续前，一律不得为出国团组办理财务报销手续，核销手续办理完毕后，原始单据可在购汇单位报销，严禁坐支和转移外汇资金。

第六章 “双跨”团组出国用汇的管理

第二十六条 跨地区、跨部门出国团组（以下简称“双跨”团组）应严格按《国务院办公厅印发关于跨地区、跨部门因公出国（境）团组管理办法的通知》（国办发［1997］29号）组团，严禁以营利为目的组织“双跨”团组。

第二十七条 “双跨”团组应按照财政部关于“谁组团，谁供汇”的原则，由组团单位统一提供外汇，并按财政部规定收取参团人员在国外开支所需要的等值人民币，配套外汇应严格遵照《中华人民共和国外汇管理条例》（1996年1月29日 国务院令第193条）有关规定办理，不得以外币形式结算。

第二十八条 对我局组团的“双跨”团组人员，要严格按照财政部规定的标准供汇，对超过标准的费用不予供汇；财务部门对没有落实外汇或外汇渠道不正当的“双跨”出国团组的人民币经费，不予预支，不予报销。

第二十九条 “双跨”团组必须对经费开支统一管理，不得绕过组团单位财务部门的财务审核关，而将属于团组集体开支的外汇“化整为零”，由参团人员或单位自行结算。

第七章 监督与检查

第三十条 各单位应加强对出国用汇的使用和管理，自觉接受财政、外汇管理部门的监督检查。

第三十一条 各单位财务部门有权拒付出国人员违反规定的各项开支，不予办理报销手续；对逃避限额预算管理，从不正当渠道取得外汇，甚至到“黑市”兑换外汇的出国团组，不得报销其人民币经费；情节严重的，要按照有关规定查处；触犯法律的，要移交司法机关追究其法律责任。

第八章 附　　则

第三十二条 本办法由中国地震局负责解释，以前有关规定与本办法相抵触的，按本办法执行。

第三十三条 本办法自发布之日起开始施行。

附件：1. 临时出国团组外汇开支预算表（略）

　　　2. 临时出国团组外汇开支核销表（略）

关于印发《中国地震局系统交流访问学者制度实施办法》的通知

各省、自治区、直辖市地震局，各直属单位：

为促进地震科技交流与合作，加速人才培养，推动防震减灾事业的发展，中国地震局决定在地震系统建立交流访问学者制度，特制定《中国地震局系统交流访问学者制度实施办法》（现印发给你们）。请在本单位广为宣传，同时结合推动工作和人才培养的需要，认真组织实施。

中国地震局

二〇〇二年十一月十五日

中国地震局系统交流访问学者制度实施办法

第一条 为促进地震科技交流与合作，促进地震监测、预报与科研工作相互结合，加速人才培养，推动防震减灾事业的发展，决定在地震系统建立交流访问学者制度。现根据地震系统的实际情况，制定本实施办法。

第二条 本办法所涉及的交流访问学者暂限于局系统的科技人员。申请者一般应具备以下条件：

1. 具有中级以上专业技术职务，从事科技业务工作5年以上；
2. 身体健康，年龄一般不超过55岁；
3. 事业心强，愿意继续在地震系统从事地震科技业务工作。

第三条 交流访问学者根据是否具有正高级专业技术职务分为高级交流访问学者和普通交流访问学者两个类别。其工作期限一般为3个月至6个月，确因需要，可以申请一年期限。

第四条 鼓励省局与研究所等直属事业单位之间进行科技人员的交流访问，鼓励东、西部地区单位之间进行科技人员的交流访问。为配合国家西部大开发战略的实施和人才培养的需要，优先支持西部地区单位的中青年科技骨干进行交流访问；优先保证局重点项目实施对交流访问学者的需求。

第五条 中国地震局人事教育司负责受理交流访问学者的申请工作。凡希望进行交流访问的科技人员，填写《中国地震局交流访问学者申请表》，在征得所在单位同意后向接收单位提出申请。接收单位由人教部门牵头，根据科技工作需要，组织有关科技业务部门对申请者进行评审。对初审合格者，在其《中国地震局交流访问学者申请表》填注相关意见，报中国地震局人事教育司审批。

第六条 中国地震局人事教育司每年1月份公布本年度交流访问学者的支持计划。对于列入计划的交流访问学者，中国地震局为其提供专项生活补贴经费。该经费主要用于交流访问学者在住宿、伙食等方面的支出及补助。交流访问学者开展科研业务工作所需的业务经费由派出单位与接受单位协商解决。

第七条 生活补贴专项经费一般划拨到接收单位，由接收单位按月支付给交流访问学者。若交流访问学者的食宿由接收单位提供经费并给予安排，则该专项补贴经费可由接收单位自主使用。

第八条 未能列入局经费支持计划的交流访问学者，以及来自局系统外、海外的交流访问学者，各单位也可根据需要自行接收，所需经费由接收单位及派出单位协商解决。

第九条 接收单位要与交流访问学者签订合同书，明确交流访问期间的研究方向、工作内容、预期目标以及双方的责、权、利关系，同时加强对交流访问学者在交流访问期间的管理和期满的考核工作。

第十条 交流访问学者在接收单位工作期间，其人事、工资、行政关系均在原单位，访问期满后回原单位工作。交流访问学者在接收单位工作期间所取得的成果均和其派出单位共享。

第十一条 各接收单位在交流访问学者工作结束一个月内，将其《中国地震局交流访问学者情况鉴定表》报局人事教育司备案。

第十二条 中国地震局给交流访问学者发放“中国地震局交流访问学者证书”，并对在交流访问期间做出突出成绩的人员将给予表扬或奖励。

第十三条 本办法由中国地震局人事教育司负责解释。

《中华人民共和国防震减灾法》执法检查报告

全国人大教科文卫委员会防震减灾法执法检查组

《中华人民共和国防震减灾法》（以下简称防震减灾法）的实施使我国防震减灾工作全面纳入了法治化轨道。为了推进防震减灾法更好地贯彻实施，全国人大教科文卫委员会于2002年下半年，对防震减灾法的实施情况进行了执法检查。执法检查分两个阶段进行。

第一阶段，2002年8月21日，全国人大教科文卫委员会朱开轩主任委员和全国人大教科文卫委员会严义埙、吴德馨、陈建生、顾诵芬、聂力、张序三、谢光委员，赴北京良乡视察了“国家地震灾害紧急救援队”。8月22日，教科文卫委员会部分委员听取了中国地震局、建设部、民政部关于防震减灾法实施情况的汇报，科技部和财政部的有关同志也参加了会议。

第二阶段，9月11日至23日，全国人大常委会委员、全国人大教科文卫委员会主任委员朱开轩为组长，张序三、谢光委员为成员的检查组对青海省、甘肃省实施防震减灾法的情况进行了执法检查。10月7日至10月17日，全国人大教科文卫委员会蒋祝平副主任委员为组长、谢光委员为成员的检查组到云南省、重庆市进行了执法检查。中国地震局宋瑞祥局长、汤泉副局长以及四省、市人大的有关领导分别参加了执法检查活动。

现将实施防震减灾法的有关情况和我们的建议报告如下。

一、防震减灾法实施的主要成效

防震减灾法实施近5年来，在国务院的领导下，中国地震局和各省、自治区、直辖市人民政府对法律的实施高度重视，做了大量的工作，已初步建立和健全了防震减灾三大工作体系，并积累了许多成功的经验，法律实施成效显著。

（一）防震减灾法宣传普及工作取得了一定成效

各级人民政府及地震工作部门将防震减灾法的宣传普及作为重点内容，纳入了“三五”和“四五”普法规划，有计划、有步骤地开展防震减灾法的宣传普及工作。5年来，全国有30多位省部级领导参与了防震减灾法的宣传普及工作。在每年的防震减灾法施行日、“7.28”唐山地震纪念日、国际减灾日、科技周，全国各地都开展了大量的防震减灾普法宣传活动，如重庆市过去是不设防城市，建立直辖市后，认真抓了防震减灾科普宣传教育活动；青海省政府，每年都组织省防震减灾工作领导小组成员单位，对各州（地、市）人民政府、相关部门进行检查，并将检查结果通报全省进行宣传，以促进防震减灾工作的开展。防震减灾法的宣传普及，为防震减灾事业的发展营造了一个良好的社会环境。

（二）防震减灾法制建设成效显著

为了规范地震预报行为，加强建设工程地震安全性评价的管理，国务院分别于 1998 年和 2002 年颁布了《地震预报管理条例》和《地震安全性评价管理条例》；加上防震减灾法颁布前施行的《地震监测设施和地震观测环境保护条例》、《破坏性地震应急条例》，防震减灾法律体系已经基本形成。此外，中国地震局还先后制定了《震后地震趋势判定公告规定》、《建设工程抗震设防要求管理规定》等 7 个部门规章。

地方立法工作也不断推进。目前，31 个省、自治区、直辖市都制定了建设工程地震安全性评价的地方性法规或者政府规章；一些省还在地震重点监视防御区管理、地震监测设施和观测环境保护等方面制定了政府规章。有 26 个省、自治区、直辖市制定了操作性较强的防震减灾条例，如：2002 年重庆市制定的防震减灾条例中，就明确作出了"大型水库、特大型桥梁和高度超过一百二十米的超高层建筑应按强震观测点布局规划，设立地震监测台网（站）或强震观测设施。"的规定。

（三）防震减灾工作纳入各级政府国民经济和社会发展规划和计划

我国 2001 年发布的《中华人民共和国国民经济和社会发展第十个五年计划纲要》对防震减灾事业的发展提出了明确要求。投资 25 亿元的"中国数字地震观测网络"项目已经纳入国家"十五"计划。各省、自治区、直辖市人民政府都把防震减灾工作纳入当地国民经济和社会发展计划，如：2001 年《甘肃省国民经济和社会发展第十个五年计划纲要》明确提出"提高地震应急能力和水平，力争减少灾害损失"的意见；"甘肃省防震减灾应急指挥中心建设"、"甘肃省防震减灾观测技术系统改造与建设"等"十五"重点项目，也已经甘肃省政府正式批准立项。

（四）地震监测预报、震灾预防和紧急救援三大工作体系建设取得较大进展

1. 地震监测预报工作

编制和实施地震监测预报方案，是防震减灾法赋予各级地震工作部门的一项职责。中国地震局依法制定了全国地震监测预报方案，并对各地区地震监测预报方案的编制工作，进行了全面部署。目前，各省级行政区的地震监测预报方案已全部编制完成。防震减灾法实施以来，地震工作部门共对 10 余次地震做出了有减灾实效的中短临预报。云南省地震工作部门对景洪、永胜等地震做出了成功的短临预报，积累了一定的经验。

"九五"期间，中国地震局通过实施中国数字地震监测系统、地震前兆台站技术改造、中国地壳运动观测网络和中国地震信息网络等重点建设项目，建成了由 48 个地震台和 1 个台网中心组成的国家数字地震台网；23 个省、自治区、直辖市建成了区域数字遥测地震台网；建成了分布在全国范围的由三级观测网和数据处理中心组成的地壳运动观测网络，建成了由 96 台（套）流动数字地震仪组成的流动数字地震台网，改扩建了 159 个数字化前兆观测台站。使我国现有的 50%的测震台（站）、30%的前兆台（站）实现了数字化。

2. 地震灾害预防工作

为了加强建设工程抗震设防要求的管理，中国地震局组织编制了强制性国家标准《中国地震动参数区划图》，规定了一般建设工程的抗震设防要求。随着《地震安全性评价管理条

例》的施行，重大建设工程和易产生严重次生灾害的建设工程抗震设防要求管理得到进一步加强。今年初，国务院明确中国地震局作为审查城市发展规划的成员单位。中国地震局与建设部相互沟通，密切配合，共同研究加强建设工程抗震设防管理的措施。

全国各地的抗震设防要求的管理不断加强，目前已有15个省和160多个市将抗震设防要求的管理纳入了基本建设管理程序，其中甘肃省兰州等80多个市还纳入了政府的统一窗口服务。1996年以来，国家地震安全性评定委员会评审了100多项、省级地震安全性评定委员会评审了近3000项建设工程的地震安全性评价结果，为建设工程确定了科学合理的抗震设防要求。

抗震加固工作取得了一定的进展。建设系统在全国范围内，特别是地震重点监视防御区内，对不符合抗震设防要求的建筑物，开展了查危、排危工作；并对有使用价值的建筑物进行加固，提高了这些建筑物的抗震能力。青海省到1999年，全省抗震加固面积已达126万平方米。云南省各级人民政府每年都安排一定的经费，用于重要公共设施和生命线工程的抗震加固工作。

3. 地震应急和救援工作

防震减灾法赋予了各级地震工作部门在地震应急工作中的管理职责。中国地震局依法推进各级地震应急预案的编制工作，继国务院办公厅发布了《国家破坏性地震应急预案》后，31个省、自治区、直辖市均制定了破坏性地震应急预案，国务院有关部门、绝大部分市、县以及大型企业也制定了应急预案。根据防震减灾法的规定，国务院成立了抗震救灾指挥机构，建立了防震减灾工作联席会议制度。省、市级抗震救灾指挥机构建设得到加强。防震减灾法发布施行后，中国地震局和各省级地震工作部门多次会同有关部门进行了地震应急工作检查。为了更有效地开展地震应急工作，1998年，民政部会同财政部下发了《关于建立中央级救灾储备物资管理制度的通知》，在全国设立了8个中央级救灾物资储备点，还在青海、新疆等多灾易灾省、区建立了省级救灾物资储备点。这些工作的开展，已在云南省丽江地震、南黄海地震、河北省张北地震等多次应急救援中发挥了积极的作用。

在国务院、中央军委的高度重视和有关部门的大力支持下，我国第一支国家地震紧急救援队已于2001年正式成立，通过装备配置，经过一年多的艰苦训练和远程空运演练，这支队伍已具备国内紧急救援能力。北京、天津、云南等省、市的地震紧急救援队也正在筹建之中。同时，中国地震局积极推进地震应急救助技术和装备的研制开发工作，在高层建筑救生装置、现场救助图像无线传输设备的研究和开发方面，已取得一定的进展。

二、存在的主要问题

（一）中西部地震重点监视防御区的防震减灾能力较弱

1996年，国务院确定了全国21个地震重点监视防御区和13个重点防御城市。这些地区地震发生的特点为，分布广、强度大、震源浅、频度高、灾害重。如甘肃省全省4/5面积及13个地州市政府所在城市和90%以上县城所在地，都位于8度左右高地震烈度区；近10年来省内先后发生了6次中强以上地震，造成直接经济损失约3亿多元。云南省地震烈度7度区以上面积占全省的87%，其中8度区面积占34.3%；1970年以来，相继发生了8次7级以上地震；从1993年至2000年，地震造成的直接经济损失、人员死亡和重伤分别占我国大陆地震的52%、71%和85%。青海省全省有75%以上地区处于7度以上高烈度区；自1990年以来，共发生5级以上地震49次，其中破坏性地震15次；2001年11月14日还发生了昆仑山口西的8.1级强烈地震。面临上述这一严峻形势，这些省的防震减灾任务十分繁重。

检查组认为，中西部地震重点监视防御区，由于经济发展相对落后，对防震减灾工作的投入严重不足，使这些地区的地震监测能力、地震灾害预防能力和地震应急能力远不能满足防震减灾工作的实际需要。这些地区部分市、县地震工作机构中，非专业人员比例过大，人员素质参差不齐，缺乏专业人才和管理人才。一些市、县由于条件艰苦，待遇不高，专业队伍不够稳定，直接影响了防震减灾工作的开展。

（二）执法力度需要进一步加大

当前，各地虽然已经制定了建设工程地震安全性评价的地方性法规或者政府规章，但在实施中各地贯彻程度不一，仍有一些建设单位不依法进行地震安全性评价；需要进一步加强领导，协调部门之间的关系，加大执法力度。

一些建设工程，没有严格按照法律第十五条的规定执行，还存在对地震监测设施和地震观测环境造成一定危害的现象。依法保护典型地震遗址、遗迹的工作仍需加强。

（三）市、县地震工作机构和台站管理体制还需要进一步理顺

目前中西部地区，在地震重点监视防御区和重点防御城市的市、县级地震工作机构还不够健全。市、县地震工作机构的人、财、物由当地政府管理，省级地震局对市、县地震工作只有业务指导的职责，没有行政和组织上的管理职责。县级地震机构多数由其他部门代管，有的无专人负责，影响了当地防震减灾工作的有效开展。由于上述原因，部分省的市、县两级的防震减灾规划、计划及地震监测台（站）的布局等与国家的总体规划不够协调。

三、几 点 建 议

（一）加强法制宣传和法制建设，加大全国的执法检查力度

防震减灾法及其相关科普知识的宣传普及，是一项长期而艰苦的工作，需要坚持不懈地开展下去。各地要结合地区特点，充分发挥新闻媒体的作用。通过宣传，要使各级领导干部进一步增强依法行政的自觉性，使全社会的防震减灾法律意识得到加强。

我国的防震减灾法律框架体系已经基本形成，但是防震减灾法配套法规仍需要不断完善。一方面，法律制度的实施措施尚需进一步具体化，增强可操作性；另一方面，随着防震减灾事业的不断发展，有一些工作领域仍需要通过立法予以规范。当前，应当在地震监测管理、地震紧急救援、地震灾害评估等方面制定行政法规和规章，同时也应加强标准化和法制计量体系建设。

考虑到我国是一个多震害的国家，防震减灾法颁布实施也已快5年了，不少地震多发的省、自治区和直辖市（特别是西部地区）对此非常重视，贯彻实施法律中积累了很多经验，

也反映了一些意见、困难和问题，建议下届全国人大常委会任期内在全国范围做一次全面的执法检查，以便总结经验，完善法律，把我国的防震减灾工作做得更好。

（二）完善管理体制，加强地震监测台网建设的统一规划

目前省级地震局承担全省防震减灾工作主管部门的责任，但对市、县地震工作机构仅是业务指导关系，这种体制对本地区防震减灾工作的协调发展有一定影响。建议省、自治区、直辖市人民政府进一步完善对市、县地震机构的双重领导管理体制。

检查组认为，根据地震工作的特点，按照全国地震监测台网建设规划的要求，坚持统一规划、科学布局、统一标准、合理分工、资源共享的原则，来推进市、县地震监测台网建设是正确的。建议省级地震工作部门遵循上述要求和原则，对本行政区域内的地震台网及信息系统的建设，统一规划，实现资源共享，以避免重复建设。

（三）增强地震重点监视防御区的防震减灾能力

面临中西部地区财政较弱，对防震减灾工作的投入严重不足的状况，国家应切实加大对中西部地区全国重点监视防御区和重点防御城市的防震减灾工作的投入，建议国家财政设立“地震重点监视防御区市、县防震减灾三大工作体系建设专项补助费”（可从每年5000万元起步），由中国地震局统一管理，主要用于支持中西部地区的防震减灾工作。

国家应协调各地震重点监视防御区和城市的力量，根据需要与可能，统一组建若干不同层次水平、又能综合使用的地震应急救援队伍，以形成紧急救援力量，提高减灾能力。

（四）加强地震工作队伍建设

面对中西部地区地震工作队伍缺乏专业人才，队伍不够稳定的状况，建议国务院对地震工作队伍，实行特殊岗位津贴制度。各地方人民政府也要根据本地情况，给地震工作队伍一定的地区补贴。要从激发事业责任感和提供较优厚待遇两个方面，解决他们的后顾之忧，使他们能够安心工作，保证各项事业的持续稳步地发展。

（五）各级地震工作部门要进一步强化依法行政职能

各级地震工作部门作为防震减灾法主要的执法主体，要切实加强对防震减灾的社会管理，加大行政执法力度，推进防震减灾法及配套法规的实施。各级地震工作部门要全面履行建设工程抗震设防要求管理的法定职责，会同建设部门依法监督城市建设工程达到抗震设防要求。

（六）“西部大开发战略”要把防灾工作作为一项重要措施

鉴于我国西部地区多数省区市的一些特殊地理条件，建议在“西部大开发战略”指导思想上应以建设为主，兼顾防灾，有的地区要因地制宜，两者并重。西部大开发建设以通路、通电、通讯为基础，以发展优势产业、建设重点骨干工程，改变城市落后面貌为主，这无疑是正确的，但仍应重视防止“形象工程”，把钱用在刀刃上。地震灾害具有突发性质，应当将其放在突出位置加以认真对待。应努力把防灾工作作为改变西部地区面貌，使经济建设得以持续发展的一项重要措施。

认真实践“三个代表”重要思想，努力开创防震减灾事业的新局面

——中国地震局局长宋瑞祥在2002年度全国地震局长工作会议上的讲话（摘要）

（2002年8月19日）

一、“九五”以来防震减灾工作的主要进展和基本经验

（一）“九五”重点项目全面完成，防震减灾能力明显增强

地震监测系统建设取得重大进展，观测技术的现代化水平显著提高，相继完成了国家数字地震和前兆台网、中国地壳运动观测网络、首都圈防震减灾示范区等一批重点项目的建设。地震预报继续在探索中前进，先后对新疆伽师、云南宁蒗、辽宁岫岩等十余次地震实现较成功的短临预报，减少了人员伤亡和财产损失。应急与救灾的指挥技术系统建设取得成效，速报和反应能力明显增强，初步建成了国家和北京、天津及河北等地的防震减灾指挥中心。建设工程抗震设防的依据更加科学合理，通过地震动参数区划图的发布实施，抗震设防要求实现了以烈度表述向以地震动参数表述的过渡。城市防震减灾示范区建设与研究相继开展，先后完成了闽南、自贡、合肥等十余个城市和经济开发区防震减灾示范区的建设。地震科学研究成果不断涌现，“973”等一批科研项目的开展，进一步提高了对地震发生规律的认识。“九五”期间，共获国家科技进步奖、发明奖和自然科学奖13项。

（二）防震减灾工作步入法制化管理轨道

《中华人民共和国防震减灾法》颁布施行，《地震预报管理条例》、《国家破坏性地震应急预案》、《地震行政执法规定》等配套法律和规章相继施行。地方立法工作全面展开，河北、安徽、四川等18个省区市颁布了《防震减灾条例》或《实施防震减灾法办法》，28个省区市公布实施了地震安全性评价管理方面的政府规章。地震部门执法队伍初步形成，依法行政能力有所加强。

（三）震灾应急管理体系初步形成，防震减灾经费投入体制逐步完善

国务院抗震救灾指挥部，增强了对地震灾害的高层决策指挥和快速反应能力；各省区市也相继成立了地方的抗震救灾指挥部或领导小组。

1997年，我局与国家计委、财政部关于建立健全防震减灾计划体制及相应经费渠道的

文件下发以来，各级政府的投入显著增加。初步建立起了多层次、多渠道的防震减灾投入体制，防震减灾工作开始纳入国家和地方国民经济和社会发展规划、计划。据统计，“九五”期间，中央和省区市两级人民政府对地震事业的投入累计达31亿元，约是“八五”期间的3倍，为防震减灾工作提供了经费保证。

（四）抓改革、抓人才、抓精神文明建设，防震减灾队伍凝聚力增强，职工生活有所改善

地震系统改革意识不断增强，各项改革措施逐步推行，为国民经济建设服务的领域进一步拓宽。人才培养初显成效，涌现出一批年轻有为的科技人才。精神文明建设取得新的成绩，“艰苦奋斗、爱岗敬业、无私奉献”精神进一步弘扬，通过深入开展“三讲”教育活动，领导班子建设和党风廉政建设进一步得到加强。“九五”期间，地震系统干部职工的工作和生活条件有了进一步的改善，收入水平稳步提高。人均年收入从“八五”末期的6365元增加到2001年的15629元。“九五”期间新建住房面积33万平方米，约是“八五”末期全局职工住房总面积的42%。

2000年，国务院召开了全国防震减灾工作会议，确定了我国防震减灾工作的指导思想，提出了建立健全地震监测预报、震灾预防和紧急救援三大工作体系的工作重点。两年来，我们认真贯彻全国防震减灾工作会议精神，各项工作又取得了新的进展。《地震安全性评价管理条例》正式颁布实施，防震减灾法律法规进一步健全；国家地震灾害紧急救援队经国务院、中央军委批准后正式成立，经过一年多的队伍组建、装备配备和技能训练，目前已初步具备进行国内外地震灾害紧急救援的能力；中国地震局地震与火山现场工作队正式成立，为应急工作的高效、迅速、有序开展提供了组织保证；防震减灾工作相继纳入国家和地方社会经济发展“十五”计划之中，为防震减灾事业提供了条件保障；“中国数字地震观测网络”项目建议书获国务院批准，地质所和地壳应力所进行了科技体制改革试点，正在探索“开放、流动、竞争、协作”的管理和运行机制；全国防震减灾宣传工作会议的召开，进一步明确了防震减灾宣传教育工作的指导思想和工作准则。

特别是在中国地震局成立三十周年之际，朱镕基总理、温家宝副总理等党中央、国务院领导视察中国地震局，听取工作汇报，听取专家意见，关怀全国地震系统广大职工，关心支持防震减灾事业，给我们以极大的鼓励和鞭策。

回顾“九五”以来的防震减灾工作，我们在努力推进事业发展中，积累了一些基本经验，主要有：

——必须坚持“预防为主，防御与救助相结合”的工作方针。

——必须把防震减灾工作纳入国民经济和社会发展计划。

——必须加强防震减灾法制建设，依法行政。

——必须坚持不懈地支持防震减灾科学研究，推进科技进步。

在总结工作的同时，我们也要清醒地看到，依然存在一些制约和阻碍我国防震减灾事业发展的困难和问题。主要有：地震监测预报能力和水平与社会需求之间存在较大差距；震灾预防和紧急救援能力与我国多震灾的国情不相适应，抗震设防监督管理力度不够，社会应急救援体系远未形成；社会公众防震减灾意识与法制观念还较为淡薄；防震减灾社会管理还有待进一步加强，防震减灾工作的财政体制还不完善，经费渠道仍然不通畅、不到位，经费投入得不到必要的保障；地震科学研究尚未形成集成和创新体系，学科设置和队伍结构不尽合

理，开放流动程度不够，创新竞争能力不强，人员素质尚待提高，业务骨干后继乏人；职工生活还比较清苦，基层台站条件设施简陋，影响一线的稳定等等。这些困难和问题，我们必须高度重视，通过深化改革，推进科技进步，进一步增加各种渠道的投入，加强队伍建设，来认真加以解决。

二、以防震减灾为中心，下大气力建立健全三大工作体系，全面提升防震减灾能力

当前和今后一个时期地震部门工作的总体思路和目标是：以“三个代表”重要思想为指导，贯彻落实党中央、国务院对防震减灾工作的指示，坚持与时俱进，以防震减灾为中心，改革为动力，全面加强能力建设，建立健全防震减灾三大工作体系，开创防震减灾事业的新局面；通过全社会的共同努力，使地震造成的人员伤亡和经济损失减至最小，对社会的影响减至最低。

实现这一总体思路和目标，是当前防震减灾工作贯彻“三个代表”重要思想的要求，是新时期保护人民生命财产安全、保障我国社会主义现代化建设顺利进行的要求，也是建立健全防震减灾三大工作体系，推进事业自身发展的要求。贯彻和实现这一总体思路和目标的关键是紧紧围绕震情，做好防震减灾工作，深化改革，全面加强能力建设。

紧紧围绕震情，是由我国多震灾的国情所决定的。众所周知，我国是世界上蒙受地震灾害最为深重的国家之一。特别是2001年11月昆仑山口西8.1级地震和2002年6月吉林汪清7.2级深震发生后，专家分析认为：我国大陆地震活动将进一步增强，未来几年可能发生7级以上大震，地震对人民生命安全和经济发展的威胁将进一步增大。因此，我们必须立足有早震、大震，警钟长鸣，常备不懈。

紧紧围绕震情，是国家实行可持续发展战略的要求。当前，我国的经济正处于高速发展阶段，城市化进程大大加快，许多对国民经济和人民生活有重大影响的工程全面铺开，如长江三峡水电枢纽、青藏铁路、南水北调、西气东输、西电东送和沿海地区核电建设等重大工程以及高速公路、桥涵、城市高架桥建设等，我们必须既立足于当前，又着眼于长远，积极做好建筑物尤其是重大工程的抗震设防，为国民经济的可持续发展提供工程环境安全的保障。

紧紧围绕震情，做好地震预报工作，是保护人民生命安全和维护社会稳定的要求。我们如果能在震前做出准确的预报，在震后对地震趋势进行正确的判断，及时为平息地震传言提供科学依据，就可以有效地减轻地震造成的人员伤亡，维护社会的安宁和稳定。

深化改革是推进事业发展的动力。只有知难而进，锐意改革，不断创新，在改革中解决前进中的困难，防震减灾事业才会与时俱进，适应社会发展的要求。因此，我们要看到新形势、新阶段对我们工作提出的新课题，进一步解放思想，大力推进制度创新、科技创新和其它各方面的创新，不断地改革不适应新形势、新条件的各种现有体制和运行机制，充分挖掘队伍潜力，做到行政机构要精干、高效、廉政；事业部分要实现资源的合理配置和优化，提高效益；保障服务系统要优质服务、保障有力、服务有偿。

全面加强能力建设，下大气力把三大工作体系建设好，使防震减灾工作适应新时期社会主义现代化建设的要求。三大工作体系的内容，实质就是要做好“预、防、救”。“预”是指

通过各种监测手段和科学分析研究，获得丰富的地下信息，为最终实现地震预报所做的所有努力。“防”主要是通过抗震设防，切实提高各种建筑工程（如生命线工程、住宅工程等）的抗震能力，同时，还要通过宣传教育提高广大群众的地震知识水平和社会对地震的心理承受能力等。“救”就是灾害发生后，快速有序的应急反应、迅速高效的救援行动以及为之服务的灾前准备和灾后恢复重建。“预、防、救”三者既相互联系、相互依存，又各成体系，成为一个不可分割的、有机的统一体。其中“预”是基础，“防”是重点，“救”是关键，目的是最大限度地减轻地震灾害，保护人民生命财产安全。

“预”是基础。这是因为成功的短临预报本身就可以直接减轻地震灾害特别是挽救生命，同时“预”的工作做好了，就可以为“防”和“救”打下坚实的基础，如好的中长期地震预测预报就可以使划定的重点监视防御区更为准确，使“防”和“救”做到重点突出，措施得当。而强震观测积累的近场数据资料可以掌握地面运动、建筑物的响应特征，从而使建筑的抗震设防更加科学合理。

“防”是重点。因为地震造成人员伤亡和财产损失主要是由于建筑物倒塌破坏造成的。美、日发达国家强烈地震之所以造成的人员伤亡较少，最主要的原因是他们注意抗震设计和地基处理，建筑物及其设施的抗震性能较好。因此只有不断地通过加强立法执法，采用高新技术，提高防震减灾意识，提高建筑物的抗震能力，才能从根本上减轻地震灾害造成的损失。

“救”是关键。灾害发生后，“时间就是生命”，有资料表明：如果被压埋灾民第一天就得到救援，救活率可达80%以上，但若到了第五天，只有7%，因此这是一项分秒必争的工作。特别是在目前情况下，地震如果预报不出来，短时间内又难以提高建筑物的抗震标准与能力，就只能依靠迅速高效的“救”来减少损失。即使采取了“防”的措施，发生强震后，也要救灾。

我们地震部门的工作，就是要做到“预”字当头，“防”要到位，“救”得及时。当前和今后一个时期我们要重点做好以下四方面工作。

（一）加强地震监测预报工作体系建设，努力提高预报水平

作为地震部门，首先必须把“预”搞好，建设一个地区布局合理、技术先进的地震监测网络，拥有一支装备精良、机动性强的流动观测力量，形成一套科学规范、行之有效的监测管理制度，培养一批知难而上、勇于创新的预报专家，建立一个程序完善、科学合理的预报预警系统。

要认真抓好地震监测网络的建设。首先，做好统一规划、优化台网布局。第二，应用现代高新科学技术，完善监测手段。第三，继续推进数据传输、处理和服务网络化、信息化的建设。第四，进一步改善台站基础设施和工作条件。努力把台站建设成“人员素质较高、技术装备先进、观测条件良好、工作环境优美”的现代化台站。

要加强流动观测和群测群防工作。针对我国幅员辽阔、地震分布范围广的特点，考虑到经济发展水平，要大力提升流动台网的快速反应能力。一旦发现异常或者发生地震灾害，流动队伍能迅速赶赴现场，快速布设台网，开展加密观测，弥补固定台网的不足，跟踪震情发展，为趋势判定和科学研究及时提供更多的、有价值的信息。要研究新形势下群测群防工作的特点，采取行之有效的措施，研制相应的观测仪器，因地制宜、深入持久地开展群测群防

工作，支持社会各方面办台站，充分发挥其在防震减灾尤其是短临预报和灾情速报中的作用。

要切实加强监测台网的管理。根据台站的功能和所承担的任务性质，可将其划分为全球台网、国家台网、区域台网和社会台网四个层次，未来技术的发展还可以把空间网纳入地震监测网络。全球台网主要承担监测和研究全球主要板块和构造运动的规律，力争通过国际合作来建设，数量可能不多，但是很重要；国家台网主要承担监测全国地震活动，这是我们的主体，要按照地震带、构造带和重点城市来考虑，一定要建设好、管理好；区域台网主要承担监测本地区的地震活动，特别是多震地区，必须要有区域台网来加强控制能力；社会台网主要是利用水库、油田、工矿、高校、研究机构、地勘等单位的人员和场地条件，给予必要的支持建立起来的，社会台网办好了，也就把群测群防工作提升了一步。全球台网、国家台网必须技术装备先进，有权威性，要设立首席科学家负责制，实现台网观测与科学研究的结合。全球台网和国家台网的建设管理由国家负责，区域台网和社会台网的建设和管理主要由地方和单位负责，但在建设上要避免与国家台网重复，可采用联建、共建方式，最大限度地实现优势互补、资源共享。同时，要加快制定地震监测管理规范，加强地震台站建设的管理，严格审批程序，提高观测质量和使用效率。

积极创造条件，切实加大培养有敬业精神的中青年预报人员的力度。建立多震区与少震区预报人员互访工作制度，提高预报人员的实战经验；打破“一专到底”的预报岗位分工，实行以专为主，兼顾多样的岗位分工，提高预报人员多手段的综合分析能力；在重视学科发展的同时，培养以不同构造块体和构造区带为研究区的多学科综合预报研究团队，熟悉研究区的各方面情况，跟踪震情发展，提高对不同构造块体和构造区带地震活动规律的认识；切实转变作风，理论联系实际，专家要走出研究室和预报室，到有地震异常的地区和台站，核实异常、查找原因，提高预报水平，力争培养出一批视野开阔、既具备专门学科知识、又有综合多种学科能力和创新意识的复合型人才，推动地震预报水平不断提高。

要加强管理，改进震情分析会商机制。建立年度重点危险区震情跟踪工作制度，加大野外流动观测，强化构造块体和片区的预测预报研究和管理，深入开展多学科、监测预报与科研相结合的震情监视跟踪工作。大力提倡学术争论和观点碰撞，努力提高震情跟踪分析会商的质量和水平。

（二）推进震灾预防体系建设，提高全社会防御地震灾害的能力

首先，要加强法制建设，依法管理防震减灾工作。根据三大工作体系建设的需要，在地震监测管理、紧急救援、灾害评估等方面制定相关的行政法规或规章，开展地震标准化与计量检定等技术监督工作。各级地震部门要提高行政执法意识，加大执法力度，做到有法必依、执法必严、违法必究。要逐步健全行政执法的规章制度，规范执法行为。

第二，加强建设工程抗震设防的监督管理。首先，要严把城市建设规划的抗震设防关。其次，要推进《地震安全性评价管理条例》和《中国地震动参数区划图》的贯彻落实，确保一般和重大建设工程严格按照抗震设防要求进行设防，力争将抗震设防要求管理和安评工作纳入各地基本建设管理程序。

要加强建设工程抗震设防关键技术研究，提供防震技术保障，改进设防措施，提高减灾效益。

开展地震活断层探测研究，重点部署在孕育地震发生边缘断裂带上，着重做好大城市、国家重点经济开发区和地震多发区的活断层探测，为城市规划提出合理的“避”、“抗”、“消”建议。同时，要对探测方法和技术进行研究，把调查和研究工作结合起来。

第三，广泛开展地震科普知识宣传教育，提高全社会的防震减灾意识。要针对全社会防震减灾意识尚待加强的现状，按照“主动、慎重、科学、有效”的原则，深入持久地做好防震减灾知识的宣传普及工作。要按照“内紧外松”原则，加强震情新闻报道工作的把关，防止因新闻报道失当，引起社会不稳定。

要加强市县防震减灾工作。市县地震部门是防震减灾组织管理体系中的基础部分，是防震减灾方针政策落实到基层的保证，在防震减灾三大体系的建设中有着重要地位。要因地制宜地采取多种模式，重点推进市县地震工作机构的健全和完善。各省局要明确市县地震工作的任务和目标要求，建立考核办法，加强技术培训，逐步提高市县地震工作队伍的业务素质、管理水平和依法行政能力。

（三）建立中央和地方相结合的地震紧急救援工作系统

必须树立危机意识、忧患意识，下大力气尽早把紧急救援系统建设好。必须居安思危、常备不懈，随时准备实施突发性地震灾害的应急与救援。要大力提高国家地震应急反应和紧急救援能力。要从实战出发，继续健全国务院抗震救灾指挥部技术系统的各项功能，完善软件和硬件建设，建立包含丰富、准确抗震救灾相关信息的基础资料数据库，提高辅助决策的实用性、有效性。要把各个灾种的救援力量调研清楚，形成网络，协同作战。认真做好地震应急预案工作，继续开展地震应急检查，查找薄弱环节，督导各部门、各地区应急预案的制定、调整和落实，切实做到组织到位、人员到位、责任到位、措施到位，确保地震应急工作高效有序。

重点抓好国家地震灾害紧急救援队的建设。完善救援队的组织协调指挥机制，理顺紧急救援行动启动程序。要从实际出发，因地制宜，采用与消防、森林、防洪等救援力量相结合的方式，逐步形成地方地震紧急救援能力。

要根据当前社区建设和发展的特点，通过开展示范社区建设，逐步提高社区的防震减灾能力。有条件的地区还可以成立地震救援志愿者队伍。

（四）组织实施好“十五”重大项目，加速地震科学技术现代化

1. 建设好“中国数字地震观测网络”

要统筹考虑，精心设计，周密安排。注意“三网”、“三个系统”之间的内在联系，加强项目集成，充分发挥投资效益。

项目投资要重点加强国家层次部分的能力建设。各省局要积极争取地方经费的支持，保证本地区建设任务的如期实施。为确保西部大开发战略的顺利实施，中国地震局将加大对西部多震省区的投入力度。

加强地震仪器装备的行业管理。要建立仪器检测检定制度，逐步建立地震仪器行业标准体系，建立地震仪器生产、入网许可证制度，促进地震仪器生产的标准化、规范化。引入市场机制，按照优胜劣汰的规则，确保仪器装备质量。

2. 制定地震科学研究发展规划，加强科学研究基础条件建设

依托“九五”和“十五”地震观测网络工程建设，面向未来，制定地震科学研究发展规划，做好“中国地壳运动观测网络二期”、“大陆强震机理与预测”、“超低频电磁地震预报暨地下资源探测系统”、“子午链”、“工程结构震害机理与震害控制”、“深部透镜与大陆动力学”、“地震卫星”等重大科学计划的制定和项目立项申报工作，并从多渠道争取经费支持。同时，重视对现代化台网产出的大量数字化观测资料的深入研究，推动地震学乃至整个地球科学的发展。

3. 进一步扩大地震科技国际合作与交流

积极推进“以我为主，扩大影响”的战略，加强与国际上多地震国家和地区的合作与交流。建立包括南极、北极在内的全球台网，积极推进“环中国地震台网”、“台湾海峡地震测深剖面”等重点合作项目的实施，积极参与“伽利略计划”，建立国际合作与交流基地。

三、统一思想、深化改革、加强队伍建设，保障防震减灾事业健康发展

（一）认真实践“三个代表”重要思想，使防震减灾工作具有持久的源动力

地震对人的生命和社会经济威胁极大，尤其是在造成的人员伤亡方面更是高居各种自然灾害之首。因此，在倡导“以人为本”的时代，在我国正在建设小康社会的今天，积极开展防震减灾，努力减轻地震中的人员伤亡和财产损失，减轻灾后人民的痛苦和对社会生产力的破坏，是事关广大人民群众切身利益的大事。

我们要在防震减灾工作中，自觉地把“三个代表”作为防震减灾工作的最根本的指导思想，作为一切工作的根本出发点，作为我们战胜前进道路上各种困难的强大思想武器。我们要努力实践“三个代表”重要思想，勇敢地肩负起党和人民赋予我们做好防震减灾工作的重任，以一种百折不挠、昂扬向上的精神，建立健全三大工作体系，做好“预、防、救”各项工作，开创防震减灾事业的新局面。

（二）深化改革，适应三大工作体系建设的要求

要坚持与时俱进、更新观念，通过深化改革和体制创新，健全防震减灾组织体系和科学的管理机制，使地震系统的机构设置、队伍结构、运行方式、管理制度更加适应三大工作体系建设的要求。

1. 继续实施省级地震局“三定”及配套改革

省局要充分发挥“三定”方案中明确的防震减灾主管机构的政府行政管理职能，加强社会管理和行业管理。机构设置、定岗定编和资源配置等要有利于三大工作体系的建设。对省局下属单位，要按任务性质的不同，实行分类管理。

2. 坚持体制创新和科技创新，推进科研和其它事业单位的改革

按照科技体制改革的要求，做好7个科研单位的管理体制改革工作。还要参照科技体制创新的原则，对其他11个直属单位实施体制改革。在改革中要围绕防震减灾工作的实际需求，确定这些单位的性质和方向任务。同时进行组织和结构调整，增强单位的活力，达到既

能完成好防震减灾工作任务，又能积极面向社会开拓市场的目的。

3. 面向社会，推进后勤管理体制和运行机制改革

各类后勤服务机构要推进后勤服务社会化、市场化，使后勤服务单位逐步实现企业化管理，独立核算、自负盈亏，向独立法人过渡。

4. 整合地震仪器设备研发资源，促进成果转化，增强地震科技市场能力

加快整合、优化地震系统仪器设备研制生产力量，改革管理制度，扩大地震仪器设备的研发能力，积极开拓市场，增强市场竞争力。要通过改革加快地震科技成果的转化，拓宽科技开发与服务的领域。发挥地震系统在安评、工程勘查、地质灾害监测、地球运动及动力测量等方面的科技优势，直接为经济建设、社会发展和国防建设服务，努力形成具有防震减灾科技特点的地震科技产业。

（三）实施人才发展战略，全面加强队伍建设

1. 加强管理干部队伍的建设，特别是领导班子的建设

面对新的形势，各级领导干部要加强政治理论学习和防震减灾专业知识的学习，同时，要学习更多的科技、经济、法律和管理等方面的知识，努力提高思想修养和业务水平，提高综合素质，提高驾驭全局的能力。要建立完善选拔任用干部的科学机制。坚持和完善民主推荐、民主评议制度，推行领导干部任前公示制、任职试用期制和考察预告制度，推进干部公开选拔、竞争上岗、择优聘用和基层挂职的工作力度。

要建立完善管理和监督干部的科学机制。各单位领导班子必须认真执行民主集中制的各项制度，严格坚持“集体领导，民主决策，个别酝酿，会议决定”的原则，推进决策的科学化、民主化。

2. 建立一支具有创新能力的专业技术人才队伍

要按照一稳定、二发展、三吸引的思路，大力开发人才资源。

要继续发挥以两院院士为代表的老一辈地震专家的“传、帮、带”重要作用。要加大对年轻学术技术带头人的培养，加强以青年科学家为核心的人才群体和团队建设，建设一支高水平的年轻学术和技术带头人的队伍。

力争到“十五”末期，我局队伍和人员结构大大优化，实现“保持一支精干高效、作风扎实的管理队伍；稳定一支业务精通、装备精良的业务队伍；优化一支结构合理、水平高、有竞争力的科研队伍；强化一支市场开拓力强、自我发展的科技服务与后勤服务队伍”的目标。

（四）推进精神文明建设，加强作风建设和廉政建设

必须坚持“两手抓，两手都要硬”。一方面要努力增加地震部门的物质基础，关心、改善职工生活和工作条件，努力做到“事业吸引人，感情温暖人，政策激励人，待遇留住人”。另一方面要加强政治思想工作，推进精神文明建设，为做好防震减灾工作提供精神动力。

要继续加强作风建设。各级领导干部要按照“八个坚持、八个反对”的要求，密切联系群众，深入基层，调查研究，要关心职工生活，尤其是关心台站、离退休职工和特困职工的生活，切实为他们排忧解难，解决实际问题。

要继续加强廉政建设。要从体制、机制和制度上完善源头预防治理措施，健全规章制

度，规范权力运作程序，推进政务公开，狠抓责任制落实，以责制权，保证各级领导干部正确行使手中的权力，形成对干部廉洁从政的监督保障体系。

同志们！我们要和全国人民一道，按照党中央、国务院的要求，以“三个代表”重要思想为指导，与时俱进，扎实工作，全面加强能力建设，建立健全防震减灾三大工作体系，开创防震减灾事业新局面，以实际行动迎接党的十六大胜利召开！

全面贯彻十六大精神，努力做好新时期防震减灾工作

——中国地震局局长宋瑞祥在学习贯彻十六大精神扩大会议上的讲话（摘要）

（2002年12月20日）

一、深刻认识十六大的历史地位和伟大意义，继续深入学习贯彻好十六大精神

党的十六大高举邓小平理论伟大旗帜，全面贯彻“三个代表”重要思想，回顾和总结了十三年来不平凡历程与基本经验，确定了新世纪新阶段党和国家的奋斗目标和行动纲领，把“三个代表”重要思想同马克思列宁主义、毛泽东思想、邓小平理论一起确立为党必须长期坚持的指导思想，选举产生了新的中央领导集体。这次大会在我们党和国家的发展进程中，具有重要的历史意义。

学习贯彻十六大精神要作为我局当前和今后一段时期的首要任务之一抓紧抓好。各单位要继续巩固前一阶段的学习成果，不断把十六大精神的学习贯彻引向深入，按照中央的部署和党组的要求，组织广大党员干部认真学习、深刻领会、全面贯彻十六大精神，切实把思想和行动统一到十六大精神上来。

学习贯彻好十六大精神，一方面要把报告和党章学习好、领会好。要将报告和党章读“全”、学“深”。另一方面，要重视两个“联系”。即联系思想实际，转变观念。要认真对照检查思想实际，对不符合十六大精神的思想要坚决摒弃，冲破旧观念的束缚；联系工作实际，开拓创新。真正做到尊重、认识和努力探索地震科学和防震减灾管理工作的客观规律，与时俱进，开拓创新，用新思想、新观念、新技术、新举措指导防震减灾工作实践。十六大对新时期社会主义建设作出了全面部署，同样也对防震减灾工作等各项工作任务都有着具体的指导意义。必须用十六大精神指导我们的实践，不断创新各项工作，为防震减灾提供新的发展动力。

二、紧紧围绕全面建设小康社会的目标，努力把防震减灾工作做好、做扎实

十六大报告指出：“我们要在本世纪头20年，集中力量，全面建设惠及十几亿人口的更高水平的小康社会，使经济更加发展、民主更加健全、科教更加进步、文化更加繁荣、社会更加和谐、人民生活更加殷实。”我们要深刻认识全面建设小康社会的重要意义，各方面工

作都要围绕这一目标开展，服从和服务于这一目标，为实现这一目标作出贡献。同时，要认真思考、研究如何确定与之相协调、适应的防震减灾工作的目标，进而为全面建设小康社会、实现可持续发展制定出防震减灾工作的发展战略规划、工作思路、工作举措，扎扎实实、有效地做好防震减灾工作。

地震作为一种地球内动力作用的自然灾害，严重威胁着人类生命财产的安全。对于我国这样一个地震多发、震灾严重的国家，在全面建设小康社会的发展进程中，更要重视防震减灾工作。朱镕基总理在中央经济工作会上强调，实施可持续发展战略，要积极做好防灾减灾工作。我们是承担防震减灾工作的职能部门，必须按照“预防为主”的方针，积极、主动地采取各种有效措施，切实做好“预”、“防”、“救”工作，最大限度地降低地震对经济和社会发展造成的影响，确保小康社会目标的全面实现。

（一）全面建设小康社会对防震减灾工作提出了新的要求

在全面建设小康社会的过程中，我国的经济建设将持续高速发展、人民生活将逐步富裕，社会文明将进一步提高，这些都更加需要一个稳定的发展环境和安全的生存空间。因此也就进一步要求以减轻灾害、维护稳定为宗旨的防震减灾工作提供质量更高的服务。人们在解决了衣食住行等基本生存问题后，就会产生安全、安定的需要。随着社会的发展和文明的进步，人们在享受幸福生活的同时，比过去任何一个时期都倍加热爱和珍视生命，对于危及生命财产安全的群灾之首地震灾害更为重视，进而对防震减灾工作提出更高要求。经济社会的快速发展，城市化扩张和现代化体系的社会，既是人类文明进步的标志，同时也带来现代社会的脆弱性。一次严重地震灾害，不仅会无情地破坏经济和社会发展的成果，而且可能造成局部地区经济巨大损失直至崩溃，导致社会不安定等等。即使地震没有造成破坏，一旦引起群众恐慌，造成社会不稳定，潜在损失也将是巨大的。在城市化扩展和农村小城镇化建设的进程中，城市选址规划避开地震危险和不稳定地块地段，保证城镇这一人口稠密区、经济集中区的安全，都对防震减灾工作提出了新的、刚性的、更高的要求。

（二）全面建设小康社会为防震减灾工作提供了新的发展机遇

进入新世纪，我国城市化进程进一步加快，重大建设工程纷纷上马，做好抗震设防工作，确保城市和建设工程安全的任务将更为繁重。新型城镇社区的建设，为地震知识宣传和紧急救援工作展现了新的空间，提供了新的领域。随着防震减灾法和国家减灾规划的颁布实施，减轻地震灾害已成为保障国家经济和社会发展的重要工作，成为实现经济增长不可缺少的一个组成部分。到2020年，我国国内生产总值将比2000年翻两番，人均超过3000美元，国家经济的增长、财力的增加，将使不断加大对防震减灾工作的投入成为可能。各级党委政府将更加重视防震减灾工作，将会进一步采取切实措施，加强对防震减灾工作的领导。在建设小康社会的进程中，人们的科学文化素质不断提高，全社会的防震减灾意识也将随之增强，广大公众将会更加理解、支持和参与防震减灾工作。做好防震减灾工作的社会条件将会进一步改善。

充分认识全面建设小康社会对防震减灾工作的新要求和为之提供的发展机遇，对于我们开拓思路，明确任务，全面推进防震减灾工作具有十分重要的意义。我们必须对此作进一步的深入研究，必须善抓机遇，不可错失。

（三）防震减灾工作必须与时俱进，为全面建设小康社会做好服务

为实现全面建设小康社会这一目标服务，防震减灾工作必须实现“发展要有新思路、改革要有新突破、开放要有新局面、各项工作要有新举措”。社会主义现代化建设事业的发展没有现成的模式，必须随着时间的推移、情况的变化、实践的深入不断进行新的调整和变革。同样，我们防震减灾工作目前的管理体制、管理方式、管理制度和监测预报、抗震设防、应急救援、科学研究、公众教育、社会志愿者等诸多方面，都还有很多与新的形势、与防震减灾的任务要求不相适应之处。因此，防震减灾工作也必须根据震情形势的变化和国家建设的发展，为适应全面建设小康社会的要求，制定三大工作体系建设和四个环节的新的发展思路、目标和措施，深化改革，开拓创新，努力把防震减灾各项工作做得更好。

要以改革创新精神，加快完善三大工作体系建设。首先要做好监测预报，尽可能把地震预报得准一些，为政府提供比较准确的震情信息，这是地震部门义不容辞的责任和首要任务，也是我们全部工作的立足点和“重中之重”。今年8月份召开的2002年全国地震局长会上，党组提出一些加强地震基础研究、改进会商制度等思路、办法，已经开始推进、落实。但是还要进一步深入研究，拓宽思路，改革创新。切实使我们的震情会商方法、预测预报效果能上一个新台阶。震灾预防在整个防震减灾工作中要“贯穿始终”。重点是抓好抗震设防，这项工作涉及到多个部门，是我们与建设等其它部门共同的职能。要把抗震设防要求管理，特别是要把安评工作纳入基建程序作为下一步的工作重点，争取有所突破。同时，震灾预防又是整个防震减灾工作中最具开拓、发展潜力的一个环节。要进一步解放思想，根据全面建设小康社会的新形势、新要求，积极寻找、培育和发展震灾预防工作的新的领域，努力拓宽工作面，努力为社会、经济发展服务。应急和紧急救援是需要常备不懈、快速反应的工作，要做到“时刻不放松”。我们要在学习和借鉴国外先进救援经验，引进国外先进救援装备的同时，从我国的实际情况出发，积极探索和形成适合我国国情、震情、灾情的紧急救援工作思路和体系。要尽快摸清情况、做好预案、当好参谋、抓紧推进。

对于灾后恢复和重建，我们要找准位置，抓住新建城镇的选址、安评，地震工程结构，社会经济发展经验教训等，做好灾后迅速恢复和社会稳定工作。

防震减灾水平要提高，能力建设是关键。我们要全面提升防震减灾能力，以适应全面建设小康社会的要求。防震减灾能力的增强，有赖于地震科技水平的提高和地震科技体制的创新。目前，我局科研机构改革即将全面展开。改革的目的是建立服务于三大工作体系、有利于攻克地震预报难题的科研体系和运行机制。在这次改革的基础上，将进一步集成、组合，努力形成“4 + X = 1”的地震科学研究院，集中优势地震科技力量，去努力攻坚地震预报这一世界科学难题，努力实现震情监测能力现代化，努力提供安全的工程结构抗震技术，努力提高震灾快速反应能力，努力推进地震仪器装备现代化，逐步形成科技开发集团。

三、用十六大精神统领防震减灾事业，扎扎实实地做好2003年的各项工作

2002年在党中央、国务院的领导下，全局广大干部职工认真贯彻落实朱镕基总理、温家宝副总理视察中国地震局所作的重要讲话和国务院防震减灾工作联席会议精神，不断开拓

创新，扎实工作，三大工作体系建设继续向前推进，防震减灾各项工作取得新的进展。

2003年的地震趋势仍然捉摸不定、变幻莫测。监测、预报工作压力很大。科技体制改革将全面展开，攻关课题和申请立项要攻坚，机构要调整，人员要分流。“中国数字地震观测网络”项目将全面启动，各项建设任务繁重。各级领导干部要进一步深入学习江泽民同志“三个代表”的重要思想，学习胡锦涛同志在西柏坡的重要讲话，按照十六大精神和中央经济工作会议精神，牢固树立政治意识、责任意识和大局意识，进一步解放思想，锐意进取，兢兢业业，艰苦奋斗，努力把防震减灾工作做扎实。

——要继续加强地震监测预报工作。在认真做好地震大趋势判定的基础上，按照长、中、短、临的要求，加强对重点异常区震情趋势的分析判断与跟踪；加强台站和技术系统建设，加强地震预报的基础研究和多部门、多学科的联合攻关，推进数据共享，充分发挥已建系统的效益。努力使地震预报准确些，发震后地震的定位定级更准确一点。

——要继续加强震灾预防和法规建设工作。争取《地震监测管理条例》尽早通过审议并批准发布；着手新一轮全国地震重点监视防御区判定研究工作；根据“十五”重点项目建设的需要，抓紧相关技术标准制定和计量体系的建立；建立安评从业人员执业资质制度，建立市场条件下的安评工作管理体系，发展社会中介机构。

——要继续加强应急和紧急救援工作。推进各地区、各部门地震应急预案的修订与完善；巩固、提高国家地震灾害紧急救援队的能力，抓好县以上社会经济基本情况、重要生命线工程等数据库的建设，推进地震应急基地和紧急救援训练基地的建设，抓好社区应急救援志愿者活动的试点。

——要认真组织实施地震系统科技体制改革工作，制定好地震科学发展规划和重大科学计划。积极申报和努力争取新的国家科研项目。做好地震科技对外交流与合作工作，开好第三届大陆地震国际会议。

——要加强经费预算管理和预算执行情况的监督审计，增收节支，提高资金的使用效益；执行好“十五”计划和“十五”重点项目。

——要加强防震减灾政策研究和地震科技发展战略研究，搞好局科技委换届工作；推进地震系统信息化建设，不断提高工作效率和管理水平；加快地震系统后勤管理体制改革，推进后勤社会化，逐步实现企业化管理；进一步做好离退休干部和退休职工工作，认真落实中央有关政策，切实关心职工生产生活方面的问题，不断改善职工的工作和生活条件。

在全面完成好上述任务的基础上，要重点着力抓好以下几项工作：

（1）认真研究和判定好2003年及未来几年我国地震活动的大趋势和主要危险区。

（2）全力组织实施好“十五”重点项目，努力提高地震监测能力和快速应对能力。

（3）按照十六大部署，认真执行政府机构改革方案。

（4）积极推进科研单位改革。

（5）以防震减灾法实施五周年为契机，积极开展防震减灾宣传，加大执法力度，进一步贯彻落实《中华人民共和国防震减灾法》。同时，要逐步理顺、规范市县地震工作机构。

四、切实加强地震系统党的建设和队伍建设

搞好党的建设、领导班子建设和队伍建设是完成好防震减灾工作任务的重要保证。各单

位要按照十六大的要求，对照检查在贯彻落实十六大报告关于党建工作要求方面存在的差距和不足，制定改进的措施，认真加以解决。积极改进领导方式、工作方式和活动方式，使我局各级党组织永远保持先进性，不断提高领导防震减灾工作的能力和水平。

要根据十六大的要求，大力抓好领导班子和领导干部队伍建设。十六大报告提出“要增强忧患意识，居安思危”“要倍加顾全大局，倍加珍视团结，倍加维护稳定”，这些要求，不仅对我局各级领导班子具有指导意义，也具有现实意义。应该清醒地看到，我们个别班子和领导干部在思想、组织和工作作风等方面还存在一些问题，群众也有意见。有些问题尽管不是班子或者干部的主流，但必须引起重视，认真采取措施加以解决。我们要按照中央的要求，坚持不懈地把我们各级领导班子建设好，努力建设一支素质优良、作风过硬、能够担当重任、经得起风浪考验、具有强烈创新意识、适应防震减灾工作要求的干部队伍，为我局各项工作任务的完成提供可靠的组织保证。

要加大反腐倡廉的力度，加强对权力的制约和监督。建立健全制约有效的权力运行机制，从决策和执行等环节加强对权力的监督。全面推行政务公开、办事公开制度，加强审计监督工作；加大资金运作的监管力度，进一步推进全局党风廉政建设。

要以新视角、新观念、新措施进一步加强我局队伍建设，在优秀人才吸引、培养、组织和管理上要有新突破。我们要建立开放、流动的人才观和用人机制。加大投入，引入合理的竞争机制，建立和完善适应创新人才凝聚与发展的文化氛围、物质条件和体制环境。要加快加大干部人事制度改革和事业单位聘用制改革。努力实现“保持一支精干高效、作风扎实的管理队伍；稳定一支业务精通、装备精良的业务队伍；优化一支结构合理、水平高、有竞争力的科研队伍；强化一支市场开拓力强、自我发展的科技服务与后勤服务队伍”的目标。

我再强调一点，现在已近年终岁末，各级领导干部一定要到基层、台站走一走，看一看，问一问，多深入到职工群众中去，了解群众的要求，关心他们的困难。尤其是对台站的职工、离退休老同志、有其它困难的职工要给予特别的关心。要把群众的问题真正挂在心上，实实在在地加以解决，让职工群众切实感受到党和政府的关怀和温暖。

同志们，党的十六大为我们指明了前进方向，让我们紧密团结在以胡锦涛同志为总书记的党中央周围，按照“三个代表”重要思想的要求，坚持不断创新，始终保持与时俱进的状态，不断开拓防震减灾事业改革和发展的新境界，进一步增强防震减灾能力，为全面建设小康社会作出我们应有的贡献。

中共中央宣传部副部长高俊良在全国防震减灾宣传工作会议上的讲话（摘要）

（2002年3月21日）

一、以“三个代表”为指导，从改革发展稳定大局出发，正确认识做好防震减灾宣传工作的必要性

当前，我国已进入全面建设小康社会、加快推进社会主义现代化建设的新阶段。在新的形势下，做好防震减灾宣传工作，对于有效减轻地震灾害，促进经济发展，维护社会稳定，保障人民生命财产安全，具有重要的意义。党和政府一贯重视这项工作。江泽民总书记多次指出，“防震减灾工作是与群众利益密切关联的工作”，“要从讲政治的高度和全局的角度做好防震减灾工作”，“坚持经济建设同减灾工作一起抓”。这为我们做好防震减灾宣传工作指明了方向。

（一）做好防震减灾宣传工作，是由我国多震灾国情决定的

我国是一个多地震国家，曾蒙受过严重的地震灾难。地震灾害与其它灾害相比，具有突发性强、波及面宽、破坏性大、经济损失重的特点，对人们心理的冲击和社会安定的消极影响都是其它灾害所不及的。党的十一届三中全会以来，我国城乡的改革开放和现代化建设取得了历史性的成就。随着经济建设的推进和城镇环境的变化，各种重要设施、高层建筑和重大基础工程日益增多，人口大量向城镇和沿海地区集中。社会的发展进步，对提高全民族的防震减灾意识和能力提出了新的更高要求。做好防震减灾宣传工作，事关国家的稳定和繁荣，事关人民生命财产的安全。我们要从“三个代表”的高度和改革发展稳定的大局出发，充分认识做好防震减灾宣传工作的必要性，以对党和人民负责、对历史负责的精神，进一步增强做好防震减灾宣传工作的自觉性和责任感。

（二）做好防震减灾宣传工作，是增强全社会防震减灾意识和能力的需要

开展防震减灾宣传，把防震减灾知识普及到群众之中，这是整个防震减灾工作的有机组成部分，是综合防御的重要内容，也是减轻地震灾害的有效途径。实践证明，在各种自然灾害特别是地震灾害面前，人们的心理承受能力和抵御能力不同，灾害造成的损失大不一样。凡事预则立，不预则废。只有深入持久、富有成效地开展防震减灾宣传，做到居安思危、未雨绸缪、防患于未然，才能逐步增强群众的防震减灾意识和对于地震灾害的科学认识与心理承受能力，才能提高群众防震减灾的自觉性和克服困难、战胜灾害的意志和能力，从而把发

生地震可能造成的损失降到最低程度，为经济建设和改革开放创造一个稳定的社会环境和良好的心理条件。

（三）做好防震减灾宣传工作，是形势发展的客观要求

厦门会议以来，各地各部门围绕地震监测预报、震灾预防和紧急救援三大任务，积极宣传党和政府关于防震减灾的指导思想、方针原则和政策措施，生动活泼、形式多样地开展多震灾国情教育、地震科普知识宣传和防震减灾法制宣传，初步形成了以常规宣传、强化宣传、应急宣传和救灾宣传为体系的防震减灾社会化宣传格局，提高了全社会的防震减灾意识，增强了人民群众防震减灾能力和心理承受能力，促进了防震减灾事业的发展。但也应清醒看到，当前我国防震减灾宣传工作仍比较薄弱，与社会经济发展的需要不相适应，与防震减灾工作的要求还有一定差距。一些地方对防震减灾宣传工作重视不够，抓得不力；宣传形式比较单调，手段比较落后；社会防震减灾意识淡薄，民众防震减灾知识肤浅；基层工作和队伍建设还有待加强。这些都需要我们在今后工作中引起高度重视，采取有效措施，切实加以解决。

二、认真总结经验，准确把握防震减灾宣传政策，努力提高工作水平

防震减灾宣传工作具有很强的政策性、科学性，同时又有很强的特殊性、敏感性。必须慎重对待，把握好分寸。多年来，党和政府针对这项工作的特点，专门制定了许多文件，反复要求认真学习掌握有关政策，努力提高工作水平。从目前情况看，要做好防震减灾宣传工作，无论是在宏观政策把握上，还是在具体工作指导上，都有一些问题需要进一步明确。

（一）进一步明确防震减灾宣传的政策和任务

防震减灾宣传是一项严肃的工作，做好这项工作，必须坚决执行党和国家的有关政策。当前和今后一个时期，防震减灾宣传工作总的要求是，高举邓小平理论伟大旗帜，坚持党的基本路线，以江泽民同志“三个代表”重要思想为指导，认真贯彻“主动、慎重、科学、有效”的防震减灾宣传工作方针，以震害预防为重点，适度、稳妥地开展好防震减灾宣传工作。要通过宣传教育，使广大干部群众进一步理解党和政府关于防震减灾的各项政策、措施，掌握防震减灾方面的科学知识，普及法律法规，增强全社会防震减灾意识和法制观念，使社会公众积极参与防震减灾行动，为经济建设和社会发展服务。

在新的形势下开展防震减灾宣传工作，关键是要把握好三点：一是要处理好主动与稳妥的关系。一方面，多震灾的国情、社会经济发展和人民群众的需求，要求我们以积极主动的态度和高度负责的精神，认真履行职责，切实搞好防震减灾宣传；另一方面，这项宣传工作的自身特点，又要求我们树立实事求是的科学态度，尊重防震减灾宣传的规律，坚决按政策规章办事，讲究方式方法，保持清醒头脑，切实做到帮忙而不添乱，避免因宣传失当，造成不必要的负面影响。二是内紧外松，区分对象。“内紧”，就是对各级领导干部、地震重点监视防御区和从事防震减灾工作的领导和有关人员要经常教育、常备不懈、防患于未然；“外松”，就是对内多做，对外少说，对广大群众的宣传要讲究方式和分寸、区分层次，做到内

外有别，让老百姓放心。三是要处理好平时宣传与临震和震后宣传的关系。平时宣传主要是普及地震科学常识、工程抗震知识、有关防震减灾工作的政策法规和现代地震科学技术的进展以及我国防震减灾工作取得的新成就，以增强全社会的防震减灾意识和能力。临震和震后宣传主要是在政府发布了短临预报意见的地区和发生了中强地震的地区进行，要在地震、宣传部门的统一协调下，向广大群众大力宣传应急防震避震措施、自救互救知识以及有关法律法规，及时通报震情信息，平息谣传，以稳定群众情绪，减轻地震灾害，保持社会稳定。

（二）发挥好新闻媒体在防震减灾宣传中的作用

新闻媒体传播速度快、覆盖面广、社会影响大，是开展防震减灾宣传的重要途径。同时，防震减灾新闻宣传又是一项十分敏感的工作，把握不好很容易出问题，尤其需要引起高度重视。搞好防震减灾新闻宣传，必须牢牢把握宣传导向，牢固树立政治意识、大局意识、责任意识，从讲政治的高度认真做好地震新闻报道工作。必须认真贯彻“服务大局、把握分寸、讲究时机、因地制宜”的原则，严格遵守相关的法律法规和各项纪律，积极配合政府有关部门做好宣传报道工作。

抓好防震减灾新闻宣传，关键是认真学习贯彻中央领导同志关于防震减灾宣传工作的重要讲话和国务院有关文件精神，把握好中央及有关部门对地震新闻宣传工作的各项要求。新闻报道必须严格遵守国家对地震预报实行统一发布的制度。新闻媒体刊登或者播发有关地震预报的消息，必须以国务院或者省、自治区、直辖市人民政府发布的正式地震预报为准。新闻媒体不得擅自公开报道从其他渠道获得的任何国内地震预报消息。要看到，地震预报，尤其是短临预报是迄今全世界都未解决的科学难题。对我国目前地震预报水平和能力的报道必须科学、客观、准确，不得对公众形成误导，特别是对某些个人自称已成功预报了若干地震的情况，更要慎重，不得擅自报道。新闻媒体在进行有关地震预报水平和能力的报道时，要事前将稿件送同级地震部门审核；平时有关防震减灾的宣传报道，应将重点放在地震科普知识、防震减灾知识及我国防震减灾工作取得的进展等方面；不得轻率笼统地报道有关地震形势的消息，更不得渲染震情，追求所谓轰动效应，确需相应介绍我国中长期地震形势时，应事先将稿件送同级地震部门审核；地震发生后，新闻报道内容应与地震主管部门的公告内容一致并不得抢先发布。各级新闻单位要认真学习和执行地震新闻管理的这些规定，严格地震新闻稿件审批制度和岗位责任制，指定专人负责，固定专门记者，制定专门计划。要选好报道时机，把握报道分寸，讲究宣传方法，科学稳妥地搞好地震报道，特别是要管好小报小刊，严禁炒作地震震情方面的消息。同时，既要严格管理，又要充分发挥新闻媒体的作用，鼓励他们积极做好防震减灾新闻宣传。此外，各地各部门也要加强对反映地震内容的出版物和文艺作品的管理，确保地震宣传的科学性、严肃性。

（三）因地制宜地开展好防震减灾科普宣传教育

开展防震减灾科普教育，是提高全社会防震减灾水平、促进经济发展和社会进步的重要基础性工作，应当成为防震减灾宣传的切入点和经常性工作。要通过开展防震减灾科普宣传，向干部群众广泛普及防震减灾知识，不断提高社会公众防震减灾意识，减少对地震的盲目恐慌心理，促进全社会防震减灾能力的提高。

各级宣传部门要与地震部门通力合作、统筹安排、因地制宜地将防震减灾宣传教育作为科普宣传的一个重要方面。要使用好现有的各类科普教育基地，保护和利用好地震遗址，充实防震减灾方面的内容，充分发挥它们的教育功能；要利用多种形式开展科普宣传，如在大众传媒的科普栏目中进行防震减灾科普知识报道，建立街头、校园和乡村科普宣传画廊，印发科普画册、科普读物和音像制品，举办防震减灾知识讲座，举办展览，开展知识竞赛和咨询活动，在青少年学生中组织课外兴趣小组和夏令营，有的还可以开展网上科普宣传；经地震部门批准，有条件的地震台（站）可以定期向社会公众开放。要充分发挥城乡文化活动中心、图书室、读报栏、宣传橱窗、宣传专栏、展厅、黑板报、有线广播的作用。还可以利用“7·28”唐山地震纪念日、3月1日《防震减灾法》颁布实施日、地球日、环境保护日、科技周、文化节及民间的庙会、赶集等时机，通过举办图片展、报告会、座谈会、知识竞赛、有奖问答、知识咨询、文艺演出等形式，生动活泼地开展群众性防震减灾主题宣传活动。防震减灾科普教育要积极、慎重，视具体情况而行，切忌一轰而上或单纯追求形式，不讲实际效果。中国地震局在《关于转发科技部等九部委2000~2005年科普工作纲要的通知》中，对如何做好防震减灾科普工作提出了明确要求，各地要结合工作予以贯彻。

（四）重视抓好防震减灾法律法规的宣传普及

《中华人民共和国防震减灾法》是一部规范全社会防御与减轻地震灾害活动、调整由此产生的各种社会关系的重要法律。普及《中华人民共和国防震减灾法》和其他有关法律法规，既可以推动防震减灾工作走上制度化、法制化轨道，又能够在维护稳定的同时开展好防震减灾宣传教育。为宣传贯彻这部法律，中宣部、中国地震局曾于1998年联合发出《关于认真做好〈中华人民共和国防震减灾法〉宣传贯彻工作的通知》，去年，中宣部、中国地震局在联合发出的《关于做好“十五”期间防震减灾宣传工作的通知》中，也将普及这部法律列为重点学习内容之一。各地要结合“四五”普法规划的实施，将《中华人民共和国防震减灾法》及有关法律法规的宣传纳入“四五”普法规划，制定好普法计划，突出重点内容，抓好对有关人员的培训，编辑好普法材料，通过多种方式努力提高全社会依法参与防震减灾工作的自觉性。

三、加强领导，协调配合，把防震减灾宣传工作落到实处

搞好防震减灾宣传工作，关键是要提高认识，加强领导，协调配合，切实增强做好这项工作的自觉性和主动性。

（一）把防震减灾宣传摆上工作日程

各地各部门要认真贯彻落实党中央、国务院关于防震减灾工作的指示精神，切实重视防震减灾宣传工作。要建立健全有效的防震减灾宣传工作领导责任制，明确分工，各司其职。要根据本地区、本部门的实际情况，制定宣传规划，明确阶段性任务和长远工作目标，有计划、有步骤地组织实施。要按照党的十五届六中全会的要求，发扬党的优良传统和作风，深入群众，深入基层，加强调查研究，注意总结、推广先进经验，不断把防震减灾宣传引向深入。

（二）建立健全防震减灾宣传工作运行机制

防震减灾宣传不单是地震和宣传部门两家的事，而且是全社会的共同事业。完成这一任务，需要在党委统一领导下，党政各部门、社会各方面密切配合，形成合力。多年来，宣传部门和地震部门密切合作、互相支持，在工作中发挥了很好的综合协调作用，今后还要继续加强这方面的合作。各级党委宣传部在防震减灾宣传工作中负有协调、指导的职责，要与地震部门一道，共同研究制定防震减灾宣传计划。要充分发挥有关部门和工会、共青团、妇联、科协等人民团体以及基层单位在防震减灾宣传工作中的作用，及时将宣传内容传达给广大群众。

（三）突出工作重点

一方面要抓好重点地区，主要是做好地震重点监视防御区和城市等人口稠密地区的宣传教育；另一方面要抓好重点对象，既要做好对领导干部的宣传，又要把防震减灾引入学校，教育中小学生从小了解和掌握防震减灾知识，增强防震减灾意识。同时，还要做好城市建设规划和化工、水利、交通等与防震减灾关系密切的重点部门的宣传工作，把好基本建设的设防关。

（四）加强防震减灾宣传工作队伍建设

把防震减灾宣传落到实处，必须有一支素质高、业务精的工作队伍。要通过各种渠道，加强对新闻、出版和基层科普工作者的培训，不断增强他们的防震减灾意识和业务能力。要充分调动防震减灾专业力量，把地震行政部门、地质院校、科普部门专业人才的优势充分发挥出来，让他们在防震减灾宣传中起到骨干作用。要善于利用社会力量，聘请有关部门和研究机构中的有关专家、学者和有识之士，担任防震减灾宣传工作的顾问，认真听取并采纳他们提出的好建议、好办法。要建立适当的激励机制，鼓励、关心、爱护这支队伍，切实为他们解决工作和生活中遇到的实际问题，充分调动他们在防震减灾宣传工作中的积极性、主动性和创造性。

国务院法制办公室副主任曹康泰在《地震安全性评价管理条例》新闻发布会上的讲话（摘要）

（2002年1月10日）

一、认真学习、深入宣传《地震安全性评价管理条例》

条例的颁布实施，标志着地震安全性评价工作全面纳入法制化管理的轨道，为今后的安全性评价工作提供了法律依据。无论是工程建设者、地震安全性评价单位，还是地震行政主管部门以及其他有关部门，都要认真学习并严格遵守条例的各项规定。同时，还应当充分利用一切可以利用的宣传媒介和手段，广泛深入地宣传条例的立法背景和条例所确立的基本原则、基本制度，要把条例的宣传与地震科普以及与这个条例有关的其他法律法规的普及工作结合起来。通过广泛深入的宣传工作，增强人们的法律意识，保障条例的有效实施。

二、坚持依法行政，切实加强地震安全性评价的执法工作

依法行政，严格执法是关键。有法不依，将会破坏社会主义法制的尊严和人民群众对于法制的信心。要保证防震减灾法及其配套法规的贯彻实施，关键在于各级地震行政主管部门必须严格执法。因此，要加强对行政执法人员的教育、培训，提高他们运用法律处理问题的能力。各级地震行政主管部门和执法人员都要从最广大人民群众的根本利益出发，既要维护执法主体依法行使职权，又要切实保护公民、法人和其他组织的合法权益；要严格依照法律、法规规定的职责和权限以及法定程序办事，自觉依法行政。

加强执法监督，是保证执法质量的重要措施。要加强对贯彻实施《地震安全性评价管理条例》的情况的监督检查，及时纠正行政执法人员违法或者不当的执法行为，以保证条例的贯彻实施。

三、做好条例配套的法规、规章的研究制定工作

条例的有些规定还是比较原则的，比如必须进行地震安全性评价的工程范围所涉及的“重大建设工程”需要各省、自治区、直辖市根据自己的实际情况制定地方性法规或者规章加以具体规定。对于这些问题有关人民政府和地震行政主管部门要认真研究，制定相应的规定。政府法制工作机构要积极主动地配合地震行政主管部门做好相应的配套法规、规章制定工作，为全面加强地震安全性评价工作，搞好防震减灾，推进依法行政，作出应有的贡献！

中国地震局副局长陈建民在2002年局管干部研讨班上的讲话（摘要）

（2002年8月24日）

2002年7月9日，中央颁布了《党政领导干部选拔任用工作条例》，并对学习贯彻《条例》做出了全面的部署，胡锦涛同志在全国学习贯彻《条例》电视电话会议上作了重要讲话。下面，利用局管干部研讨班这个机会，结合中央文件要求和胡锦涛同志的讲话精神，我就地震系统如何学习贯彻《条例》的问题讲几点意见。

一、充分认识《条例》颁布实施的重大意义，增强学习贯彻《条例》的责任感和自觉性

社会主义建设历程和正反两方面的经验告诉我们，马克思主义执政党不仅要有正确的思想路线和政治路线，而且要有正确的组织路线。从组织上保证选好人、用好人，对于保持马克思主义执政党的先进性，巩固其执政地位，是极为重要的。而要把人选准用好，必须建立健全选拔任用干部的科学机制。《条例》的颁布，表明我们党在建立健全选贤任能的科学机制方面迈出了重要的一步，为新的历史条件下把人选准用好提供了制度保障，意义十分重大。

（一）《条例》的颁布实施，是建设高素质干部队伍的需要

改革开放二十多年来，我们党干部队伍的思想政治素质和科学文化素质得到提高，各级领导班子的年龄、知识、专业结构更加合理，领导现代化建设的能力明显增强。同时，我们的领导干部队伍还存在一些问题。这些问题，都不同程度地与干部选拔任用机制和管理监督机制不健全、不完善有关。颁布这个《条例》，正是基于对党的干部队伍和干部工作的全面分析，着眼于新形势新任务对领导干部提出的新要求，致力于建立科学、规范的干部选拔任用、管理监督机制，为进一步加强各级党政领导班子建设和干部队伍建设所采取的一项重大措施。

（二）《条例》的颁布实施，是党的干部工作更好地贯彻落实“三个代表”重要思想的需要

党的干部路线和干部工作历来是同党的基本理论和基本路线联系在一起的，是为党的政治任务和中心工作服务的。在新世纪新阶段，我们必须把“三个代表”重要思想贯彻落实到党的建设和整个干部工作中去。《条例》体现和贯穿了“三个代表”重要思想和“5·31”重要讲话精神，它的贯彻实施，对于以“三个代表”重要思想为指导，全面加强干部队伍建

设，必将起到十分重要的作用。

（三）《条例》的颁布实施，是总结和推广近年来干部人事工作的新经验、新成果，进一步提高干部选拔任用工作水平的需要

1995年颁布的《党政领导干部选拔任用工作暂行条例》，在规范干部选拔任用工作，提高干部选拔任用工作质量，防止和纠正用人上的不正之风，建设高素质党政领导干部队伍等方面，发挥了重要作用。经过这些年的实践，各地、各部门在工作中积累了大量新经验，中央根据形势的发展变化对党政领导干部选拔任用工作也提出了一系列新要求。面对新形势下干部选拔任用方面出现的新情况、新问题，《暂行条例》已不能完全适应工作的需要。本着与时俱进的精神，对《暂行条例》进行修订、完善，是必要的、适时的。新颁布的《条例》，在干部选拔任用的基本原则、基本程序、基本方法和扩大民主、强化监督等方面作出了更加科学、规范和严密的规定。

二、深刻领会和准确把握《条例》的突出特点

中共中央关于印发《党政领导干部选拔任用工作条例》的通知指出，《条例》“体现了‘三个代表’重要思想，贯彻了中央对干部选拔任用工作的新要求，吸收了干部人事制度改革的新成果”。这三个重要判断，集中概括了《条例》的突出特点，也是我们学习领会需要把握的重点。

（一）《条例》充分体现了“三个代表”重要思想

《条例》一个最突出的特点，就是把“三个代表”的重要思想作为灵魂和主线贯穿始终。“三个代表”重要思想赋予了德才兼备原则以新的时代内涵，丰富和发展了选拔任用干部的标准。《条例》在干部选拔任用的标准和条件上，充分体现了“三个代表”要求。

（二）《条例》全面贯彻了中央对干部选拔任用工作提出的新要求

党中央非常重视干部的选拔任用工作，江泽民总书记在去年的“七一”重要讲话、党的十五届六中全会和中央纪委第七次全体会议上的讲话中都提出了明确要求。在《条例》修订过程中，江泽民总书记的要求得到了认真贯彻和充分体现。大家在学习中，要认真领会、全面把握《条例》体现的这些对干部选拔任用工作的新要求，进一步提高党政领导干部选拔任用工作的水平。

（三）《条例》积极吸收了干部人事制度改革的新成果

改革开放以来，特别是《暂行条例》颁布以来，干部人事制度改革的力度不断加大，干部工作的民主化程度有了很大提高，取得了许多重大成果。这次修订和颁布的《条例》充分吸收了这些重要的成果。我们要结合地震系统干部人事制度改革的实际，深刻领会《条例》作出的这些新规定新要求，准确把握其突出特点，自觉坚持干部人事制度改革的正确方向。

三、全面贯彻《条例》的基本精神，坚持不懈地抓好《条例》的学习宣传和贯彻落实，进一步提高地震系统领导干部选拔任用工作的水平

局党组已印发了《关于认真学习贯彻〈党政领导干部选拔任用工作条例〉的通知》，对地震系统学习贯彻《条例》进行了部署。当前和今后一个时期，各单位党组（委）要把《条例》的学习、宣传、贯彻、落实，作为加强地震系统干部队伍建设和贯彻落实“三个代表”重要思想的重要任务，要高度重视，周密部署，精心组织，真正做到认识到位，措施到位，工作到位，确保《条例》得到落实。要紧密联系本单位干部工作的实际，对照《条例》认真查找和解决工作中存在的突出问题和薄弱环节，做到学以致用。

（一）认真抓好《条例》的学习和宣传，在精通上下功夫

学习《条例》要以“三个代表”重要思想和江泽民同志“5·31”重要讲话为指导，把学习《条例》与贯彻胡锦涛同志在全国学习贯彻《条例》电视电话会议上的讲话紧密结合，全面把握文件内容和要求，深刻领会基本精神，增强贯彻执行《条例》的自觉性。组织人事部门要带头学好《条例》，把《条例》作为练好业务基本功的重要教材，熟练掌握选拔任用干部的原则、条件、程序、纪律及各个环节的操作办法和要求。

（二）切实把《条例》落实到干部选拔任用工作中去，在严格执行上下功夫

作为主要领导干部要加强对本单位落实干部选拔任用工作的指导，各级人事（组织）部门要把《条例》贯彻落实到干部工作的各个环节中去，不折不扣地执行《条例》。要认真落实《条例》规定的各项改革措施，加快干部人事制度改革步伐，努力形成选拔任用干部的科学机制和监督管理机制。为此要重点抓好以下几个环节上的工作。

一要严格坚持原则。《条例》规定的六条原则，是党的干部路线方针政策在党政领导干部选拔任用工作中的集中体现，我们要准确理解和始终遵循。

二要严格执行标准。要坚持把《条例》规定的基本条件作为衡量干部的基本尺度，做到执行干部选拔任用的标准不走样。

三要严格履行程序。要严格按《条例》规定的工作程序办事，切实做到对本级管理的干部任用，不符合程序的不上会；对上级管理的干部任用，不符合程序的不上报；对下级报来的干部任用事项，不符合程序的不审批。

四要严格遵守纪律。各省局党组和直属单位党委及其人事（组织）部门要增强政治观念、组织观念、法纪观念，坚持公道正派，带头遵守《条例》规定的十条纪律，对违反干部选拔任用工作的各种行为，要敢于抵制，勇于斗争，真正做到“坚持原则不动摇，执行标准不走样，履行程序不变通，遵守纪律不放松”。

五要坚持干部工作中的群众路线，进一步落实群众对干部选拔任用的知情权、参与权、选择权和监督权。我们必须坚持发扬民主，并根据实际情况适当扩大群众参与民主推荐的范围。要进一步扩大干部考察工作中的民主，广泛听取各方面的意见，特别要重视听取基层群众的意见。选拔任用干部必须在一定范围内公示人选的有关情况，接受群众的监督等。

（三）在加强对《条例》执行情况的监督检查上下功夫

我们要抓紧建立并完善干部推荐责任制、干部考察工作责任制、干部选拔任用工作责任追究制、干部选拔任用工作监督责任制。要增强主动监督的意识，强化事前监督、事中监督。要努力健全监督体系，做到党内监督与法律监督、群众监督、舆论监督相结合，形成监督合力。近期我们将根据《条例》的精神，结合地震系统的实际，制定我系统的实施细则。各单位要对照《条例》和即将下发的实施细则，认真查找本单位在干部工作中存在的问题，对于违反原则和规定的要予以纠正；工作不到位的地方要在今后的工作中予以改进。最后我们还将对《条例》的贯彻落实情况和干部工作进行定期和不定期的监督检查，大力促进干部工作水平的提高。

《条例》的贯彻是一项长期而艰巨的任务，各级领导要充分重视。具体工作中，要贯彻《条例》的基本精神和江总书记的选人用人思想，即“一是要坚持任人唯贤，反对任人唯亲；二是既要德才兼备，又不求全责备；三是既要坚持标准，又要不拘一格；四是既要搞五湖四海，又要唯才是举；五是用人要用其所长，防止用其所短；六是既要看素质，又要看实绩。”不断推进干部人事制度改革，进一步完善适合自身特点的选贤任能的科学机制，不断提高干部选拔任用工作水平，为优秀人才脱颖而出、健康成长、施展才华创造条件。

中国地震局副局长汤泉在2002年度计划财务工作会议上的讲话（摘要）

（2002年1月29日）

2002年度计划财务工作会议是在我国经济发展面临机遇和挑战及2001年11月14日昆仑山口西8.1级地震后，我国地震活动总体水平增强的背景下召开的。会议的主题是：贯彻落实中央经济工作会议精神、2002年全国计划会议和全国财政工作会议的部署；探讨计划财务部门如何落实和实施“十五”期间的任务，主要是有关“十五”重点项目问题；总结2001年度计划财务工作，并安排2002年计划财务工作。

一、2001年计划财务工作回顾

过去的一年是全国各族人民值得庆贺的一年，全国人民在党中央、国务院的领导下，克服重重困难，保持了我国经济快速增长的势头，全年GDP增长7.3%，达到95800多亿元，全国各项事业都得到了可喜的发展。

2001年在党中央、国务院的关心和支持下，防震减灾事业“十五”计划开局顺利；“九五”项目全面通过验收、“十五”项目立项初见成效；监测预报工作圆满完成任务，对云南施甸、永胜两次地震实现了有减灾实效的短临预报；组建了我国第一支国家地震灾害紧急救援队。所有这些成绩的取得都包含着计划财务部门的辛勤工作。

（一）防震减灾事业全面纳入各级政府规划，事业发展得到全社会的进一步认同

《中共中央关于制定国民经济和社会发展第十个五年计划的建议》中明确要求：“健全环境、气象和地震监测体系。加强防灾减灾工作。”《中华人民共和国国民经济和社会发展第十个五年计划纲要》中强调：“加强防御各种灾害的安全网建设，建立灾害预报预防、灾情监测和紧急救援体系，提高防灾减灾能力。加强气象、地震、测绘等工作，提高服务能力和水平。”国家计委、科技部等部门编制的相关“十五”专项发展计划中都对防震减灾工作做了不同层次、不同深度的进一步反映。

截止到目前，已有28个省、自治区、直辖市将防震减灾工作纳入到当地国民经济和社会发展第十个五年计划，有16个省级人民政府或政府组成部门正式颁布实施了本地区防震减灾事业发展“十五”计划。

中国地震局组织制定并印发了《中国地震局事业发展“十五”计划纲要》、《中国地震局防震减灾基本建设“十五”计划纲要》、《中国地震局防震减灾技术装备“十五”计划》、《2001～2005年中国地震局干部教育培训规划》和《地震系统法制宣传教育第四个五年规划》

等专项规划。

（二）积极开源、合理配置资源，2001 年预算执行情况良好

我局在 2001 年停止实行多年的在防震减灾实践中发挥过积极作用的“三制”即合同制、包干制、基金制，经费切块分配的习惯做法，严格实行了部门预算。2001 年全年累计预算收入80235.9 万元。其中，中央预算收入59648.6 万元，省级政府预算收入20587.3 万元。与 2000 年预算收入相比增长18.9 %。其中中央预算收入增长19.3 %，省级政府预算收入增长17.7 %。

这些成绩是全体计划财务工作者辛勤工作、共同努力的结果。充分体现了防震减灾事业越来越得到各级领导和有关部门的认同和支持，也反映了计划财务部门工作的成效。

按照 2001 年年初计划财务工作会议上确定的计划和预算安排，2001 年共安排下达地震（科学）事业经费51253.31 万元，比 2000 年增加8496.36 万元，增长 20%。其中：人员经费22282.28 万元，公用及一次性专项费用9183.6 万元，房改经费 4154 万元；防震减灾业务经费10262.6 万元，重点项目经费2870.13 万元。执行情况比年初预算增加了9831.51 万元，增长 24%。此外安排下达基本建设投资 5073 万元。

（三）“九五”项目全面验收

“九五”期间，国家对地震系统各类项目投入达到 78520 万元，加上部门、省级政府配套及各单位自筹资金，累计完成项目投资达 126558 万元，相当于“八五”期间的 12 倍。到目前为止，除首都圈项目准备在近期进行项目验收外，其他项目已全部通过验收并交付使用。

2001 年财政部和国家计委分别对我局“九五”重大项目进行了检查，检查结果认为：项目执行情况良好，没有出现挪用资金、降低标准、减少内容、拖延工期的情况。并且，由于组织科学合理，措施得力，还相对扩大了投资效果。

（四）团结协作、积极进取，计划财务各项工作成效显著

首先，预算编制工作是计划财务部门的“重头戏”，在时间紧、任务重的情况下，在全局上下的共同努力下，顺利完成预算编制工作，按时上报财政部。

2001 年的基本建设管理，从常规基本建设项目和煤改气等专项的实施和管理，到“十五”建设项目立项，做了许多实实在在且卓有成效的工作。此外，还组织编制印发了《基本建设重点项目工程验收办法》和《中国地震局基本建设重点项目工程竣工结算暂行规定》，进一步维护了预算和基本建设管理的严肃性，从制度上保证了“十五”基本建设项目的顺利实施。

政府采购共签订各类合同百余份，累计金额达 7100 余万元，在保质保量的前提下，节约国家建设资金 800 多万元。

2001 年地震系统内资产、统计管理工作又取得新成绩。

在过去的一年里，计划财务部门的同志积极支持和配合审计部门的工作，在审计部门的帮助下，我局财务管理水平不断提高。审计署对我局去年预算执行和财务管理给予了很好的评价。

二、2002年计划财务工作的指导思想和主要指标

2002年我国大陆地震形势仍较为严峻，防震减灾任务也更为繁重。

计划财务部门要进一步筹集资金。要加强管理，合理配置资源，提高资金使用效率，以保证防震减灾事业的发展对资金的需求。

2002年中国地震局计划财务工作的指导思想是：以邓小平理论和江泽民总书记“三个代表”重要思想为指导，按照党的十五届五中、六中全会精神要求，切实推进防震减灾三大工作体系建设，抓住机遇，加快发展。积极开源，合理配置资源，保持综合平衡。继续完善计划财务管理体制，严格预算约束机制，调整和优化投资支出结构，提高资金使用效益。正确处理改革、发展、稳定的关系，推进改革，促进发展，保持稳定，保障“十五”计划的顺利实施。

2002年计划预算安排的基本原则是：贯彻中央经济工作会议精神，按照全国计划会议和全国财政工作会议的要求，适度从紧安排预算，努力压缩一般性开支，量入为出，量力而行，保持综合平衡，不搞赤字预算，不留硬缺口，保证基本需要和重点工作；根据科学事业费、地震事业费的预算控制数和分类，分别编制、安排科研、事业单位的预算；优先保证国家规定的正常工资支出，保证“项目支出”预算科目中安排的各种专项；支持局“十五”重点项目计划实施。

2002年预计经费来源：53418.67万元。主要分配情况是：地震（科学）事业经费安排48049.67万元。其中，基本支出42433.67万元，包括，人员经费24856.05万元，公用及一般经费7893.62万元，监测预报预防经费8625万元，中等教育经费240万元，救援队300万元，外事经费390万元，其他地震事业经费129万元；项目支出经费5616万元，包括基本建设投资规模为年度基金2289万元，安排房改经费3080万元（提租补贴773万元，住房公积金2307万元）。

三、2002年计划财务工作的主要任务

（一）精心组织、加强管理，抓好“十五”重点项目实施工作

“十五”国家科技攻关计划项目“强地震短期预测及救灾技术研究”2001年到位经费1070万元，成为“十五”期间第一个启动的国家级项目。国家地震灾害紧急救援队组建工作初步完成，5000万元设备购置经费已经基本完成政府采购。基础性研究专项、基础性公益性研究项目、教育国债项目、高技术应用部门发展项目2001年度经费到位2200万元，并开始实施。财政部专项“全国重点地震监测台站优化改造”安排2000万元，已列入2002年预算。

“中国数字地震观测网络”项目，2000年9月上报国家发展计划委员会，2001年1月至7月间，中国国际工程咨询公司对该项目进行了评估。该项目总投资249683万元，其中中央投资151529万元，地方配套98154万元，总工期7年。目前，各省在省内立项工作进展也是相当不错的。据不完全统计，各省、自治区、直辖市“十五”防震减灾重点项目意向超过百

项，协议投资总额241210.5万元。其中，地方政府拟投入136250.4万元。2001年有的省已经开始实施，已到位经费6748万元。

中国地震局根据防震减灾事业的需要，还安排了8项“十五”局重点项目，共需筹措经费6850万元，2002年的项目经费已在今年的预算中安排。

另外，GPS二期工程、国家地震灾害紧急救援队训练基地、环华台网等项目也都在积极筹措之中。

中国地震局“十五”重点项目将实行分类、分级管理。

按照分级分类管理的原则，规划财务司组织编制了5个有关项目管理办法的征求意见稿，希望大家能够本着认真、负责的态度，实事求是地对上述5个办法提出意见和建议。会后，将根据各位的意见和建议认真加以完善和修改，经局务会议讨论通过后印发实施。

（二）解放思想、与时俱进，继续推进预算改革

几年来，部门预算改革力度之大、内容之多，推进速度之快，是有目共睹的，我们也一直为之忙碌。关于部门预算改革财政部提出了今年的三项重点工作。同时，为有效完成这三项重点工作，财政部将根据事业单位的性质和特点及经费情况，确立供给性质，明确其财政支出供给范围，制定事业单位定额标准，推行项目支出绩效考评制度。同时，加强预算管理和监督检查，实行追踪问效。

根据财政部对部门预算改革的要求，结合我局实际情况，对2002年部门预算改革应做好以下几项工作。

（1）要继续做好宣传工作，彻底转变理财观念。各级计划财务部门，要以预算改革为契机，加强宣传力度，加强学习，适应国家对预算改革要求，做好计划财务工作。

（2）要强化预算支出管理，规范预算支出行为。各级计划财务部门在积极争取财政事业经费预算收入的同时，必须把加强和规范支出管理工作放到重要的位置，严格按预算批复的内容和限额进行支出，坚决杜绝经费支出中的随意性，对预算调整要严格执行有关的程序。

（3）要做好基本支出预算编制的各项基础工作。各级计划财务部门必须认真摸清“家底”，对本单位的资源占用、财务状况、人员数量与质量，以及日常消耗的情况做到了如指掌，抓好基础数据库的准备，同时要在数据调研、收集、整理、维护上下功夫，保障数据的权威性。

（4）要树立项目观念，做好项目储备工作。项目支出预算是部门预算编制不可缺少的重要组成部分，也是为发展防震减灾提供资金的一个必须的手段，上半年要完成中国地震局项目库的建库工作。

（5）要加强对预算执行的监督检查工作，实行追踪问效制度。各级计划财务部门要加强对资金使用监督和检查，把事前、事中、事后监督结合起来，以保证各项资金的合理使用。绝不能只要钱、分钱，而忽视对资金的管理和监督，要提高投资使用效率，把监督资金的使用作为计划财务部门的工作职责。

（6）要以预算改革为手段，切实推进事业单位改革。目前，各单位都在按国家的要求逐步推进事业单位改革，计划财务部门应积极投入到本单位的改革中去，要为事业单位改革提供保障，一是要根据改革的需要积极制定有关管理办法，二是要通过资金调控支持事业单位改革。

（三）统一思想、团结协作，认真履行计划财务管理职责

计划财务管理涉及的内容很丰富、很广泛，这里只谈计划制定和预算衔接的问题。一方面，计划管理承担着中长期战略目标制定的重要任务，年度计划就是要把中长期战略目标细化到每一年的工作中。因此，为了保证这些年度工作的顺利完成，就必须把年度任务落实到年度预算中去。另一方面，部门年度预算又是国家预算中的一部分，具体额度受国家总预算的制约。因此，部门的工作计划又要在国家确定的预算额度内适时调整。这样就要求计划和预算的衔接。去年我在计划财务工作会议上强调过“预算明确年度经费额度，计划控制工作任务和进度”就是这个意思。希望计划财务部门的每一位同志不论分管什么工作，都要统一思想、加强合作，共同完成计划财务管理的各项任务。

基本建设管理工作今年的任务比较重，关系到重大建设项目的启动和实施。今年一是配合稽查，二是建立信誉，此外，要加大对国有资产的监管力度，确保国有资产的保值增值。同时，要根据部门预算改革的需要，尽快确定我局部门政府采购目录的制定工作，规范采购的范围和形式。进一步扩大局管公用设备的范围并实施有效管理，提高使用效益，缓解我局大型设备的供需矛盾。要进一步完善统计指标体系建设工作，维护统计的严肃性，确保统计数据的权威性。

（四）以十五届六中全会精神为指导，加强队伍建设

按照“八个坚持、八个反对”的要求，计划财务工作要在作风建设上突出抓好以下几个重点。

第一，必须实事求是。计划财务工作是与资金、资源打交道的工作，实事求是、讲实话、算实账、办实事是对计划财务工作的客观要求，是计划财务部门的优良传统，要继续保持和发扬。同时，必须把实事求是牢固地建立在深入的调查研究基础之上。第二，必须开拓创新。计划财务工作是各项事业发展矛盾的焦点之一，解决这些矛盾和问题，必须要有开拓精神、创新精神，并以此化解和缓和矛盾，推进事业的发展。要不断学习，掌握新知识，提高业务素质和管理水平。第三，必须服务大局。计划财务工作是开展一切工作的基本保障之一，在开源与合理配置资源的过程中必须服从大局，要在算好账、当好家的同时，从事业发展的高度想大事、谋大事，为各级领导当好参谋和助手。第四，必须依法理财。计划财务工作是必须依法管理和规范运行的工作，依法理财是社会主义法制建设的必然要求，要树立法制观念，警惕法纪松弛。

2002 年计划财务工作繁重而艰巨，我们要以党的十五届六中全会精神为指导，开拓进取、扎实工作，努力做好今年各项计划财务工作，为防震减灾事业“十五”期间的发展出力献策，以优异的工作成绩迎接党的“十六大”的召开。

中国地震局副局长岳明生在全国地震台站建设研讨工作会议上的讲话（摘要）

（2002 年 6 月 5 日）

一、提高认识，抓住机遇

（一）要充分认识台站建设的重要性和必要性

地震预报工作，从本质上说，是一项科学研究工作。它有两大基本特点，一是以观测为基础。地震预报是建立在观测基础上的，和天文科学一样，脱离观测工作寸步难行。二是以科学假设为理论依据。这两大特点，要求我们要充分重视台站的建设。

我们的多数台站都是六七十年代建设的，存在几个方面的问题：一在当初建设时由于受各方面条件的限制，标准较低，起点也较低。这不是说当时制定的标准、起点偏低，而是以现在眼光去看，当时的标准和起点低。二是年久失修。六七十年代建设的台站，到现在已经有三四十年了，由于这些年我局经费年年吃紧，需要维修的量和每年能够拿出的维修经费相比差距很大，因此维修跟不上，导致有些台站越来越破旧。三是系统性差。台站建设的系统性差，整体性功能不全，特别是必要的生活设施、基础设施、配套设施不全，甚至有一些台站，用水都很困难。四是台站的观测环境受到干扰。改革开放以来，由于城乡经济建设的发展，给我们地震台站的观测环境带来了一定的影响。其中有些影响是潜移默化的，很难说清是哪一个经济建设项目影响，从而很难按台站环境保护条例的要求去采取措施和加以保护。台站存在的这些问题，涉及地震预报工作的基础，基础不牢，地动山摇，因此台站建设改造工作是非常急迫、非常必要和非常重要的。

“九五”项目已经结束，大家有了一个共识，就是项目的总体效果不错，确实提高了地震观测的质量和能力。但是也有一点遗憾，就是台站的环境还有不小的差距。我调研过一些台站，他们通过“九五”项目配备了先进的设备，但是在观测环境方面达不到标准。现在，我们要启动“十五”项目，投资比“九五”的还要大，大家要充分认识到台站建设与改造的重要性，把台站建设作为一个整体列入“十五”项目的重要议事日程。

台站改造的重要性和必要性，我们不仅认识要到位，还要做好宣传，如果宣传工作做的不够，就很难争取到支持。现在大家的经费都很紧张，如果对这个问题的重要性和必要性宣传不够，就很难动员各级政府财政、甚至是自己的省局拿出一些经费来搞台站建设。

（二）抓住机遇

目前我们的台站建设遇到了一个很好的机遇。在全国防震减灾工作会议上，温家宝同志提出防震减灾工作要搞好三大体系建设，指出监测预报是防震减灾工作的基础和首要环节。现在各级政府对防震减灾工作都非常重视，对监测预报工作尤为重视，大家在争取“十五”项目的立项工作时，明显地感觉到，凡在“十五”项目中涉及监测预报方面的项目，在经费配套上，还没有哪个省不同意的。这说明从国务院到各地人民政府对监测预报工作都是非常重视的，大家应该好好地抓住这一绝好的机遇。台站建设分为三个方面，一是观测环境，二是基础条件，三是工作条件。大家知道，全国数字地震观测网络项目计划投资25个亿，现在已经初步得到国务院办公会的认可，在这个项目中考虑了一部分台站观测环境的改造费用。这就意味着，观测环境建设经费已经基本争取到了。我们正在积极争取的全国地震台站优化改造项目，这个项目主要用来改造台站的基础条件和工作条件，计划申请经费2.3个亿，今年已经初步到位2000万，这个项目也有望得到国家的批准。此外，地震台站的绿化问题，国家林业局同意给予支持，国家林业局及各个省林业局将分期分批、陆陆续续地落实。这样的机遇在我们地震系统是不多见的，谁能够抓住这些机遇，充分地把握住、利用好，就能把台站的建设做好

二、统一标准，统筹规划

（一）统一标准

过去我们在台站建设中没有统一的标准。地震局成立30多年来，在地震台站应该如何建设，哪一类台站、哪一个台站应建多大，工作房间、观测室、探头室（检测室）的规模多大，基础设施应该怎么配套，生活条件应该具备什么要求等问题一直没有一个严格标准，正是因为这样，造成了我们台站建设存在这么多的问题。

我参加讨论的时候，讲了三个问题，其中一个就是要不要有一个标准。大家经过讨论后，多数同志认为我们台站的建设必须有一个标准。要根据台站观测手段的多少、规模的大小、人员的数量以及地区的特点，决定我们台站应该建到什么程度，不能想建多少就建多少，基础设施想怎么配备就怎么配备。台站建设标准的确定和管理，这也是台站管理工作的一个重要方面，虽然现在制定的这个标准，大家还有不同的意见和看法，还应进一步讨论和商量，但是大家要提高认识，统一思想，就是一定要有一个统一的标准。在目前条件下，还不能制定得非常细，我们定了一个比较粗的线条，先建议性执行，在执行的过程中，进一步加以完善。总之，我们的台站建设一定要有一个统一的标准。

（二）统筹规划

台站的建设一定要统筹规划。每个省台站的数量，每个台站的观测手段、观测环境和工作环境的改造、基础条件的建设等都必须统筹规划。这几年，监测预报司一直在组织大家进行省级台站建设规划和监测预报方案的制定工作，应该说有一个很好的基础。

在“十五”项目的安排中，我们提出了我国地震监测台网建设的基本思路，这就是全球、国家、省、市县四级台网。从各类台站的功能来分类，第一是基准台。其主要功能是观测各种物理场的正常形态，为其它台站提供基准。比如全国建设27个地磁基准台，要通过这27个基准台勾画出全国地磁场的变化；建设22个重力台，要勾画出全国重力场的基本形

态；地下水各种观测项目，大范围变化形态问题比较复杂，但可以考虑区域上的正常形态问题，如在塔里木盆地建立一个区域台，观测这个区域上的正常形态，还是可行的。形变也是一样。第二是地震监测预报基本台。这类台网在各省的布设基本是均匀的，无论是多震省份，还是少震省份，都有一定量的、包括各种观测方法的台网，目标是对这个省的震情能有一个最基本的监测。第三是区域台。大中城市、人口稠密和经济发达地区、地震频发地区、重点构造带都是我们地震监测预报工作的重点地区，必须加密台网，加密各种观测手段，云南、四川、首都圈等安排了许多的测震、强震、前兆观测项目，就是这个道理。第四是流动台网。现在我们的台网总体上说密度还不够，特别是一有地震发生密度就更显得不够，因此必须加强流动台网、流动队伍的建设。在"十五"项目中，流动观测是作为一个重点，加大了投入规模。这样通过基准台进行正常场的观测，基本网进行基本场的观测，区域台网进行重点监测、流动网进行异常情况下的监测，就可以使我们的台网站布局更加合理。

各省在制定监测方案时应注意：第一，要确保国家任务的完成。第二，要有保卫大中城市的思想。第三，要注意强化重点监视区。无论是多震的省份，还是少震弱震的省份，都会有本省的一两个甚至几个地震多发区，像安徽的霍山地区，江西的赣南地区，虽然这两个省的地震比较少，但这些地区的震情相对严重一些，必须强化地震监视。第四，台站规划要注意区别有人值守和无人值守两种方式，这也是大家在台站建设中讨论最多的一个话题。随着科学技术的进步，现在我们很多的地震台都可以做到无人值守。但在目前条件下我们还做不到全部无人看守，因为在一些地方今天把台站建设好了，明天仪器就被偷了或是被人为破坏了。对于那些确实可以无人值守的，一律实行无人值守，不要因考虑现有台站人员的安置问题，而建成有人值守台站，但要视情况决定是否有人看守。

有了整体的台站规划后，还要有具体的台站规划。比如河北局的规划，要具体到红山、易县等台该如何规划。在这个问题上要注意这样几个问题：第一必须对台站的观测条件进行充分论证，不能刚建设好，观测条件就不行了，还得搬迁。昨天，有好多同志都说到这个问题，一致认为很重要。第二对台站观测环境已经被破坏或影响的，我们要认真贯彻和执行台站保护条例。我们都注意到这样一个情况，外界影响了我们台站的观测环境，要想获取对方的赔偿，决不是说办就能办到的，需要我们作大量繁琐的工作，一定要把这项工作做好。第三经费问题。虽然国家对台站建设很重视，专门拿出一部分钱来，"十五"项目中也作了安排，林业部对台站绿化问题也会给予支持。但是这些与我们的需要还有很大差距，各单位要自己调度，把情况向地方政府如实报告，争取地方政府的更大支持。地方政府支持多了，国家局绝不会减少投入。台站建设要集中力量，突出重点。比如 50 万能解决一个台的建设，我们就先把一个台建设好，其它台再另想办法，绝不能采取撒芝麻盐的做法。另外，从国家局的角度来考虑，台站建设必须分期分批实施，各省局要与国家局衔接好。

三、精心设计，精心施工

要把台站真正地建设好，还需要我们精心设计、精心施工，希望大家重视。一是要加强领导、加强组织管理，将其列入各单位党组的议事日程。台站建设要由一名副局长来分管，每个省局都要把监测、计划部门组织起来，共同抓好这项工作。这项工作不是只靠监测部门自己就能够干好的，它牵扯到方方面面的事情。二是各省局要精心设计。对于什么样的台站应由达到什么级别的设计院来设计要好好研究，同时在设计时要层层把关。省局要把关，国家局也要把关，从设计上入手，把台站建设好。具体操作请监测预报司与规划财务部门协商。

昨天宋局长讲到：一是台站建设50年不落后的指标低了点。我们要提高标准，重视工程的坚固性、内在质量问题等。二是台站的建设，要因地制宜、突出地域特点，符合当地的氛围，也要有地震观测的科学特点。

精心施工这个问题我们讨论的也比较多，对于施工质量的监督，一定要找正式监理部门。我们的台长一般都懂得一些基本建设，基建处的同志也基本上都懂得，我们自己监工是可以省几千块钱，但是我们不够专业，一定要找正式监理部门和正式的质检部门，从材料质量监督开始。对于有特殊要求的，如观测用的摆房和地磁台的磁房等，必须按照特殊办法管理。天津市地震局的这项工作做得不错，他们的观测室从沙子等原材料开始测起，把土都换掉，整个场地的磁场梯度每米小于1纳特。对于摆墩来说，无论是地震仪的摆墩还是形变用的摆墩，和基岩的接触一定要好，这是一个非常重要的环节。如果在基本建设的过程中，浇注之前没有用水冲干净基岩，并且没有在湿的时候浇注水泥，就一定会接触不好；如果浇注水泥时没有捣固完全，存在很多细孔，也是不行的。这里涉及很多环节，特殊的环节一定要经过特殊的工序。

今后的台站建设要实行责任制，哪个局负责、哪位局长分管、当时的台长是谁、由什么工程队施工的、哪个监理部门监督的等等，都要实行责任制，出了问题要追究当事人的责任。

中国地震局副局长刘玉辰在2002年外事工作会议上的讲话（摘要）

（2002年3月23日）

一、朱镕基总理视察我局和温家宝副总理听取我局工作汇报情况

元月29日，温家宝副总理率国务院防震减灾联席会议成员单位共二十几个部委局的负责人到我局听取了今年地震趋势会商意见和防震减灾工作情况汇报。温家宝副总理对过去一年我局取得的成绩给予了充分的肯定，就如何继续深入贯彻落实全国防震减灾工作会议精神，加速建立健全三大工作体系，做好今年防震减灾各项工作提出了要求，并对我局请求国务院和有关部门解决的一些困难和问题给予了大力支持。2月10日，国务院办公厅又以国办发［2002］9号文将我局《关于2002年地震趋势和进一步做好防震减灾工作的意见》转发各省、自治区、直辖市人民政府和国务院各部委、各直属机构，将为各地、各部门进一步加强防震减灾工作起到重要的指导和推动作用。

2月28日上午，朱镕基总理在温家宝副总理和国务委员兼国务院秘书长王忠禹及国家计委、科技部、民政部、财政部、建设部和北京市、总参作战部的负责同志的陪同下到我局视察指导工作。朱总理一行首先参观了国家数字地震台网中心和中国地壳运动观测网络中心，观看了“中国地震局三十周年图片展”，然后与我局部分院士、专家，机关及在京主要单位司局以上干部一起进行了座谈并合影留念。在座谈会上，朱总理听取了我局关于地震工作情况、地震灾害和当前地震形势及国家地震灾害紧急救援队组建情况的汇报。部分院士、专家就如何加强防震减灾工作提出了意见和建议。会上，温家宝副总理、王忠禹国务委员分别作了简要讲话，朱总理作了重要指示。他对地震工作取得的成就和地震局的重要性给予了充分肯定，对地震队伍给予了高度评价。他强调各级政府、各有关部门要重视地震工作，加大支持力度，还对救援队的建设提出了明确要求。

国务院总理到我局视察指导工作，是地震局建局以来的第一次，充分表明党中央、国务院对防震减灾工作的高度重视，也是对我们地震战线广大干部职工的深切关怀和巨大鼓舞。会后，局党组立即对总理的重要指示进行了学习和研究，制定了传达与贯彻落实总理指示精神的各项具体措施。党组在年初确定的《2002年工作要点》的基础上，结合朱总理的重要指示和1月29日温家宝副总理的讲话，对今年的工作做了进一步研究部署。

二、2002年的工作进展与今年的重点工作

2001年是我国防震减灾工作取得“十五”良好开局的一年。防震减灾工作取得重要进展和成绩：

一是防震减灾工作纳入国家和地方国民经济和社会发展计划。各省、市、区都将防震减灾工作纳入了当地国民经济和社会发展“十五”计划，明确了各级政府在防震减灾工作中的责任，为新世纪初期防震减灾事业与社会经济协调发展提供了保障。

二是地震短临预报取得新的成绩。去年又成功实现了2次有减灾实效的地震短临预报，即4月12日云南施甸5.9级地震和10月27日云南永胜6.0级地震，有效地减少了人员伤亡。

三是应急指挥和紧急救援体系建设有新的进步。国务院抗震救灾指挥部第一期建设任务全面完成，指挥部已初步具备抗震救灾指挥的工作条件。国家地震灾害紧急救援队的建设工作取得实质性进展，目前救援队已具备国内紧急救援能力。

四是震灾预防工作逐步推进，防震减灾法律体系日臻完善。《地震安全性评价管理条例》、《中国地震动参数区划图》正式颁布实施。我局与全国人大、国务院法制办共同组成防震减灾行政检查组，先后对天津、河北等5个省、区、市进行了检查，推动了《防震减灾法》在各地的深入实施。城市地震活动断层的探测工作也逐步展开，天津和福州进行了试点探测，北京奥林匹克公园活断层的探测工作正在实施。

五是以地震科技创新为依托，对外交流与合作取得新成就。对外交流与合作也逐渐形成了引进和输出并进的发展局面。去年，我国分别与智利、哈萨克斯坦、乌兹别克斯坦、缅甸签署和实施了对外援建地震台网协议，并作为江泽民主席访问智利和智利总统来华以及朱镕基总理访问哈萨克斯坦的重要外事活动之一。

六是机关作风建设和改革工作进一步加强。地质所和地壳应力所的改革试点工作顺利完成。省局机构改革工作全面展开。机关作风建设得到加强。进一步深化了干部人事制度改革，全面推行公开选拔，推进竞争上岗和任前公示等制度。

2002年我局将继续深入贯彻落实全国防震减灾工作会议精神，加速建立健全防震减灾三大工作体系的进程，主要应做好以下几个方面的工作：

（一）加强震情监视，做好监测预报工作

根据年度趋势会商意见，按照“内紧外松”的原则，密切监视震情发展，力争对可能发生的中强地震作出较好的短临预报。加强地震监测台网的统一规划，调整优化台网布局。提高地震速报和灾情速报的及时性和准确性。

（二）加大执法力度，加强抗震设防要求管理，切实提高建设工程防御地震灾害的能力

大力开展《地震安全性评价管理条例》的宣传贯彻工作，进一步加强对重大工程地震安全性评价的管理。进一步强化依法行政意识，加强抗震设防要求管理，会同有关部门，加大对建设工程的监督检查和执法力度。开展重点城市地震活动断层探测与危险性评价工作。同时，以全国防震减灾宣传工作会议为契机，推进防震减灾法律法规和群众防震、避震知识的宣传教育，进一步普及防震减灾知识，提高全民防震减灾意识。

（三）完善地震应急与救援体系的建设，提升地震应急与救援能力

进一步完善国务院抗震救灾指挥部技术系统的各项功能，确保能够随时启用。进一步推进国家地震灾害紧急救援队的建设，着手建立地震救援训练基地，抓紧国家地震灾害紧急救援队的训练，完善装备配置，提高机动性，确保年内实现具备国外地震现场紧急救援能力的目标。

（四）加强地震科学研究，努力提高地震科学水平

进一步加强强震机理、地震观测与预报技术、应急救助技术、工程抗震技术的研究，推进大陆壳幔结构、地球物理场等地学领域的研究。推进国际交流与合作，积极发展“环华”地震台网，不断提高我国地震科技的国际影响和地位。

（五）进一步争取投入，加强和改善项目与经费管理

以总理的重要指示为契机，多方式、多渠道争取经费支持，逐步改善地震部门事业经费严重不足，职工待遇长年偏低的状况。加强和改善管理，合理配置资源，提高投资效益。大力推进地震行业相关技术标准的建设，建立质量检验监督体系和资质认证体系。加大对市县防震减灾工作的指导和支持力度。同时，做好“十五”重点项目的启动、实施工作。

（六）加强地震队伍建设

按照“积极稳妥”的原则，做好《省、自治区、直辖市地震机构改革方案》的实施工作。推进科研单位的改革工作，进一步建立“机构合理、队伍精干、人员优化”的科技队伍。

三、对地震科技外事工作的几点意见

（一）地震科技外事工作者必须牢牢把握国际政治形势，服务于国家整体外交

外事工作政治要求高，政策性强，做好外事工作的前提必须是要了解国际和国内的形势和动态，了解国家的整体外交政策，坚持做到服务于国家大局，服务于外交大局。

进入新世纪以来，国际形势发生了深刻变化，不可测、不安定、不稳定因素明显增加，突发事件频发。但国际形势总体走向并未发生根本性改变，和平与发展仍然是当今世界的两大主题。国际形势的基本特点是总体和平、缓和、稳定，局部战乱、紧张、动荡。针对目前的国际形势，我国将继续奉行独立自主的和平外交政策，坚持冷静观察、沉着应付、韬光养晦、有所作为的战略方针。为现代化建设努力争取尽可能长的和平国际环境和良好的周边环境。

在这种国际和国内形势背景下，我们地震科技外事工作要有全局意识。外事无小事，考虑问题应从国家大局出发，要服从国家大局的需要。要根据国家大局的需要，积极推进同一些国家、地区和国际组织的交流与合作，突出地震行业特点，突出科技外交特点，通过地震科技合作来增进友谊，为整个国家对外工作服务。这是我国地震科技外事工作者义不容辞的责任。

（二）地震科技外事工作者必须了解全局工作，服务于防震减灾事业发展的需要

地震科技外事工作是防震减灾工作的重要组成部分，多年来为推进整个事业的发展发挥了重要作用。刚才，我简要介绍了最近局里工作的一些情况，目的就是让我们从事外事工作的同志能针对当前地震工作的重点、难点和需要解决的问题，通过各种不同形式的国际合作与交流，借鉴国际上的成功经验，吸收、引进国外先进技术、方法和人才，为我所用，真正发挥“以外促内”的作用。我们要了解全局情况，要深入研究，提出我们外事工作者的意见与建议，并根据需要，拓展我们的工作领域，为全局的工作服好务。

（三）地震科技外事工作要坚持“走出去”的方略，努力扩大对外服务

实施“走出去”的战略，使我们的地震科技和防震减灾工作走向国际舞台，不仅是防震减灾事业发展的需要，也是国家整体外交的需要。我们要努力把一些确实具有国际水平的地震科技成果和产品推向国际，扩大对外服务。同时，要通过合作交流造就一批中、青年专家、学者，为他们创造条件，帮助他们瞄准国际地震科技前沿，走上国际舞台，扩大我国在国际地震界的影响。

（四）加强外事管理

要认真贯彻落实2000年《中共中央、国务院关于印发全国外事管理工作的若干规定的通知》等中央、国务院以及我局的各项外事管理规章制度，切实加强外事管理工作。各单位外事工作部门在做好服务的同时，要做好建章立制工作，修订和完善各项规章制度，强化管理程序，严格按制度、按程序办事。重要事项要多请示、多汇报，决不允许超越职权范围行事。

（五）加强外事工作队伍建设

外事工作者必须牢固树立政治意识和大局意识，始终保持坚定的政治立场和清醒的头脑，并顺应时代发展的要求，加强各方面知识的学习，与时俱进，不断提高自身的政治素质与业务素质。同时，要进一步加强外事工作作风建设，提高我们的服务意识和责任意识，积极、主动、高效、优质地为广大地震科技工作者做好服务。通过我们的共同努力，建立起一支政治坚强、业务精通、纪律严明、作风优良的高素质的外事工作队伍，不断把地震科技外事工作推上新的台阶。

中国地震局党组成员、中纪委派驻中国地震局纪检组组长李友博在中国地震局2002年纪检监察审计会议上的工作报告（摘要）

（2002年3月1日）

一、2001年全局党风廉政建设、反腐倡廉和内部审计工作取得可喜进展

2001年是21世纪的第一年，也是我局党风廉政建设责任意识明显增强、从源头上预防和治理腐败力度明显加大，查办案件和内部审计工作取得明显成效的一年。在中纪委和局党组的领导下，全局上下深入学习贯彻江泽民同志在中国共产党成立八十周年大会上的重要讲话、十五届六中全会决议精神，以“三个代表”重要思想为指导，坚持从严治党、从严治政方针，认真落实中纪委五次、六次全会和国务院廉政工作会议的工作部署，较好地完成各项工作任务，为防震减灾事业发展和我局两个文明建设提供了有利的保证。

（一）认真抓好廉洁自律各项工作落实，党风廉政建设责任意识和领导干部廉洁自律意识明显增强

2001年，我局各单位能够坚持全党一起抓反腐败斗争的领导体制和工作机制。初步形成了“党委统一领导，党政齐抓共管，纪委组织协调，部门各负其责，依靠群众的支持和参与”的反腐倡廉的有效机制。重视党风廉政教育工作，一年来，全局注重推进五个方面的学习教育工作。一是抓好各单位中心组学习。重点学习“三个代表”的重要思想，自觉地实践“三个代表”的重要思想，坚持从严治党、从严治局，增强各级领导干部反腐倡廉的政治责任感和抓好党风廉政建设工作的决心。二是开展十五届六中全会《决议》和中纪委五次、六次全会精神的学习。地震部门的工作作风总体是好的，我们的干部职工“甘于清贫，默默奉献”的工作精神，得到朱镕基总理的高度赞扬。但也应看到，我们的工作作风某些方面与中央的要求还有差距，表现在：少数党员干部思想不够解放，创新意识不强；深入基层、深入实际不够，办事效率不高，服务意识不强；“文山会海”依旧，应酬多，空话、套话多，作风漂浮，工作推诿；群众观念淡薄；民主作风差等问题。大家认识到，这些问题，不同程度地影响了班子凝聚力、创造力、战斗力的发挥，有损党群、干群关系，影响职工的积极性。三是开展经常性的全心全意为人民服务的宗旨教育。以理想信念教育为核心内容，教育广大党员干部要牢固树立正确的世界观、人生观和价值观，坚定共产主义的理想信念。四是加强党纪法规教育。各单位开展形式多样的党纪法规教育，教育党员干部要知法、懂法、自觉地

遵纪守法，依法行政，依法办事，并敢于同违纪违法现象作斗争。五是选择典型案例，剖析案情，开展警示教育。局属几个单位根据本单位发生的违纪违法案件，写出警示教育材料，对于增强各级领导干部党风廉政建设意识和廉洁自律意识起到了较好作用。各单位党组（委）都十分重视党风廉政建设工作。如广东局、福建局、云南局等单位一把手亲自部署党风廉政建设工作，并要求结合单位实际情况，制定工作目标，采取有效措施抓好党风廉政建设各项工作。

在落实领导干部廉洁自律有关规定工作中，我局认真开展中纪委五次全会提出的领导干部廉洁自律六项决定的落实和清理工作。清理结果，除个别干部收受了少量现金并按要求上交外，没有发现其他问题。

（二）建立健全各项规章制度，抓源头预防治理，初见成效

我局不仅认真学习贯彻落实中央下发的一系列关于干部廉洁从政的有关规定，而且在深入调查研究的基础上，结合地震系统的实际情况，围绕防震减灾中心任务和深化改革的重大举措，进行认真分析研究，从体制、机制、制度上入手，提出从源头预防治理方案，完善现行规章制度，规范权力运作程序，防止少数人权力过分集中又缺乏制约搞“暗箱操作”的弊端，加强权力运作的外部监督，落实责任制，以责制权。

去年，我们在源头预防治理、加强制度建设方面取得如下进展：一是组织起草了《中共中国地震局党组关于贯彻〈中共中央关于加强和改进党的作风建设的决定〉的意见》；二是制定了《关于建立中纪委驻中国地震局纪检组同局管干部谈话制度的意见》；三是制定了《中国地震局行政监察工作规定》；四是起草了《责任追究办法》；五是制定了《中国地震局重大项目审计管理办法》；六是在机关干部中推进干部任职公示制度；七是积极推进行政审批制度改革。进一步完善《地震安全性评价管理办法》、《地震安全性评价资质管理办法》、《建设工程抗震设防要求管理规定》。严格规范审批行为，优化审批程序和规则。实行审监分离，做到客观、公正、公平，杜绝行政审批过程中腐败现象的滋生；八是制定下发了《中国地震局政府采购管理暂行办法》，并全面推进政府采购工作；九是按规定执行工程项目招投标工作，取得较好的效果。此外，各单位把党风廉政建设责任制纳入工作重点，做到年初有计划、年中有检查、年终有总结。多数单位先后制定廉政责任制考核办法，并认真开展廉政考核工作，有的单位还建立了干部廉政档案，作为监督和干部晋升使用的重要依据。

（三）重视信访举报，认真开展案件查办工作

去年中纪委驻中国地震局纪检组收到各类举报信 38 件（不含内容重复的举报信），上级有关部门批转件 8 件，共计 46 件。或自办、或转办，做到件件有着落。

局属各单位也非常重视案件查办工作。2001 年全系统共收到各类举报 51 件，对收到的举报信和批转件，都能认真查办，基本做到件件有着落，并根据事实，依照党纪政纪严肃处理。

（四）认真履行审计职责，注重审计实效，促进防震减灾事业的发展

2001 年内部审计坚持了真实、合法、效益的基本原则，以项目审计和经济责任审计为重点，积极开展各项年度审计工作。局系统全年审计各类项目共 192 个，审计金额81491.9

万元，审计查出有问题资金13140.2万元，其中属于违纪违规的资金4384.9万元；提出审计建议466条，被采纳的414条，占所提审计意见的89%；审计挽回经济损失和提高经济效益金额201.22万元。

在审计规范化管理方面，去年上了一个新台阶。许多单位建立、健全和完善了审计工作的规章制度。如河北局、云南局、广东局、福建局、分析预报中心等单位不但认真做好各项审计工作，而且在建章立制、规范化管理方面做得比较好。

二、2002年纪检监察审计工作主要任务

2002年，我局纪检监察审计工作总的要求是：高举邓小平理论伟大旗帜，以江泽民同志在庆祝中国共产党成立80周年大会上重要讲话和“三个代表”重要思想为指导，认真学习贯彻党的十五届六中全会精神，全面落实江泽民同志在中央纪委七次全会上的重要讲话精神和中央纪委七次全会、国务院第四次廉政工作会议部署的各项工作任务，紧紧围绕防震减灾中心任务和改革、发展、稳定的大局，坚持标本兼治，注重从源头上预防和治理腐败，结合地震系统实际，加强纪检监察审计工作的相互配合、开拓创新、综合治理、狠抓落实，努力推进我局党风廉政建设和反腐败斗争。

今年是我们党和国家发展史上具有重要意义的一年，也是防震减灾“十五”计划实施的关键一年，进一步加强我局党风廉政建设和反腐败斗争，对于推进“十五”防震减灾各项工作，维护地震系统改革、发展、稳定的大局，至关重要。中纪委七次会议和国务院四次廉政工作会议，围绕坚持清正廉洁、反对以权谋私、规范权力运行的问题，就如何深化改革，加大治本力度，从源头上预防和治理腐败，提出了今年的廉政建设工作重点和具体要求。对照检查，我局在党风廉政建设方面与中央和国务院的要求还存在一些差距和薄弱环节。

一是个别领导干部对反腐倡廉工作认识还不高，重视不够，工作缺乏力度；二是个别单位党风廉政建设责任制落实不够，尤其是责任追究表现出心慈手软；三是个别单位在工程项目和仪器设备招投标工作中缺乏规范，在招投标过程中发生过跑风漏气、行政干预、施加影响等行为；四是一些单位财务管理依规办事不够，不能严格执行项目经费管理制度，有挪用、挤占、截留专项资金现象，各类津贴支付不规范，从项目中支付的招待费偏高，财会原始凭证要素不全、大额白条入账、固定资产管理不严，支出辅助账记录数字不准确、不真实；五是党内监督力度不够，机关作风有待进一步加强，形式主义、官僚主义倾向还时常影响机关的一些管理工作，机关个别干部对中央明确的廉洁自律各项规定贯彻落实不够认真，公款用餐、用车还不够规范；六是纪检监察审计部门自身还存在一些不合时宜的思想观念，创新精神不够，一些工作机制和方法不能适应发展的需要。

根据中纪委七次全会和国务院第四次廉政工作会上提出的要求，结合地震系统的实际，我局今年纪检监察审计工作主要任务是：

（一）认真学习贯彻江泽民同志在中纪委七次全会上的重要讲话、中纪委七次全会和国务院第四次廉政工作会议精神

江泽民同志在中纪委七次全会上发表了重要讲话，从巩固党的执政地位、维护国家长治久安的高度，深刻地分析了我国在新世纪面临的国际国内形势，精辟地阐述了切实加强干部

队伍建设的极端重要性，要求领导干部必须牢固树立正确的权力观，强调要进一步健全选贤任能机制和完善干部考察、评价、监督、激励的科学机制，强调党的纪检工作必须适应形势和任务的发展，与时俱进，开拓创新。各单位领导班子和领导干部都要认真组织学习，把学习江总书记的讲话与中纪委七次全会和国务院四次廉政工作会议精神的学习结合起来，深刻领会讲话的精神实质，切实把思想和行动统一到讲话精神上来，结合实际，总结经验，查找不足，制定改进工作的具体措施。加强干部的管理和监督，促进干部勤政、廉政、健康成长。与时俱进、开拓创新，探索监督的好办法。加强上级对下级监督的力度，强化班子内部相互间的监督，为群众监督创造条件，保护群众监督，做好财经纪律监督，审计工作要关口前移，对领导干部审计重在任期。学习贯彻讲话，要严明政治纪律，确保政令畅通。

（二）加强监督检查，进一步深化领导干部廉洁自律工作

中国地震局机关、省局党组和直属事业单位党委，要进一步完善党员领导干部廉洁自律各项规定，形成严格、有效的监督制约机制，确保中央制定的各项廉洁自律规定落到实处。各单位纪检监察审计部门要加大监督力度，认真抓好中纪委七次全会确定领导干部廉洁自律各项规定的落实。结合地震局工作实际重点抓好 4 项工作。一是继续落实领导干部不准收受直接管理和服务对象、下属以及其他与其行使职权有关系的单位和个人、外商、私营企业主的现金、有价证券。二是禁止领导干部到企业和事业单位报销应由本人及其配偶、子女支付的个人费用。三是不准省（部）、地（厅）、县（处）级领导干部的配偶、子女在异地注册后，到该领导干部管辖范围内从事可能与公共利益发生冲突的经商办企业活动；不准领导干部的配偶、子女利用该领导干部的职权为他人经商办企业提供便利条件，从中谋取私利；不准领导干部利用职权为其他领导干部的配偶、子女在自己管辖范围内经商办企业谋取非法利益提供便利条件等规定。四是狠刹奢侈享乐、铺张浪费歪风。禁止用公款进行高消费的娱乐和健身活动。

（三）坚定不移地抓好党风廉政建设责任制的落实

认真贯彻执行反腐败的领导体制和工作机制，必须坚定不移地落实党风廉政建设责任制。尤其各单位主要负责人要对党风廉政建设和反腐败工作切实负起总责，做到思想认识到位，工作措施到位，切实狠抓落实。抓好落实。一是要进一步明确责任；二是进一步落实责任；三是进一步抓责任追究。要坚持“责任到位、取得实效、群众满意、促进工作”的标准，采取自查、督查、抽查的办法推进责任制的落实；贯彻责任制，关键在于严格执行责任追究。我们一定要解放思想，实事求是，与时俱进，开拓创新，深入调研，探索责任落实的新途径，狠抓责任追究，把我局党风廉政建设工作抓实、抓好、抓出实际成果。

（四）加强领导，继续做好案件查处工作

今年仍要继续重点查办局管干部和处级干部的违纪违法案件。尤其要加大查办违反廉洁自律规定和挪用、私分公款案件的力度。重视严重失职渎职案件的查处。同时也要注意查办基层干部中违纪违法案件，特别是侵害单位和群众利益的案件。

要进一步加强信访举报工作，努力拓宽案源。查办案件要始终坚持“事实清楚、证据确凿、定性准确、处理恰当、手续完备”的方针，要坚持立足全局，讲究策略，综合考虑查办

案件的综合效果。同时，要继续搞好案件剖析，从体制、机制、制度和管理上查找案件发生的原因，完善从源头预防治理措施和办法，避免类似问题再度发生。

（五）继续抓好源头预防治理腐败工作

坚决贯彻六中全会《决定》关于坚持标本兼治、综合治理，注重从源头上预防和解决腐败问题的要求，继续抓好以下几项工作。一是继续抓好各项反腐倡廉制度完善与落实。二是积极推进财政制度改革，强化预算管理。严格执行政府采购规定，加强建设工程项目招投标管理工作。三是进一步深化干部人事制度改革。严肃查处严重违反组织人事纪律的行为，逐步建立健全选人用人的责任追究制度。四是逐步开展县处级以上领导干部经济责任审计工作。五是加强财会管理工作，杜绝违规办事。

（六）抓好我局内部审计工作，确保防震减灾事业发展资金有效使用

为了加强对资金监管工作，今年继续坚持真实、合法、效益的原则，本着“参与、服务、监督、检查”的指导思想，扎实有效地做好我局各项内部审计工作。一是各单位要认真落实中震发监［2001］53号文件《中国地震局重大项目审计管理办法》，加强对“十五”重点项目资金管理的监督。二是加大重点项目的审计力度。对“十五”重点项目实行全过程审计监督。三是加强对“收支两条线”管理执行情况的审计，严肃查处私设“小金库”等违法行为。四是加大审计建议督办力度，凡是审计提出的合理建议均应落实改进。五是逐步开展处级以上领导干部经济责任审计工作。

三、继续重视纪检监察审计队伍的自身建设

在中央纪委和局党组领导下，按照“纪检监察机关只能加强、不能削弱”的要求，我局各单位重视纪检监察审计机构建设，选配一批高素质的干部充实到纪检监察审计部门，全局纪检监察审计干部能够认真抓好反腐倡廉和内审各项工作任务的落实，为我局改革和发展做出了重要贡献，在各自岗位上，辛勤工作，忘我奉献，是一支有战斗力的队伍，纪检监察审计工作取得了较大的成绩。但是必须看到，纪检监察审计队伍自身建设与党组的要求还有一定的差距。纪检监察审计干部必须按照江泽民总书记在中纪委第七次全会上提出的“三个与时俱进”的要求，加强纪检监察审计队伍的建设。一是要在思想观念和思想方法上与时俱进。二是工作方式、工作方法要与时俱进。三是人员素质、工作作风要与时俱进。纪检监察审计干部既要学习党的基本理论、基本路线和方针政策，同时还要努力学习防震减灾科学技术、市场经济、金融、法律、管理等方面的知识，不断提高自己的知识修养和业务能力。各单位都要重视纪检监察审计队伍建设，从机构设置、人力资源调配、人员培训、工作条件等方面给予关心和支持。纪检监察审计干部也要注重自身素质提高，加强道德修养，增强法制观念，坚持原则、秉公执纪，努力使自己成为“政治坚强、公正清廉、纪律严明、业务精通、作风优良”的优秀纪检监察审计干部。把我局纪检监察审计工作做得更好。

与时俱进，开拓创新，为把中国地震年鉴办成精品年鉴而努力

——中国地震局副局长赵和平在《中国地震年鉴》第八次工作会议上的讲话（摘要）

（2002年12月4日）

一、《中国地震年鉴》二十年的工作历程，真实地记载了我国防震减灾事业发展历史，积累了丰富经验

《中国地震年鉴》1982年创刊，至今已经走过整整20年的历程。这20年正是我国改革开放取得辉煌成就的20年，也是我国防震减灾事业得到全面发展的20年。《中国地震年鉴》记载了我国防震减灾事业从建国到二十一世纪初的发展历程，包括反映1949年至1981年地震工作的《中国地震年鉴》补编本在内，至今已累计出版了21本，共发行33910册。创刊时，地震年鉴选编内容主要是震情方面的资料，并且文字内容单一，照片资料少，印刷质量不高，装帧简单，发行范围也仅限地震系统内部。经过多年的努力，《中国地震年鉴》的整体水平有了明显提高，逐步增加了科研成果与进展、为国民经济建设服务所取得的成绩、国际交流情况以及震害防御、地震应急与救援等方面的内容，栏目设置更加全面、科学、合理，组稿质量和编辑水平不断提高，大量采用彩色照片资料，装帧更加精美，发行范围逐步扩大。在第二届中央级年鉴评比中，1999年《中国地震年鉴》荣获综合项目二等奖，框架结构、条目编写、版式装帧三个单项获优秀奖。中国年鉴研究会称之为“记载我国地震事业的史书，是全面了解我国地震事业的宝库”。《中国地震年鉴》在全国年鉴行列中已占有重要的一席之地。

所有这些成绩的取得，是与广大地震年鉴工作者的务实精神和辛勤工作分不开的。在组织管理方面，为理顺管理关系，加强组织领导，地震年鉴的工作从最初由地震出版社负责转到由中国地震局办公室直接负责，并先后成立编委会、编辑部，并组织特约撰稿人队伍。在规范化工作方面，起草并多次修订了《中国地震年鉴》编纂工作规范化的若干规定。为了提高《中国地震年鉴》的编纂质量，改进年鉴工作，我们每年都发一个关于做好当年年鉴编撰工作的文件，两年召开一次年鉴工作会议，修改年鉴编纂工作的有关规定，研讨交流年鉴工作。所有这些努力，保证了地震年鉴质量的不断提高。在此，我代表局党组，向曾经为《中国地震年鉴》作出贡献和目前正在辛勤工作的同志们表示崇高的敬意和由衷的感谢。

二、规范年鉴工作，提高年鉴质量，努力把《中国地震年鉴》办成精品年鉴

时代在进步，防震减灾事业在发展，《中国地震年鉴》也要适应时代发展的要求，向更高的目标努力。

首先，我们要进一步提高对年鉴工作重要性的认识。编纂《中国地震年鉴》，就是把地震系统一年的包括各项工作、重大事件、重要成果和有关资料全面地、分门别类地汇集起来，成为我们记录历史、传播知识、提供信息和资料，展示中国防震减灾工作的一个窗口。因此，年鉴工作非常重要，编委会、编辑部的同志、各单位领导和特约撰稿人都要充分认识到这一点。

其次，我们要坚持与时俱进、开拓创新。这次会议就是要结合贯彻十六大精神，紧紧把握与时俱进、开拓创新，走出《中国地震年鉴》发展的新路子。尽管《中国地震年鉴》发展了 20 年，积累了不少经验，近期又获了奖，但我认为，年鉴成熟的标志应是特色化，即个性化、多样化、风格化。《中国地震年鉴》要办成精品年鉴，还有很长的路要走，还需要大家继续努力。我们相信，我国防震减灾事业的蓬勃发展必将推动地震年鉴工作的不断发展和进步，促进年鉴工作水平和质量的不断提高，并使之真正成为年鉴中的精品和真实记录我国防震减灾事业发展历程的珍贵文献。因此，当前我们地震年鉴要坚持创新，要消除“差不多”思想，按照发展要有新思路，工作要有新举措的要求，在工作中不断总结经验，探索办好年鉴工作的新思路，推进年鉴工作不断取得新的进步。

第三，我们要进一步规范对年鉴工作的管理，提高年鉴编辑质量。中央领导同志对年鉴工作提出的“领导到位、机构到位、经费到位、队伍到位、条件到位”的要求，是我们做好地震年鉴工作、不断提高年鉴质量的工作准则。建立健全地震年鉴工作制度、规范年鉴编纂、稿件组织、资料收集、编辑、出版、发行等工作，按照年鉴编纂规范的要求，既要全面又要突出重点地反映本地、本单位、本业务部门的工作内容，保证稿件质量。为提高年鉴稿件质量，从 2002 年的年鉴工作起，将成立《中国地震年鉴》稿件质量评比委员会，制定稿件质量评比办法，对年鉴稿件进行评比，每年要评选出一定比例质量优秀的稿件，对于连续两年获得优秀的单位给予表彰和奖励，对不符合要求的稿件将退回稿件并要求重写。此外，为进一步提高年鉴工作效率，缩短出版周期，改进稿件编辑方式，从 2003 年开始，各单位除报送纸介质的稿件外，还需报送电子版的稿件。

今天在这里召开的年鉴工作会，还有一个重点内容就是对《中国地震年鉴》编辑委员会重新修订的《中国地震年鉴编纂工作规范化的若干规定及说明》提出修改意见。这个规定是在 1999 年修订的。三年时间，有些情况发生了变化，针对发现的问题，对规范做适当的完善和补充很有必要，与会的同志也应通过讨论、学习进一步了解和掌握有关新的规定，进一步提高年鉴工作水平。

三、加强年鉴工作队伍建设，提高编撰人员工作水平，为进一步做好地震年鉴工作打下坚实的基础

自从1986年特约撰稿人队伍组建以来，这支队伍就成为《中国地震年鉴》编委、编辑部与各单位年鉴工作联系的桥梁，也成为了我们地震年鉴工作的基本力量。近年来，由于机构调整，人员新老交替等原因，一些熟悉年鉴工作、有经验的业务骨干相继退休，或调离原岗位，给年鉴工作带来一定影响。各单位要继续安排、挑选好特约撰稿人，把工作责任心强，熟悉本单位业务工作、有一定文字能力和善于开展组织工作的同志推选为特约撰稿人，并积极支持他们的工作。为了保证队伍的稳定，各单位调整特约撰稿人员须事先与编辑部沟通一下。《中国地震年鉴》编辑部也要通过多种渠道和形式，积极培训年鉴编纂人员，使他们尽快熟悉年鉴工作要求和有关知识，并引导他们组织有关专家和业务主管部门负责人，把反映本单位每年工作进展情况和事件的好文章、好稿件按时报上来。

因为各种原因，年鉴编委会和编辑部给大家提供培训的机会毕竟有限，所以我认为提高年鉴编辑人员工作水平，关键是在于特约撰稿人自身要提高认识，增强责任感，加强学习，不断提高业务能力。大家平时的工作确实很忙，但作为特约撰稿人，应该做到熟练掌握年鉴工作的基本要求和知识，并在实践中，严格要求、勤于思考，不断提高工作水平，比如，每年各单位应该提供什么方面的年鉴稿，具体是什么要求等都应做到心中有数，目的就是要将本单位防震减灾工作的大事、突出的地震、灾情事件等情况及时反映到《中国地震年鉴》中来。特约撰稿人在组织稿件时，要注意了解本单位全方位的情况，每年年初要在主管领导的指导下，会同有关业务部门及时组织稿件，但不能仅仅停留在安排人写、收集齐稿件让领导签发就了事，应对稿件认真审改，不符合要求的应指导重写，努力写出符合年鉴要求的高水平的文章，这也是提高《中国地震年鉴》质量的关键。只有队伍素质提高了，年鉴的质量才有可能逐渐提高。

同志们，党的十六大为我们绘制了宏伟蓝图，我们要认真贯彻落实十六大精神，辛勤工作，完成防震减灾各项任务。我相信，经过大家的共同努力，《中国地震年鉴》也必将在形式、内容、工作机制等方面实现创新，不断提高年鉴质量，做到年年有新意，本本有特色，为防震减灾事业的发展做出应有的贡献。

河北省副省长杨迁在省政府防震减灾工作联席会议扩大会议上的讲话（摘要）

（2002年3月26日）

一、进一步增强震情观念，强化忧患意识

2001年我国大陆地区共发生5级以上地震23次，发震频次仍然偏高，地震强度增大。其中6级以上地震4次，最大为11月14日发生在青海新疆交界昆仑山口西的8.1级地震。我国地震专家认为，未来几年我国大陆地区将呈现强震活跃状态。我们一定要高度重视震情，树立常备不懈的思想，扎扎实实做好防震减灾工作。

防震减灾工作事关人民生命财产安全，事关我省国民经济发展和社会稳定，责任十分重大。全省各级政府、各个部门和单位都要高度重视当前的地震形势，一定要按照江泽民总书记“三个代表”重要思想的要求，以对党、对人民高度负责的精神，进一步加强领导，做好防震减灾工作。各级政府要根据机构改革和人员变化情况，及时对本级政府防震减灾工作联席会议成员作出调整，确保组织落实、责任落实、工作落实。要进一步完善各级地震应急预案，把可能发生的灾害预想得严重一点，把遇到的各种困难估计得充分一点，把防范和应对措施安排得更周密一点，真正做到“居安思危”、“未雨绸缪”、“防患于未然”。

二、加快建设南部三市防震减灾技术系统，大力加强全省监测预报工作

鉴于我省中北部地区建成了现代化水平较高的监测预报、地震应急快速响应和宣传教育三大技术系统，考虑到邯郸、邢台、衡水3市历史上曾多次发生过破坏性地震，为了保障全省防震减灾技术系统主要功能的一致性和全省防震减灾工作的同步发展，2000年6月5日省政府第33次常务会议确定，由省政府和邯郸、邢台、衡水3市政府共同投资，并争取中国地震局的资金支持，按照首都圈工程项目的技术标准，建设3市地震监测、分析会商、快速响应系统。该项目分两步走，今年先把各市的分析会商和快速响应技术系统建起来。这项工作是今年我们继首都圈工程建设后的又一重点工程，必须高质量完成。2000年和2001年，从省到市我们集中精力抓了首都圈工程项目的建设，并且按期限、高质量地完成了建设任务，打了一个漂亮仗。今年我们要腾出手来认真抓好南部3市的防震减灾技术系统建设。建设3市的防震减灾技术系统，首要的是加强领导，关键是资金落实。现在省政府500万资金已经到位，正在争取中国地震局的支持，希望邯郸、邢台、衡水3市政府把这项工作作为一项硬任务，不讲条件，不讲价钱，落实配套资金，出色地完成任务。省地震局和3市政府要

加强对项目建设的领导，精心组织，像抓首都圈工程项目建设一样打一场硬仗，打一场胜仗，确保把南部3市的防震减灾技术系统建设好，为全省防震减灾三大体系建设作出贡献。

监测预报是防震减灾的基础性工作，也是难度最大的工作。“十五”期间我省要继续加快地震台站改造，搞好观测环境的保护工作。希望省地震局要从今年开始，切实加快台站改造步伐。全省地震系统要大力加强地震预报工作，密切监视震情发展，以严谨的科学态度和高度的政治责任感，大胆进行地震的短临预报实践。石家庄等8市的地震部门要充分利用新建成的首都圈工程项目中数字化新技术在地震预报中的优势，力争在破坏性地震到来之前作出一定程度的短临预报。

起源于我省邢台的地震群测群防是防震减灾工作的重要组成部分，是建立以专家为主、专群结合地震监测预报体系的重要内容。为了进一步加强我省的群测群防工作，去年省政府投入100万元，为重新调整后的群测群防点装备必要的观测仪器。请省地震局抓紧安排，切实用好这部分资金。各市、县政府要在原来工作的基础上，进一步建立健全科学、合理的群测群防体系，充分发挥群测群防在地震短临预报和灾情速报中的作用，并努力在政策上、经费上予以支持，全面提高我省群测群防的能力和水平。

三、加强依法行政，切实做好震灾预防工作

地震造成的人员伤亡和经济损失，主要是由建筑物、构筑物倒塌及引发的次生灾害形成的。因此，切实增强建设工程的抗震设防能力对于震灾预防至关重要。为了将抗震设防纳入法制化轨道，我省在1995年12月就颁布了《河北省地震安全性评价管理条例》，2001年10月省政府第48次常务会议通过了《河北省地震安全性评价管理实施办法》，并以省政府令的形式发布施行。2001年11月15日国务院颁布了《地震安全性评价管理条例》。目前，从国家到我省，关于地震安全性评价的法律、法规、规章已基本健全，现在的关键是如何贯彻、执行的问题。前几年，我省在依法管理建设工程抗震设防要求方面作了许多工作，取得了一定成效。但有法不依、执法不严的现象依然存在。根据《防震减灾法》的规定，我省各级地震行政主管部门和有关部门，要按照职责分工、密切配合，依法加强对建设工程抗震设防要求的监督检查。要认真查处建设工程中的违法违规行为，确保各项建设工程特别是重大工程、易发生严重次生灾害工程按照抗震设防要求进行设计和施工，防止出现“豆腐渣”工程。

在新城镇建设过程中要充分考虑抗震设防问题，在旧城镇改造过程中要有计划地做好抗震能力较弱建筑物的抗震加固工作。地震重点危险区要对辖区建筑物的抗震性能进行一次全面普查，及时解决建筑物抗震设防中存在的问题。要采取有效措施，加强对农村建房抗震设防的指导，积极引导农民提高建筑物的抗震能力。同时，要积极创造条件，开展省会石家庄市和其他重点城市地震活断层探测工作。

四、进一步完善各级政府应急指挥体系

新建成的我省首都圈工程项目三大技术系统之一是地震应急快速响应系统。该系统包括地震应急指挥技术系统和先进的地震信息传输系统，主要功能是服务于决策指挥。这些技术

系统虽已通过了中国地震局的验收，正准备接受国家验收，但尚未真正经历地震应急指挥的检验。省地震局和石家庄等8市政府要在适当的时机，采取适当的方式，对地震应急快速响应系统甚至于监测预报系统、宣传教育系统进行一次模拟演练，找出并解决存在的问题，提高应急处理水平和机动能力，确保届时应急指挥等系统组织健全、责任明确、措施完善、指挥通畅。但此事要周密部署、慎重安排，以免引起群众不必要的惊慌。

根据国务院关于建立健全地震紧急救援系统的要求，2000年6月省政府已批准组建我省的地震灾害紧急救援队。作出这样的决策基于这样的考虑：地震紧急救援是人命关天的大事。中国是世界上一个多震灾的国家，河北省又是我国一个多震灾的省份，地震灾害紧急救援任务比其他省市更为繁重。目前，国家紧急救援队已正式组建并投入训练，我省的紧急救援队正在制定组建方案。请省地震局商省公安厅等有关部门，尽快提出具体的实施方案。在制定实施方案时要注意以下几点：一是要体现“一队多用、专兼结合、军民结合、平战结合”的原则，规模不要太大，机动性要强；二是该队要装备精良，购置引进必要的生命探测、机械顶升等设备，届时确保能够真正发挥突击作战的作用；三是该队要立足省内，兼顾周边省市。这项工作的具体目标是：年内完成组建并投入训练，明年要达到具备实战的能力。同时，省地震局与省直有关部门要尽快研究制定地震紧急救援物资储备方案。

五、规范信息报送和新闻报道，加强防震减灾的宣传管理

防震减灾宣传是防震减灾工作的重要内容。近几年来，各新闻媒体和有关部门为宣传防震减灾做了大量扎实有效的工作，但我省有一些地方和部门对地震震情信息的报送和新闻报道存在着不规范的现象。最近，国务院办公厅发出了《关于进一步规范地震震情灾情信息报送和新闻报道的通知》（国办函［2002］13号），3月20日，国务院又召开了全国防震减灾宣传工作会议，我省各级政府、有关部门、新闻单位要认真贯彻通知和会议的精神。请省地震局会同省新闻办，针对我省实际提出我省的规范要求，经省政府审定后以省政府办公厅的名义下发执行。今后，各级党委、政府受理省内地震震情信息，一律以地震部门提供的信息为准。未经我省地震灾害评估委员会的评估，各级政府、有关部门或有关人员报送的震灾信息不应包括具体的经济损失数额。

今年是《中华人民共和国防震减灾法》颁布5周年，各市及有关部门要进一步加强对《中华人民共和国防震减灾法》的宣传，按照“积极、慎重、科学、有效”的原则，深入做好防震减灾知识的宣传普及工作。各市要采取形式多样、切实有效的宣传方式，进行经常性、科普式的地震宣传，普及防震减灾知识，增强群众的心理承受能力和辨别地震谣言的能力，提高地震时的自我保护能力。各级政府和新闻单位要加强对震情灾情信息报送及宣传报道的管理，严格执行国家有关规定，避免产生负面影响，努力维护社会稳定。

辽宁省副省长赵新良在全省防震减灾工作会议上的讲话（摘要）

（2002 年 3 月 7 日）

一、要以对党、对人民高度负责的精神，正确认识和把握我省震情形势，加强地震监测预报工作

从全国 2002 年地震趋势会商会精神看，今年我省的地震形势与去年比，有乐观的一面。去年，我省辽南地区被列为全国十个重点危险区之一，而今年，只把渤海海峡地区列为全国六个可能发生中强地震的地区之一。我们一方面为此而高兴。另一方面，也不能掉以轻心。这主要基于两个方面认识，一是我们当前的地震监测预报水平，还没有达到相当精确的程度。二是从防震减灾工作本身来讲，是以预防为主的长期的任务，只有平时做好各项工作，一旦发生地震，我们才能在事前做出较好的预报，做好防震减灾和抗震救灾各项工作。所以，我们工作重点仍然要放在密切注视地震发展趋势上，做到居安思危、未雨绸缪、防患于未然，并力争在地震短临和临震预报上取得新的成绩。过去，我们曾成功预报了海城地震和岫岩地震，人民群众对我们的期望值也随之升高，甚至觉得只要有地震，就应该准确无误地报出来。对此，大家也不要背上包袱，只要我们尽职尽责地努力工作，尽管对某种类型的地震没有做出准确的预报，只能说如何去总结经验教训。我们要求，在当前地震科技条件下，各级领导和地震科技工作者兢兢业业地工作，密切注视震情发展趋势，力争对可能发生的地震，做出较准确的判断。

二、认真贯彻防震减灾工作的指导思想，切实把三大工作体系建设落在实处，靠强有力的工作，保障人民生命财产安全

防震减灾三大工作体系建设是一项长治久安的措施，不是一朝一夕所能完成的，需要在实施防震减灾“十五”计划中来体现。对此，不但各级地震部门要努力，财政、计委、建设部门也要列入计划，作出安排，共同做好这项工作。要认真做好地震应急预案，实践证明，凡是有了一个较完备的地震应急预案的地区和国家，一旦地震来临时，都能够迅速有效地组织抢险救灾，减少次生灾害造成的损失。因此，各有关部门一定要扎扎实实地做好预案工作，确保在发生地震时，组织有力，措施有效。要逐步提高全社会对防震减灾工作的认识和能力。要以国务院公布《地震安全性评价管理条例》为契机，切实加强对抗震设防工作的管理，做好建设工程的地震安全性评价工作。按照国务院发布的《条例》规定，地震部门是地

震安全性评价管理部门，对于重大工程要进行地震安全性评价。按照这一要求，地震部门要主动参与这项工作。要进一步加强地震预报研究，同时开展其它类型地震的研究。例如，最近抚顺连续发生的3级、4级矿震，虽然震级小，由于震源浅，产生的破坏和造成的影响很大，引起抚顺市委、市政府的高度重视，书记、市长多次到省政府向我报告，商讨解决的办法。面对这个问题，经济部门、矿山开采部门、地震部门要共同研究科学的开采方法，以减少人为造成地震的发生。我们要从辽宁的省情出发，认真研究即将面临的本溪、阜新、北票、朝阳等地区的矿震问题。我省要对全国做出这方面贡献，就在于如何应对采煤区沉陷和新的开采方法所造成的矿震，提出相应的措施和对策，以便于各级党委和政府及有关部门做出决策。

三、要依靠科技，结合实施防震减灾“十五”计划，提高应用高新技术和装备水平

做好这项工作，需要各地区和各级地震部门加强与计委和财政部门的衔接，争取重大项目经费得到落实，以切实提高地震监测预报能力、地震应急能力和抗震救灾能力。现在看，地震、风灾、水灾等应急事件是难免发生的。2001年美国发生“9·11”事件后，又出现新的特点，犯罪分子采取各种手段对人类进行各种各样的侵害。这次撞了世贸大楼，以后是否用其它方式进行破坏？例如在矿震地区搞爆破活动，触发更大的矿震，以造成重大的社会影响。所以，我们从当代反恐怖、反暴力事件的角度，更应该加强这方面的研究，以利于有效地减少和减轻各种灾害的侵袭。

总的看，我省地震工作队伍的思想是坚强的，作风是过硬的，在比较艰苦的条件下，默默地作出了奉献。因此，我们也要求各级党委、各级政府支持地震部门的工作，关心大家的生活，在经费保障上给予支持，把国家的钱、省里的钱、市里的钱实行重点倾斜，以给地震部门工作的同志创造一个良好的条件。同时，我们也希望地震部门的全体同志，保持荣誉，发扬不畏艰苦，勇于拼搏，无私奉献的精神，抓住机遇，与时俱进，在新的时期，做出新的贡献。

新疆维吾尔自治区副主席张舟在2002年新疆地震工作会议上的讲话

（2002年3月20日）

近几年来，我区地震工作有了长足的进步，在地震监测预报、地震灾害防御、地震应急和震后救灾与重建等方面取得了突出的成绩，特别是在1997年伽师强震群活动中，地震部门对3次5～6级地震作出了成功的具有减灾实效的短临预报，大大地减轻了人员伤亡和财产损失，为我区各族人民的生命财产安全、经济发展和社会稳定做出了重要贡献，多次受到自治区人民政府和中国地震局的表彰和奖励。

2002年是全面实施“十五”防震减灾事业发展计划的重要一年。我区作为地震灾害的多发省区，面临的地震形势仍十分严峻，防震减灾任务仍非常艰巨，必须引起高度重视。江泽民总书记曾多次指出，要从讲政治的高度和全局的角度作好防震减灾工作，温家宝同志对此也曾多次作过重要指示。大家一定要深刻认识到党中央、国务院对防震减灾工作的重视，进一步增强政治意识、大局意识和责任意识，把防震减灾工作作为一项长期的任务抓紧抓好。

一、做好地震监测预报工作，提高地震预报水平

地震监测预报不仅是防震减灾工作的基础和首要环节，而且在减轻地震灾害损失方面发挥着重要作用，是一项有显著社会效益和经济效益的工作。在当前西部大开发和严峻的地震形势下，地震部门一定要树立震情观念，高度重视和大力加强地震监测预报工作，运用先进的科学技术，加快我区地震监测台网的现代化建设；加强地震科学研究，提高地震预测水平，争取长期预报更加科学，中期预报成功率不断提高，争取实现1～2次具有减灾实效的短临预报。

二、坚持依法行政，进一步推进防震减灾法规建设

各级地震部门要把贯彻落实《中华人民共和国防震减灾法》和《地震安全性评价管理条例》作为长期的工作抓紧抓好。要进一步完善适应社会主义市场经济体制和防震减灾事业发展需要的法律保障与监督机制，将抗震设防要求管理纳入当地基本建设程序，做好地震安全性评价等工作，确保自治区重大建设工程达到抗震设防标准，避免留下隐患。要大力加强执法队伍建设，进一步提高执法水平。各级地震部门要发挥基层优势，有组织地对一些地区和部门进行执法检查，对严重违法的部门或单位，要依法严肃处理，并请新闻部门予以曝光。

三、抓紧落实防震减灾“十五”计划

当前，是全面实施“十五”计划的关键时期，各级地震部门要抓紧落实工作。今年重点推进新疆防震减灾指挥中心建设项目，这个项目的实施完成，不但会大大提高我区的地震监测预报和科学研究能力，而且也将提高政府对地震应急的快速反应能力。同时，要继续贯彻落实江泽民同志关于在城市规划和西部大开发中要注意避开地震危险地段和活动断层的指示，做好“乌鲁木齐市活断层探测和地震危险性评价”项目的立项工作。在落实“十五”计划时，要努力争取国家的支持和经费投入，为全面完成防震减灾“十五”计划奠定基础。

四、加强防震减灾宣传教育，提高防震减灾意识

进一步提高各民族的防震减灾意识，是做好防震减灾各项工作的基础。要在认真总结防震减灾宣传工作经验教训的基础上，制定切实可行的计划，并抓紧组织落实。地震部门要在各级政府和党委宣传部门的领导与支持下，针对部分群众缺乏地震常识，有关领导和部门还不十分了解防震减灾法律法规等现状，按照“服务大局、把握分寸、讲究时机、因地制宜”的原则，深入持久地普及防震减灾科学知识和法律知识。宣传既要着眼于提高各民族的防震减灾意识，又要注意更好地为当地经济建设和社会稳定服务。

同志们！在新的一年里，希望大家统一思想，振奋精神，抓住机遇，开拓进取，努力做好防震减灾工作，向党的十六大，向全区各族人民交一份满意的答卷。

地震与
地震灾害

这一部分包括两方面内容：一是对我国及全球一年来地震活动的综述、我国及世界震害情况简介；二是将一年来我国各地地震活动性及破坏性地震震害的宏观考察加以记载。从中既可纵览地震总体形势，又可了解有关地震事件的基本情况。

2002 年地震活动综述

一、我国地震活动概况

据我国数字地震台网地震速报结果统计，2002 年我国共发生 5 级以上地震 28 次，其中大陆地区 9 次，台湾地区 19 次。台湾地区最大地震为 3 月 31 日台湾以东海中7.5 级；大陆地区发生的 9 次 5 级以上地震中有 2 次深震，分别是 6 月 29 日吉林汪清7.2 级地震和 9 月 15 日黑龙江穆棱5.6 级地震。其余 7 次浅源地震中，最大的地震为 6 月 29 日青海省治多5.9 级和 12 月 14 日甘肃玉门5.9 级地震（表 1）。大陆地区的 7 次 5 级以上浅源地震的空间分布为：青海 3 次、西藏 1 次、四川 1 次、甘肃 1 次、新疆 1 次（图 1）。

表 1　2002 年中国 $M_S \geqslant 5.0$ 地震目录

序号	月	日	时 - 分 - 秒	纬度(N)	经度(E)	地　点	震　级
01	01	09	01 - 00 - 38.2	24.4°	120.8°	台湾苗栗县	5.1
02	02	12	11 - 27 - 24.0	23.9°	121.5°	台湾花莲	5.7
03	03	31	14 - 52 - 49.8	24.4°	122.1°	台湾以东海中	7.5
04	04	04	02 - 06 - 07.0	24.3°	121.9°	台湾苏澳与花莲间	5.4
05	04	28	21 - 23 - 49.0	24.2°	122.8°	台湾以东海中	5.1
06	05	15	11 - 46 - 01.6	24.5°	122.1°	台湾苏澳以东海中	6.5
07	05	29	00 - 45 - 17.0	24.1°	122.2°	台湾花莲以东海中	6.2
08	06	04	22 - 36 - 03.7	30.4°	81.3°	西藏普兰	5.7
09	06	14	04 - 40 - 26.8	24.9°	122.1°	台湾宜兰东北海中	5.4
10	06	29	01 - 19 - 31.4	43.5°	130.6°	吉林汪清	7.2 （h = 540km）
11	06	29	14 - 54 - 36.3	34.1°	94.0°	青海省治多县	5.9
12	07	11	15 - 36 - 19.8	24.0°	122.3°	台湾花莲以东海中	5.9
13	08	08	19 - 42 - 01.8	30.9°	100.0°	四川新龙	5.3
14	08	10	17 - 03 - 16.0	24.3°	121.7°	台湾花莲	5.0
15	08	29	01 - 05 - 29.0	22.1°	121.3°	台湾兰屿地区	5.4
16	08	30	04 - 05 - 51.5	24.8°	121.8°	台湾宜兰	5.0
17	09	01	13 - 56 - 19.5	24.1°	122.3°	台湾以东海中	5.6

续表

序号	月	日	时－分－秒	纬度(N)	经度(E)	地　点	震　级
18	09	01	15－07－32.0	24.0°	122.6°	台湾花莲以东海中	5.5
19	09	06	19－01－59.4	23.8°	120.7°	台湾南投	5.0
20	09	15	09－06－51.4	24.0°	122.4°	台湾以东海中	5.0
21	09	15	16－39－31.1	44.7°	130.3°	黑龙江穆棱	5.6
22	09	16	08－03－27.0	25.0°	122.4°	台湾宜兰以东海中	5.5
23	09	25	06－43－24.0	22.9°	120.9°	台湾台东县	5.0
24	09	28	01－14－37.4	33.4°	93.7°	青海省杂多县	5.2
25	09	30	16－35－11.2	23.5°	120.5°	台湾嘉义	5.1
26	10	27	04－28－48.0	35.2°	96.1°	青海省都兰县	5.4
27	12	14	21－27－27.2	39.8°	97.3°	甘肃省玉门市	5.9
28	12	25	20－57－32.6	39.6°	75.4°	新疆乌恰	5.7

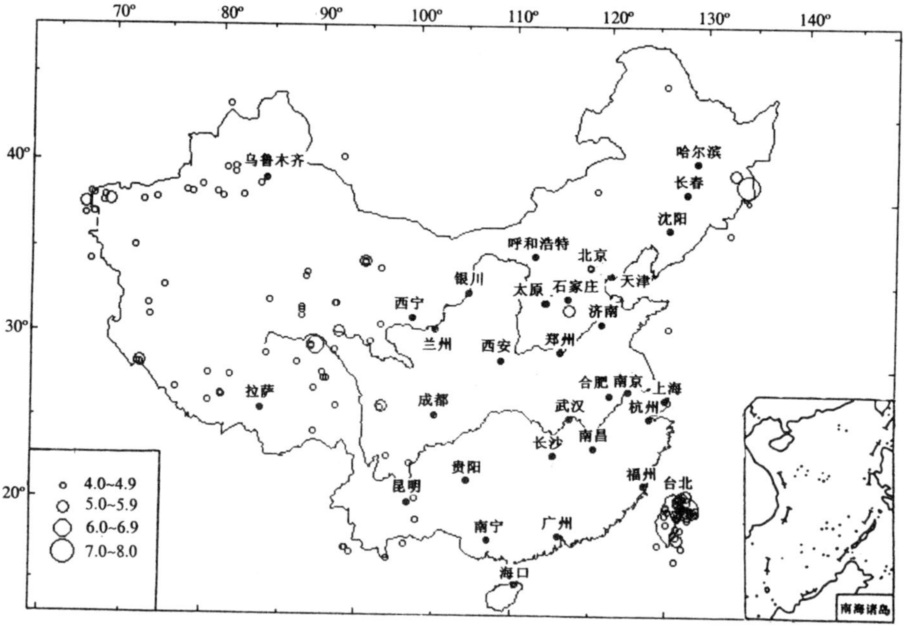

图1　2002年我国 $M_S \geq 4.0$ 地震震中分布图

1. 大陆地区地震活动时、空、强特征

（1）2002年我国陆区仅发生7次5级以上的浅源地震，最大震级仅为5.9级。在地震频度上大大低于20世纪我国陆区每年20次的平均水平，在年度最大地震震级上大大低于20世纪6.8级的平均水平。因此，2002年我国大陆的地震活动无论是中强以上地震的频度，还是地震活动的强度，都远远低于以往的年平均水平。而且，相对于周边地区的强震活跃，这种低活动水平的现象更加显著。

(2) 2002 年中国大陆地区的地震活动明显分为两个阶段：1～5 月中国大陆地区地震平静，未发生 5 级以上地震；6 月 4 日发生的西藏普兰5.7 级地震，结束了中国大陆 2001 年 12 月 8 日至 2002 年 6 月 3 日长达 177 天 5 级以上地震平静状态，此后中国大陆地震开始活动，在 7 个月内接连发生了 9 次 5 级以上地震，其中 7 次为浅源地震。

(3) 2002 年我国陆区 7 次 5 级以上的浅源地震，除在中印边界的西藏普兰5.7 级和中国—塔吉克斯坦边界的新疆乌恰5.7 级地震外，其余 5 次地震，有 4 次都集中在青藏构造块体内第二弧形带上的川青藏交界地区，呈现为明显的空间集中图像。

(4) 川滇地区是我国地震频发地区，2001 年共发生 5 级以上地震 11 次，其中有两次 6 级地震，并且 9 次地震发生在云南地区。但在 2002 年仅发生 1 次四川新龙5.3 级地震，云南无 5 级以上地震。川滇地区 5 级地震出现异常平静。

(5) 1998 年以来新疆地区地震进入低活动水平状态，已连续 4 年 4 个月没有发生 6 级地震，21 个月没有 5 级地震，地震活动达到历史最低水平。2002 年 11 月 21 日在距边境 200 多公里的克什米尔发生6.5 级地震。2002 年 12 月 25 日新疆乌恰发生5.7 级地震，结束了新疆 5 级地震的平静状态，新疆地区地震活动开始趋向活跃。

(6) 2002 年以来，华北地区先后发生 4 月 22 日河北隆尧4.8 级、7 月 23 日南黄海4.9 级和 9 月 3 日山西寿阳4.7 级显著中等地震。还出现河北唐山、沙城，辽宁海城，山西大同，安徽霍山，河南原阳等一系列 4 级多地震和震群活动。华北地区在 5 级以上地震异常平静的基础上，呈现出中等地震活跃的态势。

2. 2002 年地震趋势预测概况

2002 年的地震活动实际情况显示，虽然 6 月 29 日在吉林汪清发生7.2 级深震，但中国大陆地区没有发生 6 级以上浅源地震，对 2002 年度地震趋势的预测明显偏高。

从各分区预测情况看，对青藏构造块体各分区的地震活动水平估计明显偏高。造成这种现象的主要原因是对 2001 年8.1 级地震后的地震趋势的预测与实际情况有较大的差距，2002 年青藏构造块体的地震活动水平远远低于预测水平，出现了显著的平静。新疆地区 12 月 25 日发生乌恰5.7 级地震，与预测水平相符。华北地区虽然没有发生 5 级以上地震，但是发生了 3 次4.5 级以上地震，分别是：4 月 22 日河北隆尧4.8 级、7 月 23 日黄海4.7 级和 9 月 3 日山西寿阳4.7 级地震，与 2001 年相比中等地震活动明显增强。

2002 年地震趋势会商会共确定 8 个地震重点危险区，实际在 2002 年我国大陆共发生 5 级以上浅源地震 7 次，其中在前兆台网有一定监测能力地区共有 4 次地震，分别是 8 月 8 日新龙5.3 级地震、10 月 27 日都兰5.4 级地震、12 月 14 日玉门5.9 级地震和 12 月 25 日乌恰5.7 级地震。都兰5.4 级地震落在预测的地震重点危险区内，三要素中两要素正确，震级预测偏高；乌恰5.7 级地震同样也落在预测的地震重点危险区内，三要素全部正确。其余 6 个地震重点危险区没有发生 5 级以上地震。

二、全球地震活动概况

据我国数字地震台网地震速报结果统计，2002 年全球共发生 7 级以上地震 16 次，最大地震为 11 月 2 日印尼苏门答腊7.8 级和 11 月 4 日美国阿拉斯加的7.8 级地震（图 2）。2002

年全球地震活动仍维持前几年的活动格局，与2001年相比地震频次和能量释放都明显下降。2002年全球7级以上地震活动有以下特点：

（1）2002年7级以上地震主要集中在亚欧地震带的东部及环太平洋地震带西南部，与我国大陆相邻的地震带较活跃。

（2）2002年全球共发生7级以上地震16次，低于1900年以来的平均水平（18次/年），明显低于前几年的水平。2001年全球共发生7级以上地震22次，2000年21次，1999年22次，1998年17次。但是，2002年全球有7次7.5级以上地震，占2002年全球7级以上地震的44%，这种现象在近几十年中是非常少见的。

（3）虽然2002年全球发生了7次7.5级以上地震，而且其中有2次7.8级地震，但2002年全球地震能量释放低于1900年以来的年平均水平，与2001年相比则明显下降。

（4）2002年与我国大陆地震活动有紧密联系的四个边界动力构造结点中的帕米尔震区、台湾震区和东北深震区在短时间（4个月内）内出现显著的7级强震同步活动现象，分别是3月3日阿富汗7.1级地震，3月26日琉球群岛西南7.0级，3月31日台湾以东海中的7.5级地震，6月29日吉林汪清7.2级深震。

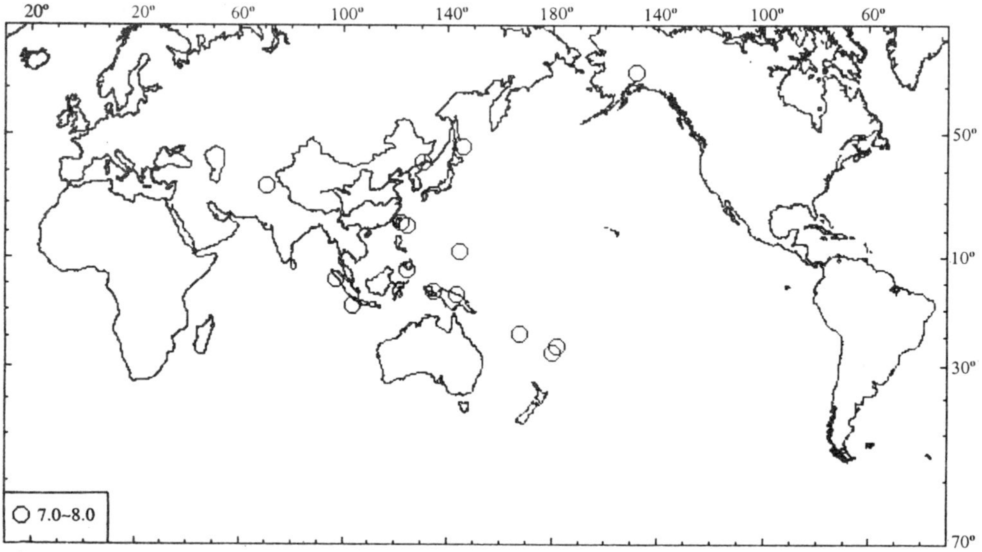

图2　2002年全球$M_S \geqslant 7.0$地震震中分布图

（中国地震局分析预报中心　刘　杰　李　纲　余素荣　肖武军）

2002 年世界地震活动和地震灾害综述

一、全球地震活动概况

2002 年全球共发生 6 级以上地震 146 次，比最近 10 年（1990～2000 年）期间的年平均数 153 次偏低，比近 100 年（1900～1999 年）来的年平均数 126 次偏高。其中 7 级以上地震 14 次，比最近 10 年（1990～2000 年）期间的年平均数 18 次偏低，与近百年（1900～1999 年）来的年平均数 14 次相同；8 级以上地震 1 次，与往年的年均 1 次相同。基于以上的统计和比较，2002 年全球地震活动水平属于中等偏低（图 1，表 1）。

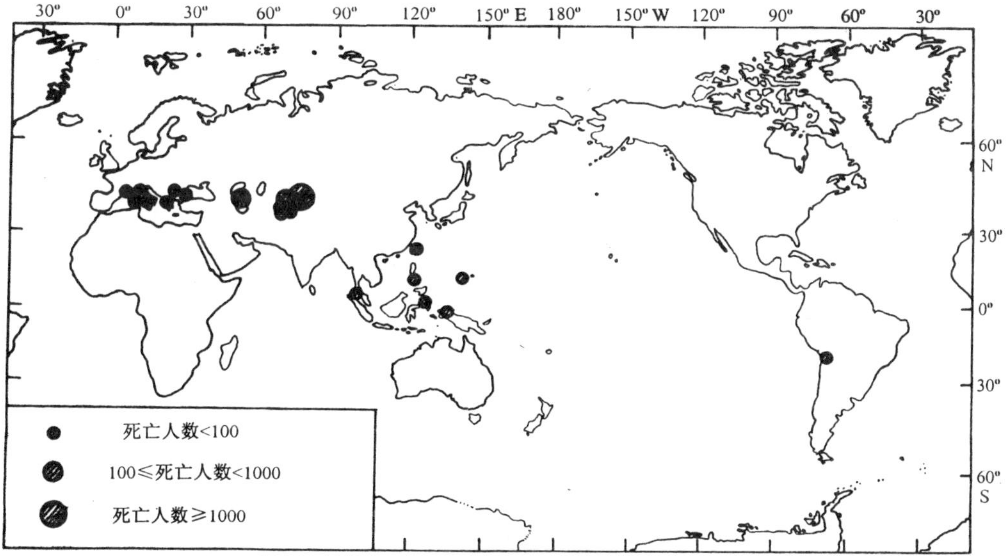

图 1　全世界灾害地震分布图

表 1　2002 年全世界灾害地震统计表

月	日	发震时刻	纬度(°)	经度(°)	深度/km	震级	地　　名
1	9	06－46－05	39.3N	69.7E	浅源	5.0	塔吉克斯坦
		4 人死亡,54 人受伤,580 人无家可归,上百栋住房倒塌或严重破坏,经济损失约为 0.1 亿～0.5 亿美元					
1	27	16－05－04.0	34.2N	25.0E	浅源	5.8	希腊克里特岛
		1 人死亡,2 人受伤,住房有严重破坏,经济损失小于 100 万美元					

续表

月	日	发震时刻	纬度(°)	经度(°)	深度/km	震级	地　　名
2	3	07-10	38.10N	31.1E	浅源	6.0	土耳其
		至少45人死亡,150多人受伤,倒塌房屋、建筑77栋,经济损失约为1亿~2亿美元					
3	3	20-08-01	36.4N	70.4E	33	7.2	阿富汗
		至少150人死亡,200人受伤,大规模山体滑坡埋没两个村庄、100多座民房,阻塞河道,湮没400户人家					
3	6	05-16-09.6	6.1N	124.1E	浅源	7.6	菲律宾棉兰老岛
		11人死亡,14人轻伤,沿海地区造成不同程度破坏,经济损失少于100万美元					
3	25	14-56	36.0N	69.2E	70	6.0	阿富汗
		约800人死亡,至少2000人受伤,无家可归者3万人,至少4000栋房屋遭到破坏,是3月3日地震的强余震					
3	31	14-53	24.4N	122.1E	9	7.5	台湾花莲
		5人死亡,272人受伤,经济损失小于100万美元					
4	12	04-00	36.3N	69.6E	浅源	5.6	阿富汗
		至少50人死亡,150多人受伤,出现新的破坏,是3月3日地震的第二次强余震,三次地震的经济损失约为0.5亿~1亿美元					
4	19	00-08	27.3S	70.2W		6.9	智利
		1人死亡,1人受伤,有轻度破坏,经济损失小于100万美元					
4	25	17-40	42.3N	45.0E	浅源	6.0	格鲁吉亚
		3人死亡,数十人受伤,经济损失小于100万美元					
4	26	16-06-13.4	13.1N	144.6E	浅源	7.1	关岛
		7人受伤,十多套住房受损,经济损失小于100万美元					
6	22	02-58-21	35.4N	48.7E	33	6.3	伊朗
		死亡223人,伤1200人,倒塌和破坏房屋15900栋,经济损失约为0.5亿~1亿美元					
8	8	19-42-00	30.9N	100.0E	浅源	5.3	中国四川省新龙
		伤9人,经济损失为379万美元					
9	6	01-20	38.4N	13.5E	浅源	5.6	意大利
		2人死亡,22人受伤,几十栋建筑轻度受损,经济损失约为0.1亿~0.5亿美元					
9	9	02-44	3.2S	142.9E	浅源	7.5	巴布亚新几内亚
		5人死亡,20人受伤,小规模海啸,轻破坏,经济损失约为0.1亿~0.5亿美元					
10	10	10-50	1.7S	134.2E	10	7.1	印度尼西亚
		至少32人死亡,170多人受伤,地震引发洪水,毁房100多栋,经济损失约为0.1亿~0.5亿美元					

续表

月	日	发震时刻	纬度(°)	经度(°)	深度/km	震级	地　名
10	31	10－33－04.0	41.7N	14.9E	10	5.9	意大利
11	1	15－09	41.7N	14.9E	浅源	5.3	意大利
		这两次地震共造成29人死亡,超过50人受伤。3000多人无家可归,死者有27人为儿童,上百栋屋宇严重破坏,包括一栋古建筑,经济损失约为0.5亿～1亿美元					
11	2	01－26	2.6N	96.0E	33	7.5	印度尼西亚
		3人死亡,51人受伤,部分房屋倒塌,经济损失小于100万美元					
11	20	21－32－31	35.53N	74.53E	33	5.8	巴基斯坦
		约31人死亡,上千人受伤,近万人受灾,很多民房被毁,经济损失小于100万美元					

注：以上资料据美联社、路透社、法新社等有关方面报道。

二、地震灾情概况

(1) 2002年发生灾害地震20次，其中死亡人数超过10人的灾害地震有9次。伤亡总人数约6777，其中死亡约1395人，伤约5382人，直接经济损失约为7亿～10亿美元。死亡人数超过100人的灾害地震有3次，其中2次发生在阿富汗：一次是3月3日发生在巴达赫尚省的7.2级地震，造成至少150人死亡，200人受伤；另一次3月25日发生在巴格兰省纳赫林地区的6.0级地震，造成约800人死亡，至少2000人受伤，3万人无家可归。还有一次死亡超过百人的灾害地震是6月22日发生在伊朗加兹温省和哈马丹省交界地区的6.3级地震，造成223人死亡，1200人受伤，经济损失约为0.5亿～1亿美元。3次较重的灾害地震共死亡1173人，占全年灾害地震总死亡人数的84.1％。3次较重灾害地震的受伤人数为3400人，占全年灾害地震受伤总人数的63.2％。全世界灾害地震的情况见表1，全世界灾害地震分布见图1。

(2) 与最近10年来的情况比较，1990～2000年11年间全世界年平均地震死亡人数为9140人，年平均地震受伤人数为20530人，年平均经济损失为189亿美元。2002年的灾害地震死亡人数和灾害地震受伤人数及经济损失均要比1900～2000年11年间的情况小得多。

(3) 2002年20次灾害地震有12次发生在上半年，其中死亡百人以上的3次灾害地震均发生在上半年，2002年1～6月间因地震死亡1293人，伤4060人，经济损失约4.57亿美元。死伤人数分别占2002年全年死亡和受伤人数的92.7％和75.4％。

在1900～2001年百年期间，类似上半年灾情较重，下半年灾情较轻的年份有：1915年，1929年，1935年，1960年，1970年和2001年。

(4) 最严重的灾害地震发生在阿富汗。2002年3～4月在阿富汗巴格兰省地区连续3次发生强烈地震。分别是3月3日7.2级、3月25日6.0级、4月12日5.6级地震。共造成1000人死亡，2350人受伤，3万人无家可归。倒塌房屋数千栋，滑坡淹没村庄，阻塞河道，经济损失达0.5亿～1亿美元。

(5) 意大利中强地震活跃，灾情较为严重。意大利南部先后于2002年9月6日、10月

31 日和 11 月 1 日连续发生5.6 级、5.9 级和5.3 级地震。5.6 级在西西里岛西北部近海。西西里岛（区）首府巴勒莫地区受灾较大些。5.9 级和5.3 级两次间隔不到 29 小时，震中在莫利塞区，属于原地重复活动。灾情比较严重，死亡者多为儿童，经济损失上亿美元。

（6）另一次较严重的灾害地震发生在伊朗。2002 年 6 月 22 日，在伊朗加兹温省和哈马单省交界地区发生6.3 级地震，造成 223 人死亡，1200 多人受伤，倒塌和破坏房屋 15900 栋。地震毁坏了上百个山村，2.5 万人无家可归，经济损失约0.5 亿～1 亿美元。

总之，2002 年严重灾害地震集中在西亚地区，这一地区处于阿尔卑斯—喜马拉雅地震带上，或称作特提斯碰撞构造带，包括非洲、阿拉伯和印度板块与欧亚板块之间的叠加碰撞。加上这个地区人口密度大，房屋建筑比较古旧，抗震性能差，因此地震中死亡人数比较多。

（中国地震局地球物理研究所　李卫平　赵荣国）

2002 年中国大陆地震灾害损失述评

1. 2002 年中国大陆地震灾害情况

2002 年中国大陆地区发生的 9 次 $M_S \geqslant 5.0$ 地震和多次中等有感地震中，其中有 5 次地震造成不同程度的地震灾害（表 1～2）。根据有关省、自治区地震局的地震灾害评估报告统计结果，2002 年地震灾害共造成中国大陆地区约 17 万人受灾，受灾面积约 5316km^2；死亡 2 人、重伤 3 人、轻伤 357 人；造成房屋毁坏 4010m^2，严重破坏 30089m^2，中等破坏 365685m^2，轻微破坏 917751m^2；地震灾害直接经济损失1.48 亿元。

表 1　2002 年中国大陆地震灾害损失一览表

成灾事件序号	时间		地点	震级 M_S	伤亡人数			房屋破坏/m^2				直接经济损失/万元
	月 日	时 分			死亡	重伤	轻伤	毁坏	严重	中等	轻微	
01	08－08	19:42	四川新龙	5.3	0	3	6	4010	27175	120836	278542	3034
02	09－05	12:18	浙江泰顺－文成	4.0①	0	0	0	0	0	87703	204454	873.62
03	10－20	23:46	内蒙古西乌珠穆沁旗	5.0②	0	0	0	0	2806	15640	104730	800.76
04	12－14	21:27	甘肃玉门	5.9	2	0	350	0	108	26965	103653	7020.17
05	12－25	20:57	新疆乌恰	5.7	0	0	1	0	0	114541	226372	3045.85
总计					2	3	357	4010	30089	365685	917751	14774.4

注：①此处震级为速报 M_L 震级结果；

②此处震级摘自内蒙古自治区地震局提交的灾害损失评估报告。

8 月 8 日发生的四川新龙5.3 级地震震级不大，但震源深度很浅，对地面建筑物的破坏比较严重，许多民房受到较为严重的破坏。

12 月 14 日发生的甘肃玉门5.9 级地震是 2002 年中国大陆几次成灾地震造成经济损失相对最多的一次地震。该地震是由活动断裂引发的，震区居民点多处于戈壁砾石层或覆盖较薄的基岩上，地基条件较好，且震区为甘肃省重点工业区，经济较发达，工业和民用建（构）筑物质量较好，极震区居民点少，所以灾害程度较轻，破坏类型以开裂为主。

12 月 25 日的新疆乌恰5.7 级地震发生在新疆地质构造最为复杂、地震活动最为强烈的地区。此次地震产生的垂直震动强烈，且影响范围较大。震区各类建筑物曾遭受多次历史地震破坏，虽然这次5.7 级地震未造成严重破坏和倒塌，但由于多次地震的累积破坏作用，使得 600 多户民房和 7000 多平方米公共设施成为危房，尤其是学校、医院、办公等公共设施不能继续使用，需要维修或重建。乌恰县城集中供暖设施及管线遭受破坏，造成37000多平方米办公及住宅楼停暖数日，严重影响了当地的正常工作和生活。

表2　2002年中国大陆地震灾区范围统计

成灾事件序号	时间		地点	震级 M_S	极震区烈度	震源深度/km	灾区范围					备注②
	月 日	时 分					乡镇/个	人口/人	各烈度区面积/km²			
									Ⅵ	Ⅶ	Ⅷ	
01	08－08	19:42	四川新龙	5.3	Ⅶ	5	3县13个乡镇	30524	700	200		青藏高原东南缘
02	09－05	12:18	浙江泰顺－文成	4.0①	Ⅵ		2县7个乡镇	12999	70	0		
03	10－20	23:46	内蒙古西乌珠穆沁旗	5.0③	Ⅵ	15	1旗5个乡镇	27000	310	0		内蒙古高原中部
04	12－14	21:27	甘肃玉门	5.9	Ⅶ	15	2县6个乡镇	65500	2890	410		河西走廊西端、祁连山北麓
05	12－25	20:57	新疆乌恰	5.7	Ⅵ	20	2县5个乡镇	33889	736	0		塔里木盆地西北缘的天山与昆仑山接合部位
合　计								169912	4706	610		

注：①此处震级为速报 M_L 震级结果；

②备注中的内容主要是指震中区地形等情况；

③此处震级摘自内蒙古自治区地震局提交的灾害损失评估报告。

2. 1990～2002年主要震害数据

表3列出了1990～2002年间主要震害统计数据，图1给出1990～2002年地震震害的3个主要统计数据的柱状图。从主要震害统计结果可以看到，1990～2002年共造成143.24亿元的经济损失，平均每年11.02亿元，1996年地震造成的灾害是1990年以来最严重的，其经济损失、人员伤亡都是1990年以来的最高值，而2002年则是比较低的。同时对比1980～1989年和1990～2002年两个时间段的地震灾害损失数据，可以看出1990～2002年间的经济损失大约是1980～1989年间的3倍，人员伤亡则大约是5倍。

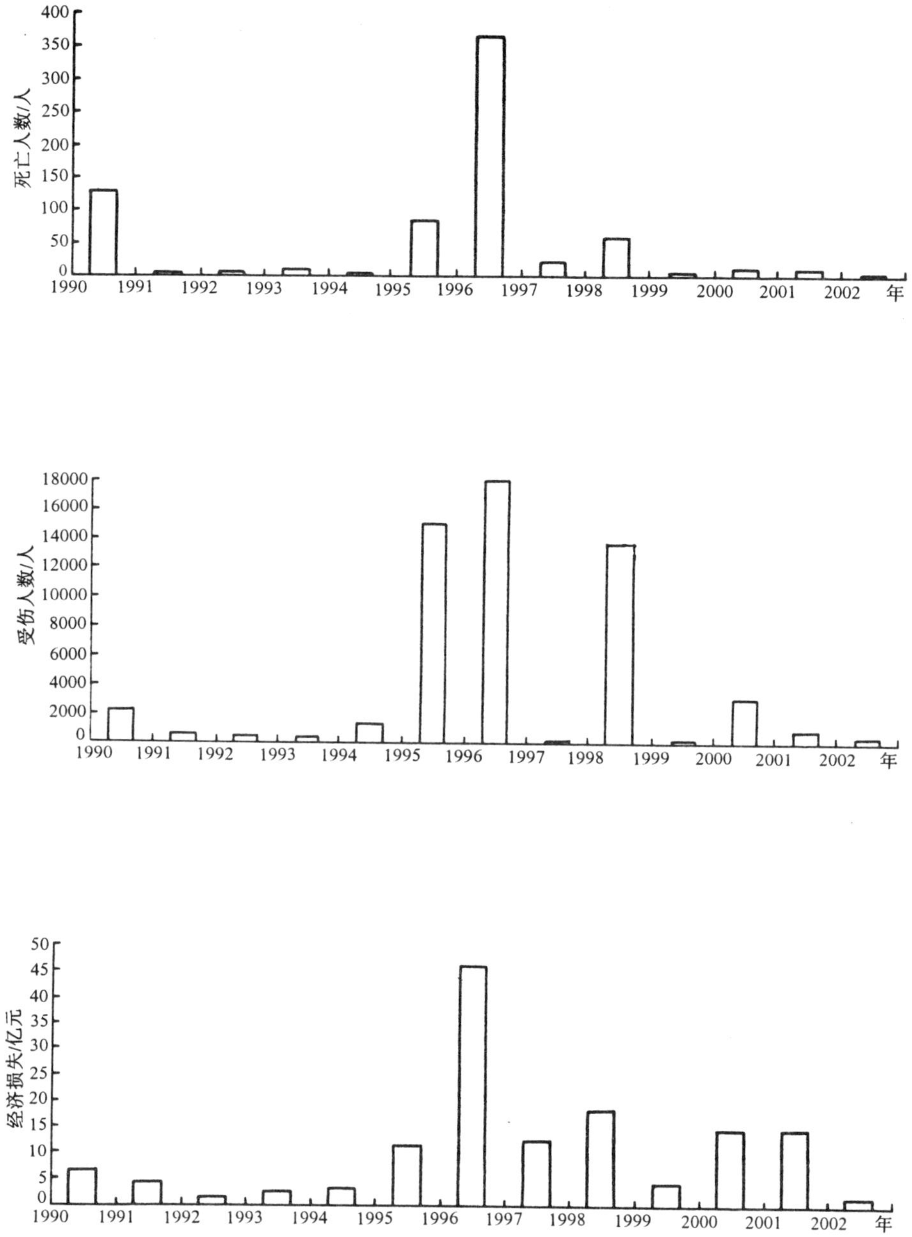

图 1　1990～2002 年地震震害的主要统计数据柱状图

表 3　1990～2002 年主要震害统计数据

年　　度	死亡人数	受伤人数	直接经济损失/亿元
1990	127	2187	6.74
1991	3	554	4.42
1992	5	480	1.60

续表

年　度	死亡人数	受伤人数	直接经济损失/亿元
1993	9	381	2.84
1994	4	1378	3.29
1995	85	15024	11.64
1996	365	17956	46.03
1997	21	150	12.52
1998	59	13631	18.42
1999	3	137	4.74
2000	10	2977	14.68
2001	9	741	14.84
2002	2	360	1.48
1990 ~ 2002	702	55956	143.24
1980 ~ 1989	1112	12402	49.81

（中国地震局地震灾害紧急救援工作协调办公室　侯建盛　苗崇刚　李成日）

各地区地震活动

首都圈地区

据北京地震台网测定结果统计，2002年首都圈地区共发生1级以上地震798次，2级以上地震162次，3级以上地震15次，4级以上地震3次，最大地震为5月19日发生在唐山老震区丰南的4.7级地震。

地震活动特征如下：

（1）2002年1级小震活动水平相对前几年的低水平有明显的回升，超过历年的平均水平，但2～3级地震活动除京津地区外仍处于低水平，尤其是3级地震活动水平有明显的回落。

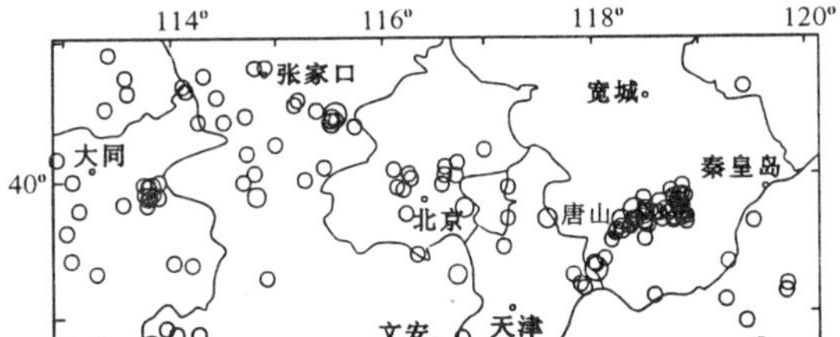

2002年首都圈地区2级以上地震震中分布图

（2）首都圈地区2级以上地震的空间分布主要集中在北西带的集宁至香河、山西带、唐山和渤海地区，相对于2001年北西带成带性较好，山西带活动分散，但相对活跃。3级地震集中分布在北西带。

（中国地震局分析预报中心
王慧敏　吕梅梅）

北　京　市

据北京遥测地震台网测定，2002年北京市行政区内共发生地震99次，其中M_L0.0～0.9地震31次，M_L1.0～1.9地震53次，M_L2.0～2.9地震14次，M_L3.0～3.9地震1次，最大地震为2月9日通州区M_L3.1地震。

地震活动特征如下：

（1）地震频度与历年平均水平基本相当。2002年北京地区1级以上地震共68次，与1990年以来北京地区的年平均67次左右的水平基本相当；2级以上地震共15次，略超过1990年来平均每年14次的活动水平。

（2）地震强度偏低。北京地区2002年只发生1次3级以上地震，呈现出低于北京地区平均每年2次3级以上地震的水平。

（3）地震活动的时间集中性。1～4月份发生2级以上地震12次，占全年2级以上地震的80%，即在全年33%的时间内发生了80%的2级以上地震。

（4）地震活动的空间集中性。北京地区发生的小地震主要集中于北京的中部地区，特别是海淀、顺义、通州、丰台等地区。

（5）地震活动的条带性。2级以上地震表现出一定的条带特征，即地震主要沿丰台—海淀—顺义—平谷的北东向分布。

综上所述，2002年北京行政区内地震活动与90年代以来的平均水平基本相当，

3级以上有感地震活动水平较弱，2级以上地震活动具有一定的时间、空间集中性等特点。

另外，值得一提的是2002年8月3日在北京附近的河北沙城发生的 M_L 4.4地震，该地震是自1996年顺义 M_L 4.5地震后北京及邻近地区最显著的地震事件。

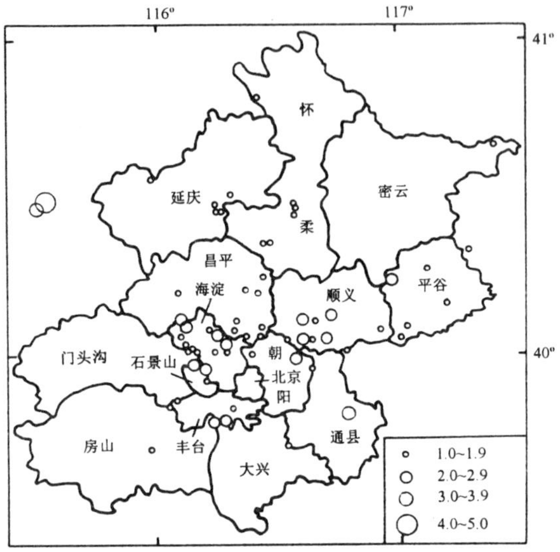

2002年北京市 $M_L \geqslant 1.0$ 地震震中分布图

（北京市地震局　兰丛欣）

天津及邻近地区

天津及邻近地区（38°30′～40°18′N，116°36′～118°06′E）2002年共计发生91次 $M_L \geqslant 1.0$ 地震，其中1.0～1.9级地震72次，2.0～2.9级地震16次，3.0～3.9级地震2次，4.0～4.9级地震1次，发生在天津市行政区范围内的地震为46次，最大地震为5月19日发生在宁河与丰南交界（39°22′N，117°59′E）的 M_L 4.7地震。

地震活动特征如下：

（1）天津及邻区2002年 $M_L \geqslant 1.0$ 地震主要分布在东部的宁河、汉沽至丰南一带，北部的蓟县、宝坻、三河、平谷一带，西南部的武清、静海一带。

（2）从时间序列分布来看，上半年的地震活动频次高于下半年，月频次为7.6次。按季度统计，第一季度30次，第二季度23次，第三季度20次，第四季度18次。

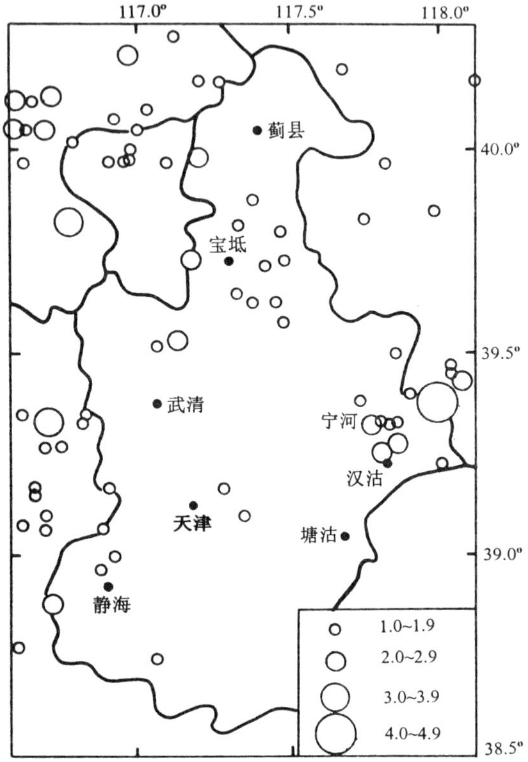

2002年天津及邻区 $M_L \geqslant 1.0$ 地震震中分布图

（3）天津及邻区2002年 $M_L \geqslant 1.0$ 地震的 b 值为0.61，与2001年的结果（b = 0.63）相近。

（4）2002年5月19日发生在宁河与丰南交界的 M_L 4.7地震，震中位于唐山地震余震区的西南端，是天津市范围内近10年来发生的震级最强的一次地震，也是首都圈地区2002年发生的最大地震。

（天津市地震局　王俊国）

河 北 省

据河北省数字遥测地震台网测定，2002年河北省及京津地区共发生地震1100次，M_L 1.0以下地震275次，M_L 1.0～1.9地震633次，M_L 2.0～2.9地震169次，M_L 3.0～3.9地震19次，M_L 4.0～4.9地震3次，M_L 5.0～5.9地震1次，最大地震为4月22日邢台隆尧的M_L 5.0地震。5月19日发生在唐山的M_L 4.7地震和8月3日发生在沙城的M_L 4.4地震，均为当年显著性地震。12月25日邢台宁晋发生了一次90多次地震的震群活动，主震震级为M_L 4.2地震。

地震活动特征如下：

(1) 2002年的地震频度有所回升，小震频度达到1100次，明显高于2001年，接近历史平均水平。

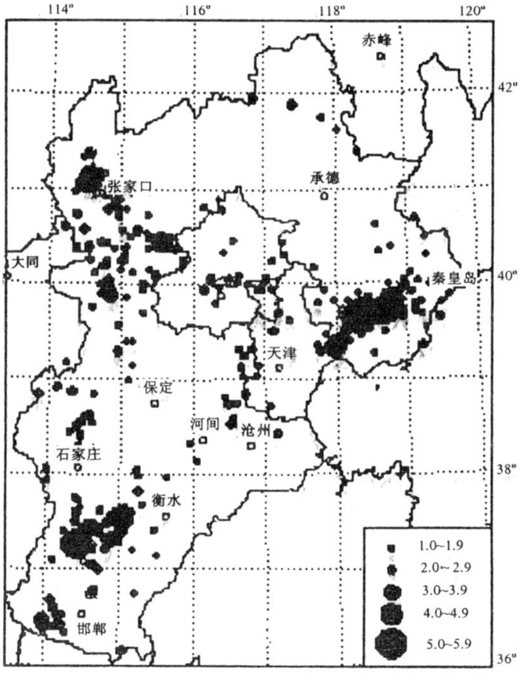

2002年河北省及京津地区地震震中分布图

(2) 小震活动仍集中分布在唐山、邢台、张家口3个地区地震活跃部位。

(3) 地震活动与2001年相比，河北南部无论是地震频度还是地震能量都比较高，活动范围都比较大，而且发生了河北省2002年最大的地震。

(4) 河北平原地震带中部小震较少，与2001年相比成带性不明显。

河北省及京津地区1991年以来年度地震活动统计表

年度	总数	M_L1	M_L2	M_L3	M_L4	M_L5
1991	3788	3334	405	30	10	2
1992	1863	1606	231	15	3	0
1993	1388	1096	231	15	3	0
1994	1178	957	204	17	0	0
1995	1382	1110	246	25	0	1
1996	1158	885	243	29	1	0
1997	963	780	173	10	2	0
1998	1708	1191	363	122	29	3
1999	677	445	179	31	4	1
2000	851	627	184	37	3	0
2001	673	383	120	20	4	0
2002	1100	908	169	19	3	1

（河北省地震局　刘继录）

山 西 省

据山西省地震台网测定，2002年山西省共发生$M_L \geq 1.0$地震450次，其中$M_L \geq 2.0$地震152次，$M_L \geq 3.0$地震9次，$M_L \geq 4.0$地震2次，$M_L \geq 5.0$地震1次，最大地震为9月3日太原的5.0级地震。

地震活动特点如下：

(1) 地震活动强度上升，太原市的 M_L 5.0地震是全省 2002 年发生的最大地震，也是 1957 年以来太原地区发生的最大地震。

(2) 时间上集中，空间上有序。3 级以上地震除 2 月份发生 1 次外，其余都集中发生在 7～10 月份；$M_L \geq 2.0$ 地震主要分布在各断陷盆地内，并且沿山西带形成明显的条带分布。

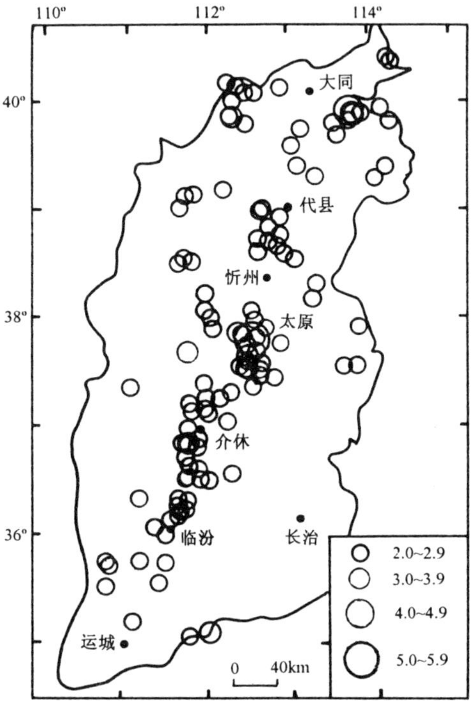

2002 年山西省 $M_L \geq 2.0$ 地震震中分布图

(3) 太原盆地的地震活动明显增强，太原盆地和临汾盆地地震活动相对密集。$M_L \geq 3.0$ 地震分布在太原盆地 3 次，大同盆地 3 次，临汾盆地 2 次，运城盆地 1 次。大同盆地和临汾盆地地震活动仍保持 2001 年活动水平，忻定盆地 3 级地震平静。

(山西省地震局　啜永清)

内蒙古自治区

据内蒙古自治区地震台网测定，2002 年内蒙古自治区共发生 $M_S \geq 1.0$ 地震 239 次。其中，1.0～1.9 级地震 162 次，2.0～2.9 级地震 61 次，3.0～3.9 级地震 13 次，4.0～4.9 级地震 2 次，5.0 级以上地震 1 次，最大地震为 10 月 20 日西乌珠穆沁旗 M_S 5.0 地震。

地震活动特征如下：

(1) 2002 年内蒙古自治区境内的中小地震频度继续处于 20 世纪 90 年代以来的最低活动水平。地震活动主要集中在阴山地震带西端的乌海—临河；阴山地震带中东端的包头—呼和浩特以及大兴安岭中部，中小地震活动总体格局未出现大的变化。中小地震活动丛集与条带特征明显，乌海—临河—包头—呼和浩特、苏尼特左旗—西乌珠穆沁旗以及大兴安岭中部南缘小震活动明显丛集，条带特征也较显著。其中，内蒙古西部的中小地震在临河—吉兰泰盆地丛集并形成条带交汇。

2002 年内，包头—呼和浩特小震空区打破，8 月 2 日和林格尔 M_L 3.0 地震打破了该区连续 35 个月的异常平静，10 月 21 日和林格尔再次发生 M_L 3.0 地震。

(2) 2002 年内蒙古自治区突出的中等地震事件为 6 月 8 日鄂托克前旗的 M_S 4.0 地震，8 月 29 日乌海 M_S 3.6 地震，8 月 30 日阿荣旗 M_S 3.7 地震和 10 月 20 日西乌珠穆沁旗 M_S 5.0 地震。西乌珠穆沁旗 M_S 5.0 地震也是华北北部地区继 2002 年 4 月 22 日邢台老震区 M_S 5.0 地震后又一次 M_S 5.0 地震，显示了华北地区中强地震活动的进一步增强。

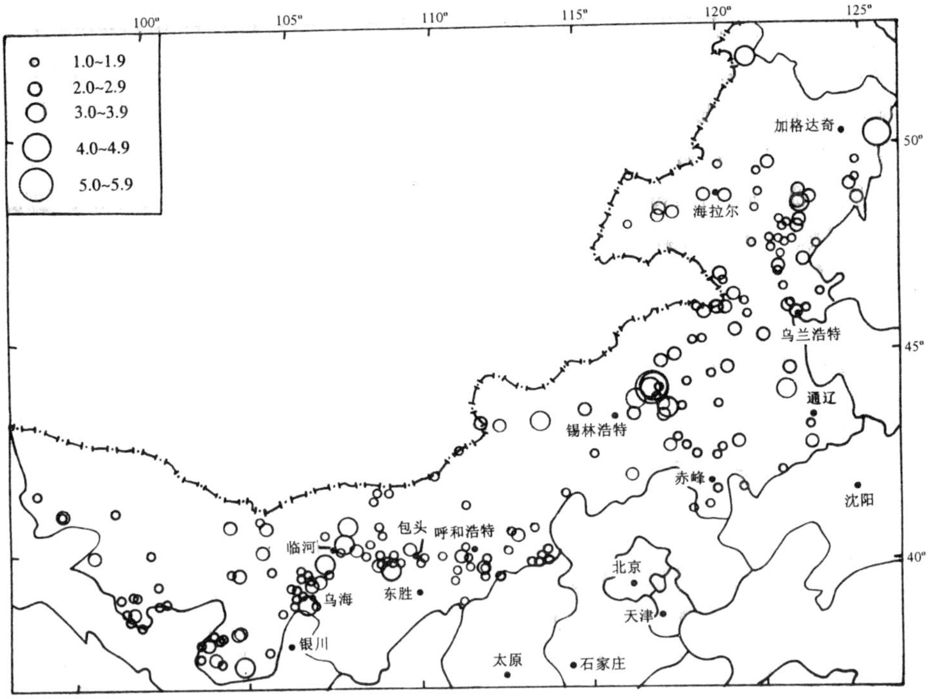

内蒙古自治区 2002 年 1～12 月 $M_S \geqslant 1.0$ 地震震中分布图

（内蒙古自治区地震局　弓建平　曹井泉）

辽宁省及其邻近地区

据辽宁省地震目录数据库统计，2002 年在辽宁及其邻近地区（38°～43.5°N，119°～126°E）发生 $M_L \geqslant 2.0$ 地震 215 次，其中 $M_L \geqslant 3.0$ 地震 24 次，$M_L \geqslant 4.0$ 地震 3 次。本年度辽宁境内 2 次最大地震均发生在海城老震区，分别是 4 月 30 日 3.9 级（40.70°N，122.85°E）和 6 月 17 日 3.9 级地震（40.70°N，122.96°E）。邻近地区最大地震为 3 月 8 日吉林 M_L 4.2 地震（42.67°N，125.42°E）。

地震活动特点：

（1）3.0 以上地震多集中在海城老震区，境外地震活动多数分布在渤海海峡—北黄海海域；2002 年 4 月 30 日在营口—海城发生一次震群，共记录到 0.2 级以上小震约 143 次，其中 $M_L \geqslant 2.0$ 有 16 次，$M_L \geqslant 3.0$ 有 4 次，最大震级为 M_L 3.9，震中在 40.70°N，122.85°E；另外，与往年相比，本年度辽西地区（40°～43°N，119°～122°E）地震活动相对较弱，未发生 $M_L \geqslant 3.0$ 地震。

（2）地震活动在时间分布上：1、3、4 月份 $M_L \geqslant 2.0$ 地震活动频次相对较高，即月频次在 25～32 次，2、7、9 月份地震频次相对较低，月频次在 7～10 次，而其他月份的地震频次为 15～21 次。

（3）地震活动总频度与正常年地震活动频度水平相当；本年度地震活动强度随时间变化也是相对均匀的，即从年初到年末，每两个月内都有 $M_L \geqslant 3.5$ 地震发生，地震活动的总强度略低于近些年背景强度（即平均

为 M_L 5.0）水平。

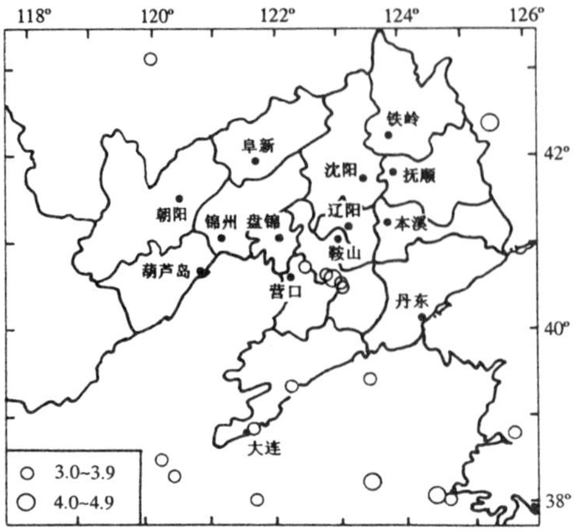

2002 年辽宁及邻区 $M_L \geqslant 3.0$ 地震震中分布图

（辽宁省地震局　孙文福）

吉　林　省

据吉林省地震台网测定，2002 年吉林省共发生地震 9 次（不含火山地震），其中浅源地震 8 次，2.0 ~ 2.9 级地震 5 次，3.0 ~ 3.9 级地震 3 次，最大地震为 3 月 8 日发生在辽源市东丰县的 M_L 4.1 地震；深源地震 1 次，即 6 月 29 日汪清7.2 级地震，震源深度为 540km。全年浅源地震释放能量为 2.4×10^{10} J。

地震活动特点如下：

（1）地震活动频度下降。自 1970 年吉林省地震台网建立以来，省内 2 级以上地震年均频度为 12 次左右。2001 年省内发生 2 级以上地震 17 次，2002 年发生 2 级以上地震 8 次，明显低于 2001 年的地震活动频度。

（2）地震活动强度有所增强。据吉林省地震台网记录统计，年均发生3.0 级以上地震 2 次，2002 年省内虽然仅发生 3 次 3 级以上地震，频度明显低于 2001 年的 8 次，但最大地震为4.1 级，地震能量释放明显高于 2001 年。

（3）地震时间分布集中。2002 年省内地震活动时间分布特征较为明显，2.0 级以上地震集中发生在 1 ~ 3 月和 6 ~ 8 月两个时间段内。

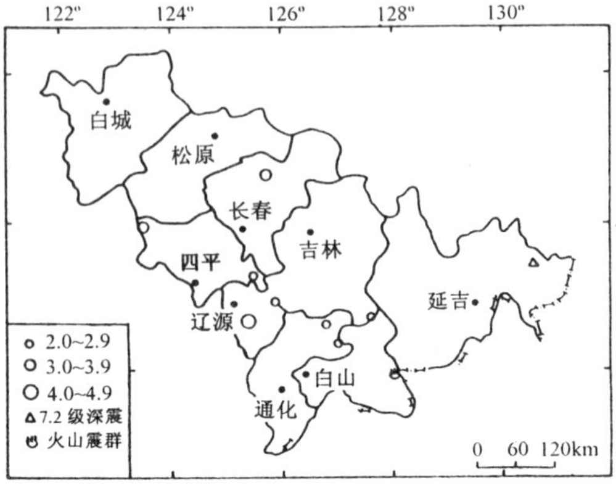

2002 年吉林省地震震中分布图

（4）地震活动空间分布较集中，多数浅源地震分布于省内中部地区。

（吉林省地震局　吕　政）

黑 龙 江 省

据黑龙江省数字地震台网观测资料统计，2002 年黑龙江省发生1.0 级以上地震 133 次，其中最大地震为 9 月 15 日穆棱 M_B 6.5 深源地震和加格达奇古源林场 M_L 5.1 浅源地震。

地震活动特征如下：

（1）2002 年地震活动频度较上年度增高，发生可定位地震事件 133 次，3 级以上地震 8 次。地震活动强度高于上年度，2002 年黑龙江省地震释放能量为1.47×10^{11} J。

（2）3 级以上地震空间分布主要集中在依—舒断裂北段的重点监视区和嫩江断裂附近。五大连池火山区内微震活动频度和强度水平与上年度接近。嫩江断裂附近地震活动水平也有所增强。

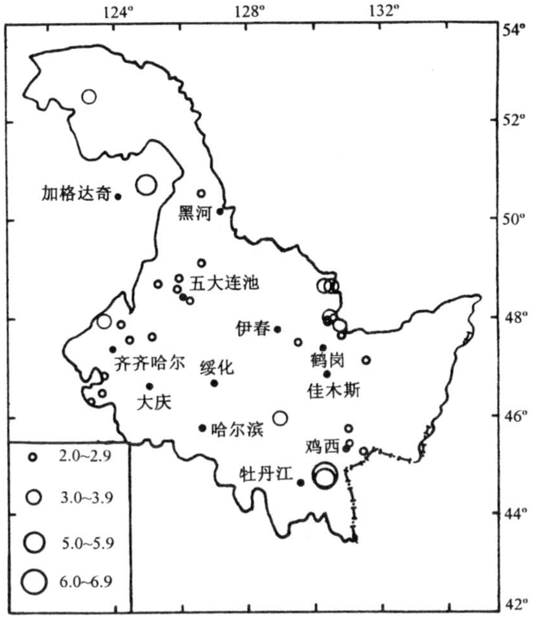

2002年黑龙江省2级以上地震震中分布图

（黑龙江省地震局　常　征）

上海及邻近地区

2002年上海及邻近地区（29.0°~34.0°N，119.0°~124.0°E）共发生地震143次，其中 M_L 1.0 ~ 1.9 地震 90 次，M_L 2.0 ~ 2.9 地震46次，M_L 3.0 ~3.9 地震7次，最大地震为6月14日江苏张家港 M_L 3.5 地震。

2002年上海监视区（30.0°~32.4°N，119.6°~123.0°E）共发生 $M_L \geq 1.0$ 地震 87 次，其中6月13日至7月3日在江苏张家港发生了小震群，共记录到33次地震，最大震级为 M_L 3.5。

地震活动特点为：

（1）地震活动水平较去年有所提高，与历年平均水平基本持平。

（2）地震空间分布上仍为海域稍强陆区弱，3级以上地震呈现向黄海中部收缩趋势。

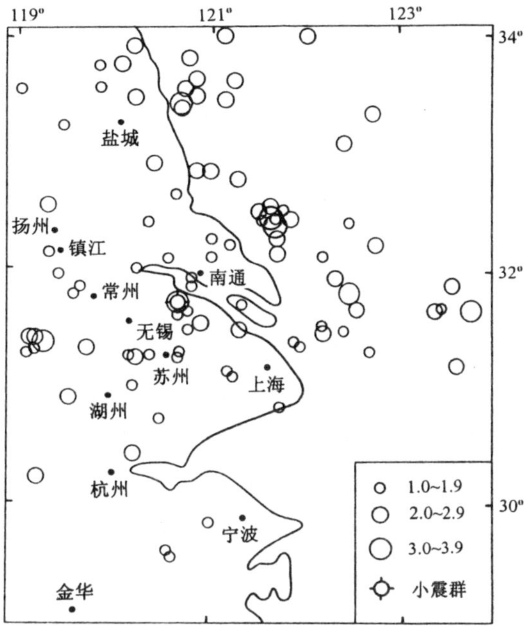

2002年上海及邻近地区地震震中分布图

（上海市地震局　金　胜）

江　苏　省

据江苏省地震台网测定，2002年江苏陆地及邻近海域（30°~35°N）共记录到 $M_L \geq 1.0$ 以上地震131次，陆地地震92次，其中1.0 ~ 1.9级73次，2.0 ~ 2.9级16次，3.0 ~3.9级3次；最大地震为6月14日张家港 M_L 3.5地震，本次地震也是6月13 ~ 26日常熟—张家港震群的最大地震，该震群共计小震155次，其中 $M_L \geq 1.0$ 地震24次，$M_L \geq 2.0$ 地震5次。本年海域地震39次，其中 M_L 2.0 ~2.9 地震27次，M_L 3.0 ~ 3.9 地震7次，最大地震为3月20日

M_L 3.8 地震。

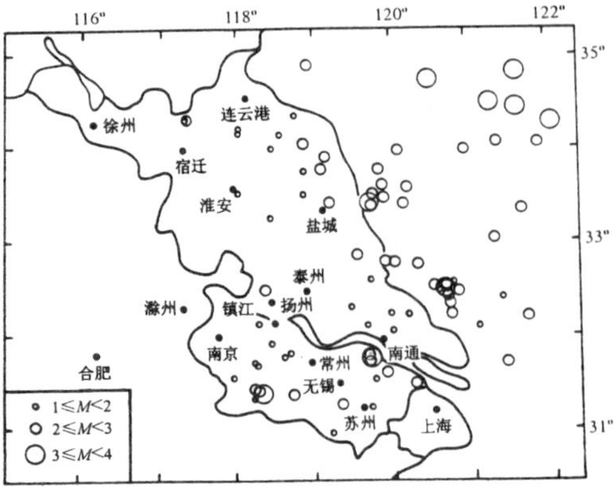

2002 年江苏省地震震中分布图

本年度江苏及近海地震活动在近几年较低的地震活动水平下进一步低于去年的活动水平，特别是陆地大部分为 M_L 2.0 以下的微震，且地震频次和最大震级均低于上一年度；海域地震活动水平与上一年度基本持平，频次略有上升，最大震级仍未达到 M_L 4.0；海域 $M_L \geqslant 2.0$、3.0 的地震频次均明显高于陆地。

（江苏省地震局　王琤琤）

浙　江　省

据浙江省地震台网测定，2002 年浙江省境内共发生 $M_L \geqslant 1.0$ 地震 77 次，其中 2.0 ~2.9 地震 26 次，3.0 ~3.9 地震 5 次，最大地震为 9 月 5 日泰顺县与文成县交界的温州珊溪水库附近 M_L 3.9 地震（此处震级为地震台网正式结果）。

地震活动特点如下：

(1) 2002 年度地震频次和强度都高于 2001 年，也高于多年的平均水平。浙北地震活动水平低于浙南，也低于 2001 年。2002 年浙北共发生 $M_L \geqslant 1.0$ 地震 10 次（2001 年为 28 次），最大地震为 5 月 19 日海宁余杭交界处 M_L 2.2 地震。

(2) 浙北小震分布比较分散，除长兴、舟山、新昌等地继续有小震活动外，多年不发生地震的桐乡、临安、海宁等地 2002 年也有小震活动。

(3) 1993 年以来每年都有小震活动的鄞县（现为宁波市鄞州区）皎口老震区，2002 年没有记录到小震活动。

(4) 浙南地震分布很集中，小震活动主要集中在三个地方：珊溪水库、庆元县和台州湾。珊溪水库震群 0 级以上小震的频次已经超过 100 次，其中 $M_L \geqslant 1.0$ 地震 46 次。从 2002 年 7 月 28 日开始珊溪水库记录到小震活动。庆元震群从 8 月 7 日开始活动，持续了 1 个多月，共记录到 0 级以上小震 52 次。

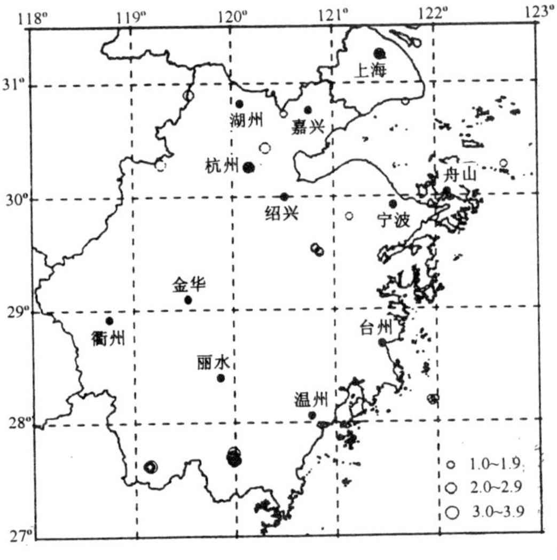

2002 年浙江省地震震中分布图

（浙江省地震局　钟羽云）

安　徽　省

2002 年安徽省共发生 M_L 2.0 以上地震

32次，其中 M_L 3.0 以上地震 7 次，M_L 4.0 以上地震 2 次，最大地震为 7 月 14 日和 8 月 29 日霍山 M_L 4.0 地震。

地震活动特点如下：

（1）与上年度相比，M_L 2.0 以上地震频次相当、震级有所升高。自 1980 年以来，2002 年 M_L 3.0 以上地震频次为最高，能量释放仅次于发生利辛 M_L 4.6 地震的 1999 年。

（2）本年度小震活动主要分布在界首—怀远—来安和霍山—无为—广德两条北西向的带状区域内。

（3）2002 年 7 月 14 日和 8 月 29 日两次霍山 M_L 4.0 地震，震中相差仅 4km，时间间隔仅 46 天，但表现不同。7 月 14 日震后次大地震仅 M_L 1.7，M_L 1.0 以上地震只有 6 次，显示出孤立型地震的特点；8 月 29 日震后次大地震 M_L 3.2，M_L 1.0 以上地震 60 次，显示出主余型地震的特点。霍山两次 M_L 4.0 地震显示出霍山地震窗 2002 年活跃特点。

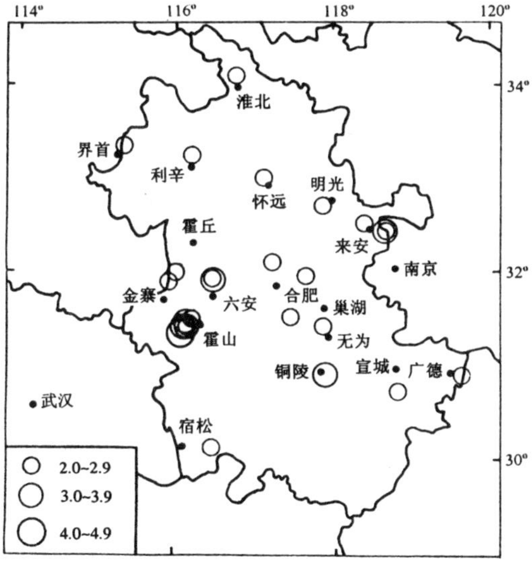

2002 年安徽省 $M_L \geqslant 2.0$ 地震震中分布图

（安徽省地震局　郑兆苾　沈小七）

福建省及其近海（含台湾省）

据福建数字遥测地震台网测定，2002 年福建及其邻近地区共发生2.0级以上地震 92 次，其中 M_L 2.0 ~ 2.9 地震 86 次，M_L 3.0 ~ 3.9 地震 6 次，最大为 3 月 12 日晋江海域 M_L 3.8 。台湾海峡地区共发生 M_L 2.0 以上地震 6 次，其中2.0 ~ 2.9 级地震 3 次，3.0 ~ 3.9 级地震 3 次，最大地震为 3 月 13 日海峡南部3.3 级地震。台湾地区共发生3.0 级以上地震 396 次，其中 M_L 3.0 ~ 3.9 地震 275 次，M_L 4.0 ~ 4.9 地震 101 次，M_S 5.0 ~ 5.9 地震 17 次，M_S 6.0 ~ 6.9 地震 2 次，M_S 7.0 ~ 7.9 地震 1 次，最大为 3 月 31 日台湾以东海域7.5 级地震。

（1）2002 年福建及其邻近地区地震活动仍延续了去年的活动格局，呈总体相对平静局部稍有起伏的变化特征，地震活动水平较低。主要地震事件为 3 月 12 日晋江海域 3.8 级地震（泉州、厦门部分地区有感）和 6 月 27 日莆田3.5 级地震。

（2）3 级地震活动仍沿袭闽东南沿海地区为我省主体活动区的格局，震中主要分布在莆田至东山沿海一带，陆地上的小震活动则零散地分布于华安、永定、长汀、永安西南等地区。

（3）2002 年台湾地区地震活动较 2001 年有明显的增强，不仅地震强度大，而且 5 级以上地震频度也较高。5 级以上地震年频度是 1991 年以来仅次于 1999 年（“9.21”南投7.6 级强震群活动）的高活动年份。地震活动主要分布在花莲海外至宜南海域，并在嘉义至恒春东南海外形成 4 级地震活动条带。

（4）台湾地区 2002 年主要地震事件是 3 月 31 日花莲海域7.5 级地震和 5 月 15 日6.5

级、5 月 29 日6.2 级两次强余震。7.5 级地震影响范围较广，不仅台湾岛内遭受一定程度的破坏，而且波及东南沿海地区，福建及浙江沿海地区均有不同程度震感。

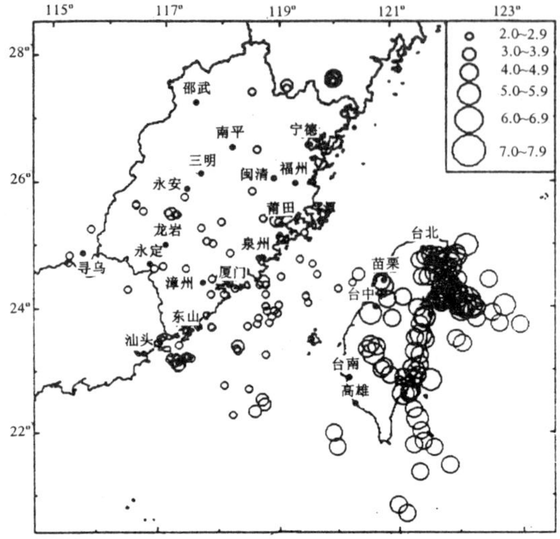

2002 年闽台地区地震震中分布图（福建及邻近地区 $M_L \geqslant 2.0$，台湾地区 $M_L \geqslant 4.0$）

（福建省地震局　林　树　林世敏）

江　西　省

据江西省地震台网测定，2002 年江西省境内共发生 M_L 1.0 ~ 1.9 地震 21 次，M_L 2.0 ~ 2.9 地震 8 次、M_L 3.0 ~ 3.9 地震 1 次、M_L 4.0 ~ 4.9 地震 1 次，最大地震为 7 月 9 日发生在分宜的 M_L 4.0 地震。

地震活动特点如下：

（1）2.0 级以上地震活动在时间分布上较为均匀；在空间分布上则表现出赣南活跃、赣中最强、赣北边境活动的特点，其中赣中地区在 1999 年 4 月 15 日发生永丰—宁都交界 M_L 4.0 地震后，2002 年再次发生分宜 M_L 4.0 地震，成为本省最近几年来地震活动最强的地区。

（2）与 2001 年相比，2002 年的 $M_L \geqslant$ 2.0 地震活动频度有所减弱，但地震活动强度却明显增强，释放的地震总能量明显高于上年度的水平。

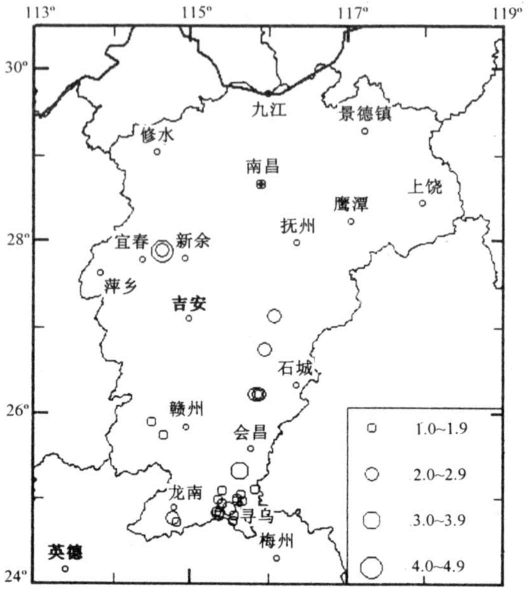

2002 年江西省地震震中分布图

（江西省地震局　吕　坚）

山　东　省

据山东省地震台网测定，2002 年山东内陆及沿海（34° ~ 39°N，114° ~ 125°E）共发生 M_L 2.0 以上地震 91 次（2001 年为 71 次），其中2.0 ~ 2.9 级地震 61 次，3.0 ~ 3.9级地震 24 次，4.0 ~ 4.9 级地震 5 次，5 级以上地震 1 次，即 7 月 23 日南黄海5.1 级地震。该次地震，青岛、威海及日照市沿海地区有明显震感，但未造成破坏。本年度总释放地震能量为2.61×10^6J（2001 年为1.25×10^6J），地震频次与能量释放均高于 2001 年。

地震活动特点如下：

（1）山东内陆地区及沿海区域，地震活动的空间分布仍保持海域高陆区低的格局。地震活动主要集中于胶东半岛北侧海域，即蓬莱—威海北西向断裂带附近，以及南黄海北部凹陷区。

（2）2002 年 2 月以来，黄海海域先后发生 4 次 4 级以上地震，打破持续两年平静的状态，于 7 月 23 日发生5.1 级地震，该次地震为 1998 年 2 月 10 日北黄海5.0 级地震后约 4 年半，黄海海域发生的 5 级以上地震，显示南黄海北部凹陷区域具有较高的应力背景。

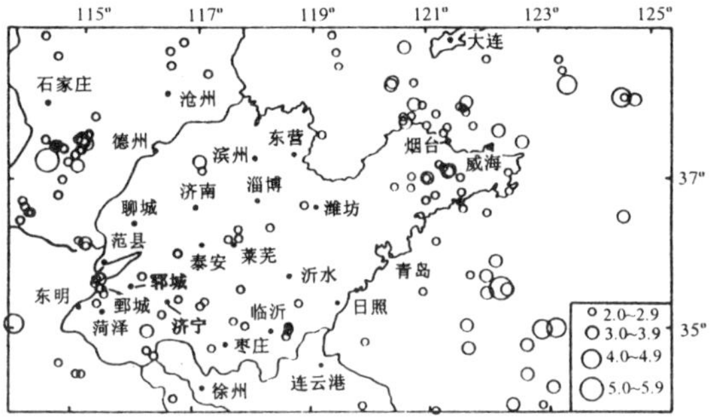

2002 年山东省 $M_L \geqslant 2.0$ 地震震中分布图

（3）2002 年渤海海域记录到 2 级以上定位地震 8 次，其中3.0 ~ 3.9 级地震 4 次，最大为 10 月 25 日渤海3.6 级地震，活动水平与往年相比较弱。

（4）山东内陆区域地震活动水平略高于 1970 年以来平均水平，发生2.0 级以上地震为 52 次（年平均 47 次）；3 级以上地震 6 次，最大为 2002 年 9 月 22 日栖霞3.7 级有感地震，与 1970 年以来 3 级地震活动水平相当（平均 6 次）。

（5）沂沭带地震活动主要集中在中南段，共发生 2 级以上定位地震 9 次（年均 14 次），最大为 2 月 10 日费县南2.7 级地震，而 2001 年地震活动主要分布于中北段，南段相对平静。同时沂沭带南段发生 2 次小震群事件（4 月 5 ~ 10 日，发生大于 0 级地震 35 次，其中最大为2.3 级；12 月 21 ~ 26 日，发生大于0.7 级地震 40 次，最大为2.3 级）。

（6）聊考断裂带 2002 年发生 2 级以上定位地震 14 次，略高于年均 11 次的活动水平，最大为 10 月 10 日鄄城、濮阳交界处 3.0 级地震。地震活动主要集中在聊考断裂带西侧及菏泽东部区域，而菏泽地震带地震活动相对平静。

（山东省地震局　郭爱香）

河　南　省

2002 年河南省共发生 $M_L \geqslant 2.0$ 地震 31 次，其中 $M_L \geqslant 3.0$ 地震 6 次，$M_L \geqslant 4.0$ 地震 1 次，即 11 月 7 日新乡原阳 M_L 4.5 地震。

地震活动特点如下：

（1）地震活动水平明显增强。2002 年河南省共发生 M_L 2.0 以上地震 31 次，高于 2001 年的 23 次；M_L 3.0 以上地震 6 次，高于 2001 年的 3 次，最大地震为 M_L 4.5（2001 年为 M_L 3.6），无论是地震频次，还是地震强度均比上一年明显增强。

（2）有感地震增多。2002 年河南省共发生有感地震 8 次（2001 年发生 3 次有感地震），分别为 3 月 12 日襄城 M_L 2.8 地震、3 月 21 日南乐 M_L 3.4 地震、3 月 22 日渑池 M_L 3.4 地震、4 月 16 日襄城 M_L 2.9 地震、9 月 15 日济源西北 M_L 3.1 地震、10 月 10 日范县至鄄城间 M_L 3.2 地震、10 月 30 日范县至鄄城间 M_L 3.0 地震、11 月 7 日原阳 M_L 4.5 地震。

（3）小浪底库区小震活动引人注目。小浪底水库自 1999 年 12 月 25 日蓄水以来，到目前蓄水高度为 220m（设计蓄水高度为 270m）。据研究，小浪底库区存在诱发地震的可能性，水库诱发地震的震级上限可达5.3级。2002年以来，小浪底库区先后发生了3次 M_L 2.8以上地震，最大地震为 M_L 3.5。

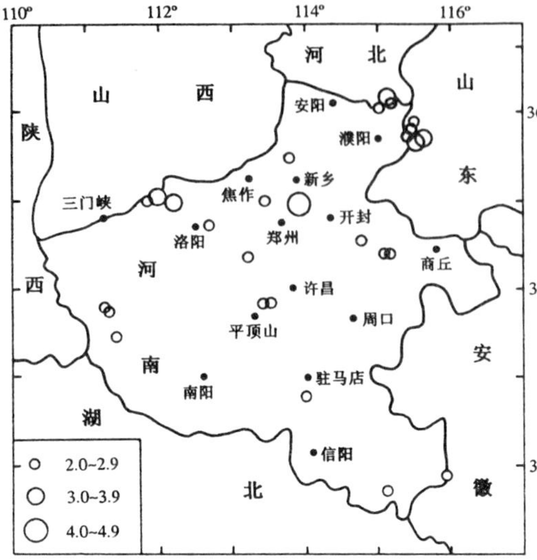

2002年河南省 $M_L \geqslant 2.0$ 地震震中分布图

（4）林州地震窗口地震活动略有回升。2002年林州地震窗口记录到小震活动23次，其中 M_L 1.0以上地震11次，最大为 M_L 2.3地震，地震活动水平有所回升。

（5）聊兰带小震活动活跃。2000年7月6日菏泽 M_L 3.5地震，结束了聊兰地震带长达18个多月 M_L 2.0以上地震活动的平静，此后，发生多次 M_L 2.0以上地震，2002年仅 M_L 3.0以上地震就发生了4次，地震活动有增强的趋势。

（河南省地震局　王文旭）

湖　北　省

2002年湖北省境内共发生 $M_L \geqslant 1.0$ 地震53次，其中 $M_L \geqslant 2.0$ 地震35次，$M_L \geqslant 3.0$ 地震5次，最大为 M_L 3.4地震。

地震活动特点为：

（1）小震活动水平与近几年的正常活动水平相近。$M_L \geqslant 2.0$ 地震月均频次为3.0次/月，地震总体强度和 $M_L \geqslant 2.0$ 地震频次与上一年基本相当。

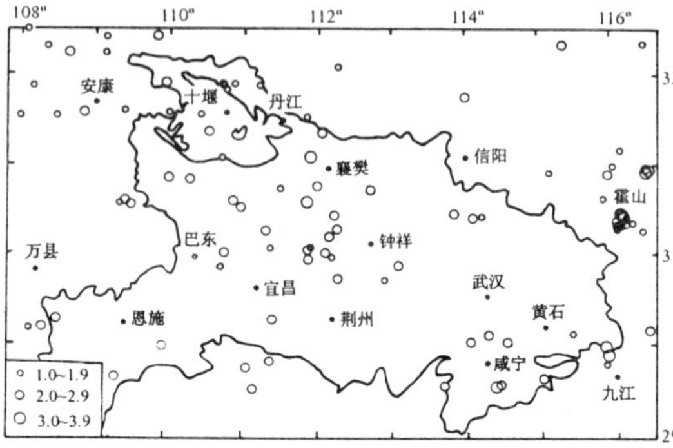

2002年湖北省 $M_L \geqslant 1.0$ 地震震中分布图

（2）在空间上，湖北境内除鄂东南3次 $M_L \geqslant 3.0$ 地震（黄梅2次，通山1次）和少数2.0级左右地震活动外，大部分2.0级左右地震集中分布在鄂西地区。地震活动的空间分布继续了2001年的态势。在秭归—兴山一带仍有微震活动，总体上仍然表现出在东经113°以西的鄂西地区相对活跃。

（湖北省地震局　薛军蓉）

湖　南　省

2002年湖南省境内共发生 M_L 1.0以上地震20次，其中1.0～1.9级地震11次，2.0～2.9级地震9次，最大为3月11日发生在临湘 M_L 2.7地震。地震活动主要分布于娄底邵阳地区、郴州地区、湘西北地区及长沙地区的宁乡等地。地震活动的强度和频度属于正常略偏低水平。

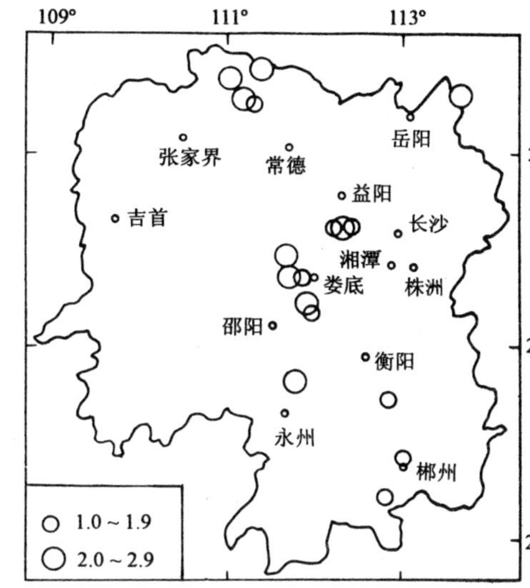

2002 年湖南省地震震中分布图

（湖南省地震局　张彩虹）

广东省及其近海

2002 年广东省地震台网记录到广东省及近海 $M_L \geqslant 1.0$ 地震 718 次，其中 $M_L \geqslant 2.0$ 地震 214 次，$M_L \geqslant 3.0$ 地震 11 次，$M_L \geqslant 4.0$ 地震 1 次，即 12 月 13 日河源（23.68 °N，114.75 °E）M_L 4.0 地震。

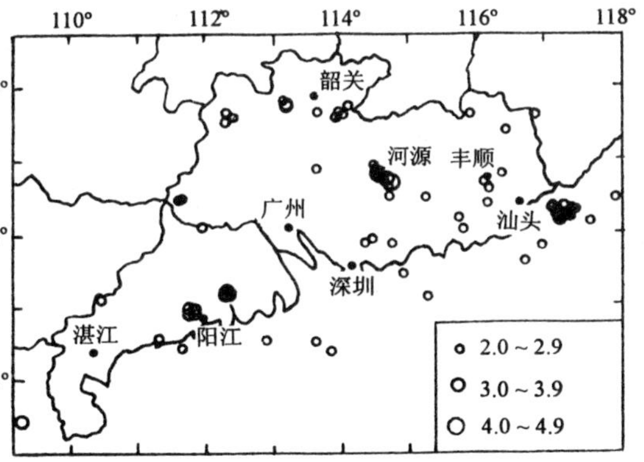

2002 年广东省及近海 $M_L \geqslant 2.0$ 地震震中分布图

2002 年广东省及近海地震活动空间分布主要集中在粤闽交界沿海、河源、阳江及乳源等地区，$M_L \geqslant 3.0$ 地震频度同 2001 年基本持平，但地震活动强度明显弱于 2001 年，地震活动水平为 1986 年以来的最低水平。

（广东省地震局　华　卫）

广西壮族自治区

2002 年广西壮族自治区地震台网共记录到广西境内 $M_L \geqslant 1.0$ 地震 62 次，其中 1.0 ~ 1.9 级地震 31 次，2.0 ~ 2.9 级地震 31 次，最大地震分别是 1 月 9 日德保县敬德镇（23.3 °N，106.2 °E）M_L 2.8 、2 月 5 日陆川县大桥乡（22.2 °N，110.2 °E）M_L 2.8 地震。2002 年地震活动的频度与上年持平，强度低于上年。这些地震主要发生在桂西和桂东南地区，桂东北地区地震活动相对平静。

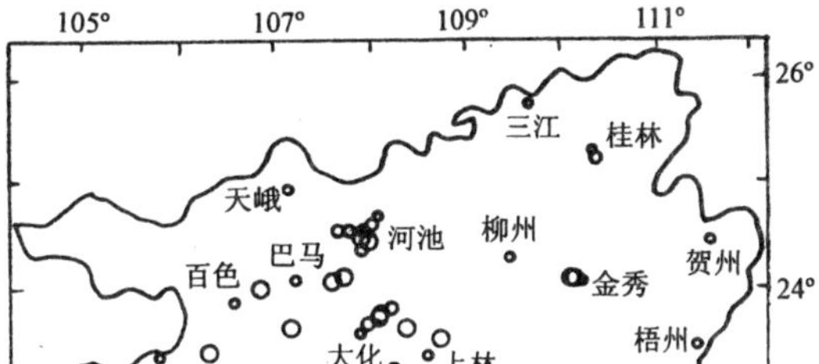

2002 年广西壮族自治区地震震中分布图

（广西壮族自治区地震局　龙安明）

海南省及其近海

海南省地震监测台网记录到 2002 年海

南岛及其邻近海域（17.4 ~ 20.5°N，107.5 ~ 112.5°E）$M_L \geqslant 1.0$地震141次。其中，1.0 ~ 1.9级地震113次，2.0 ~ 2.9级地震24次，3.0 ~ 3.9级地震4次，最大地震是10月16日三亚南部近海3.9级地震。

地震活动特点如下：

（1）地震活动在时间分布上呈“密集—平静”的起伏有序变化。2002年3 ~ 4月、9 ~ 10月份地震丛集，其余时段地震较少。

（2）$M_L \geqslant 2.0$地震活动年频度、强度比前几年明显下降，已接近北部湾6.2级地震前活动水平。

（3）地震活动的空间分布具有成带有序性。地震主要分布在以下地震活动带：①琼东北文昌铺前—清兰北西向地震活动带；②东方—陵水近东西向地震活动带；③琼东南近海—琼东部海域北东向地震活动带；④临高—铺前北东东向地震活动带；⑤北部湾—陵水北北西向地震活动带。本区95%的地震都分布在这5条活动带上。

（4）地震活动释放的能量主要集中在琼东南地区和北部湾老震区。

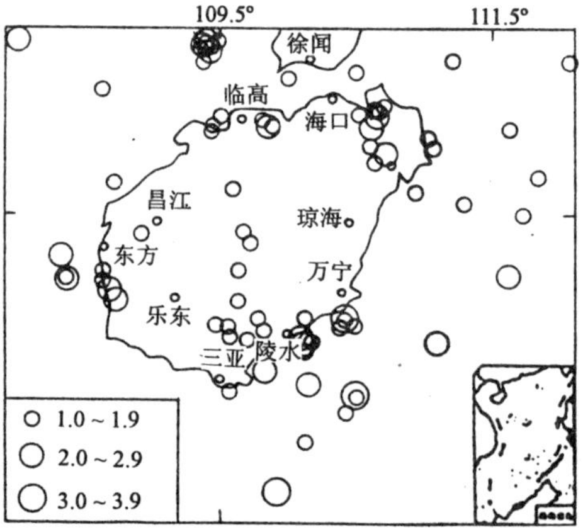

2002年海南省地震震中分布图

（海南省地震局　符　干）

重　庆　市

据重庆地震台网测定，2002年重庆地区共发生$M_L \geqslant 1.0$地震144次，其中1 ~ 1.9级地震100次，2 ~ 2.9级地震40次，3 ~ 3.9级地震3次，4 ~ 4.9级地震1次，最大地震为4月30日荣昌4.0级地震。

地震活动特点：

（1）小震集中分布在荣昌、涪陵地区和合川—江津一带，重庆以北地区3.0级左右地震较为活跃。

（2）据对万州、云阳、奉节、巫山一带进行的2期流动地震观测显示，三峡重庆库区下游微震及超微震活跃，近1个月的观测统计共记录微震50余次，最大M_L1.9地震。万州新田一带微震活动较为集中。

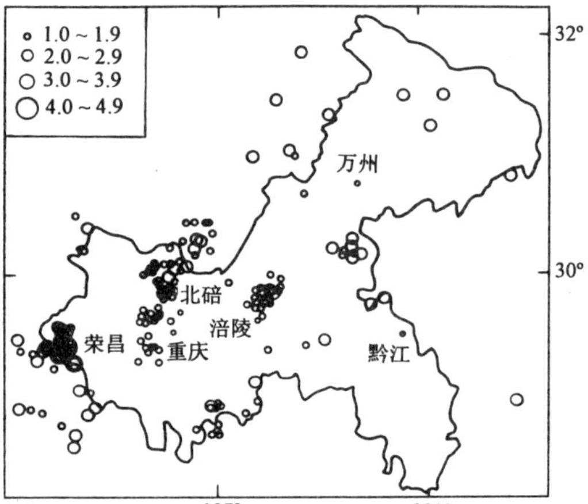

2002年重庆市$M_L \geqslant 1.0$地震震中分布图

（重庆市地震局　朱丽霞）

四　川　省

据四川省地震台网测定，2002年四川及邻区共发生2.5级以上地震404次。其中，

2.5 ~2.9 级地震 270 次，3.0 ~3.9 级地震 119 次，4.0 ~4.9 级地震 14 次，5.0 级以上地震 1 次，最大地震为 8 月 8 日新龙5.3 级地震。

地震活动特征如下：

（1）2002 年四川及邻区2.5 ~3.9 级地震活动空间分布整体来说较分散，而 4 级以上地震分布相对集中，2002 年上半年 4 级以上地震主要发生在长期缺 4 级以上地震的安宁河—则木河—小江断裂带上，使沿安宁河—则木河断裂带形成的 20 多年的小震背景空区进一步收缩，显示川滇菱形块体东侧边界带的活动性增强。2002 年下半年主要发生在新龙、白玉一带，使菱形块体西边界地震活动进一步加强。四川西北部的川、甘、青交界地区的库玛断裂带中东段也相对集中。

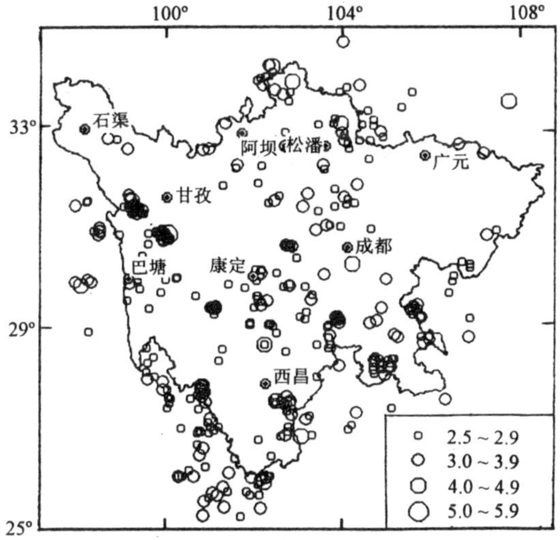

2002 年四川及邻区2.5 级以上地震震中分布图

（2）冕宁—普格至云南嵩明—开远快速形成 4 级地震条带。2001 年 11 月 14 日的昆仑山口西8.1 级地震后，2001 年 11 月 15 日雅江首发4.0 级地震，随后 2002 年 3 月 3 日在安宁河断裂带的冕宁发生4.4 级地震、4 月 10 日则木河断裂带的普格发生4.6 级地震、5 月 13 日云南昆明以北 20 余公里小江断裂的嵩明发生4.8 级地震（四川台网测定）、5 月 23 日大凉山断裂南端布拖发生4.0 级地震，5 月 28 日云南开远发生4.3 级地震（四川台网测定），6 月 20 日云南巧家发生4.0 级地震（四川台网测定），显示出 2002 年 1 月以来快速形成 4 级地震活动条带，且其位置大体与安宁河—则木河—小江断裂带一致，表明川滇菱形块体东侧边界带的活动性明显增强。

（3）2002 年下半年四川地区显著地震向川、藏、青交界迁移，地震活动相对集中在甘孜、贡觉、新龙地区，属新增中强震活跃点。省内 7 月份 3 次 4 级地震均发生在德格、白玉间：分别为 7 月 9 日4.2 级、7 月 10 日4.5 级和 7 月 30 日4.0 级；8 月 8 日新龙发生5.3 级地震，资料到 12 月 31 日新龙震区仍有 2 ~ 3 级的余震发生，最大余震为 11 月 25 日的4.7 级；2002 年 8 月 14 ~ 16 日西藏贡觉还接连发生4.3 级和 2 次 3 级多地震。

（4）川、甘交界 3 ~ 4 级地震也相对活跃。2001 年 11 月 14 日8.1 级地震后，2001 年 11 月 23 日甘肃迭部发生4.0 级地震，2002 年 3 月 11 日甘肃碌曲发生4.1 级地震，2002 年 11 月 17 日青海玛多发生4.1 和3.1 级地震，2002 年 11 月 20 日四川若尔盖发生 4.5 级地震。

（四川省地震局　杜　方）

贵　州　省

据贵州省地震台站观测记录，2002 年贵州省共发生 $M_L \geqslant 1.0$ 地震 301 次。其中，1.0 ~ 1.9 级地震 170 次，2.0 ~2.9 级地震 127 次，3.0 ~3.9 级地震 4 次，最大地震为 M_L 3.6 地震。

地震活动特征如下：

(1) 2002年地震活动与2001年相比，地震频度降低、强度则有所增强。2001年地震频度为355次，最大地震仅为 M_L 3.1地震。

(2) 地震的空间分布除铜仁地区外，其余8个地、州、市均有地震活动，其中小地震活动较多的地区分别为毕节、贵阳、黔西南州和安顺。地震主要沿垭都—紫云北西向构造带分布。绝大多数地震分布在107.5°以西的黔西部地区。

(3) 地震活动在时间上的分布呈现不均匀性。大多数地震主要集中分布在上半年的5~6月份。

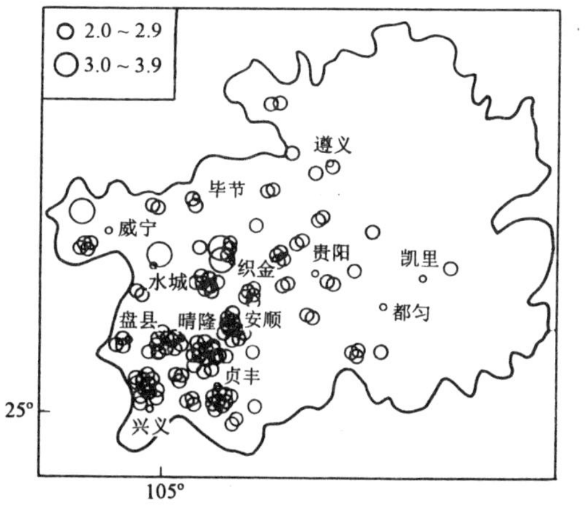

2002年贵州省 $M_L \geqslant 2.0$ 地震震中分布图

（贵州省地震局　罗远模）

云　南　省

据昆明地震遥测台网测定，2002年云南省共发生 M_L 3.0以上地震167次，其中3.0~3.9级地震144次，4.0~4.9级地震23次。最大地震为5月13日嵩明的 M_S 4.9地震。

地震活动特征如下：

(1) 2002年云南地区未发生5级以上地震，为云南省少有的中强地震平静，与2001年5级地震丛集形成明显的反差。

(2) 云南省的3~4级地震主要分布于滇西的宁蒗、永胜、漾濞、施甸等地形成北东向条带；滇东的巧家、武定、易门、弥勒、开远等地呈现“圆弧”型分布；滇西南的思茅、澜沧、勐腊一带3~4级地震也较集中。

(3) 与云南省交界的四川、缅甸和老挝亦有3~4级地震活动，与往年相比2002年云南地区3~4级地震的活动强度为历年平均水平。

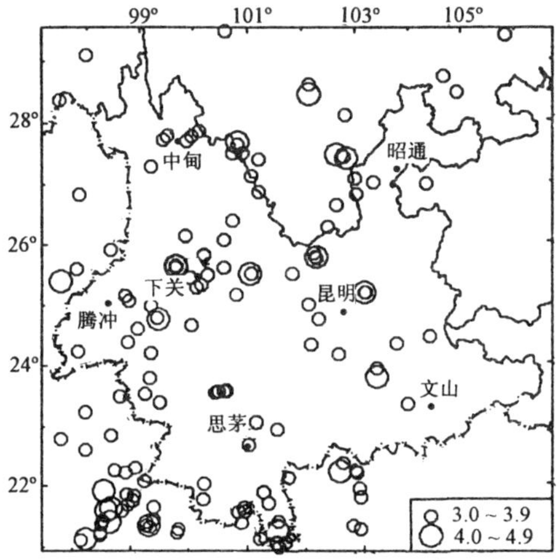

2002年云南省及邻区地震震中分布图

（云南省地震局　李永莉）

西藏自治区

2002年西藏自治区地震台网共记录到西藏地区（26°~37°N，78°~100°E）及邻区 $M_L \geqslant 1.0$ 以上地震1572次，其中1.0~1.9级地震582次，2.0~2.9级地震854次，3.0~3.9级地震125次，4.0~4.9级地震8次（2001年24次），5.0级以上地震3次，最大地震为6月4日普兰 M_S 5.7地震。

地震活动的特点如下：

（1）3.0级以下小震活动水平与2001年相比显著增强，其中主要是谢通门地区的小地震明显活跃。

（2）3.0～5.0级地震均低于2001年水平，5.0级以上地震也低于1987年以来西藏地区中强震活动的平均水平，达到十多年以来最低水平（1987年来平均每年发生 $M_S \geq 5.0$ 地震6.5次）。

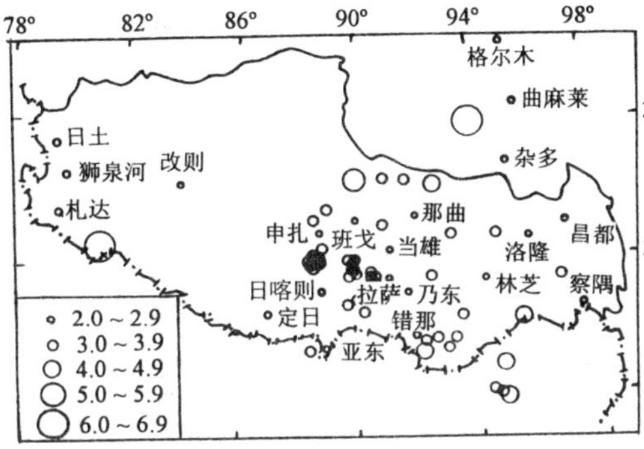

2002年西藏自治区地震震中分布图

（西藏自治区地震局　张　军）

陕　西　省

2002年陕西省地震台网共记录到本地区地震58次，其中 $M_L \geq 1.0$ 可定位地震47次，2级以上地震17次，3级以上地震仅有2次，最大地震为2月5日宝鸡4.0级地震。全年释放的总能量约 8.32×10^{10} J。

地震活动特点如下：

（1）在空间分布上，地震主要集中发生在关中西部地区及陕南地区，分别占全省地震总数的31.3％、56.5％。而历史上强震多发的关中东部地区仍保持着连续三年的低水平活动态势。

（2）在时间分布上，地震多集中发生在本年度的上半年，2级以上地震多发生在1、2、5、6月份；7、8两个月地震活动较弱，与多年统计结果相类似。

（3）2002年地震活动频次明显高于1990年以来的平均水平（32.3次/年），关中西部、陕南西部地区均发生了3、4级以上地震；而关中东部地区发生的最大地震只有2.6级，与前几年的活动水平相同，关中东部仍处于较弱的地震活动水平，这与历史地震活动形成了明显的反差。

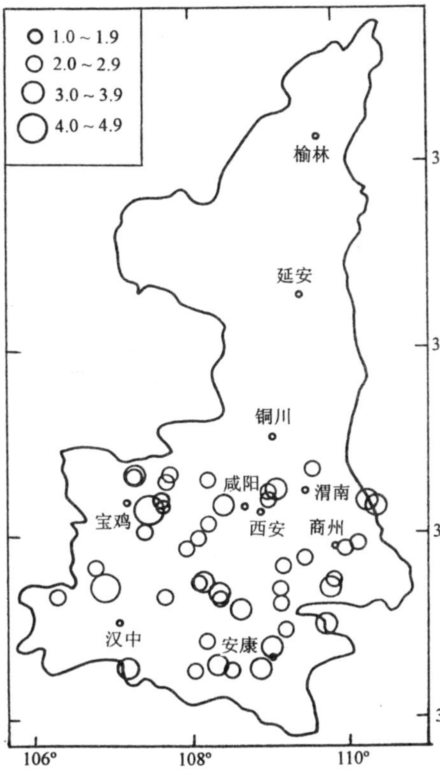

2002年陕西省地震震中分布图

（陕西省地震局　张春生）

甘　肃　省

据甘肃省地震台网观测报告，2002年甘肃省共发生 $M_L \geq 2.0$ 地震749次。其中 M_L 2.0～2.9地震640次，M_L 3.0～3.9地震 96 次，M_L 4.0 ~ 4.9 地震 12 次，M_S 5.0 ~ 5.9 地震 1 次，最大地震为 12 月 14 日玉门 M_S 5.9 。

地震活动的主要特征为：

（1）地震活动在时间上具有成丛性，$M_L \geqslant 4.0$ 地震集中在 3 月、12 月；$M_L \geqslant 3.5$ 地震集中在 3 月、9 月、11 月、12 月。

（2）地震活动在空间上主要集中在河西西部、祁连山中东段地区和甘东南甘青川交界三个地区。$M_L \geqslant 4.0$ 地震主要发生在祁连山地震带和甘东南地区的玛曲—武都一带，与 2001 年以来的地震活动水平相当。

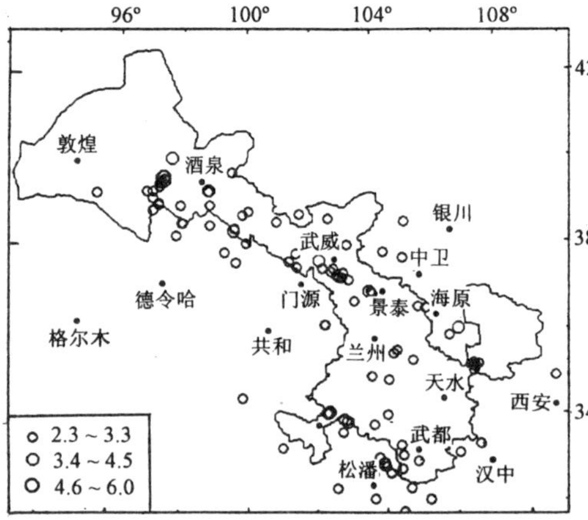

2002 年甘肃省地震震中分布图

（3）弱震活动在空间上有以下几个特点：①河西西部弱震沿北西向构造成带状丛集分布；②祁连山中东段的古浪地区弱震活动低于 2001 年；③西海固地区形成北北西向条带；④甘东南至甘青川交界地区弱震活动增强，形成北西向弱震活动条带；⑤平凉地区地震活动明显增强，在 35° ~ 35.6 °N，106.4 ° ~ 107.2 °E 范围内共发生 M_L 2.0 ~ 2.9 地震 69 次，M_L 3.0 ~ 3.9 地震 7 次，明显高于往年；⑥出现了 3 月 11 日碌曲和 6 月 21 日康乐 2 次小震群活动。

（4）根据河西西部地震成组活动特征和中强地震的迁移特征，河西西部和祁连山中东段地区地震危险性仍然存在。甘东南地区自 1988 年以来连续 15 年无中强地震活动，昆仑山口西8.1 级地震之后 $M_L \geqslant 4.0$ 地震有向东迁移的趋势；3 月 11 日在碌曲发生 M_L 4.0 有感地震；6 月 21 日康乐发生小震群活动，最大地震为 M_L 3.9，该震群发生在西秦岭北缘断裂带西段的地震空区内，因此该地区的地震危险性在增强。

（甘肃省地震局　刘小凤）

青　海　省

据青海省地震台网测定，2002 年青海省境内发生 $M_L \geqslant 2.0$ 以上地震 319 次。其中 2.0 ~ 2.9 级地震 222 次，3.0 ~ 3.9 级地震 80 次，4.0 ~ 4.9 级地震 14 次，5.0 ~ 5.9 级地震 3 次，最大地震为 6 月 29 日治多5.9 级地震。

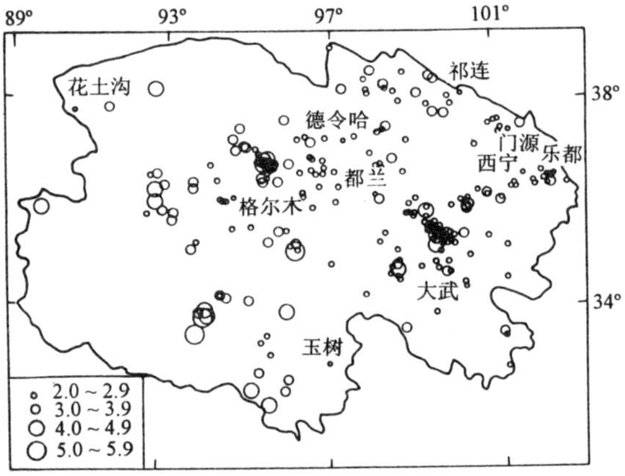

2002 年青海省地震震中分布图

地震活动特征如下：

（1）南强北弱，4 级以上地震基本上发生在库玛断裂带及其以南地区，北部地区则以 4 级以下小震活动为主。

(2) 5级地震全部发生在库玛断裂带以南的主要几组北西向断裂上，分别为：乌兰乌拉湖—玉树断裂（治多5.9级地震）、乌兰乌拉湖南—昂欠断裂（杂多5.2级地震）和昆仑山口—达日断裂（都兰5.4级地震）。

(3) 青海地区地震活动在2002年形成几个明显的集中区，格尔木东北的三湖地区（达布逊湖—北霍布逊湖北缘隐伏断裂）为小震多发区、大武东北的兴海地区（鄂拉山断裂带南段）为余震活动。

（青海省地震局　陈玉华）

宁夏回族自治区及邻区

2002年宁夏回族自治区及邻区（35°00′～40°40′N，103°30′～107°40′E）共发生$M_L \geqslant 2.0$地震236次，其中2.0～2.9级地震204次，3.0～3.9级地震29次，4.0～4.9级地震3次。地震释放总能量约9.7×10^{10}J，最大地震为6月8日宁夏石嘴山的M_L4.4地震。

2002年宁夏境内共发生$M_L \geqslant 2.0$地震60次，其中2.0～2.9级地震53次，3.0～3.9级地震5次，4.0～4.9级地震2次，地震能量释放约为5.5×10^{10}J。

地震活动的主要特征为：

(1) 宁夏回族自治区及邻区发生了3次M_L4.0～4.9地震，其中宁夏境内发生两次，与历年宁夏及邻区的平均4.3次和宁夏境内的1.8次活动水平大体相当。但是，宁夏及邻区发生的29次、宁夏境内发生的5次M_L3.0～3.9地震，明显低于历年同期平均32次和12次的活动水平。

(2) 时间上，除了9月中旬至11月地震活动比较平静，宁夏及邻区$M_L \geqslant 3.0$地震的总体分布比较均匀。但宁夏境内的分布疏密不均，在所发生的5次$M_L \geqslant 3.0$地震中，有4次集中发生在4～7月，特别是仅有的2次M_L4.0以上地震，均发生在此时段内。

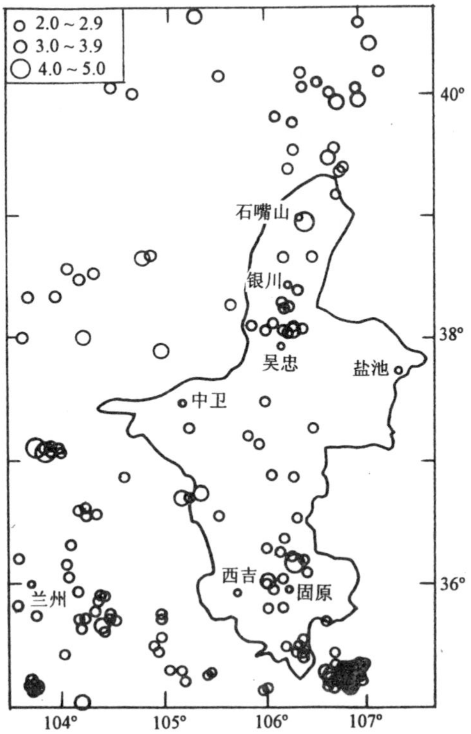

2002年宁夏及邻区$M_L \geqslant 2.0$地震震中分布图

(3) 空间上，地震在石嘴山—临河、固原—陇县和会宁—兰州一带相对集中，特别是在华亭附近，M_L2.0～3.0地震活动明显集中。而以往地震较多的阿拉善左旗则相对较少。鄂尔多斯西缘部分地段和银川地堑中—北段，近几年出现了弱震填充现象，这种现象在2002年表现的尤为突出。

（宁夏回族自治区地震局　金春华）

新疆维吾尔自治区

2002年新疆维吾尔自治区境内共发生

地震 4026 次。其中，M_S 2.0 ~ 2.9 地震 586 次，M_S 3.0 ~ 3.9 地震 108 次，M_S 4.0 ~ 4.9 地震 16 次，M_S 5.0 ~ 5.9 地震 1 次，2002 年 12 月 25 日乌恰5.7 级地震为 2002 年新疆境内发生的最大地震。

地震活动特征如下：

（1）2002 年 2 级以上地震频度与强度均高于 2001 年。2002 年 12 月 25 日乌恰5.7 级地震打破了新疆两年的 5 级地震平静现象，标志着新疆的地震活动将进入相对活跃时段。

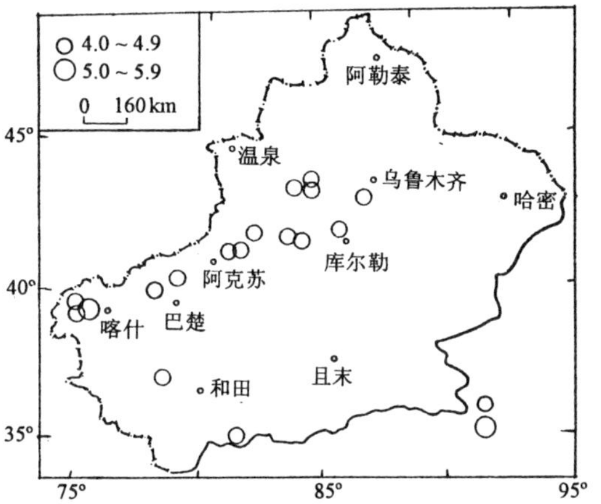

2002 年新疆境内 4 级以上地震分布图

（2）空间分布上，4 级以上地震集中分布在东经 88°以西的天山地震带，其中北天山地震带发生 4 次，南天山地震带东段发生 6 次，南天山地震带西段发生 3 次，西昆仑地震带发生 3 次。4 级以上地震在强度上表现出西强东弱，频度上表现出西低东高的特征。

（3）时间分布上，除 2002 年 12 月 25 日乌恰 5.7 级地震外，全年中等地震分布均匀。其中，1 ~ 6 月中等地震在东经 80°线以东的天山地区较为活跃，进入下半年中等地震在东经 80°线以西的天山地区较为活跃。

（4）2002 年有 5 组 4 级地震发生在较小区域和较短的时间内。其中南天山东段有两组，分别是 3 月 12 日和 3 月 13 日发生在库尔勒至轮台地区的两次 4 级地震；6 月 25 日和 6 月 30 日发生在拜城至轮台地区的两次 4 级地震。南天山西段有 3 组，分别是 4 月 12 日和 4 月 14 日发生在乌恰地区的两次 4 级以上地震；5 月 22 日和 5 月 31 日以及 12 月 16 日和 12 月 24 日发生在乌恰地区的两组 4 级地震。每组地震发震时间均不超过 10 天，震中距不超过 230km，表现出时空成丛性特征（其中 4 月 14 日、5 月 31 日和 12 月 24 日地震位于境外 80km 以内）。

（新疆维吾尔自治区地震局
王筱荣　王季达）

重要地震与震害

2002年6月29日吉林省汪清7.2级深源地震

一、地震基本参数

发震时刻：2002年6月29日01时19分31.4秒

微观震中：43°30′N，130°36′E

震　　级：$M_S=7.2$

震源深度：540km

地震类型：深源地震

震源机制解：

（1）最佳双力偶解：

节面	走向	倾角	滑动角
NP_1	25°	14°	104°
NP_2	191°	77°	87°

（2）应力轴：

应力轴	倾角	方位角
T	58°	96°
N	3°	192°
P	32°	284°

二、烈度分布与震害

这次地震的有感范围非常大。震感较强烈的是吉林省的长春、吉林、四平等地。普遍有感的地区东起吉林省的延边，北至黑龙江省的牡丹江、鸡西、哈尔滨、大庆，西到内蒙古自治区的通辽、赤峰，南经北京、天津向东到山东半岛沿岸及辽宁省的大连、丹东。另外，在浙江省杭州市高层建筑少数人有感。由于此次地震震源深，在震中区无明显震感，也没有造成任何地面破坏。

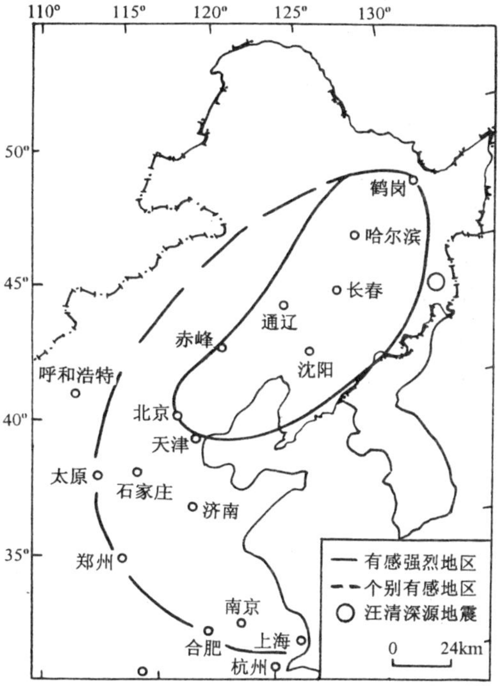

汪清7.2级深源地震有感范围分布图

（吉林省地震局　吕　政）

2002年8月8日四川省新龙5.3级地震

一、地震基本参数

发震时间：2002年8月8日19时42分

1.8 秒

震中位置：30.9 °N，100.0 °E

宏观震中：四川省新龙县

震　　级：$M_S = 5.3$

震中烈度：Ⅶ度

震源机制解：

节面Ⅰ			节面Ⅱ			*P* 轴	
走向	倾向	倾角	走向	倾向	倾角	方位	仰角
59°	NW	30°	187°	SE	70°	65°	58°
***T* 轴**		***B* 轴**		***X* 轴**		***Y* 轴**	
方位	仰角	方位	仰角	方位	仰角	方位	仰角
295°	21°	196°	22°	98°	20°	330°	60°

资料来源：四川局提供。

二、地震烈度分布

这次地震的极震区为Ⅶ度，主要分布在新龙县通宵乡木亚村、安秋村、朗珠以西，友谊乡拉瓦柯、昌布以东一带。Ⅶ度区长轴 23km，短轴 11km，面积约为 $200km^2$；Ⅵ度区长轴 50km，短轴 25km，面积约为 $700km^2$；Ⅴ度区长轴 85km，短轴长 50km，面积约为 $2400km^2$。

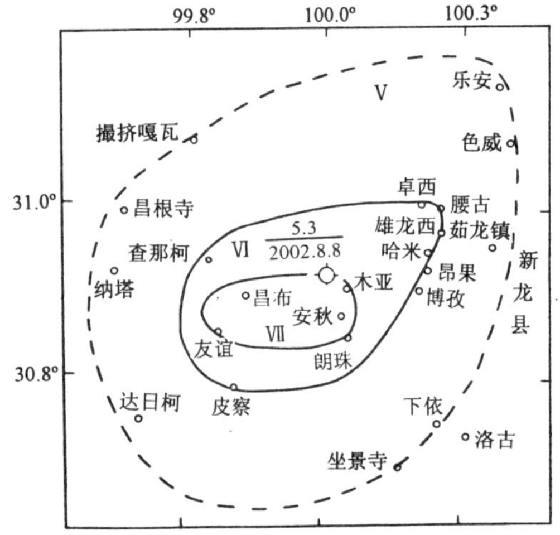

2002 年 8 月 8 日四川省新龙县 5.3 级地震烈度分布图

三、震害特征

Ⅶ度区内个别老朽夯土墙房屋出现倒塌，少数严重破坏。破坏的房屋表现为夯土墙体竖向裂缝，许多老旧房屋年久失修，地震加剧了墙体变形、裂缝。

Ⅵ度区因房屋大多建筑在坡积物上，修建时地基没做任何处理，震害受地基影响较大，造成震害加重。个别房屋受到严重破坏，少数受到中等破坏，主要表现为夯土墙墙体竖向裂缝宽 3～5cm。

Ⅴ度区内的房屋震害较轻，老朽房屋破坏稍重，多表现为夯土墙体出现裂缝。

四、地震造成的人员伤亡及经济损失

这次地震造成 9 人受伤，此次地震波及到新龙、白玉、理塘三个县的 13 个乡（镇），受灾达 5525 户，30524 人，直接经济损失约为 3034 万元。

（四川省地震局　张　勤　陈　峻）

2002 年 9 月 5 日浙江省温州市泰顺与文成交界4.0 级地震

一、地震基本参数

发震时刻：2002 年 9 月 5 日 12 时 18 分 47 秒

微观震中：27°41′N，119°58′E

宏观震中：泰顺县包垟乡境内卓尾垟村（27°40.4 ′N，119°57.5 ′E）

震　　级：$M_L = 4.0$

震源深度：7km

震中烈度：Ⅵ度

地震类型：震群型

震源机制解：

	节面Ⅰ	节面Ⅱ	*P* 轴	*T* 轴	*B* 轴
走向	261°	352°	228°		
倾角	42°	89°		115°	
方位					352°
仰角			32°	31°	42°
滑动角	－1°	－132°			

地震序列及其特点：共记录到0级以上地震100多次，小震活动具有成丛性，截至2002年12月底，一共发生了三丛地震：2002年7月28日到8月31日为第一丛，最大地震为 M_L 3.5；9月5日到30日为第二丛，最大地震为 M_L 4.0（速报结果）；11月12日发生第三丛，最大地震为 M_L 2.7。

二、烈度分布与震害

地震烈度参数表

烈　度	长轴/km	短轴/km	面积/km^2
Ⅵ	12	7	70
Ⅴ	17.5	14	180

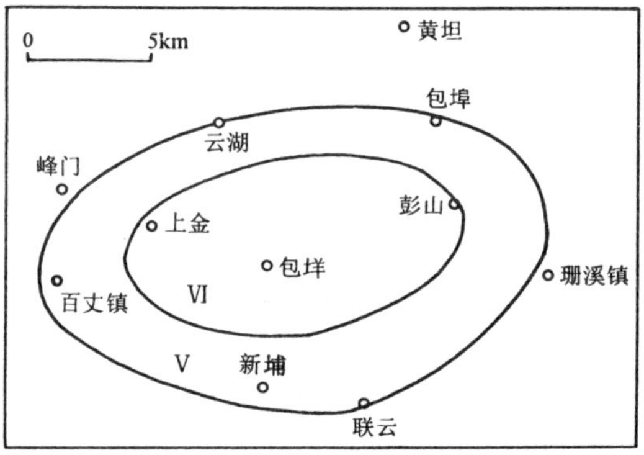

2002年9月5日浙江省温州市泰顺与文成交界4.0级地震烈度分布图

本次地震发生在温州市泰顺县与文成县交界，震中位置位于泰顺县包垟乡境内卓尾垟村，震中烈度为Ⅵ度，Ⅵ度区包括泰顺县包垟乡、新埔乡和联云乡部分地区以及文成县云湖乡南缘、珊溪镇仰山乡部分地区。地震发生时，震中附近居民震感强烈，普遍出现掉瓦现象，部分墙体出现裂缝，人们纷纷跑到屋外。地震造成个别房屋倒塌，但无人员伤亡。

本次地震的受灾面积为70km^2，主要分布在泰顺境内，文成县仅占少部分。主要受灾乡镇为泰顺县包垟乡、新埔乡、联云乡、百丈镇和文成县云湖乡、珊溪镇、仰山乡，灾区范围内共有居民3839户，人口为12999人。地震烈度Ⅵ度区范围内主要有砖砌体房屋和干打垒土墙简易房两种。根据抽样调查，砖砌体房屋完好、基本完好占70%，轻微破坏占30%；干打垒土墙简易房屋完好、基本完好占50%，轻微破坏占30%，中等破坏占20%，此次地震造成直接经济损失约837.62万元。

（浙江省地震局　庞银照）

2002年10月20日内蒙古自治区锡林郭勒盟西乌珠穆沁旗 M_S 4.9地震

一、地震基本参数

发震时间：2002年10月20日23时46分09.9秒

微观震中：44°43′N，117°18′E

宏观震中：锡林郭勒盟西乌珠穆沁旗巴拉格尔苏木柴达木嘎查

震　　级：$M_S=4.9$

震源深度：15km

震中烈度：Ⅵ度

震源机制解：

节面Ⅰ			节面Ⅱ			*P*轴	
走向	倾向	倾角	走向	倾向	倾角	走向	仰角
5°	SEE	77°	97°	NNE	81°	232°	3°

*T*轴		*B*轴		*X*轴		*Y*轴	
走向	仰角	走向	仰角	走向	仰角	走向	仰角
141°	15°	153°	74°	175°	10°	97°	13°

地震类型：主震余震型

余震情况及特点：余震共发生7次，最大余震 M_S 4.0，余震衰减较快，主震释放能量占全部序列释放能量的96.9％。

二、烈度分布与震害

这次地震有感范围北至中蒙边界，南至锡林浩特市，东至赤峰市，北京部分高层建筑轻微有感。宏观震中位于锡林郭勒盟西乌珠穆沁旗巴拉格尔苏木柴达木嘎查一带（117°26′E，44°40′N）。与微观震中仅向北东方向偏差4km，与微观震中吻合性比较好，震中烈度为Ⅵ度。

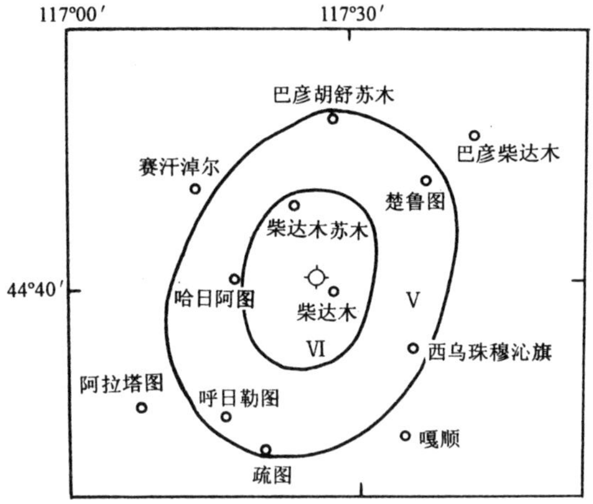

2002年10月20日内蒙古自治区锡林郭勒盟西乌珠穆沁旗4.9级地震烈度分布图

Ⅵ度区：Ⅵ度区西起巴拉格尔苏木哈日阿图嘎查，东至巴拉格尔苏木柴达木；北起巴拉格尔苏木柴达木办事处（原柴达木苏木政府所在地），南至柴达木嘎查南，为椭圆形，呈北北东方向展布。长轴26km，短轴15km，面积约360km²。震害主要表现在房屋遭到不同程度的破坏。大多数土木、砖木结构房屋承重墙出现裂缝或原有裂缝延长加宽，墙体外倾、下沉，山墙与前后墙结合部开裂，非承重墙体出现X型裂缝、变形，烟筒倒塌，个别棚圈围墙倒塌，部分房屋达到严重损坏的程度。

另外，位于Ⅴ度区的哈达图煤矿存在大面积采空区，出现了Ⅵ度异常点。造成煤矿居民大多数土木、砖木结构房屋墙体出现裂缝或原有裂缝延长加宽，墙体外倾、下沉，顶棚掉落。煤矿近年新建的学校内砖木结构教室外墙出现了水平和垂直裂缝。煤矿井下30余米石墙严重破坏，部分辅助生产设备受到损坏，造成短时间停产。

Ⅴ度区：西起萨如拉脑塔格，东到旗所在地巴彦乌拉镇，南到巴拉格尔苏木的疏图，北到巴彦胡舒苏木政府所在地。Ⅴ度区同样呈北北东方向展布，长轴50km，短轴35km，受灾面积1600余km²。土木结构房屋及未做地基处理的砖木结构房屋也不同程度出现裂缝或原有裂缝加宽、延长，部分房屋达到中等破坏程度。

这次地震还使西乌珠穆沁旗的4个苏木，30个嘎查，2个煤矿的一部分房屋与建筑受到损坏，19只牲畜被压死，无人员伤亡，Ⅵ度区内破坏面积达40％，Ⅴ度区破坏面积达20％，直接经济损失800.76万元。

三、宏观异常现象

地震前夜，巴拉格尔苏木柴达木嘎查几户牧民发现羊群不进圈现象；震时，狗狂叫，地震后狗也平静下来。未发现其他宏观异常现象。

（内蒙古自治区地震局
弓建平　武恩夫）

2002年12月14日甘肃省玉门5.9级地震

一、地震基本参数

发震时间：2002年12月14日21时27分27.2秒

微观震中：39°48′N，97°18′E

宏观震中：玉门市西南22km旱峡煤矿与妖魔山之间

震　　级：$M_S = 5.9$

震源深度：15km

震中烈度：Ⅶ度

震源机制解：

	节面 A	节面 B	P 轴	T 轴
走向	147°	24°	227°	140°
倾向	SW	NE	—	—
倾角	26°	75°	—	—
仰角	—	—	27°	55°

地震类型：主震余震型

余震情况及特点：主震发生后，余震衰减较快，震区共发生余震 84 次，最大余震为 M_S 4.3 。

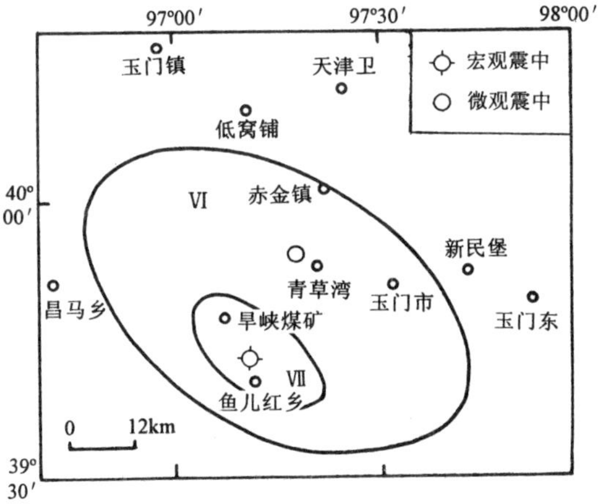

2002 年 12 月 14 日甘肃省玉门 5.9 级地震烈度分布图

二、烈度分布与震害

地震发生时伴随很大的地声，有感范围东起张掖市，西至阿克塞，南起甘青交界，北到肃北马鬃山。震中烈度为Ⅶ度，极震区呈长椭圆形，Ⅶ度区长轴走向北偏西 65°，长轴 23km，短轴 13km，面积 410km²，Ⅵ度区面积 2890km²。根据现场考察结果分析，这次地震发生在河西西段的酒泉盆地内，发震断裂是祁连山北缘活动断裂带的旱峡—大黄沟断裂。

Ⅶ度区：主要破坏为砖木平房屋顶烟囱大部分倾倒，屋檐瓦掉落，砖墙开裂，土坯墙开裂严重，山石滚落，基岩崩塌，多处边坡失稳，回填地基出现裂缝。

Ⅵ度区：农村建筑多为硬山搁檩式土坯房。主要破坏是搁檩山墙与檩接触部位开裂，严重者檩掉入山墙裂缝中，土坯房普遍开裂，檩从山墙水平滑出，棚圈、围墙部分倒塌，以赤金镇和平村灾情较重，部分机井因井下套管变形错位而报废。

城市的破坏以建筑物墙体开裂为主，玉门市青年路五村 1 栋和 2 栋 5 层砖混结构住宅楼的一层两端外墙墙皮掉落，门窗顶有斜裂缝，顶层两端住户隔墙出现“X”型裂缝，山墙和承重墙开裂，楼盖有水平位移；人民银行玉门支行营业大厅承重柱底端酥裂，金库的0.37 m 现浇钢筋混凝土墙体出现穿透性裂缝，顶层墙体连接处开裂，承重墙有轻微裂缝，地基下沉；玉门市迎宾宾馆大餐厅 8 根承重柱在屋顶下约 1m 处全部断裂。

生命线工程破坏情况：供水管断裂 5 处，总长 10km；排污管线扭曲、错位、断裂 8 处，总长 5km；745 户居民的排水和供暖受影响。城市电力设施损坏 3 处，两台变压器烧毁报废；219km 供电线路遭受不同程度损坏，农村部分地区供电中断。城乡 5 条公路路面不同程度受损，3 座桥梁出现轻微裂缝。引水渠首工程 3 处轻微损坏；灌溉渠道 97km 出现轻微裂缝；27 眼机井坍塌、错位变形而报废。

本次地震间接死亡 2 人，轻伤 350 人，露天滞留受冻患病 8200 人，受灾总户数 17175 户，受灾人口 65500 人，受灾面积 8910km²，直接经济损失7020.17 万元。

(甘肃省地震局　马尔曼)

2002年12月25日新疆维吾尔自治区乌恰5.7级地震

一、地震基本参数

发震时间：2002年12月25日20时57分32.6秒

微观震中：39°36′N，75°24′E

宏观震中：39°41′N，75°05′E、

震　　级：$M_S = 5.7$

震中烈度：Ⅵ度

震源深度：20km

余震情况及特点：5.7级地震后，余震活动极少，最大余震震级明显偏小，与该地区绝大多数5级以上地震后余震较多的震例不符。

二、地震烈度及震害

经地震现场考察，极震区烈度为Ⅵ度，范围为北自乌恰县黑孜苇乡阿克彻依村，南到康苏镇巴村，西至吾合沙鲁乡，东到黑孜苇乡康希别尔村。长轴50.4 km，短轴18.6 km，面积736.3 km²；Ⅴ度区，范围为南到疏附县乌帕尔乡四十个泉，西至乌恰县乌鲁克恰提乡加斯村，东到阿图什市吐尔尕特口岸，北部为高山无人区，长半轴56.7 km，短半轴36.0 km，面积5676.4 km²。等震线长轴为东西向。受灾总户数为8286户，灾区人口33889人。

此次地震没有造成房屋毁坏和严重破坏，砖混结构房屋中等破坏占8.86 %，21709m²，轻微破坏占17.9 %，43858m²；土木结构房屋中等破坏占16.2 %，92832m²，轻微破坏占31.85 %，182514m²；地震造成1人轻伤，无人员死亡。无家可归人数为2724人，666户。

本次地震造成直接经济损失为3045.85万元，其中救灾投入费用110万元，地震造成县城建局供热站、供水管道破裂而停止供热产生的间接经济损失为142.2万元。

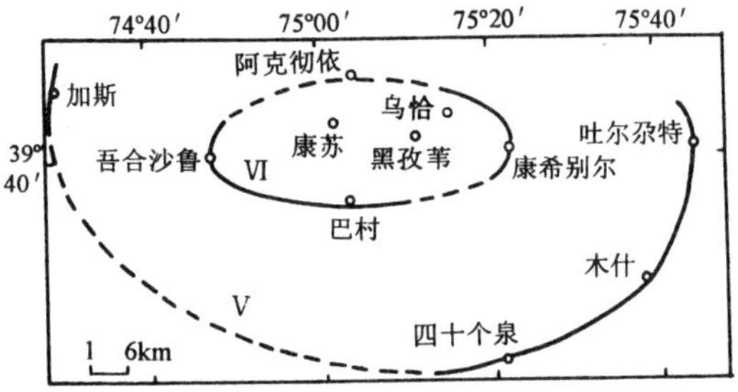

2002年12月25日新疆乌恰
5.7级地震等震线图

（新疆维吾尔自治区地震局　宋立军）

防震减灾

这一部分收载中国地震局系统、各级政府及社会各界防震减灾三大工作体系(地震监测预报、地震震灾预防、地震灾害紧急救援)进展等情况，全面记录政府、专业队伍、社会各界的作用和贡献，从中可看到我国防震减灾事业的发展。

地震监测预报

2002年度全国地震趋势会商意见

中国地震局于2002年1月6～11日在北京召开2002年度全国地震趋势会商会。会议代表围绕中国地震局分析预报中心所作的“2002年度全国地震趋势会商会汇总报告”进行讨论。与会专家就昆仑山口西8.1级地震及其对我国大陆地区地震形势的影响，进行了深入、广泛的分析讨论，并根据对2001年我国各地震区的地震活动性和各种前兆异常资料，对2002年发生破坏性地震可能性较大的重点危险地区进行了认真的研究，最后判定2002年发生破坏性地震可能性较大的8个重点危险区并依照《地震预报管理条例》的规定，中国地震预报评审委员会对2002年度全国地震趋势会商会的结果进行了评审。

8个地震重点危险区是：

（1）晋冀蒙交界地区（5～6级）；

（2）祁连山中东段（6级左右）；

（3）青甘川交界地区（6～7级）；

（4）四川雅江—布拖（6级左右）；

（5）云南建水至永胜（6.5级左右）；

（6）滇西南地区（6级左右）；

（7）库玛断裂带中段（6～7级）；

（8）新疆南天山西段乌恰至喀什（6级左右）。

此外，根据首都圈地区当前地震活动和前兆异常情况，将首都圈地区判定为强化监视区，2002年有可能发生5级左右地震。

（中国地震局监测预报司　车　时　刘桂萍　李永林　黄蔚北）

2002年度地震监测工作综述

一、制定《地震监测系统发展规划》，科学规范台网建设与管理

“十五”期间，在国家的大力支持下，中国地震局将全面实施“中国数字地震观测网络”计划。要做好地震监测台网的建设，首先必须做好台网的规划和布局。为此，监测预报司积极组织专家，开展广泛调研，在认真总结30多年监测预报经验教训的基础上，编制了《地震监测系统发展规划》（以下简称《规划》）的初稿，包括测震、形变、电磁、流体与信息五个部分。《规划》系统阐述了我国台网分级分类管理的具体模式，拟将现有台网划分为全球台网、国家台网、区域台网和社会台网四个层次。根据新的台网划分特点，各学科在台站仪器的配备、台址的选择与布设等方面提出了不同要求。同时，密切跟踪国内外发展动态，适时拟订了一系列地震监测技术发展的研究计划。新《规划》将在全国地震系统范围内进一步征求意见，经修改后正式出版。该《规划》的制定，将更加有力地保障地震监测系统的可持续发展。

二、狠抓运行管理，充分发挥“九五”新建技术系统效益

抓好“九五”新建技术系统完善和运行管理工作是发挥新技术系统效益的关键环节。监测预报司首先对新系统的运转状况进行了全面调研。调研结果显示，全国“九五”新技术系统运行率基本达到95%以上，有许多省份如北京、天津、河北、山东、江苏等地达到99%；其次根据调研情况，组织对“九五”建设项目进一步完善，及时制定出台了一系列运行管理办法。通过狠抓落实，提高了新系统的运行率，也为“十五”项目的建设提供了新经验；更为重要的是有力促进了新系统的产出数据在地震预报中的应用，如GPS网络的装备和产出资料在昆仑山口西8.1级地震的科学考察以及年度地震会商中发挥了重要作用。在加强资料地震系统应用的同时，还积极推动地震监测资料在国民经济建设和科学研究领域的广泛应用。如通过与多部门的沟通与合作，“九五”建设的台网资源已应用于国防建设、国家坐标框架的建立、气象预报、地质灾害监测、地球动力学研究等方面。

三、求真务实为基层台站解决实际困难，确保台站高效正常运转

落实“三个代表”重要思想的关键在于实践。根据中国地震局党组关于加强台站建设的总体要求，监测预报司专门就当前制约和阻碍台站发展的若干问题（如台站观测环境、台站自然受灾情况、职工住房、文体设施与书籍报刊配备、台站基础设施状况以及台站的科研力量等），积极召开专题会议进行研究，通过文件形式调查或组成专家组进行实地考察等方式

进行了专题调研。通过深入广泛地调研，进一步了解和掌握了目前台站的现状，并形成了若干专题报告。针对台站存在的实际问题，2002年集中为台站解决了一些实际困难：安排2430万元（省局配套430万元）改造31个台站的基础设施和观测环境，240万元用于210个台站的绿化，200万元解救了32个单位46个台站的自然灾害，65万元（省局配套50万元）用于台站“三结合”科研经费。通过这些专项的实施，明显改善了台站生活与工作条件，有效提高了台站人员素质。

四、监测技术系统得到改善，观测资料质量进一步提高

台站是防震减灾工作的基础，加强台站建设是进一步稳定一线职工和提高观测资料质量的重要举措。根据中国地震局党组关于2002年度台站基础设施和工作条件改善的意见，2002年重点组织安排了全国31个国家基准台和基本台的改造任务。为加强地震台站建设，提高台站建设科学化、规范化管理水平，监测预报司于2002年6月在天津召开了全国台站建设工作研讨会议，宋瑞祥局长亲临会议并作了有关台站建设的重要指示。根据中国地震局党组指示和会议精神，监测预报司积极组织专家制定了《地震台站建设暂行规定》和《台站建设管理办法》，建立了台站建设的严格审批制度，按照“技术系统先进，观测环境规范，基础设施完善，台容台貌优美”的现代化台站建设要求，31个台站均按期完成了年度改造任务。改造后的台站面貌焕然一新，地震监测科研工作条件得到明显改善，台站监测的质量与水平也因此有了大幅度的提升。

五、编辑整理地震监测台志和监测数据库，推进地震监测管理现代化

地震监测台志的编写和监测管理系统数据库的建设是一项专业性很强的基础工作，其意义重大而深远，它将更加有利于广大地震科技和管理工作者全面深入了解我国地震台网（站）的建设现状与发展历史，有力促进监测技术和管理工作的科学化与规范化。为确保监测台志编写和数据库填报工作顺利进行，监测预报司组织了台站工作经验丰富的专家，制定了统一的编写大纲和开发了数据库填报软件系统，适时举办了软件填报培训班。在经费紧张的情况下，监测预报司积极为各任务单位筹措经费，配备了计算机，专门保障该项工作的有效实施。截至2002年底，台志和监测数据库的初步工作已经完成。

六、抓数字化教材编写，注重人才培养，切实提高监测预报人员的整体素质

发挥数字化观测系统的作用，必须提高监测预报一线人员的业务水平。监测预报司结合现代数字地震观测技术特点和台站人员自身素质发展需求，组织专家编写有针对性的“数字化地震观测技术系统系列教材”。通过各学科专家编写组的共同努力，《数字地震观测技术》、《数字流体观测技术》、《数字电磁观测技术》已经正式出版。结合数字化教材的出版适时举办数期观测技术培训班。如2002年10月份在天津举办“全国数字地下流体观测技术培训

班”。测震、形变学科在正式教材出版前，自行编制了与教材内容相关的讲义进行培训。

针对当前年轻分析预报人员普遍缺乏实战经验的现状，2002 年 5 月在杭州分别举办了电磁资料处理应用及大地形变资料处理应用培训班，在北京举办了 2 期数字地震学培训班，共有 104 名年轻的监测预报骨干参加培训，效果显著。

七、认真开展地震监测系统先进集体和个人评选活动，积极筹备全国台站工作会议

为系统回顾我国地震台站建设与发展历程，全面总结和交流地震台站建设成果及先进经验。表彰先进，发扬成绩，立足实际，规划未来，有力提升台站建设与管理的科学化、目标化和规范化水平，中国地震局研究决定召开新世纪首届全国地震台站工作会议。监测预报司自 2002 年 8 月份开始组织开展全国地震监测系统先进集体和个人评选活动，以表彰地震监测系统先进集体和个人，以及 30 年来长期坚守台站，默默无私奉献的监测一线职工。并就台站有关问题进行多种形式的调研和研讨。

八、国家“十五”科技攻关和社会基础性重点项目进展顺利

国家“十五”科技攻关项目“强地震短期预测与救助技术研究”以及社会基础研究类项目“地震和前兆观测技术标准”和“中国地磁图编制”。经过项目研究专家的共同努力，三个项目进展顺利，均在规定的时间内完成了相应的研究任务。其中，国家科技攻关项目“强地震短期预测技术与救助技术”已经完成了预报部分的第一阶段研究任务和新仪器研制部分的 8 种新前兆传感器及整体样机的研制工作。地震及前兆观测技术标准项目初步完成了 10 个技术标准的送审稿件和 12 个明年启动的预研类标准；中国地磁图编制项目完成了河北、山西等 56 个点位的野外一期测量任务，数据的分析处理工作也已完成。

九、地震核查项目和国家重力 2000 网项目及 GPS2000 国家大地控制网项目验收准备工作紧张有序

兰州台阵和海拉尔台阵建设是地震核查项目的重要内容。到 2002 年 12 月底，两个台阵的建设任务全部完成，自 2002 年 1 月 1 日起进入正式运行考核期。从整体情况来看，两个台阵运行状况良好，系统稳定，产出的观测资料完全符合国际禁核试组织（CTBTO）的技术标准。2002 年 5 月召开的国际研讨会期间，各国代表现场考察了海拉尔台阵，给予高度评价和赞扬。国家重力 2000 项目和 GPS2000 国家大地控制网项目在国家的统一组织与协调下，国家测绘局、总参测绘局和中国地震局三家均按照要求完成了数据的联测任务，数据的处理和解算工作于 2002 年底前结束。

（中国地震局监测预报司　宋彦云　余书明　孙为民　熊道慧）

2002 年度地震台网建设进展

一、“九五”重点项目

首都圈防震减灾示范工程在各方的共同努力下，于 2002 年 10 月 9 日通过国家计委组织的验收。工程完成新改建 107 个数字遥测地震台；新建首都圈遥测地震台网中心，4 个省级中心，2 个地市中心；新建 16 台仪器组成的 2 套流动数字地震观测系统，122 台仪器组成的 2 套深部勘探系统；新建 122 个数字强震台；新建首都圈强震台网中心和 3 个省级中心，新建 23 套流动数字强震台；新改建 68 个地震前兆台站；新建首都圈地震前兆台网中心，3 个省级中心，5 个地市中心等建设任务（表 1）。共完成改、扩、建土建工程 1.1 万平方米，购置通用和地震专用仪器设备 6500 台（套）。

首都圈防震减灾示范工程的建成，大大增强了该地区地震监测预报能力。测震台网地震监控能力提高到 $M_L2.0$（其中，北京、天津、石家庄达到 $M_L1.0 \sim 1.5$），震中定位精度达到 5km。地震前兆台网间实现了准实时传输和数据共享，增大了地震前兆信息的数据量。地震应急快速响应能力也得到增强。地震速报所需要的时间由 20 ~ 30 分钟缩短到 4 ~ 10 分钟。首都圈地区发生 $M_L \geqslant 3.5$ 地震后，4 分钟内提供计算机自动检测定位结果，10 分钟内提供人机交互的速报结果。此外，示范工程还增强了面向全社会的防震减灾宣传教育能力，取得了一批技术进步和具有示范意义的科技成果。

二、“十五”重点项目

2002 年是中国地震局“十五”立项关键的一年。2002 年 1 月由监测预报司组织召开的“中国数字地震观测网络”（部分内容）项目可行性研究报告编制会议标志着项目可研报告编制工作的开始。会议确定了项目各部分的科学目标和工程目标，技术思路和技术方案，细化各个部分的经费预算和实施进度，编制完成可行性研究报告的总体框架，并要求各省地震局、相关单位认真准备项目的建设背景材料。

2002 年 3 月组织召开“中国数字地震观测网络”部分建设项目讨论会（即第一次工作会议）。项目专家组认真研究了各省局提供的“十五”项目建设背景材料，听取了省局代表反映的问题和建议，在深入调研的基础上逐步完善可研报告的编制。

2002 年 3 月 28 日至 4 月 3 日于中国地震局香山干部培训中心组织召开“中国数字地震观测网络”部分项目初步设计编制会议。会议确定“中国数字地震观测网络”项目的初步设计大纲，完成由监测预报司负责的部分项目的标准设计，并由山西省地震局编制初步设计范例。

表 1　首都圈防震减灾示范区系统工程建设任务完成情况简表

国家计委批复建设内容（计投资［1999］192 号）		任务分解		任务完成情况
地震监测预报系统	新建和扩建 100 个左右数字遥测地震台及台网中心；建设 120 个数字强震台及台网中心、烈度速报系统，流动强震观测台网；改造和新建一批地震前兆台站及台网中心；改造和建设分析预报中心、两市一省地震局、8 个重点城市地震会商及地震现场分析会商系统	数字遥测地震台网建设		建成数字遥测地震台站 107 个（井下 53 个、地面 54 个），首都圈、北京、天津、河北、地球物理研究所 5 个台网中心及唐山、秦皇岛 2 个分中心，7 台套数字地震流动观测设备，2 套流动数字深部勘探系统
		数字强震台网建设		建成数字强震台站 122 个（实时 72 个、拨号 50 个），首都圈、北京、天津、河北 4 个台网中心及烈度速报系统，23 套流动数字强震台
		数字化地震前兆台网建设		改造数字化前兆台站 68 个，装备数字前兆仪器 196 台套（形变 38、电磁 45、流体 103、气象 10），建成首都圈、京、津、冀台网中心和张家口等 5 个分中心
		前兆流动观测系统建设		完成区域水准 48 条测线 463 个测点改造，流动重力 4 条测线 95 个测点改造，流动地磁 67 个场地主、副测点改造，地球水化 12 个测点改造，跨断层水准 10 个场地改造
		分析预报技术系统建设		建成局分析预报中心、两市一省、石家庄等 8 个大中城市三级地震分析预报技术系统，开发了基于 GIS 的分析预报软件系统
地震应急快速响应系统	建设首都圈地震通信网及计算机网络系统；建设两市一省及石家庄等 8 个大中城市防震减灾指挥中心技术系统，实现地震通信和地震应急指挥中心功能	地震通信网络系统建设		改造与完善了国家地震信息网络中心，建立了两市一省、京区直属单位、局机关地震通信网络系统，实现了宽带连接，接入 8 个大中城市和 100 个区县节点。
		地震应急指挥系统建设	地震现场震情与灾情获取系统	建成首都圈和两市一省地震现场通信网络、视频信息采集传输、野外流动调查技术系统
			应急指挥中心	建成国家、两市一省、8 个大中城市防震减灾指挥中心
			震灾快速评估与辅助决策系统	建成三级震灾快速评估与辅助决策系统，实现地震灾害损失快速评估、震情趋势判定、应急指挥辅助决策、公众新闻信息发布功能
防震减灾宣传教育系统	扩建香山地震台为地震科普教育中心，建设一套模拟救灾训练系统；在北京、天津等大中城市建立地震宣教公众传播技术系统	防震减灾宣教系统建设		建成中国地震科普教育馆（2066m²），天津市地震科普展室（360m²）；建成地震数据信息中心、两市一省地震局 4 套地震宣传教育公众传播技术系统；地震数据信息中心、北京市地震局、天津市地震局、河北省地震局依托 INTERNET 开辟地震科普网页提供在线服务

2002年4月23~26日于北京十三陵地震台组织召开“中国数字地震观测网络”部分项目省局初步设计编制工作会议（即第二次工作会议）。会议要求各单位严格按照项目的初步设计大纲和标准设计的要求，参考山西省地震局的初步设计范例，完成各省的初步设计初稿，并于5月15日之前上报监测预报司。

2002年5月10日在中国地震局组织召开了“中国数字地震观测网络”仪器生产单位工作会议。会议从项目的总体技术要求出发，初步确定了测震、前兆项目仪器的性能指标，讨论了“十五”期间仪器设备选型、订购和生产等方面可能遇到的问题，为项目的顺利完成进行技术储备。

2002年5月23~28日于中国地震局香山干部培训中心组织召开“中国数字地震观测网络”部分项目第三次初步设计工作会议。专家组本着严格把关的原则，会同省局代表对各单位的初步设计方案逐一完善，后续编制工作一直持续到6月中旬。

2002年9月30日，经中国地震局党组研究决定成立中国地震局地震工程研究中心，负责“中国数字地震观测网络”项目实施的组织和管理工作。2002年10月15日成立“中国数字地震观测网络”联席会议，负责指导和协调工程建设工作，中国地震局副局长汤泉同志任联席会议主任。同时还成立“中国数字地震观测网络”专家委员会，负责指导建设中的科学技术问题，中国科学院陈颙院士任专家委员会主任。

2002年10月编制完成了可行性研究报告的初稿，由于工作细致，考虑周全，可研报告已达到初步设计的深度，为可研报告顺利通过评估以及后续工程设计与实施奠定了良好的基础。2002年12月上旬完成“中国数字地震观测网络”的工程设计大纲，向各省、自治区、直辖市地震局和局直属单位发布。

2002年12月24~29日，中国国际工程咨询公司在河北省石家庄市召开“中国数字地震观测网络可行性研究报告专家评估论证会”。中国地震局有关司室负责人、中国地震局地震工程研究中心负责人、各分项目首席专家以及部分省局代表出席会议。会议由中咨公司社会事业部朱郑州处长主持。中国地震局副局长汤泉、中咨公司社会事业部副主任胡元明、国家计委投资司领导出席会议并讲话。以陈运泰院士为组长的“中国数字地震观测网络可行性研究报告”评估专家组对项目可行性研究报告进行认真评估并形成了初步意见。

（中国地震局监测预报司　吴书贵　王　飞）

2001年度地震监测预报工作质量全国统评结果（前三名）

一、综合评比

（一）测震学科

第一名：银川台（宁夏回族自治区地震局）

第二名：昆明台（云南省地震局）

第三名：乌鲁木齐台（新疆维吾尔自治区地震局）　高台台（甘肃省地震局）

（二）地壳形变学科

第一名：怀来台（河北省地震局）

第二名：南通台（常熟）（江苏省地震局）

第三名：张家口台（河北省地震局）

（三）地磁学科

第一名：天水台（甘肃省地震局）

第二名：乾陵台（陕西省地震局）

第三名：隆尧台（河北省地震局）

（四）地下流体学科

第一名：张道口台（天津市地震局）

第二名：乌鲁木齐台（新疆维吾尔自治区地震局）

第三名：庐江台（安徽省地震局）

（五）遥测地震台网

第一名：昆明台网（云南省地震局）

第二名：浙江台网（浙江省地震局）

第三名：合肥台网（安徽省地震局）

（六）流动观测

第一名：广东省地震局

第二名：江苏省地震局

第三名：宁夏回族自治区地震局

二、单 项 评 比

（一）测震学科

1. 测震Ⅰ类台

第一名：乌鲁木齐台（新疆维吾尔自治区地震局）

第二名：高台台（甘肃省地震局）

第三名：兰州台（甘肃省地震局）

2. 测震Ⅱ类台

第一名：天水台（甘肃省地震局）

第二名：银川台（宁夏回族自治区地震局）　乌加河台（内蒙古自治区地震局）　安西台（甘肃省地震局）

第三名：和田台（新疆维吾尔自治区地震局）　密山台（黑龙江省地震局）　重庆台（重庆市地震局）

3. 大震速报

第一名：南京台（江苏省地震局）

第二名：大连台（辽宁省地震局）

第三名：武汉台（湖北省地震局）

4. 中国数字地震台网

第一名：昆明台（云南省地震局）

第二名：海拉尔台（内蒙古自治区地震局）

5. 区域遥测地震台网

第一名：昆明台网（云南省地震局）

第二名：成都台网（四川省地震局）

6. 地方遥测地震台网

第一名：浙江台网（浙江省地震局）

第二名：合肥台网（安徽省地震局） 广东台网（广东省地震局）

（二）地壳形变学科

1. 区域水准测量

第一名：第一监测中心102组

第二名：第二监测中心103组

第三名：第一监测中心106组

2. 流动重力观测

第一名：广东省地震局

第二名：江苏省地震局

第三名：宁夏回族自治区地震局

3. 断层形变场地观测

第一名：四川省地震局（水准）

第二名：安徽省地震局（水准）

第三名：第二监测中心（水准） 综合观测中心（水准）

4. 断层形变观测台站

第一名：金州台（辽宁省地震局）

第二名：炉霍台（四川省地震局）

第三名：南通台（江苏省地震局）

5. 倾斜潮汐形变单项台

第一名：双阳台（吉林省地震局）

第二名：延庆台（北京市地震局）

第三名：蓟县台（天津市地震局） 本溪台（辽宁省地震局）

6. 倾斜潮汐形变综合台

第一名：怀来台（河北省地震局）

第二名：南山城台（辽宁省地震局）

第三名：张家口台（河北省地震局） 麻城台（湖北省地震局）

7. 重力潮汐台站

第一名：蓟县台（天津市地震局）

第二名：昆明台（云南省地震局）

8. 洞体应变台站

第一名：麻城台（湖北省地震局）

第二名：兰州台（甘肃省地震局）

第三名：怀来台（河北省地震局）

9. 钻孔应变台网

第一名：泰安台（体应变，山东省地震局）

第二名：溧阳台（体应变，江苏省地震局）

第三名：昌平台（体应变，地壳应力研究所）　灵山台（电感应力，广西壮族自治区地震局）

（三）地磁学科

1. 地电阻率

第一名：天水台（甘肃省地震局）

第二名：嘉峪关台（甘肃省地震局）　宝鸡台（陕西省地震局）

第三名：高邮台（江苏省地震局）　宝坻台（天津市地震局）

2. 地电场

第一名：嘉峪关台（甘肃省地震局）

第二名：宝坻台（天津市地震局）

第三名：静海台（天津市地震局）

3. 地磁Ⅰ类台

第一名：通海台（云南省地震局）

第二名：武汉台（湖北省地震局）

第三名：兰州台（甘肃省地震局）

4. 地磁Ⅱ类台

第一名：天水台（甘肃省地震局）

第二名：红山台（河北省地震局）

第三名：昌黎台（河北省地震局）

5. 定点核旋

第一名：高邮台（江苏省地震局）

第二名：洛阳台（河南省地震局）　红山台（河北省地震局）

第三名：大连台（辽宁省地震局）　郯城台（山东省地震局）

6. 流动磁测

第一名：山东省地震局

第二名：安徽省地震局

（四）地下流体学科

1. 水氡

第一名：下关台（云南省地震局）

第二名：平凉台（甘肃省地震局）　怀来台（河北省地震局）

第三名：张道口台（天津市地震局）　乌鲁木齐台（新疆维吾尔自治区地震局）　聊城台（山东省地震局）

2. 水位

第一名：张道口台（天津市地震局）

第二名：沈家台（辽宁省地震局）　庐江台（安徽省地震局）

第三名：莒南台（山东省地震局）　加积台（海南省地震局）　西昌台（四川省地震局）

3. 地热

第一名：玉溪台（云南省地震局）

第二名：大姚台（云南省地震局）　鞍山台（辽宁省地震局）

第三名：平凉台（甘肃省地震局）　张道口台（天津市地震局）

4. 水汞

第一名：下关台（云南省地震局）

第二名：庐江台（安徽省地震局）

第三名：夏县台（山西省地震局）　乌鲁木齐台（新疆维吾尔自治区地震局）

（五）主干通信网

1. 第一组［1100km 以下］

第一名：山东省地震局

第二名：辽宁省地震局

第三名：河北省地震局

2. 第二组［1100km 以上］

第一名：广东省地震局

第二名：海南省地震局

第三名：甘肃省地震局

（六）分析预报综合评比

1. 一类单位

第一名：云南省地震局

第二名：分析预报中心

2. 二类单位

第一名：广东省地震局

第二名：山东省地震局

3. 三类单位

第一名：海南省地震局

第二名：湖北省地震局

（七）日常分析预报

第一名：广东省地震局

第二名：海南省地震局　云南省地震局

第三名：分析预报中心　山东省地震局

（八）地震编目

1. 一类单位

第一名：地球物理研究所编目组

第二名：新疆维吾尔自治区地震局编目组

2. 二类单位

第一名：安徽省地震局编目组

第二名：内蒙古自治区地震局编目组

3. 三类单位

第一名：海南省地震局编目组

第二名：上海市地震局编目组

（中国地震局监测预报司　宋彦云　余书明　孙为民　熊道慧）

中国地震局地球物理勘探中心业务工作

一、重点科研项目工作

（1）“利用密集数字化地震台网研究首都圈地区地壳精细结构和活动构造”是国家科技部基础研究重大项目前期研究专项，该项目依托首都圈工程建设的数字化台网和加密布设的数字化地震流动观测台阵组成综合观测系统，联合观测网内中小地震、区域中等地震、全球范围内的强震和特别设计的人工地震。根据人工地震爆破检验首都圈数字化地震台网的监测精度；获取首都圈地区的地壳精细结构，特别是张家口—渤海构造带以及历史地震强震区的精细结构和构造；在数字化地震台网监测精度分析和高精度三维地壳结构研究成果的基础上，对首都圈区内的中小地震进行精确定位，结合其它资料确定区内的活动构造；利用地壳精细结构研究结果，确定深浅结构关系，最终建立首都圈地区的地震孕育模型。2002 年 4 月地球物理勘探中心承担野外实施的人工地震爆破和数据采集工作，投入 DAS－1 型数字地震仪器 200 台（套），分别布设在安新—香河—宽城 320km 长的深地震测深剖面上以及华北地区的北京、天津、河北 400km × 600km 的台网中，参加野外数据采集作业人员近 100 余人，各种车辆 35 台，共进行 6 次 2t 以上药量的爆破观测工作。取得了良好的观测记录，已经完成大部分数据处理工作，获得了剖面的二维速度结构和小台阵的三维层析成像结果。中国地震局局长宋瑞祥同志，该项目负责人陈颙院士以及中国地震局有关司室负责人亲临野外爆破现场，观看了人工地震爆破，慰问参加野外作业人员。宋瑞祥局长对地球物理勘探中心的野外工作给予了充分的肯定，对地球物理勘探中心这支队伍给予了较高评价。

（2）“长白山天池火山区浅层勘探研究”是中国地震局国家科技攻关计划专题任务“强地震短期预测及救灾技术研究”项目的子课题。根据中国地震局“十五”重点科研项目子课题“长白山天池火山区浅层工作勘探研究”任务书要求，2002 年 5 月中旬在火山口周边地区布设 19.5km 长的浅层地震勘探测线，并在特定的区段布设一定数量的超浅层地震勘探测线，利用美国 M18－165 型可控震源作为激发源，采用德国 200 道 SUMMIT 地震仪器进行人工地震数据的采集，共进行1700余次爆破观测，顺利完成了野外数据采集工作。目前，正在进行数据处理工作。

（3）根据“中国主要火山活动监测研究”项目，地球物理勘探中心承担了镜泊湖火山近场观测工作，20台DAS－3型宽频带数字地震仪，分别放置在16个地震台站，历时两个月共观测到天然地震200余个。目前，正在进行数据处理工作。

二、大城市地震活断层探测项目

“大城市地震活断层探测与地震危险性评价”项目是中国地震局“十五”期间一项非常重要的工作。2002年物探中心在北京奥林匹克公园、福建省福州、漳州、泉州、厦门和郑州市先后承担并完成了地震活断层人工地震探测的野外数据采集和资料处理解释工作。

1. 北京奥林匹克公园浅层地震探测和多道直流电法勘探

北京奥林匹克公园及其附近地区是北京市先期开展地震活断层探测的重点地区，北京市地震局委托我中心于2002年元月、10月分两期在奥林匹克公园地区进行浅层地震探测和多道直流电法勘探，目的是探明奥运村及其附近地区活断层分布情况，以确保奥运村工程建设的安全，保证2008年北京奥运会的成功举行。

本次工作投入SUMMIT数字地震仪96道，先后分别用minivibB－6500可控震源2台M18－165型可控源一部，共完成5条长度9.544km浅层地震反射剖面，观测系统参数为检波点距2m，激发点距6～8m，6～12次覆盖，采样间隔0.5ms记录长度2s，激发频率20～200Hz。用WGMD－2型高密度电阻率层析成像系统，120路电极，10m点距，共完成3条总长5.0km的电测剖面。

此项工作取得了良好的原始和解释资料，查明了奥运村地区附近的地震地质构造，为奥运村的规划建设提供了抗震设计依据，受到中国地震局、北京市地震局验收专家的高度评价。

2. 郑州市东区活断层探测

在城区利用美国产的M18－165型可控震源激发，采用德国产的200道SUMMIT地震仪器采集人工地震数据，设计浅层地震剖面总长26km，在郊区实施人工地震爆破2700余次，全部探测共获得有效记录2670张，合格记录2621张，圆满完成勘探任务和资料处理解释工作，通过了工程专家组的验收。

3. 福州市地震活断层探测

福州市是中国地震局开展地震活断层探测的试点城市。在2001年开展浅层控制性探测发现的主要活断层上，又开展了9km的浅层地震详细探测。为了揭示福州及邻区孕震构造，采用小接收点距，密集炮距的人工地震折射和反射联合探测技术，穿过福州盆地和长乐—诏安断裂带，布设实施了一条长80km的人工深地震折射探测剖面，在剖面上进行了16次爆破，使用152台DAS－2型数字地震仪观测；同时，在该剖面的主要断裂带上又布设了53km长的深地震反射探测剖面，实施单边放炮，25次覆盖的追逐观测系统，实施人工地震爆破16500余次，使用德国DMT公司生产的200道SUMMIT高分辨数字地震仪进行数据采集，投入各类型车辆41台，参加野外作业人员140余人，获得较好的野外探测记录。已完成大部分数据处理工作。

4. 漳州市地震活断层探测

为了揭示漳州盆地和九龙江断裂带的深部构造背景，在漳州盆地东侧布设了一条长160km的横穿九龙江断裂带的人工地震折射探测剖面，使用152台DAS－2型轻便数字地震仪，进行了9次人工地震爆破观测，圆满完成了野外数据采集工作。

5. 泉州市地震活断层探测

泉州地震活断层主要开展了浅层人工地震和深地震反射探测工作。

泉州浅层控制性人工地震探测剖面长度30余km，分别采用德国SUMMIT数字地震仪和美国R48数字地震仪进行观测，已经完成了野外数据采集和资料处理解释工作。

探明永安—晋江断裂带结晶基底，地壳上部断裂的几何形态特征，开展了泉州深地震反射探测，探测剖面长度为26km，用200道德国DMT公司生产的SUMMIT数字地震仪进行观测，现已圆满结束野外数据采集工作。

6. 厦门市地震活断层探测

在厦门市区布设了总长度约18km的浅层人工地震探测剖面，采用M18－165型可控震源和SUMMIT地震仪进行观测，现已完成了资料处理及解释工作。

实施福建活断层探测工程连续野外作业历时6个月，克服因地理、气候和环境等不利因素所造成的困难，圆满完成野外人工地震数据的采集工作。在福建工作期间，中国地震局副局长刘玉辰同志及中国地震局有关司室负责人亲临施工现场，看望慰问现场作业人员，对地球物理勘探中心的工作给予充分的肯定。

三、地震科学联合基金项目

1. 断层震相和地壳盲断层三维成像

“断层震相和地壳盲断层三维成像”是地震科学联合基金“十五”重点课题。为了进行地震断层通道波的观测，中国地震局地球物理勘探中心于2002年3月在昆仑山8.1级震区布设了一条横跨地震破裂带的地震测线，测线由20台16位DAS－3型数字地震仪组成，仪器间距为80～100m，记录到余震800多次。现已对部分观测资料的通道波进行了多带通滤波（振幅谱、尾波谱）计算，研究了通道波速度的频散特征和主频特征。另一方面，对海原地震区的部分深反射资料利用二维射线追踪和理论地震图方法进行了初步处理，得到海原断裂在地壳深处的几何形态及物理参数。

2. 壳幔过渡带细结构及与强震关系的研究

“壳幔过渡带细结构及与强震关系的研究”是地震科学联合基金2001年资助课题。根据任务要求，完成了广义反透射矩阵理论地震图波形反演遗传算法的程序设计、调试，单层地壳模型理论地震图数据反演拟合，含低速层地壳模型理论地震图数据反演拟合，壳幔过渡带模型理论地震图数据反演拟合，含噪声理论地震图数据反演拟合，反演算法控制参数选取实验。数字模拟实验表明，算法具有较好的稳定性和一定的抗噪声能力，收敛速度中等，对低速层、高低速薄互层结构具有较好的分辨能力。将该算法用于玛沁—兰州—靖边深地震测深剖面，获得了下地壳、壳幔过渡带的细结构。

3. 地震数据叠前偏移成像

《地震数据叠前偏移成像》是地震科学联合基金2000年资助课题，2002年结题。该课题根据叠前偏移理论，成功编制了叠前深度偏移计算程序，通过对 MARMOUSZ 传统试验模型进行计算验证，结果良好，各种构造形态显现清晰。对浅层地震勘探实际资料的处理，结果清晰地反映了地质结构和构造特征，表明该方法及计算程序对复杂构造具有较好的适用性。目前，已应用于城市活断层探测资料处理中。

4. 活动断裂的人工源高分辨地震成析成像方法研究

“活动断裂的人工源高分辨地震成析成像方法研究”是地震科学联合基金 2002 年资助课题。根据任务要求，进行了公式的推导，对利用初至波反演得到基底速度结构及 Q 值分布的思路进行了细化，并对 Q 值成像的方法进行了初步分析，开始构思程序的编制，设计了框图。对福州高分辨折射剖面的资料进行了频谱分析，用有限差分方法对初至波进行成像，取得了有意义结果。

5. 壳幔过渡带的复杂性和非均匀尺度方法与应用研究

“壳幔过渡带的复杂性和非均匀尺度方法与应用研究”是 2002 年地震科学联合基金资助的项目。2002 年完成了基于瞬时信息特征的地震波复杂性系数计算方法和基于小波变换的“变尺度震相分析方法”的理论和相应程序软件编制，对典型地区 DSS 剖面的资料进行了初步处理，研究了壳幔过渡带的复杂性和结构非均匀尺度，取得了初步结果。

四、流动重力测量与地震监测预报项目

“流动重力测量与地震监测预报”是中国地震局责任包干制项目。2002 年度完成山西、豫鲁测网四次复测，测量 43 个闭合环，总点数 397 个，总测段 433 个，总行程 5.0 万公里。在有关学术刊物和学术交流会上发表论文 3 篇。提交 2002 年年中和 2003 年年度地震趋势研究报告两份，对山西、河南、山东等地的地震趋势提出了会商意见，并捕捉到了 2002 年 11 月 7 日发生在河南原阳的 $M_L4.5$ 地震前后的重力场变化，提出了较好的预测意见。

（中国地震局地球物理勘探中心　王广亚）

中国地震局第一监测中心地震监测预报工作

一、地震监测工作

2002 年共完成一等精密水准测量 6550 km，GPS 测量 112 点次。在艰巨的任务面前，监测队继续发扬“爱岗敬业、艰苦奋斗、无私奉献”的英雄监测队精神，保证了每次出测任务的圆满顺利完成。监测队被中国地震局评为“首都圈示范区工程先进集体”称号，塔拉被评为先进个人。

2～4 月，圆满完成昆仑山口西 8.1 级大震第一期综合科学考察任务。一测中心 34 名科

考队员由中心副主任刘广余同志带队，组成8个GPS作业组，一个水准组，在青藏高原深入无人区，在高寒缺氧的恶劣环境中，克服常人难以想像的困难，以科学的工作态度，严格的工作作风，历时40多天，安全行车6万多千米，取得了GPS点位33个，昆仑山断裂蠕滑测定GPS点位9个，水准施测154.6 km的宝贵资料，观测成果经过二级监理全部达到优秀。

5~6月，组成4个水准埋石组，完成晋冀蒙测区115个水准点的补埋工作，经检查全部合格。

7~8月，组成两个水准埋石组，完成福建水准监测网12条线路的1500 km的踏勘，补埋水准点186个，绘制点之记399份。

6~9月，组成7个水准观测组，完成晋冀和京西北测区精密水准网40条一等水准路线3319.2km的监测任务，成果质量优良。

9~10月，继续完成天津市控制地面沉降监测工作一等精密水准测量1240.8 km，完成GPS点水准联测335.4 km。此前，一测中心共承担了天津市4期控沉计划的监测实施工作，据天津日报2001年12月4日报道，天津市实施的4期控沉计划，使天津市地面沉降发展势头得到有效控制，产生了良好的社会效益和环境效益，也获得了明显的减灾经济效益，仅一、二期控沉工作经济效益就在19亿元以上。

7~9月，完成"中国地壳运动观测网络"2002年基本网联测11个站，山西GPS监测网39个站，天津滨海新区GPS网30个站的复测，顺利通过了一、二级监理和检查验收。

10~11月，3个GPS作业组再上青藏高原，勇闯无人区，完成昆仑山口西8.1级大震二期科考任务14个站和断层蠕滑测定6个站的科考任务。

2002年11月~2003年1月，4个水准作业组实施福建水准监测网监测任务，共完成约1500 km的一等精密水准测量。

在中国地震局组织的2001年度全国地震观测资料评比中，一测中心102组、106组分别获得区域水准测量的第一名和第三名，其他水准组全部获得优秀，取得近年来最好成绩。

二、地震台站工作

唐山地震台编制《台站水准成果处理程序》和《台站基线成果处理程序》，建立了"水准数据库"、"基线数据库"、"辅助数据库"，计算工作基本实现数据处理自动化，在继续保持台站监测数据真实准确、连续的情况下，提高了成果分析处理水平。

开展中国地震局断层形变定点台站的技术管理和技术服务工作，及时处理各省局地震台站在断层形变观测中的技术问题。进行了2001年度观测资料的验收工作，组织完成了2001年度观测资料的评比工作。

三、科研工作

科研人员不断地寻求新思路，在课题研究方面进行多种方法比较，为取得高质量的研究成果做出了不懈努力。开展的科研项目主要有："973"国家重点课题，"网络工程"项目，国家自然科学基金课题，局基金课题，科技部"十五"短临预报攻关项目，中国地震局"十五"攻关项目，昆仑山地震科考项目，三峡项目，天津市地方项目，与二炮部队合作的军事研究项目等，主持或参与完成大小课题10余项，到位科研经费120万元。

"973"子课题的研究进展顺利，第一监测中心研制的"GPS快速定位定向仪器"国防建设项目通过初样评审鉴定会的评审，"应用GPS技术研制最新的天津市电子地图"项目和"应用RS、GIS、GPS技术研制天津市海岸带的电子地图与综合信息数据库"项目通过了市科委组织的验收，在天津市的应用中发挥了重要作用。第一监测中心李延兴同志被评为天津市"十五"立功先进个人。

四、地震分析预报工作

按照一测中心《地震应急预案》、《地震现场地壳形变观测组工作细则》、《加强汛期地震监测预报工作措施》，加强重大政治活动、重大节日期间的震情跟踪、会商、值班，做好全国定点形变台站管理，圆满完成2002年度地震趋势研究。预报科研人员及时处理了新的观测资料，运用"九五"期间的新成果，加大分析工作力度，根据对形变观测资料的分析及大形势研究的结果，对华北地区地震活动情况给出了判定意见，向全国地震趋势会商会提交了报告。

一测中心年初提交的年度震情会商报告在全国震情会商会评比中，被评为局直属单位第三名。

五、科技开发工作

2002年，科技开发创收合同额达到140多万元。科技开发项目有GPS高等级的控制测量、工程导线测量、地铁隧道施工监测、工程基础监测、水准选埋和精密水准测量。更可喜的是建筑物沉降监测有了更快发展，项目达到28项，合同额突破105万元。

（中国地震局第一监测中心　褚秋然）

中国地震局第二监测中心流动测量工作

2001年11月14日，青海、新疆交界的昆仑山构造带发生了8.1级特大地震，这是自1951年西藏当雄8.0级地震后，50年来中国大陆地区发生的惟一一次8级以上地震。围绕这次地震发生的构造背景以及对今后地震形势的影响，特别是对中国地震局第二监测中心在青藏块体北缘监测区的动力影响，中国地震局第二监测中心有针对性的及时开展了广泛、深入的工作。

一、区域精密水准测量——跨断裂剖面

根据"十五"监测计划安排和2002年度全国地震趋势会商会精神，为了精确测定和研

究8.1级地震引起的地壳构造活动，尤其是地震能量释放和构造应力传递对外围相关块体边界构造活动的影响，中国地震局第二监测中心2002年及时调整了监测计划，将过去延续多年的区域水准环线测量改为对南北地震带北段和青藏块体东北部及附近的跨主要块体边界活动断裂的水准大剖面观测。以增大监测控制范围，增加监测密度，增加监控能力。共计观测水准剖面21条，覆盖了祁连山断裂、海原断裂等青藏块体北缘地区的主要构造。完成Ⅰ等精密水准测量1759.4km，每千米测量高差中数的偶然中误差±0.36mm，成果质量优良。测量成果对昆仑山口西8.1级地震后北缘地区主要断裂的运动趋势，活动强度等均有较好的反映，为该区中长期地震发展趋势的预测与研究提供了重要的资料依据。

二、跨断裂水准测量及红外测距

中国地震局第二监测中心跨断层流动形变观测场地主要分布在祁连山断裂、海原断裂和位于甘东南地区的西秦岭断裂系，控制了青藏块体东北缘的主要构造，范围涉及甘、青、宁三省区。2002年完成跨断裂短水准测量166处次，每千米测量偶然中误差±0.19mm。红外测距74条边，观测成果全部优良。测量资料及时反映了昆仑山口西8.1级地震后青藏块体北缘地区主要断裂断层活动的精细变化状况，为判断该区中短期地震形势提供了最为及时的依据。

三、流动重力测量

（1）按计划完成了中国地震局下达的河西地区重力网146个测点，153个测段，3160km的复测任务。成果质量优良。

（2）完成了国家重点基础研究发展规划项目“大陆强震机理与预测”中的39个测点，39个测段，2450km的重力监测任务，成果质量优良。

（3）完成了国家重大科学工程“中国地壳运动观测网络”中，西北地区GPS基本站相对重力联测66个测点，64个测段，9300km的监测任务，成果质量优良。

（4）进行“十五”流动重力监测设计工作，提交了甘、宁、青和川滇地区监测设计方案。

四、流动GPS观测及GPS水准联测

针对昆仑山口西8.1级地震可能引起的地壳运动变化，中国地震局第二监测中心2002年完成陕、甘、宁、青地区GPS站点的跟踪监测及跨断裂水准剖面测线GPS点的观测，共计完成GPS区域站观测11个点，水准联测7个点（30km）的监测任务，成果质量优良。

上述监测任务的完成，从GPS观测资料给出的地壳块体水平运动，到跨断裂长水准剖面反映的块体边界构造带整体垂直运动，以及跨断层测量呈现的断裂细部微动态变化等几个方面，描绘了昆仑山口西8.1级地震后青藏块体北缘地区比较完整的地壳运动状况图像。为该区地震地质、地壳形变以及地震预报等方面的研究工作提供长、中、短时段比较及时、较为完整的三维资料基础。

（中国地震局第二监测中心　单　鸣）

中国地震局综合观测中心监测预报工作

中国地震局综合观测中心20多年来一直承担着首都圈及其周边地区的流动形变（含跨断层水准测量和跨断层短程精密测距）、流动重力和流动地磁监测任务，2002年综合观测中心按计划完成全年地震监测任务。四种流动监测手段全年观测资料质量稳定可靠，继续保持国内先进水平。全年无人为事故，为首都圈乃至全国的地震预测和相关科学研究提供了优质、连续、可靠的基础资料。

综合观测中心的分析预报工作按计划完成有关资料处理分析和首都圈地区异常追踪、震情会商及地震预测工作。努力扩大资料使用范围，丰富信息量，切实做好地震短临跟踪和前兆异常落实工作，努力提高地震预测与科研水平。

2002年度全国监测成果质量评比中，综合观测中心监测成果全部获得优秀，其中跨断层水准监测资料继续保持全国评比前三名。

一、地震监测方面

1. 跨断层水准测量

2002年综合观测中心跨断层水准测量按计划完成了10场地26条测线全年流动复测任务。全年共观测92场次250测段次。观测精度为每公里观测高差偶然中误差±0.28mm，满足有关规范要求的每公里观测高差偶然中误差±0.50mm的标准，成果优良率仍保持100%。

2. 跨断层短程测距

2002年综合观测中心跨断层短程测距按计划完成了首都圈地区7个场地9个网全年监测任务。全年对55条边观测了132边次。观测成果的平差精度优于1×10^{-6}，满足技术规范规定的精度标准，该观测质量继续保持了本系统同行的先进水平。

3. 流动重力测量

2002年综合观测中心流动重力测量在首都圈防震减灾示范区工程项目优化改造基础上组织进行。该项目的实施将流动重力测点由121个增加到132个，测段由126个增加到146个。2002年测全年观测两期，所构成的14个闭合环，3条支线，共观测132测点146测段。观测资料的平均精度为：仪器自差82.6$\mathrm{nm\cdot s^{-2}}$；仪器台差104.7$\mathrm{nm\cdot s^{-2}}$；测网环闭合差154.6$\mathrm{nm\cdot s^{-2}}$；测网评差的单位权中误差63.5$\mathrm{nm.s^{-2}}$。本年度使用首都圈示范工程项目新购置的仪器，在两台仪器中一台因质量问题返厂维修，故上半年主要围绕仪器标定进行监测，上述统计使用下半年资料。在上述四项技术参数中，有三项精度指标优于2001年，观测成果质量稳步上升。

4. 流动地磁测量

2002年我中心流动地磁测量按计划对布设在首都圈及周边的54个监测场地进行复测，

全年监测 4 期，共完成 216 场次的观测任务。观测资料质量为：野外仪器差均方误差：0.049 ± 0.08nT；野外桩位均方误差：0.054 ± 0.004nT；比测仪器均方误差：0.053 ± 0.005nT；比测桩位均方误差：0.045 ± 0.012nT；通化处理均方误差：0.458 ± 0.062nT；测区均方误差：1.07 ± 0.076nT。在上述反映监测成果质量的 6 个精度指标中，全部参数均明显优于 2001 年，表明 2002 年流动地磁观测成果质量较去年更加稳定可靠，监测成果质量继续保持全国的先进行列。

二、地震预测方面

2002 年度，综合观测中心的地震预测工作按计划组织实施。在监测资料的处理分析与地震预测研究中，继续采用双重工作模式。各测量队继续承担本监测手段的资料分析处理与地震预测研究工作，分析预报研究室主要负责监测成果的深层次开发研究，进行地震综合分析研究预测。为丰富地震预测研究的信息量，分析预报研究室在充分利用地震前兆监测成果的同时，广泛吸纳测震序列资料，为提高综合观测中心分析预报水平加倍努力。

2002 年综合观测中心除按规定完成月会商外，尤其注重首都圈地区的半年会商和年度震情趋势判定，同时按中国地震局要求增加重点节假日和北京重要政治活动期间的地震会商。全年对首都圈地区的地震活动趋势和大形势预测基本符合实际情况。

2002 年，综合观测中心按计划完成地震监测预报各项任务，为首都圈地区地震预测与研究提供基础信息，发挥了应有的作用。我们深信地震监测预报依然是我们工作的主战场，为地震科学积累优质可靠资料，不断提高地震预测水平是我们的职责与义务，我们将继续努力做好工作。

（中国地震局综合观测中心）

地震灾害预防

2002 年防震减灾法制建设

一、立 法 工 作

1. 行政法规《地震监测管理条例》的起草

根据 2002 年立法工作安排，中国地震局成立由地震监测管理人员、有关专家和法规管理人员共同组成的《地震监测管理条例》起草工作组。在广泛调研的基础上，经过反复讨论、研究，形成《地震监测管理条例》（征求意见稿）。并征求国务院有关部委、各省地震局、计划单列市地震局的意见，对条例再次进行修改，形成条例送审稿，拟于 2003 年初报国务院审议。

2. 部门规章的起草

2002 年，中国地震局完成《建设工程抗震设防要求管理规定》和《地震安全性评价资质管理办法》两个部门规章的制定工作，经局务会议审议通过，由宋瑞祥局长签发中国地震局令第 7 号和第 8 号予以公布施行。与此同时，着手《地震安全性评价执业资格管理办法》的起草工作，待与国家人事部门共同研究，进一步修改后发布。

二、法制监督检查工作

2002 年，中国地震局积极协助全国人大教科文卫委员会完成防震减灾法执法检查工作。在 2000 年执法调研的基础上，全国人大教科文卫委员会于 2002 年启动了防震减灾法执法检查。2002 年 6 月 21 日，全国人大教科文卫委员会各部门领导和部分委员到国家地震灾害紧急救援队基地视察指导，听取工作汇报并观看救援演练。6 月 22 日，教科文卫委员会专门召开会议听取中国地震局、建设部和民政部关于防震减灾法实施情况的汇报。9 月 11 ~ 23 日，由教科文卫委员会主任委员朱开轩为组长，张序三委员、谢光委员以及中国地震局副局长汤泉为成员的执法检查组，赴青海省和甘肃省进行实地检查。10 月 7 ~ 22 日，由教科文卫委员会副主任委员蒋祝平为组长，谢光委员、中国地震局局长宋瑞祥、副局长汤泉为成员的检查组，赴云南省、重庆市进行实地检查。

经过执法检查，全国人大教科文卫委员会充分肯定了近年来各地在贯彻实施防震减灾法，推进防震减灾工作中取得的成绩。在实地检查过程中，检查组对各地在防震减灾法制宣传、地方法规和规章建设、地震监测预报、震灾预防、地震应急和灾区恢复重建以及地方地震工作机构建设等方面工作的进展给予了肯定。检查组还对进一步加强抗震设防管理、加强政府各部门的分工协作、做好紧急救援工作等提出了意见建议。执法检查工作有力地促进了各级人民政府进一步履行法律赋予的职责。

三、普 法 工 作

1. 召开全国防震减灾法制工作会议

为了进一步推动地震系统法制工作开展，总结《中华人民共和国防震减灾法》实施几年来地震系统法制工作经验，分析当前防震减灾法制工作存在的主要问题，部署今后一段时期防震减灾法制工作，中国地震局于7月3～6日在黄金海岸地震科技培训中心召开地震系统防震减灾法制工作会议。会议总结“三五”普法以来，地震系统在立法、普法、执法、法制监督等方面取得的成就，分析当前防震减灾法制建设存在的主要问题，以及今后一段时期防震减灾法制建设的指导思想与主要任务。会议指出：今后一段时期，要在“依法治国”基本方略的指引下，根据建立健全防震减灾三大工作体系的要求，加强防震减灾立法工作，逐步完善防震减灾法律法规体系；开展普法宣传，增强全社会的防震减灾法律意识；加大地震行政执法工作力度，提高防震减灾法制化管理水平；加强法制监督，保证防震减灾法律法规的全面贯彻实施；推进依法行政，为促进防震减灾事业可持续发展提供保障。

2. 完成“三五”普法总结表彰工作

1996年中共中央、国务院批转的《中央宣传部、司法部关于在公民中开展法制宣传教育的第三个五年规划》下发后，地震系统各单位遵照中央宣传部、司法部文件精神和地震系统法制宣传教育第三个五年规划的安排，在党中央正式提出依法治国，建设社会主义法治国家基本方略的大背景下，开展形式多样的法制宣传教育活动，顺利完成“三五”法制宣传教育的各项任务。在做好“三五”普法工作总结的基础上，中国地震局对“三五”普法工作开展较好的单位和在“三五”普法工作中作出积极贡献的个人进行了表彰。评选出地震系统“三五”普法先进单位8个，地震系统“三五”普法先进个人43人，并在地震系统法制工作会议上，对先进单位和先进个人进行了表彰，颁发了奖状和奖牌。

3. 宣传《地震安全性评价管理条例》及配套规章

为了做好《地震安全性评价管理条例》和部门规章《建设工程抗震设防要求管理规定》、《地震安全性评价资质管理办法》的宣传普及工作，2002年1月10日，中国地震局与国务院法制办公室联合召开新闻发布会，在一些新闻媒体上刊登有关地震安全性评价管理的宣传报道。组织条例起草人员、审议人员和有关专家编写、出版了《地震安全性评价管理条例释义》。举办了全国地震系统《地震安全性评价管理条例》培训班，各省地震局和直属单位近80名负责抗震设防管理和法制管理的干部参加了培训。

四、地震标准化工作

2002年中国地震局组织起草有关地震的国家标准有：《地震现场救助技术规范》、《地震现场工作（第4部分灾害损失评估）》、《地震现场工作（第1部分基本规定）》、《防震减灾术语（第2部分专业术语）》、《地震灾害预测及其信息管理系统技术规范》、《工程场地地震安全性评价技术规范》、《电磁台站观测环境技术要求》、《测震台站观测环境技术要求》；地震行业标准有：《地震台站代码》、《地震数据格式》、《地震前兆观测仪器（第2部分通讯与控制）》、《地磁台站建设规范》、《地形变观测台站建设规范》、《重力观测台站建设规范》、《氡标准源检定规程》、《数字化地震前兆项目分类与代码》、《活断层探测方法》。在做好地震标准制定的同时，积极开展地震标准的宣传、实施和监督工作。

（中国地震局震害防御（法规）司　唐景见　黎益仕）

抗震设防要求管理

随着国家标准《中国地震动参数区划图》、《地震安全性评价管理条例》的相继实施和各级地震主管部门的积极贯彻落实，我国建设工程抗震设防要求的管理基本进入了法制化、规范化管理阶段。2002年度，建设工程抗震设防要求的管理取得明显进展。

为保证《地震安全性评价管理条例》的贯彻实施，加强新建、扩建、改建建设工程抗震设防要求的管理，中国地震局于2002年1月16日发布第7号令《建设工程抗震设防要求管理规定》，对各级地震主管部门抗震设防要求的管理职责、建设工程必须按照抗震设防要求进行抗震设防、抗震设防要求的确定原则、罚则等进行了明确规定。一般建设工程的抗震设防要求依据国家标准《中国地震动参数区划图》或地震动参数复核、地震小区划结果确定，重大建设工程的抗震设防要求必须依据地震安全性评价结果进行审定。

国家标准《中国地震动参数区划图》是我国使用量大面广，一般建设工程的抗震设防要求。为了保证区划图结果为经济建设服务，最大限度的减轻地震灾害损失和人员伤亡，中国地震局和各省级地震局积极推进《中国地震动参数区划图》的贯彻实施。中国地震局和部分省地震局举办了抗震设防要求管理人员和抗震设计人员的培训班和研讨会，对区划图的技术思路、适用范围进行了培训，并就如何加强一般建设工程抗震设防要求的管理、区划图使用中的若干问题等进行了研讨。中国地震局积极推进各行业抗震设计规范与《中国地震动参数区划图》的衔接，积极参与建筑、交通、铁道等行业抗震设计规范的修订工作。中国地震局、建设部领导就建设工程抗震设防、《建筑抗震设计规范》与《中国地震动参数区划图》协调等问题进行沟通，达成了两部门应共同做好建设工程抗震设防工作的一致意见。

将抗震设防要求管理纳入基本建设管理程序是将抗震设防要求管理落到实处的有效措施。通过中国地震局及省、地（市）地震主管部门的致力推进，2002年度，北京、天津、吉林、海南、内蒙古自治区等5个省和河津、襄樊、玉林、天水、哈密、湛江等20多个地（市）将抗震设防要求管理纳入了基本建设管理程序。

为了更好的履行《中华人民共和国防震减灾法》赋予中国地震局管理防震减灾工作的职

责，经国务院批准，2002 年度中国地震局作为城市总体规划审批联席会议成员单位，并在 2002 年度参与兰州、保定、桂林、汕头等 8 个城市总体规划的审批。在审批过程中，对城市总体规划中的建设工程抗震设防要求、城市布局规划、应急场地等问题进行严格把关，要求城市规划、建设过程中必须充分重视防震减灾工作并制定具体落实措施。

（中国地震局震害防御司　陶裕录）

地震安全性评价

随着《地震安全性评价管理条例》的发布实施，通过各级地震工作主管部门的努力，2002 年度我国建设工程地震安全性评价工作在法制化建设、规范管理、收费管理、关键技术研究等方面都取得了重要进展。

为了贯彻实施《地震安全性评价管理条例》，中国地震局发布第 8 号令《地震安全性评价资质管理办法》，对各级地震工作主管部门在地震安全性评价资质管理中的职责、从业单位资质证书和专业技术人员职业资格证书的申领、各级资质证书持证单位的从业范围、罚则等作出明确规定。

为提高地震安全性评价从业人员的业务素质和管理人员的管理水平，中国地震局和部分省地震局举办地震安全性评价工作培训班，对地震安全性评价工作的主要技术内容进行讲解，并就实际工作中的突出问题进行分析讨论，最后进行统一考试，考试成绩作为申领执业资格证书的重要依据。

2002 年度，国家地震安全性评定委员会较好地履行了地震安全性评价报告的评审职责，在科学合理地确定抗震设防要求、保障建设工程安全等方面发挥了积极作用。本年度评审西气东输、青藏铁路、俄中原油管道、广州市小区划、沈阳核供热站及海洋石油平台等 30 多项重大建设工程的地震安全性评价报告，为建设工程抗震设防提供了科学合理的依据。

国家地震安全性评定委员会对 2002 年度申请地震安全性评价许可证书、上岗证书的单位和个人进行资格审查。根据审查意见，中国地震局颁发了两个乙级地震安全性评价许可证书和 32 个甲级上岗证书、62 个乙级上岗证书。

经财政部、国家计委批准，地震安全性评价收费项目已于 2002 年 1 月 1 日起由行政事业性收费转为经营服务性收费。为了规范和推进地震安全性评价工作的收费，中国地震局围绕收费性质转变的有关问题开展调研，取得丰富的资料，为下一步制定新的收费办法奠定基础。

为解决地震安全性评价关键技术问题，中国地震局组织实施了“地震安全性评价与结构抗震研究”重点项目。该项目通过对潜在震源区划分、地震动参数衰减关系确定、重大工程近场工作内容与深度、地震区划等问题的研究，以提高地震安全性工作的科技水平。

为提高地震安全性评价工作质量和结果的适用性，并与国家标准《中国地震动参数区划图》保持衔接一致，中国地震局组织了对国家标准《工程场地地震安全性评价技术规范》的修订，目前已完成修订稿。

《地震安全性评价管理条例》及相关部门规章的发布实施，为地震安全性评价工作提供了有力的法律保障。今后，要切实保证条例的贯彻执行，加强地震安全性评价工作的管理和引导，加大执法力度，使地震安全性评价工作更好地服务于国民经济建设。

（中国地震局震害防御司　陶裕录）

震害预测工作及其进展

地震灾害风险的控制及管理者为实现减轻地震灾害目标，需要了解和掌握辖区内未来地震灾害风险的可能性及其可能的损失的定量估计，以便做出合理的防震减灾规划并科学地制定相应的综合防御对策。震害预测工作为这一需求提供了可能。所以《中华人民共和国防震减灾法》明确规定它是制定防震减灾规划的重要依据之一，也是建立地震灾害预防体系的基础工作。

我国一直重视震害预测的理论研究及其新技术手段和方法的开发，并通过实践试图逐渐拓展震害预测成果的应用范围。从 20 世纪 80 年代末开始，研究人员针对我国国情进行了相适应的震害预测方法研究，如砖砌体、内框架、底框架房屋的震害预测方法，根据震害资料建立农村房屋的震害预测方法，对高层建筑和复杂的生命线结构采用了从地震反应计算、抗震规范验算和经验统计预测等详略程度不同的震害预测方法。20 世纪 90 年代，中国地震局设立“大中城市震害预测与防御对策研究”项目，先后在全国 9 个城市和地区开展震害预测工作并建立防震减灾计算机信息管理系统。其成果着重为地震应急及防震减灾指挥中心的信息收集提供良好的服务。通过多年的研究及实践，已为进一步在全国更多的范围开展震害预测工作积累了一定的经验。

进入 21 世纪，在总结过去经验的基础上，震害预测工作进一步走向规范化，并在全国范围内进一步推广，中国地震局已决定“十五”期间继续大力推进这项工作。2002 年度震害预测工作进展如下：

1. 编制完成《地震灾害预测及其信息管理系统技术规范》(送审稿)

该项工作是根据我国若干城市在实施地震灾害预测及其信息管理系统建设所积累的经验，参考我国地震灾害预测方法和地理信息系统（GIS）应用技术规范编写完成。该规范对城市震害预测与防震减灾对策研究的工作内容、技术方法、技术要求及成果表达等作了详细规定。在规范中特别提出根据城市的地震背景、规模、经费支持和城市需求等具体情况，将工作分为甲、乙、丙三级，并具体规定各级的工作技术路线和要求，适应不同的需要。这个规范是进行本工作的指南，还可以根据实际条件予以扩充。该规范将于近期公布。

2. 中国地震局“十五”重点项目“我国若干城市震害预测与防御对策研究”通过论证

为使我国在更多的范围开展震害预测工作，在“九五”的基础上，中国地震局计划在“十五”期间依据地震危险性程度、经济发展规模、人口稠密程度和现有工作基础等因素，再选取15个左右具有代表性的城市开展城市震害预测与防御对策的综合示范研究，以推动项目所在城市地震灾害的预防和应急工作。该项计划已于2002年11月通过中国地震局论证并批复实施启动。先期选择的广州市、福州市、南宁市、潍坊市、白银市、鞍山市、绵阳市、朔州市、南阳市等已开始开展前期工作。

3. 编写完成《我国若干城市震害预测与防御对策研究工作大纲》

震害预测的结果是编制防震减灾规划的重要依据之一。将震害预测及其各项信息系统纳入到城市的防震减灾管理系统已是该项工作发展的必然趋势。它将能够为城市规划和建设、各行业和企业及公众提供城市防震减灾相关信息和对策建议，以提高城市防御地震灾害的能力。为进一步强化防御理念，使震害预测结果能够在平时得到更多的应用，中国地震局组织有关专家编写完成"我国若干城市震害预测与防御对策研究工作大纲"，对列入中国地震局"十五"震害预测项目的城市，要求项目承担部门在开展相应工作时，不仅须遵从《地震灾害预测及其信息管理系统技术规范》（送审稿）规定，还必须完成本大纲的工作要求。按本大纲要求，在"十五"期间开展震害预测工作将在如下方面取得新的突破：

（1）注重工作结果的服务功能，不仅为地震应急救灾服务，更为城市规划建设和日常管理服务，通过Internet网络和多种渠道，为政府各部门、保险等行业和企业、研究机构提高基础资料和防震减灾信息，同时为公众提供预防和应对地震的信息和知识。

（2）改进震害预测技术，将现有的以地震烈度为地震作用输入改为以地震动参数输入，并考虑结构的动力特性，建立相应的预测方法。并充分考虑场地影响，特别是地震地质灾害，如液化等对结构震害的影响。

（3）利用GIS和RS结合实现基础信息的快速更新。

（中国地震局震害防御（法规）司　李　彪）

2002年全国各市县地震工作综述

2002年全国各市县地震工作机构进一步完善和稳定，防震减灾工作向建设防震减灾三大工作体系的目标迈进。主要抓了如下工作。

（1）以全国中心城市、东部十省市市县防震减灾工作研讨会等会议为龙头，继续深入贯彻全国防震减灾工作会议精神和全国地震局长会议精神，部署建立健全和稳定市县地震工作机构和开展市县防震减灾三大工作体系建设的指导措施。年中，通过对全国市县地震工作机构的调查统计，有270多个市（地）和1200多个县级行政区设有地震工作机构，人员7000人左右。在目前精简机构的背景下，市县地震工作机构不仅没有减少，反而更加完善。以这次调查数据为依据的《全国市县地震工作机构通讯录》已出版。

（2）以建设防震减灾三大工作体系的目标为指导，6月在青海西宁开展了2001年度全国市（地）防震减灾工作综合评比，同时研讨了如何以城市为重点，进一步推进防震减灾示范城市建设办法。河南省焦作市地震局等2个单位获一等奖，辽宁省沈阳市地震局等8个单位获二等奖，江苏省镇江市地震局等24个单位获三等奖，安徽省淮北市地震局等32个单位获优秀奖。此外，还有20个单位分获单项奖，5个市县地震工作管理部门获管理奖。这些受表彰的市（地）地震工作机构仅仅是在防震减灾工作中取得突出成绩的一部分。中国地震局宋瑞祥局长视察了在评比中获一等奖的焦作市地震局并题词鼓励。

(3) 以市县防震减灾管理干部培训为手段，突出抓好市县地震工作机构领导干部队伍建设。年底在深圳举办了全国市县防震减灾管理工作培训班，来自全国市县地震工作机构的90多名负责同志参加为期3天的培训，中国地震局汤泉副局长在培训班开幕式上作了报告。

(4) 群测群防是市县地震工作的一个重要方面。以地震宏观异常速报、防震减灾宣传、地震灾情速报为主要内容的“三网合一”工作模式在市县逐步开展。为适应各地开展群测群防工作的需要，启动群测群防手册的编写项目。

(5) 会同中宣部，举办全国防震减灾宣传工作会议，有力地推动了全国市县防震减灾宣传工作的开展。建成了中国地震科普教育馆和中国地震科普宣传网站。对市县防震减灾宣传工作的开展起到了良好的示范作用。全国许多市县已将地震科普基地建设和地震科普网站建设列入计划，部分防震减灾宣传基地已挂牌对社会开放。

(6)《地方地震工作》发行工作。为进一步加强对市县防震减灾工作的政策指导，解决部分市县地震机构购置资料经费紧张的问题，主要向西部地区赠阅了近几年来的《地方地震工作》，并决定从下一年起，向全国每一个市县机构赠阅一套《地方地震工作》。

（中国地震局震害防御（法规）司　韩志强）

创作优秀的科普作品　推进防震减灾宣传工作的开展

2002年3月，中共中央宣传部、中国地震局联合召开“全国防震减灾工作会议”，中宣部副部长高俊良和中国地震局副局长陈建民在会上做了重要讲话，部署了今后五年的宣传工作。为满足全国防震减灾工作的需要，及时宣传防震减灾的重大举措和成就，中国地震局认真组织，精心创作，编制不同的宣传产品，对推动全国的防震减灾宣传产生了积极的影响。

1. 拍摄党和政府关怀防震减灾工作的专题片

为使地震系统的干部职工能及时直观地感受到党中央、国务院对防震减灾事业的高度重视和朱镕基总理对地震工作的关心与支持，在2月底朱总理来中国地震局视察工作后，摄编了《中国防震减灾事业的春天——朱镕基总理视察中国地震局纪实》专题录像片，并下发到各省局及各直属单位。朱总理的视察对推动我国防震减灾工作具有重要的现实意义和深远意义。

2. 宣传防震减灾法，普及防震知识

防震减灾法是我国第一部规范防震减灾事业的重要法律，为了让社会了解防震减灾法在经济建设中所发挥的作用，制作《中华人民共和国防震减灾法实施事例挂图》和《中华人民共和国防震减灾法实施五周年新闻图片》以及科普折页。同时，还制作普及版的《城市社区防震减灾知识读本》和《西部农村房屋抗震知识挂图》，发行到全国各地。

3. 开通“中国地震科普网”和“中国地震科技信息网”

利用现代传播手段传播防震减灾知识，现已开通“中国地震科普网”和“中国地震科技信息网”网站，在向社会公众通报防震减灾信息和宣传科普教育知识，为地震系统管理部门决策服务，为地震科研和社会提供地震科技信息服务方面发挥了重要作用。

4. 制作一批有关防震减灾的专题片

为配合首都圈防震减灾示范工程的总结和验收，信息中心拍摄了专题片《筑减灾基业——首都圈工程掠影》，该片从监测预报、应急响应、宣传教育等三个方面阐述了“首都圈防震减灾示范区”在防震减灾工作中的意义、作用和科学技术上的创新点，作为各地开展区域和城市综合防御工作参考。

《直面地震》专题片汇集大量的城市地震灾害，真实地再现了日本阪神等五个大地震的震时情景。

12 月 10 日，受中国地震局委托，由信息中心组织召开了第一届“全国防震减灾优秀声像作品颁奖会”，共评出特别奖 2 名，一等奖 6 名，二等奖 16 名，三等奖 27 名。包括河北省地震局和地震信息中心编制的《心系人民——周恩来在邢台地震灾区》；上海市地震局的《站岗放哨虽平凡，责任重大胜泰山》；福建省地震局的《探测城市地下活断层》；云南省地震局的《丽江地震》；天津市地震局的《认识地震》；信息中心声像室编制的《辉煌的篇章——“九五”防震减灾巡礼》等片。

5. 办好报刊，普及防灾减灾知识

《防灾博览》创刊，该杂志是经科技部、新闻出版署正式批准的一份防灾减灾综合性、通俗性和科普性刊物，是中国地震局面向社会的主要窗口，主要读者对象为：防灾减灾有关部门和政府机关、团体、科技部门及企事业单位的人员及部队官兵。宋瑞祥局长为该杂志题词：“地球灾变事件是自然界客观与现实。《防灾博览》杂志要成为人类社会认识地球灾变事实、人们战胜灾害的经验、探索灾变的规律的场所。愿该杂志为中国社会主义现代化建设和可持续发展做出贡献。”

（中国地震局地震信息（宣教）中心）

地震灾害紧急救援

2002 年地震应急救援工作

2002 年，在党中央、国务院重视和亲切关怀、局党组正确领导下，我局在推进应急救援工作体系建设、提高国家地震应急反应和紧急救援能力方面取得重要进展。为实践新时期我国防震减灾工作、推进防震减灾三大工作体系建设迈出了重要的一步。

一、积极推进地震应急救援体系建设

2002 年，随着对防震减灾工作的认识不断深化，建立和完善地震应急救援体系的重要性与紧迫性愈来愈被人们所认识。它是我国防震减灾工作经验的总结，是防震减灾事业发展的必然结果。为有效减轻地震灾害必须抓住震后两个关键，及时掌握灾情信息，迅速作出正确判断和决策，尽快组织队伍实施救援。已开展的应急救援工作是：成立国务院抗震救灾指挥部，各省、自治区、直辖市相继成立抗震救灾指挥机构，各地震重点监视防御区和重点监视防御城市的县级以上政府建立“平震结合”的地震应急指挥机构。编制国家、省、市、县四级地震应急预案以及国家各部委（局）、大型企业地震应急预案，组建我国第一支专业地震救援队伍——国家地震灾害紧急救援队，并形成了国内外地震灾害紧急救援能力。通过落实 2002 年全国地震局（所）长会议“建立中央和地方相结合的地震紧急救援工作体系”的精神，局系统进一步统一了对地震灾害应急救援体系建设的必要性和重要性的认识，明确了主要工作内容，各层面的工作机制正在形成。

1. 地震应急救援体系的内涵

由各级政府统一领导指挥、地震部门综合协调，以各级抗震救灾指挥部和专业地震灾害救援队为主，联合各灾种管理部门和包括志愿者在内的其他救援力量，实施地震应急预案，相互支援、分工协作的综合应急救援协调系统。

2. 地震应急救援体系的组成

紧急救援法规和组织领导体系、应急指挥支持系统、震前应急预案管理和应急准备、紧急救援队伍和应急救援支持系统。

3. 重点工作的目标

建立高效有序的地震应急与救援的协调运行机制；建立和完善各级地震应急指挥技术系

统和信息传输系统建设，以显著提高大震应急反应和指挥能力；认真落实国家、省、市县政府极其各部门、企事业单位的地震应急预案；建立纵横向一体的中国地震灾害紧急救援队伍网络；建设“召之即来、来之能战、战之能胜”的国际一流的国家救援队和省级救援队；推动志愿者队伍建设工作；以整体提高我国地震紧急救援能力；建设“精干高效、准军事化”的国家级地震现场应急技术队伍及灾情和损失评估网络。

为此，认识上要建立一条清晰的思路；组织上要建立一套独立稳定的机构；工作上要确定扎实、巩固的任务和内容；管理上要建立分级分层次的程序和办法。

4. 主要工作内容

建立以国务院抗震救灾指挥部为统领的国家、省、地市三级地震应急指挥体系，实现各部门应急、抢险救灾信息资源的共享，推动建立大中城市地震预警系统；强化完善各级政府、有关部门的地震应急预案工作。指导社会地震应急的准备，建立地震应急检查工作制度；建设地震现场应急工作队；建设国家级的地震灾害紧急救援队伍，各省市尤其是地震重点监视防御区，按照“一队多用、专兼结合”的原则，结合本地实际，形成地方地震救援队伍，并推进建立社会救援网络，逐步建立社区救援志愿者队伍；积极推动重点地区和中心城市建立地震应急物资的储备制度。

为贯彻落实2002年度全国地震局（所）长会议精神，推进全国地震应急救援工作体系建设，切实增强地震应急快速反应和应急救援能力，中国地震局于9月18～19日在沈阳组织召开了地震应急救援工作研讨会，13个省、自治区、直辖市地震局以及直属单位的地震应急救援主管领导、地震应急救援管理部门负责同志30余人参加了会议。

会议就近年地震应急救援工作的主要内容、未来应急救援工作的思路、各地区应急救援工作的进展和存在的问题及今后工作内容和目标进行了深入研讨。会议认为：

（1）目前地震应急救援工作普遍存在的问题是：对应急救援工作认识有待进一步深化；工作的职能分散；工作职责不明确；工作经费投入不足；技术人才匮乏；技术装备严重不足；全社会地震应急救援体系尚未形成等。

（2）要切实提高各单位领导对应急救援工作体系建设、应急救援工作重要性和迫切性的认识，加强危机意识、忧患意识，做好防早震大震的准备，加强对应急救援工作的领导力度。

（3）各省局在组织机构上要落实建立“预”、“防”、“救”三大工作体系的要求，尽快成立应急救援管理机构，明确其职能和任务。同时建议中国地震局尽快设立应急救援主管部门，加强对各单位应急救援工作的指导。

（4）为进一步落实2002年度全国地震局（所）长会议精神，今后一段时期应急救援工作的重点是：提高地震应急预案的可操作性；加强应急工作检查与应急演练并形成制度；依托“十五”重点项目进行地震应急指挥系统、应急基础数据库建设以及应急装备的配置；切实落实地震灾情速报人员网络建设；加强地震现场工作队伍建设与人员培训工作；建立地震应急物资储备制度；积极推进地震重点监视防御区和大城市的地震紧急救援队伍建设；积极了解掌握其他灾种的信息资料，为全面推进地震应急救援工作体系建设打好基础。

（5）各地应把地震应急救援各项工作切实纳入2003年的经费预算中。将地震应急救援工作体系建设的规划和计划纳入“十五”重点项目中去，在人员、经费上加以保证。

（6）开展全国地震应急救援工作评比很有必要，在广泛征求意见的基础上适时颁布实施，积极推进地震应急救援工作的规范化建设。

落实地震应急救援工作体系建设、理清应急救援工作思路、明确应急救援工作指导方针等具有积极的推动作用，将有力地促进全国地震应急救援工作的开展。

二、国务院抗震救灾指挥部功能建设逐步深化

国务院抗震救灾指挥部技术系统第一阶段建设于2001年8月20日在北京进行了验收。验收专家组认为：在时间紧、任务重、经费有限的情况下，通过项目实施组的努力，初步建立了国务院抗震救灾指挥部技术系统，达到并部分超额完成了原设计任务，工程建设质量优秀。通过第一阶段建设，该技术系统已经具备了国务院抗震救灾指挥部所需的最基本功能，基本满足国务院抗震救灾指挥部实施应急指挥所需的底层软硬件功能和部分数据要求，正在试运行。

根据局党组关于国务院抗震救灾指挥部技术系统要尽快达到可以启动并实际运行的要求，依据验收专家组的意见并综合考虑现有经费和建设条件，在全面启动“十五”建设前的一年左右时间，开展指挥部技术系统第二阶段建设，作为“十五”建设的先期启动部分。根据国务院抗震救灾指挥部职责和第一阶段工程建设所发现的问题，第二阶段工程建设有如下主要需求：

（1）指挥技术系统的核心“防震减灾管理信息系统”在系统安全性、易用性、功能等方面需要进一步改进；

（2）指挥大厅为首长和指挥员服务的各种软硬件设施需要进一步加强，特别在指挥长所需的设施方面需要补充；

（3）系统各部分的链接需要进一步落实，并从软硬件方面加以必要的保障；

（4）指挥部所需的各种应急基础数据需要进一步收集和建库，以逐步满足指挥部实施应急指挥的需要；

（5）对一期验收时评审专家提出的一系列问题需要加以改进。第二阶段建设的总体目标是：利用现有成熟的高新技术手段，针对国务院抗震救灾指挥部技术系统要在未来抗震救灾中发挥决策核心的任务要求，充分满足指挥部在系统人性化、安全性、实用性等方面的要求，特别是对屏幕显示控制与终端显示控制方面的要求，完善国家防震减灾指挥中心现有各项功能的应用与技术水平，继续进行地震应急数据库的建设，以提高国家抗震救灾指挥的总体水平。

该阶段建设完成后，国务院抗震救灾指挥部技术系统将具备基本功能，并达到可以正式启动和使用的要求，建设时间从2002年10月～2003年6月。其他更深层次的建设任务，如系统的高速应用、地震应急指挥管理信息系统的完备性、大屏幕的软件控制、全国应急指挥分布式数据库的建设、各子系统的无缝链接等工作将在“十五”建设中完成。

三、地震应急预案不断完善

随着国务院抗震救灾指挥部工作的逐渐深入，中国地震局抓紧推动《国务院抗震救灾指挥部办公室应急预案》的出台，以指挥部办公室的名义向各成员单位发出了征求意见稿，经修改完善后于2002年8月正式印发。该预案的制定对落实指挥部办公室的职能，形成指挥部办公室的启动机制和多部委联合作战的工作机制有重要意义。《国务院抗震救灾指挥部办

公室应急预案》在修订中，首先参照2000年8月制定的《中国地震局系统地震应急预案》，补充了“震情应急”、“临震应急”、“应急戒备”等其他应急内容，对应急对策级别也做了相应调整；将中国地震局作为国务院抗震救灾指挥部办事机构的有关职责纳入其中；根据2002年局机关内部应急职能的调整情况，局办公室会同有关职能部门对局机关应急指挥机构和职责分工作了明确规定。修订后的应急预案在“十六大”应急戒备期之前及时印发。

各省级地震局预案的制定、修订以及备案工作也在继续。截至2002年底，已有24个省级地震局和5个局直属单位根据《中国地震局系统地震应急预案》修订了本单位的地震应急预案，其他部分单位表示准备将与本省破坏性地震应急预案同期修订。新修订的10个省（自治区、直辖市）的破坏性地震应急预案已在局救援办备案。

2002年9月22～26日，中国地震局岳明生副局长率由国务院办公厅、国家计委、国家经贸委、民政部和中国地震局有关人员组成的全国地震应急工作检查组对宁夏回族自治区的工作进行了检查，收到明显实效。

四、中国地震局地震现场应急工作队建设与应急基地建设开局良好

2002年2月9日，为加强对严重破坏性地震和重大火山灾害的应急反应能力，中国地震局成立了地震与火山现场应急工作队。2002年9月按照全国地震局（所）长会议精神对国家级地震现场工作队进行了调整，同时建立了中国地震局地震现场科学考察应急工作队队长联席会议制度，以加强队伍的管理。2002年8月中国地震局第七次局长专题会议确立了局综合观测中心为中国地震局地震应急工作基地，并承担地震应急救援装备的储备与管理，负责国家级地震应急工作队伍的协调与集成。综合观测中心围绕地震应急快速反应能力的建设，理清思路，健全组织，建章立制，细化方案，完善装备，优化人员，开展了具有实效意义的工作，并取得了一定成绩。根据地震应急发展的需求，现场工作队在原地震现场应急监测仅有流动测震、地下流体的基础上，增上了强震观测、流动地磁观测和流动地电前兆监测等手段，并完善了通讯、后勤保障。

为增强国家级现场工作队的战斗力和实战经验，中国地震局从业务技术、仪器设备以及体能素质等方面组织对中国地震局现场应急工作队进行了多次培训和演练。2002年4月24日，国家级现场工作队与北京市地震局、天津市地震局、河北省地震局、国家地震灾害紧急救援队一同举行了大规模地震应急演练。10月8～11日，中国地震局地震现场应急工作队在良乡进行了军事训练。11月5日举行了“十六大”期间的应急保障地震应急演练。中国地震局领导高度重视队伍的建设，宋瑞祥局长和岳明生副局长曾多次亲临演练和训练现场指挥和观摩，并作出重要指示。“中国地震局地震现场科学考察应急工作队队长联席会议章程”于9月正式发文建立。中国地震局现场应急工作队通过多次的培训和模拟演练，按照建设“精干高效、准军事化的国家级地震现场应急工作队”的目标，不断提高自己的战斗力。在此基础上，参加了2002年12月14日甘肃玉门5.9级地震的现场应急工作。

五、国家地震灾害紧急救援队建设工作得到进一步加强

国家救援队2002年工作目标是：年内形成国内外救援能力。为此，加强了救援队建设

的基础工作：强化救援意识、注重理论水平和实战能力的提高，开展强化外语、国际SOS现场医疗救助等日常培训；进一步完善救援队启动程序和管理工作的制度化建设工作；年内，下达并开始执行“救援装备管理办法”，并起草了“救援队员手册”。2002年开展了规模较大的包含机动、耐力、协同等内容的多次合成紧急出动、远程空中运输方式出动执行紧急救援任务演练。通过演练锻炼和检验了队伍，促进了救援队实战能力的进一步提高，并向全国人大、政协、解放军四总部及有关部委领导作了汇报。经过训练、磨合，国家救援队的协调配合能力得到显著增强，队伍的机动能力得到进一步加强，正走向成熟。与此同时，加快了与国际救援舞台接轨的步伐。3月7~9日，救援队6人小组，参加了由联合国国际搜救组在新加坡举办的有20个国家和地区参加的联合演习，表现出色，获得了联合国官员和主办国的好评。11月中旬我局在上海主持召开的亚太地区城市搜索与救援年度会议期间，国家地震灾害紧急救援队派出42人分队成功地举行了大型地震灾害搜救模拟实战演练。许多国外专家表示，中国救援队给他们留下了深刻的印象，认为中国救援队是国际救援中的一支宝贵的力量，相信中国救援队经过训练会更加成熟，完全可以执行国际紧急救援任务。12月初，救援队派出5人小组参加与瑞士救援队的联合演练，学习到许多先进的救援技术。

2002年还完成了自2001年开始的首批救援装备购置工作。

六、省级救援队建设工作相继启动

重点地区和重要城市的地震紧急救援队伍，是我国地震应急救援工作体系的重要组成部分。2002年，根据中国地震局的部署和要求，各省、自治区和直辖市地震部门相继启动了组建省级地震灾害紧急救援队工作。

2002年应急救援工作的实践，表明我国地震灾害应急救援体系建设的工作思路、目标正在明确，工作机制开始建立，并正在形成中央、地方上下互动的良好局面。实践证明，建立中央和地方相结合的地震灾害应急救援体系是实施具有实效性、专业性、地域性和社会性特点的应急救援需要。应急救援体系建设是防震减灾事业发展的必然趋势，是与国际上先进的应急救援管理体制和强大的综合应急救援的反应与处置能力相接轨的需要。建设适合我国国情的地震灾害应急救援工作体系，不断提高我国在地震应急救援领域的实力，对于减轻地震灾害和针对处置突发事件的影响，促进和保持社会稳定、在国际上树立我国政府管理和服务社会公共职能的良好形象将起到重要作用。

（中国地震局地震灾害紧急救援协调办公室　尹光辉　侯建盛　苗崇刚　李成日）

国家地震灾害紧急救援队7.25空运演练取得成功

为提高国家地震灾害紧急救援队远程机动实战能力，中国地震局救援办与有关部门制定了《国家地震灾害紧急救援队远程（机动）空运方案》，2002年7月25日，国家地震灾害紧急救援队进行首次远程（机动）空运演练。这次演练由空中运输和地面行动两部分组成。经过参加演练全体人员的努力，在空军的有效配合下，空运演练取得圆满成功。中国地震局局长宋瑞祥，副局长岳明生、赵和平，中国地震局有关部门的负责同志，北京市、天津市、河北省及唐山市的领导及有关部门负责同志同时观摩了演练活动。

通过空运演练，为制定和完善国家地震灾害紧急救援队执行救援任务的空运方案，检验和完善队伍行动中命令受领、组织协同、集结与行进、通信联络和各种保障等各环节的工作程序，以确保队伍随时处于待发状态，提供了经验和依据。

这次空运演练任务是由中国地震局和有关部门共同领导，国家地震灾害紧急救援队重大事项联席会议统一协调组织的。演练调用空军一架伊尔－76运输机，运送国家救援队值班分队和现场协调组50人及12名记者、1辆专用救援车和1辆指挥车、6条救生搜索犬和保障装备。演练模拟地震灾害现场设在河北唐山机车车辆厂内“唐山地震遗址”。演练完成了执行任务的组织指挥、空运实施、救援过程及其间可能出现的各种情况的处置。整个空运演练紧张、有序、团结、高效。国家救援队接受了一次空运演练“实战”检验的考验，为今后执行紧急救援任务与国际救援行动接轨积累了经验。

（中国地震局地震灾害紧急救援协调办公室　尹光辉）

国家地震灾害紧急救援队在上海成功举行大型模拟实战演练

国家地震灾害紧急救援队（对外称中国国际救援队）在上海消防局特勤队的参与下，于11月13日上午在上海成功地举行大型地震灾害搜救模拟实战演练。联合国人道主义事务协调办公室官员和参加联合国人道主义事务协调办公室（OCHA）亚太地区城市搜索与救援会议的中外代表200余人观摩了这次演练。

此次演练是联合国（OCHA）主持召开亚太地区城市搜索与救援年度会议的一项重要内容，也是中国国际救援队首次向国际救援领域及其同行面前的首次亮相、演练。此次演练向中外来宾特别是联合国（OCHA）组织官员及国外有关救援领域的专家和管理人员展示了中国第一支年青的中国国际救援队的风采，并真实地向外界展示了中国国际救援队建设取得的成果和执行国、内外紧急救援任务所具备的实力，同时也是中国国际救援队与国际救援领域接轨的实际行动。此次演练共设12个科目，分别是：现场展开（建立现场救援基地）；高架桥救援；V型塌落救援；高空救援；拆车救援；封闭房屋救援；管道堵漏；伤员分类救治；支撑救援；犬搜索与救援；烟雾环境搜索；地下室救援。在演练现场，紧张有序，秩序井然。随着一声爆破，一幢五层高的楼房在四层被错断，演练拉开序幕。指挥、通讯、救援等车辆随即呼啸进入现场，队员根据指挥员的指挥口令迅速奔赴现场展开救援行动。在全体队员努力下，演练获得了圆满的成功，许多国外专家表示中国救援队给他们留下了深刻的印象，所产生的影响意义深远。全体参演人员以饱满的热情和良好的精神风貌投入了演练。此次演练历经 1 个半小时，全体观摩人员为演练的成功报以热烈的掌声。演练结束后，联合国（OCHA）组织官员普特蔓克瑞莫先生进行了讲评。他代表联合国人道主义事务协调办公室（OCHA）和与会人员对我救援队的演练成功致以祝贺，并对中国国际救援队所具备的纪律严明、行动迅速、救援工具使用掌握的熟练程度和良好的技术水平留下很深的印象，给予鼓励。他认为中国国际救援队是国际救援行动中的一支宝贵的力量。他相信，中国国际救援队经过训练会更加成熟，完全可以执行国际紧急救援任务。

此次演练的成功，充分表明中国国际紧急救援队为完成 2002 年工作目标，年内具备执行国际紧急救援能力所作出的巨大努力，是一次中国国际救援队整体建设工作的全面检验。2002 年，中国地震局会同有关部门根据国务院领导关于国家地震灾害紧急救援队建设和紧急救援工作的指示精神，瞄准国际紧急救援领域，有针对性地制定了国家地震灾害紧急救援队建设工作的年度计划并实施了具体行动。救援队管理人员和指挥员深入学习、研究联合国人道主义事务协调办公室（OCHA）等机构制定的有关文件，研讨有关各国紧急救援领域的先进经验、救援实例。遵循“国际城市搜索与救援反应指南”（INSARAG）的基本规则和要求，对参与国际救援工作进行了认真的准备。建立规章制度。如：设立队员岗位职责、装备管理办法；进行外语强化学习、接受“灾难现场医疗急救培训”。在专业训犬基地进行救生搜索犬训练。2002 年 3 月，我队派遣 6 名队员赴新加坡参加亚太地区城市搜索与救援演练，带来各国救援队工作的信息；8 月，派遣 3 名队员赴印度参加了联合国灾害评估与协调团（UNDAC）组织的培训与考核，结交了许多朋友。参照国际搜索与救援咨询团、联合国灾害评估与协调团（UNDAC）的要求，中国国际救援队完成了不同规模队伍和装备配置的组织工作、多种形式的训练；进行了包括远程机动、耐力、协同等内容的合成紧急出动演练。全体队员初步建立现代化紧急救援理念，提高业务素质，进一步提升了执行国际紧急救援任务的实战能力。

（中国地震局地震灾害紧急救援协调办公室　尹光辉）

各省、自治区、直辖市防震减灾工作

北 京 市

一、监测工作稳步发展，预报水平不断提高

1. 完成日常震情监视和应急工作

继续强化震情观念，密切监视震情发展，各部门完成了日常震情监视和应急工作。全年召开周、月会商50次，召开临时或紧急会商会16次，全年局内各有关部门完成4次有感地震应急工作，圆满完成全年震情监视预报和应急任务。北京市地震局组织召开了全市年中和年度地震趋势会商会，局监测预报中心编写的《2002年度地震趋势研究报告》，在全国二类局同类报告评比中再次获第一名，已经连续5年获得这一荣誉。

2. 一次成功的地震预报

北京市地震局分析预报人员对北京市或首都圈内发生的4级左右中等地震，在年度或月会商中均有一定程度的预测。通过严密的跟踪监视和综合分析，北京市地震局对8月3日怀来 M_L4.4地震，做出了时间、地点和震级都明确的成功预报，受到中国地震局的表扬。

3. 圆满完成重大节日及事件的震情保障工作

完成“春节”、“五一”劳动节、“十一”国庆节和“十六大”期间的震情保障工作。监测预报人员及时落实各种地震异常10多次，出动30多人次，为北京地区震情分析提供了判定依据。

4. 台站观测质量保持稳定

北京市在台站继续实行承包责任制，台站观测资料质量保持稳定。延庆台水管倾斜仪在全国观测资料质量单项评比中获得第二名，其它观测资料取得优秀等级。

5. 完成首都圈收尾项目建设工作

完成由8个子台组成的流动数字测震台网的建设工作和房山台、门头沟区大峪中学、海淀47中学和密云古北口4个数字化钻孔应变台站的建设工作。至此，首都圈收尾项目建设已完成。在中国地震局组织的首都圈工程总结中，局监测预报中心、工程力学研究所被评为首都圈工程建设优秀集体，徐平等8名同志被授予首都圈工程建设先进个人。

北京市地震局数字测震台网完成了地震速报任务，强震台网观测荣获中国地震局强震观测评比第二名。

二、地震灾害预防工作不断开拓前进

1. 加强抗震设防管理及地震安全性评价审批工作

为加强抗震设防管理及地震安全性评价审批工作，在抗震设防管理方面采取了两项措施，一是规范北京市地震安全性评价收费市场。北京市物价局印发《关于地震安全性评价收费标准（试行）的函》（京价（收）字［2002］361号），对北京市地震安全性评价收费项目及收费标准做出了具体规定。二是抗震设防标准实行网上审批。北京市地震局在市计委专网审批平台上建立方便、快捷、高效的重大项目抗震设防标准的审批程序，抗震设防网上审批工作开始试运行。

2. 积极开展重要工程项目的地震安全性评价工作

北京申办2008年奥运会成功，许多工程相继上马。北京市地震局抓住这一机遇，积极开展重要工程项目的地震安全性评价工作。2002年，北京市地震局工程研究所承担了11项工程建设场地地震安全性评价工程，为北京市重要工程地震安全设防作出贡献。

3. 法制建设进一步完善

《北京市实施〈中华人民共和国防震减灾法〉办法》释义的编写即将完成。组织完成全市防震减灾行政执法人员70多人进行了行政执法培训。

北京市地震局获得中宣部、司法部授予的“全国三五普法先进集体”奖牌。

4. 区县工作取得明显进展

北京市地震局先后为门头沟区、顺义区和房山区地办编写了详细的地震信息指挥中心建设方案，并协助门头沟地办建成北京市第一个区县地震信息指挥中心，为在全市各区县推广起到了示范作用。

为争取地方财政对区县防震减灾工作的经费投入，北京市地震局与市财政局联合向各区（县）财政局、区（县）防震减灾行政主管部门印发《关于加强地震事业费投入和预算管理的通知》（京震发计［2002］82号)。《通知》规定了区（县）财政预算安排防震减灾经费的原则和具体范围，对区（县）投入防震减灾经费预算提出明确要求，使区（县）防震减灾事业年度经费的投入有了制度依据，为区（县）防震减灾工作正常的开展起到了保障作用。

5. 防震减灾宣传教育工作取得新成绩

2002年元旦期间，北京市地震局组织各区县地震办开展《北京市实施〈中华人民共和国防震减灾法〉办法》的宣传，并组织有关领导和部门分赴各宣传点进行指导。

北京市地震局根据市政府办公厅《关于举办2002年北京科技周活动的通知》，积极参与“北京科技周”大型科普宣传活动，以多种形式在朝阳公园开展宣传活动。

北京市地震局与胜利电影院共同组织了一次防震减灾宣传活动，放映大型专题纪录片《唐山大地震》，发放宣传材料，设置宣传展板，光明日报对此还做了报道。

声像部门拍摄、编辑了《北京市防震减灾工作进展（第二版)》、《警钟长鸣——北京市地震局参加地震应急演练纪实》、《首都圈数字遥测地震人工爆破纪实》、《“4·24”地震演习纪实》4部电视专题片。

制订网站管理办法，将北京市地震局政府网站纳入规范化管理。先后对网站进行了两次全面改版，增加全新栏目，加大信息流量，增强网页可视性，充实大量的政务、科普、震情、行政审批等信息和内容。对本局政务、科技信息进行了及时报道，全年更新各种信息50余条。

三、地震应急与紧急救援工作取得新进展

1. 地震应急演练反应迅速

4月24～25日中国地震局组织北京、天津、河北地震系统举行地震应急演练。北京市地震局立即启动地震应急方案，开通应急指挥系统，应急工作队迅速赶赴地震现场。在演练中，中国地震局局长宋瑞祥到北京市地震局模拟地震现场进行检查指导，并通过北京市地震局海事卫星与中国地震局指挥中心通话。参加演练人员及时到岗，应急仪器设备架设迅速，圆满地完成所承担的演练任务，受到中国地震局的表扬。

2. 规范地震应急检查工作

根据中国地震局、国家计委、国家经贸委、民政部《关于印发地震应急检查工作制度的通知》文件精神，经北京市政府办公厅同意，起草《北京市地震应急工作制度》，以市防震抗震工作领导小组办公室文件印发全市各区县政府和各委、办、局及有关单位。

3. 开展应急避难场所和紧急疏散通道的划定和管理工作

在市规委、规划院的积极支持与配合下，编写《北京市地震应急避难场所和紧急疏散通道系统规划》、《北京市区避难场所用地现状分布图》。

4. 地震紧急救援队的建设

积极推进紧急救援队建设，与市消防局进行多次协商，准备利用消防力量组建地震紧急救援队伍。

四、“十五”项目及其它重大项目进展顺利

1. 奥运村地区活断层探测工作已基本完成

奥运村地区活断层探测与研究工作是中国地震局为支持北京成功申办2008年奥运会，为奥运建设服务的项目，由北京市地震局牵头进行，同时也是“十五”期间全国大规模开展活断层探测研究的示范工程项目。项目内容广泛，学科众多。项目实施组在较短的时间内完成大量的化探、电法、物探和钻探等野外工作，并注重对各种探测方法适用性的对比分析，取得的成果证据充分可靠，实用性强。该项目已经基本完成，各分项验收已经结束。

2. 海淀区新建地震台站已经正式批准立项

为加强北京地区地震监测，在海淀区新建地震台站已列入北京市地震局“十五”规划的主要内容之一。该项目已经北京市规划委员会同意，海淀地震综合观测台建设项目规划已经审批并正式立项。

3. 电子政务项目开始启动实施

2002年11月正式启动北京市地震局电子政务系统建设项目（该项目包括内网平台建设、办公自动化系统建设、数据库建设、视频会议与VOD点播系统建设以及大屏幕显示系统建设五部分内容）。

4．"北京及邻区地震预测预报与近期地震危险性的综合判定研究"项目在北京市科委立项

在北京市政府的支持下，北京市地震局向市科委申报"北京及邻区地震预测预报与近期地震危险性的综合判定研究"项目，得到市科委批准。

（北京市地震局　贾笑蕾）

天　津　市

一、牢固树立震情观念，认真做好短临跟踪，努力提高地震监测预报能力和水平

1．加强组织领导，认真做好特殊时段的震情监视工作

根据2002年度全国地震趋势会商会和首都圈地区短临跟踪工作会议的部署，市地震局进一步加强了对地震监测预报和短临跟踪工作的组织领导，并就做好全年震情监视工作，特别是"两会"、国庆节和"十六大"等特殊时段的震情监视工作进行了认真研究和落实，进一步完善了"天津市地震监测预报方案"，制定"应急戒备期间应急工作方案"和"应急戒备期间地震短临跟踪工作技术方案"。根据首都圈防震减灾技术系统建成后的出现的新情况，对1999年制定的《天津市地震局地震速报规范》和《天津市地震局地震紧急信息上报规程》进行修订和完善，确保地震信息的准确及时上报。制定《地震异常落实工作规定》，进一步规范了地震异常落实工作。

2．采取有效措施，提高观测质量

2002年是测震台网、前兆台网完成数字化改造后正式投入运行的第一年，为使新建成的数字化技术系统运行连续、稳定、可靠，台网中心及各地震台站进一步加强管理，实行岗位目标责任制，对原有的规章制度进行补充与完善，有力地保障了观测工作的正常开展。在观测技术人员的严格操作、认真维护下，数字遥测地震台网运行稳定，连续率达到97.5%以上，1～10月速报地震23次。前兆台网截止到10月底，仪器运行完好率达到95%以上，32项数字化观测的连续率达到99%以上。在全国地震观测资料统评中取得优异成绩，9项进入前三名。其中：张道口台获地下流体学科综合评比第一名，蓟县台重力潮汐观测获得第一名，张道口台水位观测获得第一名。

3．深入开展震情研究，提高预测预报水平

结合日常震情监视工作，开展华北重点危险区地震危险性跟踪、华北中小地震活动及震情短临跟踪、首都圈前兆异常跟踪及地震短临趋势判定等专题研究；开展了地电阻率现场调查和对比观测、流体井水位水温对比试验、王3王4井水氡水汞异常、地形变短临前兆震例总结等前兆异常短临跟踪研究，严密地监视震情变化，对出现的异常及时进行落实，做出分析判断。分析预报中心依据地下流体出现的短临异常，结合地震活动性指标异常，对5月

19日丰南4.7级地震做出较为准确的短临预测意见。

二、贯彻实施《天津市防震减灾条例》，坚持工程性和非工程性措施并举，认真推进地震灾害预防体系建设

1. 市人大常委会开展《天津市防震减灾条例》执法检查

7月15~16日，市人大常委会对《天津市防震减灾条例》（以下简称《条例》）颁布一年来的实施情况进行执法检查。检查团一行检查了防灾应急指挥中心的建设情况，观摩了救援队的紧急救援演练；在天津电力公司滨海500kV变电站建设工地和天然气集团津沽罐站工程建设工地现场听取了工程地震安全性评价、抗震设计以及施工情况的汇报；专门听取了市有关部门关于《条例》中抗震设防有关规定执行情况的汇报。检查团对市政府各有关部门积极采取措施，认真落实《条例》的工作给予肯定，并就进一步加大宣传和执法力度、制定配套政策和办法、将地震安全性评价和抗震设防要求纳入建设工程管理程序等问题提出要求。市政府对市人大常委会组织开展的执法检查非常重视，及时组织政府有关部门对检查中提出的意见和要求，逐条进行了研究和落实，并与11月27日将整改措施正式函告市人大常委会办公厅。

2. 地震安全性评价和抗震设防要求纳入基本建设管理程序

8月13日，市计委、市地震局联合下发了《关于将地震安全性评价和抗震设防要求纳入基本建设管理程序的通知》。通知要求，凡在本市行政区内拟建的工程项目必须进行抗震设防；凡《天津市防震减灾条例》规定应进行地震安全性评价的建设项目必须对其建设场地进行地震安全性评价；项目审批部门在组织论证和审查建设项目可行性研究报告时，应会同同级地震工作主管部门对建设项目抗震设防内容进行认真审查，不符合抗震设防要求的项目一律不能批准。为依法加强对抗震设防要求的管理，市地震局印制了《地震安全性评价类别认定书》和《天津市建设工程项目抗震设防要求审批意见书》，并积极推进了机关政务网建设，实现了与市政府政务网的连接，为建设工程抗震设防要求行政审批事项网上公布和审批奠定了基础。

3. 天津断层、沧东断层探测与地震危险性评价工程前期工作进展顺利

2月8日，市计委主持召开“海河隐伏断裂活动性定量评价成果移交及天津断层、沧东断层探测方案汇报会”，市计委、市建委、市国土规划局、市地震局领导和有关专家到会。会议听取了市地震局关于海河隐伏断裂活动性定量评价成果汇报，对“天津断层、沧东断层探测与地震危险性评价工作方案”进行了论证。会议认为在完成海河隐伏断裂活动性定量评价的基础上，“十五”期间继续对本市天津断层、沧东断层进行探测与地震危险性评价工作十分必要，待实施方案经专家论证后尽快启动。在充分调研和论证基础上，市地震局进一步完善了“天津断层、沧东断层探测与地震危险性评价”工作方案，明确了五个二级课题的工作目标和工作重点，完成了三级课题的任务分解，为2003年的全面实施奠定了良好的基础。

4. 防震减灾宣传教育工作向纵深发展

5月14日，市委宣传部、市地震局联合召开天津市防震减灾宣传工作会议，传达了全国防震减灾宣传工作会议精神，总结了近年来本市防震减灾宣传工作的主要经验，对做出突出成绩先进集体和先进个人进行了表彰。会议提出，要从改革发展稳定的大局出发，将防震

减灾宣传工作作为一项重要措施和长期任务坚持不懈地抓下去，努力开拓防震减灾宣传工作新局面。从7月5日开始，市委宣传部、市依法治市领导小组办公室、市委科技工委和市地震局共同组织了天津市领导干部防震减灾法规知识答卷活动，历时56天，全市有近15000名处以上领导干部和大型企业负责人参加。7月末，市委宣传部、市地震局共同组织了以“城市发展与防震减灾”为主题的防震减灾知识宣传周活动。其间，河西区精心组织了防震减灾知识有奖竞猜和“勿忘7.28防震减灾珍惜生命”千人签名活动，表达了全区人民增强防震减灾意识、提高自我保护能力的意愿。年内市地震局与市教委等部门合作组织了青少年防震减灾冬令营、青少年地震科学考察夏令营活动，推广了防震减灾知识课堂教学的经验。全市防震减灾宣传教育工作已初步形成了统一领导、部门配合、共同实施的工作格局，宣传形式也从单一走向多样化。

三、以地震应急预案、通信指挥网络、应急救援队伍建设为重点，不断提高地震应急与紧急救援的整体能力

1. 及时修订各级应急预案及保障计划

针对机构改革后，有关区县、委、办、局工作职能、隶属关系和人员的变动情况，为确保遭遇破坏性地震灾害侵袭时能及时有效地开展应急救灾工作，组织各区县、委办局对地震应急预案及其保障计划进行了修订。

2. 天津市防灾应急指挥中心正式起用

天津市防灾应急指挥中心于10月21日正式起用，为市领导提供了功能较为完备的防空、防灾应急指挥场所。当战争或特大灾害发生时，应急指挥中心将发挥其指挥中枢的作用，把全市各区县和各主要部门以及防空、防灾单位用现代指挥手段有机地组织起来，形成一个完整的指挥体系。

3. 开展地震应急业务培训

11月17～18日，市科委和市地震局联合举办了以区县政府和街道、乡镇防震减灾管理干部为对象的“社区防震减灾知识培训班”，学员以发生强烈地震情况为设定情况，独立完成了《社区救灾行动方案》的制定与实施模拟作业。12月28～30日，市应急办举办地震应急业务培训班，对各区、县和重点委、局、直属单位的地震应急管理干部进行集训，重点学习了防震减灾、震前应急准备和震后应急抢险救灾的组织指挥方法和程序等知识，探讨破坏性地震发生后各部门、各地区的应急行动原则和对策。

4. 从实战出发提高地震应急救援能力

为强化“十六大”期间的震情监视，检验应急能力，市地震局于11月10日组织以强有感地震为背景的应急演练，对台网地震速报、震情信息报送、BP机自动寻呼、应急指挥系统自动启动、现场队伍集结、地震现场工作、震情紧急会商以及信息发布等工作环节进行检验。为探索社区地震应急工作的经验，南开区应急办在华苑街组织实施社区地震应急指挥演练。市图书馆为检验《人员密集场所人员疏导方案》的可行性，结合人防警报试鸣暨实兵演习，按密集场所人员疏导方案，成功地组织了人员紧急疏导演练。市地震紧急救援队在加强基本技能训练的基础上，参加2002年天津市人民防空警报试鸣暨实兵演习，承担救助被毁房屋内人员的演习任务，获得好评。

四、以天津市与惠灵顿市地震结对城市计划和中韩地震科技合作计划为重点，积极推进防震减灾国际交流与合作

1. 惠灵顿市亚力克·肖副市长率团访津

继2001年天津市与惠灵顿市签署“友好交流与合作协议书”，并成功举办“天津—惠灵顿城市发展与减灾研讨会”后，2002年又取得新进展。2002年8月，惠灵顿市副市长亚力克·肖率团来津进行了为期两天的工作访问。李盛霖市长会见了亚力克·肖一行，双方就继续加强两市在防震减灾、文化教育等领域的合作进行了深入的探讨。亚力克·肖副市长一行访津期间，与市地震局就进一步加强合作事宜进行具体洽谈。双方在充分交换意见的基础上，提出了“天津—惠灵顿防震减灾合作项目建议书”。12月3～5日，亚力克·肖副市长在出席上海EMI第三届大城市国际防震减灾国际研讨会后再次到我市访问。王德惠副市长会见了亚力克·肖一行。两市的地震专家就在城市活断层探测技术、隔震技术等方面开展应用研究以及《城市发展与减灾》（英文版）论文集出版事宜进行了深入磋商，达成合作意向。

2. 中韩合作地震观测台网蓟县台运行良好

中韩两国地震科技合作项目——中韩合作数字化地震观测台网蓟县台自2001年4月16日正式开通以来，通过技术人员的精心维护，蓟县台仪器设备运行良好，得到了中国地震局和韩方的肯定和好评。为进一步提高台站观测技术人员的操作水平，掌握设备的维护技术，11月19～22日，中国地震局和韩国地质矿产资源研究院在蓟县地震台联合举办中韩合作数字化地震台网培训班，市地震局有4位科技骨干参加了培训。

3. 拓展地震科技国际交流与合作领域

积极创造条件，不断拓展地震科技国际交流与合作的新领域，为吸收引进国外先进技术、扩大对外合作交流、培养高科技人才发挥出积极作用。年内先后接待韩国、新西兰等六个国家的专家学者27人次，出访考察5人次，参加国际会议4人次。

（天津市地震局　陈金林）

河　北　省

一、全面建设南三市防震减灾技术系统

2001年底建成的河北省首都圈防震减灾工程分项目，使河北石家庄、保定、张家口、承德、秦皇岛、唐山、廊坊、沧州等8市的防震减灾技术系统实现了向现代化的跨越。为了保持全省防震减灾技术系统主要功能的一致性，使邯郸、邢台、衡水南部三市得到同步发展，2000年省政府第33次常务会议决定，由省政府和邯郸、邢台、衡水三市政府共同投资

并争取中国地震局的支持，按照首都圈工程项目的技术标准建设南三市的地震监测、分析会商、快速反应三大技术系统。经过认真准备，2002 年 3 月 26 日杨迁副省长主持召开省政府防震减灾联席会议扩大会议，对南三市的防震减灾的技术系统建设进行部署。随后，省地震局成立邯郸邢台衡水防震减灾技术系统建设领导小组，下达南三市防震减灾技术系统建设任务。各市政府高度重视此项工作，均成立相应的防震减灾技术系统建设管理机构，着手筹集建设资金。为了强化责任意识，确保建设工程质量，8 月 8 日省地震局在石家庄召开南三市防震减灾技术系统建设工作会议，对该技术系统一期工程建设的指导思想、技术思路和实施方案进行具体安排。艾润飙局长代表建设领导小组分别同南三市的地震局局长签定一期工程实施合同书。截至 2002 年底，邯郸市防震减灾技术系统的综合布线和办公楼装修已接近尾声，邢台市防震减灾指挥中心调整了用房，衡水市防震减灾指挥中心主体工程已经完成。各市震灾快速评估系统基础资料收集工作正在进行，计算机网络系统、分析预报系统的改造工作也正在紧锣密鼓的进行。

二、坚持不懈地抓好监测预报工作

(1) 提高观测资料质量　为了充分调动台站观测人员工作的积极性，省地震局年初即对进一步提高观测资料质量做出了具体规定，提高了对获奖项目的奖金标准。各市地震局、中心台认真加强管理，狠抓各项制度落实，加强对职工的技术培训和对资料质量的检查验收，及时解决仪器运转和观测资料中出现的问题，确保了观测资料质量的稳步提高。2002 年参加全国评比的 51 台项优秀率达 100%。

(2) 严格执行震情会商制度　全省地震分析预报人员认真坚持周、月震情会商制度，及时核实重大异常。4 月 22 日隆尧 4.7 级地震发生后，省地震局分析预报中心及时增加了临时会商。为了及时准确把握河北及周边地区的震情态势，省地震局组织有关专家积极参加首都圈震情联席会商会、晋冀蒙三省震情联席会商会、晋冀鲁豫四省震情联席会商会。全省地震系统高度重视震情监视预报短临跟踪工作，2002 年“五一”、“十一”及党的“十六大”召开期间，省地震局及时启动了《震情跟踪应急工作方案》，效果良好，受到了中国地震局的表扬。

(3) 进一步规范台站建设管理　为了夯实监测预报工作的基础，9 月 10 日至 11 日省地震局在张家口召开了台站规范化建设管理工作会议。按照中国地震局提出的“努力把地震台站建设成‘人员素质高、技术装备先进、观测条件良好、工作环境优美’的现代化台站”的总目标和省地震局提出的“以人为本、政治建台、规范管理、争创一流”的要求，着重就加强台站的观测、预报、科研“三位一体”，台站环境改造等问题集中进行研讨并做出了全面部署。为加快建设花园式台站的步伐，在省政府和中国地震局的大力支持下，2002 年省地震局筹集资金 580 万元对台站进行了环境改造。

三、积极推进行政执法工作

2002 年是《地震安全性评价管理条例》实施的第一年，为了推进河北的地震行政执法工作，省地震局年初时组织有关部门的领导和专家分别到山西省临汾及省内石家庄、沧州、邯郸、邢台、张家口等市进行了调研。10 月 14～15 日在邯郸市组织召开了河北省地震行政审批工作现场会，推广了邯郸、邢台、石家庄等市将抗震设防要求纳入基建程序的经验，有力地推进了全省地震行政执法工作的开展。

为提高执法人员素质，省地震局2002年先后举办了河北省地震行政执法培训班、河北省地震安全性评价执业技术知识培训班。培训班结束后组织力量对从事地震安全性评价的人员进行了考试和考核，其中67名考核合格者获得了地震安全性评价二级执业资格证书。

四、认真做好地震应急工作

4月22日，隆尧一带5.0级地震发生后，省地震局立即进入应急状态。根据省遥测台网测定结果，迅速向省委、省政府报告了地震情况，同时派出地震考察队，紧急赴现场开展地震灾情调查和科学考察。分析预报人员迅速开展分析会商及时对此次地震的趋势做出判断。针对一些地方产生的地震谣传，省地震局除及时、耐心解答群众的询问外，迅速拟定了地震新闻通稿，并于当天在河北电视台播出，省会石家庄各报社也于次日刊登了省地震局的地震趋势判断结果，有效地平息了地震谣传，稳定了社会秩序。

为检验首都圈技术系统的功能，进一步提高地震应急能力，4月25日，在中国地震局的统一组织下，省地震局组织力量在三河市燕郊镇进行了地震应急演练。此次地震应急演练设现场和机关两个指挥部，其中现场22人，动用各种车辆5部，携带现场通信、监测、预报及发电机、帐篷等设备和仪器。演练25日18时开始，26日凌晨3时20分结束。由于准备充分、组织严密、措施得当、保障有力，此次地震应急演练在社会上没有引起波动，取得较好的效果。

为切实保障地震应急工作的连续性，机构改革后省地震局及时对地震应急工作预案进行修订。

五、切实加强防震减灾宣传

认真落实中宣部、中国地震局召开的全国防震减灾宣传工作会议精神，结合河北实际认真开展宣传。7.28宣传周期间，全省各地按照省地震局的统一部署开展了形式多样、内容丰富的防震减灾宣传活动。为了提高防震减灾宣传人员的素质，10月下旬省地震局举办了全省地震系统宣传信息通讯员培训班。为了展示和宣传河北防震减灾工作的进展与成果，在编辑出版《回顾与展望——河北省“九五”防震减灾工作》的基础上，2002年省地震局还编辑出版全国第一部省级地震年鉴《河北地震年鉴》(2001卷)。省地震局投资100余万元建成的室外全彩色显示大屏，定时播放防震减灾法规及防震减灾知识，取得了良好的效果。为了出宣传精品，提高宣传效果，在中国地震局数据信息中心的帮助下，制作《周恩来在邢台地震灾区》、《居安思危开新路　防震减灾谱新篇——邯钢防震减灾之路》等宣传片。其中《周恩来在邢台地震灾区》在中国地震局声像制品评比中荣获特等奖。

（河北省地震局　孟书和　王加林　王智慧　杨　峰）

山　西　省

一、全面规划“十五”期间的防震减灾工作

在有关方面的支持下，山西省地震部门积极争取《山西省防震减灾重点工程（集成方案)》立项。该方案经过反复论证、调研，目前已上报省政府并送省计委论证。编制完成《山西省地震台站优化改造方案》、《山西省数字地震观测网络》的可行性研究报告。

二、地震监测预报工作进一步加强

2002年山西北部首都圈晋冀蒙交界再度被列为全国地震重点危险区，并于9月3日发生太原郝庄5.0级地震，10月12日发生大同—阳高老震区4.0级地震。针对上述情况，各级地震部门密切注视震情动态，加强震情会商，认真做好短临追踪工作，先后在介休、临汾、忻州等地落实异常，加强省际交流，继续强化晋冀蒙震情跟踪区域联防工作，并于8月初及时向中国地震局上报了异常落实报告，向省政府通报了有关情况，明确提出“山西地震带未来可能发生5级左右的地震”。省地震局和大同市地震局都分别提出了预报意见，较好地对应了两次强有感地震，实现了震前给政府打个招呼的目标，提升了社会显示度。

完成山西数字地震台网二期工程建设，提高山西数字地震台网的监测能力。在九五项目基础上，改扩建定襄、灵丘、代县、保德、娄烦、阳泉、介休、安泽、隰县等10个数字地震台，使全省数字地震台达到23个，目前全省地震监控能力达到$M_L2.3$，重点监视防御区达到$M_L1.8$。

加强监测预报工作科学化、规范化管理，提高地震观测质量。各级地震部门均制订下发《地震监测预报实施方案》，注意提高监测预报技术人员和管理人员的业务水平，使地方监测工作质量明显回升。在2002年度观测质量检查评比中，省内统评100台项优秀率为96%，其中，地方参评49台项，优秀率为86%，比去年提高8个百分点。

三、防震减灾法制建设取得可喜进展

(1) 防震减灾立法取得突破，省人大对1996年9月23日出台的《山西省防震减灾暂行条例》根据《中华人民共和国防震减灾法》、2000年全国防震减灾工作会议的新政策、新思路，总结《暂行条例》实施的经验教训进行了全面修订，颁布《山西省防震减灾条例》（以下简称《条例》)，并经省九届人大常委会第30次会议于7月27日审议通过，自2002年9月1日起实行。对国家法律、法规进行细化，特别在地方经费投入，活动断层探测，地震抗震设防要求管理、处罚规定等方面予以完善和细化，增强了可操作性，为山西防震减灾事业提

供了更高级的发展平台。

(2) 地震行政执法和法制监督工作力度不断加大。地震行政执法部门制定了一系列配套法律制度，使行政执法程序进一步规范，效率进一步提高。出台《地震行政执法错案（过错）责任追究办法》、《山西省地震违法案件查处办法》、《山西省地震行政执法监察总队管理办法》等办法，为51个市（地）县地震行政执法机关换领了执法资格证书，制定了规范的地震行政执法文书21种。对离石地震台、山阴县天圪老村地震台观测环境受开山炸石影响，经过执法队与当地政府协调查处，已基本解决。对山西金业煤焦集团、古交市大里河南海煤焦有限公司、太原昌源洗煤冶炼有限公司等9起违法行为立案查处，其中3起报请省高院进行强制执行。

四、抗震设防要求管理进一步强化，防震减灾宣传工作又创新高

坚持不懈加强重大工程和易产生次生灾害工程的抗震设防要求工程的管理。省市（地）两级地震行政执法部门共依法对100多项工程项目进行了抗震设防要求审批。其中，河曲电厂、山西焦化厂等30余项重大建设工程和易产生次生灾害的工程进行了地震安全性评价，为工程选址和科学设防提供了依据。

积极推进市（地）地震机构进入当地政府行政审批中心。以国家进一步深化行政审批制度改革为契机，将抗震设防要求管理纳入政府行政审批程序。阳泉、临汾、忻州、晋城、大同、长治、晋中和吕梁8个市（地）已进入了当地政府行政审批中心，朔州、运城和太原3个市已发文即将进入行政审批中心，大同市自8月份进入审批中心后已连续三个月获“优秀服务窗口”的称号。

认真贯彻全国防震减灾宣传工作会议精神，切实做好防震减灾宣传教育工作。2002年6月省政府组织召开全省防震减灾宣传工作会议，明确新形势下全省防震减灾宣传的根本目的和工作原则，提出健全以各级党委宣传部门为领导，地震部门为业务主导，新闻出版、广播电视、保险、教育等有关部门协调配合，社会各界共同参与，有计划，分步骤，稳妥推进的宣传领导体制和工作机制。2002年的防震减灾宣传以宣传防震减灾法律法规、宣传防震减灾工作方针、政策为重点，充分发挥新闻媒体作用，重点加强对领导干部、中小学师生等重点人群的对口宣传教育，把宣传工作落实到各行各业。并借7.28地震科普宣传周、国际减灾日、9月1日条例实施日，“12.4”法制宣传日等时机，乘《条例》颁布施行的东风，精心组织、广泛发动，力求实效。全省各地通过举办电视电话会、座谈会15个、印发学习宣传通知300份、举办街头咨询130次等活动，悬挂宣传标语1100条，出动宣传车50余台，在报刊、电台、电视台开辟专题、专栏16个等，因地制宜开展了声势浩大的防震减灾宣传活动。特别是为配合9月1日《山西省防震减灾条例》实施，省政府下发了“关于认真做好《条例》宣传实施工作的通知”，省人大8月16日举办了新闻发布会，25家新闻媒体为此作了宣传报道，9月1日《山西日报》刊登专版进行宣传。运城市出动18辆宣传车，组织四大班子领导和千余人参加的大型游行活动；晋中市五大班子成员上街宣传，临汾市在当地报纸刊登了专版，各地市通过电视，深入学校、企业宣传，印发宣传资料28万，宣传30余万人次，使防震减灾宣传深入人心。

五、地震应急救援能力进一步提升

针对地震应急工作较为薄弱的状况，采取多项措施，提升地震应急反应能力。

积极开展地震应急演练，锻炼队伍。将运城市临猗县的地震应急演练作为全省应急演练的示范，于11月12日组织全省各市（地）有关领导观摩了此次应急演练。参加演练的有临猗县42个地震应急成员单位，演练分为震情应急、通信保障等十大课目，出动指挥车、工程机械等60余辆，参加应急人员达1000余人，观众数千人。整个演练声势浩大、内容丰富、形式活泼，受到中国地震局紧急救援办的高度评价和社会各界的充分肯定。

圆满完成强有感地震后的应急反应工作。9月3日太原郝庄5.0级地震和10月12日大同—阳高老震区4.0级地震发生后，地震部门及时启动地震应急预案，正确进行震情趋势判定，及时上报中国地震局和山西省委、省政府，利用电视报刊等新闻媒体向社会公布了有关情况，使震区维持了正常的工作生产和生活秩序，保障了社会稳定。

高质量完成了山西防震减灾指挥中心的土建工程建设。主体工程2002年10月胜利竣工通过验收。

（山西省地震局　张正霞　韩成太）

内蒙古自治区

一、监 测 预 报

(1) 在地震台站继续推行目标管理责任制，对目标责任制进行了进一步修订和完善。已有19个台制定和实施了台站目标责任制管理细则。为规范数字化台站管理，提高数字化项目效益，制定下发了《前兆数字化管理和数据报送》及《数字化地震台（网）管理》等要求和规定。

(2) 在参加全国2001年度地震观测资料质量评比中，乌加河地震台获测震二类台第二名；海拉尔地震台获中国地震数字台网第二名；监测预报中心地震编目获二类局第二名；乌加河台获全国首次区域数字化资料评比第3名。其它观测项目也都有所提高。

(3) 坚持周、月和年中、年终及紧急会商会制度，强化晋、冀、蒙重点监视区震情跟踪工作，成立了以呼和浩特市局牵头，由乌盟局、包头局和分析预报中心组成短临跟踪协作组。对监视区域内的呼市、乌盟地区的异常开展了有中国地震局权威专家指导的实地考察。同时对其它地区突发异常进行及时落实和排查，分别完成了丰镇地下水位核实，宝昌台、呼和浩特台、一机厂电阻率异常核实报告，呼仑贝尔市地震局、乌海市地震局对在区域内发生的有感地震都进行了地震现场考察。

(4) 国家重点项目“海拉尔GPS基本站和联合国海拉尔核查台阵”建设基本完成。“内蒙古数字地震观测网络”建设项目顺利启动，其中“地震前兆台网”，“地震信息服务系统”，“数字测震台网”，“地震应急指挥系统”“强震观测系统”，“流动地震台网”，“阿尔山火山观测站”和十个地震台的条件保障系统优化项目的调研、可行性报告编制和申报工作已全部完成，部分项目前期工作正在有序开展。对盟市地震局在“十五”期间的项目实施和经费配套进行了部署。项目实施和技术方案设计进展顺利，部分盟市的配套经费已落实到位。

(5) 自治区地震科研项目列入自治区科技厅“十五”科研支持项目，“十五”期间的申报科研项目总经费50万元，首期8万元已获准审批拨款。完成了中国地震局下达的《地震台站基础数据库》的建立和报送工作和《内蒙古自治区地震监测台志》的编写工作。

二、震灾预防

(1) 3月初，召开全区防震减灾工作电视电话会议，对2002年全区的防震减灾工作进行了部署；召开了盟市地震局负责人参加的防震减灾工作座谈会，传达贯彻中国地震局2001年地震群测群防会议精神，商讨全面推进盟市、旗县防震减灾工作的措施。

(2) 组织举办全区地震安全性评价培训班，全区70余名地震安全性评价技术骨干参加了培训；组织了《地震动参数区划图》的宣传贯彻工作，到有关厅局设计院举办讲座，普及区划图有关知识，开展区划图的发行工作。

(3) 完成呼和浩特城市活断层探测的技术论证和前期初步设计，协调呼市政府、包头市政府等有关部门，落实承诺配套经费。有关文件材料已上报中国地震局，已列入全国24个省区项目之内。

(4) 组建内蒙古自治区地震局行政执法监察总队，建立了防震减灾法律、法规和全区执法人员数据库。对辽河大桥、天燃气入呼工程、呼和浩特市移动通信枢纽工程三个工程项目和如意开发区、金川开发区、盛乐开发区进行了执法检查，其中辽河大桥和天燃气入呼工程已按要求完成安全性评价工作。金川开发区也正在安排此项工作。对台站监测环境受干扰的现象进行了执法排查，解决了乌加河台受轧钢厂影响、包头台受通讯设施影响等问题，呼和台地电受供水管线影响和集宁台受公路车辆运输影响一事已向有关部门提出。

(5) 协调自治区电力、水利部门将地震安全性评价工作纳入行业基本建设管理程序。年内完成了黄河水利枢纽、托克托电厂、神华煤直接液化、蓝旗电厂、海勃湾电厂第三期改扩建设工程、内蒙古自治区党委新建办公楼等项目的地震安全性评价工作。全区有8个盟市将地震安全性评价工作纳入建设管理程序或进入审批大厅。

三、地震应急与紧急救援工作

(1)“十五”重点项目“自治区防震减灾指挥基地”建设项目土建已基本完成。

(2) 自治区地震局与公安厅消防局初步确定共建救援队，并编写了组建方案，召开了协调会议，现等待公安部的意见。

(3) 自治区政府办公厅、人大教科文卫委员会、地震局、建设厅组成联合检查组，对有关厅局和大企业的防震减灾和地震应急工作进行了检查，检查结束后，自治区人民政府向全区通报了检查情况。

(4) 2002年9月、10月，进行两次地震应急拉练演习。对在应急中发现的问题及时进行修定和完善，确保了地震应急始终保持在快速启动和现场发挥实效的状态。

(5) 开展了10月20日西乌珠穆沁旗5.0级地震现场应急工作，第一次实现采用现代通讯技术对地震现场灾情图文进行速报，为政府救灾决策提供及时的信息。

(6) 继续开展地震应急数据库基础资料的收集工作和地震应急网建设。明确全区地震通讯网、灾情速报网、宏观观测网的职责，对盟市应急网的建设工作进行抽查与检查。

四、防震减灾宣传教育

(1) 积极贯彻落实全国防震减灾宣传工作会议精神，与自治区党委宣传部联合下发了《关于加强全区防震减灾宣传工作的通知》，提出了全区防震减灾宣传规划与计划。

(2) 抓了7·28和党校、大中小学等宣传活动。共出动人员计150人次，发放宣传材料6000余份。发放书刊200余册。举办讲座12次，并参加了自治区科技厅组织的三下乡宣传活动。

(3) 完成了防震减灾科普教育基地呼和浩特展厅的建设任务，并正式列入自治区级科普教育基地。

（内蒙古自治区地震局　弓建平）

辽　宁　省

一、地震监测预报

(1) 深入开展震情研究，提高地震预报水平。2002年，全省地震活动较为活跃，共发生地震146次，最大震级3.9级。特别是4月30日海城地区发生震群活动，共发生地震143次。辽宁周边地区共发生2级以上地震54次。辽宁抚顺矿震活动频度明显增强，发生2级以上矿震47次，最大震级3.7级。面对严峻的震情形势，省局及时印发了“关于加强地震短临跟踪工作的紧急通知”，要求全省地震系统进入紧急戒备状态，密切注视震情发展。2002年分别举办了全省地震系统MapSIS预报软件培训班和GIS地理信息系统培训班，百余人参加了培训。

(2) 加强台站观测资料质量管理工作。一是以质量求生存，促发展，强化地震监测质量管理，将提高观测资料质量作为台站目标管理的重要考核内容。二是重点抓了数字化观测资料的规范化管理工作。组织有关人员举办了“数字观测资料管理研讨班”，重新修订了“辽宁省地震前兆数字观测管理工作的有关规定”，进一步科学合理地规范了辽宁省数字观测数据产出、传递、入库、分析等工作流程；制定了《辽宁省数字地震观测资料质量评比细则》。三是采取走出去，请进来的办法，派人出去学习或邀请专家讲座指导，达到交流、学习的目的。四是扶持先进台站，树立榜样，帮助较差台站找出问题的原因和解决办法。

通过上述措施，2002年度全省观测资料质量保持稳定，优秀率达93.7%，在全国观测资料评比中，有8项获得前3名。

(3) 加强台站建设与管理，确保地震监测系统高效运转。一是提高台长的管理水平，转变观念，学习先进台站的好经验，好作法。二是提高台站人员的业务素质，组织培训和学习，鼓励他们参与各类科研课题研究。三是加强台站仪器设备的更新和观测环境改造。四是建立地震监测系统基础数据库和编写地震监测志。五是贯彻落实“三个代表”重要思想，加强地震台站的文体设施建设。六是提高执法意识，依法保护地震观测环境。

二、地震灾害预防

(1) 3月8日辽宁省副省长赵新良主持召开第350次省长办公会议，研究部署2002年全省防震减灾工作。会议议定：“十五”期间要进一步加强全省防震减灾“三大工作体系”建设；建立健全辽宁省“抗震设防要求”法规体系；各级政府要加强对震情、灾情宣传报道的管理工作；各市、省直有关部门要尽快修定《地震应急预案》。省防震减灾工作领导小组成员参加了会议。

(2) 防震减灾法制工作取得新进展。一是组织有关专家积极配合省法制办、省人大做好《辽宁省防震减灾条例》的论证、调研、修改工作。二是组织完成了《辽宁省建设工程抗震设防要求管理办法》的起草工作，提交省法制办，按程序报省长常务会议审议。三是结合辽宁省地震安全性评价及相关工作收费管理的实际，拟定了“辽宁省地震安全性评价收费管理办法”，辽宁省物价局正按程序审议。四是为规范行政执法行为，修改并下发了“辽宁省地震局行政执法责任制方案”，包括6个管理办法和制度。五是为加强全省行政执法队伍自身建设，先后下发了“辽宁省地震局行政执法人员WTO培训方案”、“辽宁省地震局开展行政执法人员执法资格考试实施方案”和“辽宁省地震局2002年‘四五’普法计划”。同时组织有关人员参加各类法制培训班。

目前，全省共有地震行政执法人员206人，14个市中，有10个市为职权执法，4个市为授权执法。

(3) 加强建设工程抗震设防管理工作。一是根据《防震减灾法》及地震有关法规的规定，严把工程建设抗震设防关。全年有24项建设工程项目通过辽宁省地震安全性评价委员会评审。二是为加强建设工程抗震设防管理工作，分别举办了《中国地震动参数区划图》和“建筑工程抗震设计规范”技术培训班；组织编绘了《辽宁省地震动参数区划图》。三是加大辽宁省各市建设工程抗震设防要求管理工作，目前全省14个市中，有12个市将抗震设防管理工作纳入了基本建设程序，有3个市进入基建项目联合审批大厅。

(4) 深入开展防震减灾宣传工作。一是与省委宣传部联合召开了辽宁省防震减灾宣传工作会议。贯彻全国防震减灾宣传工作会议精神；总结“九五”以来防震减灾宣传工作经验；表彰先进集体和先进个人；对今后一个时期的防震减灾宣传工作进行安排和部署。并与省委宣传部联合转发了中宣部、中国地震局《关于印发高俊良、陈建民同志在全国防震减灾宣传工作会议上的讲话》。二是以省政府办公厅的名义转发了《国务院办公厅关于进一步规范地震震情灾情信息报送和新闻报道的通知》。并结合辽宁省实际，提出具体要求。三是在做好常规宣传的基础上，不断强化地震重点监视防御区的宣传工作力度。本着适时、适度的原则，利用《防震减灾法》颁布日、唐山地震纪念日、国际减灾日及各级政府有关部门组织的各类宣传活动日等开展多种形式的防震减灾宣传和地震知识普及工作。四是积极开展中小学生防震减灾科普知识的普及教育工作。

研制开发《中小学地震知识教育》多媒体光盘，已获中国地震局批准。五是组织各市参加了全国防震减灾声像作品评选活动，有3部声像作品均获三等奖。

三、地震应急

(1) 按照中国地震局的部署。在今年的机构改革中，成立了辽宁省地震局应急救援处。使地震应急救援工作在组织机构上有了保障，职责进一步明确。

(2) 完善地震应急预案工作，提高地震应急反应能力。根据辽宁省防震减灾工作的实际，省政府重新修订了省级破坏性地震应急预案。同时加强了对全省各市地震应急预案的检查、指导工作。2002年有10个市对市级地震应急预案进行修订，省直有10个部门完成了预案的修定工作。

(3) 开展地震应急检查工作。根据省长办公会议安排，以辽宁省防震减灾领导小组名义向各市政府下发了《关于进行地震安全工作例行检查的通知》。各市按通知要求，开展了自查工作并上报了自查报告。根据各市的自查情况，经主管省长批准，由辽宁省政府办公厅、省地震局、省计委、省经贸委组成检查组对辽阳市和葫芦岛市地震安全工作进行了检查。

（辽宁省地震局　韩　萍）

吉　林　省

一、地震监测台网建设与改造

2002年，省地震局组织投资200多万元，完成延边地震台和通化地震台观测办公用房的重建以及庭院环境改造工程；完成了延边台DD－1型短周期地震仪的更新；完成四平台遥测传输信道的野外测试和数字测震仪台址测试，安装两部程控电话，改善了地震速报和网络通讯；解决了延边台、通化台和净月台的锅炉更新；利用吉林油田800m深井，建成松原市地震台井下摆观测、无线传输的数字地震观测系统，并已投入正常运行。该系统的建设，填补吉林省西部测震台网的空白，提高了吉林省西部地区地震的监控能力。2002年，长春市政府加大对防震减灾的投资力度，完成长春市地震速测速报系统建设基建工程，完成了双阳地震台环境条件改造工程，该台在“九五”改造项目中的DSQ数字水管仪，在全国2001年度形变观测资料评比中首次荣获第一名的优秀成绩。

二、“十五”重点项目的立项与论证

2002年，完成“长白山天池火山和龙岗火山监测系统完善与建设”项目可行性论证，并由省计委正式批复。该项目总投资2778万元，其中1100万元由中国地震局投资，其余1678万元由吉林省财政承担。现部分投资已经到位。长白山火山中心站建设经过反复论证，台址已经确定。完成长春合隆地震台迁建项目的立项及其可行性研究论证的前期准备工作；按照中国地震局统一安排，完成《吉林省数字地震观测网络初步设计》及《吉林省台站观测环境条件保障系统改造设计》，现已进入勘选和工程设计阶段；省防震减灾应急指挥中心及数字地震观测台网建设项目正处于立项、评估阶段。2002年按中国地震局的要求，完成《长春市活断层探测与地震危险性评价》立项工作，先后提交《长春市活断层探测与地震危险性评价项目可行性研究报告》和《长春市活断层探测与地震危险性评价工程初步设计书》。

三、行政执法检查

2002年6月，省地震局、省人大教科文卫委员会组成联合检查组开展对白城、松原两市贯彻实施《中华人民共和国防震减灾法》和《吉林省防震减灾条例》（简称《一法一例》）情况的执法检查。省人大常委会在通过检查组提交的审议报告中，就防震减灾工作纳入国民经济与社会发展计划、理顺县市地震工作机构、依法保护地震监测环境以及将地震安评和抗震设防要求管理纳入基本建设管理程序等问题，形成《审议意见》，要求省政府予以协调解决。省政府对此十分重视。主管地震工作的副省长刘淑莹委托分管副秘书长于10月9日主持召开由省计委、财政厅、地震局、建设厅、交通厅、编办、长春市政府等单位和部门参加的专题会议，研究落实《审议意见》提出的意见和建议。12月4日，省政府办公厅就《审议意见》落实情况，向省人大常委会提交了报告。这对解决吉林省防震减灾工作中存在的一些重大问题，推进全省防震减灾事业的发展产生了积极影响。

四、抗震设防要求管理

2002年，省地震局、建设厅联合下发《关于贯彻中国地震动参数区划图的通知》，为城镇规划和一般工业与民用建筑的抗震设防提供了依据。为落实国务院《地震安全性评价管理条例》（第323号令），省地震局与省计委、省建设厅沟通，联合拟订了《吉林省地震安全性评价管理实施细则》，经省政府同意，该《细则》将以三部门名义联合下发。2002年，加大对重大工程的地震安全性评价工作的执法力度。通过执法，对破坏性地震发生时极易产生严重次生灾害的国家重点项目——吉林市60万吨乙醇重大工程进行了地震安全性评价工作。另外，还开展了延边四湖沟水利枢纽工程、珲春老龙口水利枢纽工程、延吉市污水处理厂等重大工程地震安全性评价工作，为以上重大工程的抗震设防要求提供了依据。

经吉林省政府批准，吉林省地震局已进入省政府政务大厅行政审批中心，于2002年12月18日正式开业运行。省地震局负责重大建设工程和可能发生严重次生灾害的建设工程的抗震设防要求等8个项目的行政审批。

五、防震减灾宣传

为贯彻中共中央宣传部、中国地震局《关于做好“十五”期间防震减灾宣传工作的通知》和全国防震减灾宣传工作会议精神，吉林省地震局和省委宣传部联合下发了《吉林省防震减灾宣传“十五”规划》，对全省“十五”期间防震减灾宣传工作进行了部署和安排。

在“7.28”防震减灾宣传周里，吉林省地震局印制40多幅条幅，沿长春市主要大街悬挂，并发放2000多册法律法规单行本。同时抓住6月29日汪清7.2级深源地震对该省公众造成的影响，利用省内各新闻媒体开展了各种形式的宣传活动。在省电台的知识小宝库节目中，播出了“地震是怎么回事”的讲座；在吉林日报上以“地震离我们有多远”为题，用半版的篇幅，以6月29日汪清深震为引线，介绍有关地震知识；在省电视台新闻节目中，以“九五”期间吉林省地震系统在防震减灾方面取得的进展为题，进行了专题新闻采访。同时在全省各市（州）也开展了丰富多彩的宣传活动。7月28日，延边自治州地震局全体职工带着宣传画和横幅到汪清“6.29”地震震中区与汪清县政府有关领导开展了规模较大的街头宣传活动，专门请了秧歌队，散发了宣传单，州地震局和县科技局领导分别接受了电视台记者的采访。松原市人民政府副市长张启凤、副秘书长张宝义与松原市地震局全体人员走上街头，散发传单，并亲自给人力三轮车夫分发了印有“勿忘‘7.28’唐山大地震”的文化衫。白山市地震局开展了向市人大、市政协机关干部宣传以及送法、送地震科普知识进校园的活动。全省“7.28”防震减灾宣传活动即轰轰烈烈，又扎扎实实，收到了较好的效果。

（吉林省地震局　张碧吾　杨以道　李征西　张京辉　秦双辅）

黑龙江省

一、防震减灾组织体系得到进一步健全

黑龙江省的防震减灾组织体系主要分三个层次：

（1）省防震抗震领导小组。该领导小组是由省政府主管省长为组长，省直有关部门的领导为成员构成。它是黑龙江省防震减灾工作的领导、组织、协调机构。其日常办事机构设在省地震局。

（2）省地震工作主管部门，即省地震局。它为中国地震局和省政府双重领导的机构。

（3）地方地震机构。到目前，全省13个市（地）都成立了地震局，其中10个市的地震局为政府直管具有行政管理职能的事业局，3个（大庆市、七台河市、大兴安岭地区）在当地科技信息产业局挂牌子。在全省68个县（市）中，有58个县（市）设有地震机构，其中有6个为当地政府直属的机构，有39个在科技信息产业局挂牌，有13个在科技信息产业局内设。在地方地震机构建设上，黑龙江省与全国其它省份相比，做得较好，曾多次受到中国地震局的表扬。

二、地震监测预报工作取得一定进展

黑龙江省地震监测系统经过近30年的建设，已初具规模。目前有14个地震台站（网），还有哈尔滨、大庆、伊春3个地方区域数字遥测台网，市、县观测站点17个。主要监测手段有测震、地电、地磁、形变、水位、水氡、地热、电磁波等。对省内重点地区地震的监控能力可达3.0级。“九五”期间，对现有的监测系统进行了数字化改造，初步实现了观测技术数字化、信息传递网络化、资料处理计算机化，使黑龙江省的地震速报能力大大提高，省内地震速报时间由原来的1小时，缩短到15分钟以内。另外，加大投资，改造了全省台站的观测和工作条件，使台站面貌焕然一新，受到了中国地震局的表扬，并作为典型在全国予以推广。同时，通过加强目标责任制管理，狠抓观测资料质量，目前黑龙江省的地震观测资料质量已由过去的全国中下游，上升为中上游，有的观测项目已进入全国前3名。在地震预报方面，坚持会商制度，及时核实各种异常现象，不断探索研究地震活动规律和特点，不断应用新思路、新方法开展地震预报工作，曾经对1986年德都地震作出了一定程度的预测，受到了当时省领导的表扬。

三、震害防御工作取得一定成效

在地方立法上，黑龙江省相继出台《黑龙江省防震减灾条例》、《黑龙江省地震安全性评价管理规定》、《黑龙江省地震重点监视防御区管理办法》等地方法规规章。全省9个市（地）先后制定印发了相关的政府规章或规范性文件。黑龙江省的防震减灾地方立法工作，曾多次受到中国地震局的表彰，全国不少省曾先后到我省进行立法调研。在法制宣传上，黑龙江省地震局主要利用每年的3月1日防震减灾法制宣传日和7月28日唐山大地震纪念日，广泛深入地宣传防震减灾法律法规和地震知识，使人们的防震减灾意识有所提高。在执法队伍建设上，省地震局成立了黑龙江省抗震设防监督管理站，各市（地）地震局也都配备了专职和兼职的执法人员，并经过培训获得了执法证书。在抗震设防管理上，目前，黑龙江省已有近一半的市地将抗震设防纳入了基本建设管理程序。通过加强管理和执法工作，近年来，对省内40余项重大工程进行了地震安全性评价工作，一些城市还开展了地震小区划、震害预测工作，对建构筑物进行了抗震性能抽样鉴定。就抗震设防管理工作，黑龙江省地震局相对其它省局开展的较早，一些市（地）在全国处于先进行列。

四、地震应急工作进一步得到各级政府的重视

目前，省政府、全省13个市（地）政府，48个县（市）政府成立防震抗震领导小组，并印发《破坏性地震应急预案》。另外，省地震系统、电力系统、公安系统、卫生系统、武警总队还制定了相应的行业地震应急方案。地震应急工作已逐步纳入各级政府的议事日程，不断得到重视和加强。同时，建立比较健全的地震应急救援体系。建立上下协调的地震应急救援组织机构；建立健全省政府及地震重点监视防御区市（地）、县政府的破坏性地震应急预案；拟依托专业队伍，建设一支专兼结合，具有一定技术装备，反应快速的省级应急救援

队伍；初步建立起地震应急基础数据库和震灾快速评估系统，使地震应急救援体系建设基本适应破坏性地震应急救援工作的需要。

（黑龙江省地震局　贾群林　高树俊）

上　海　市

一、地震监测预报

2002年是“九五”地震设施更新改造数字化观测设备正式运行的第一年，地震监测资料的完整率基本达到了95%以上，资料质量得到很大的提高。地震信息研究所在年度全国监测质量评比中，区域台网测震评比获得第3名，地震编目获Ⅲ类局第2名，第一次参加评比的强震观测取得了总分优秀。佘山地震基准台参加全国评比的所有观测项目全部达到优秀，其中测震Ⅰ类台由原来第14名升至12名，763长周期地震仪获并列第3名，CDSN则继续保持第5名，地磁Ⅰ类台由第7名提升至第4名，地形变评比的项目评比序列已调整，原参加倾斜潮汐单项评比的石英钟摆倾斜仪因参加了DSQ水管倾斜仪而一同列入了倾斜综合评比，获第9名，第一次参加硐体应变评比的铟铜伸缩仪获得了第9名，第一次参加试评的重力仪也获得了优秀，崇明地震台数字化仪器观测流体资料的评比，记录获第1名，水位第3名，气氡第4名，地震预报研究所在2002年对上海及其邻近地区的震情趋势判断是正确的，全年共召开会商会57次，参加了全国年度会商会，大华北年中会商会，华东联防区年中和年终会商会，华东联席会商会，并提交相关会商报告。进行了8次一般震情应急和会商，并及时报出震情通报，在2002年度地震趋势研究报告在全国评比中获Ⅲ类局第1名。

二、防震减灾工作

为了宣传、贯彻《中华人民共和国防震减灾法》和《上海市建设工程抗震设防管理办法》，2002年度连续组织市和区、县地震工作机构有关人员举办了三期防震减灾法律、法规和地震安全性评价培训班，先后共有165人次参加了培训，64人取得了执法资格，在7月28日防震减灾纪念日，组织专家及有关人员上街开展咨询活动，散发宣传资料，到区、县学校作防震减灾科普报告，建立一批地震科普特色学校，分别对赛科石化、吴泾化工园区和明珠线北延伸一期工程的地震安全性评价工作，受理了上海市6家单位地震安全性评价从业资质的审批工作。

三、地震科研与成果

在上海市发展计划委员会和上海市建设和管理委员会的指导下，上海市地震局组织编写完成《上海市防震减灾规划（2001～2020年）》，1月份通过上海市发展计划委员会组织的专家评审，5月28日由上海市人民政府统一印发至全市各区、县人民政府和市政府有关委、办、局。

上海市地震局“十五”重点项目，“上海市地震监测预报系统的现代化建设工程”项目建议书于5月份通过上海市发展计划委员会和上海市投资咨询公司组织的专家评审，上海市发展计划委员会8月份批准立项，经费由上海市财政和中国地震局共同承担，该项目选址工作也基本完成。“浦东地震监测中心”、“崇明地震综合台”将在2003年开工兴建。

2002年共有22项课题立项，其中国家科委课题4项，中国地震局课题6项（含2项地震科学联合基金），国家人事部课题1项，中英合作基金课题1项，上海市地方课题2项，上海地震局中青年基金等项目8项，另外，上海和邻近地域的活断层调查工程项目今年已正式开始启动。

随着“九五”项目的完成，2002年度是上海市地震局历年获奖最多的一年，“上海地震台阵建设、特大城市地震应急反应对策对比研究可行方案”分别获得中国地震局防震减灾优秀成果二等奖和三等奖，同时还获得上海市地震局防震减灾优秀成果一等奖3项，二等奖6项，三等奖2项。

（上海市地震局　金　胜）

江　苏　省

一、地震监测预报

（1）不断强化地震监测预报工作。制定印发《2002年度全省震情监视和短临跟踪工作措施》；制订《江苏省监测预报工作质量考核办法（暂行）》，修改台站责任承包协议书，提高奖励标准；参加全国地震观测资料评比的30余项全部获优秀以上成绩，其中有7项进入全国前三名。

（2）南京基准地震台进行维修改造，将观测楼平顶改为大屋顶。南京地震科学馆进行翻新改造，科学馆展厅的宣传展板重新设计、制作；调试维修了维歇尔地震仪器。

（3）召开全省台站发展规划研讨会，制定省属地震台中长期发展规划。

（4）加强全省地震台站观测环境保护工作。针对南京、溧阳、海安、南通、新沂、铜官山、江宁等地震台观测环境不同程度的受到破坏和干扰，先后多次派人到有关部门和建设单位商谈台站观测环境保护问题。溧阳、海安、江宁、铜官山台得到赔偿，部分观测项目易地重建，新沂市政府发文明确划定新沂地震台2公里的保护范围。

二、震 灾 防 御

（1）省防震减灾工作联席会议。8月2日省防震减灾工作联席会议在省政府会议室召开会议，副省长王荣炳作重要讲话。会后，省政府印发专题会议纪要，省防震减灾联席会议印发了联席会议纪要和文件。省防震减灾工作联席会议成员进行了调整。编制《防震减灾联席会议手册》，近3万字。

(2) 法制建设。省人大代表吴锡军、史水洲等20多位代表在省九届五次人代会上分别提出“建议省人大常委会尽快制定加强保护我省地震监测设施和地震观测环境的决定”等两个建议，省人大城建环保委就此专程去南通等地调研，当地市、县人大城建委、政府办公室及地震、建设、规划等有关部门共同参加调研和讨论，省地震局按照省人大的要求提出对代表所提建议的处理意见，并代草拟“江苏省人民代表大会常务委员会关于保护地震观测环境的决定”，向省人大报送。省地震局向省政府法制办报送了修改省政府74号令《江苏省工程建设场地地震安全性评价工作的管理规定》的建议稿，提出关于省建设工程抗震防灾管理规定的修改意见；向省行政审批领导小组提交全省防震减灾13项行政审批事项，并已通过了第一轮审议，待上报省政府批准下发；组织对局机关有关部门进行地震行政执法责任制考核，制定了行政执法责任分解的通用文本。

(3) 地震安全性评价。强化和规范全省建设工程抗震设防要求管理，镇江市出台实施细则，溧阳等部分县（市）将建设工程项目抗震设防要求纳入基建管理程序。省地震局与省计委等有关部门配合做好全省有关地震安评文件贯彻落实工作，省奥林匹克体育中心、南京地铁控制中心、南京火车站、南京图书新馆等重大工程依法开展了安评工作。做好国务院颁布的《地震安全性评价管理条例》和国家标准GB18306－2001《中国地震动参数区划图》贯彻实施的宣传和管理工作。提出了全省地震动参数区划分界线区域范围。对全省主要设计单位使用国家标准《中国地震动参数区划图》和安评结果情况进行了初步调研。

(4) 编制江苏省防震减灾规划、“十五”计划。进一步落实防震减灾“十五”计划。防震减灾“十五”重点项目可行性研究报告编写完成，并由省计委正式上报省政府待批；修改防震减灾规划并向省政府上报；完成中国地震局“中国数字地震观测网络”项目江苏部分的可研报告；“十五”重点项目管理办法完成初稿；对部分市的防震减灾规划编制和“十五”重点项目进行指导。

(5) 市、县地震工作机构及机构改革。全省省辖市和县（市）都设有地震工作机构。13个省辖市地震部门统一称地震局，正处级事业单位，受政府委托行使防震减灾管理职能；绝大多数县（市）地震部门称地震局，少部分称地震办公室，受政府委托管理辖区内的防震减灾工作。全省市、县地震部门共400余人，其中市级地震部门为180人左右。

无锡培训中心进行劳动合同制管理的改革和人员分流工作；“江苏省地震局工程测绘院”转制更名为“南通市现代测绘工程院”。

(6) 防震减灾宣传。11月江苏省委宣传部与江苏省地震局在南京联合召开全省防震减灾宣传工作会议，副省长王荣炳到会并作重要讲话，会议表彰了先进，提出进一步加强全省防震减灾宣传工作的意见。江苏省政府办公厅印发《关于进一步规范地震震情灾情信息报送和新闻报道的通知》。南京地震科学馆新馆、徐州市科普教育基地已建成并正式向社会开放，镇江、盐城等市科普教育基地建设正在积极推进。配合举办江苏省第十四届科普宣传周活动向社会公众广泛宣传防震减灾知识，省地震学会被评为第十四届科普宣传周科普宣传先进集体。《地震学刊》改刊，从2003年起改为《防灾减灾工程学报》，由中国灾害防御学会和江苏省地震局主办，南京工业大学、河海大学和大连理工大学协办。加强《江苏防震减灾》网站的管理，制定“江苏省地震局防震减灾网站管理办法”，成立网站管理领导小组和组建信息员队伍。编辑“华夏第一台”（南京基准地震台台志）。举办了地震科普夏令营。

三、地震应急工作

2002年11月4~6日省政府组织在全省开展第二次地震应急工作检查。省防震减灾联席会议的主要成员单位省政府办公厅、省计委、省经贸委、省民政厅、省地震局以及省人大城建环保委等参加，分别对省民政厅、省经贸委、省水利厅、省教育厅、省交通厅、省卫生厅等6个部门和仪征化纤股份有限公司、江苏省江都水利工程管理处、南通供电公司、镇江谏壁发电厂、南京扬子石化公司、徐州矿务集团有限公司、徐州师范大学、江苏连云港新海发电有限公司、中石化南化连云港碱厂、江苏宿迁电信局等单位的地震应急工作进行了检查，检查工作取得了实效。省地震局成立地震应急救援处，对全局地震应急预案进行了修改。十六大召开期间，按中国地震局的要求，认真做好地震应急准备工作，安装地震应急警报器，添补了通讯设备，对应急人员、指挥系统进行全面检查，发现问题，及时解决，收到较好的效果，提高地震应急快速反应和紧急救援工作能力。组织全省各市进行应急基础数据补充收集工作。建立上报备案、检查制度，推进了地震应急救援工作。

（江苏省地震局　孙晓春）

浙　江　省

一、地震监测预报

（1）监测预报技术系统建设。12月18日，浙南地区衢州、永康、庆元、新昌4个数字地震台站通过专家组验收合格，正式投入运行，一个由18个子台组成、覆盖浙江全省的现代化数字遥测地震台网建成，省内$M_L \geqslant 2$以上地震10分钟内就能完成速报任务；由50个台项组成的全省数字地震前兆台网正在加紧建设当中；珊溪水库库区数字地震监测台网架设完成并投入运行。

（2）台站基础设施建设与改造。根据全国地震局长会上提出的“努力把台站建设成人员素质较高、技术装备先进、观测条件良好、工作环境优美的现代化台站”的要求，舟山地震台和杭州地磁台仪器观测环境改造工作已基本完成，温州地震台和湖州地震台工作环境的改造正抓紧进行。

（3）震情会商与地震速报。针对今年华东地区及浙江省内有感地震频发这一现象，浙江省地震局加密震情会商，采取周会商与月会商相结合的震情会商制度，加强与邻省的信息互通，加强对珊溪水库及庆元地震的震情跟踪，较正确地提出了震后趋势意见；监测台网为提高地震速报水平，先后将杭州、湖州、新安江、宁波四个宽带地震台的数据采集器由16位升至24位，提高仪器的动态范围和触发灵敏度，在全年31次地震速报过程中，责任区内地震 25 次均及时准确地完成任务。全局地震监测预报水平明显提高。

(4) 市、县地震监测预报工作。在省局的指导和帮助下，各市地震部门建设本地地震观测台站和地震前兆观测台站，培养出了一批地震业务管理人员，群测群防工作的质量和人员的积极性有了较大提高，地震监测预报能力有所增强，杭州、宁波等一部分市已形成了自己较为规范的监测台网，成为全省地震监测预报体系的重要组成部分。

二、地震灾害预防

(1) 立法工作。2002 年 6 月 28 日，浙江省人大常委会审议通过《浙江省实施〈中华人民共和国防震减灾法〉办法》，并于 7 月 28 日施行，历时三年的立法工作全面完成。

(2) 宣传工作。召开《浙江省实施〈中华人民共和国防震减灾法〉办法》（以下简称《实施办法》）宣传贯彻会议，各市地震主管部门负责人参加会议。各市县地震局开展了 7.28《实施办法》宣传活动。

(3) 抗震设防管理。加强对地震安全性评价质量管理，杭州湾大桥、嘉兴电厂二期、杭州地铁一号线、宁波太阳广场等 40 多项工程完成了地震安全性评价工作；依法做好与省级工程项目审批部门的协同管理工作，参加省发展计划委员会主持召开的杭州地铁工程、天然气西气东输杭州 - 长兴段工程、周公宅水库工程、杭州 - 湖州天然气管道工程等重大工程的可行性研究报告审查会。

三、地 震 应 急

(1) 珊溪水库地震应急工作。2002 年 7 月 28 日和 9 月 5 日，温州市珊溪水库先后发生 $M_L3.5$ 和 $M_L3.9$ 地震。由于震源较浅，震中附近震感较强烈，库区出现个别民房倒塌和损害现象。地震发生后，浙江省地震局按应急预案要求开展应急工作，及时派出现场工作队，调查震害情况、地震地质背景和可能产生地震破坏的隐患，布设流动观测协助地方政府做好应急工作；组织分析预报部门及时进行震后地震趋势快速判定；指导地方地震工作部门在震区进行地震知识宣传；加强局机关震情值班，部署全省地震台网密切注视震情；先后多次向省政府汇报了有关情况，并提出应急工作建议；对库区断裂活动性进行了深入研究。

(2) 庆元地震应急工作。8 月至 9 月，庆元县出现了频繁的地震活动，最大震级 $M_L3.3$，当地震感较强烈。浙江省地震局及时采取了应急措施，组织了震后地震趋势快速判定，派出现场工作组在开展宏观调查工作的同时，协助当地政府做好安定民心工作。这次地震未在当地造成较大社会影响。

四、地 震 科 研

(1) 对外交流。浙江省地震局第一次成功组团赴欧洲作防震减灾工作考察；接待了台湾王乾盈教授一行 8 人来杭州访问，并进行了地震学术交流。

(2) 科研成果。《浙江省数字地震遥测台网建设》获中国地震局防震减灾优秀成果三等奖；《湖州台倾斜仪的防潮技术及应用》列入中国地震局观测、预报、科研三结合课题；正在实施的省级重点科研项目有：震后地震趋势快速判断方法研究；萧山—球川断裂（富阳—盐官段）活动性研究；省自然科学基金项目RC框架结构的振动台试验和动力相似关系的研究。宁波市活动断层探测与地震危险性评价项目正式启动，已完成技术方案的编写工作。

（浙江省地震局　庞银照）

安　徽　省

一、地震监测预报

2002年，继续强化台站工作目标责任制，年初即与台长签订合同，明确台站的工作任务和目标，调动台站工作的积极性。进一步加强观测质量的管理，制定了地电、流体等数字化观测手段管理办法，实行严格的观测手段质量评比。努力提高仪器维修水平，确保仪器设备的正常运转。投入一定资金，实施庐江、安庆、淮北等地震台小型技术改造和环境改造，同时，推进市、县地震监测台网优化改造，群测群防网点建设得到加强。全省地震观测手段的资料质量整体上有了提高，今年全省参加全国评比项目的优秀率达100%，其中进入前三名的达五项，即庐江台的水位、水汞分别获第二名，流体综合评比获第三名，流动短水准测量获第二名，流动地磁观测获第二名，为安徽省参加全国评比以来取得的最好成绩。

为做好地震预报工作，全省各级地震部门紧紧围绕震情，开展震情监视、分析会商、异常跟踪核实，做到日常会商认真对待，出现震情紧急会商。1月26日，铜陵发生的2.8级地震和7月14日、8月29日霍山发生的3.5级地震，由于震感较强，在当地引起较大影响，省政府领导高度关注，省长和分管省长先后作出批示。几次地震发生后，省、市地震局都组织紧急会商，对震后趋势作出正确判断，并将意见及时报送省政府和当地政府，为稳定社会、安定民心起到了积极作用。在做好日常工作的同时，各级地震部门积极开展科学研究，取得了一批研究成果，并应用到分析会商，进一步提高了会商报告的科技含量。2002年，我省年度地震趋势研究报告获全国同类省局第二名，地震编目获全国同类省局第一名，日常分析会商获同类省局第二名，分析预报综合评比获全国同类省局第三名，继续保持了分析预报工作在全国的先进地位。2002年，省地震局再度被中国地震局授予全国地震监测预报工作先进单位。

二、地震灾害预防

进一步加大了立法、行政执法和依法行政的力度。经过不懈努力，省政府于9月出台了《安徽省建设工程地震安全性评价管理办法》（以下简称《办法》），为建设工程的地震安全性评价提供了法律依据。为了实施《办法》，省局适时编印了行政服务工作指南，总结推广宿州市抗震设防要求管理的经验，并开展地震安全性评价资质审验工作，进一步加强了抗震设防要求的依法管理。2002 年全省地震科技为国民经济服务取得重要进展，共完成 10 个重大工程的地震安全性评价，特别是安徽核电工程地震安全性评价，难度大、要求高，经过科技人员八个月的艰苦奋战，顺利完成了安评报告和地震地质图件，受到地震和核电专家的高度评价。

防震减灾宣传是震灾预防工作的重要内容。2002 年，以贯彻落实全国防震减灾宣传工作会议精神为契机，出台了几项新举措。一是研究制作了领导干部防震减灾报告多媒体演示光盘，开拓了宣传形式的新路；二是建成了合肥地震台科普教育画廊，为防震减灾宣传建立了一块稳定的阵地；三是于 11 月中旬成功召开全省防震减灾宣传工作会议，认真总结了 1994 年以来全省防震减灾宣传工作取得的进展和基本经验，分析了面临的形势和问题，对今后一个阶段的防震减灾宣传工作进行了全面部署。

三、地震紧急救援

2002 年，全省进一步完善省辖市的震后趋势快速判定方案，六安市、宣城市的方案顺利完成并通过验收，至此，全省重点监视防御区的 15 个市都完成了方案的制定，合肥、铜陵等市还建成了防震减灾信息计算机管理系统。同时全省地震应急基础数据库建设取得重要进展，大多数市已完成资料收集工作。为了加强地震应急救援工作的管理，省局成立了地震应急救援处，从组织上保障了地震应急工作的顺利开展。

四、“十五”防震减灾重点项目

首先是抓好立项工作，根据需要与可能，及时提出我省“十五”期间防震减灾的重点建设项目，并组织省内外专家进行可行性论证。二是加强同省计划与财政部门的联系，主动汇报，争取支持，把“十五”防震减灾重点项目纳入全省国民经济与社会发展“十五”计划。三是通过积极争取并认真准备，向省政府常务会议进行专门汇报，省政府以常务会议纪要形式对包括“十五”重点项目在内的各项议题作出了决定，使安徽省防震减灾“十五”重点项目经费得到落实，正式纳入省财政、省计委的年度计划预算。2002 年，省财政和中国地震局已安排 460 多万元，为完成“十五”重点项目提供了有力的经费保证。

五、地理信息系统工作

2002 年，地理信息系统建设充实、更新了省级大环境数据库，向省政府提交《近十年安徽灾害状况分析及未来趋势预测》专题分析报告，完成省生态环境调查 GIS 查询系统项目，举办全省 GIS 高级技术培训班，加快了 GIS 人才的培养。特别是于 11 月上旬成功举办全省首届 GIS 技术应用成果交流会，大大推进了 GIS 技术的普及推广和应用，并促进了 GIS 技术在防震减灾中的运用。

（安徽省地震局　何小伟）

福 建 省

一、地震重点监视防御区城市防震减灾体系工程建设

2002年，福建省委、省政府继续把防震减灾体系工程列入为民办实事项目，对工程建设给予了高度重视和大力支持。2002年4月，福建省计委对工程初步设计概算做出批复，概算总投资9189万元。在2001年工程顺利实施并取得进展的基础上，2002年各个建设专题进一步加快了建设步伐：总投资3800多万的防震减灾中心大楼于2002年9月9日开工奠基；福州市活动断层探测及地震危险性评价项目完成总工程量的70%，泉州、厦门、漳州也全面开展了活断层探测工作；新建尤溪、泰宁、武夷山、政和、福鼎5个数字地震台投入运行，新建10个实时传输的强震台已投入试运行；GPS建设项目已建成16个基本台，并建成泉州、惠安、南安3个地下流体综合观测台站及漳州、永安钻孔体应变仪；震害预测及震灾快速评估系统建设完成4个城市的普查工作；砖石房屋抗震性能评定项目完成福州、泉州、莆田、厦门、漳州、龙岩、永安7个城市327栋共计33.9万平方米砖石房屋建筑的调查和现场测试工作。中强以上地震中短期预测预报系统建设完成地华南沿海地震带地震简目、福建及其近海地区区域应力场特征研究等工作。

二、地震监测预报和震情应急工作

根据2002年度全国及全省地震趋势会商意见，福建省围绕震情形势，加强全省地震重点监视防御区震情跟踪和异常落实工作。推进会商制度改革，提高会商质量。对2002年6月南平地震台地倾斜观测异常以及其它地方出现的地下流体、电磁波等观测异常，及时组织专家进行调查落实。在新老设备交替、模拟与数字化设备并存观测的情况下，努力克服经费和技术困难，加强仪器设备的维修和维护，确保全省地震台站和数字台网各类仪器的正常运转，并完成了11个跨断层场地3期测量、重力1期测量和流动地磁2期测量工作。2002年参加全国地震监测预报工作质量评比的25个项目中，数字遥测地震台网获单项评比第一名，其余全部获优秀以上成绩。随着数字地震台网扩建工程5个新建地震台投入运行，福建省地震台网布局更加合理，全省范围内地震监测能力达到2.0级，部分地区达到1.5级，使福建省地震监测能力得到进一步提高。此外，福州市数字地震遥测台网也建成并投入运行，成为福建省第二个市级地震台网。进一步抓好震情应急工作，积极做好地震现场工作组织准备和培训工作。2002年3月31日台湾花莲海外发生7.5级地震，福州地区震感强烈，福建省地震局震后迅速采取了一系列应急措施，监测中心及时确定地震位置，预报中心及时准确地掌握和判断震情趋势，较好地完成震情应急工作。

与此同时，认真做好《中国地震动参数区划图》的宣传和贯彻实施工作，组织了全省贯

彻执行《中国地震动参数区划图》的培训班，聘请参与区划图编制的有关专家来闽授课，对福建省设区市地震局和安评持证单位技术骨干进行培训。福建省地震局和省建设厅联合印发了《关于贯彻执行〈中国地震动参数区划图〉的通知》，对福建省现有建制的市、县、乡（镇）三级行政区域的地震动峰值加速度、地震动反应谱特征周期进行划定，增强了福建省贯彻执行《中国地震动参数区划图》的可操作性和针对性。贯彻落实《地震安全性评价管理条例》，进一步加强地震安全性评价工作的规范管理，加强对安评报告质量审核。

三、防震减灾宣传工作

深入开展防震减灾科普宣传工作，组织参加“科技宣传周”、“7.28”唐山地震纪念周活动和青少年地震夏令营，积极开拓宣传渠道，扩大防震减灾宣传面，大力推进福州、泉州等地的防震减灾宣传教育基地建设。在2002年3月中旬召开的全国防震减灾宣传工作会议上，泉州地震局被中宣部和中国地震局评为全国防震减灾宣传工作先进集体。为贯彻落实全国防震减灾宣传工作会议精神，回顾总结10年来福建省防震减灾宣传工作经验，研究部署“十五”期间福建省防震减灾宣传工作，6月份福建省地震局与省委宣传部联合召开全省防震减灾宣传工作会议，会议表彰了一批全省防震减灾宣传工作先进集体和先进个人。

四、健全市县地震工作机构

根据中央编委印发的《省、自治区、直辖市地震机构改革方案》和《中国地震局关于省、自治区、直辖市地震机构改革方案的实施意见》，按照“精干高效、依法行政、与社会经济协调发展”的原则，福建省地震局制定《福建省地震局职能配置、机构设置和人员编制的实施方案》。通过机构改革，福建省地震局人员编制精减了10%，省局机关内设机构撤销了原抗震设防管理处和地方地震工作处，成立了合署办公的应急救援处和法规处，原局属分析预报中心和数字地震遥测台网中心分别改为预报中心和监测中心，使机构设置更加符合建立健全防震减灾三大工作体系的要求，强化了防震减灾法制管理职能。根据福建省委编制委员会办公室2001年印发的《关于市、县（区）地震工作机构问题的通知》，经过各方面的努力，2002年福建省在进一步建立健全市县地震工作机构方面取得了积极进展：泉州市、南平市决定所辖各市、县都设立地震办，龙岩市上杭县、福州市罗源县、闽侯县、永泰县、连江县等也增设地震办，使福建省市县地震工作得到进一步加强。

江　西　省

一、“九五”重点项目——赣南数字遥测台网通过验收

省“九五”防震减灾重点建设项目——赣南数字遥测地震台网共由1个台网中心、1个

分中心和8个数字遥测地震台构成。于2001年完成了建设工程项目选址、测试、仪器安装、调试，进入试运行、考核运行。2002年3月23~25日，中国地震局验收专家组一行11人，对赣南数字遥测地震台网建设工程进行验收。专家组综合评定：赣南数字遥测地震台网建设工程符合总体设计要求，文档齐全，经费使用合理，规章制度健全，台网运行率高。总体技术达到国内同类台网先进水平。

二、“十五”重点项目——地震应急指挥技术系统工程稳步实施

“十五”重点项目，在各方面的支持配合下，年内已完成360万元建设投资，占计划的20%，完成了进贤台等5个台站的选址勘测。上饶台等4个台站的地震信号已传输到南昌台网中心；进行了破坏性地震现场传输系统主要设备调研和购置；开展了地震分析预报基础数据收集整理和地震预报基础数据研究、地震快速评估资料收集及赣南重点监视区震害预测基础资料的收集。启动了省应急指挥室建设的前期工作等。

三、地震监测、分析预报工作

（1）2002年地震活动情况：根据省数字遥测地震台网测定，全省共发生76次地震，其中2.0~2.9级地震12次，3.0~3.9级地震1次，4.0级地震1次，地震活动水平与2001年相比呈增强趋势。省数字遥测地震台网还记录到省外、境外地震共581次，处理爆破震动波形143个。

（2）年度地震趋势会商会情况。坚持会商制度，在月、周、重要节假日、震后应急等各时段形成会商意见，尤其是对6月28日会昌 M_L3.3、7月9日分宜 M_L4.0、10月22日黄梅—九江交界 M_L3.8级等地震的震后趋势会商做出了准确的快速判断，并及时上报省政府。2002年度省地震趋势会商报告连续第四年保持同类局前三名的成绩。

（3）数据信息。按照中国地震局CSBnet的要求，开展了地震观测数据的共享服务；实现全年地震台站的前兆（模拟）观测资料全部实现网络化传输；完成省局宽带网的接入、中国地震观测网络项目江西省地震信息服务系统的设计以及华东6省市地震数据共享技术方案的编写工作。

四、地震灾害预防、应急救援工作

（1）防震减灾法制建设。加强对防震减灾行政执法的领导，健全执法责任制，印发执法文书，加强防震减灾法制监督工作。继续加强行政执法队伍建设，努力提高执法人员素质；进一步明确各级执法主体；加强了抗震设防要求管理，成立省地震安全性评定委员会；与省计委联合印发《关于加强我省重大工程建设项目抗震设防管理工作的通知》（赣震发防［2002］6号），将抗震设防要求纳入可研管理程序。与省建设厅编制国家第四代区划图在我省运用的工作用图。与省人大教科文卫委联合组成调查组先后赴九江市等8个市县就实施《江西省防震减灾条例》两周年以来有关情况进行专项执法调查。

（2）抗震设防要求管理。省地震局先后组织完成赣粤高速公路赣州—定南段的特大桥梁和中长以上隧道、省广电塔等工程地震安全性评价工作，确定科学合理的抗震设防要求，着手开展南昌市红谷滩新区活断层探测项目。

（3）地震安全性评价。根据《江西省防震减灾条例》和《江西省工程建设场地地震安全性评价管理办法》的规定，9 月 10 日，省政府办公厅印发《关于成立省地震安全性评定委员会的通知》（赣府厅字［2002］131 号），由省地震局局长任主任委员，省计委、省经贸委、省地震局有关负责人任副主任委员。省地震安全性评定委员会办公室设在省地震局。

（4）防震减灾法制宣传。与省教育厅共建了南昌中心地震台省青少年校外活动基地，初步建成了围绕地震知识、防震救灾和课外休闲三个层面展开活动的国内第一个以地震科普为主题的青少年校外活动基地。3 月份，各级地震部门还开展了以“加强城市抗震设防”为主题的地震科普宣传周、地震科普知识进社区等活动，利用多种形式不断推进宣传工作。赣州市地震局被评为全国防震减灾宣传工作先进单位，全省有 2 人被评为全国防震减灾宣传工作先进个人，1 人被评为全国防震减灾法制宣传工作先进个人。

（5）地震应急救援体系。在年度“7.9”分宜 M_L4.0 和“10.22”黄梅—九江交界 M_L3.8、3.5 等有感地震的处置工作中，应急处置行动参照《地震应急预案》迅速而有序，省台网中心在震后 8 分钟内就向省政府、中国地震局等上级部门做出初报，并在 15 分钟内将震情报告发往上级部门。做到了地震趋势的分析处理准确及时，严密跟踪震情；迅速派出了现场工作队。在上述几次有感地震事件处置实践中提高了地震速报、应急会商、快速派流动观测队伍、对政府部门和社会快速反映的能力，并指导和促进各地应急预案制定与落实。本年度与省武警总队就筹建省地震灾害紧急救援队的工作已达成一定共识，省局购置了部分应急技术装备，完善了及时处理突发地震与非地震事件机制，建立了全局职工应急通讯保障机制，确保了全天候随招即到，有效增强了地震应急指挥和紧急救援能力。

（6）地震速报与震情监视。做好震情监视跟踪和日常分析预报工作。准确地收集、处理我省地震活动性和前兆观测资料，及时将《震情》、《震情月报》上报省政府。充分利用网络资源收集邻省相关测震和前兆异常、会商意见，快速落实前兆异常，对年度预测发生地震的可能地区开展震情跟踪监视。

（7）平息地震误传、谣传。3 月 31 日，省局领导同志就台湾 7.5 级地震事件及时约见新闻记者，并在公众关注的两个报刊上发表我省不会有破坏性地震的判断意见，稳定了民心。在“7.9”分宜 M_L4.0 和“10.22”黄梅—九江交界 M_L3.8、3.5 等有感地震中，迅速派出现场工作人员，在震感调查区因地制宜地开展防震减灾知识宣传，进一步消除震区群众的不安心理，维护了社会稳定。

（江西省地震局　包建新　尹　英　柴劲松）

山　东　省

一、加强地震监测预报和短临跟踪，监测预报体系不断完善

地震监测预报系统建设取得新的进展，观测技术的现代化水平显著提高；初步建成的数

字化地震监测台网和地震应急技术系统运行良好；地震分析与研究水平在探索中提高，先后对山东省陆地及邻近海域发生的10余次有感地震作出了快速反应，提出了较准确的震后趋势判断意见。按照每县（市）建设1~2个群测骨干点的要求，对全省500余个宏观点和100多个骨干点进行调整优化，拓宽了短临监测预报的信息渠道。开展昆仑山口西8.1级大地震对华北特别是对山东省地震活动影响的研究。重视加强跨省区、市区的地震信息交流和联防，开展了跨学科、多领域、大尺度的地震综合研究。积极推进国际学术交流，采取请进来、走出去的方式先后与新西兰、美国、德国、日本、芬兰等国家的专家开展广泛的交流和合作，拓宽了视野，促进山东省地震监测预报和震害防御高科技人才的成长。山东省地震局被中国地震局评为2002年度全国地震监测预报先进单位。

二、落实“十五”计划规划，重点项目建设取得新进展

数字化测震台网、前兆台网扩建项目完成部分台址的勘选测试工作，开展地震预报技术系统的研究工作，完成地震应急自动响应系统的研究工作。根据《山东省防震减灾事业发展“十五”计划》、《山东省防震减灾规划纲要》和《山东省“十五”重大灾害防治计划》，各市积极推进防震减灾计划、规划的编制工作。济南、青岛、淄博、潍坊等16个市编制了防震减灾事业“十五”计划、规划。完成淄博市高新技术开发区50km^{2}的活断层探测和地震小区划任务。青岛市活断层探测设计方案报中国地震局立项。潍坊市活断层探测及其危险性评价项目工作经费基本到位，项目实施方案通过专家论证。济南市编制完成了活断层探测设计方案。山东省地震应急技术系统建设项目荣获2002年度山东省科技进步一等奖，山东省防震减灾示范区工程研究与应用被评为2002年度山东省十大科技成果。

三、市县地震工作机构建设取得显著成效

各级各有关部门按照《山东省人民政府办公厅转发省编委办公室省地震局关于市县地震工作机构设置的意见》（鲁政办发［2001］57号）的要求，积极工作，密切配合，认真抓贯彻落实，济南、聊城、日照、淄博、德州、菏泽等9个市印发了文件，明确机构规格、编制、职能，不仅在地震重点监视防御区和地震烈度7度以上地区增设部分县级地震工作机构，而且原有县级地震工作机构也不同程度得到加强。我省县级地震工作机构已由发文前的67个增加到94个，推动了防震减灾各项工作的开展。部分市级机构得到加强，青岛市地震局由正县级升格为副厅级，泰安市地震局由隶属科委管理的副县级地震办升格为独立的正县级地震局。全省17个市地震部门统一了名称，均称地震局。市县机构建设取得了很大的进展。

四、加强法制建设，依法行政取得新进展

认真贯彻实施《中华人民共和国防震减灾法》、《地震安全性评价管理条例》和《山东省防震减灾条例》，省地震局、省计委、省建设厅联合印发了《关于认真贯彻执行国务院〈地震安全性评价管理条例〉的通知》（鲁震发防［2002］63号），进一步加强了对抗震设防工作的管理，济南、泰安、烟台、聊城等市的抗震设防管理工作进入了市政府行政审批服务中心，大多数市将地震安全性评价工

作纳入了基本建设审批程序。省市联合开展重大建设工程地震安全性评价执法检查活动，对日照市广电大楼建设工程、莱芜电厂改扩建工程等十几个重大建设工程进行依法检查，部分重点工程完成了安评工作，进行了科学的抗震设防。地震部门先后完成日照水库、滨州市政大厦等40多个地震安全性评价项目，上述工作为山东省有关建设项目提供了科学合理的抗震设防依据，取得了较好的社会效益和经济效益。地震部门执法队伍初步形成，依法行政的能力和水平有明显提高。

五、强化地震应急工作，快速反应能力不断提高

各级各有关部门加强地震应急工作管理，落实各项应急措施。应急技术系统建设初具规模，地震速报由过去的20分钟提高到10分钟以内，精度也有大幅度提高。根据《山东省破坏性地震应急预案》，编制了《破坏性地震应急实施细则》。部分市及有关部门也修订了本市、本部门《破坏性地震应急预案》，调整了领导小组，储备了应急物资，检查了通讯等应急设备，应急准备工作更加充分。除对临沭小震群、南黄海5.1级（M_L，下同）、长岛3.5级、金乡3.6级、栖霞3.7级等有感地震作出快速反应外，还对5月20日枣庄峄城石膏矿3.6级矿震作出快速反应，及时将信息上报省政府，应急成效明显。按照预案要求开展了模拟临沭发生5.5级地震的应急演练，达到了锻炼队伍的目的，为实战积累了经验。

六、加强宣传教育，全民防震减灾意识进一步增强

按照“主动、慎重、科学、有效”的防震减灾宣传工作方针，充分利用广播、电视、报刊等宣传媒体，采取知识竞赛、播放专题片、街头宣传、科技下乡等形式，开展灵活多样的宣传活动。针对中小学生特点，制作了“少年儿童防震减灾知识”光盘、青少年防震避震知识挂图和手册等；利用省防震减灾宣传教育中心，对中小学生开展防震避震和自救互救教育；对大学生群体，举办高校防震减灾科普讲座；编制印发了农村住宅建设防震抗震知识挂图和手册，积极开展科技下乡活动，先后在济南、烟台、临沂、日照等地震重点监视防御区向农民宣传农村建房抗震设防有关知识，引导农民科学建房。通过多种形式的广泛深入的宣传教育，使社会公众的防震减灾意识有了进一步增强。

（山东省地震局　党万禄　苏培雨）

河　南　省

一、省政府进一步加强防震减灾工作

为贯彻全国地震局局长会议精神，结合本省实际，省政府印发《河南省人民政府关于进

一步加强防震减灾工作的通知》(豫政［2002］50号)，明确了当前和今后一段时期全省防震减灾工作的指导思想和工作重点。一是要求各级政府进一步提高对防震减灾工作重要性的认识，切实加强对防震减灾工作的领导。二是加强地震监测预报工作体系建设，努力提高地震预报水平。三是推进震灾预防体系建设，提高全社会防御地震灾害的能力，切实将抗震设防要求管理和地震安全性评价工作纳入基本建设管理程序。四是加强地震紧急救援体系建设，努力提高地震应急能力。

二、抓住机遇，加快发展，“十五”项目取得一定进展

2001年，国家防震减灾行政检查组到豫检查工作时指出，河南省的防震减灾工作“硬件不硬”。2002年是“十五”规划开局之年，为河南省地震局防震减灾事业发展提供了良机。一方面，根据中国地震局的要求，认真做好“十五”项目立项论证和方案设计工作，组织专家和技术人员编制“河南省数字测震台网初步设计”、“河南省前兆台网初步设计”、“河南省地震信息服务系统初步设计”和“河南省地震应急指挥系统初步设计”，多方争取中国地震局的支持，取得较好的效果，数字化测震台网建设的前期工作已开始实施。另一方面，积极争取省政府的支持，狠抓河南省防震减灾指挥中心立项工作。2002年，常务副省长和主管地震工作的副省长先后四次听取省地震局的汇报。目前，省计委根据省政府常务会议的决定和省领导的批示，提出新建指挥中心的建议，报省政府最后审定。

三、监测预报质量、地震速报和地震应急能力有了提高

2002年6月28日至7月1日，中国地震局局长宋瑞祥带领有关司(室)负责人先后到河南焦作、林州、郑州等市地震台站进行调研。宋局长强调，地震系统一定要树立震情观念，居安思危。地震监测是地震预报、速报和紧急救援的基础，要切实把台站建设好、管理好。新一届领导班子认真落实宋局长的重要指示，深入基层台站调查研究，提出从抓地震监测资料质量、抓观测人员素质、抓台风台貌建设方面入手，在仪器转型、管理转轨、观念更新上下功夫，狠抓地震观测工作。2002年全省各方法手段均取得了及时、连续、可靠的观测资料，有4个学科、11种手段、61个测项参加观测资料评比，优秀率达100%。其中洛阳地震台地磁核旋观测资料在全国评比获得第二名。

为做好地震速报工作，出台“河南省地震局速报规定”，制订“河南省地震局震情值班工作程序”，加强了震情值班工作。“十六大”前夕的11月7日，在原阳县境内发生4.5级地震，震后所有测震台站都能按速报要求在规定时间内做出速报。根据省委、省政府领导指示精神，省地震局密切监视震情，派专家组到地震现场考察，迅速判定震情趋势，很快稳定了民心，维持了灾区的生产生活秩序。

四、加强防震减灾法制建设，继续做好宣传、依法行政工作

2002年3月，在中共中央宣传部和中国地震局联合召开的“全国防震减灾宣传工作会议”上，《中原减灾》报社荣获“全国防震减灾宣传先进集体”称号。为贯彻落实全国防震

减灾宣传工作会议精神，7月省地震局与省委宣传部联合召开了“河南省防震减灾宣传工作电视电话会议”，回顾了河南省防震减灾宣传的历程，总结经验，表彰先进，并对“十五”防震减灾宣传工作做了部署。8月底，在中国地震局召开的法制工作会议上，做了典型发言，介绍了河南省在立法、普法、执法等方面的作法，受到中国地震局和与会代表的好评。在全国市县防震减灾工作评比中，焦作市获得综合评比第一名，安阳市获得第四名，郑州市获得三等奖。同时，焦作、安阳两市还获得法规建设单项奖，郑州市获得震害防御单项奖。省局震害防御处荣获全国综合管理奖第一名。

五、发挥地震科技优势，积极为经济建设服务

年内完成新乡热电厂、郑州大学新校区、西气东输工程中焦作至安阳（北支线）和郑州至驻马店（南支线）、郑州至少林寺高速公路等20多个省、市重点建设项目的地震安全性评价、振动测试等科技服务，取得较好的社会和经济效益。

（河南省地震局　孙松林）

湖　北　省

一、地震监测预报

为实现地震监测预报工作管理科学化、统一化和规范化，省地震局成立监测预报中心，负责省属专业地震台站的运行和管理；地方地震台站的技术指导和服务；长江三峡工程诱发地震监测系统地震监测总站、长江三峡地下水动态监测网、清江遥测地震台网、省局局域网系统的运行和管理；湖北省年度流动重力、跨断层流动水准和丹江水库面水准测量与管理；湖北省区域地震速报；湖北省区域地震分析预报和年度地震趋势会商；地震现场流动监测等工作。

监测预报中心圆满完成全年地震监测预报任务。全省18个地震台站、三峡数字地震台网、三峡总站、清江地震台网正常运行，资料连续可靠，全年处理省内及邻区3级以上地震16次，速报省内3级以上地震7次，组织地震会商20余次。地震监测预报工作取得前所未有的成绩：在全国地震观测资料评比中，参评项目优秀率达100%。其中，麻城地震台硐体形变获第一名、倾斜潮汐形变获第三名；武汉基准地震台获地磁Ⅰ类台第二名、大震速报第三名；丹江地震台获区域数字地震台网（试评）第三名；分析预报综合评比（三类单位）获第二名。

二、震害防御

（1）加强法制建设，依法管理全省防震减灾工作。根据中国地震局转发的《财政部、国

家计委关于将部分行政事业性收费转为经营服务性收费（价格）的通知》（中震发财［2002］41号）文件精神，省地震局于2002年5月向省物价局报送了《湖北省地震安全性评价收费管理办法（草案）》，并积极配合省物价局在全省范围开展调研。12月12日，省物价局以鄂价法规［2002］250号文正式印发《湖北省防震减灾技术服务收费管理办法》。

为促进地震安全性评价与抗震设防要求纳入基本建设程序，与省计划部门一起共同做好地震安全性评价和抗震设防要求管理工作。省地震局加强与省政府有关部门的沟通和协调，起草《关于加强地震安全性评价和抗震设防要求管理的通知》（送审稿），并以鄂震发［2002］110号文请求省政府办公厅协调省计委联合发文，将地震安全性评价和抗震设防要求管理纳入基本建设审批程序。同时，指导市县地震部门加强抗震设防管理，争取将抗震设防要求内容纳入政府行政审批窗口。经过省、市地震部门的共同努力，荆门、襄樊、十堰、黄冈、荆州、黄石等市已将抗震设防要求和安评管理纳入基本建设管理程序，进入政府行政审批窗口，走上规范化、法制化管理轨道。

（2）加强地震行政执法与监督。为促进地震行政执法队伍的正规化建设，进一步健全和完善防震减灾行政执法队伍，省地震局对全省防震减灾行政执法和执法监督人员重新进行了资格审查，为80名合格者核发了执法证、6名合格者核发了监督证，形成比较正规的防震减灾行政执法和执法监督队伍，奠定全省防震减灾行政执法队伍基础。

为加大对防震减灾各项工作的检查监督力度，规范执法行为，专门印制了开展地震安全性评价通知书，向十多项建设工程业主发出通知，要求建设单位按规定开展地震安评。对个别坚持不做安评的建设单位，通过行政执法予以了强制执行。为提高防震减灾技术服务质量，2002年9月24~29日，组织举办了“全省市县抗震设防技术服务培训班”，对50多名市、县防震减灾工作人员进行了较为全面的业务培训。

（3）加强市州县地震机构建设。在市、县机构改革中，随州、荆门市地震办公室已改为地震局并确定为副处级单位；武汉市地震办公室由正处级升格为副局级；十堰、黄冈、荆州、襄樊、咸宁市地震局仍保持正处级；恩施州成立正处级地震局。对于尚未单独设立地震工作机构的神农架林区和鄂州、天门、潜江、仙桃等市，省地震局根据省政府意见专门发函给各地政府要求落实防震减灾工作机构和职能，地方政府已明确防震减灾工作具体管理部门。在全省13个市（州）、102个县（市、区）中，有12个市（州）、42个县（市、区）在地方“三定”工作中保留或增设了防震减灾工作机构。

三、地震应急

为完善防震减灾三大工作体系，省地震局于2002年7月成立了地震应急救援处，主要负责湖北省地震紧急救援工作体系的建立、在有条件的地震重点监视防御区和重点防御城市，会同有关部门组建和培训地震紧急救援队伍、协助地方人民政府建立地震重点监视防御区的地震应急救援物资储备系统等工作。收集整理了省内建筑物、水库、煤气（天然气）等基础数据资料，初步建立了湖北省地震应急基础资料数据库。鉴于长江三峡水利枢纽工程的重要性、水库诱发地震的可能性和危险性以及长江三峡工程进展的紧迫性，在征求、整理有关单位意见、建议后，制定《湖北省长江三峡地区地震应急预案》并呈省政府审定。

2002年，襄阳、黄梅、通山分别发生3.4、3.4、3.1级有感地震，省地震局迅速组织应急人员及时赶赴现场，向地方政府通报震情，传达震后趋势判定意见，提出安定社会减少经济损失的措施和建议。由于震后趋势判断准确，现场工作措施得力，保证了当地社会的稳定。

四、科技体制改革

根据《国务院办公厅转发科技部等部门关于深化科研机构管理体制改革实施意见的通知》（国办发［2002］38号）等文件要求和中国地震局科技体制改革领导小组工作会议精神，于2002年10月31日成立“中国地震局地震研究所科技体制改革领导小组”，结合地震研究所的实际情况，初步制定科技体制改革实施方案，进行了机构调整和岗位设置，明确人员编制和管理运行机制等，并对2003、2004年的科技体制改革工作作出安排。

五、继续落实“十五”重点项目

“湖北省地震应急快速反应系统建设”项目是湖北省地震局“十五”计划重点项目，建设总经费为：4265万元，由中国地震局和湖北省共同出资。该项目经2002年6月24日省长办公会议讨论通过，被省政府批准立项。省、市（州）、县共同承担项目建设经费2135万元，并由省发展计划委员会负责落实。根据中国地震局的指示精神，为配合监测预报司编制《中国数字地震观测网络》可行性研究报告，省地震局编写《中国数字地震观测网络》湖北省建设方案，按技术系统的总体要求，完成数字测震台网、地震前兆台网、地震应急指挥系统、地震信息服务和系统集成五个部分的初步技术设计。

六、防震减灾宣传

为增强全省人民防震减灾意识、地震及相关法律法规知识，省地震局宣传贯彻了《地震安全性评价管理条例》和全国防震减灾宣传工作会议精神；组织评选全省防震减灾宣传工作先进集体和先进个人；利用“3.1”《防震减灾法》实施日和“7.28”唐山地震纪念日、国际减灾日等开展防震减灾知识宣传与咨询活动；利用各种媒体宣传报道防震减灾工作情况和普及地震科学知识，全年在省级以上报刊上发稿56篇；印刷《地震安全性评价管理办法》5000册、《防震减灾法律法规汇编》3000册；拍摄了“数字地震仪”、“一张神奇的地图”、“深藏不露的固体潮”等三部电视专题片，分别在中央电视台、湖北电视台播放。其中，“深藏不露的固体潮”获得第七届全国优秀科技声像制品二等奖和全国防震减灾声像作品评比一等奖；“一张神奇的地图”和“深藏不露的固体潮”分别获全国防震减灾声像作品评比二等奖和三等奖。

（湖北省地震局　刘　敏）

湖 南 省

一、地震监测预报

（1）对邵阳、桃源、茶陵、华容、宁乡、娄底等地震台进行数字化改造，安装宽频带数字仪，通过DDN专线实时传输，并于8月底全部投入运行。目前，全省拥有9个测震数字台，建成了数字台网中心，监测预报能力明显增强，震情处理所需时间缩短到20分钟。

（2）依法保护地震观测环境。随着我省建设的不断发展，有邵阳、桃源、临湘3个台站的观测环境受到不同程度的影响，依据《中华人民共和国防震减灾法》和《地震监测设施和地震观测环境保护条例》，通过与有关部门多次协商，为邵阳台搬迁争取到经费，选定新台址；中断观测的临湘台恢复观测；桃源台搬迁问题正在协议之中。

（3）对全省的测震、形变、流体和地震速报资料进行规范管理，采取观测资料质量与职工奖金发放挂钩的办法，提高了观测资料质量。全省资料评比的优秀率提高到84.8%，参加全国评比的所有观测项目全部进入优秀行列。

（4）坚持震情会商制度，增加地震会商的分量。在年中和年度会商中，我们积极采用中国地震局推广的分析预报软件，运用计算机作图处理，组织对会商报告和专题报告进行评比表彰。对外加强同兄弟省局的交流，对内大力倡导求真务实的科学精神，促进分析预报水平的提高。

（5）根据湖南省水库较多的特点，开展水库诱发地震的监测研究工作。与东江水电厂续订3年的监测合同；完成《江垭水电站水库诱发地震研究与震级预测》课题，课题论文已发表。

（6）为《湖南省科技志》提供1978～2000年地震发展史资料；为中国地震局提供《湖南省地震监测台志》初稿；承当省科研基金课题一项；对湖南省防震减灾优秀成果和科研课题进行评审，评审出7个防震减灾优秀成果奖项，为本年度安排了5个地震科研课题。

二、地震灾害预防

（1）加强对全省各级地震部门立法工作的指导。我省各级地震部门抓住国务院《地震安全性评价管理条例》出台的有利时机，协调与计划、国土、建设、规划等职能部门的关系，将建设工程抗震设防要求管理纳入基本建设管理程序。继2001年常德、怀化、娄底、株洲、岳阳、邵阳等市之后，2002年又有长沙、郴州、湘潭三市出台《建设工程抗震设防管理办法》。

（2）做好地震安全性评价管理工作。2002年，省安评委对岳阳光宏广场、湘雅二医院住院大楼等10多个重大建设工程地震安全性评价报告进行评审，确保了地震安评报告的质量。

（3）加强防震减灾宣传工作。2002年9月20日，湖南省人民政府召开全省防震减灾工作电视电话会议，传达朱总理等国务院领导同志的重要讲话和全国防震减灾宣传工作会议精神，表彰全省防震减灾宣传工作先进集体和先进个人；部署全省今后一段时期的防震减灾工作。2002年为省政府的政务信息网提供国家和省出台的有关防震减灾工作法律、法规，地震安全性评价管理的依据、程序、收费标准和抗震设防要求等内容，收到了较好的宣传效果。同时利用电视、报纸等媒体做好有关纪念日的宣传。在唐山地震纪念日出宣传专栏，组织多篇文章在《湖南日报》、《潇湘晨报》等报刊发表，所作的电视专访在多个电视频道播出。重点抓好《地震安全性评价管理条例》出台的宣传贯彻工作。加强中小学生地震知识的普及和教育，举办2002年地震科技夏令营。

三、"十五"重点项目进展情况

积极落实"十五"重点项目。编制了湖南省地震数字化观测网络建设方案。按照我省"十五"计划中的台网布局要求，于2002年10月，开始了永州、衡阳2个测震台的选址工作，并向永州市科技局提出台址建设方案，与永州市人民政府签订建台合同。

积极主动争取"十五"重点项目经费。积极与中国地震局、湖南省政府、各市州政府进行沟通，取得支持。目前，"十五"重点项目经费安排得到了省政府领导批示，有待进一步落实。"省防震减灾中心"项目建设的征地工作已进入实质性阶段。

（湖南省地震局　张彩虹）

广　东　省

2002年广东省防震减灾工作以建立健全"预、防、救"三大工作体系为目标，有计划、有步骤地推进防震减灾"十五"重点项目的实施，取得进展。广东省地震局被中国地震局授予2002年度地震监测预报工作先进单位；《广东省地震重点监视防御区防震减灾工作管理办法》制定与实施获2002年中国地震局防震减灾优秀成果奖三等奖。

一、地震监测预报

（1）地震监测。建立健全地震台站规章制度，强化质量管理，重点抓好广东数字遥测地震台网的管理，做好震情值班工作，完成地震速报任务。2002年（截止到11月20日），广东数字遥测地震台网共记录地震1537次，速报地震14次，每月按时出版《广东省地震观测报告》和《广州数字地震台单台月报》。广东数字遥测地震台网（2002年1～12月）运行率达98.9%。流动重力观测完成了汕头测网51个测段（44个测点）、珠江三角洲测网70个测段（62个测点）、阳江雷州半岛测网51个测段（50个测点）的两期复测工作；断层形变场地观测完成了广州的陈田、鸡笼岗场地，揭阳的玉湖、广太场地和江门场地（六期）的跨断层短水准形变测量。地震观测质量稳步提高。在2001年度全国观测资料质量评比中，流动重力测量再次获得第一名，广东数字遥测地震台网获全国地方遥测地震台网观测质量第二名；无线短波通讯获2001年度全国1100km以外远程组第一名。

（2）分析预报。2002年，广东省地震活动水平总体偏低，但是分析预报研究工作仍然严格按照各项规章制度，落实各项工作措施，做好周、月及年度会商，不断提高会商质量。2002年11月19~21日召开了2003年度广东省地震趋势会商会，会议对广东省地震趋势作出了预测和判定。在2001年度全国地震分析预报评比中，广东省分析预报日常评比获全国第一名，分析预报综合评比获二类局第一名。

（3）重点监视防御区监测预报工作。粤东地区：揭阳市投入70多万元，建设市防震减灾“十五”重点项目——揭阳市地震观测台站；汕头、潮州市分别投入50多万元、30多万元对地震台站进行数字化和观测环境改造。汕头、潮州、揭阳等市的地震趋势会商运用GIS地震分析预报系统，对本区地震活动特性进行综合分析，会商质量有所提高。粤西地区：阳江市投入25万元添置仪器设备、改造观测环境；电白数字化地震地下流体前兆综合观测台站运行正常，年内已正式向省地震预报研究中心提供数据。珠江三角洲地区：广州市地震前兆数字观测台网建设方案已通过论证；东莞市投入经费60多万元，启动强震观测和地下流体观测项目；台山、中山、顺德、增城等市数字化地震地下流体前兆综合观测站已正式向省地震预报研究中心提供数据；2002年11月，广州市召开“第一届震情趋势研讨会暨2003年度广州地区震情趋势讨论会”。

（4）地震台网建设。省级台网：新丰江、汕头遥测地震台网数字化改造工程已于2002年6月14日至16日通过验收并投入运行；利用Internet技术，基于TCP/IP通讯协议的IP网络传输，实现了新丰江、汕头遥测台网与广东数字遥测台网的联网；汕头、潮州市的数字遥测地震单台数据处理终端建成并投入运行。市、县台网：广州市数字遥测地震台网经过两年多的建设和试运行，已于2002年1月7日通过验收，正式投入运行；汕头市已建成数字遥测地震虚拟台；阳江市数字遥测地震台网的阳西子台完成土建工程；茂名市数字遥测地震台网完成了数据处理中心及2个子台的建设改造任务。肇庆地磁台土建工程年内通过验收，部分设备进入试运行。完成《广东省数字地震观测网络》初步设计，《广东省数字地震前兆观测网建设及联网2002年度实施方案》通过论证。因修建新会市圭峰山公园，按照地震观测业务和技术要求，迁址重建新会地震台；因修建国道323线连南至连山段，按照《地震监测设施和地震观测环境保护条例》要求，搬迁连南数字地震台，2002年已经开展选址工作。

《广东省群测群防观测系统建设技术方案》正式颁布实施，“十五”期间全省群测骨干点在原48个的基础上再增建100个，群测宏观点在原有109个的基础上再增建200个。2002年各市县在抓好原有群测网点建设的同时，增建或恢复群测网点20多个；潮州市增设地震宏观观测员、地震专干10人，助理员队伍从191人增到202人；阳江市及时调整配置专、兼职防震减灾助理员。

（5）数据信息与通信系统建设。开通了宽带网络通道，设计新颖的广东省地震信息网站正式启用，通过该网站实现了地震数据和震情信息的上传下载，为地震数据交换提供了更方便、更快捷的服务。

二、地震灾害预防

（1）防震减灾法制建设。《广东省防震减灾条例》被列入2002年省人大立法计划预备项目；按照省人大和省政府法制办公室的要求，《广东省防震减灾条例》（征求意见稿）完成了在21个地级市及顺德市、省直有关单位征求意见的工作，经修改形成的送审稿已于2002年6月报省人民政府，立法调研工作已基本完成。在省人民政府统一部署下，完成了《广东省工程建设场地地震安全性评价工作管理规定》（粤府［1995］85号，广东省人民政府令第36号）、《广东省地震重点监视防御区防震减灾工作管理办法》（广东省人民政府令第38号）等地方政府规章及广东省地震局地震安全性评价行政审批事项的清理工作，在此基础上，制定了《广东省地震局深化行政审批制度改革方案》，报省人民政府，并获省人民政府常务会议讨论通过。根据国务院《地震安全性评价管理条例》，制定本省《地震安全性评价报告送审程序》和《审定抗震设防要求的程序》。省人民政府法制办公室为省地震局24名行政执法人员换发了新的行政执法证。清远、佛山、汕尾及顺德市人民政府先后颁发工程建设场地地震安全性评价管理规定，到2002年底止，全省21个地级市及顺德市共有19个市颁布了市地震安全性评价管理规定或实施办法。2002年3月22日，广东省地震局举办《地震安全性评价管理条例》暨《中国地震动参数区划图》培训班；2002年6月11日，广东省地震局举办地震安全性评价法规和技术培训班，重点学习地震安全性评价国家技术标准，经考试，核发乙、丙级地震安全性评价上岗证书28份；据统计，全省地震系统有300多人次参加了《地震安全性评价管理条例》等防震减灾法规的培训学习。

（2）地震安全性评价及抗震设防要求管理。17个市依法将地震安全性评价工作纳入基建程序；湛江、梅州、云浮等市已将工程抗震设防要求管理进入政府行政审批专门窗口。全省各市加强依法行政和建设工程抗震设防要求监督管理，中山、珠海、潮州、惠州、肇庆、梅州、揭阳等市地震局（办）以及广州市番禺区地震办公室与政府有关部门紧密配合，严格执行重要工程项目联审制度，初步统计，2002年各市参加联审工程300多项，惠州市地震办公室已办理好“防震减灾罚没财物许可证”；深圳市地震局完成9个单位的地震安全性评价及剪切波测试资格年审工作；东莞市地震局严肃处理违规承接地震安全性评价工作的单位。2002年评审通过的地震安全性评价工作报告169项，涉及合同金额1257万元；完成《重要工程建设场地地震安全性评价审核意见书》的审定核发37项。对广州市部分城区地震小区划、东莞市虎门镇地震小区划等一批重点项目和一批重要工程建设场地地震安全性评价工作报告，组织省地震安全性评定委员会有关专家进行了会审。对2000年完成的全部地震安全性评价项目103项的成果应用情况进行了专题跟踪调研和统计分析。

（3）震害预测。“广州市部分城区震害预测”项目的基础资料调查工作按计划完成了18万多栋房屋的普查，重点调查了3000多栋单体房、1500栋老旧房；项目数据库建设工作已全面启动，18万多栋房屋的资料录入工作正在进行；生命线工程震害预测、次生灾害预测、经济损失和人员伤亡预测、防震减灾对策等子课题研究的资料收集工作，以及GIS开发工作正按计划进行。“湛江市市区震害预测与预防研究”项目完成了研究区约70km^{2}的地震小区划野外调查和资料收集工作。广州市活断层探测和地震危险性评价项目的前期调研正在展开，项目的可行性论证报告和初步设计方案已经中国地震局专家组审查，被列入国家防震减灾“十五”重点项目计划。

(4) 加强对市县工作的管理。2002 年 5 月召开全省地震局长地震办主任会议，总结了 2001 年度全省地级及地级以上市防震减灾工作，潮州、汕头、广州、揭阳和茂名市地震局（办）分别获得综合评比第一、二、三名，东莞市地震局等 5 个单位获得单项奖；潮州、汕头市地震局和广州市地震办公室还分别获得 2001 年度全国地级以上市防震减灾工作综合评比三等奖，汕头市地震局获地震监测预报单项奖；2002 年 9 月，全省地震局长地震办主任会议，传达贯彻全国地震局长会议精神，部署广东省防震减灾“十五”计划项目任务；佛山市拨出“十五”重点项目及防震减灾专项经费 92.15 万元，建设市地震监测中心、数字地震台、防震抗震救灾指挥部、青少年防震减灾教育基地；揭阳、汕头、潮州、阳江、东莞、惠州等防震减灾“十五”重点项目经费已逐步到位。

(5) 防震减灾宣传。2002 年全省按照“主动、慎重、科学、有效”的原则，有计划、按步骤地开展防震减灾宣传活动。2002 年 4 月，省地震局印发《关于组织开展 2002 年度“防震减灾宣传周”活动的通知》，对全省防震减灾宣传周活动作出具体布置和安排：河源市地震局下发《河源市“十五”期间防震减灾宣传工作实施方案》，将防震减灾法律法规纳入当地“四五”普法教育中去；肇庆市科技局与市委宣传部联合印发《2002 年肇庆市“科技进步活动月”工作安排的意见》；顺德市召开全市地震宣传工作会议。据不完全统计，全省各地在“防震减灾宣传周”及日常宣传教育活动中，编印发放各种防震减灾宣传资料 80 多万份（册）、防震减灾知识 VCD 光盘 300 多张，播放地震知识音像专场 100 多场次，开展宣传咨询 60 多场，举办知识讲座和报告会 43 场，听众达 2 万多人次，制作宣传展板 120 套。各地还开辟新途径、采取多种形式，拓展防震减灾宣传的深度和广度，2002 年 7 月，佛山市地震局与市教育局联合在佛山市中小学生德育基地中建立青少年防震减灾教育基地，把防震减灾宣传教育纳入中小学生素质教育中；广州市把市地震监测中心作为科普教育场所向社会公众开放，在本年度“防震减灾宣传周”期间就有 1500 多人前往参观学习。

三、地震应急与地震紧急救援

(1) 地震应急领导体系建设。2002 年，各市结合机构改革及人员变动情况，及时调整充实防震抗震救灾工作领导小组成员。广州、汕头、揭阳、潮州、湛江、梅州、清远等市先后召开防震抗震救灾工作领导小组成员会议。潮安、遂溪等县年内先后成立地震局。

(2) 地震应急工作机制。结合机构改革和职能变动情况，揭阳、河源、汕尾、梅州、惠州、肇庆、阳江等市政府重新修订颁发了破坏性地震应急预案；潮州、云浮、肇庆、河源、广州等市政府直属单位及所属县（市、区）政府也完成或修订应急预案分案；汕头、潮州市地震局制订震情应急反应预案。各地地震应急指挥系统软硬件建设：佛山市防震抗震救灾指挥部与市三防指挥部共用指挥大厅，实现资源共享，并通过光纤与市公安局 110 指挥中心相连，提高应急指挥的效能；梅州市投入 3 万元经费建设市应急指挥中心；东莞、广州、揭阳、汕头、潮州、清远等市加强应急通讯、应急基础数据库等地震应急指挥技术系统的建设，努力实现应急指挥技术系统“信息畅通、数据完备、指挥到位”的建设目标。各地还因地制宜，组织开展形式多样的应急避震演练：佛山市利用市青少年防震减灾教育基地开展应急避震和疏散的演练，目前，每周有600多人次的中小学生到基地学习防震减灾知识和进行应急演练；顺德市和广州市黄埔区地震部门与市教育部门配合，在中小学开展应急避震演练。省地震局每月、每季度、重大节日及特殊时段，对应急设备、流动地震观测设备等进行检查、登记、备案；制定震情回答统一口径；强化震情值班，落实各项保障措施。

（广东省地震局　孟小琼）

广西壮族自治区

一、地震监测预报

（1）台网建设与改造。

2002年，按照《广西地震台“十五”改造方案》，自治区发展计划委员会下拨专项经费200万元，先后对邕宁台、凭祥台、玉林台和北海遥测台进行了台容台貌的环境改造。主要内容是：修建进台站的水泥路、装修办公室和职工宿舍、建文体场地、购置办公设备、院内绿化等，使这些台站的面貌焕然一新。4～5月广西地震局与四川地震局水库地震研究所合作，对龙滩水库台网建设进行野外勘选并完成龙滩水库诱发地震监测预报系统设计，10月通过评审并报业主。百色水利枢纽遥测台网设计报告亦于4月通过评审。完成岩滩水电站地震台的数字化观测技术改造。柳州市投资150万元建立柳州市数字遥测地震台网；柳州地区在来宾、象州等县（市）建立了12个地震前兆观测站（点）；玉林市建成7个CO_2地震监测点；百色市对所辖12个县（区）的96个地震宏观点进行强化管理；完成了田东、田阳2个水位观测站的观测条件和环境改造，进一步提高了广西的地震监测、监控能力。

（2）地震观测资料质量和科研工作。

2001年度地震观测资料参加全国统评共16台项，获优秀的15台项，获良好的1台项。这虽然有因遭洪灾造成停测停记或仪器陈旧老化导致故障客观原因，但跟踪管理不很到位是主要原因。因此，9月16日，袁家治局长主持召开研究地震观测资料质量问题的局长办公会议，着重分析部分台项观测资料质量下滑的原因，并提出整改措施。管理部门根据会议纪要精神加强了台站监测工作管理。2002年承担广西科技厅的科研项目4项，经费22万元，还代广西科技厅组织2003年度广西防灾减灾科研课题（含地震、气象、水文）项目库。组织验收、评审科技项目12项，评出广西防震减灾优秀成果奖3项。根据中越地震科技合作协议，2002年7月，越南地球物理研究所组团（8人）访问广西地震局并对灵山地震断裂带进行考察和科技交流。10月，广西地震局组团（8人）回访越南地球物理研究所并考察了那坡—高平和灵山—下龙湾地震断裂带，还进行了科技交流。

二、震灾预防

2002年12月2～10日，由自治区发展计划委员会牵头，区地震局、建设厅、交通厅等单位组成两个检查组，对南宁地区、钦州、柳州、桂林、河池、百色等市以及龙滩水电开发总公司和广西右江水利开发有限责任公司的工程抗震设防进行执法检查，并形成《关于2002年广西壮族自治区建设工程抗震设防执法检查情况总结报告》报自治区人民政府。完成《广西壮族自治区防震减灾条例》（送审稿），该条例已进入立法程序。由自治区计委、经贸委、建设厅和地震局联合印发的《关于进一步加强建设工程抗震设防工作的通知》的征求意见工作于2002年内完成。出台规范文件，即：《自治区人民政府办公厅关于进一步规范我区地震震情灾情信息报送和新闻报道的通知》、《广西壮族自治区防震减灾工作收费管理办法》。在自治区行政审批事项清理中，自治区地震局的3个审批项目（地震安全性评价资质证书、地震安全性评价执法资格、地震安全性评价报告）、两个核准项目（建设工程抗震设防要求、地震监测设施和环境保护）和1个审核项目（地震预报意见），得到行政审批事项清理办公室的确认。大部分市（地）已经将地震安全性评价和抗震设防要求作为核准事项纳入基本建设管理程序，其中柳州、北海、玉林市已进入联合审批大厅现场办公。市（地）县办理一般建设工程抗震设防确认或审核共351项；自治区地震局完成35项工程场地地震安全性评价项目，制定了“钦州市及港区地震小区划”和“玉林市城区开发区地震小区划”的技术方案和经费预算，编制了“南宁市震害预测与防震减灾对策研究”项目建议书。在河池地震台建成了防震减灾宣教基地并对外开放；组织44名中学生参加中国地震局第十五届地震科技夏令营海南营活动；继续巡展“防震减灾知识图片展”。

三、地震应急工作

5月24日，自治区人民政府召开防震减灾领导小组全体成员会议，研究、部署工作，经自治区人民政府同意，下达八项防震减灾工作任务。2002年底，自治区防震减灾指挥中心顺利竣工，柳州市防震减灾指挥分中心已投入使用，其他市（地）正在因地制宜地建设防震减灾指挥分中心。全区地震应急数据库已基本建成。自治区、各市（地）进一步完善和修订《地震应急指挥系统细化方案》，自治区地震局还对有关市（地）细化方案进行检查。广西组成地震应急工作调研组，赴甘肃、新疆两个多震省区学习地震应急工作经验。其调研报告得到自治区副主席吴恒的重视，批示印发各市（地）防震减灾工作领导小组组长和自治区防震减灾工作领导小组全体成员学习，对推进全区地震应急工作起到了积极作用。

2002年12月4日0时15分在容县发生$M_L2.5$地震，由于震源深度浅（1km）导致19个自然村有感，震区群众议论纷纷，不敢回屋。玉林市防震工作办公室和玉林地震台等单位组成工作队进入震区调查、宣传，使当地恢复正常的生活、工作秩序。

（广西壮族自治区地震局　龙安明）

海　南　省

一、防震减灾“十五”重点项目建设

2002年海南省全面实施防震减灾“十五”重点项目：海口城市活断层与地震危险性评价、海南省6级地震技术系统建设和琼北火山监测预报预防系统建设。落实“十五”重点项目经费205万元，市县政府落实防震减灾“十五”重点项目5项。海口等10个市县将防震减灾工作纳入当地国民经济和社会发展年度计划。落实三亚台改造计划经费628万元，改造工程正在进行中；完成马鞍岭火山中心监测站征地工作，办公楼装修正在进行；编制国家火山科普基地及火山博物馆的设计方案；海口城市活断层与地震危险性评价项目前期工作成果经通过中国地震局和省政府联合组织的验收；完成海南省6级地震技术系统建设项目2002年度工作任务。

二、防震减灾社会化管理和行业管理

(1) 2002年海南省地震部门依法加大防震减灾社会化管理和行业管理力度。召开全省防震减灾工作会议，行使省防震减灾行政主管部门职能，督促各市县重视防震减灾工作，落实防震减灾“十五”计划和重点项目，解决市县防震减灾部门的实际问题，进一步健全市县防震减灾管理机构，在海南省机构改革中，全省市县地震主（兼）管机构全部保留，万宁、陵水和五指山市还有所加强，既稳定队伍，又为新时期全省防震减灾事业的发展提供组织和人员保障。各级政府和人大也都不同程度地加强对防震减灾工作的领导和监督，加大对防震减灾事业的管理与支持力度，加强群测群防工作，建立覆盖全省的群测群防“三合一”网站。2002年8～10月，经省政府同意，海南省政府办公厅、省地震局、省法制局、省发展计划厅、省建设厅联合开展全省防震减灾行政执法检查。实地抽查海口市、三亚市和儋州市的防震减灾工作。

(2) 海南省发展计划厅、海南省地震局联合发文，将海南省工程建设项目的地震安全性评价和抗震设防要求管理工作纳入全省基本建设管理程序。海南省地震局参与全省城市规划修编和审定工作。成立海南省地震安全性评定委员会和震灾损失评定委员会，依法对全省的地震安全性评价和震灾损失结果进行审定。中编办批准并明确海南省抗震办公室设在海南省地震局，为海南省地震局履行防震减灾法奠定坚实的组织管理基础。

三、地震应急及地震监测基础设施建设

(1) 针对海南岛陆及周边地区日趋严峻的地震形势，立足早震、大震，常备不懈地做好地震应急工作，有效提高各级政府和全社会的地震应急能力。一是及时修订全省和海南省地

震局的破坏性地震应急预案，使之更具可操作性；二是抓紧指挥中心技术系统建设，使其尽快具备地震应急指挥能力；三是建立地震应急和震灾快速评估基础数据库；四是海南省地震局地震现场工作队购置必要设备，并指定专人负责设备的日常维护；五是建立覆盖全省的群测群防“三合一”网站，使之基本具备震灾快速调查和速报能力；六是健全制度，省地震局和各单位根据职责制定地震应急程序与工作要求，监测中心和预报中心进行经常性的培训和演练。七是积极与有关部门协调，组建省地震灾害紧急救援队工作正在进行之中。

（2）完成琼中台环境改造1期工程，2期工程正在实施；三亚台综合观测楼改造项目计划投入628万元，前期工作进展顺利；海口台改造计划已报中国地震局，“十五”期间全省新建台站的选址工作全面铺开；完成琼海、文昌市地震信息反馈系统的安装工作，三亚台南滨井改造项目基本完成。

四、地震监测预报工作

2002海南省地震监测台网运行率97%，观测资料连续、可靠，共观测到海南及其邻近海域（17.4°~20.5°N，107.5°~112.5°E）发生 $M_L \geqslant 1.0$ 地震141次，速报46次，速报合格率100%。2001年度全国地震监测预报工作评比中，海南省地震局台网总评99.0957分，其中大震速报、日常管理满分，获总名次第7名、地方台网第6名，综合质量首次进入全国地震遥测台网先进行列；短波通讯获全国地震短波通讯1100km以上评比第2名，地震编目获全国三类局评比第一名；海口台获全国数字化水位试评比第1名。采用“九五”地震预报新方法，强化短临跟踪工作，注重会商质量，全年举行各类震情会商61次。海南省地震局的日常分析预报工作获得全国评比第2名，综合分析预报获三类局评比第1名，地震趋势研究报告获优秀，为三类局第4名。密切监视震情发展趋势，对重大异常迅速进行核实、判断，及时处理琼山三江有感地震、文昌地震事件；做好日常值班和节假日及重要时期的震情保障工作。完成博鳌亚洲论坛会议、海南欢乐节、“十六大”期间及重要节假日的震情保障工作，增强地震部门的社会显示度。海南省地震局获中国地震局2002年度监测预报先进单位。

五、火山监测与研究

2002年3月，海南火山监测预防预报系统建设项目作为海南省防震减灾“十五”重点项目之一，正式列入中国地震局向国家计委申报的“中国数字地震观测网络”项目。已建立马鞍岭火山中心监测站，完成马鞍岭火山中心监测站征地工作，办公楼装修正在进行。2002年12月，全国第三届火山学术研讨会和海口市火山防灾与资源开发利用战略研讨会相继在海口召开。对海南火山监测预报及防灾与资源开发利用等进一步研究，提出许多建议。由五名中国科学院院士和一名韩国科学院院士，以及多名国内知名火山专家联合向海南省政府发出进一步加强海口火山防灾与资源开发的倡议，引起省政府和海口市政府的重视。

六、科技开发与减灾宣传工作

（1）2002年度海南省地震局科研人员完成国家地震科学联合基金资助项目1项、中国地震局“三结合”课题1项和省地震局课题10项。完成新大洲发动机厂房振动测试、1栋高层建筑场地地震安全性评价和琼海加积镇地震小区划立项工作，合同额30万元。

（2）制定并实施2002年度海南省防震减灾社会宣传方案。编印《防震减灾》9期、《防震减灾信息》18期；初步建成海南省地震局政务信息网，开设宣传信息栏；制作大型防震减灾宣传展板52张，在市县巡回展出；省地震局、海口电视台联合制作播放电视专题片《与火山打交道的人》；承办全国地震科技夏令营1次；举办全省宣传信息培训班1期，52人参加培训，继续健全市县防震减灾宣传网络；地球科普馆接待游客20万人次；结合7.28唐山地震纪念日、法制宣传日、科普宣传周等，会同宣传、教育、科技、法制、新闻等部门开展防震减灾宣传活动，进一步提高全社会的防震减灾意识和能力。

（海南省地震局　邢增藻）

重　庆　市

一、建立健全地震工作机构，切实履行地方政府防震减灾工作领导和管理职责

地震工作机构是防震减灾工作体系的一个重要组成部分，是防震减灾事业的重要基石。2002年，中国地震局印发重庆市地震局“三定”方案。在机构改革中，重庆市地震局出台《重庆市地震局人事制度改革办法》，确定内设机构和下属事业单位人员编制数和职责，现内设机构和下属事业单位已组建完毕，人员全部到岗。通过机构改革，重庆市地震局机关人员由28人变为25人，精减了11%。同时，按照《党政领导干部选拔任用工作条例》要求，通过竞争上岗方式，有5名同志担任内设机构和下属事业单位的领导职务，4名同志晋升非领导职务。

重庆市地震局还积极稳妥地推进下属事业单位人事制度改革，从10月起，重庆市地震工程研究所实行企业化管理。该所内部实行独立核算、自我约束、自我发展、自主经营、自负盈亏的企业化管理机制。通过改革，增强了“工程所”的生机与活力，为进一步深化改革奠定了基础。

在区县机构改革中，各级政府按照《重庆市2001～2020年防震减灾规划》的要求建立健全地震工作机构。截至2002年底，已有14个区县挂牌设立地震工作机构（其中新成立区县地震工作机构10个，1个由地震办更名为地震局）；其他未挂牌设立专门地震工作机构的区县，绝大多数也明确了相关的机构和人员负责此项工作。

二、加快监测预报体系建设，不断强化地震监测能力，提高分析预报水平

2002年完成了涪陵、万州、石柱地震观测站的初步勘选，并对涪陵地震台的拟建台址

进行了野外测试工作；编写完成“长寿地震台（含三峡水库地震监测中心）工程基本建设项目建议书”；完成中国地震局“十五”项目“中国数字地震观测网络”中的重庆市数字地震观测网络的初步设计和重庆地震台优化改造实施方案；组织编写重庆地震监测志和地震监测信息库，并已上报中国地震局。

黔江区是重庆市历史上惟一发生过6级以上地震的地区，过去未设有地震监测台站，重庆成为直辖市后，为适应全市防震减灾工作的需要，在黔江新建了地震台，并于2002年9月竣工投入观测。

在加强硬件建设的同时，坚持了周、月会商制度，并要求各地震台站保证地震记录的连续、可靠，以确保观测质量。据重庆地震台网测定，2002年1~11月，重庆市共发生1~1.9级地震88次，2~2.9级地震52次，3~3.9级地震2次，4~4.9级地震1次。其中，3月13日万盛发生3.0级地震，4月30日荣昌发生4.0级地震，9月12日荣昌发生3.6级地震，与重庆市地震局会商意见相符。

重庆市地震局的会商报告在全国评比中被评为优秀。重庆地震台测震资料在全国2001年度观测资料评比中获全国二类台第三名，形变资料获优秀。

会同有关部门对大足居民区地热异常和武隆地下水发浑等异常进行现场落实，安定了民心，保障了当地正常的生产和生活秩序。

在2002年亚洲议长和平协会会议期间，组织专家对重庆地区的地震形势进行了专门的分析研究，并向重庆市政府报送了符合实际的地震趋势意见，为会议的顺利召开发挥了重要的参谋作用，受到重庆市政府好评。

三、推进震灾预防体系建设，提高全社会防御地震灾害的能力

6月7日，《重庆市防震减灾条例》（以下简称《条例》）通过重庆市人大常委会审议，从7月1日起正式施行。该《条例》既与《中华人民共和国防震减灾法》（以下简称《防震减灾法》）相衔接，又突出了地方特色，对各级地方政府履行防震减灾职责提出了明确的要求，对全市防震减灾工作中社会各方面的权利和义务作出了全面规定，构建了重庆市防震减灾法制建设的基本框架。《条例》颁布后，重庆市人大教科文卫委员会和重庆市地震局联合发出了《关于学习宣传和贯彻实施〈重庆市防震减灾条例〉的通知》；重庆市地震局还专门召开宣传贯彻《重庆市防震减灾条例》座谈会，要求各级各部门要认真理解条例的基本精神和内容，按照职责分工，各负其责、密切配合、共同搞好防震减灾工作。

10月，由全国人大教科文卫委员会蒋祝平副主任、谢光委员和中国地震局汤泉副局长等一行9人组成的全国人大教科文卫委员会《防震减灾法》执法检查组，对重庆市贯彻实施《防震减灾法》的情况进行检查。检查组分别听取了重庆市政府、重庆市地震局、荣昌县政府、渝北区政府、长寿区政府贯彻实施《防震减灾法》的情况汇报，并实地考察了重庆地震台、荣昌县地震观测站、渝北区地震观测站、三峡库区诱发地震试验场和巴南区“三鼎雅园”建筑工程抗震设防的情况。检查组对重庆市贯彻实施《防震减灾法》的情况表示满意。通过这次检查，提高了重庆市各级领导干部的防震减灾意识，对进一步贯彻实施《防震减灾法》具有积极的促进作用。

为规范抗震设防工作，保证工程质量，确保重庆市政府61号令的贯彻落实，保证工程

质量，成立了以程贻举副市长为主任委员的重庆市地震安全性评审委员会，以加强监管和协调；另一方面，对各重大建设工程和2002年重庆市重点建设项目逐一进行落实。2002年底，对100个建设工程进行了抗震设防要求的审核工作；并对55个建设业主和项目责任部门发文要求其建设工程必须进行地震安全性评价，其中，有22个建设工程进行了场地地震安全性评价工作。

同时还组织召开了重庆市地方地震工作座谈会。通过会议讲座、交流，与会代表对防震减灾工作的任务和职责有了较为明确的认识。巴南区抗震设防要求审批已进入该区行政审批大厅。

四、常备不懈，做好地震应急工作

重庆市防震减灾指挥中心建设工程为重庆市防震减灾“十五”计划重点项目之一，已经市政府批准立项。该指挥中心作为全市防震减灾技术系统的核心和基础，加快其建设对提高重庆市地震应急反应能力具有十分重要的意义。该项目总投资2191.11万元，其中土建工程1600万元（市统筹基建资金包干补助807万元），设备购置和安装591.1万元，主要建设内容为：重庆市地震局机关办公用房以及地震救灾应急指挥平台、地震信息快速响应系统、分析预报系统、地震监测系统、震害预测系统和现场工作系统各种设备及软件系统配置、各系统办公业务用房等。

为了加强地震应急工作，各区县制定和完善了地震应急预案。2002年，在已批准设立地方地震机构的14个区县中，有8个区县政府颁布实施了当地《破坏性地震应急反应预案》，其他区县也正在编制之中。

同时根据中国地震局的要求，完成了地震应急基础数据的收集任务。

五、加强科学研究，加速地震科学技术现代化

2002年，“三峡库区滑坡灾害观测与防治”被联合国教科文组织/国际滑坡研究机构（ICL）立项资助，“地震及其它危险地质现象短期预报技术”被科技部批准列为中俄科技合作项目，“重庆市地震应急信息管理和辅助决策系统”、“重庆市荣昌地区地震活动特征及在预测预报上的应用研究”、“重庆市地震局办公自动化系统”等被重庆市科委和重庆市信息产业局列为科技攻关项目。

“长江三峡重庆库区地震地质灾害及防治技术研究”系国家“十五”科技攻关计划西部开发重点项目，已于2001年12月在科技部正式立项。2002年，对三峡重庆库区深部地球物理特征与断裂构造、三峡重庆库区滑坡灾害等进行了深入研究，开展了3期三峡水库蓄水前的微震监测和重点地段的地震地质考察，完成了重庆市GPS监测网的初步设计方案。同时，三峡重庆库区地震及地质灾害地理信息系统亦已基本完成。

为了进一步扩大地震科技交流与国际合作，组织了地震科技人员与乌克兰、俄罗斯科技人员进行了互访，联合对三峡库区地震地质灾害开展了较深入的研究。同时还分别邀请了日本金州大学松本树典教授、中科院院士石耀霖来重庆市地震局进行学术交流。

（重庆市地震局　谢拴强）

四 川 省

一、地震监测预报工作

（1）以质量为中心，切实加强地震台站管理工作。2002 年度，四川省地震局狠抓监测质量管理，实施检查评比、现场办公、就地培训、优质服务、奖勤罚懒等管理手段，严格规章制度，保证了观测工作资料及时、连续、准确、可靠和观测质量的稳定性。2002 年，四川省参加全国地震监测质量评比的 57 个台项，优秀率达 100%，其中 5 个台项进入前三名（第一名 1 项，第二名 2 项，第三名 2 项）。2002 年，参加全省地震监测质量评比的 212 个台项，优秀率达 96%，其中 46 个台项进入前三名（第一名 24 项，第二名 11 项，第三名 11 项）。

（2）加快技术改造步伐，改善地震观测环境。2002 年，四川省地震局按照“突出重点，兼顾一般”的原则，结合“十五”重点项目的实施和现代科学技术的应用与推广，加快了地震观测手段的数字化、信息化进程。根据省级地震台网调优改造方案，投入 200 余万元，完成了短波通讯电台换代改造、成都遥测地震台网无线传输技术改造和攀枝花地震基准台、甘孜地震台、松潘地震台和成都地震基准台的环境改造及设备更新，保证了地震监测工作的正常运行。

（3）加强震情分析预报和震情短临跟踪工作，努力实现有减灾实效的短临预报。四川省地震局始终把重点放在取得有减灾实效的地震短临预报上，坚持例行的周、月会商，加强临时会商和特殊时段的分析预报，按时召开了 2002 年度和年中地震趋势会商会，及时编制“震情短临跟踪工作方案”，从组织、经费、工作上落实了开展震情短临跟踪工作的具体措施，2002 年度先后派出 8 批短临跟踪工作组共 40 人次赴各地区、各地震台站调查落实地震异常、检查落实短临跟踪方案的各项措施。2002 年，四川凉山州西昌地区震情异常突出，引起四川省委、省政府和中国地震局的高度重视，四川省地震局启动短临跟踪工作方案，成立短临跟踪专家组赴西昌地区开展异常落实和震情跟踪工作，加强异常现场的调查落实工作和群测群防及宏观工作的指导和检查。四川省地震局 2002 年被中国地震局评为地震监测预报先进单位及地震现场工作优秀集体。

二、地震应急工作

（1）4 月 29 日，四川省地震局召开贯彻落实大震短临跟踪技术方案办公会议，会议传达中国地震局短临跟踪工作会议精神，部署制定落实 7 级地震跟踪工作方案的任务，进一步明确了相关工作职责。

（2）四川省地震局组织举办两次全省范围的大震应急和抗震设防管理业务知识培训班，

提高大震应急人员的现场业务工作水平，增强大震应急反应能力。

(3) 完成两次破坏性地震的震害调查、震灾评估工作。5月31日仁寿发生4.6级地震，8月8日新龙发生5.3级地震，四川省人民政府及时启动《四川省破坏性地震应急预案》，快速、有效地组织开展抗震救灾工作。四川省地震局依据《四川省地震系统大震应急工作细则》，积极开展震情、灾情速报、震害调查、震灾评估、地震科学考察等工作，协助当地政府做好抗震救灾工作，为减轻地震灾害损失、维护社会稳定发挥重要作用。

三、防震减灾法制建设

(1) 经四川省人民政府同意，2002年5月14日决定成立四川省地震安全性评定委员会，负责四川省境内建设工作的地震安全性评价结果的评审，同时撤销原“四川省地震安全性和地震灾害损失评定委员会”。

(2) 四川省地震局和四川省政府法制办公室组成省防震减灾立法调研组，赴攀枝花市开展关于《四川省地震监测设施和地震观测环境保护规定》的立法调研工作，在地方政府的大力配合下，立法调研活动达到了预期目的。

(3) 2002年11月13日四川省地震局废除《四川省地震监测系统保护管理办法》(川震发法［2002］9号)，并于12月26日四川省人民政府召开的第86次常务会议中审议通过《四川省地震监测设施和地震观测环境保护规定》。

(4) 全省地震重点监视防御区12个市、州的地震安全性评价结果的审定和抗震设防要求管理已基本纳入基本建设管理程序，其中宜宾、凉山、乐山三市、州进入了政务审批大厅，自贡、成都市的抗震设防要求管理以联审的形式进入基本建设审批程序。2002年，四川省地震局在省政务服务中心窗口受理了31项工程建设项目地震安全性评价的审批申请。

四、全省地方地震工作稳步推进

按照中国地震局和四川省政府的要求，各市、州政府和省级有关部门按时完成了地震应急基础数据收集工作任务。全省市、县地震工作机构和队伍保持稳定，德阳市地震局由二级局升为一级局。12个市、州政府均加大了对防震减灾事业的投入力度，自贡市、宜宾市政府已率先把防震减灾事业经费纳入地方财政预算。四川省民族委员会认真贯彻实施《四川省防震减灾条例》，加大对少数民族地区防震减灾工作的投入，2002年拨专款35万元，支持甘孜、阿坝、凉山3个少数民族自治州开展防震减灾工作。2002年，四川省地震局投资30余万元，完成茂县地震办公室、马边县地震办公室的条件改造，解决了小金、黑水、甘孜、剑阁、冕宁、木里等6个县级地震工作机构工作经费不足的问题。

五、地震科技开发工作

2002年，四川省地震局充分发挥地震科技、人才优势，把科技开发工作作为为国民经济建设服务的重点工作来抓，四川省地震局2002年度完成云南温水湾遥测数字化地震台改造和攀枝花市遥测台网的建设任务和广西龙滩水库、四川武都引水工程、成都紫坪铺水库等遥测台网的设计方案，完成成都市地铁一期工程、国道318线泸定大渡河桥工程、江安长江大桥工程、攀枝花渡口大桥工程、四川省青少年活动体育中心工程等25个国家和省、市重点建设工程项目的地震安全性评价工作，项目合同额累计达300万元。

六、防震减灾宣传教育工作

（1）四川省地震局按照“主动、慎重、科学、有效”的原则，组织开展了防震减灾宣传教育，以中小学生和领导干部为重点宣传教育对象，做到了经常性与突击性相结合，科普知识与法制知识相结合，有重点、有针对性地做好全省防震减灾宣传教育工作。

（2）四川省地震局与中共四川省委宣传部联合印发《关于贯彻全国防震减灾宣传工作会议精神的通知》（川震发［2002］20号），对做好2002年度和“十五”期间全省防震减灾宣传教育工作进行安排部署，并组织检查了绵阳市、阿坝州、凉山州的防震减灾宣传教育情况。

（3）四川省地震局还加强了对防震减灾法制宣传教育工作的力度，2002年度举办法规宣传专栏12期。

（4）积极组织开展地震科技夏令营活动，四川省地震局组团35个参加第20届全国地震科学夏令营活动。

（四川省地震局　李建明　赵　永）

贵　州　省

（1）加快《贵州省防震减灾规划》颁布实施。多次征求省计委、省财政厅、省编委、省国土资源厅、省民政厅、省科技厅、省建设厅的意见，并召集有关专家参加的论证会，对《贵州省防震减灾规划》（以下简称《规划》）进行修改。该《规划》于2002年10月10日经省政府第167次省长办公会议审议通过，11月21日起正式颁布实施。

（2）抓住机遇，建立地震监测网络，提高监测预报能力。“十五”期间，中国地震局将在贵州建立13个数字遥测台站和一个前兆台站，这是中国地震局首次在贵州省投巨资建设完善的地震监测网络。贵州省地震局抓住机遇，编制计划，落实配套资金，积极做好项目的前期工作，争取在建设和完善地震监测网络的“十五”期间，提高地震监测预报能力。

（3）加强执法力度，严格执法。建立健全地震监测预报、地震灾害防御、地震应急、救灾与重建四个环节的工作。加强执法力度，严格执法，认真检查，切实把防震减灾工作落到实处。

（4）加强地震灾害的防御工作。10月22日，贵州省地震局举办《贵州省工程建设场地地震安全性评价管理规定》（以下简称《规定》）研讨会，参加会议的有省委办公厅、省计委、省建设厅等13个厅局。会上对重大建设工程、生命线工程、可能发生严重次生灾害的工程必须按《规定》对工程场地进行安全性评估工作的重要性进行深入细致的讨论，并要求各厅局严格把关，监督检查，依法规范工程建设的安全性评估工作。据此，贵州省地震局加大检查力度，严格把关，对重大建筑场、构筑物的建设场地按照中国地震局颁布的基本抗震加速度值和特征周期进行场地烈度评价，提高建筑物的抗震能力。

（5）加强防震减灾宣传力度。贵州省地震局坚持把防震减灾宣传工作列为首位。“3.18”科技宣传日和“7.28”唐山地震纪念日同时在贵阳、毕节、威宁、织金、六盘水、晴隆、贞丰、兴义、德江、赫章10个县广泛宣传《中华人民共和国防震减灾法》，地震科普知识，提供地震咨询等，增强人们的防震意识和法治观念。

（贵州省地震局　罗远模）

云　南　省

一、地震监测预报

2002年，云南省地震局按照中国地震局的部署和要求，制定地震短临跟踪工作方案，正确把握震情发展趋势，精心组织实施地震短临跟踪监视工作，确保了社会稳定和各项工作的顺利进行。

2002年，云南省参加全国地震观测资料质量评比共有13个项目获得前三名，其中第一名9项，昆明遥测地震台网综合和测震2项获第一名；昆明地震台CDSN和重力2项获第一名，综合第二名；通海地震台地磁Ⅰ类获第一名；下关水化站水氡和水汞2项获第一名；云南省地震预报中心获Ⅰ类单位第一名，日常分析预报第二名；玉溪市地震局地热获第一名；大姚县地震局地热获第二名。强震观测获一等奖。

二、防震减灾法制建设

2002年4月19日，云南省人民政府第65次常务会议审议通过《云南省地震重点监视防御区防震减灾规定》（省政府令第110号），自2002年6月1日起施行。《云南省地震重点监视防御区防震减灾规定》共18条，对重点监视防御区建立健全地震监测预报、震灾预防、地震紧急救援三大体系作出了明确的规定。6月4日，云南省地震局与省政府法制办联合召开贯彻实施《云南省地震重点监视防御区防震减灾规定》通报会，23个厅局的40余名领导出席通报会。云南电视台、云南日报、云南法制报的记者到会进行了报道。

三、防震减灾行政执法工作

2002年10月7～14日，以全国人大教科文卫委员会主任蒋祝平为组长的《中华人民共和国防震减灾法》执法检查组到我省进行防震减灾执法检查。检查组先后在昆明、楚雄、大理、丽江等地听取了省人民政府及有关部门、楚雄彝族自治州、大理白族自治州、丽江行政公署的工作汇报，视察了云南省地震局、昆明基准地震台、楚雄彝族自治州地震局、丽江地震台和1996年丽江7.0级地震遗址。检查组在向云南省人民政府反馈意见中，从七个方面对云南省防震减灾工作取得的显著成绩给予了高度评价，并对进一步贯彻实施《中华人民共和国防震减灾法》提出四点建议。云南省政府李汉柏副省长代表省政府向全国人大执法检查组汇报了云南省贯彻实施《中华人民共和国防震减灾法》的情况，并听取了检查组的反馈意见。

按照省政府下达的防震减灾行政执法检查计划，2002年5～10月，云南省地震局会同省人大科教文卫委员会、省政府法制办、省计委、省质量技术监督局等单位，对省级15个单位和部门以及13个地、州、市政府实施防震减灾法律法规情况进行了执法检查。检查的重点是各级、各部门贯彻实施防震减灾法律法规的措施，把防震减灾工作纳入国民经济和社会发展计划的情况，开展地震安全性评价、保护地震监测设施和观测环境、修订和落实地震应急预案等方面的情况。通过执法检查，进一步提高了各地政府对防震减灾工作重要性和紧迫性的认识，增强了贯彻落实防震减灾法律法规的自觉性，对推动防震减灾工作起到了积极的作用。

四、震灾预防工作

为贯彻《地震安全性评价管理条例》、《建设工程抗震设防要求管理规定》和《地震安全性评价资质管理办法》，云南省地震局举办地震安全性评价管理研讨会和地震安全性评价二级执业资格培训班。通过研讨和培训，进一步提高了各地州市地震部门和各有关部门对加强地震安全性评价和建设工程抗震设防要求管理的认识。部分地州市地震局获得了地震安全性评价丙级资质证。

2002年3月11日，云南省人民政府办公厅转发《关于2002年云南省地震趋势和进一步做好防震减灾工作的意见》，对做好2002年度防震减灾工作提出六点要求。2002年3月31日，云南省人民政府办公厅下发了《关于进一步规范地震震情灾情信息报送和新闻报道的通知》。

五、防震减灾宣传

2002年，云南省各地按照“主动、慎重、科学、有效”的原则，结合实际开展防震减灾法律法规和科普知识宣传活动。云南省地震局及昭通、思茅、曲靖、玉溪、麒麟区等地市区地震局相继建立了地震信息网站，适时开展防震减灾宣传报道，促进了全省地震系统内部的工作交流，展示云南省防震减灾工作成效。建立防震减灾宣传报道通讯员队伍，为宣传报道云南省防震减灾各项工作取得的新进展发挥了积极的作用。

六、地震应急工作

云南省地震灾害紧急救援队组建方案已上报省政府并征求有关单位意见；地震应急基础

数据的收集、整理和上报工作已基本完成；中国地震局为云南省地震局配备的海事卫星 M4 站和地震现场专用 VSAT 卫星通讯系统，已成功实现了与中国地震局应急指挥中心的联调；各地州市对地震应急预案进行了修订和完善，省地震局进行了汇编，地震应急组织机构进一步健全，技术装备进一步改善；省地震局举办了一期地震应急与地震现场工作培训班，为有效开展地震应急和地震现场工作提供了组织保障。对几次显著地震事件的处置，省地震局及震区各级地震部门应急措施得当，震后趋势判定准确，避免了社会恐慌。

七、“十五”重点项目

2002 年，云南省地震局成立了“十五”重点项目协调办公室和相应的工作机构，具体负责协调组织编制各个单项项目实施方案和初步设计工作，研究项目实施过程中可能出现的重大问题。每个项目都成立专家组，负责对各个项目的实施方案进行论证。2002 年，腾冲火山灾害预测与对策研究、云南西部地震监测防御中心建设、昆明市高（超高）层建筑中近场强震响应、昆明地震活断层探测与地震危险性评价、云南数字地震观测网络建设、云南地震信息系统网络建设与完善、云南防震减灾应急指挥系统建设、云南地震预测预报实用化系统建设、澜沧江流域重大水利枢纽工程诱发地震监视与研究等 9 个项目的实施方案已通过评审论证。其中有 4 个项目的实施方案通过了由中国地震局有关司室、省计委、省财政厅领导以及中科院院士等 13 名专家组成评审组的评审。

（云南省地震局）

西藏自治区

一、地震监测预报及其管理

1. 地震监测

自 2001 年 10 月至 2002 年 9 月 30 日止，全区共发生 $M_L \geq 1.0$ 地震 1323 次。其中，3.0～3.9 级地震 144 次，4.0～4.9 级地震 8 次，$M_L \geq 5.0$ 地震 3 次。全年仪器运转率达 90% 以上，较好地完成了 2002 年度地震监测任务。

2. 地震分析预报

局分析预报工作者克服困难、努力工作、大胆探索，按时完成了《2002 年度西藏地区地震趋势研究报告》和《2003 年度西藏地震趋势研究报告》。

2002 年 3 月份我区谢通门县发生一系列 3.0 级左右的小震群后，经过半个月监测分析，局分析预报专业人员与中国地震局专家组共同研究认为：目前该区地震强度还维持在 3.0 级左右的水平，谢通门县附近地区短期内发生 5.0 级以上的地震可能性不大。随着震情的发展比较好地映证了此次预报意见。

3. 目录、报告编辑

2001年10月至2002年9月30日完成了《西藏地震目录》、《西藏地震台网观测报告》的编辑，未发生拖延现象，并及时将数据送入APNET网络，提供科研工作者共享，截至9月底，共计算处理$M_L \geq 1.0$地震1323次。

4. 地震应急

根据我区地震多、强度大、频度高的特点，震后造成不同程度的财产损失和社会不稳定的因素存在。我局结合西藏实际，先后制定出台了《西藏自治区地震局地震应急预案》、《西藏自治区地震监测预报方案》以及《西藏自治区震情监视和短临跟踪工作方案》等。

二、继续做好“十五”项目有关工作

自治区地震局“十五”重点项目（拉萨数字化地震遥测台网，拉萨市隐伏活动断层与地震危险性评价和七地、市地震台网建设项目）已经自治区政府和中国地震局批准立项，并安排了项目前期工作经费。截至目前项目资金还没有完全到位，正在与有关部门积极联系，有望2003年投资到位，并组织实施。2002年在自治区政府和中国地震局的支持下，对拉萨地震台进行了改扩建，改善了职工工作、生活环境。

三、抗震设防工作

在抗震设防方面，对自治区气象局预警楼、自治区电力建设公司综合楼等14家重要建设工程进行抗震设防审查；对昌都、左贡等11个县城规划进行地震烈度审定；对丁青县、仲巴县大滑坡进行野外详细调查，分析了滑坡的成因，提出了治理方案和具体措施；对全区重大工程如拉萨机场两桥一洞、墨脱公路等进行地震安全性评价，计20余项。

四、法 规 宣 传

《西藏自治区建设工程场地地震安全性评价管理暂行办法》、《西藏自治区实施〈中华人民共和国防震减灾法〉办法》实施近两年来，自治区地震局高度重视宣传贯彻实施工作，依法推进自治区防震减灾工作纳入法制化管理轨道。积极开展两个地方性法规宣传贯彻，将两个法规印发成藏汉文小册子发往全区各地（市）、县进行宣传，提高公民防震减灾意识。局震防处和一名个人分别获中央宣传部、中国地震局法制宣传先进集体和先进个人表彰。

（西藏自治区地震局办公室）

陕 西 省

一、完成地震监测预报和地震短临跟踪任务

（1）制定并组织实施地震短临跟踪工作实施方案，明确了工作目标和工作职责，分解了工作任务，保证了震情短临跟踪工作的顺利开展。2002 年 2 月 5 日宝鸡 $M_L3.6$ 地震发生后，省地震局科学应对，在认真分析会商的基础上，及时向当地政府提供了震后趋势判断意见和相关建议，迅速稳定了社会秩序。

（2）进一步强化震情观念，继续加强地震速报，震情分析会商和异常落实等日常工作。全年提交 22 份地震异常落实报告，28 份震情研究报告和 2 份地震考察报告。

（3）狠抓地震监测资料的可靠性、连续性和快速传递工作。完成 13 个流动形变场地共 183 个测段、全年共 3 期的流动形变监测任务。随着“九五”期间全省模拟测震台网和部分前兆观测项目数字化改造工作的全面完成，2002 年 4 月，全省模拟测震台网全面停测，顺利完成了数字测震台网替代模拟测震台网的工作。14 个子台组成的测震数字化监测台网运行状况良好，数字地震监测质量稳步提高。

（4）坚持地震监测台网实行统一规划、分级分类管理的原则，推进市、县地震群测点的优化改造工作。全年新增、改造和恢复群测点 11 个，协调解决勉县四〇五厂水氡观测点停测问题，针对地方地震台华阴地电观测环境干扰问题，通过与市政府沟通和实地调查，组织完成三个新台址的初选工作。

二、继续推进防震减灾法制建设，加强建设工程抗震设防管理

第一季度采用自查、现场检查和考核相结合的方式完成了对省内地震安全性评价工作持证单位的年度检查。将“陕西省地震烈度评定委员会”更名为“陕西省地震安全性评定委员会”，完成了陕西省地震安全性评定委员会的换届工作，明确新一届地震安全性评定委员会的职责和章程。按照全省统一部署的行政执法证件换发工作规定，陕西省地震局分四期举办了全省 224 名地震行政执法人员参加的地震专业法律法规知识培训与考核，分批组织全省地震行政执法人员参加并通过了省、市（地）政府法制部门组织的公共法律知识培训与考核，2002 年年底陕西省地震局有 57 人领取了省政府统一制发的新的行政执法证，各市、县地震行政执法证的申领也正在办理中，为了规范全省地震行政执法程序和执法行为，陕西省地震局统一印制了地震法律文书，分发市、县地震行政执法机关。聘请西北政法学院王周户教授在陕西省地震局举办以行政处罚法为重点的法律知识讲座。针对全省农村住宅建设的特点和在抗震设防方面存在的主要问题，编制《农村住宅建设抗震知识图册》，引导农村住宅建设工程采取合理的抗震措施。为加强对陕西省重点工程抗震设防要求的执法管理，省地震局会

同省计委依据全省重点建设项目的立项情况，确定了应做地震安全性评价工作的重点项目，下发安评通知，并上门督办。全年对列入国家及省重点项目的西安石油化工总厂，靖一惠输油管道工程等40项建设工程的地震安全性评价报告进行了评审，为其进行抗震设计提供了科学依据。

三、全力抓好防震减灾“十五”重点项目的落实

2002年6月5日省政府召开第十次政府常务会议，讨论了陕西省地震局提出的防震减灾“十五”重点项目经费投入问题。会议决定，同意投入4600余万元作为陕西省防震减灾“十五”重点项目的配套投资。按照项目申报程序，陕西省地震局已上报陕西省防震减灾“十五”重点项目初步设计方案。拟建的陕西省防震减灾科技大楼的立项前期报批工作正在积极推进。按照中国地震观测台网观测条件优化改造项目要求，西安子午基准地震台拆除了原宿舍楼，新建成综合楼592㎡，并按基建管理程序通过验收。榆林地震台完成了迁建改造，测震数据能直接传回陕西省地震局数字化测震台网中心。列入“十五”重点项目计划的台站条件保障系统改造工程，完成乾陵、周至、泾阳、宁陕四个地震台的整体规划设计和汉中地震台综合楼前期报建工作。

西安市地震局狠抓防震减灾“十五”计划立项工作初见成效。西安市地震应急指挥中心，地震前兆监测台网、西安市活动断层探测研究及地震紧急救援系统共计拟投资1578万元，均已列入市政府计划。咸阳市的防震减灾指挥中心工程、地下流体观测网建设和地震中心监测站优化改造也已列入政府计划，落实资金67万元。

四、加大防震减灾宣传力度

围绕中国地震局和中央宣传部召开的全国防震减灾宣传工作会议精神，我们召集了全省各市地震工作主管部门负责人会议，集中学习传达会议精神，播放了朱镕基总理视察中国地震局的实况录像，下发了光盘。利用“科技之春”宣传月活动，精心组织防震减灾知识宣传活动，陕西省地震局深入咸阳市秦都区、渭南市华县、西安临潼区代王镇等处开展的防震减灾科普知识宣传活动现场，对各市在“7.28”唐山地震纪念日举办的防震减灾宣传活动进行了检查。

五、防震减灾科技工作进展

（1）兰州地震研究所委托项目中的《陕西黄土厚度与物理性质研究》和《陕西省黄土地区生土建筑主要类型及分布》；

（2）国家地震局下达的“地震应急基础数据收集”工作；

（3）2002年陕西佛坪、宁陕山地自然灾害现场考察等。为加快本局中青年科技人才的培养，2002年陕西省地震局出资立项的有：地震信息资源建设与研究，量规函数、台基对陕西数字地震台网测定近震震级影响的研究等5个科研课题，均由本局中青年科技人员承担，预期2～3年内完成。通过局域网建成电子期刊全文检索数据库平台，陕西省地震局和

各地震台通过网络可以方便地进行各类中文科技期刊的检索和查阅。

完成了“陕西省地震局科学技术委员会”和“陕西省地震预报委员会”的换届工作。组织了2002年本省防震减灾优秀成果奖的评审，共评出一等奖1项，二等奖4项，三等奖5项。

（陕西省地震局　王彩云　吕　莲）

甘　肃　省

一、地震监测预报

（1）2002年度甘肃省地震局根据监测台网建设与改造的任务和要求，进一步明确观测岗位责任制，重新修定了资料检评、仪器使用和奖惩等制度，建立一套行之有效的台站（网）管理办法，并在工作过程中严格执行，使监测工作始终保持良好的发展态势。一是地震遥测台网完成从模拟到数字观测技术及方式的跨跃，数据处理连续正常；前兆台网中心为地震预报和科研提供了快速准确的资料服务，解决模拟数据与数字数据的衔接问题；信息网络人员认真维护和管理各种服务器，保证局域网正常运行。二是各台站克服工作量大，经费、人员紧张的困难，深挖潜力，全力保证地震观测工作的连续性，努力提高观测资料的内在质量。维修人员行程40000km，对上百台仪器设备进行了维修，保证技术系统的正常运转，同时利用有限资金加强对台站观测环境的改造，对嘉峪关、武山、临夏台和天水北道应力站房屋进行了翻新和改造，新配备了计算机、光盘刻录机在内的各种设备29台。三是继续推进全省地震观测台站的规划布局，完成兰州、嘉峪关、高台重点台站环境改造的初步方案设计；完成高台地震台办公楼和职工住宅楼的搬迁和新办公楼的正式启用；完成祁连山中段8个流动强震子台的架设调试并投入监测工作；兰州大尖山地震核查台阵全面完成建设任务，并通过第一阶段验收。四是在做好专业地震台站（网）管理工作的同时，注意指导和加强地方台站建设，先后指导完成金昌数字地震台网建设项目的总体验收和清水地震台改迁方案论证以及民勤电磁波台、兰州安宁测震台、天祝电磁波台改迁架设和其他台站监测仪器的检修维护工作。甘肃省地震局（所）被中国地震局授予2001年度地震监测预报先进单位，甘肃省参加2001年度全国地震观测资料评比共37台项，共取得前三名14项，其中第一名5项，第二名5项，第三名4项，优秀率达100%，继续保持观测质量在全国的领先地位。

（2）预报工作以先进的科学思路指导各项工作，取得较好的成绩。2001年昆仑山口西8.1级地震发生以后，甘肃省地震形势处于复杂多变的状态。小震活动水平提高，前兆异常此起彼伏，宏观异常时有出现。在这种情况下，一是针对2002年甘肃省震情形势特点，制定短临预报方案和工作措施，加强了对重点危险区的震情跟踪工作。通过加密观测、加强与邻省资料交换与信息沟通、及时落实各类宏、微观异常，保证重大震情事件判定的准确性，较好地处理部分紧急震情事件。在"应急戒备期"内，震情判定准确，确保了该时段对震情监视的特殊要求。二是修订和完善各种管理办法，进一步明确岗位职责和任务，提高预报人员的责任意识。通过举办预报骨干培训班、开展学术交流、邀请专家作报告和外出培训等方式，提高了预报人员的综合素质。三是较系统地开展了逐手段、逐项目的前兆资料清理工作，调整资料结构，积极开展数字化前兆资料的应用研究，不断完善具有西北地区及甘肃省特点的经验性预报指标体系。甘肃省地震局预报中心被中国地震局授予2001年度地震监测预报及地震现场工作优秀集体。

二、地震灾害预防

（1）法制建设工作以配合全国人大防震减灾执法检查为重点，强化依法行政意识，加大执法力度，稳步推进防震减灾法制化建设。一是起草《甘肃省建设工程场地地震安全性评价管理规定实施细则》、《甘肃省防震减灾行政执法程序及执法文书》、《甘肃省建设工程场地地震安全性评价收费管理办法》和《甘肃省地震局地震行政复议工作制度》，修订《甘肃省防震减灾行政执法责任制实施办法》等配套性规章制度，逐步推进甘肃省防震减灾法制管理、监督工作的规范化。二是下发保护地震监测设施和观测环境的通知，进一步明确甘肃省各台站保护范围和保护内容，武威地电台观测环境受供水系统干扰，武威、山丹、嘉峪关台的观测环境受电气化铁路干扰等事件正在按法规规章进行协调处理，兰一柳高速公路流动水准监测点已索赔6万元。三是配合全国人大教科文卫委员会防震减灾执法检查组在甘肃省的执法检查工作。检查组在甘肃期间分别听取甘肃省政府、兰州市政府和河西四市、地政府和甘肃省地震局贯彻实施防震减灾法的情况汇报，实地查看了7个地震台站和3个单位的工作情况，甘肃省防震减灾工作的整体情况和这次检查的准备工作受到了全国人大教科文卫委员会和中国地震局的充分肯定。根据检查中发现的问题，甘肃省人大常委会专门致函省政府，要求尽快加以解决。此次执法检查，提高了各级政府和地震部门的依法行政意识，有效地推进了甘肃省防震减灾的法制化进程，对加速建立健全甘肃省防震减灾三大工作体系起到了积极的推动作用，同时也促进了甘肃省防震减灾工作中长期存在的问题和困难的解决进程。

（2）依法加强对抗震设防要求和地震安全性评价的管理与指导。一是继续推进各地将抗震设防要求管理与地震安全性评价工作纳人基本建设程序，目前，兰州、天水、白银、定西等市地及部分市县的建设工程抗震设防要求与地震安全性评价管理已进入政府审批窗口或审批大厅。为使抗震设防要求管理规范化，制定"全省建设工程地震安全性评价和抗震设防要求管理文书表格"，统一规范管理地震安全性评价和抗震设防工作。二是积极推进《地震安全性评价管理条例》和《中国地震动参数区划图》的贯彻落实，甘肃省地震局专门下发文件，对《地震安全性评价管理条例》和三个中国地震局长令的学习、宣传和贯彻落实工作进行安排部署，指导兰州市地震局与市技术监督局联合印发"关于贯彻执行中国地震动参数区划图及使用规定的通知"。三是加强市、县地震局抗震设防要求和地震安全性评价法制化与规范化管理培训，举办一期全省抗震设防要求和地震安全性评价法制化管理培训班，邀请中国地震局和甘肃省局领导及专家，讲授有关建设工程抗震设防要求和地震安全性评价法规知识、技术知识、执法程序、管理与执法文书使用等，参加培训人员达120人，同时选派技术骨干参加中国地震局有关抗震设防要求管理和地震安全性评价技术培训班，提高各级执法人员依法行政的能力和水平，促进全省抗震设防要求和地震安全性评价工作的健康发展。

(3) 认真做好防震减灾科普宣传和法制宣传工作。按照“主动、慎重、科学、有效”的原则，积极开展防震减灾科普宣传，编印了地震重点危险区领导干部、中小学生、社会群众的防震减灾科普宣传读本15000册，发往各市、州、地和县、市（区）；指导兰州市地震局对兰州地震博物馆展馆宣传教育基地进行了改扩建；继续利用《地震知识》、《工作动态》和《防震减灾工作简讯》开展多层次、全方位的防震减灾工作和知识的宣传。为做好防震减灾法制宣传工作，甘肃省地震局（所）汇编印发了2002年年底前已经颁布实施的《中华人民共和国防震减灾法》及其配套规定，为防震减灾法律法规的学习、宣传和管理工作带来了极大的便利，深受各市、州、地地震局的欢迎。甘肃省地震局（所）被中国地震局评为“三五”普法先进集体。

(4) 加强管理、指导全省地县防震减灾工作。一是积极主动与各级政府联系，甘肃省地震局（所）领导多次到市、州、地，向当地政府通报震情形势并就加强防震减灾工作、落实地震工作机构编制、领导配备等工作相互交换意见，进行协调指导。通过努力工作，在精简机构、压缩编制总的形势下，全省市、州、地地震管理机构除庆阳市外全部独立。二是积极指导市、州、地地震局“十五”计划项目制定落实。目前，兰州市城市活断层探测、白银市震害预测、武威市应急指挥中心建设、地震重点监视防御区市、县信息网络节点建设等“十五”重点项目已由各级政府落实项目经费共计超过千万元。

三、地震应急救援

(1) 继续做好地震应急基础数据库建设，目前已完成部分甘肃省地震应急基础数据库数据录入和建库工作；在坚持不懈地做好地震应急日常工作的基础上，利用节假日和特殊时段，对全省地震台站和各级地震局开展地震应急检查，并对检查结果进行通报。从多次检查情况看，甘肃省的地震应急工作切实做到组织到位、人员到位、责任到位、措施到位。

(2) 加紧推进省级地震紧急救援系统建设，利用全国人大在甘肃省进行防震减灾执法检查的契机，向省政府上报省级地震紧急救援队组建的基本框架方案和经费建议数，在机关机构中设立了应急救援处，截至2002年年底，紧急救援体系建设的各项工作正在积极推动中。

四、“十五”重点项目建设

2002年度“甘肃省防震减灾观测技术系统改造与建设”项目中已完成“甘肃省数字测震台网”、“甘肃省区域地震前兆台网”、“甘肃省地震信息服务系统”、“甘肃省数字强震台网建设”、“天祝地震前兆台阵建设”等子项目的初步设计方案和勘察设计工作；“甘肃省防震减灾指挥中心建设”项目已完成一期改造工程（包括指挥中心指挥室、机房、控制室、工作室的土建、内部装修和网络综合布线工作）；“兰州市活动断层探测与地震危险性评价”项目已完成野外初探和预研究工作，取得了深沟桥断裂和刘家堡断裂探测的初步结果。同时，积极与甘肃省计委、省财政厅、兰州市政府联系，落实项目建设资金，已获得省计委对“甘肃省防震减灾指挥中心建设”首批投资500万元，其他项目经费正在积极抓紧落实。

（甘肃省地震局　吴瑾冰）

青　海　省

2002年青海地震观测资料稳定，专业台站观测仪器运转率在95%以上。全年落实地震异常20次，召开紧急会商30余次，有24次形成正式会商意见报中国地震局，完成了“2～3月份南北地震带短临异常”震情跟踪，这次短临异常中国地震局和青海省人民政府非常重视，青海省人民政府副秘书长带队对全省危险所在地政府和重大工程现场进行应急检查，全省地震部门进入紧急状态，地震虽未发生，但应急工作做到了工作科学、扎实，社会工作有理有节，积极稳妥，得到了各级政府和社会的理解、认可。

5月22日格尔木市北发生4.4级地震之后，中央领导到该地区视察工作，根据省政府的要求，青海省地震局在认真分析、科学研究、判断的基础上，拿出该地区7天无震的预报意见提交给青海省政府。对2002年青海省内发生的5级以内地震在“有灾报灾，无灾报安”的原则下，及时进行调查收集和灾情速报，对5级以下的有感地震完成了30余次地震速报，其中的22次编写了震情快报，开展震害调查工作。

2002年2～4月中国地震局对2001年11月14日昆仑山口西8.1级地震组织了大规模的地震现场综合科学考察，青海省地震局作为主要承担单位之一，参加地震地质科考工作，负责完成科考队后勤保障工作。青海省地震局以昆仑山口西8.1级地震为契机，积极开展和参与8.1级地震综合研究工作，“2001年昆仑山口西8.1级地震研究”由青海省科技厅特批立项。2002年6月4日至11日中国地震学会、地震预报专业委员会在西宁市召开全国“昆仑山口西8.1级地震专题研讨会”，交流论文30余篇，由青海省地震局编辑的《高原地震》期刊《昆仑山口西8.1级地震研究专辑》受到与会代表及专家的好评。青海省地震局还针对昆仑山口西8.1级地震的研究特邀专家进行了20场学术报告。

“十五”项目进展顺利，青海省地震局完成青海省数字地震观测系统建设、青海省数字地震前兆观测系统建设、青海省数字强震地震观测系统建设、青海省地震通讯网络建设与完善、青海省区域地震应急指挥系统建设等五大技术系统建设和西宁市地震活断层探测与地震危险性评价项目可行性论证和初步设计，成立项目管理和实施机构。

《青海省地震安全性评价建设工程项目目录》2002年7月正式以青海省人民政府文件（青政[2002] 47号）形式下发全省各地、各部门执行，使全省防震减灾法规体系得到进一步完善，促进了全省防震减灾执法和地震安全性评价行业管理工作。2002年全省共进行了2次防震减灾执法检查，主要内容为：政府及相关部门对《防震减灾法》的履行情况，《青海省防震减灾十年纲要》落实情况。配合以朱开轩主任委员为组长的全国人大科教文卫委员会检查组对青海海南州、西宁市等地《中华人民共和国防震减灾法》执行情况进行了执法检查。为使检查制度化、经常化，青海省地震局与青海省计委、经贸委、民政厅联合印发《青海省地震应急检查工作制度》。

青海省紧急救援体系正在调研过程中，预计2003年将向青海省人民政府提交报告。

（青海省地震局　徐传捷）

宁夏回族自治区

一、落实“十五”重点项目，积极推进防震减灾三大工作体系建设

继续贯彻落实全国防震减灾会议精神，按照中国地震局的总体部署，统一思想，抢抓机遇，正确处理“预、防、救”的关系，以落实“十五”重点建设项目为重点，积极推进全区防震减灾三大工作体系建设，各项工作进展顺利。完成“宁夏数字地震观测网络”的初步设计及测震、前兆、强震台网实施方案的野外勘选任务；完成“宁夏数字地震观测网”一期工程，建成包含银川数字地震中心和6个数字地震台的宁夏数字地震观测网；完成《银川市活动断层探测与地震危险性研究》项目的可行性研究报告，通过中国地震局的审查并列入全国城市活断层研究首批计划；完成“宁夏防震减灾应急指挥中心 ”建设工程的方案设计和建设场地的“三通一平”工作，审批工作也进入最后阶段。

二、以震情为中心，加强地震监测预报工作

1. 地震监测

（1）加强地震台站观测条件、生活环境的改造，保证地震监测工作正常运行。完成石嘴山地震台优化改造工程的设计、招投标和规划审批手续，于10月开工建设；对银川北塔地磁台环境进行绿化，维修了灵武地震台观测室、固原明家庄地电台观测室，改造银川小口子地震台生活用水管道；对泾源、海原县地震台站进行了技术改造；银川市地震局完成地震观测基地建设阶段任务；依法对灵武、海原、石嘴山等地震台观测设施进行保护。

（2）加强宁夏地震信息网络建设。针对宁夏地震通讯网络速度慢的问题，积极筹措资金，购置了一批网络设备，对宁夏地震网络升级，建成与当地电信部门联结 Internet 的高速 DDN 通讯链路，提高全区地震台网的信息交换能力。

（3）进一步完善工作制度，提高观测质量。管理部门一方面细化责任目标，强化震情意识，责任意识，另一方面转变思想，改进服务和管理方式，加强与基层台站的联系，密切配合，努力提高观测资料质量。在2002年全国观测资料评比中，银川台测震获综合评比第一名，测震2类台第二名，自治区地震局流动重力、流动水准观测资料获第三名，其他各项观测资料评比名次都有进步。

2. 地震预报

（1）认真做好日常分析预报工作。区市县各级地震部门坚持周、月、年会商，震情值班，异常落实，异常跟踪分析制度，认真分析研究观测资料，密切注意资料的变化情况。在预报实践中，自治区地震局分析预报中心、固原地震台对2002年4月28日固原4.0级地震提出较准确的预测意见；石嘴山市地震局对9月11日内蒙古乌海3.8级地震有所察觉。

（2）加强节日和重大活动期间的地震预报工作，在“十六大”，自治区党代会、人代会和重要节日期间，自治区地震系统都处于应急戒备期，加强震情值班和分析预报工作，为政府当好参谋助手，确保社会稳定。

（3）加强地震分析预报研究工作。2002年，自治区地震局先后承担“十五”重点预报子课题1项，国家重点自然基金课题1项，地震基金课题1项，自治区科研项目3项，完成课题研究或部分阶段任务，在公开刊物上发表文章12篇，获自治区科学技术进步二等奖1项。

（4）加强与邻近省区的联防协作，坚持资料的交换与分析，密切注意邻近地区观测资料的变化。

三、加强地震灾害预防工作

全区认真贯彻落实《地震安全性评价管理条例》和《建设工程抗震设防要求管理规定》地震部门依法加强抗震设防要求管理，全区4市13个县开展了抗震设防要求管理和地震安全性评价管理工作，9个市县将抗震设防要求纳入基本建设审批程序，4个市县的抗震设防要求审批进入政务大厅，核发1个丙级地震安评资质，评审8项地震安全性评价报告，举办一期地震安全性评价管理培训班。自治区地震局完成《宁夏回族自治区地震安全性评价管理办法》和《宁夏回族自治区安评收费办法》的起草工作，并配合自治区政府法制局完成立法调研和会签工作。

加强市县防震减灾工作的指导。自治区地震局结合市县机构改革，积极与自治区编办和各级政府协商，使全区28个市县地震局全部保留，并建立防震减灾领导机构；指导全区13个市县编制了防震减灾规划，19个市县制定了防震减灾宣传工作计划或方案，25个市县制定地震应急检查制度，9个市县建立防震减灾科普基地，培训执法人员55人，灾情骨干速报员323人。

自治区地震局与区党委宣传部联合召开了全区防震减灾宣传工作会议，表彰一批防震减灾宣传先进工作者，印发《关于进一步加强防震减灾宣传工作的通知》；在《宁夏日报》举办“防震减灾关系你我他”知识宣传栏目；与宁夏广播电视局等单位联合拍摄7集电视记录片《在山走动的地方》；自办发行《宁夏防震减灾》9期，编辑印发《防震减灾法律法规文件汇编》。各市县地震局充分利用地震纪念日、科技宣传日、法制宣传日，广泛开展防震减灾法律法规和地震知识的宣传教育，自治区政府专门为市县地震局配备了计算机、录像机和电视机等设备，提高市县地震部门的宣传能力。在全国防震减灾宣传工作会议上，吴忠市地震局荣获地震宣传先进单位，两名同志荣获地震宣传先进个人称号。

四、积极开展地震应急与救援工作

自治区防震减灾领导小组32个成员单位和全区各市县重点单位的地震应急预案全部备案。自治区政府及时调整了防震减灾领导小组成员。4月份，自治区地震局对3个地级市及其部门、市县政府、企业、学校、医院的地震应急工作进行了检查。9月份，自治区政府配合全国地震应急检查组检查了自治区政府、银川市、石嘴山市、吴忠市政府及有关部门、企业和学校的地震应急工作，提交的《关于全国地震应急检查组在我区检查工作情况的报告》，受到自治区政府领导的高度重视，并做出批示。

开展了地震紧急救援体系建设调研工作，初步形成了紧急救援队的组建方案、装备配置、培训方式和管理模式等建设性意见。

五、地震科技服务能力进一步增强

宁夏地震工程研究院完成了广电部青海格尔木916工程、包头市稀土大厦、309国道固原黄峁山隧道等工程检测任务500余项，生产总值比上年度增加29.5%，投资数百万元更新设备和技术，市场竞争能力不断增强。宁夏地震工程研究院的科技开发经验在全国地震局长会议上交流。

自治区地震科技人员参加大柳树水利枢纽工程的前期论证工作，对黄河黑山峡河段及周边地区的地震地质情况进行研究，完成F201断层、井沟断层、F3断层和五佛寺断裂带、小红山—干塘断裂带地震地质调查，取得了一批科研成果。6月，自治区党委、政府领导到中国地震局就宁夏防震减灾工作和大柳树坝址地震安全性评价问题交换了意见。

六、人才队伍建设和对外合作与交流

2002年，自治区地震局培养博士1人，定向和委托培养研究生4人，派出参加中国地震局举办的各类学习班20多人次，从重点大学引进4名应届毕业生；进行了专业技术职务任职资格推荐和评审工作，1人获研究员任职资格，3人获高级工程师任职资格；1名同志荣获享受政府特殊津贴荣誉。在对外合作与交流方面，自治区地震局先后派出4名科技人员到欧洲、日本等地考察学习。

七、完成“三定”工作任务

自治区地震局顺利完成“三定”工作任务，对内设机构进行了调整，职能部门由原来的6个调整为5个，撤销了科技开发管理处，其职能由震害防御处承担。机构改革后自治区地震局设置行政处室5个，事业单位4个，地震台站7个，人员编制保持不变，部门职责也作了相应调整。

（宁夏回族自治区地震局　李根起）

新疆维吾尔自治区

一、加强防震减灾工作领导

2002年3月19~20日，新疆维吾尔自治区地震工作会议在乌鲁木齐召开。来自全疆各地、州、市地震局（办），各地震台站和自治区地震局机关各处室、各单位的负责人共计60余人参加会议。自治区副主席张舟到会做重要讲话。自治区政府秘书长阿尤甫·铁依甫出席会议。与会代表对自治区防震减灾“十五”计划进行认真讨论；交流过去一年工作的经验。会议对在2001年防震减灾工作和思想政治工作中取得突出成绩的先进集体和先进个人进行了表彰。

2002年3月，全国防震减灾宣传工作会议后，新疆维吾尔自治区党委宣传部和自治区地震局于2002年4月16日联合下发《关于认真贯彻执行全国防震减灾宣传工作会议精神的通知》，对全区防震减灾宣传工作做出部署。

2002年7月2日，新疆维吾尔自治区主席阿不来提·阿不都热西提主持召开九届政府第96次办公会议，听取自治区地震局关于地震工作的汇报，并对地震局提出的几个具体问题做出明确决定。为了切实加强对全区防震减灾工作的领导，经自治区人民政府批准，7月份完成“新疆维吾尔自治区防震减灾工作领导小组”成员的调整。

二、地震监测预报工作

根据中国地震局监测预报司的统一部署，完成新疆维吾尔自治区数字地震观测网络、新疆维吾尔自治区数字地震测震台网、新疆维吾尔自治区数字地震前兆台网和新疆维吾尔自治区地震信息服务系统的初步设计任务。完成了木垒、昭苏、阿图什三个地方地震台站的改造。完成了西藏阿里狮泉河国家数字地震台的架设任务，2002年6月16日，该台地震记录信号成功地传输到中国地震局北京接收中心。新疆维吾尔自治区地震局被评为2002年度地震监测预报工作先进单位。

三、法制建设工作

完成《新疆维吾尔自治区工程场地地震安全性评价管理办法》的修定，上报自治区人民政府待正式颁布实施。2002年7月，举办一期地震行政执法培训班，来自全疆各地、州、市地震局（办）的32名同志参加培训，24人领取地震行政执法证。组织完成了与自治区地震局有关的8个政府规章和65个规范性文件的清理工作。完成年度地震行政执法证件审验工作。加强对县市地震部门的执法指导，对新建的“乌鲁木齐火车南站候车楼”工程进行执法检查，取得圆满结果。

四、“十五”计划进展情况

由中国地震局和新疆维吾尔自治区人民政府共同投资，集地震应急指挥、科研、办公于一体的新疆防震减灾科研综合楼，于2002年7月26日正式破土动工。该楼位于乌鲁木齐市北京南路40号，主楼地下一层，地上十四层，配楼四层，总建筑面积107000m^2，抗震烈度Ⅷ设防。截至2002年11月24日，因气候原因停止施工。年度实际完成工作量为主楼地下室一层，地面七层，配楼地下及地面四层封顶的混凝土工程。地面工程经监理与施工单位自检74项全部合格，其中优良38项，优良率为51.3%，达到国家优良工程标准。《乌鲁木齐市地震活断层探测与地震危险性评价》列入全国首批进行“大城市活断层探测和地震危险性评价”工作的三个示范城市之一。在国家外专局和自治区外专局的资助下，以新疆地震局副局长、研究员王海涛为团长，副局长、高级工程师寇大兵和新疆防御自然灾害研究所副所长、研究员沈军为副团长的新疆大城市活断层与地震危险性技术考察培训团一行 10 人已于 2002 年 9 月 9～20 日完成赴日本考察培训任务。

五、工 程 地 震

2002 年，新疆维吾尔自治区地震安全性评定委员会对新疆防御自然灾害研究所呈报的 13 个工程场地地震安全性评价项目进行评审。4 月 25 日审查通过《新疆轮台县迪那河“五一”水库工程场地地震安全性评价》报告；5 月 20 日与 25 日审查通过《新疆广汇液化气工程场地地震安全性评价》报告和《新疆华凌工贸公司西虹东路人行通道及地下停车场工程场地地震安全性评价》报告；6 月 28 日评审通过《新疆伊犁河大桥工程场地地震安全性评价》报告和《新疆库尔勒巴音苑工程场地地震安全性评价》报告；7 月 25 日评审通过《乌鲁木齐站铁路客运设施改扩建工程场地地震安全性评价》报告；9 月 11 日与 26 日审查通过《新疆塔里木新增建设项目工程场地地震安全性评价》报告和《新疆生产建设兵团农八师农牧团场团部地震动参数复核报告》；10 月 8 日与 25 日评审通过《新疆库尔勒经济技术开发区工程场地地震安全性评价》报告和《国家广电总局喀什电台工程场地地震安全性评价》报告；11 月 4 日与 26 日审查通过《新疆奎屯河引水改建工程将军庙水库坝址场地地震安全性评价》报告和《新疆石油管理局燃气公司石油液化气储运系统抗震鉴定、震害预测与灾害防御对策研究》报告；12 月 23 日评审通过《西北石油局北院住宅工程场地地震安全性评价》报告。除此之外，新疆防御自然灾害研究所还承担完成乌鲁木齐市区活断层勘察评价项目。4 月 20 日、24 日、27 日与 9 月 26 日完成了由新疆银桥房地产开发公司、乌鲁木齐市中级法院、自治区检察院、兵团机关事物管理局与新疆中泰公司委托的 5 项活断层勘察评价项目。

通过地震安全性评价工作，对地震活动性、区域及近场区地震构造、地震衰减关系、地震危险性分析、工程地震条件、地震动参数确定、地震地质灾害等方面的研究，给出工程场地未来 50 年超越概率的地震烈度、地震动峰值加速度、地震动反应谱特征周期，为城市规划、土地的合理利用、建筑物的抗震设防提供依据。活断层勘察评价为建筑物布局提供科学依据。

（新疆维吾尔自治区地震局　任郁亮　罗福忠）

天津市防震减灾宣传工作

一、召开天津市防震减灾宣传工作会议

5 月 14 日市地震局与市委宣传部联合召开天津市防震减灾宣传工作会议。会议回顾近年来我

市各地区、各部门开展防震减灾宣传和科普工作的情况及取得的成绩；总结防震减灾宣传工作的主要经验；表彰在防震减灾宣传工作中做出突出成绩的15个先进集体和45个先进个人；提出当前和今后一个时期我市防震减灾宣传工作的总要求。会议进一步明确防震减灾宣传工作的政策、任务和目标，对“十五”期间我市防震减灾宣传工作的深入开展具有很好的指导意义。

二、组织天津市领导干部防震减灾法规知识答卷活动

市委宣传部、市依法治市领导小组办公室、市委科技工委和市地震局共同组织的天津市领导干部防震减灾法规知识答卷活动，自7月5日开始历时56天，有15000余名处以上干部和大型企业负责人参加答卷活动。答卷活动对推进天津市依法开展防震减灾工作有积极的推动作用，有助于今后天津市防震减灾法律法规的普法、执法工作的深入开展，与防震减灾工作密切相关的部门和企业表示在工程建设中，要严格按照抗震设计规范设计、施工，对符合要求的要进行地震安全性评价，确保不出问题，为天津经济和社会发展提供可靠的保障。

三、举办青少年防震减灾知识普及教育活动

2002年在以课堂教育为主渠道的同时开展多种形式的课外活动。为推进课堂教育，天津市地震局与市教研室合作编写《中学生防震减灾知识读本》；推广北辰区将防震减灾基础知识结合地理课不同章节一并讲解的教学模式；推广了津南区结合地理课程开展“地震与我们生活”的研究性教学的作法，发挥典型引导的作用。

1月25日至2月3日，在天津市防震减灾宣传教育展室举办了以“学习知识，锻炼能力”为主题的“2002年天津市青少年防震减灾冬令营”活动，共有309名中学生参加。本次防震减灾冬令营的活动由观看电视科普片、观看展板、模型演示、救助训练和有奖竞答等形式组成，为学生提供了学习实践的机会，深受师生的欢迎。

8月7～10日，天津市地震局和市地震学会在张家口—张北共同举办了“青少年地震科学考察夏令营”。营员们考察张北震区部分遗址遗迹和震后重建第一村；参观张家口市地震局网络中心和张家口中心地震台；在张北，考察活动使这些没有经历过大地震的青少年对地震的巨大破坏力有了直观的了解，对做好抗震设防，建造安全的家园有了切实的认识，同时感受到党和国家对灾区人民的关心，受到一次深刻的爱国主义教育。在张家口市，通过实地考察和现场演示，他们了解了地震监测工作的过程和我国地震监测技术快速发展的实际，从而进一步引发他们对地震科学的浓厚兴趣和对防震减灾事业的热情关注。

四、全市开展防震减灾集中宣传活动

在《天津市防震减灾条例》实施一周年之际，天津市委宣传部、市地震局于7月22～28日共同组织全市防震减灾集中宣传教育活动。宣传教育活动以“城市发展与防震减灾”为主题，以大型广场宣传咨询活动、防震减灾知识进社区为主要形式，普及宣传防震减灾法律法规知识和地震防震科学知识。

在集中宣传教育活动期间，各区县充分利用新闻媒体信息量大覆盖面广的优势，在报纸开辟

专栏开展科普讲座；在电视台播放“城市发展与防震减灾——印度地震启示”和“直面地震”等电视片。汉沽区主管副区长高俊才在7月28日晚发表了电视讲话，提出汉沽作为一个发展中的滨海城区，要从区情出发，把“防震减灾同城市建设结合起来”的工作思路和目标。

结合本市“六进社区”活动的开展，各区县抓住机遇，采取多种形式将防震减灾知识融进活动、推进社区。防震减灾知识进社区主要采取将群众领进展室、防灾中心；宣传展板巡回展；防震减灾知识光盘巡回播放；知识讲座培训班；消夏晚会；宣传橱窗等形式。一些在社区内建设了防灾教育中心的区县，将触角延伸到高、中等院校、党干校，大中型企业单位，其教育规模大大提高。

五、举办社区防震减灾知识培训班

11月17～18日，市地震局和市科委在天津宝成宾馆举办天津市社区防震减灾知识培训班。此次培训班是为贯彻实施《中华人民共和国防震减灾法》和《中华人民共和国科学技术普及法》，深入普及宣传防震减灾知识，增强公众的防震减灾意识，提高社区防震减灾能力而共同举办的。在讲座的基础上，培训班还组织了模拟一次城市强烈地震发生后，《社区救灾行动方案》制定与实施的演练活动。学员们态度认真、动作迅速，均在指定时间内完成任务。此次培训班目的、任务明确，注重理论和实践的结合，收到了预期效果，对推动全市社区防震减灾宣传工作的开展，具有很好的指导作用。

（天津市地震局　李秀英　赵　阳）

黑龙江省防震减灾宣传工作

在《中华人民共和国防震减灾法》颁布实施4周年之际，黑龙江省于2002年3月1日组织“3.1”法制宣传活动。一是向全省各市（地）下发了通知，对各市（地）的宣传工作的重点、内容等提出要求，发放了光盘26盘，宣传品1000份；二是组织黑龙江省地震局部分人员分三组到南岗、道里、道外区张贴宣传品共1500余份；三是各市（地）开展了各种宣传活动。据统计，全省共设宣传站点54个，悬挂横幅标语91条，展示各种宣传板124块，发放各种宣传材料7.6万份，播放电视片10余部，在报纸上发表文章7篇，领导在电视上发表讲话2篇。新闻单位综合报道4篇。此外，七台河市地震局组织召开了由建委、规划、计委、设计院、电视台、电台、报刊等单位参加的座谈会，鹤岗市地震局利用科技三下乡活动开展宣传活动；哈尔滨市在两会期间，向人大、政协发放《哈尔滨市附近地区地质构造和历史地震情况》、《城市防震减灾要点宣传材料》。大庆市举办有建设、设计、施工单位20多人参加的《建筑抗震设计规范》培训班。

根据中国地震局的要求，黑龙江省地震局在全面调查研究的基础上，对全省10年来防震减灾宣传工作进行总结，推荐了全省防震减灾宣传工作先进集体和个人。在中宣部和中国地震局联合召开的全国防震减灾宣传工作会议上，大庆市地震局获先进集体、牡丹江地震局黄永斌和黑龙江省地震局王纪伟同志获先进个人称号。为传达贯彻这次会议精神，黑龙江省地震局与省委宣传部分别编发了工作简讯下发各市（地）委宣传部、地震局。

2002年7月28日，黑龙江省积极开展“7.28”宣传活动。为开展好这次宣传活动，黑龙江省地震局震害防御处一是编写《防震减灾基本常识30问》，下发市（地）4万余册。二是在中山路省政府与省人大悬挂标语30幅，设立3个宣传站，组织有关人员上街宣传，发放宣传小册子1.6万余份；三是晚间在火车站广场播放宣传光盘3盘。观众数百人；四是在当日《黑龙江日报》第2版整版登载防震减灾知识；五是将宣传材料录入黑龙江省地震局局域网。同时各市（地）开展了丰富多彩的宣传活动，据统计，全省各市（地）在“7.28”宣传活动中共设立宣传站点55个，悬挂宣传横幅128条，出示宣传板124块，发放宣传材料7.4万份，播放电视片11部，报刊发表文章15篇，发表电视讲话6篇。新闻综合报道10余篇。此外，绥化市、佳木斯市进行了向中小学校增书活动，鹤岗市地震局举办鹤岗地震科普基地揭牌仪式，逊克电视台对唐山大地震幸存者进行了采访，五大连池火山展馆免费向社会开放3天。

（黑龙江省地震局　王纪伟）

宁夏回族自治区防震减灾宣传工作

一、自治区召开全区防震减灾宣传工作会议

2002年7月17日，宁夏回族自治区党委宣传部、自治区地震局，在银川联合召开“全区防震减灾宣传工作会议”。各市、县（区）党委宣传部、地震局，自治区有关厅、局、委及大型企业等单位的领导和代表参加会议。自治区党委宣传部副部长朱昌平、自治区地震局局长杨明芝、副局长万自成、张思源等出度会议。在会议上，张思源作“与时俱进，开拓创新，大力推进防震减灾宣传工作”的报告。朱昌平代表自治区党委宣传部讲话，对全区防震减灾宣传工作提出具体要求。这次会议对于推动全区“十五”期间防震减灾宣传工作有着重要的意义。

在这次会议召开之前，自治区党委宣传部、地震局联合印发《关于进一步加强防震减灾宣传工作的通知》，制定《宁夏回族自治区防震减灾宣传工作“十五”计划》，就围绕建立防震减灾三大工作体系，做好我区“十五”期间防震减灾宣传工作，提出具体的要求；联合编辑印发《防震减灾法律法规规章和规范性文件汇编》，供各级领导和会议代表学习使用。

二、新闻媒体积极开展防震减灾宣传工作

在《防震减灾法》颁布实施四周年前夕，自治区地震局联合宁夏日报社在《宁夏日报》开辟

《防震减灾　联系你我他》专栏，发表一系列文章，对全区防震减灾工作进行宣传报道。

在迎接党的十六大召开前夕，宁夏电视台对全国劳动模范、自治区地震局分析预报中心副主任许文俊的先进事迹进行宣传报道。

自治区广播电影电视局、地震局、社科院、海原县县委和政府等单位联合拍摄7集电视纪录片《在山走动的地方》，通过史料和地震遗迹详细记述1920年海原8.5级大地震造成的灾害损失，以及震区的民俗风情。这也是宁夏乃至我国第一部集震害和民俗于一体，比较全面的反映、介绍海原8.5级大地震的纪录片。

自治区地震局积极联系《宁夏广播电视报》、《银川晚报》，刊登文章，针对社会上对抗震设防要求管理和地震安全性评价工作存在的误解和偏见进行正面宣传。

三、全区开展“7.28”宣传活动

2002年“7.28”宣传活动是近年来参与单位最多、宣传声势最大、投入人力物力最多的一次。各市、县、区积极贯彻落实全国、全区防震减灾宣传工作会议精神，在“7.28”唐山大地震纪念日之际，将防震减灾宣传活动推向了一个新高潮。各地党委宣传部牵头组织，政府领导关心支持，地震部门加大人、财、物投入，社会各界协调配合。“7.28”宣传活动期间，银川、吴忠、石嘴山、固原、青铜峡、永宁、中宁、利通区、贺兰等市、县、区，通过电影、电视、广播、录像、展板、标语、宣传单、宣传册等多种形式开展防震减灾宣传教育。

（宁夏回族自治区地震局　张进国）

新疆维吾尔自治区防震减灾宣传工作

新疆维吾尔自治区党委十分关心和重视防震减灾宣传工作。2002年3月全国防震减灾宣传工作会议后，自治区党委副书记司马义·铁力瓦尔地和自治区党委常委、宣传部长吴敦夫及时批转自治区地震局《关于贯彻落实全国防震减灾宣传工作会议精神的请示》。自治区党委宣传部和自治区地震局于2002年4月16日联合下发了《关于认真贯彻落实全国防震减灾宣传工作会议精神的通知》，对全疆防震减灾宣传工作做出布置和安排。2002年6月18日，自治区党委宣传部和地震局在乌鲁木齐联合举办一场厅（局）级领导干部参加的防震减灾知识讲座，自治区地震局副局长、高级工程师吐尼亚孜·沙吾提分别从地震基本知识、地震灾害特点及其发展趋势、地震应急救援等七个方面讲述防震减灾知识，200余名厅（局）领导到会。除此而外，自治区党委还决定从2002年开始，把“防震减灾知识”宣传教育纳入自治区党校教学计划，在2002年自治区党校举办的春、秋两期地（厅）及县（处）级干部研讨班上，自治区地震局副局长吐尼亚孜·沙吾提、王海涛（研究员）分别前往授课。

（新疆维吾尔自治区地震局　任郁亮）

运城市防震减灾宣传工作

运城市位于山西地震带的南端，是全省防震减灾科普宣传示范区。2002年针对本地区的震情形势，深入贯彻全国防震减灾宣传工作会议精神，进一步采取如下措施：

1. 强化宣传工作体系

一是根据中宣部、中国地震局的有关精神，运城市强化了党委宣传部门统一领导，地震部门专业指导，教育、新闻、法制等各有关单位协同配合三位一体的防震减灾宣传工作体系。二是健全完善了工作制度，明确了各自的工作职责并定期检查评比。充实了县、乡、村三级宣传员队伍，主要负责地震宏观观测、震情速报和防震减灾宣传任务。三是加强对防震减灾宣传队伍的管理。在全市地震系统开展为人民尽职，在岗位建功系列活动。对宣传队伍分批进行培训使之基本掌握地震、防震、法规知识和识别地震谣言的技能。在此基础上，要求各县、市每年组织一次地震知识下乡，乡镇和厂矿宣传员每季度有一次宣传活动，村、车间宣传员每两月办一次地震科普知识黑板报，学校每学期上两次地震科普课，每年对宣传工作进行一次检查评比，使宣传工作走向规范化。

2. 突出学校宣传教育

运城市地震局向全市各学校发放地震科普知识读本，将地震科普知识课列入学校教学计划，每学期安排3小时以上地震知识教育课，使学校防震减灾教育正常化、制度化。

各学校把防震减灾宣传教育作为素质教育、安全教育和第二课堂的一项重要内容，利用地震知识竞赛、编演文艺节目、举办小广播、专题讨论、开展小科研活动等形式进行宣传。

把完善和落实学校应急预案作为强化宣传的重点，指导全市各学校制定应急预案，在9月份新生入学之际，指导各学校进行地震应急避震演练，使学生做到遇震不慌，避震有方，疏散有序。

开展一包一宣传活动。以学校为重点，通过学生向家长、向社会宣传，使地震知识进村入户到人头。

3. 提高民众防震意识

抓住“7·28”唐山地震纪念日、国际减灾日、法规宣传周等时机，对宣传工作进行安排部署，同时利用新闻媒体的作用，鼓励各单位、学校广泛参与各种宣传活动，使防震减灾宣传做到有规模、有内容、有气氛、有实效。

为了拓宽宣传领域，提高宣传效果，运城市重点抓了“三三示范点”，要求每个县、市抓好三个乡镇、三个企业、三所学校的地震科普宣传和应急演练，并在全市树立和推广了一批各具特色的典范。目前已达“五有四结合”，即：有组织机构、有宣传阵地、有永久性标语、有宏观监测点、有联防小组；地震宣传与行业特点相结合，与地震应急相结合，与抢险救灾工作相组合，为全市的防震减灾宣传起到引路和示范作用。

（山西省地震局　牛润喜　韩成太）

科技进展与为国民经济服务

这一部分包括科技成果、科研进展、有关学术活动及为国民经济服务、地震行业标准化工作等。

科技成果系获国家级、中国地震局局级及省部级一、二、三、四等科技进步奖及通过鉴定的项目、获得专利的项目；科技进展着重收载重点项目的实施情况，主要学科领域综述性研究进展。

科 技 成 果

2002年中国地震局获国家级科技奖励项目

序号	奖种	获奖等级	成果名称	主要完成单位	主要完成人
1	科技进步奖	一	中国数字地震观测系统的设计、研制、生产、集成和推广应用	中国地震局分析预报中心　中国地震局地震研究所　四川省地震局　中国地震局工程力学研究所	庄灿涛　蔡亚先　薛　兵　杨大克　李大辉　杨晓源　雷　强　王洪体　朱小毅　宋　锐　黄志斌　王家行　童汪练　顾小虹　陈　阳

2002年获省级科技奖励项目

序号	奖励名称	获奖成果名称	获奖等级	主要完成单位	主要完成人
1	山东省科技进步奖	山东省地震应急技术系统	一	山东省地震预报研究中心	林础祥　王　錡　林熔光　蒋海昆　刘希强　刁守中　肖兰喜　杨培根　林金狮　王方键
2	云南省科学技术奖	腾冲火山活动监测、预报与对策研究	一	云南省地震局	皇甫岗　姜朝松　秦嘉政　姜　葵　刘祖荫　万登堡　叶建庆　邵德晟　赵　恒　王椿镛　周真恒

续表

序号	奖励名称	获奖成果名称	获奖等级	主要完成单位	主要完成人
3	福建省科学技术奖	闽南地区综合防震减灾示范工程	二	福建省地震局 泉州市地震局 厦门市地震局 漳州市地震局	林思诚　陈金海 王孝铣　黄向荣 黄宏生
4	河南省科技进步奖	地表荷载对地震钻孔应变地震前兆测值影响的实验结果及力学解析	二	河南省地震局 监测预报中心 江苏省地震局 徐州地震台	胡卫建　张俊山 谢　智　王志敏 李安印　李平林 刘丽君　冯建民 胡风英
5	黑龙江省科技进步奖	建筑结构非线性地震反应分析方法及应用研究	三	中国地震局工程力学研究所	张令心　孙景江 江近仁

2002年中国地震局防震减灾优秀成果奖获奖项目

序号	项目编号	获奖等级	成果名称	推荐单位	主要完成单位	主要完成人
1	200212701	1	中国地震动参数区划图编制	中国地震局地球物理研究所	中国地震局地球物理研究所、中国地震局地质研究所、中国地震局工程力学研究所、中国地震局分析预报中心、中国地震局地壳应力研究所	胡聿贤 高孟潭 张培震 陈国星 谢富仁 薄景山 时振梁 黄玮琼 周本刚 汪素云 金学申 徐宗和 邹其嘉 董瑞树 胥广银
2	200213201	1	近场波动数值模拟及其应用	中国地震局工程力学研究所	中国地震局工程力学研究所	廖振鹏 丁海平 周正华 景立平 李山有 韩 炜 侯兴民 陈少林 崔建文
3	200213301	1	中国数字地震前兆观测技术系统的设计、研制和集成联调	中国地震局地壳应力研究所	中国地震局地壳应力研究所	付子忠 黄锡定 周振安 余书明 梁焕贞 王子影 郭柏林 秦久刚 王继哲 王秀英 于世亮 赵 刚 孙 杰
4	200210101	2	天津市海河隐伏断裂活动性定量评价	天津市地震局	天津市地震局	刘连柱 赵根模 陈宇坤 陈化然 赵国敏 刘晓年 聂永安 卫鹏飞 李一兵
5	200210801	2	上海地震台阵建设	上海市地震局	上海市地震局	朱元清 刘维克 周华根 宋俊高 赵镇岭 于海英 佟玉霞 邱 瑛 秦浩文
6	200210901	2	江苏省“九五”期间防震减灾系统工程建设	江苏省地震局	江苏省地震局	侯茂生 褚志宏 杨 军 张振亚 张大其 倪岳伟 孙寿成 谢华章 丁仁杰
7	200211201	2	山东省地震应急技术系统	山东省地震局	山东省地震局	王 錡 林榕光 蒋海昆 刘希强 杨培根 肖兰喜 姜久坤 都吉夔 孙庆文

续表

序号	项目编号	获奖等级	成果名称	推荐单位	主要完成单位	主要完成人
8	200211701	2	活动断裂的破裂分段理论与地震危险性的定量预测方法研究	四川省地震局	四川省地震局、中国地震局地壳应力研究所、江苏省地震局	闻学泽 江娃利 易桂喜 侯康明 谢新生 王焕贞 范 军 肖振敏 杜 方
9	200211801	2	2001年云南省地震短临跟踪及成功实现施甸5.2、5.9级地震和永胜6.0级地震的短临预报	云南省地震局	云南省地震局	万登堡 乔 森 付 虹 黄 雍 苏有锦 颜其中 和宏伟 李永莉 皇甫岗
10	200211802	2	云龙地震台硐体应变潮汐形变观测（SSY－Ⅱ）全国评比连续六年5次前二名（1995～2000）	云南省地震局	云南省地震局	杨 星 张汝衡 杨海鹏 董家毅 高 杰
11	200212001	2	陕西省地震通信网络系统建设	陕西省地震局	陕西省地震局	姬建中 李瑞华 徐世芳 邵辉成 和朝霞 田春兰 段 锋
12	200212501	2	海南省年度地震趋势研究报告连续三届获前两名（1999～2001）	海南省地震局	海南省地震局	张云琳 胡久常 沈繁銮 符 干 李志雄 刘 伟 顾申宜 邱雪强 陈金燕
13	200212702	2	制定地震国家标准	中国地震局地球物理研究所	中国地震局地球物理研究所	高孟潭 冯义钧 李学良 肖承邺 胡聿贤 陈运泰 许绍燮 陈达生 谢礼立
14	200212801	2	天山活动构造与地震危险性评价	中国地震局地质研究所	中国地震局地质研究所、新疆地震局	邓起东 冯先岳 张培震 徐锡伟 杨晓平 彭斯震 李 军 赵瑞斌 吴章明
15	200212901	2	强震孕育中短期预报物理基础研究	中国地震局分析预报中心	中国地震局分析预报中心	张国民 尹京苑 张 流 梅世蓉 马宗晋 牛志仁 石耀霖 聂永安 李世愚
16	200212902	2	国务院抗震救灾指挥部技术系统建设	中国地震局分析预报中心	中国地震局分析预报中心、中国地震局地质研究所	姜立新 聂高众 帅向华 盛家伦 成小平 李志强 吴天安 杨亚莉 梁曙东

续表

序号	项目编号	获奖等级	成果名称	推荐单位	主要完成单位	主要完成人
17	200213001	2	重力变化、位错及密度时变的综合研究	湖北省地震局	中国地震局地震研究所	申重阳 黄建梁 李辉 孙少安 刘冬至 甘家思 白志明 徐菊生 项爱民
18	200213105	2	甘肃省兰州地震台地震观测资料全国评比五年连续前二名（1994～1998）	中国地震局兰州地震研究所	中国地震局兰州地震研究所	尹志文 李发科 许健生 曹文祥 李英 张淑贞 龙艳 白耀明 虞国平
19	200213202	2	建筑结构非线性地震反应分析方法及应用研究	中国地震局工程力学研究所	中国地震局工程力学研究所	张令心 孙景江 江近仁
20	200213601	2	中国地震局第二地形变监测中心 1999～2001 年度地震趋势研究报告	中国地震局第二地形变监测中心	中国地震局第二地形变监测中心	江在森 王双绪 张希 陈兵 祝意青 张四新 王继英 陈文胜 刘文义
21	200214001	2	强地震中期（1～3 年）预报新思路、新方法的应用研究	北京市地震局	北京市地震局、中国地震局分析预报中心	高旭 丁鉴海 张晓东 王振亚 张祖胜 王慧敏 李永林 刁守中 范宏顺
22	200210102	3	天津市数字遥测地震台网建设	天津市地震局	天津市地震局	王玉生 刘连柱 赵国敏 高逊 栗连第
23	200210103	3	天津市地震应急指挥系统	天津市地震局	天津市地震局	刘连柱 马少强 姚兰予 李刚 邱虎
24	200210301	3	山西数字遥测地震台网建设	山西省地震局	山西省地震局	武麟彪 阎民正 贾魏 薛振岳 贾建喜
25	200210401	3	海拉尔地震台连续五年获得全国测震Ⅱ类台资料质量评比第三名（1996～2000）	内蒙古自治区地震局	内蒙古自治区地震局	王春山 籍凤友 王玉海 尚会金 李学民

续表

序号	项目编号	获奖等级	成果名称	推荐单位	主要完成单位	主要完成人
26	200210602	3	延边台倾斜观测成果及其应用（1995～1999）	吉林省地震局	吉林省地震局	金正燮　韩忠民　金庚活
27	200210805	3	特大城市地震应急反应对策对比研究可行方案	上海市地震局	上海市地震局	火恩杰　王　炜　林命周　金　胜　钱宗和
28	200210902	3	江苏省地震前兆台站（网）技术改造	江苏省地震局	江苏省地震局	冯志生　范桂英　陈书清　庄明龙　梅卫萍
29	200211202	3	山东省防震减灾示范研究与应用	山东省地震局	山东省地震局、中国地震局工程力学研究所、中国地震局地球物理研究所	任锡泰　晁洪太　肖兰喜　何　钧　崔昭文
30	200211501	3	《广东省地震重点监视防御区防震减灾工作管理办法》制定与实施	广东省地震局	广东省地震局	韩黎珍　左开挺　续新民　黄剑涛　梁　干
31	200211702	3	多制式高次群复接分接设备	四川省地震局	四川省地震局	邱西征　黄　敏
32	200211803	3	施甸5.9级地震强震记录及其处理	云南省地震局	云南省地震局	崔建文　赵永庆　乔　森　王　彬　杨光渝
33	200211901	3	浙江省数字遥测地震台网建设	浙江省地震局	浙江省地震局	陈修民　苏晓梅　傅建武　沈晓健　陆南栋
34	200212802	3	基于遥感技术的震害预估、评估和减灾决策运行系统	中国地震局地质研究所	中国地震局地质研究所	杨　喆　张声荣　田　琦　陈国光　单新建
35	200212804	3	中国地震局地质研究所地震通讯网络和信息共享系统建设	中国地震局地质研究所	中国地震局地质研究所	刘　治　王立云　王立红　朱燕民　郝永伟
36	200212903	3	地震分析预报技术系统	中国地震局分析预报中心	中国地震局分析预报中心	丁鉴海　张晓东　李　纲　余素荣　盛家伦
37	200212904	3	地电场观测仪器研制	中国地震局分析预报中心	中国地震局分析预报中心	席继楼　赵家骝　王燕琼　王兰炜　谭大成

续表

序号	项目编号	获奖等级	成果名称	推荐单位	主要完成单位	主要完成人
38	200213101	3	利用区域数字台网资料研究震源区介质物性和应力场短临变化特征	中国地震局兰州地震研究所	中国地震局兰州地震研究所、中国地震局地球物理研究所	荣代潞 张元生 李亚荣 阮爱国 金 铭
39	200213102	3	石窟文物保护中的地震安全评估及防灾对策研究	中国地震局兰州地震研究所	中国地震局兰州地震研究所、敦煌研究院	石玉成 王旭东 蔡红卫 袁道阳 徐晖平
40	200213103	3	青藏高原东北缘活动构造及其应用研究	中国地震局兰州地震研究所	中国地震局兰州地震研究所	袁道阳 石玉成 杨 明 王永成 郑文俊
41	200213104	3	兰州数字遥测地震台网建设	甘肃省地震局	甘肃省地震局	何少林 闵祥仪 赵新民 李 勇 孟亚君
42	200213106	3	甘肃省震情趋势研究报告连续三年评比前三名（1998～2000）	中国地震局兰州地震研究所	中国地震局兰州地震研究所	杨立明 王振亚 刘维贺 孙景芳 郑卫平
43	200213107	3	山丹地电观测资料全国评比连续五年前三名（1995～1999）	中国地震局兰州地震研究所	中国地震局兰州地震研究所	何振邦 尹 亮 高文兴 李旭升 李春森
44	200213108	3	兰州台倾斜潮汐形变综合（SQ－70、FSQ）观测资料全国评比五年前三名（1995～1999）	中国地震局兰州地震研究所	中国地震局兰州地震研究所	常千军 周志宇 许健生 姜振海 欧阳斌
45	200213203	3	地震损失评估方法研究	中国地震局工程力学研究所	中国地震局工程力学研究所	林均岐 郭恩栋 温瑞智 赵振东 王东升
46	200213204	3	地震灾害损失预测研究成果的推广与应用	中国地震局工程力学研究所	中国地震局工程力学研究所	尹之潜 赵 直 李树桢 贾相玉 杨淑文

续表

序号	项目编号	获奖等级	成果名称	推荐单位	主要完成单位	主要完成人
47	200213205	3	大庆葡北油库—哈尔滨炼油厂输油管线穿越松花江岩土工程勘察	中国地震局工程力学研究所	中国地震局工程力学研究所	冯志仁　廖　健　刘志刚　薄景山　王绍博
48	200213302	3	断层位移测量仪（光电类）研制	中国地震局地壳应力研究所	中国地震局地壳应力研究所	张鸿旭　罗光禄　赵营海　陈葛天　张周术
49	200213501	3	大地形变异常场分析、中长期前兆预测方法及其应用研究	中国地震局第一地形变监测中心	中国地震局第一地形变监测中心、中国地震局地震研究所	薄万举　杨国华　郭良迁　王若柏　谢觉民
50	200213602	3	利用空间测地技术研究地壳的损伤演化过程	中国地震局第二地形变监测中心	中国地震局第二地形变监测中心	张永志　王文萍　梁伟锋　崔笃信　朱桂芝
51	200213901	3	跨世纪科技人才培养系统工程	中国地震局人事教育司	中国地震局人事教育司	欧阳飚　田　柳　谢春雷　章思亚　宿景贵

2002年省科学技术厅组织鉴定的项目

鉴字［2002］第003号

云南区域构造地球动力学与地震活动性研究

成果完成单位： 云南省地震局地震预报中心
主要完成人： 苏有锦 李忠华 蔡民军 王永安 张俊伟 刘祖荫
组织鉴定单位： 云南省科学技术厅
鉴定日期： 2002年1月17日
鉴定批准日期： 2002年1月18日
鉴定形式： 会议鉴定

一、主要技术性能指标

完成的主要研究工作及成果

（1）对云南区域新构造环境，构造断裂系统及主要活动断裂的性质、运动状态，活动块体划分进行了较全面系统的分析研究。

（2）云南地区地壳上地幔岩石圈结构特征研究。云南地区进行过3条大地电磁测深和5条人工地震测深剖面的研究工作及地壳上地幔三维速度地震层析成像研究，区域布格重力异常资料反演地壳厚度，大地热流测量等工作，本项研究系统收集和研究了这些资料，对云南区域地壳上地幔岩石圈结构特征，包括地壳厚度分布，地壳上地幔速度结构，地壳上地幔电性结构，地壳上地幔热结构，取得较全面、系统的认识。

（3）云南及邻区地壳现代构造应力场研究。分析了250个震源机制解资料，给出了云南及邻区现代构造应力场的分布图像，进而分析研究了它的分区特点。分析研究表明，应力场分区与区域活动构造分区基本一致，大致可分为（A，B，C，D，E，F）6个分区，并给出了每一分区的主压应力优势分布方向。

（4）缅甸弧倾斜地震带及其应力状态研究。根据USGS提供的1973年以来的$M \geqslant 4.0$地震观测资料，用三维震中分布图给出了缅甸弧倾斜地震带的几何形态。并根据震源机制解资料，研究了其应力状态。

（5）云南地区$M \geqslant 5.0$地震时间分布特征和空间分布特征研究。在云南地区$M \geqslant 5.0$地震目录完整性和均匀性分析的基础上，系统研究了云南地区$M \geqslant 5.0$地震活动的时空分布特征，指出了云南地区6级以上地震活动，特别是7级以上大震活动的块体分布特点。云南地区的强震活动在空间分布上是极不均匀的，具有显著的块体活动特点；全区约80%的6、7级以上地震活动集中分布在约20%的面积上，即①滇中东川—昆明—玉溪地区，②滇西北中甸—丽江—大理地区，③滇西南澜沧—耿马地区。

（6）云南地区中强地震震源破裂特征研究。本项研究中，收集并分析了151次中强地震的等震线和余震序列资料，测定了震源破裂尺度和震源破裂走向，并据此给出了云南地区震源破裂尺度与震级的统计公式及震源破裂空间分布图像。按地震活动的成带性及规模，云南区域有三条非常显著的地震破裂带：①小江地震带，②金沙江—红河地震带，③腾冲—澜沧地震带。

（7）地震序列衰减特征及其与地壳介质结构关系研究。研究了地震序列衰减参数 P 值和序列 b 值。研究表明，P 值与地壳介质结构有关，高 P 值区对应于上地壳高速区，或高 Q 值区。

（8）云南地区强地震发生与活动断裂的关系、深部介质构造条件研究。对云南地区强地震发生与活动断裂的关系，强地震发生的深部介质构造背景进行了深入研究。6、7级强震不是在任何地方都会发生，而是发生在一些具有某种深部介质构造背景的地区。5级及其以下地震的活动无显著的介质构造背景存在，其发生具有很大的随机性。

①滇西北中甸—丽江—大理和滇中东川—昆明—玉溪—建水6、7级强震活动区（滇中地震构造块体）。这两个强震区的大震都发生在上地壳的高速区或高低速过渡带内，其下存在中地壳低速层，并且同时有深大断裂发育、上地幔上隆、高热活动等深部过程存在。上地壳较高的刚性（高速）和中地壳相对的塑性（低速）流动作用是上地壳能够积累高应变并发生剪切破裂错动的深部条件。

②滇西南澜沧—耿马6、7级地震活动区（滇西南地震区）。该区的大震发生在上地壳低速区内，并且无与之相应的深大断裂存在。该地震区可能是一个新生的地震破裂带，地震波速底可能是由于新生地壳破裂或微裂缝中有流体存在。

（9）编制《云南区域构造地球动力学与地震活动性研究图集》，共21幅基础图件，全部数字化，在GIS（MAPINFO软件）平台上成图，方便使用。

二、项目重要进展

通过本项研究，较系统的给出了云南区域构造地球动力学的基本特征和强地震活动特点。在对云南地区强地震发生的深部介质构造环境与强震震源破裂特征研究方面取得以下两方面的新认识：

1. 云南地区强地震的发生，可能有两种不同的深部介质构造环境存在

（1）滇西北中甸—丽江—大理和滇中东川—昆明—玉溪—建水6～7级强震活动区（滇中地震构造块体）。

该区的大震发生在上地壳的高速区或高低速过渡带内，其下存在中地壳低速层，并且同时有深大断裂发育、上地幔上隆、高热活动等深部过程存在。

（2）滇西南澜沧—耿马6、7级地震活动区（滇西南地震区）。

该区的大震发生在上地壳低速区内，并且无与之相应的深大断裂存在。

2. 云南地区强地震的发生，可能有再现活动破裂和新生破裂两种破裂机制存在

（1）小江断裂带、金沙江—红河断裂带上的强震活动可能是这两大先存断裂带再活动的结果，再现活动破裂是它们的力学机制。

（2）腾冲—澜沧强震带在地表上无与之相应的断裂构造存在，可能是一条新生的地震破裂带，新生破裂是它们的力学机制。

三、鉴定意见

2002年1月17日上午，由云南省科技厅组成专家组对云南省人民政府跨世纪中青年学术和技术带头人培养计划、云南省应用基础研究基金项目“云南区域构造地球动力学与地震活动性研究”进行成果鉴定。与会专家在认真审阅全部技术资料和听取项目组报告的基础上，经过充分讨论，形成如下鉴定意见：

（1）本项目收集整理了大量的地质构造、地壳及上地幔岩石圈结构、地震活动（目录）、中强地震等震线、震源机制等资料，并进行了系统、深入的研究。对云南区域现代构造运动格局、现代构造应力场、地壳上地幔岩石圈结构特征以及强震时空分布特点、震源破裂特征给出了较全面的研究资料和研究结果。在国内外核心刊物发表论文7篇，编辑基于GIS图集1册（21幅彩图）。

（2）通过对云南地区强地震发生的深部介质构造环境分析研究，首次指出云南地区强地震的发生可能存在两种不同的深部介质构造环境。滇中地震构造块体上的大震发生在上地壳的高速区或高低速过渡带内，其下存在中地壳低速层，并且同时有深大断裂发育、上地幔上隆、高热活动等深部过程存在；而滇西南地震区的大震则发生在上地壳低速区内，并且无与之相应的深大断裂存在。

（3）通过对云南地区地震震源破裂特征的分析研究，首次指出云南地区的地震破裂机制，可能有再现活动破裂和新生破裂两种破裂机制存在。小江断裂带、金沙江—红河断裂带上的强震活动可能是这两大先存断裂带再现活动的结果，再现活动破裂是它们的力学机制；腾冲—澜沧强震带在地表上无与之相应的断裂构造存在，可能是一条新生的地震破裂带，新生破裂是它们的力学机制。

综上所述，该项研究资料丰富，内容广泛，科学思路明确，在云南强震构造背景、破裂机制等研究方面有新认识，有所突破和创新。此研究成果对进一步深入研究云南地区强震发生机理及预测方法研究，具有重要的科学意义和应用价值。

专家组评审认为，该项研究已完成合同内容和指标，提供的技术资料齐全，其研究总体上达到国内先进水平，部分研究属国内领先。同意通过鉴定。

希望收集更多类型资料，进一步充实和完善有关成果的理论解释，并在此项研究的基础上，开展对不同类型强震前兆特征和在预测方法上的应用研究。建议此成果经修改正式出版。

鉴字［2002］第001号

闽南地区综合防震减灾示范工程

成果完成单位：福建省地震局

主要完成人：林思诚　陈金海　王孝铣　黄向荣　黄宏生　傅剑国　叶振民　刘国平　杜运连　陈文明　史磷华　林　树　黄声明　黄　昭　王志鹏　杨孝宇　王洪涛　杨成林　李　毓　何友文　林世敏　林成桐

组织鉴定单位：云南省发展计划委员会

鉴 定 日 期：2002 年 1 月 17 日

鉴定批准日期：2002 年 1 月 22 日

鉴 定 形 式：会议鉴定

一、简要技术说明及主要技术性能指标

闽南地区综合防震减灾示范工程是中国地震局、福建省人民政府、厦门、漳州、泉州三市政府在“九五”期间共同投资、重点支持的我国第一项地区性综合防震减灾项目。工程采用先进的技术手段和社会防震减灾措施，是一项综合了科技与社会内容的系统工程。工程由五个技术系统和四个社会减灾体系组成。

1. 五个技术系统

①数字地震台网：共有 12 个子台，可配合全省数字遥测地震台网，实时快速处理地震事件基本参数，8 分钟内测定出网内和网缘的 $M_L \geqslant 3.0$，$M_S \geqslant 4.5$ 地震三要素，监控全区 2.0 级地震，闽南地区的地震监控能力更达到 1.5 级。

②地震前兆台网：在原有地壳形变网、地下流体台网、电磁观测网基础上，兼顾中长期与短临地震预报的需要，对台网进行调整、优化，并做综合化、数字化改造。

③地震数据通信网络：基于计算机网络，采用有线、无线相互备用的方式，实现省地震局与闽南三市地震局及主要台站数据传输的现代化。

④震情监视和应急指挥系统：本系统包括地震分析预报及数据库系统，包括防震减灾信息的快速响应和应急决策支持系统，还包括计算机网络及基础设施建设。同时按全国地震中央技术系统要求的性能指标，建成了区域通信网络中心和区域前兆台网中心，按实用的需要建成现代化震情会商室和应急指挥室。

⑤震害预测和减灾对策：对闽南三市，通过现场调查，详细收集市区有关防震减灾大量数据和图件资料，建立综合基础数据库。有针对地采用单体或群体的方法对建筑物进行震害预测，其中重点建筑即生命线建筑大部分落实到单体，不仅给出同类结构各种受灾程度的比例，而且给出各种受灾状态下单体结构的位置的分布。同时在各工作区域内，开展地震危险性评价、设定地震的研究和地震地质灾害小区划工作。

2. 四个社会减灾体系

①防震减灾工作体系已健全：省地市都分别建立抗震救灾指挥部及办事机构。

②防震减灾法律体系基本完善：制定《福建省防震减灾条例》和《福建省工程建设场地地震安全性评价管理规定》。闽南三市配套健全法规体系，建设执法队伍。

③防震减灾宣传教育卓有成效：进一步巩固加强了以城市四级、农村三级为主体的防震减灾宣传教育网络，有关市县建立各具特色的宣传基地。

④破坏性地震应急预案分工明确、措施有力：省级和闽南三市及辖区的主要县（市、区）的“破坏性地震应急预案”均已制订。有的县在中学中开展避震演习。

最后进行系统总集成，基于计算机网络将相对独立、又相互联系的各个系统组织起来，使之形成有机整体，协调运作，从而在防震减灾工作中发挥综合效能。

二、鉴定意见

经中国地震局同意，福建省发展计划委员会于 2002 年 1 月 17 日在福州主持召开“闽南地区综合防震减灾示范工程”项目鉴定会议。鉴定专家组听取项目承担单位的工作报告、技术报告，以及系统测试报告、查新报告、用户报告等，审查项目组提交的全部资料和文档，经认真讨论和考察，一致同意以下鉴定意见：

(1) 项目组提交的鉴定材料齐全、完整，符合鉴定工作要求。项目组已完成各项任务。

(2) 该项目把工程技术综合功能和社会减灾措施紧密结合起来，包括五大技术支撑系统和四大社会减灾体系，使闽南地区在地震监测预报、震灾预防、地震应急、地震救灾等防震减灾各个环节得到显著加强，是国内第一次在综合防震减灾领域的成功探索，起到了示范作用。该系统在应对台湾南投 9.21 地震影响和中国地震局组织的地震实战演练中发挥了显著作用，被证明是一个有效的技术系统。

鉴定委员会一致认为，闽南地区综合防震减灾示范工程技术思路正确、设计合理、系统技术先进，是我国第一个地区性综合防震减灾的工程，在国内同类工程项目中处于领先水平。对大中城市综合防震减灾工作有重要借鉴意义。工程建设所取得的成效，引起了国内外的广泛关注。

建议该工程应适当扩展到整个闽东南地区，并开展新的减灾技术项目研究与建设，适当加强前兆观测台网密度及加强震害预测的资料更新能力，特别是把项目工程技术系统融合于政府指挥和社会功能系统之中，以使工程系统在福建综合防震减灾工作中发挥更大的效益。

苏科鉴字［2002］第 136 号

南黄海地震区划研究

成果完成单位： 江苏省地震科学研究院
主要完成人： 高中和　宋文荣　杨伟林　吴少武　黄伟生　许汉刚　高德潜　唐锦铁　徐　徐　周彩霞　宋建军　高俊锁　李丽梅　李志义　刘建达　高志兵　张永凯　唐建民　雄　振　江铁鹰　陆振飞
组织鉴定单位： 江苏省科学技术厅
鉴定日期： 2001 年 6 月 20 日
鉴定批准日期： 2002 年 4 月 23 日
鉴定形式： 会议鉴定

一、简要技术说明及主要技术性能指标

《南黄海地震区划研究》为江苏省人民政府“九五”重点项目，最终成果以 1∶100 万地震烈度区划图和基岩地震动加速度区划图表述，本项目在南黄海海域及沿海地区（东经 119°～122.5°，北纬 31.5°～35°），通过对地震构造环境和地震活动性规律的研究，划分潜在震源区，确定地震活动性参数，建立地震危险性概率分析和地震区划新方法，同时考虑与国家地震局 95－05“全国抗震设防区划图编制”项目相结合，编制南黄海地震区划图大范围、中等比例尺的海域地震区划工作，在我国乃至世界上还是第一次，在技术上需解决四个关键性问题：首先必须对海域和沿岸活动构造。二是需结合地震构造和地震活动性特征在海域划分潜在震源区，并确定每个潜在震源区的震级上限。第三，需要确定地震烈度衰减关系和地震加速度衰减关系。最后，还需要对上述工作环节中各种不确定性因素进行校正。

项目组充分搜集南黄海海域及其周边地区物探、钻探、地质、地震、地貌资料、选取石油、海洋部门在南黄海海域已取得的 5 条人工地震资料共 318.8km，对地震剖面上部（1 秒以内）进行计算机再处理解释，以判别海域内活动断裂与发震构造；选择苏北沿海延向海域的北东向盐城—南洋岸断裂、东西向栟茶河断裂，进行了浅层人工地震勘测，进一步弄清了断裂的最新活动特性。编制了工作区 1/100 万地震构造图、历史地震震中分布图、现代小震震中分布图、重力布格异常等值线图、航磁异常等值线图、地壳厚度图等基础图件。同时，吸收全国地震动参数区划图的先进思路和工作方法，对工作区历史地震和现代地震活动与断裂构造的关系进行了多种方法的处理分析，如震中精度、余震分布、震源机制解等；比较了多种衰减模型，确定了本项工作采用中国东部地震烈度衰减关系模型。将美国西部地震烈度衰减与加速度衰减关系按等距离法转换为中国东部的地震加速度衰减关系，用于本项目基岩地震动参数计算；以地震构造研究结果和地震活动性分析为依据，在海域重新划分出 12 年潜在震源区；应用综合概率法采用断层模型对场地进行地震危险性分析；并根据海域地震构造资料缺乏的特点应用震灾实时分析方法进行了预研究；最后，按照一般场地工程地质条件进行地震区划，完成南黄海海域场地内地震烈度区划图及场地基岩地震动参数区划图。

本项目的创新之处为：

（1）利用海洋、石油等部门已取得的海上人工地震资料，对其浅部进行计算机再处理，突出海域内断层在浅部的活动表现，是一个创举。它可以为国家节省大量经费，大幅度提高了资料的再利用率。

（2）根据海域地震勘探资料和对其进行的计算机再处理结果以及陆域人工地震勘测结果，结合地震活动和其它地质资料，判别北西向滨海大断裂等 20 条断裂为第四纪活动断裂，取得了海域地震构造研究的突破性进展。人工地震资料表明，栟茶河断裂已切断全新统底界，很可能是一条全新世活动断裂。

（3）根据地震构造、地震活动性及地壳深部构造特点，对海域潜在震源区进行了细化，在海域和沿海重新划分出 12 个潜在震源区，并确定了各自的震级上限。

（4）在地震危险性分析中，采用参数敏感性分析进行了不确定性校正。

（5）完成了我国第一张海域地震区划图，填补了空白。

本区划图可供有关部门制定海域建设规划、决策投资风险时作为基础资料使用，对我省地震中长期预报及重点监视防御区的地震监测手段布局也有十分重要的意义。

二、鉴定意见

由江苏省科技厅组织并委托江苏省地震局主持，“南黄海地震区划研究”项目鉴定会于 2001 年 6 月 22 日在南京召开。鉴定委员会听取了项目负责人作的成果研究报告，进行了认真讨论，提出如下鉴定意见：

“南黄海地震区划研究”项目为江苏省人民政府和中国地震局共同批准实施的江苏省防震减灾“九五”重点项目。该项目 1996 年正式立项，2000 年底完成。项目最终成果由两部分组成：①编制了 1∶1000000 地震烈度区划图和基岩地震水平峰值加速度区划图；②南黄海地震区划研究报告。

中等尺度的海域地震区划工作，在国内尚属首次，要完成此项工作面临许多困难：其中对海域地震活动构造，尤其是对活动断层的判别无现成资料借鉴，同时由于缺乏海域强震观测资料及历史地震等震线资料，给海域地震烈度衰减关系的确定、海域潜在震源区划分及不确定性校正等问题都带来了很大的难度。

项目研究中，广泛搜集了南黄海海域及其周边地区物探、钻探、地质、地震、地貌资料，对地震剖面上部（1秒以内）的资料进行计算机再处理解释，以判别海域内活动断裂与发震构造；选择苏北沿海延向海域的北东向盐城—南洋岸断裂，东西向栟茶河断裂，进行了浅层地震勘测，进一步查明了断裂的最新活动特性；编制了工作区 1:1000000 地震构造图、历史地震震中分布图、现代小震震中分布图、重力布格异常等值线图、航磁异常等值线图、地壳厚度图等基础图件。同时该项目还吸收了全国地震动参数区划图的先进思路和工作方法，在海域重新划分出 12 个潜在震源区；应用综合概率法，采用断层模型对研究区进行地震危险性分析；并根据海域地震构造资料缺乏的特点，应用震灾实时分析法进行了预研究；最后，按一般场地工程地质条件进行地震区划，完成南黄海海域场地内地震烈度区划图及场地基岩水平峰值加速度区划图。

综上所述，鉴定委员会认为：项目组完成了原定计划任务，提供鉴定的技术资料、文件齐全，符合鉴定要求。该项成果资料丰富翔实、采用的理论与技术先进、工作具有开创性，已达到国内领先水平。

该成果可供有关部门制定海域建设规划、决策投资风险时作为基础资料使用，同时对江苏省海域及重点监视防御区的地震监测预报工作也有十分重要的意义，为江苏建设海上苏东、发展海洋经济将发挥重要作用。

辽科鉴字［2002］第 081 号

黄海及其邻近地区历史地震研究

成果完成单位：辽宁省地震研究所　上海市地震局　江苏省地震局　山东省地震局　吉林省地震局　四川省地震局　河南省地震局　朝鲜地震研究所

主要完成人：吴　戈　翟文杰　刘昌森　吴　镝　高　静　科善明　李东春　姜德录　王　辉　江在雄　朱书俊　孟宪东　许东满　季同仁　吴勇纪

组织鉴定单位：辽宁省科学技术厅

鉴定日期：2002 年 8 月 6 日

鉴定形式：函审鉴定

一、简要技术说明及主要技术性能指标

本项目是中朝国家地震局 1991 ~ 1994 年地震科技交流与合作协议书计划的“黄海及其邻近地区历史地震研究”科研课题，编号为 94 – 5 – 2。

该项目的研究成果是地震学研究，以及地震预报、地震区划、地震防灾、工程地震等方面工作所需的基础地震资料。

按项目“实施大纲”要求，研究任务是发掘编纂东经 121° ~ 131°，北纬 33° ~ 43°地理范围内地震史料，给出“历史地震资料汇编”，并据此做地震学分析研究，提交 $M \geqslant 3.5$“历史地震目录”，弥补现代地震观测仪器出现前没有的地震参数。

本项目研究区属中国大陆东北部跨国跨海的临界边缘地区，前人对黄海海域没有做过较系统的历史地震研究工作。本项目组经过努力研究，较好的完成了计划任务，取得了如下成果。

(1) 从《王国史记》、《李朝实录》等近3000卷册数千万字的史籍文献，发掘考释、认定整理出东经121°～131°，北纬33°～43°范围内，公元2～1949年朝鲜半岛地震史料2007条，中国吉、辽、鲁、苏、沪相关地区及黄海海域地震史料209条；注释整理朝鲜半岛古今地名参照315条、历史朝代世系表178条，翻译整理朝鲜半岛古今地震资料摘要363条、1978～1983年发生的10次地震现场考察资料。以此用编年体给出《黄海及其周围地区历史地震》和《朝鲜半岛地震资料摘编》两项成果。

(2) 以前述两成果为史料依据，经地震学分析研究，用本项目组推导的震中烈度与震级、等震线面积与震级、烈度衰减距离与震级、有感距离与震级、四度等震线等效圆半径与震级的经验关系式，厘定给出研究区公元2～1949年 $M \geq 3$ 地震参数简目2187次，其中有259次 $M \geq 4^3/_4$ 地震，给出详细目录和震害情况，以及相应99幅等震线图和一幅研究区震中分布图。以此编纂出《黄海及其沿岸历史地震编目与研究》成果。与此同时还对研究区历史地震活动性及活动图像等做了综合分析研究，得出研究区内有三个历史地震较为活跃区和16世纪有过一次大的活动高潮的结论。

(3) 针对研究区疑难问题列成专题研究，在刊物上发表《朝鲜半岛三次历史强震》等论文七篇。

二、鉴定意见

此项目是由辽宁省地震局，河南、山东、江苏、上海、四川、吉林等省市地震局和朝鲜地震研究所的专家们共同完成的。经过了约十年的合作研究，收集了国内及朝鲜半岛的大量历史地震资料，经发掘、考释、认定、整理汇集编纂研究区历史地震详目（$M \geq 4^3/_4$）259次，历史地震简目（$M \geq 3$）2187次，绘制等震线图（99幅）、震中分布图。翻译整理朝鲜古今地震资料摘要363条及1978、1979年在朝鲜发生的8个地震调查资料。发表论文7篇，编著出版“黄海及其周围历史地震”和“黄海及其沿岸历史地震编目与研究”二书。

经专家评审认为这一研究成果工作量大，内容丰富，研究的区域范围广，涉及时间长，克服了海域以及文字上的困难，对历史资料的考证、分析方法有所创新，扩大和拓展了前人研究的广度及深度，填补了黄海及其周围这一区域缺乏系统地震目录及研究的空白。专家们认为在这一区域以这方面的研究是领先的。这一成果对研究此区地震活动规律、进行防震减灾工作、地震区划、资源开发、海洋开发等都有重要的科学与应用意义，是一项优秀的基础性科研成果。

鲁科成鉴字［2002］第1056号

第四纪地层中活断层的显微构造标志、隐性活断层及其应用研究

成果完成单位：山东省地震工程研究院　中国地震局地质研究所

主要完成人： 晁洪太　邓起东　李家灵　王志才　满洪敏

组织鉴定单位： 山东省科学技术厅

鉴定日期： 2002年12月13日

鉴定批准日期： 2002年12月30日

鉴定形式： 函审鉴定

一、简要技术说明及主要技术性能指标

本项目由地震科学联合基金（9500059）和山东省自然科学基金（95E2038）共同资助。

活断层研究是地球科学研究中的一个重要领域，是地震预报、地震区划和现今地球动力学研究的基础。目前，对第四纪松散沉积物中活断层的研究，主要借助宏观观察进行，但并不是所有问题都可以靠宏观观察解决。比如一条断层滑动面因自然剥蚀缺失了相应断层地貌标志，在确定断层运动性质时就存在困难。又比如，Bonilla等（1991）发现第四纪松散沉积物中普遍发育隐性活断层，隐性活断层是造成古地震研究存在复杂性和多解性的重要原因。再比如，在一工程建设场地发现了不同松散沉积物的接触现象，到底是断层接触面还是非断层接触面呢？等等。很显然，这些问题是国内外活断层、古地震、工程地震研究和地震危险性评价中长期存在并迫切需要解决的问题。

根据上述问题，该项目利用显微构造分析方法找到了研究这些问题的途径。其核心是如何在野外将松散沉积物进行原状样品采集和在实验室条件下对样品进行胶结固化，然后是在三维坐标下切制显微构造薄片和在显微镜下观察描述变形现象并分析研究问题。

为实现这一工作目标，项目组共对24个工作点27个活断层剖面进行了详细的研究和系统采样。共采定向样品151个，切制并分析薄片228片。

取得以下进展：

（1）本项目选择第四纪松散沉积物中活断层滑动面的变形现象作为研究对象，首次从微观角度探讨松散沉积物中断裂带的显微构造特征、变形机制及隐性活断层问题。这是一项新的探索性工作，填补了活断层研究中的空白。

（2）在宏观地质调查基础上，通过对不同性质断层滑动面的微观结构或构造进行对比，找到了一些用来区分三种不同性质断层的微观标志和方法，这是对断层宏观研究的重要补充。在缺少宏观标志的情况下，它对断层性质的研究起到了重要作用。

（3）本项目第一次从微观角度对第四纪松散沉积物的变形进行了研究分析，提出它们分别属于破裂变形和流动变形。破裂变形主要表现为：平行滑动条带、平直滑动界面、碎屑颗粒的破碎等；流动变形主要表现为：流动构造、碎砾旋转、粘土矿物的拖曳滑动等。其中破裂变形应与古地震事件有关。这一分析可以帮助我们更好地认识地震断层的破裂机制。

（4）对地表活动断裂带内断层泥的显微构造作了进一步研究工作，发现了若干新的变形现象，如菱形剪切破裂等。根据对各种变形特征的对比分析，首次提出了它们分属于快速剪切变形和缓慢变形两种类型。并发现断层泥的变形具有“部分记忆”现象，据此可以研究断层的多期活动。

（5）对古地震剖面中普遍存在的隐性断层现象（包括断层的隐形和尖灭）第一次进行了综合研究，发现了在显微域里隐形断层的多种表现，从而可以在微观上判定断层是否存在；还研究了断层尖灭特征，提出了断层尖灭机制。从而使古地震期次和发生时间有了更精确分析的可能。

（6）对如何从显微构造角度鉴别断层构造面与非断层构造面进行了初步探讨。认为断层构造面是由于两盘地层的相互错动和剪切滑动形成的，相应出现代表断层剪切变形的显微构造标志，比如平直滑动条带、柱状矿物或片状矿物定向排列、碎屑颗粒旋转、剪切破碎等。对于非断层接触面，一般属于沉积界面或充填界面，不存在断层滑动形成的显微构造标志，在微观上一般观察到的是粘土矿物的淋滤现象，接触面起伏不平，碎屑颗粒随机分布，不存在诸如颗粒旋转、剪切破碎等现象。

上述进展，丰富了活断层研究，将对古地震研究起到推动作用，同时也为工程地震研究提供了更充实的活断层工作方法。

二、鉴定意见

（1）对松散堆积物中隐破裂和柔性变形所采用的一套野外取样方法和室内严格的干化、固化处理，工作流程是科学的，保证取样的客观性。

（2）显微观察所揭示的三种类型的破裂行为和柔性——流动性变形，在研究报告、论文中的图版和素描中有很清晰的表达，表明那些认识是真实的，也是复杂的。

（3）松散堆积物隐形构造现象可以代表堆积物形成之后遭受某种动力作用的结果，如能判定堆积物的年代上限，即可由此推论该地段最晚期的动力作用方式和作用过程，对地震、工程等等方面的研究有广泛的应用价值。

（4）断层泥中多期变形和错动的遗迹，对研究动力作用过程的细节十分有益。

鲁科成鉴字［2002］第1057号

渤海地震危险区邻近油田的油井动态异常演化图像技术

成果完成单位：山东省地震工程研究院　山东省地震预报研究中心

主要完成人：刘元生　张昭栋　朱建亚　刘贵和　杨占宝　刘庆国　刘　涛　崔桂梅　韩海华　邵永新　周　斌　何　钧　尹志清　康瑞清

组织鉴定单位：山东省科学技术厅

鉴定日期：2002年12月21日

鉴定批准日期：2002年12月30日

鉴定形式：函审鉴定

一、简要技术说明及主要技术性能指标

（1）任务来源：山东省科学技术厅"一九九八年科学技术发展计划"（981144107），"渤海地震危险区邻近油田的油井动态异常演化图像技术研究"。

（2）应用领域和技术原理：地震监测预报研究，渤海湾地震危险区震情监视。对油井动态观测的各物理量，从多孔介质渗流理论结合弹性理论，利用油井动态反演应力场的动态演化图像分析研究各物理量之间与地震孕育发生过程的关系。

（3）性能指标：本项研究达到了项目任务要求的各项主要性能指标；把油井动态各种观测物理量用统一的，有明确物理意义的应力来描述；给出油井动态的变化反演含油层应力变化的理论与计算方法，进一步给出多维时空强区域应力场的演化图像，给出了较科学的油井动态观测数据处理方法。

（4）与国内外同类技术比较：油井动态与地震关系的研究是地震预报这一世界科学难题中的重要课题之一。目前，对油井动态与地震关系的研究多限于用油井产油量、产液量、产气量、井底压力、井口压力、流量等单一观测曲线与地震对应统计分析，主要靠统计规律结合经验进行地震预测。本研究对油井动态与地震关系的物理机理进行了探索研究，对油井动态观测各物理量从多孔介质渗流理论结合弹性理论进行深入分析研究，找出了各物理量之间的内在关系，把油井动态各观测物理量用统一的、有明确物理意义的应力来描述；给出了由油井动态的变化反演含油层应力变化的理论与计算方法，进一步给出了多维时空强区域应力场的演化图像。另外，还给出较科学的油井动态观测数据处理方法。

（5）成果的创造性、先进性。

①油井动态与地震关系的物理机理研究方面取得了新的进展：A. 在国内外首先给出了油井井底压力、井口压力、产油量、产气量等之间的定量关系。B. 给出了三种由油井压力的变化反演含油层应力变化的定量计算公式。C. 在国内外首先给出了，由油井动态反演区域应力场时空强演化图像来研究与地震孕育关系的理论和计算程序。

②在分析油井动态与地震孕育关系的方法上，大胆创新，在国内外首先取得以下进展：由以前的各自单一的油井动态曲线的分析，发展到统一的有明确物理意义的应力来分析；由以前的单井 1 个点来分析，发展到多井平面的分析；由以前的单一物理量曲线定性分析，发展到用应力场状态的定量分析；由以前的一维分析，发展到多维分析；由以前的简单的现象分析，发展到复杂本质分析，即有明确物理意义的物理机理分析；由以前的简单的一种观测曲线直接分析，发展到将 Weiner 滤波改进处理多种观测曲线，给出考虑干扰影响滞后效应的分析。从而使分析结果更有明确的物理机理，更接近实际，提高了可信度。

③把研究理论与分析方法在地震预报实际中及时应用，取得了显著的成果，产生了很好的社会效益和经济效益。对岫岩 5.6 级地震做出了成功的预报。

（6）作用意义：为利用油井动态来分析区域应力场时空强的动态演化图像，研究与地震孕育过程的关系，提供了理论基础和分析方法。为地震预测方法开辟了新的途径。本项研究工作在 1999 年岫岩 5.6 级地震预报中发挥了主要作用，是“本次预报的主要异常资料之一”。

二、鉴定意见

油井动态与地震关系的研究是地震预报这一世界科学难题中的重要课题之一。目前主要靠统计规律结合经验进行地震预测。

该研究从多孔介质渗流理论结合弹性理论，对油井动态与地震关系的物理机理进行了探索，对油井动态观测各物理量进行深入分析研究，找出各物理量之间的内在关系，把油井动态各观测物理量用统一的、有明确物理意义的应力来描述；给出由油井动态的变化反演含油层应力变化的理论与计算方法，进一步给出多维时空强区域应力场的演化图像与地震孕育发生的关系。该理论在地震预报实际应用中取得显著的成效。

（1）在油井动态与地震关系的物理机理研究方面：采用系统的有明确物理意义的力学量进行全方位多层次的综合分析，建立储层应力状态与地震孕育关系的机理模式。给出油井井底压力、井口压力、产油量、产气量等之间的定量关系。给出了三种由油井压力的变化反演含油层应力变化的定量计算公式，给出由油井动态反演区域应力场时空强演化图像来研究与地震孕育关系的理论和计算程序。结束以前用单一物理量与地震关系对应分析，开始了有明确物理意义的统一物理量（应力）来分析含油层应力状态变化与地震孕育关系的分析。

(2) 对井下流体预测地震的理论及方法有重大改进：借助于现代计算机技术、信息处理技术的最新成果，发展了由点到面、由单一现象到复杂机理综合分析方法。为利用油井动态来分析区域应力场时空强的动态演化图像，研究与地震孕育过程的关系，提供了理论基础和分析方法，为地震预测方法开辟了新的途径。

(3) 把研究理论与分析方法在我国地震预报实际中及时应用，产生了巨大的社会经济效益，取得了显著成效。本研究理论与方法在环渤海地震重点监视区进行边研究边应用，依据辽河油田油井动态资料对岫岩5.6级地震做出成功预报，得到国内外的赞誉和肯定。这是近几年来我国地震预报工作取得的一项重要成果。

综上所述，该研究成果具有明显的创新性，在国内同类研究中居领先水平。该研究的油井动态与地震关系物理机理及反演应力场动态演化图像的理论及方法属国内外首次提出，达到国际先进水平。

豫科鉴委字［2002］第631号

新乡豫新发电有限责任公司热电联产2×300MW机组技改工程场地地震安全性评价

成果完成单位：河南省地震局地震工程勘察研究院

主要完成人：姚文斌　睢建设　杨忠英　董晓光　蔡颖哲　裴宗厂　赵显刚　潘林山　余　华　王金玉　张豫来　陈　磊

组织鉴定单位：河南省科学技术厅

鉴定日期：2002年12月22日

鉴定批准日期：2002年12月24日

鉴定形式：会议鉴定

一、简要技术说明及主要技术性能指标

本项目是横向项目，由新乡豫新发电有限责任公司委托。

该项目通过区域和近场的地震地质调查和地震活动性分析、地震烈度和地震动参数衰减关系的确定、地震危险性分析与基岩地震动时程的合成、工程场地土动力学模型的建立及土层地震反应分析等工作，确定出工程场地三个超越概率水准的设计地震动参数；通过野外地质调查、地球物理勘探，查明了场地附近断裂情况及其对厂址的影响。本项目的结果将直接应用于新乡豫新发电有限责任公司热电联产2×300MW机组技改工程。

委托方对本项目要求的性能指标为：①查明断裂的位置、规模、活动性等，及其对厂址的影响。②提供地震动参数、地震动峰值加速度等。③确认地震基本烈度。

在项目工作中，吸收地震工程领域的最新科技成果，采用国内外先进技术，保证项目的性能指标先进、合理，保证了本项目总体水平处于国内先进水平。

新乡豫新发电有限责任公司热电联产 2×300MW 机组技改工程场地处于汤西断裂附近，本项目查明汤西断裂位置、规模、活动性，正确评价了其对厂址的影响。本项目成果表明，2×300MW 机组技改工程厂址可以在原定位置建设，可依据本项目结果进行工程建设的平面布局和抗震设防，这就促成工程的顺利立项，保证工程投资的经济合理，具有显著的社会意义和经济效益。

二、鉴定意见

该项目严格遵照《工程场地地震安全性评价技术规范（GB17741－1999)》的要求，结合工程的特殊情况开展工作，并依据《工程场地地震安全性评价工作报告编写要求》编写报告。

该项目对区域和近场的地震活动性特征进行了认真分析；广泛收集整理了区域地震构造的文献资料，阐明了区域活动构造与地震的关系；在收集、分析近场地震构造资料的基础之上，在场地附近开展了地球物理勘探工作，对近场地震构造的活动性及其对工程场地的影响进行了评价；合理划分了地震区带和潜在震源区，确定了它们的参数；统计确定了合适的地震烈度和地震动参数衰减关系；采用概率地震危险性分析方法，给出了工程场地的基岩地震动参数，合成了基岩地震动时程。

本次在工程场地内布置了三口地质钻孔，进行了剪切波速测试和土动力学实验，对工程场地进行了评价，建立了合理的场地土层地震反应分析模型。根据地震反应分析模型，以不同超越概率的基岩地层的时程作为输入，对三口钻孔进行土层地震反应分析得出了工程场地的设计地震动参数。

该项目给出的结论意见可以作为本工程建设的平面布局及建筑物设防的依据，这对于本项工程建设具有重大意义。

该项目技术思路清楚，工作布置得当，基础资料丰富，分析论证严谨，计算方法可靠，结论意见合理。该项目总体技术水平处于国内同类工作的先进水平。

受经费限制，对断层勘探的工作量不足。建议适当调整地震动参数。

“中国数字地震观测系统的设计、研制、生产集成和推广应用”荣获 2002 年度国家科学技术进步一等奖

2002 年 2 月 28 日，中共中央、国务院在北京人民大会堂举行国家科学技术奖励大会。党和国家领导人江泽民、胡锦涛、朱镕基、李岚清、吴邦国、温家宝、曾庆红、李长春出席大会并为获奖代表颁奖。

中国地震局推荐国家科技奖励工作在 2002 年度取得突破性的进展，由中国地震局分析预报中心等单位完成的项目“中国数字地震观测系统的设计、研制、生产集成和推广应用”顺利的通过国家科技进步奖评审委员会自然灾害监测预报专业评审组的初评，项目考察，国

家科技奖励评审委员会、奖励委员会的评审，国务院批准，被授予国家科技进步奖一等奖。

此前，中国地震局共获得国家科技奖励52项，其中二等奖19项，三等奖33项，还从没有获得国家科技奖励一等奖。因此这次国家科技进步一等奖的获得是中国地震局的科技成果在获得国家级科技奖方面的一次重大突破，也标志着中国地震局的防震减灾工作取得了突破性的进展。

地震科学是一门以观测为基础的科学。但在“八五”之前，我国的地震观测基础十分薄弱，地震观测台网的700多个台站中，除了中美合作的10个台站采用了美国援建的数字化设备外，其余都是国产的模拟系统。这些模拟系统的观测范围小，观测精度低，丢失了大量有用的信息，而且图纸记录也无法直接进入计算机处理。这种状况严重地影响了地震科学的进步和防震减灾事业的发展。因此，研究开发现代化的数字地震观测系统成了推动我国防震减灾事业发展的当务之急。

在各级政府和部门的支持下，数字地震观测系统的研制计划被列入国家“八五”科技攻关项目，该项目从一开始就把依靠我国自身力量研制并建成达到世界先进水平的中国数字地震观测系统作为主要目标。在科技攻关的基础上，我国使用本项目技术建成了中国数字地震观测系统，其建设计划继续被列入国家“九五”基本建设项目。经过十年的努力，依托该项目的产业成果，在我国建成了国家级数字地震台网（47个台站和1个台网中心），30个省级区域数字地震台网（共260多个台站）和流动数字地震台网（100余套）。实现了我国地震观测系统由模拟向数字化的更新换代，使我国的数字地震观测系统由依靠进口，一跃为全部国产化，成为世界上惟一能全部用本国设备建立大型数字地震台网的国家，跨入了世界地震观测的先进行列。

该项目研发的设备和技术不仅用于地震系统，还用于三峡工程、南极科考、国防等多个领域。同时，还批量出口到10个国家和地区，提高了我国地震科技的国际地位。

（中国地震局科技发展（国际合作）司　张大维）

科 技 进 展

2002 年国家与中国地震局重点项目进展

一、《中国数字地震观测网络》项目取得实质性进展

国家“十五”重点建设项目“中国数字地震观测网络”2002 年在国务院的关心下，在国家计委的大力支持下，在中国地震局党组的正确领导下取得了实质性进展。2002 年 1 月 30 日通过了国家发展计划委员会委务会议的审议，2 月 28 日国务院总理朱镕基在视察中国地震局时，要求国家有关部门抓紧上报国务院审议，3 月 13 日在国务院第 125 次总理办公会议上审议通过，国家计委于 5 月 31 日正式批复项目建议书，8 月 22 日安排下达项目前期工作经费 1000 万元，12 月 29 日中国国际工程咨询公司完成了对项目可行性研究报告评审工作，在 2002 年 12 月 13 日召开的全国计划会议上，“中国数字地震观测网络”项目等 8 个项目被国家计委列为 2003 年年内开工的国家重点项目。

2002 年，“中国数字地震观测网络”项目不仅在立项审批进程上取得了实质性进展，而且在项目组织管理方式上也均取得了新的突破。为了加强对“中国数字地震观测网络”项目建设的领导和管理，中国地震局党组研究决定，“中国数字地震观测网络”项目实行项目法人与各建设单位事业法人相统一的管理模式。中国地震局为项目业主、一级法人，中国地震局所属各建设单位为项目二级法人，受中国地震局委托地震工程研究中心负责项目实施的组织管理工作。按照“管、做分开”的原则，成立了项目联席会议、项目专家委员会，项目联席会议作为议事机构，着重解决工程中出现的重大问题，承担指导和协调工作，负责审定重大建设计划、资金预算调整等工作。项目专家委员会作为咨询机构，负责对项目所涉及的重大科学技术问题提出咨询意见。同时，按照“两级投资、两级管理”的原则，各项目二级法人按照中国地震局下达的计划任务和相关执行标准分别负责单位项目或分项工程的组织管理和实施工作，二级法人在中国地震局有关管理制度的要求下，自主确定管理方式，并负责本单位相关制度的制定工作。

各级项目管理人员按照与时俱进的要求在项目建议书的基础上，对项目建设内容和规模上进行了调整，使项目更加适合于 21 世纪防震减灾事业发展的需要。目前评估通过的项目可行性研究报告，在建议书三网和三系统的基础上追加了地震灾害紧急救援队救援训练基地建设内容。目前项目由地震前兆台网、数字测震台网、数字强震动台网、地震活断层探测技术系统、地震信息服务系统、地震应急指挥技术系统、国家地震紧急救援训练基地 7 个部分

组成。投资额度由建议书批复阶段确认的249683万元，提高到277319万元。其中，中央投资由151529万元提高到187849万元，地方投资由98154万元减少到89470万元。

二、“十五”国家科技攻关计划项目实施顺利

“十五”国家科技攻关计划项目“强地震短期预测及救灾技术研究”自2001年完成立项并正式启动以来，已经到位研究经费1200万元，作为“十五”期间中国地震局第一个启动的国家级项目，2002年实施顺利，并取得了初步研究成果。

系统研究了中国大陆强震短期阶段前兆异常和地震活动性的时空演化特征，研究了单发和成丛地震短期异常差异，提出数字化资料预处理和预测的一些新方法。

利用数字化的地震资料测定地震参数，发展了利用多重震相进行相对定位的新方法，开展岩石力学和电磁实验，对GPS观测数据进行了系统的处理和研究，对形变、地电、地下流体和远红外等地震前兆进行了分类研究，开展了有关的数值模拟的准备和试计算工作，对前兆观测所反映的地震孕育过程短期阶段特征做出具有物理意义的解释。

项目涉及的8种地震前兆传感器研制全部进入研究实施阶段，部分样机已完成测试，其中适用于现场机动观测、便于安装、小型化、低功耗的地电场观测仪器、磁通门磁力仪分别使用了嵌入式CPU、IP技术，真正实现了IP到仪器，为“十五”期间台网建设模式的创新进行了有益的尝试。

国家抗震救灾决策技术的各项研究内容，基本完成了主要理论模型设计，并在有毒气体扩散、地震次生火灾、生命线工程、遥感震害评估、重点目标救灾决策和救灾需求等实用化技术方面取得了实质性进展。同时国家级抗震救灾指挥部建设技术规范、基础数据库建设规范已经初步完成。

初步完成了搜索理论在城市地震灾害救助现场中的应用研究，完成了地震救援专业术语的研究与编制，三种实用的地震救助现场生命搜索与定位仪器“光学生命搜索与定位仪”、“声波/振动生命搜索与定位仪”、“红外热成像生命搜索与定位仪”总体技术结构已完成，部分设备初步具备了实用化水平。

此外，火山预测技术研究也取得了显著进展，完成长白山天池火山浅层地震勘探10860米，解译航片30幅，完成31条剖面野外调查勘测工作。

上述研究成果，在年度川滇、甘青和新疆的震情追踪过程中及年度地震趋势会商中，在火山监测和火山灾害预测工作中都起到了积极的作用。目前，国家科技攻关计划项目研究已接近尾声，2003年将完成项目验收工作，为进一步加大研究力度，为防震减灾事业发展服务，为国民经济建设服务，2003年中国地震局将继续组织“十五”国家科技攻关计划项目延续项目的申请工作。

三、昆仑山口西8.1级地震科学考察项目顺利完成各项考察任务

2001年11月14日17时26分，昆仑山口西青海和新疆交界处发生8.1级强烈地震，这次地震是我国大陆在相隔50年后再次发生的8级以上地震事件，也是本世纪全球第一个8级以上地震，引起了国内外广泛关注。

地震发生后党中央、国务院十分重视，温家宝副总理在2001年11月14日至20日先后5次做出批示。为落实党中央、国务院的有关指示，做好震后科学考察工作，2002年1月14日，中国地震局向财政部上报了《关于报送昆仑山口西8.1级地震综合科学考察经费预算的函》，6月12日，财政部正式下达科学考察追加预算，一次性追加昆仑山口西8.1级地震综合科学考察经费1000万元，随即中国地震局下达了实施考察的专项工作计划。

昆仑山口西8.1级地震科学考察项目专项计划下达后，中国地震局组织系统内14个单位，136名地震科技人员组成地震局有史以来最大的地震科学考察队伍，克服重重困难，行程30余万公里，对90多万平方公里的震区进行了历时两个多月的大规模地震综合考察。先后完成了地质实测图件106幅，采集地质数据600多个、地震记录上万条，完成了72个GPS观测站点、13个重力观测点和305公里水准的测量任务。首次获得了青藏高原地区数字化记录的完整余震序列，首次开展了震后密集地壳形变观测，首次在国内开展了断层围陷波的探测工作，首次开展了冻土震害的调查工作。这些成就的取得不仅填补了我国防震减灾工作领域的空白，也为判定我国大陆强震趋势提供了依据，提高了对地震的认识水平，同时，也进一步树立了我国在国际地震学术界的形象。

四、中国地震局“十五”重点科研项目按计划实施

“十五”初期，中国地震局各有关部门积极向国务院有关部门申请“十五”重点项目，并取得了很好的成效，对“十五”期间地震事业的发展无疑将起到积极的推进作用。但同时所申请的项目也不可能包括地震事业发展所需要的方方面面，为此中国地震局党组在“十五”之初明确提出对国家支持强度较弱，但关系事业协调发展的地震工程、城市综合减灾、重点实验室、法律法规等从事业费中予以支持，总规模6850万元，年均1370万元。目前两年共执行2080万元，其中，2001年和2002年已分别安排了860万元和1220万元。

为加强对中国地震局“十五”重点科研项目的规范化、科学化和程序化管理，提高重点项目管理实效，确保重点项目的顺利执行，2002年中国地震局专门制定并印发实施了《中国地震局“十五”科研重点项目管理办法》。

2002年全年先后组织论证批复“强地震中期预测新技术、物理基础及其应用研究”、“地震安全性评价与结构抗震研究”、“若干城市震害预测与预防对策研究”、“法规与宣传”等4项局“十五”重点科研和工作项目，签定课题、子课题合同100余份。

此外，在国家基础性、公益性项目申请中，中国地震局也取得了很大的成绩，全年累计争取项目经费1400万元。

2002年，各类项目按计划实施，为2003年项目的各项工作奠定了良好的基础。

（中国地震局规划财务司　徐铁鞠）

大陆强震机理与预测5个子课题工作进展

2002年度，地球物理研究所承担的国家重点基础研究发展规划项目“大陆强震机理与预测”的各子课题，紧密围绕项目设计思想，开展具有原始性创新意义的基础研究和与社会需求紧密结合的应用研究，取得了有意义的研究进展。

川滇地区活动地块的深部结构与强震活动的关系课题，重点开展川西藏东人工地震剖面和大地电磁测深剖面的探测；充分收集过去已有的人工地震测深及其他深部构造工作的观测资料和研究成果，并对部分工作用新方法开展了新研究；利用川滇地震台网地震波走时研究了该地区三维层析成像；利用天然地震数字化资料研究了上地幔介质各向异性、地壳上地幔S波速度结构和部分中小地震的震源机制；并吸收活断层调查和GPS观测的新成果，进一步研究了川滇地区强震活动时空分布特征与地壳块体及其运动的关系。取得了川滇地区较详细的岩石圈结构模型，进一步认识了川滇地区活动地块的深部结构特征，地块之间以及地块内部深浅层之间的耦合关系。

中国大陆上地幔顶部Pn速度结构与强震活动的关系课题，利用地震仪器记录资料及地震报告上的Pn震相到时数据，并补充区域地震台网震相数据、INDEPTH项目的临时地震台网观测资料和周边国家的地震震相数据，建立了14万条Pn数据条目及5万余条Sn数据条目。完成①反演了中国大陆上地幔顶部Pn波速度结构横向变化图像；②反演了重点区（青藏高原东北缘、华北地区）的Pn速度精细结构图像；③对比分析了Pn波速度横向变化与活动地块及强震活动间的关系；此外，新增加了以下研究内容：①新疆及邻区Pn速度层析成像；②中国及邻区Pn波速度结构的成因探讨；③中国及邻近地区上地幔顶部Sn波速度结构的研究；④上地幔顶部折射波走时层析成像研究进展的综合评述。

中国大陆地震的重新定位及其在板内活动地块研究中的应用课题，用目前国际上最新的双差地震定位法对中国中西部大范围地区自1992～1999年8月间发生的大量地震取得精确定位的新成果。本课题使用了193个地震台记录到的79706条P波震相读数和72169条S波震相读数资料，用双差地震定位法对中国大陆地质构造最复杂、活动最新、最强的中西部（21°～36°N，98°～112°E）地区在1992～1999年间的15130次地震重新定位，得到了6498个地震精确的震源参数。走时残差的均方根有显著的降低。

密集台阵近场观测及地震震源机理研究课题，成功建设了延庆数字地震台阵并得到一批宽带数据地震记录。延庆数字地震台阵的建设是中国和德国地震科技合作项目，德国联邦地球科学和自然资源研究院提供9台宽频带数据地震仪及其相应的数据传输和采集设备组成宽频带数字地震台阵。延庆数据地震台阵自架设以来，记录情况良好，已经得到了一大批有重要学术价值的地震记录。地球物理研究所在1989年10月5.8级和1991年3月5.5级大同地震之后使用由数字地震仪组成的小孔径流动台网对其余震进行了流动观测，课题利用观测结果确定了大同地震的主要构造运动，并对1995年7月20日怀来$M_L=4.1$地震的震源参数进行了精确测定。

设定地震确定及其影响场研究课题，应用十年尺度地震预测方法的研究结果和重新搜集的首都圈地区地震地质和地震活动性资料，确定首都圈地区未来十年地震危险性空间概率分布函数。根据空间分布函数结果和北京地区的重要性，研究结果认为首都圈重点经济区应首先考虑北京地区。依据对设定地震原则和方法的研究结果和北京地区减轻地震灾害的最迫切的需求，确定北京地区的设定地震，并建立相应的设定地震系统。系统研究设定地震地面运动的确定方法，并考虑到北京地区大量的高层建筑及其在地震灾害预防、地震应急响应和应急准备中的重要性，研究了三河—平谷设定地震的地震影响场特征。

（中国地震局地球物理研究所　张东宁）

中国大陆现今地壳运动与活动地块及其边界运动学研究课题新进展

研究中国大陆活动地块的运动和应变状态，对深入研究中国大陆的构造活动具有重要意义，本项目不仅基于地质学和测震学的研究，近几年又基于大地测量学开展对中国大陆构造活动的活动地块的研究。大规模 GPS 测量取得的高精度观测成果，为研究中国大陆活动地块的现今运动与应变状态提供了重要基础。

一、建立了不同的 GPS 网的融合与统一速度场

十多年来，中国大陆已建立的高精度 GPS 网有：国家攀登计划地壳运动 GPS 网、国家 GPSA 级网、华北和首都圈 GPS 网、青藏 GPS 网、新疆 GPS 网、中国地壳运动观测网络 GPS 网和福建 GPS 网等 7 个网络。因建网单位工作需要，各网布设方案、观测方法、观测时间、数据处理方法和参考框架都不尽相同。为统一研究中国大陆地壳的水平运动，建立中国大陆地壳水平运动的统一速度场十分重要。本项目组根据各 GPS 网的以下 4 种不同情况，研究提出了不同的融合方法：

1. 对保存数据处理中形成 H 文件的 GPS 网；将各网 H 文件与 IGS 全球 GPS 跟踪网的 H 文件统一在参考框架（比如 ITRF97）下，用 GLOBK/QOCA 软件统一处理，即可实现这些 GPS 的融合，以期建立“统一 GPS 网”。该方法已成为建立地壳运动速度场的常规方法。

2. 有些 GPS 网没有保存 H 文件，只保留有各期观测得到的 GPS 站的三维坐标，为了与“统一 GPS 网”融合，课题组运用转换与公式计算等方法将每个 GPS 网的各期坐标转换到“统一 GPS 网”的框架中，依据转换后的各期坐标值求出各 GPS 站的速度，这个 GPS 网的速度场就是“统一 GPS 网”速度场的一部分。

3. 有些 GPS 网只能收集到每个站的速度值，可用公式将任一期的 ITRF 框架下的速度场

转换为 ITRF97 框架下的速度场，实现与“统一 GPS 网”的融合。

4. 有些 GPS 网已有 ITRF97 框架下的速度场，可直接使用。

应用上述 GPS 网融合方法，把收集到的各个 GPS 网的数据进行处理，把不同 GPS 网的速度融合为一体，在中国大陆及周边地区建立统一在 ITRF97 框架下，以地球质心为基准的地壳水平运动速度场。该速度场共有 971 个 GPS 站的速度矢量组成，其覆盖面积为 12000 平方公里。GPS 站运动速率的平均精度为 2.1mm/年。若以欧亚地块为基准，可得到中国大陆相对于欧亚地块运动的速度场。

二、建立球面曲线坐标系

在研究大范围地壳的应变状态时，不能将区视为平面，必须考虑地球曲率的影响，在球面上研究地壳的运动与应变问题。为此，建立地球面正交曲线坐标系，将地球视为圆球，以球面作为地壳的参考面，在球面上以经线和纬线作为曲线坐标。

三、推导地块刚性弹塑性旋转应变方程

地块的刚性旋转与弹塑性应变是同时发生的，地块由于应变而产生的旋转与地块的刚性旋转将叠加在一起，形成新的欧拉旋转矢量，由此推导出地块的刚性弹塑性旋转应变方程。

四、中国大陆主要地块的运动状态

根据丁国瑜、马杏垣、张培震等人的研究成果，中国大陆划分为 12 个地块，根据每个地块上 GPS 站的速度矢量，用方程可以计算出每个地块的运动速率和方向以及两个地块主要边界断裂带的相对运动状态。

五、中国大陆主要地块的应变状态

给出中国大陆 12 个地块的最大主应变、最小主应变、最大剪应变、面应变和最大主应变方位角。

六、主要结论

中国大陆各块的运动状态是不同的。就运动速率而言，西部各地块的速率大，东部的速率小；西部各地块速率的平均值约为东部的 3～4 倍。就运动方向而言，西部地块以向北运动为主，运动方向为 NNE；东部地块存在一致的向南运动分量，运动方向为 SE 方向；除塔里木和新疆地块外，其余地块存在明显的顺时针方向旋转。

阿尔金断裂带是青藏高原的北部边界，是塔里木地块与羌塘、昆仑和祁连地块的边界线，是一条左行走滑断裂，在这条断裂上各地段的运动速率是不同的，从东向西运动速率逐渐增大，从东端的 6.0mm/年，增大到西端的 13.5mm/年。这条断裂是西部地壳运动的分界

线，断裂以南，青藏高原的物质向东运动，断裂以北向东运动消失。喜马拉雅北和羌塘地块是青藏高原的主要部分，这两个地块之间的相对运动很小，他们的北边界是一条左行断裂，南边界是一条右行断裂，这两个断裂为这两个地块的向东运动提供了边界条件。滇西地块的西边界为右行走滑断裂，东边界为左行走滑断裂，这两条断裂为滇西地块向南偏东方向运动提供了边界条件。华北和华南地块的西边界都是右行运动，这是中国大陆西部向北运动和东部向南运动的分界线。华北和华南地块的北边界为左行走滑断裂，西边界为右行走滑断裂，这为华北和华南地块的南东向运动提供了边界条件。

从地块和它的主要边界断裂带的运动状态分析，可以得出结论，地块的运动状态与其边界断裂的运动状态是互为条件统一的。

中国大陆各地块在总体上处于扩张状态。在 12 个地块中，喜马拉雅南地块是一个强烈的压缩区，祁连山地块是一个较强的压缩区，新疆北地块是一个弱压缩区，华南地块是一个微压缩区。其余 8 个地块都处于程度不同的扩张状态。其中羌塘地块是一个强烈的扩张区，昆仑、喜马拉雅北、滇西地块是 3 个较强的扩张区。

喜马拉雅地块存在强烈的北北东向压应变（-58.4×10^{-9}/年，方向 N7°E）是印度地块向欧亚地块北北东向推挤的反映。在喜马拉雅地块北北东方向的推挤下，喜马拉雅北地块继续向北北东方向推挤，同时地块本身发生了东西向扩张，地块西部向西扩张，地块东部向东扩张。在喜马拉雅地块东北的羌塘地块是一个扩张地块，扩张的主方向为 N32°E。这反映了青藏高原北部物质的北东向运动。

中国大陆北部的新疆北地块和东北地块基本呈南北向压缩和东西扩张状态。中部的塔里木地块、阿拉善地块和华北地块呈东西向压缩、南北向扩张状态。南部的喜马拉雅、喜马拉雅北、滇西和华南地块呈东西向扩张南北向压缩状态。相邻地块压缩和扩张方向正好相反，一个地块的扩张引起相邻地块在同一方向的压缩，相邻地块的扩张与压缩互为因果，这是相邻地块互相作用的反映。

本项目用大地测量方法给出了中国大陆主要地块的运动参数和应变参数，以及地块之间主要断裂带的运动参数。将大量测量学与地质学和测震学方法得到的运动和应变参数相比较，要以看出在总体上两者有很好的一致性，只是在个别地区存在差异。

华北、青藏高原东北缘和川滇地区是三个重点研究区。这三个地区地壳运动和变形的研究也获得了新的进展。由于这三个地区 GPS 重复观测次数较多，为获得较精确的结果奠定了基础。目前课题组已获得了水平运动误差为 1mm/年左右精确的结果，也获得较精确的应变结果和不同时段变形演化的初步结果。目前，正在根据这些结果利用 DDA 和有限元方法进行变形机制方面的研究及地震的预测研究。

本项目所研究的地块运动与应变是基于中国 GPS 最近几年的观测结果，它所反映的是中国大陆主要地块现今的运动与应变状态。由于 GPS 站的分布在空间上很不均匀，青藏高原站稀少，GPS 网观测的时间还比较短，其速度场的精度还比较低，这些都会影响研究结果的正确性。因此，研究结果仅仅是初步的。

（中国地震局第一监测中心　李延兴）

2002年火山工作进展

一、火山应急工作初步开展

2002年初，制定了火山应急工作队组建方案，于2002年2月成立了火山应急工作队。4月，火山现场应急工作队进行模拟实战演练，达到了预期目标。在演练的基础上完成“火山现场应急工作队”模拟实战演练经验教训的总结，编制《中国地震局火山现场应急工作队工作规范》。2002年11月底，长白山火山区微震活动明显增强，由主管领导和专家组成的应急工作组迅速出动，对火山活动趋势给出了及时正确的判断，发挥了其应有的作用。

二、火山监测工作进一步规范化，取得宝贵的资料

经过几年的运行，各火山监测站的观测质量有了进一步的提高，长白山天池台2002年7月记录到火山口下深度5km以上的一批火山构造微震群活动，长白山流动台网8月20日记录到几百次事件；9月27日、11月25日、12月17日吉林省地震局天池台记录到一系列密集的火山构造微震群活动；8月和11月火山构造微震群活动前山洞地形变观测到同步变化；8月锦江温泉观测到同位素异常。这些变化表明长白山天池火山十年来开始出现扰动。其他火山的监测也取得了一些宝贵资料，如腾冲火山区马鞍山、打鹰山和热海微震活动明显，镜泊湖、海南琼北火山观测到许多地震事件。

三、火山地质调查与研究工作

火山地质调查工作已经进入细致调查阶段，2002年详细调查大批剖面资料，并进行了各种手段的测量研究，为今后的研究打下坚实的基础。在长白山天池、龙岗火山进行了野外考察与样品测试工作，研究了火山喷发物的类型、年代、及其物理化学特征，并结合深部探测成果，研究了火山形成、演化的初步模型，对未来喷发危险性给出初步评价意见；对琼北火山进行了火山分布（名称、年代或分期）、海拔、基底直径、火山锥性质的调查以及火山岩分布（分期的范围）调查，研究了火山与构造、地震、地热的关系，并在此基础上编制完成了琼北地区1:50万第四纪火山分布图。

四、科普基地建设

火山减灾工作中，建设科普基地、提高公众的火山灾害的认识水平以及对火山灾害的应变能力是必不可少的。2002年，以科技部公益性研究项目“琼北火山探查及喷发危险性研

究”为依托，开展了建设火山科普基地的研究工作，提出了火山监测与地震监测结合，火山监测与科研、科普宣传相结合，火山监测与火山生态旅游相结合的原则，力争“十五”期间在海南建成一个具有高科技含量，既可为国内外专家提供必要的研究条件，又可供社会各界游览参观的火山科普基地。2002 年 12 月 4～6 日在海南省召开“火山防灾与资源开发战略研讨会”，对火山防灾与资源开发提出了宝贵意见，为建成我国第一个高水平高质量的火山科普基地打下了基础。

（中国地震局科技发展司　李　明）

2002 年长白山天池火山地震监测研究进展

长白山天池火山 5000 年来曾发生过多次喷发，其中公元 1200 年前后的大喷发是全球近 2000 年以来最大的火山喷发之一。“九五”期间，中国地震局首次对长白山天池火山进行了比较系统的观测和研究，认为长白山天池火山区仍存在再次喷发的危险。

长白山天池火山的地震监测工作始于 1985 年，吉林省地震局曾采用短周期地震仪进行了多年的季节性观测。1997 年 6～9 月，局地球物理研究所在长白山天池火山区进行了流动地震观测。1999 年 7 月，随着长白山天池火山监测站的建立，该地区第一台可以常年连续观测的数字化地震仪投入运行。观测结果表明，与吉林省其它地区相比，长白山天池火山区存在明显较高的地震活动水平。但长期以来，由于缺少足够数量的观测台站，对长白山天池火山区的地震活动特点一直缺乏全面的认识。

为了进一步研究长白山天池火山的地震活动特点，加强对火山的监测，2002 年 7～9 月，中国地震局地球物理研究所采用宽频带数字地震仪对该地区进行了流动地震监测。根据长白山地区的地理特点以及火山地震监测的经验，在离天池火山口外侧 2km 的范围内布设了 4 台地震仪，2～5km 的范围内 7 个地震台，另有 4 个观测台站布设在距离天池约 16km 的双目峰附近。

本次地震观测发现，长白山天池火山口附近存在大量的微震活动。2002 年 7 月 2 日至 9 月 20 日期间，位于长白山西坡距离天池 2km 的 wd1 台，共记录到 2600 多次微震活动，平均每天记录的微震约 36 次，大大超出了以前我们对该地区地震活动水平的认识。国际上有关火山的监测结果表明，虽然火山区地震的观测数量与地震台站的位置和地震仪的放大倍数等有较大关系，但典型火山地区的地震发生频次通常在每天几次至几十次，在火山喷发前或喷发期间，地震活动频度可达到每天数十或数百次，甚至更多。

观测期间，在天池火山区记录到了多次微震震群活动。例如 2002 年 8 月 20 日发生在天池西南部的震群，短短 4 个小时内共发生 400 多次可以分辨的微震。本次观测结束后，长白山天池火山监测站于 9 月 29 日和 11 月 25 日又记录到两次较大的震群，其中后一次震群的最大震级为 $M_L 2.7$。

我们对一些震级较大、具有多台记录的地震进行了精细定位。可以看出，这些地震大多发生在长白山天池火山口附近，震源深度一般小于5km，其中8月20日发生在天池西南部的微震震群及余震震中分布呈北北西向。分析表明，地震通常具有较高的频率、清晰的P波和S波，主要为火山构造型地震，但不同地震和不同台站的记录，波形和频谱特征有时存在较大的差异。

目前，有关长白山天池火山区地震的震源类型、介质结构及其与火山活动关系的进一步分析研究工作仍在进行。

（中国地震局地球物理研究所　吴建平）

长江三峡工程诱发地震监测系统 2002年工作进展

长江三峡工程诱发地震监测系统项目是中国地震局承担的专门用于监测三峡工程诱发地震的台网建设和运行项目。该系统从1997年开始建设，于2001年底建设完成，并通过三峡总公司组织的验收。从2002年开始至2009年为系统正式运行阶段，其中数字遥测地震台网的日常运行由长江水利委员会三峡勘测研究院负责，地壳形变监测网络的日常运行由中国地震局地震研究所和长江水利委员会三峡勘测研究院负责，地下水动态观测井网由中国地震局地震研究所和地质研究所负责，地震监测总站由中国地震局地震研究所负责。

在我国已建的水库诱发地震监测系统中，该系统规模最大、技术最先进。主要体现在：

（1）该系统除了数字遥测地震台网外，还引入了地下水综合观测、地壳形变观测，形成一个综合观测系统。

（2）数字遥测地震台网在我国水库地震台网中首次采用了数字化技术，在观测精度、数据处理能力等方面都优于模拟地震台网。

（3）数字遥测地震台网的台站数达到24个，监测地域范围大，监测能力强；同时，引入了强震观测和流动观测，进一步扩展了地震观测的幅度、范围和功能。

（4）该系统还特别设计了地震监测总站，有利于汇集所有观测量的数据，并进行综合分析处理，提供各种震情和地震趋势判断的基础数据和参考意见。

为做好系统运行管理工作，确保系统运行质量，2002年4月和7月分别召开了系统运行管理工作会议，布置系统正式运行期间工作，研究协调有关管理事宜。根据系统运行管理实际，中国地震局组织设立了三峡工程诱发地震监测系统运行管理协调组和质量检查小组，分别负责系统日常运行管理和质量检查评定工作；组织制定了三峡工程诱发地震监测系统运行管理办法和相应的实施细则，明确了管理协调组、质量检查组及系统各部分、各运行管理单位的工作职责、工作内容；完成了三峡库区本底地震报告的编写工作。一年的运行实践表明，该系统达到了项目设计的预期目标，运行状况良好。

（中国地震局分析预报中心　庄灿涛　中国地震局科技发展司　张志波　康小林）

2002年科技基础性和公益性研究进展

为了加强我国科技发展研究，开发科技条件建设，科技部自1999年开始拨专款设立科技基础性工作和公益性研究两个专项，社会公益类部门所属科研院所是主要支持对象。科技基础性工作是通过对科学数据、种质资源、科学标本、资料、信息的采（收）集、整理、保存、传输以及制定相关技术基础标准，为科学研究与技术开发提供共享资源和条件的工作，是国家科技发展研究开发条件建设的重要组成部分。社会公益研究专项是针对我国社会公益问题的迫切需求，重点支持社会公益研究基地建设，形成社会公益研究网络，为社会可持续发展和公益服务事业提供技术保障，促进社会公益研究的可持续创新能力和水平的提高，集中安排一批公益研究技术开发项目，逐步形成对共性、经常性和服务性公益研究的稳定支持渠道，为社会持续、协调发展提供技术支撑和服务。

随着国家对科学事业的逐步投入，科技基础性工作和公益性研究工作逐渐受到社会的重视，支持强度也逐年增强，2002年已达4亿元。近两年，中国地震局在这一领域获得的支持稳步增加，获得了很多项目支持。2002年共有10个项目获得了支持，总经费达1340万元。具体获得支持情况如下：

1. 科技基础性工作专项

（1）地震科学数据共享（500万元）；

（2）地震模拟和预报的数据库应用平台（50万元）；

（3）中国地球固体潮汐观测数据库建设及其共享服务（60万元）。

2. 社会公益研究专项

（1）火山灾害预警研究（200万元）；

（2）2001年昆仑山口西8.1级地震研究（150万元）；

（3）地球现代磁场监测与地磁基本数据积累（100万元）；

（4）长江三峡水库诱发地震监测研究（90万元）；

（5）活断层上强烈地震引起的地震动和地震破裂（80万元）；

（6）石窟文物抗震防护技术对策研究（70万元）；

（7）城市突发性自然灾害的网络快速评估体系（40万元）。

这些项目的开展，对我国防震减灾事业的发展、对防震减灾三大工作体系建设的逐步完善起到十分重要的作用。

（中国地震局科技发展司　李　明）

2002年度中国地壳运动观测网络科学研究中心在国家重点项目研究中的进展

中国地壳运动观测网络科学研究中心是国家“九五”重大科学工程项目“中国地壳运动观测网络”的配套科研机构。

2002年度，中国地壳运动观测网络科学研究中心牵头承担两项国家科技部基础研究重大项目前期研究专项：“中国大陆现代地壳运动研究”及“地壳应力场演化与基于力学分析的地震预测模型研究”工作实施顺利，并取得如下进展：

1. 建立起高水平自动化GPS数据处理系统

借鉴美国地质调查局等国际著名研究机构在这一领域的成功经验，建立一套以UNIX为平台、高自动化运行GIPSY（专业型GPS前期处理软件）、QOCA（专业型GPS后期平差分析软件）及GMT（地球科学类图表生成软件）等专业软件包的GPS数据处理系统。该系统通常仅用数条基本指令就可完成所有日常GPS数据处理（包括连续型观测和流动型观测）及观测结果的联合平差，并将各类结果、图表以友好的网页界面陈列于互联网，为数据处理和数据共享提供高效手段。

2. 中国大陆活动构造区块的重新划分和变形方式的新认识

东亚大陆构造运动模式和变形方式是国际上多年来关注的重大课题。本研究中心通过分析“中国地壳运动观测网络”高密度GPS台站数据得到中国大陆地壳运动速度场，由此划分中国大陆活动构造区块并认知其变形方式。结果显示，中国大陆形变场似可分为三类区域：第一类区包括青藏高原内部和天山造山带，形变在全区域内广泛分布；第三类区包括塔里木盆地及中国东部地区，形变场表现为活动块体，内部稳定，形变局限在狭窄的边界带内；第二类区则处在青藏高原的东边缘带，如青海、甘肃、川西和云南等，这类区形变场特征处在第一、三类区之间，虽然还能保持一定的块体完整性，但块体的尺度和强度已不如第三类地区。通过分析各类区域岩石圈结构及形变模式，得到中国大陆地壳形变模式主要由地壳结构所控制的初步推断。中国大陆东部和塔里木盆地地区地壳介质强度较大，形变表现为刚性块体的相互运动。而青藏高原和天山地区巨厚的地壳导致壳内温度上升，下地壳低速高导层发育，介质呈较强粘塑性，上地壳脆性层在下地壳塑性流变场作用下产生分布广泛而不局限于少量块体边界地区的多类型、多层次形变。青藏高原边缘的第二类地区地壳结构为第一、三类地区之间的过渡区，其形变特征也介于第一、三类地区之间，为强度较低、规模较小的活动块体在边界作用力下的运动与变形。

3. 模拟研究青藏高原北部东昆仑破裂带历史大地震之间的应力转移和断层相互作用，划分昆仑山口西8.1级地震之后地震危险性增加区

地震的发生源于断层区构造应力场的增加造成的失稳，由此引起的应力场重新分布又会成为未来地震的成因。本研究中心研究大地震之间的应力转移和断层相互作用，模拟计算粘弹性成层介质中地震断层错动产生的应力场及在后续地震破裂面上产生的库仑应力变化。位于青藏高原北部的东昆仑破裂带过去65年中发生5次大震（1937年 M_S7.5花石峡地震，1963年 M_S7.1都兰地震，1973年 M_S7.3玛尼地震，1997年 M_S7.5玛尼地震和2001年 M_S8.1昆仑山口西地震）。模拟结果分析表明，前面4个地震均造成2001年昆仑山地震断层面上库仑破裂应力的增加，并且中地壳和下地壳的粘弹性松弛效应使得库仑破裂应力场随着时间的推移而逐渐加强。昆仑山口西地震震后应力场的模拟计算表明，东昆仑断层中段的东大滩—西大滩断层段的库仑破裂应力显著增加，变化值达50～100kPa，预示着这一地区地震危险性的增加。

4. 模拟研究昆仑山口西8.1级地震形变场，对青藏高原北部的东昆仑断裂发震构造及地壳和上地幔的流变学结构取得新的认识

大地震的发生引起断层区及邻域地区应力应变场重新分布，由此激发的震后形变场为研究断层及岩石圈流变学结构，进而研究构造动力学与孕震过程提供了难得的机会。受中国科技部和美国科学基金会联合资助，本研究中心对昆仑山口西8.1级地震的形变场（同震形变和震后弛豫形变）进行了观测和模拟研究。结果显示主震破裂范围由地表至地下约17km深度，长约400km，地震矩释放量约 8×10^{20} Nm，破裂范围在东西两端似乎比地质调查得到的地表破裂带延伸更远。震后形变场的模拟研究得出形变为断层面上的震后滑移和下地壳、上地幔中的弛豫形变共同作用的结果。震后滑移发生在上地壳脆性层和下地壳的软流层之间，其释放的能量约等于主震释放的地震矩的7%。而介质内弛豫形变对震后形变的贡献主要来源于深度约28～48km处的下地壳，其粘滞系数约为 5×10^{17} Pa·s。这些结果对研究东库仑断层结构、地震孕育过程及青藏高原北部构造动力学过程将提供主要约束。

（中国地震局地质研究所　甘卫军　沈正康）

地球现代磁场监测与地磁基本数据积累暨2005.5中国地磁图进展

本项目是2002年地球物理研究所承担的科技部和地震局共同支持的社会公益研究专项重点项目。根据计划，将在3～4年内在我国（除海域外）国土上2000个站点进行地磁场总强度、磁偏角和磁倾角的测量；测量结果将用于我国2005.5年代地磁场模型的建立和中国地磁图的编制。

早在1906年，俄、德、法等国就在我国领土上开始了地磁场的野外测量，编制了多个年代的中国地磁图。1932年我国开始了自己的测量和编图工作；解放以后每10年进行一次全国范围的地磁测量和地磁图的编制工作，已为我国积累了大量重要地磁资料。由于地磁资料在地球科学研究、国民经济建设、军事国防建设、地震和空间环境监测的重要作用，各国都将其列为国家必不可少的地球物理资料。

本项目是我国历史上在全国（不包括海域）开展的规模最大地磁场野外测量，平均测点距离约为70km；测量仪器也是历届最好的，特别是天文方位角的观测，采用最先进的差分GPS；GPS的应用不但完全满足了观测精度要求，更重要的是摆脱了以往测量天文方位角时受天气的影响的制约，可大大缩短观测时间；我局分布在全国的37个基本地磁台站为数据通化提供了前所未有的优越条件；集以上这些有利因素，2005.5中国地磁图和磁场模型定可达到前所未有的高水平。

2002年是这个项目开始的一年，这一年的野外工作带有实验性质，完成的主要工作有：

1. 内业准备工作

（1）完成DI仪和GPS的订购和实验。

（2）组织翻译IAGA出版“地磁复测点测量指南”、“日本国土院一等磁测工作规范”。

（3）组织编制“中国地磁图地磁野外观测技术规范”。

（4）组织编写“中国地磁图观测培训教材”。

（5）通过中国地震局监预司及地球物理研究所科研处共同协调，组织起地震局综合观测中心、辽宁省地震局、山东省地震局和地球物理研究所共四支野外测量队。

（6）出动三支队伍在河北地区45个测点进行测量。

（7）编制专用软件工具，对第一期野外观测资料进行分析和日变改正通化处理；利用国际地磁参考场模型对第一期测量资料进行对比分析。

（8）收集大量历史资料，其中包括我国历代地磁图、海测和航测地磁图。

（9）建立“中国地磁图相关数据库”。该数据库（及共享平台）已开发完成的功能模块为：测点信息查询及数据共享、观测信息查询及数据共享和地磁野外测点辅助设计等。

（10）将河北省及京津地区45个测点的野外观测数据及相关信息、经矢量化处理后的《1970.0中国地磁图》和《1989中国航空磁力异常图》导入《中国地磁图相关数据库》。上述数据和相关资料在地球物理研究所的局域网上实现可控共享。

（中国地震局地球物理研究所　高玉芬）

北京奥林匹克公园地区地震活断层探测 2002年工作进展

北京奥林匹克公园地区地震活断层探测项目是“十五”国家重大工程项目“大城市地震活断层探测与地震危险性评价”的试点项目，也是为2008年北京奥运会场馆建设服务的项目。该项目在中国地震局科技发展司直接指导下，由北京市地震局牵头，中国地震局地球物理勘探中心、地球物理研究所、地质研究所等单位共同实施，于2001年底正式启动。2002年主要开展了以下四方面的工作：

（1）基础工作：搜集、分析过去已有工作资料，包括对高分辨率和大比例尺航、卫片解译，利用遥感技术对被探测断层的范围、地段进行初步判定，对地震进行重新定位，研究地震活动与断层的关系等。

(2) 断层定位：采用地球化学、浅层地震反射和电阻率层析成像等方法开展断层定位探测，确定断层空间展布和几何学特征。2002 年完成了探测区内和外围共 22 条测线的地球化学探测，探测长度 22.93km；完成了 16 条测线的电阻率层析成像探测，探测长度 19km；完成了对 12 条剖面的浅层地震反射勘探，探测长度 15.85km。

(3) 钻探工作：通过钻探，对比断层两侧地层变化，获取断层准确位置的直接证据，并通过对钻探取出的岩芯测年确定断层活动性。2002 年完成了对 17 个钻孔的钻探任务，累计进尺 1464.3m；采集大量测年样品和显微构造样品；完成了^{14}C、细颗粒红外释光、磁性地层样品的测试和显微构造分析工作。在此基础上对钻孔地层进行了划分，确定黄庄—高丽营断层穿过探测区的空间位置、产状、性质和活动年代。

(4) 工程地震环境及地震地质灾害评价。

上述各项工作已通过中国地震局组织的验收，下一步将进一步获取研究隐伏断层的更多、更充分的证据，并通过详细的综合研究工作为完成整个项目任务打好基础。

本项目所取得的初步成果，已在奥林匹克公园中心区奥运场馆工程建设中得到及时应用，有力地支持了奥运建设。项目还对即将开展的北京市城市活断层探测和全国其他城市活断层探测工作在探测技术、方法、仪器设备的选用以及社会协调工作等方面均起到了良好的示范作用，积累了宝贵经验。在城市开展活断层探测，其探测方法的选用要适用于具体探测的场地条件，尽量综合多种切实有效的探测方法，利用多手段综合优势，获取更多更准确的有效信息；要充分利用已有成果和资料，并合理、高效分配人力、物力和财力等各种资源；此外，还要积极争取各级政府及有关部门的支持和协助，这是顺利完成城市活断层探测的重要保证。

（北京市地震局　罗华春　胡　平　孟勇琦）

福州市活断层探测与地震危险性评价 2002 年工作进展

“福州市活断层探测与地震危险性评价”项目是国家“十五”重大项目“大城市活断层探测与地震危险性评价”的试点项目。项目建设经费 1005 万元，由福州市政府、福建省政府和中国地震局共同投资，由福建省地震局负责项目的组织实施。项目目标是查明福州盆地具有发生直下型地震能力的主要活断层的空间位置、产状、规模和活动性，评价其地震危险性和地震危害性，为城市建设、土地利用、发展规划和抗震设防等提供科学依据。同时，探索城市活断层的有效探测技术方法，为全国其它城市开展活断层探索提供借鉴。

2002 年主要开展四个方面的工作：

（1）在完成福州市活断层综合试验探测的基础上，进行了目标区主要断层初步探查与活动性鉴定、深部发震条件探测、活断层地震危险性评价等工作。

（2）综合运用地球物理探测和地球化学探测方法，对盆地内的八一水库—尚干断层和桐口—洪山桥断层进行了详细探测。

（3）编制《1:25 万福州盆地区域地震构造图》、《1:5 万福州盆地主要活断层分布图》和《1:1 万主要活断层分布图》，查明福州盆地的主要断层位置、规模、活动性和地震危险性，总结出一套适用于城市复杂环境下多方法配套、抗高频干扰能力强的高分辨率的城市活断层综合探测方法及其技术指标与要求。

（4）开展主要活断层地震危害性评价、活断层数据库与地理信息系统建设和项目总体集成等工作。

（福建省地震局　黄宗林）

大中城市活断层及建筑物安全监测研究与示范研究进展

"大中城市活断层及建筑物安全监测研究与示范"项目为科技部社会公益研究专项资金项目。项目的目标是通过系统化的研究并结合深圳市罗湖示范区试验，确定大中城市活断层监测研究方法，选定反映建筑物安全的监测参数，研究大中城市建筑物安全监测系统设计原则和方法，选择适用的监测技术装备，建立活断层带区建筑物安全评价数学物理模型，形成一套大中城市活断层和建筑物安全监测评价技术方法。

一、研 究 内 容

提出城市复杂环境下直下型活断层蠕滑活动监测与研究方法；提出断层带区重要建筑物安全监测和评价技术方法；探索应用 InSAR 技术研究城市某一区域地表形变演化规律的可行性；研制城市活断层和建筑物安全监测信息系统软件；初步建成面向全国的应用研究示范区。

二、主 要 进 展

（1）系统研究了国内外断层活动性监测方法技术及应用情况，城市活断层监测关键问题及对策，探讨了适应城市复杂环境的断层活动性监测方法和活动信息提取途径，编写了三维跨断层形变监测台站建设和观测（暂行）规范；

（2）根据建设部颁布的有关建筑物变形监测及可靠性鉴定等技术规（程）范，研究了建筑物安全监测参量的选定、适用监测方法技术、监测仪器选型与比较以及建筑物安全临界状态评估标准等，提出了基于监测数据的建筑物安全综合评价方法；

(3) 搜集整理了深圳罗湖示范区地震地质、地应力测试、地形变观测等基础资料，完成了深圳市卫星遥感 ETM 影像分析处理工作，归纳了城市活断层监测研究需要获取的基础资料及途径；

(4) 建立以断层活动参量为边界条件的深圳罗湖示范区地面变形预测数值分析模型，研究活断层附近一定范围内的地面变形场，探讨断层活动对邻近建筑物安全的影响；

(5) 搜集了用于试验观测深圳市地面变形的 SAR 数据并进行了试验分析，研究了 D-InSAR 用于断层活动带区地面变形分析的可行性；

(6) 结合深圳市规划国土局综合减灾项目“深圳市罗湖活动性断裂带主要建筑物和地面变形监测及其变化趋势预测”的实施，研究制定了城市断层活动及建筑物安全监测网络设计思路和实施技术。在深圳市罗湖区应用研究示范区内建成了 17 座建筑物基础不均匀沉降观测子系统，布设了罗湖断裂带黄贝岭断层三维形变自动化观测站、建筑物挠度、分层倾斜和相对水平位移等试验观测仪器，获取了丰富的试验观测数据。

（中国地震局地壳应力研究所　王建军）

城市群综合防震减灾研究

该项目为社会公益研究专项资金项目，该项目的承担单位为中国地震局地球物理研究所。

2002 年初项目组组织有关专家在闽南地区进行了为期 1 个月的资料搜集和实地考察工作。本项目是第一个以城市群为对象的防震减灾综合研究工作，探索性比较强。项目共计完成 10 篇论文和一个系统。研究成果将对城市群防震减灾起到重要的指导作用。经过一年多的研究工作，基本完成了预定目标，并取得了重要进展。

以震时救灾为目的的城市群划分，以及确定城市抗震救灾对策所针对的设防烈度时，需要考虑城市地震影响的基本特征。具有不同地震影响特征的城市原则上可以归并入同一个城市群中。本研究首先以全国 34 个省会城市为研究对象，探讨了历史地震在不同城市产生的地震影响所表现出来的特点。结果表明，不同城市由于所处地震构造和地震活动性背景的差异，其受地震影响的特点也存在较大的差异，主要表现为：

(1) 约 53% 的省会城市没有遭受过 6 度以上的历史地震影响。仅 1 个城市（台北）遭受过 10 度影响烈度，遭受过 7～9 度影响的城市有 15 个，约占 44%。

(2) 6 度地震影响是常遇的地震影响，大部分城市 6 度地震影响的发生频次均高于 6 度以上地震影响，但有 6 个城市 6 度地震影响的发生频次小于或等于 6 度以上地震影响，它们是银川、北京、乌鲁木齐、沈阳、西宁和南京。

（3）就 6 度以上的地震影响烈度而言，不同城市最大发生频次的地震影响烈度也是不同的。最大发生频次的地震影响烈度为 7 度的城市有：台北、昆明、银川、太原、石家庄、西宁、济南、南京；为 8 度的有：西安、北京、拉萨、天津、乌鲁木齐、沈阳；为 9 度的有：海口。

（4）并非烈度越高发生的次数就越少，比较 7 度和 8 度的发生情况，7 度发生频次高于 8 度（大部分在 3 倍左右）、7 度发生频次小于 8 度、7 度发生频次与 8 度发生频次基本相当，这三种情况均有发生，这也反映出城市地震影响特点的不同。

因此，在确定城市以抗震救灾为目的的防御烈度时，不能仅考虑最大影响烈度和最频影响烈度，需要具体地分析城市地震影响烈度的分布特征。

研究中考虑到历史地震记录存在一定的不完备性，以福建省 69 个县级以上城市为研究对象，采用模拟地震目录的方法来研究城市地震影响的特征。结果表明：

（1）不同城市所能遭受的最大地震影响烈度不同。3 个城市最高能够发生 IX 度的地震影响，22 个城市为 VIII 度，32 个城市为 VII 度，10 个城市为 VI 度。

（2）不同超越概率水平下城市地震影响烈度，在不同城市之间表现出较大变化。数据表明根据 50 年超越概率 2%来区分城市地震影响特征，比较能够反应地震影响的实际情况。

（3）为了兼顾最大地震影响烈度，本研究中引入城市特征地震影响烈度的概念。城市特征地震影响烈度 I_C 是为城市抗震救灾备灾工作（如，地震应急预案、抗震救灾方案制定、抗震防灾规划等）需要考虑的预防地震烈度。该烈度定义为最大影响烈度 I_{max} 和 50 年 2%概率水平下地震影响烈度 I_2 的算术平均值。

（4）根据 69 个城市的特征地震影响烈度 I_C 值，将这些城市划分为 7 类。原则上同一类城市不应划分在同一个城市群中。

本研究的目的是确定城市之间地震影响的相关性特征。在一次地震的影响场，不同城市可能处在同样程度的高烈度影响区内。对于周围发生的多次地震，两个城市如果在地震影响烈度上表现出很强的同步性，则这两个城市的地震影响相关性就较大，在城市群的划分中需要了解城市之间的地震影响相关性。本研究中，根据较长时间尺度的模拟地震目录，研究城市在每次地震中的影响，并确定两两城市间地震影响的同步性。地震影响的同步性采用不同地震影响烈度同步影响率来表示：

烈度 i 的同步影响率：

$$\lambda_i = \frac{l_i}{k_i}$$

其中，l_i 为地震影响同步次数；k_i 为对两个城市有影响的地震次数。根据城市的地震同步影响率，尤其是高烈度段的同步影响率，可以确定城市的地震影响相关性，从而为城市群划分提供基本依据。

（中国地震局地球物理研究所　高孟潭）

软土地基上建筑物不均匀震陷机制和评价方法研究

本项研究为国家自然基金资助课题，旨在回答软土地基上建筑物不均匀震陷机理问题并提出较为合理的评价方法。主要内容包括：确认软土地基上建筑物不均匀震陷的机制；提出不规则荷载下土残余变形模型；提出建筑物不均匀震陷的分析方法。研究中采用了实际震害资料分析、有限元计算、地震波输入动三轴实验研究以及大型振动台模型实验研究等技术手段。

本项研究的主要研究成果：

1. 提出不规则动荷载下土的残余应变计算模型

放弃了地震波折减成等幅谐波的等价作法，基于逐波叠加的思想、地震波输入残余应变试验结果以及等幅荷载下土的残余应变模型，提出了不规则动荷载下土的残余应变计算模型。利用动三轴试验和数值试验从定性、定量两方面对所提模型进行了检验。验证结果显示所提模型在描述等幅及不等幅动荷作用下土单元的残余应变上具有较好的可靠性，同时对计算和试验结果间的相对误差来源进行了分析。所提出的模型可以考虑波型、波序对残余应变的影响并可实时给出其发展过程，应用方便，模型中的震陷参数包括工程常见土类且可连续取值。

2. 揭示软土地基上建筑物不均匀震陷的机制

通过对实际震害资料的深入分析、数值计算分析、地震波输入动三轴实验研究以及大型振动台模型实验研究等技术手段，揭示了建筑物不均匀震陷机制。指出建筑物不均匀震陷的发生机制实际上是地基土层、建筑物荷载分配及地震动输入等几个影响因素的协同作用。其中地震波本身的不对称和不规则性对不均匀震陷的影响是重要的和不容忽视的，对软弱土尤其如此。在不对称地震波以水平剪切形式输入的条件下，建筑物基底两端土单元中动应力时程有很大差异，易呈反对称形式分布，这会引起软弱地基土残余应变的差异，进而导致建筑物的不均匀震陷，在土层分布较均匀、建筑物荷载分配较均衡的情况下输入波形将对不均匀震陷起控制作用。而地震波的不对称和不规则性对不均匀震陷所起的重要作用在以往工作中没有认识到，也没有将其考虑在计算方法当中，而现有的将不规则地震波折减成正弦波的等价作法，给不出土体变形的真实发展过程，不能合理地描述出应力波不同或土质不同而造成地基土中残余变形的差异，是导致以往计算方法基本上只适于均匀震陷分析的根本原因。

3. 建立建筑物不均匀震陷的分析方法

基于对不均匀震陷机制的认识，利用提出的不规则动荷下土单元残余应变模型和改进的土体逐步软化模型，建立了一套建筑物不均匀震陷的有限元分析方法。将此方法的计算分析结果同大型振动台模型实验的实测结果进行了对比验证。对比结果表明，计算得到的不均匀震陷的幅值、发生时刻及发展变化趋势都与实测结果有着较好的一致性，所提出的分析方法具有较高的可靠度。此方法克服了以往分析方法只能给出建筑物的均匀震陷而无法给出不均匀震陷的弊病，并且可以依据实际的地震应力时程计算出震陷及不均匀震陷的发展时程。此方法考虑了地震波、地基土条件以及建筑物荷载分配状况的协同作用效果，分析结论更接近实际情况，方法本身也更具合理性。

4. 提出建筑物不均匀震陷的简化分析方法

方法基于本文对不均匀震陷机制的认识和分层总和的概念，引入了不规则荷载下土的残余应变增长模型和土体逐步软化模型，能够在考虑地震波波形特点和土－结相互作用下给出建筑物基础的震陷发展时程。通过对大型振动台实验和实际震害的模拟分析验证了方法的合理性。此方法原理简单、方便工程应用。而现行的建筑抗震设计规范中要求对软弱地基上建筑物的不均匀震陷给出合理估计，但目前却仍没有相应的分析方法。提出的简化方法可解决这一矛盾。

5. 简化分析方法的实际应用

利用提出的不均匀震陷简化分析方法对山东省晨报华源大厦的地震安全性评价进行了地震灾害中有关震陷灾害的定量分析和综合评价，表明提出的简化方法具有原理简单、可操作性强等特点，符合规范的基本要求。

6. 不规则荷载下饱和砂土孔压增长初步研究

分析了饱和砂土孔压增长模型中需解决的关键问题，提出了采用内时理论构造不规则地震波作用下饱和砂土孔压增长新模型的思路，为进一步研究饱和砂土地基上建筑物不均匀震陷问题奠定了一定基础。

通过本项研究，对不均匀震陷机制有了新的和更深刻的认识；提出的不规则动荷载下粘土残余应变计算模型为地震作用下土的真实大变形分析提供了理论依据；建立的一套方法和简化方法为建筑物不均匀震陷的分析与规范的实施提供了分析方法和理论依据。

（中国地震局工程力学研究所　袁晓铭）

中国 IMS 地震台阵建设

一、概　　述

1996 年签署的“全面禁止核试验条约”（CTBT）的附件中规定在全球建立 50 个地震基本台站和 120 个地震辅助台站，以监督条约的实施。以上 170 个地震台站是计划建设中的国际监测系统（IMS）的主要组成部分。在我国一共有 6 个 IMS 地震台站，分别是海拉尔台阵基本台站（编号 PS12，以下同）、兰州台阵基本台站（PS13）、北京白家疃辅助台站（AS20）、昆明黑龙潭辅助台站（AS21）、上海佘山辅助台站（AS22）和西安子午辅助台站（AS23）。我国的 IMS 地震基本台站经过勘址、设计、基建和仪器安装调试，于 2001 年底基本建成；2002年上半年完成技术试运行，但并未进行条约组织要求的认证（验收）。四个辅助台站的建设尚未开展。

截止到2002年，全球64%IMS地震基本台站已经建成（包括我国的海拉尔和兰州台站），这其中有32%的台站通过认证；66%IMS地震辅助台站已经建成，只有5%进行了认证（我国的4个辅助台站均不在其列）。2002年IMS辅助地震台站中有26%，其信号已转送到国际数据中心（IDC），这其中包括我国的北京白家疃台，它延续了条约签署前GSETT-3试验时的约定。预计2003年，有84%的基本台站将建成，54%将通过认证。

二、IMS台站的建设

2002年上半年，新建成的两个地震台阵进行技术试运行，此期间主要完成了以下工作：

（1）对两个台阵全面升级台阵中心和子台的软件；

（2）安装并调试完成从台阵中心到当地台站的本地数据传输链路。两条链路均主要由无线扩频微波连接，其中海拉尔的传输路径比较复杂，无线部分就经过了两次转接。海拉尔和兰州的两条本地传输链路的基础部分（光缆及其熔接、中转塔、供电）由我方完成；传输设备由CTBT条约组织提供，供应商为加拿大Nanometrics Inc.公司，它们也派工程师参加了设备的安装调试。

技术试运行结束时，对两个台阵的各个技术系统进行了全面测试，运行正常。

2002年还进行了其他一些技术改造和基建收尾工作，主要有：

（1）海拉尔台阵中由国道到海拉尔地震台的道路新建工作，其路基完成后经过近一年时间的实效处理，完成了路面铺设；

（2）海拉尔台阵子台入口的密封盖改造工作，使其更牢固和适应当地环境；

（3）兰州台阵中心的院墙改造；重新做了各子台的外装饰。

从海拉尔台阵记录到的2002年3月27日发生在阿富汗HINDU KUSH地区的5.7级地震，各个子台的波形清晰一致。

三、IMS技术培训班

2002年6月25日至7月2日，CTBT条约组织IMS和我国外交部在北京以及海拉尔、广州举办IMS的技术培训班。我国IMS台站的人员参加了培训班。在所进行的课程中我国IMS地震台阵的承建者以IMS的名义介绍海拉尔和兰州台阵的建设情况，同时也与与会者交流我国4个IMS地震辅助台站的情况。

四、相关研究工作

对慢度和方位角异常的解释是一个多年的研究课题。早期工作是为在20世纪60年代和70年代初开始运行的大孔径台阵而做的，最近的研究更关注于密集的记录台阵。为了定位地震事件，一些台站造成慢度偏离的地质条件不需要预先知道，一个更实际的方法是观测到的方位角和慢度参数被一组定位误差矢量校正，这些定位误差矢量是通过比较观测参数与由标定事件估计出的理论参数而得到的。对于地震台阵，可以估计出方位角和慢度的经验校正值，以使定位结果残差最小。因此引入定位误差矢量会减少误差，因此该方法可以用于日常数据处理。

利用我国两个已建成的IMS地震基本台阵产生的事件数据，通过$f-k$分析确定与理论值比较的定位误差矢量，这些定位误差矢量将被逐步收集和更新。它们一旦在慢度域有足够大的覆盖，那么这些经验校正能够很容易地被应用于定位的日常数据处理，能够可观地改善定位精度。台阵科技人员还比较了台站$f-k$定位中高度校正的影响。以上结果在国际数据中心第四次和第五次事件定位技术专家组技术会议上进行了报告，得到国际同行们的认可。

目前正在进行的研究是台站标定过程中的台站残差的确定，即方位角和慢度的残差确定，以及包括走时和震级残差。残差的确定过程需要时间来积累数据，以使误差估计有足够的区域覆盖和统计明显性。

（中国地震局监测预报司监测管理处　中国地震局核查台阵建设实施组）

中国地震台网、全球地震台网地震目录库和震相库建设

在中国科技部和中国地震局的支持下，从2000年起，中国地震局地球物理研究所进行了中国地震台网、全球地震台网（ISC和NEIC）地震目录库和震相库建设。经过3年的努力这些数据库已经初具规模，并已经提供数据服务。

中国地震台网、全球地震台网地震目录库和震相库是国家级地震科学数据中心系统分布式数据库群的一个组成部分。作为国家地震科学数据中心系统（WDC－D）分布式数据库群的一个组成部分，通过计算机网络系统，用户可以查询、使用这些资料，使这些地震目录和震相数据在实际应用中发挥作用。

通过该项目的实施，可以把这些年来比较分散的中国地震台网的观测数据和通过国际资料交换得到的全球地震台网观测数据进行统一的分类整理，特别是把以前部分纸介质的地震目录进行人工录入，在DB2数据库系统下，完成中国地震台网、全球地震台网地震目录库和震相库的建设。研究人员可以通过计算机网络查询、使用这些资料，使这些资料在研究地震活动性、全球构造、地球内部的三维速度结构、地球内部的运动及其演化、区域应力场的变化等方面发挥更大的作用。

1. 中国地震台网地震目录库

该地震目录是中国地震局地球物理研究所利用全国86个Ⅰ、Ⅱ类地震台和国外地震台站的资料编辑得到的，数据库中收集了1978年1月至2002年12月，约82000条目录。

2. 国际地震中心（ISC）地震目录库

该目录是中国地震局地球物理研究所九室通过国际资料交换，由ISC通过光盘提供，收

集了1964年1月至1998年12月约100万条目录。已经整理并入库完毕，提供用户使用。

3. 美国地震信息中心（NEIC）地震目录库

该目录是中国地震局地球物理研究所九室通过国际资料交换，由NEIC提供。已经收集了2001年1月至2002年10月约20万条记录，并已经全部入库提供用户使用。

4. 中国地震台网震相库

该数据库中的数据包括1996年1月至2002年12月，中国24个国际资料交换台站约3800个地震的震相数据。

5. 国际地震中心（ISC）震相库

通过国际资料交换，收集到ISC的1964年1月至1998年12月约100万个地震全球约3000个台站的震相数据。

（中国地震局地球物理研究所　刘瑞丰）

《地震科技情报快讯》应急信息服务工作进展

《地震科技情报快讯》作为“大震应急反应和快速信息服务”情报研究项目窗口，自1995年日本阪神大地震以来，应急跟踪报道40多次国内外发生的破坏性地震的综述文章，编写30多篇专题性调研报告和文章，全面快速地向地震系统管理部门和科研人员提供应急信息资料。该项目密切结合防震减灾“三大工作体系”建设，根据防震减灾具体工作和任务，所提供的信息产品多为综述、评述，有现状、动向、趋势及展望和具体建议。从战略角度和全局观念纵观国内外防震减灾领域的进展，本项目的特点是反应迅速、信息全面、针对性强、利用率高，提供的各类信息普遍用于防震减灾管理和研究领域，民政、红十字会救灾行动和地震科普宣传教育中。

2002年，该研究项目通过《地震科技情报快讯》，在继续提供应急信息服务的基础上，不断提高改进地震科技情报研究的方法和思路，尝试开展战略性趋势研究，为局领导和职能部门及科研人员提供深层次的服务，全年共编辑出版21期《快讯》，综合评述土耳其、阿富汗、菲律宾、中国台湾和伊朗等国家和地区发生的6次破坏性地震和地震工作研究情况，内容有破坏性地震参数，伤亡和破坏情况，受灾国政府机构的应急反应，紧急救援，国际社会反应等最新信息。除了报道有关破坏性地震发生的应急信息外，调研编写13篇有关地震科研项目、地震观测系统、地震预报研究动态、重大地学研究计划，规划、重要挑战计划和动态的综述文章和调研报告，其中针对我国“地震数字观测网络项目”的立项工作，编写两个国际重大地学观测项目的立项和进展：美国先进的国家地震系统（ANSS）和美国地球透镜计划（Earthscope）。并首次提出了在地震研究中开展军事应用地震学研究的建议，编写了国外有关国家军事应用地震学的案例和活动。

为配合我局“三大工作体系”中地震紧急救援的建设，课题组人员积极收集、分析研究有关资料，经共同努力，提供10万字的《国际地震灾害紧急救援调研》专题报告，该专题报告全面介绍了美国、俄罗斯、日本、澳大利亚、土耳其、新西兰和欧洲有关国家的紧急救援队的组建和技术建设情况。重点调研十几个国家灾害紧急救援队的建设和参加国际重大灾害救援情况及救援案例。还详细介绍了荷兰国际紧急救援技术培训中心的组建、指导人员、培训内容和技术等，同时还介绍了有关国家和地区紧急救援工作中的社区培训和自救小组及紧急救援宣传教育的作法以及地震紧急救援的程序，危机处理的原则和应用等。这些国家和地区的灾害紧急救援管理机构的设置和管理体系，地震灾害救援队和基地的建设，救援人员培训，应急救援技术装备的研制与应用，在参与国际灾害救援工作中的经验与教训等，对我国防震减灾“三大工作体系”的建设具有重要的参考、借鉴和推动作用。

（中国地震局地震信息中心　崔秋文）

考　　察

昆仑山口西 8.1 级地震现场监测与地震探测

昆仑山口西 8.1 级地震后中国地震局地球物理研究所迅速组织北京数字地震台网的流动数字地震观测队，赶赴现场进行应急观测。2000 年 11 月 16 日，5%观测人员和研究所监测部门负责人携带 57 套设备乘飞机前往格尔木，立即开始紧急应急观测工作。11 月 18 日，以震中区北东东约 200km 的格尔木南山口 101 油库为中心台，架设起由 5 套 24 位宽频带地震仪构成的 L 型流动地震微台阵，通过超短波无线组网通信方式实时地震观测。地震定位和波形分析采用中国地震局和德国联邦地球科学和自然资源研究院合作研制的台阵数据处理技术。

局地球物理研究所在承担的昆仑山口西 8.1 级地震现场应急任务监测中，共连续记录 140 天。台阵运行率≥96%。共记录并处理了 4378 个余震，共计光盘 300 余张，70G 字节。其中：$M_L \geq 1.0$ 的有 3987 个；$M_L \geq 2.0$ 的 1364 个；$M_L \geq 3.0$ 的 203 个，$M_L \geq 4.0$ 的 54 个。

1. 断层围陷波探测

局地球物理研究所除承担昆仑山口西的地震监测任务之外，同时还对该地区地震断裂带进行探测。早在 2001 年初地球物理研究所王椿镛所长到格尔木及昆仑山口进行了考察，1 月底派 1 人到格尔木安排野外工作。2 月 17 日，10 名参与野外工作的人员到达格尔木，加上先期到达的地震监测人员，共有 16 人参加了地震断层围陷波的探测工作。为观测 8.1 级地震断层的围陷波，在昆仑山口东西两侧共约 30 余公里的范围内，布设了两条呈十字形分布的地震测线。架设了 31 套三分量数字地震仪，其中 12 套沿地震断层分布（测线 A），台站间距为 1km 多。19 套宽频带数字地震仪沿垂直于断层的方向布设，组成跨断层的长度约 3km 的测线（测线 B）。测线 B 的中心位于断层上，在断层附近 300m 范围内的台站间距为 30m，外围的台站间距为 50～300m。炮点总的钻进深度为 93m，钻孔的孔径为 260mm。顺利地完成了五个炮点的爆破作业，其中四个爆破在断层上，一个在断层外，用药量合计为 1.7t TNT炸药。得到的地震记录数据良好，在测线 A 和测线 B 的数据中均发现了明显的断层围陷波的记录。

由于断层破碎带相对于其两侧的介质具有较低的速度和较低的 Q，因而产生了沿低速的破碎带传播的地震导波，既断层围陷波。在昆仑山口西侧观测到的由爆破激发的断层围陷波具有相当大的振幅，它位于 S 波之后，频率较低，具有面波的性质。利用窄带通滤波的方法得到了沿断层传播的围陷波的频散曲线，它表明断层带内的速度明显地低于其两侧的速度。测线 B 的断层围陷波发育的情况显示，在数公里深处的断层破碎带的宽度达到了 300m

以上，远大于地表观察到的情形。

通过对断层围陷波数据的分析处理，得到了断层内介质的速度特征。结果表明，断层内介质的速度比周围地区介质的速度要明显的低，特别是在400m以上的深度。断层内在400m以上深度介质的S波速度为1km/s左右，明显低于此段外同深度的介质速度（1.2km/s）。在400～1000m的深度，断层内介质的S波速度为1.6km/s左右，此段外介质则为1.8～2.2km/s。

2. 浅层地震勘探

对昆仑山断裂的浅层地震探测于2002年3月19日和23日进行，11人参与了野外作业工作。共完成两条地震剖面的探测。测线长度分别为600m和450m，计80炮，炸药用量为450g/炮，合计使用炸药36kg。每炮的钻井深度为1.2m，合计钻井深度为96m。每炮为24道检波器接收，道间距为5m，炮间距10m，采用六次覆盖的地震反射探测方法。

对昆仑山断裂的浅层地震探测于2002年3月17日进行。测线长度为600m，测线以断层为中心，走向基本垂直于断层线，为近南北向。沿测线放50炮，炸药用量为450g/炮。使用了R24浅层地震仪，每炮为24道检波器接收，道间距为5m，炮间距10m，采用六次覆盖的反射地震探测方法。在浅层地震勘探的CDP剖面上，可以追踪到明显的浅部界面。探测结果显示，深部断裂带的破碎规模比地表看到的要大得多。地表观测的断裂宽度一般为数米的尺度，而在40m深处，原本连续性很好的界面在地表断裂附近突然中断了。这个深度的破裂带宽度达到100m。

通过此项探测，我们得到昆仑山大震产生的巨大破裂带的形态和破裂带内的物性参数。它对我们了解破裂的形成和地震后破裂带的愈合过程都具有重要意义。

（中国地震局地球物理研究所　丁志峰　安镇文）

2001年昆仑山口西8.1级地震地表破裂与同震位移的初步调查

2001年11月14日发生在青藏高原北部东昆仑活动断裂带西段的昆仑山口西地震（M_S8.1），是半个世纪以来在我国大陆发生的震级最大的板内地震事件。其波及范围之广、地表破裂带规模之大是我国乃至全球范围内过去几十年少见的。这次发震的东昆仑活动断裂带是沿着长期活动的东昆仑南缘断裂带发展起来的。东昆仑活动断裂带由岷山、玛沁、阿尼玛卿山、阿拉克湖、东西大滩、昆仑山口、库赛湖—布喀达坂峰、太阳湖和鲸鱼湖等8、9条不连续斜列状段落组成。此次8.1级地震使得库赛湖—布喀达坂峰、太阳湖断裂的全部发生破裂，仅使昆仑山口断裂及西大滩断裂的西段部分破裂。

地震发生后，中国地震局立即组织工作队赶赴现场开展了初步的野外调查工作，取得了一些初步的调查结果。在经过详细论证后，2002年2月4日决定成立一支包含地震地质、地球物理、地形变观测、冻土与工程震害等专业组的综合性地震科学考察队，2月26日正式出发赴震区考察。地震地质考察组由来自地震局所属7个单位、中央电视台及西藏地质五队等三十余名队员组成。考虑到交通情况，地震地质考察组分为东、西两个分队。西分队负责完成布喀达坂峰以西地区的地震地质考察，由新疆局负责组队。东分队负责完成布喀达坂峰以东地区的地震地质考察，由局地质所和青海局负责组队。在局科发司及大震考察指挥部的正确领导下，经过地震地质队全体队员的努力，在极端恶劣的自然条件下，基本完成预定目标和任务，人员无一伤亡，安全顺利返队。野外考察时间为2002年2月26日至4月5日。初步获得以下认识：

一、地震地表破裂带展布与组合特征

8.1级地震地表破裂带西起太阳湖以西25km处（东经90.28°），向东经布喀达坂峰东、红水河口、库赛湖北缘、玉虚峰南麓、青藏公路2894km里程碑、玉珠峰南麓，东止于青藏公路以东70km附近（东经94.82°），总体走向90°～110°，断面近直立，全长426km。除太阳湖至布喀达坂峰间约50km的大阶区外，全带在地表表现清楚，呈现明显的线性特征，断错不同的地形和地貌单元。

整个地震地表破裂带具有明显的分段特征，总体由5条次级破裂组成。由西向东展布有：太阳湖段、布喀达坂峰段、库赛湖西段、库赛湖东段、昆仑山口段。除太阳湖段长为25km外，其余4条次级破裂长60～100km不等。各大段又由若干更次级段落组成。各段落之间以左阶或右阶雁列形式排列，形成了复杂的鼓包、裂缝组合并具有分形特征。

各段均呈左行左阶或左行右阶羽列或雁列式组合，除太阳湖段与布喀达坂峰段之间为50km外，羽列或雁列距不大，一般不大于1km。重叠距也不大，一般在1～2000m。破裂带的主断面倾角较陡，多不小于70°，多数地段近直立。不同地段的断面倾向不同，时而南倾时而北倾。总体运动性质表现为强烈的左旋走滑运动，倾滑运动量很小。

二、地震地表破裂带的破裂形变特征

（1）昆仑山口段：长约90km，总体走向110°左右，最宽数百米。主要发育在三叠系基岩山区及山前洪积扇扇顶附近。该段地表破裂规模最大地点位于玉珠峰西南，水平位移4.2m，垂直位移达1.4m左右。东端点附近发育数条小规模裂缝，向东逐渐尖灭。昆仑山口断层全新世活动不明显。

（2）库赛湖东段：长约78km，走向100°左右。东端点附近仅发育较小裂缝，向东逐渐尖灭。地震破裂带主要发育在山前断层谷地内，最宽处达1.5km，结构较复杂，由3～6条次级破裂组成。该段是整个8.1级地震地表破裂带中地表破裂规模最大的地段。该段地震地表破裂规模最大地点位于库赛湖东北（93.4°附近，海拔约5000m），破裂带宽约400～500m，水平位移6～7m，累积垂直位移可达3～4m，形成了规模巨大的鼓包、裂缝和断崖陡坎。该处也是整个8.1级地震地表破裂带中地表破裂规模最大的地点，即宏观震中所在。

（3）库赛湖西段：长约65km，总体走向约94°左右，明显不同于库赛湖东段。地震破裂带较窄，东窄西宽，总体结构较简单。东部主要发育一条破裂带，宽度小于100m；西部主要发育两条破裂带，宽约1～1.2km，西端点附近则散开成4、5条规模不大的次级破裂，与西侧的断裂段成复杂的交接关系。该段地震地表位移最大点位于库赛湖西北角，最大左旋位移可达 6m 左右。主要发育在山前洪积台地上，基本上是沿全新世活动断层重新破裂，发育在基岩山前的第四纪断层仅发生小规模触发破裂。

（4）布喀达坂峰段：地表破裂带长 103km，走向为 95°左右，宽 1～1400m，西尾端宽达 5km。该段破裂带规模最大地区位于布喀达坂峰东 25km 左右（东经 91.365°，海拔约 4959m），其最大左旋走滑量为 5.7m，形成了较大规模的鼓包、裂缝。东部主要沿发育在洪积台面上的全新世活动断裂分布。91.5°以西则主要发育山前洪积扇顶。该段由先存第四纪断裂造成的山前断层三角面十分普遍，新破裂带发育在断层三角面根部附近。红水河口西老的断层破碎带宽达 1.7km。西端为长约 5～6km 的南西向尾端拉张区，由数条张性破裂构成地堑、地垒构造。

（5）太阳湖段：自太阳湖西岸向西破裂，可追踪长度 25km 左右。对比震前、震后卫星影像，此段显然为此次 8.1 级地震的产物。地震地表破裂带以左旋逆走滑为主，西段最大走滑位移 3m。太阳湖段与布喀达坂峰段呈左阶雁列，其间以一长约 50km 的阶区相隔，此阶区即太阳湖盆地，可能属于拉分盆地。

三、地震地表破裂带的位移及其分布

8.1 级地震地表破裂带以左旋走滑为主，地表破裂规模最大处位于玉西峰南麓附近（东经 93.44°）。通过对人工水渠、光缆、道路、车辙印、动物足迹、冲沟、小纹沟、冰碛沟、植被的断错、河流、阶地、山脊、冲洪积扇缘、冰川、侧碛堤、终碛堤、地质体等断错标志的详细测量，初步获得了整个 8.1 级地震地表破裂带上的位移分布状况。其最大水平左旋位移量为 6～7m；地表破裂带累积垂直位移为 3～4m 左右。水平位移量分布沿整个地表破裂带总体呈现中间大、向两端有起伏地衰减。沿地表破裂带走向水平位移出现的几个峰值分别对应于上述各段，与断裂带的总体分段特征紧密相关。水平位移与垂直位移分布总体上有较好的一致性。由此推测 2001 年 11 月 14 日 8.1 级地震可能具有由西向东发展的多点准同时破裂特征。起始破裂点可能分别位于太阳湖以西、布喀达坂峰东、库赛湖附近的位移局部峰值段。

（中国地震局地质研究所　陈　杰　陈宇坤等）

宁、蒙、甘交界罐罐岭发现地震地表破裂带

2002 年秋，作者在黄河黑三峡河段开发方案论证的野外考察中，于宁、蒙、甘交界区的景泰小红山（甘肃）、罐罐岭（内蒙古）和沙井（宁夏）等地首次发现了年轻的地震地表破裂遗迹，它们与以往归属上有争议的宁夏中卫小红山—孤山子地震地表破裂一起，构成了一个完整的地震地表破裂带，我们将其定名为罐罐岭地震地表破裂带。

罐罐岭地震地表破裂带位于青藏块体东北缘古浪至中卫活动构造带的中段。西起甘肃省景泰县陶家山北侧，东至宁夏中卫县孤山子北缘，全长60km左右，由五条不连续次级断层组成。这些次级断层长短不一，长者20km，短者不足6km，彼此呈左阶排列关系，阶区显示为洼地或盆地地貌。次级断层自西向东分别命名为景泰小红山次级断层、罐罐岭次级断层、沙井次级断层、中卫小红山次级断层以及青山至孤山子次级断层。

景泰小红山次级断层长约15km，走向EW，略呈波状。西从陶家山北开始，向东切过景泰小红山南麓及其以东的全新世早至中期冲积扇，终止在白墩子南侧。

罐罐岭次级断层始于大池滩，向东经马梁、土圈、马家井沟和罐罐岭南麓，过冰草窝凹陷南缘后东延至宋家地窝窝南侧。该断层走向EW，马梁以西走向NEE，以东转为NWW，冰草窝向东又折转为EW走向，也略呈波状，全长约20km。它与景泰小红山次级断层左阶错列，阶区下陷构成白墩子拉分盆地。

沙井次级断层，走向275°，长约6km。发育在龙王庙以南、沙井沟之北。与罐罐岭次级断层在老营盘水左阶错列。阶区地形低洼，构造上处在拉分状态，宽度1.8km左右。

中卫小红山次级断层长5.5km，走向近EW。西从喇嘛井沟开始，循中卫小红山北缘东延，至于青山石膏矿南侧。

青山至孤山子次级断层长约18km，EW走向。从青山石膏矿开始，向东斜切青山古生界基岩，由阎王坡向东出基岩山体后，切穿洪积、风积戈壁，最后终止在孤山子北坡。该断层与中卫小红山次级断层在青山石膏矿附近左阶错列，阶区宽度0.3km左右。

罐罐岭地震地表破裂带总体走向NWW，次级断层走向EW或NEE。地貌上显示为清楚的地震断层陡坎、水系以及山脊左旋错动。其中地震断层陡坎在罐罐岭、中卫小红山和景泰小红山地区最为清楚，高度一般1~2m，最大4m左右，有些地段至今保存有最新错动形成的自由面；水系和山脊左旋错动在罐罐岭最为典型，错距一般为4~6m，并见断层三角面，是整条地表破裂带中水平错动量最大的一条次级断层。

地震断层均显示为高角度，倾向南或北。断层有显著的左旋走滑特征，不仅水系、山脊扭动清楚，而且在罐罐岭、景泰小红山和独山子等地均见到断层附近的下至中甚至上更新统发生拖曳变形，同样指示断层具有左旋活动属性。除罐罐岭次级断层的西段和青山至孤山子次级断层具有一定的逆冲活动分量外，其它断层均显示为张性分量。地震断层活动迹象很新，普遍断开Ⅰ级阶地，沿断层天然断层剖面密集易见，断面近乎直立，断层带内及其附近砾石顺断面方向定向排列，此外在主断面旁侧的砂砾石层中尚可见到次级的断面。景泰小红山次级断层的上升盘存在多级侵蚀台面、多条次级断层上的冲沟随其规模的差异而有不同的水平位移，显示发生过多期活动。许多断层面直通地表，断层之上少有覆盖层。

罐罐岭地震破裂带所在地及其附近历史上没有强震记录。考察注意到，景泰小红山西侧有一段至今保存较好的明代长城“跨越”该处地震断层，但未见被错移毁坏的痕迹，故推断罐罐岭地震可能发生在长城修建之前。但是，地震断层陡坎上至今残存的自由面暗示，该次地震发生的年代距今不会太久。因此，从陡坎地貌学、历史考古学等角度综合分析，估计罐罐岭地震可能发生在距今1000年左右。从破裂带最大同震位移4~6m和总长度60km分析，此次地震的震级为$7^1/_2$，震中位于内蒙古阿拉善左旗的罐罐岭。

（宁夏回族自治区地震局　杜　鹏　柴炽章　廖玉华　焦德成　沈卫华）

学术活动

第五届科技委第二次全体会议在京召开

2002年7月24~25日，中国地震局第五届科技委第二次全体会议在北京昌平召开。局科技委委员、部分特邀专家、局机关职能司室领导50余人出席了大会。

科技委第二次全体会议是在“九五”项目基本结题，“十五”项目陆续启动，科技体制改革即将全面实施这一防震减灾事业发展的关键时刻召开的。旨在交流近年来国内外地震科学发展动态的基础上，对我国地震科技工作发展战略问题开展讨论，从而进一步选出几个关键性重大问题，组织调研，为我局地震科技的深入发展提供咨询意见。为此，宋瑞祥局长对这次会议极为重视，多次批示，要求认真做好准备，开出成效。会议开幕式由科技委主任丁国瑜院士主持，他首先报告了科技委近两年来的工作，并就这次会议的安排、目的、要求向委员们做了介绍。刘玉辰副局长在讲话中首先代表局党组对科技委委员在防震减灾工作中做出的努力和取得的成绩表示感谢，并对科技委的工作提出进一步要求，希望科技委今后在以下几个方面发挥作用：第一，充分发挥科技委专家集团的作用，当好参谋助手；第二，加强基础研究和应用，重视科技创新；第三，加速人才培养，开展国际交流。

宋瑞祥局长在认真听取了专家们的学术报告和建议后发表了重要讲话。宋局长首先肯定了科技委的工作，同时指出，防震减灾工作是社会的需求，是人命关天的事，所以，我们要组织一批科学家，尽心尽意地把我们的大问题理清楚，把我们的科学计划搞出来，争取国家的投资，国际合作和社会的支持。这个计划要按照程序上报、答辩，能够列入国家计划的，很好；列不上国家计划的，我们自己也要干，列我们自己的事业项目来干。并且按照规定，工程项目中要有百分之十几用于科研费用。接着，针对防震减灾工作预、防、救三个方面谈了意见，并进一步强调，科技委应当发挥集成作用，团队作用。凡是我们地震局的重大科学问题，都要经过科技委的科学论证、评审，拿出意见，这要形成制度。既然地震是个比较大的难题，我们就必须依靠科学。

会议期间有30余位专家在大会上做了学术报告或发言，并在会后提交意见建议20余项。

科技委副主任陈颙院士做了大会总结。会后科技委办公室对委员和专家的意见进行了梳理归纳，将选出若干涉及防震减灾事业科技发展战略关键性的重大问题，组织调研，提供局党组和职能部门制定科技发展规划和计划决策时参考。

（中国地震局科学技术委员会　卢　桢）

中国地震学会第六次全国会员代表大会暨第九次学术大会在西宁召开

中国地震学会第六次全国会员代表大会暨第九次学术大会，于2002年9月8日至13日在青海省西宁市召开。来自全国各地的208名代表参加了这次大会。

在中国地震学会第六次全国会员代表大会上，陈运泰理事长代表第五届理事会作了“中国地震学会第五届理事会工作报告”。邹其嘉秘书长作了“关于《中国地震学会章程》的修改意见”说明报告。通过中国地震学会第六次全国会员代表大会和中国地震学会第六届一次理事会的选举，产生了中国地震学会第六届理事会。

在中国地震学会第九次学术大会上，陈运泰、沈正康、党光明分别以“经济建设与防震减灾”、“中国大陆地壳形变模型与动力学机制”和“昆仑山口西8.1级地震地震带的基本特征”为题，为全体代表作了大会学术报告。大会另设4个分会场，交流地震学不同学科的科技论文。

在中国地震学会第九次学术大会期间，正值我国地震科技事业的创始人李善邦先生诞辰100周年。由中国地震学会设立的第三届李善邦青年优秀地震科技论文奖同时在大会期间颁发。许力生博士等七位青年科技人员获奖。

会后，大会安排全体代表前往青海省格尔木地区考察了2001年11月14日在昆仑山口西发生的8.1级大地震现场。

中国地震学会第六届理事会成员名单

名誉理事长　宋瑞祥

理　事　长　陈　颙

副理事长　张国民　陈运泰　吴忠良　王椿镛

秘　书　长　郝记川

副秘书长　（聘请）　徐德诗　王延祐　阴朝民　朱世龙

常务理事　陈　颙　张国民　陈运泰　吴忠良　王椿镛　郝记川　张培震　石耀霖　陈晓非　刘启元　张先康　唐荣余　赵和平　杜振民　陈建民　周锡元　修济刚　金　星　庄灿涛

理事109名　（按姓氏笔画为序）

丁　平　丁学仁　刁桂苓　马胜利　王兰民　王庆良　王海涛　王善恩

王椿镛	车用太	车兆宏	邓起东	包东键	叶正仁	石耀霖	乔　森
刘启元	刘志远	刘连柱	吕西林	孙福梁	庄灿涛	朱元清	朱令人
朱自强	江娃利	许才军	全德辉	吴　云	吴忠良	宋传中	宋瑞祥
张　鹏	张凤鸣	张先康	张国民	张培震	李克（甘）	李克（吉）	
李　强	李小军	李延兴	李松林	李清河	杜振民	杨　军	杨明芝
汪一鹏	陈　虹	陈　颙	陈立军	陈宇卫	陈运泰	陈建民	陈修民
陈晓非	陈铁流	周锡元	周蕙兰	林思诚	林趾祥	欧阳飚	罗兰格
罗灼礼	罗奇峰	郑雅琴	金　星	孟晓春	修济刚	姚大全	姚家榴
施行觉	赵和平	赵国泽	赵国敏	郝记川	闻学泽	姜朝松	原廷宏
唐荣余	徐心同	徐锡伟	晁洪太	晏凤桐	秦小军	耿　洪	聂永安
聂高众	袁定强	郭大庆	钱家栋	陶夏新	高孟潭	常向东	梁宪章
黄忠贤	傅征祥	程万正	谢华章	谢富仁	韩渭宾	韩黎珍	臧绍先
蔡永恩	蔡晋安	谭先锋	樊　琦	薄景山	魏修成		

中国地震学会章程

（2002年9月10日中国地震学会第六次全国会员代表大会通过）

第一章　总　　则

第一条　本会中文名称：中国地震学会（英文译名：Seismological Society of China，英文名缩写：SSC）。

第二条　本会是由我国从事地震科技研究和参与我国防震减灾事业的科技工作者自愿结成的并依法登记成立的、具有法人资格的、公益性的、非营利性的、全国性的学术团体，是发展我国地震科技事业的一支重要社会力量，是中国科学技术协会的组成部分。

第三条　本会的宗旨是遵守国家宪法、法律、法规和国家政策，遵守社会道德风尚，贯彻“科学技术必须面向经济建设”和“百花齐放，百家争鸣”的方针，贯彻“经济建设同减灾一起抓”的指导思想，团结广大地震科技工作者，大力开展地震科学技术学术交流和讨论，积极推动地震科学技术的繁荣和发展，发掘和培养优秀青年科技人才，普及地震科学技术知识，坚持实事求是的科学态度和优良学风，弘扬尊重知识、尊重人才的风尚，倡导献身、创新、求实、协作精神，充分发挥在政策、法规制定和重大决策中的科技咨询作用，为防震减灾事业做出贡献。

第四条　本学会接受业务主管单位中国科学技术协会和社团登记管理机关国家民政部的业务指导和监督管理。本会挂靠在中国地震局地球物理研究所内。

第五条　本会办事机构的住所：北京市海淀区民族学院南路5号　邮政编码：100081。

第二章　业务范围

第六条　本会的业务范围：

（一）围绕地震科技和防震减灾开展学术交流活动，组织学术讨论会、报告会和各种讲座以及科学考察等活动；

（二）编辑出版《地震学报》等学术刊物、科技教材、科技音像制品、科普宣传品等资料；

（三）开展防震减灾科学普及活动，宣传地震科技知识和经验，推广地震科学技术成果，举办有关科技展览；

（四）对国家政策制定和国民经济建设发挥科技咨询作用，鼓励会员对防震减灾工作提出建议，做出贡献，经常向有关部门反映科技工作者的意见和呼声；

（五）积极开展国际学术交流活动，加强同国外地震科学技术团体和科技工作者的友好往来和合作；

（六）促进台湾海峡两岸的学术交往；推动民间的学术交流；促进祖国的和平统一；

（七）根据学科发展需要，举办各种培训班和科技考察；努力提高会员的素质和学术水平；

（八）接受政府和有关部门委托，承担有关科技服务项目；

（九）根据建立社会主义市场经济的需要，发挥学科优势，开展合法经营活动。

第三章　会　　员

第七条　本会的会员包括个人会员、学生会员和外籍会员。

第八条　申请加入本会的会员，必须具备下列条件：

（一）拥护本会的章程；

（二）有加入本会的意愿；

（三）个人会员应具有中级或相当于中级以上专业技术职称，获得学士学位以上者，热心和积极支持学会工作，并具有相应专业知识的管理工作者；

（四）学生会员应具有献身于防震减灾事业精神的、大专以上的在校大学生、研究生等；

（五）外籍会员应具有在地震科技领域上有较高学术造诣，对我国友好，并愿意与我会联系、交流和合作的外籍科技工作者。

第九条　会员入会的程序是：

（一）提交入会申请书；

（二）经两名以上本会会员介绍；

（三）经理事会授权的日常办事机构审批通过；

（四）个人会员、学生会员可由本会委托对口省级学会按本会章程规定的会员条件批准，最后报本会登记备案。外籍会员入会须报本会常务理事会批准并报中国科协备案；

（五）由理事会授权的日常办事机构统一颁发给会员证。

第十条　会员享有下列权利：

（一）有本会的选举权、被选举权和表决权；

（二）优先、优惠参加本会的活动；

（三）有获得本会服务的优先权；

（四）有对本会工作的批评建议权和监督权；

（五）入会自愿、退会自由。

第十一条　会员履行下列义务：

（一）遵守本会的章程；

（二）执行本会的决议；

（三）维护本会合法权益；

（四）完成本会交办的工作；

（五）按规定交纳会费；

（六）向本会反映有关科技信息，提供有关科技资料。

第十二条　会员退会应由本人书面通知本会，并交回会员证。

会员如果1年不交纳会费或不参加本会活动的，本会应提示会员。如第2年再不交纳会费或不参加本会活动，视为自动退会。学生会员免交会费。

第十三条　会员如有严重违反国家法律和本章程的行为，经理事会或常务理事会表决通过，予以除名。

第四章　组织机构和负责人产生、罢免

第十四条　本会的最高权力机构是全国会员代表大会，全国会员代表大会的职权是：

（一）制定和修改章程；

（二）审议理事会的工作报告和财务报告；

（三）选举和罢免理事会；

（四）决定终止事宜；

（五）决定其他重大事宜。

第十五条　全国会员代表大会原则上须有2/3以上会员代表出席方能召开，其决议须经到会会员代表半数以上表决通过方能生效。特殊情况下，全国会员代表大会也可以用通讯的方式进行。

第十六条　全国会员代表大会每届4年。因特殊情况需提前或延期换届时，须由理事会表决通过，报业务主管单位审查并经社团登记管理机关批准同意。但延期换届最长不超过1年。

第十七条　理事会是全国会员代表大会的执行机构，在闭会期间领导本会开展日常工作，对全国会员代表大会负责。

理事会理事应由广大会员经民主协商提名，征得理事所在单位同意，经全国会员代表采取无记名等额或差额投票选举产生。

理事会的理事人选应是学术上有成就、学风正派、热心学会工作的科学家、专家和科技工作者，以及热心和支持学会工作并从事有关学科组织工作的管理工作者。理事会组成要体

现老、中、青结合，理事任职期间要认真履行自己的职责。年逾65周岁者，一般不再作为理事人选。

本会特设名誉理事长、荣誉理事称号。名誉理事长称号一般授予对本学会有重大帮助及影响者；荣誉理事称号一般授予曾任本会理事以上职务，学术上有成就、有威望、年逾65周岁，对本会工作有过贡献的科学家和外籍科学家。名誉理事长、荣誉理事称号由本会常务理事会提名，理事会通过，全国会员代表大会授予。

第十八条 理事会的职权是：

（一）执行全国会员代表大会的决议；

（二）选举和罢免理事长、副理事长、秘书长；

（三）筹备召开全国会员代表大会；

（四）向全国会员代表大会报告工作和财务情况；

（五）决定会员的吸收或除名；

（六）决定设立办事机构、分支机构、代表机构和实体机构；

（七）决定副秘书长、各机构主要负责人的聘任；

（八）领导本会各机构开展工作；

（九）制定内部管理制度；

（十）筹措学会活动经费；

（十一）进行奖励和表彰活动；

（十二）决定其他重大事项。

第十九条 理事会原则上须有2/3以上理事出席方能召开，其决议须经到会理事2/3以上表决通过方能生效。

第二十条 理事会每2年至少召开一次会议；情况特殊的，也可采取通讯形式召开。

第二十一条 本会设立常务理事会。常务理事会由理事会选举产生，在理事会闭会期间行使第十八条第一、三、五、六、七、八、九、十、十一、十二项的职权，对理事会负责。常务理事人数最多不超过理事总人数的1/3。

第二十二条 常务理事会原则上须有2/3以上常务理事出席方能召开，其决议须有到会常务理事2/3以上通过方能生效。

第二十三条 常务理事会至少半年召开一次会议；情况特殊的也可采取通讯形式召开。

第二十四条 本会的理事长、副理事长、秘书长必须具备下列条件：

（一）坚持党的路线、方针、政策，政治素质好；

（二）在本会业务领域内有较大影响；

（三）理事长、副理事长、秘书长最高任职年龄不超过65周岁，秘书长应为专职；

（四）身体健康，能坚持正常工作的；

（五）未受过剥夺政治权利的刑事处罚的；

（六）具有完全民事行为能力。

第二十五条 本会理事长、副理事长、秘书长如超过规定任职年龄的，须由理事会表决通过，报业务主管单位审查并社团登记管理机关批准同意后，方可任职。

第二十六条 本会理事长、副理事长、秘书长每届任期4年。理事长、副理事长、秘书长任期最长不得超过两届。因特殊情况需要延长任期的，须经全国会员代表大会2/3以上会员代表表决通过，报业务主管单位审查并经社团登记管理机关批准同意后，方可任职。

第二十七条 本会理事长为本会法定代表人。本会法定代表人不得兼任其他团体的法定代表人。

第二十八条 本会理事长行使下列职权：

（一）召集和主持全国会员代表大会、理事会或常务理事会；

（二）检查全国会员代表大会、理事会及常务理事会决议的落实情况；

（三）代表本会签署有关重要文件。

第二十九条 本会秘书长行使下列职权：

（一）主持办事机构开展日常工作，组织实施年度工作计划；

（二）协调各分支机构、代表机构和实体机构开展工作；

（三）提名副秘书长以及各办事机构、分支机构和代表机构和实体机构主要负责人，提交理事会或常务理事会决定；

（四）决定办事机构、代表机构和实体机构专职工作人员的聘用；

（五）处理其他日常事务。

第五章 资产管理、使用原则

第三十条 本会经费来源：

（一）会费；

（二）捐赠；

（三）政府资助；

（四）在核准的业务范围内开展活动或服务的收入；

（五）基金或债券投资、利息；

（六）其他合法收入。

第三十一条 本会经费必须用于本章程规定的业务范围和事业发展，不得在会员中分配。

第三十二条 本会建立严格的财务管理制度，保证会计资料合法、真实、准确、完整。

第三十三条 本会配备具有专业资格的会计人员。会计不得兼任出纳。会计人员必须进行会计核算，实行会计监督。会计人员调动工作或离职时，必须与接管人员办清交接手续。

第三十四条 本会的资产是公有资产，任何单位、个人不得侵占、私分和挪用。

第三十五条 本会的资产管理必须执行国家规定的财务管理制度，并接受全国会员代表大会和财政部门的监督。资产来源属于国家拨款或者社会捐赠、资助的，必须接受审计机关的监督，并将有关情况以适当方式向社会公布。

第三十六条 本会换届或更换法定代表人之前必须接受社团登记管理机关和业务主管单位组织的财务审计。

第三十七条 本会专职工作人员的工资和保险、福利待遇，参照国家对事业单位的有关规定。

第六章　章程的修改程序

第三十八条　对本会章程的修改，须经理事会表决通过后报全国会员代表大会审议。

第三十九条　本会修改的章程，须在全国会员代表大会通过后 15 日内，经业务主管单位审查同意，并报社团登记管理机关核准后生效。

第七章　终止程序及终止后的财产处理

第四十条　本会完成宗旨或自行解散或由于分立、合并等原因需要注销的，由理事会或常务理事会提出终止动议，全国会员代表大会表决通过，并报业务主管单位审查同意，再经社团登记管理机关办理注销登记手续后即为终止。

第四十一条　本会终止前，须在业务主管单位及有关机关指导下成立清算组织，清理债权债务，处理善后事宜。清算期间，不开展清算以外的活动。

第四十二条　本会终止后的剩余财产，在业务主管单位和社团登记管理机关监督下，按照国家有关规定，用于发展与本会宗旨相关的事业。

第八章　附　　则

第四十三条　本会章程由业务主管单位审查同意，经 2002 年 9 月 10 日第六次全国会员代表大会表决通过。

第四十四条　本章程的解释权属本会的理事会。

第四十五条　本章程自社团登记管理机关核准之日起生效。

第三届李善邦青年优秀地震科技论文奖颁发

由中国地震学会设立的“第三届李善邦青年优秀地震科技论文奖”，在中国地震学会第九次学术大会期间颁发。

“第三届李善邦青年优秀地震科技论文奖”获奖论文及作者：

论文：用余震作为经验格林函数从 GDSN 长周期波形资料中提取 1999 年集集地震的震源时间函数

作者：中国地震局地球物理研究所　许力生博士　　一等奖

论文：活动断裂带的整体地震复发行为及其与分段地震复发行为的关系

作者：四川省地震局　　易桂喜硕士　　二等奖

论文：不同围压条件下花岗岩变形破坏过程中的声发射时序特征

作者：山东省地震局　　　　　　　　蒋海昆博士　　二等奖

论文：强震前短临地震前兆时空分布非均匀性变化特征

作者：中国地震局地球物理研究所　陈学忠博士　　三等奖

论文：边界积分方程用于电阻率 Zohdy 反演的初步研究

作者：云南省地震局　　　　　　　　毛先进博士　　三等奖

论文：一种消除地电阻率观测中随机误差的新方法

作者：江苏省地震局　　　　　　　　张世中硕士　　三等奖

论文：震源特性、传播路径及场地条件对建筑物震害影响的研究

作者：中国地震局地球物理研究所　温增平博士　　三等奖

许力生等以上7位获第三届李善邦青年优秀地震科技论文奖的青年科技人员，是奋斗在我国地震科技工作岗位上许许多多青年科技人员的代表。这次获奖是他们平时勤奋学习、刻苦钻研、努力工作的结果。中国地震学会对许力生等7位青年科技人员获第三届李善邦青年优秀地震科技论文奖表示热烈地祝贺！希望他们谦虚谨慎、戒骄戒躁、不断努力，以优异的科研成果为地震科技事业做出更大的贡献。中国地震学会号召广大青年地震科技工作者向许力生等七位青年科技人员学习，共同为发展我国地震科技事业和防震减灾事业而努力奋斗！

中国地震学会第六届一次常务理事会会议纪要

中国地震学会第六届一次常务理事会会议，于2002年10月11日在中国地震局地球物理研究所召开。陈颙、张国民、陈运泰、吴忠良、郝记川、石耀霖、陈晓非、唐荣余、赵和平、杜振民、修济刚、庄灿涛等常务理事出席会议。会议由陈颙理事长主持。

会议讨论制定了本届常务理事会的重点工作，并就聘任本届理事会副秘书长及各专业委员会主任及增补中国地震学会第六届理事会理事等事宜进行讨论。会议在征求全体常务理事的意见后，做出如下决定。

（1）议定本届常务理事会今后工作的重点：

①促进地震科技事业和防震减灾事业的发展。

②以经济建设为中心，促进科技与经济相结合。

③充分发挥科普主力军作用，广泛宣传地震科学知识。

④提高学术交流的质量和水平，开好偶数年大会和奇数年小会。

⑤积极配合中国科协学术年会及其他学术活动。

⑥办好《地震学报》，提高学术论文质量及编辑水平。

⑦推动国际科技交流和台、港、澳的科技交流活动；继续办好海峡两岸地震科技夏令营。

⑧发挥老科技工作者的余热，办好老科技工作者委员会。

⑨进一步加强理事会及各专业委员会的作用。

⑩坚持民主办会的原则，办好学会科技工作者之家；深化学会改革，建立和完善学会组织体系；增强学会科技团体的经济实力和凝聚力。

（2）会议决定聘请徐德诗、王延祜、阴朝民、朱世龙任中国地震学会第六届理事会副秘书长。

（3）会议决定聘请以下同志任中国地震学会第六届理事会各分支机构负责人：

地震学专业委员会	陈晓非	地震地质专业委员会	邓起东
地震预报专业委员会	张国民	地震工程专业委员会	齐霄斋
地震观测技术专业委员会	庄灿涛	地壳深部探测专业委员会	张先康
地壳形变测量专业委员会	吴　云	构造物理专业委员会	马胜利
历史地震专业委员会	高孟潭	地震科技情报专业委员会	刘志远
地震科技管理研究委员会	杜振民	地震社会学专业委员会	邹其嘉
地震流体专业委员会	杨玉荣	工程勘察专业委员会	唐荣余
青年科技工作委员会	欧阳飚	普及工作委员会	修济刚
地震电磁学专业委员会	钱家栋	《地震学报》编委会	陈运泰
国际交流委员会	吴忠良	编辑委员会	谭先锋
老科技工作者委员会	何永年	科技咨询服务部	郝记川
办公室	郝记川		

（4）会议决定增补刘志远、张凤鸣、韩黎珍、张鹏、全德辉、姜朝松、孟晓春、樊琦等8位同志为中国地震学会第六届理事会理事。

第三届海峡两岸地球科学夏令营在台湾举办

由中国地震学会和台湾中央大学地球科学学院共同组织的第三届海峡两岸地球科学夏令营“台湾营”（以下简称夏令营），于2002年7月30日至8月5日在祖国宝岛台湾举办。中国地震学会组织北京、安徽、湖南、湖北、江西、甘肃等6个地区的46位营员赴台湾参加了夏令营活动。

2002年7月29日，参加“台湾营”的全体营员在深圳进行了行前教育学习。本届“台湾营”的团长中国地震局地质研究所马瑾院士、副团长中国地震学会副秘书长郝记川同志、总指挥中国地震局地球物理研究所杨流平同志分别就举办本届夏令营（台湾营）的意义、日程安排和注意事项讲了话。7月30日，参加本届夏令营（台湾营）的一行46人，由深圳经香港于当日抵达台北。中央大学地球科学学院的师生在台湾桃园机场极其热情地接待了远道而来的营员们。

7月30日下午，第三届海峡两岸地球科学夏令营（台湾营）的开幕式在台湾中央大学地球科学学院举行。台湾中央大学地球科学学院院长陈洲生教授代表台湾中央大学地球科学学院致欢迎词。中国地震局地质研究所马瑾院士代表参加第三届海峡两岸地球科学夏令营

（台湾营）的46位大陆营员在开幕式上讲了话。在开幕式上双方还互赠了礼品。

为了使参加第三届海峡两岸地球科学夏令营（台湾营）的大陆营员能学习到更多的地震科学知识和对1999年9月21日发生在台湾的集集大地震有一个较全面的了解，台湾中央大学地球科学学院的王乾盈教授为大家做了十分精彩的科普报告。

第三届海峡两岸地球科学夏令营（台湾营）的行程从台北开始，经基隆的野柳、阿里山、日月潭、南投县、埔里镇、集集镇后返回台北桃园机场结束，在台湾行程一共6天。在台湾期间，营员们在台北参观了故宫博物院；在南投考察了“9.21”大地震造成的车龙埔地震断层和“9.21”大地震重灾区：埔里镇、集集镇。在基隆游览了野柳公园、嘉义阿里山、台中日月潭。

本届夏令营的台湾之行，使大陆营员在以下几个方面感受颇深。

1. 地震和地震的破坏在科学上是可以认识的

1999年9月21日台湾省集集大地震的破坏，给参加夏令营的学员留下深刻印象。夏令营期间，在台湾中央大学杨荣堃老师等的带领下，学员们考察了南投集集镇车垅埔地震断层、地震造成的铁路扭曲、建筑物的破坏、河流的变化，以及地震引起的山体滑坡和植被死亡等自然现象。其中一些破坏现在已经辟为地震纪念地。也许给学员印象最深刻的事情，不仅仅是地震的巨大的破坏力，而且是“地震和地震的破坏在科学上是可以认识的”这样一个事实。“9·21”大地震是一次典型的逆冲型地震，与逆冲断层有关的“上盘效应”，使断层两侧的破坏程度截然不同。地震造成的建筑破坏、地基失效、“河流变瀑布”的变化，甚至植物的死亡等等，也都有规律可循。而从更大的尺度来说，“9·21”大地震又是与台湾地区的地壳运动、特别是与这里的岩石层板块的俯冲和碰撞紧密地联系在一起的。地震和刮风下雨一样，是一种自然现象。因此地震和地震造成的破坏，都是可以通过科学来认识的。目前，我们虽然还没有很好的预测地震的方法，但是在工程上认识地震的破坏，在地质上认识地震的成因，对于将来的减轻地震灾害，还是大有裨益的。夏令营活动期间，一些学员积极地向教员请教地质和地震工程方面的知识，还有些学员询问，在地震工程和抗震设计专业方面，有哪些学校可以报考。

2. 大陆台湾血乳交融

在台湾的观光使人感觉到一种特殊的亲切：日月潭周围的楼台亭阁和日月潭的景色，与西湖、洞庭湖如出一辙；只有中国人才会给阿里山上的巨木赋予充满人情味的联想；台北的故宫博物院只有和北京的故宫博物院放在一起才能构成中华民族悠久灿烂的历史；至于民间的衣食住行、宗教信仰、文化娱乐，更与内地几乎没有任何差别。尽管有多年的阻隔，祖国的传统文化却早已在这里扎下深厚的根基。

台湾中央大学地球科学学院有三位老师和七位同学与我们一起参加了本届夏令营（台湾营）的活动。在台湾7天的活动中，大家朝夕相处，真情相待，彼此间建立了牢固的友谊。每到一处，他们总是热情讲解，耐心解答同学们提出的各种问题。他们经常自掏腰包买一些当地的土特产请大家品尝，并介绍当地人民的生活风俗习惯。大陆的同学更是把他们当成知心朋友，纷纷与他们交换通信地址并邀请他们到大陆自己家里做客。在“夏令营”快要结束时，台湾中央大学地球科学学院的王乾盈教授亲自驾车从台北赶到台中，以宴请的方式欢送大陆来的客人。台湾中央大学地球科学学院以及接待过大陆客人的旅馆、饭店和台湾同胞，都以极热情的方式对待我们，使我们充分体会到“回家”的感觉。

3. 参加集体活动是青少年的人生必修课

参加夏令营的学员，在年龄结构、家庭背景、兴趣爱好、脾气禀性等方面都各不相同。有些学员多次只身出外旅行，可谓“身经百战”，有些学员则是第一次出门，连必备的东西都常常丢失。怎样让这样一个集体既生动活泼，又安全、守时、合作，使同学们真正有所收获，是老师们一直在操心的问题。经过将近 10 天的活动，夏令营中的每一位学员都受到了锻炼，都有了不同程度的进步。每组中的大孩子，在活动中确实起到了带头作用。年龄小的孩子们在一起，难免会有意见不一致，有时还难免会闹些矛盾，但是经过老师开导，小朋友的帮助，大家最后还是成了好朋友。有些同学在家里是“小皇帝”、“小公主”，刚开始时，在守时、照顾其他同学等方面，还明显欠缺，但经过几天的活动之后，他们自觉地养成了很多好的习惯，仿佛一下子长大了很多。到了将近结束时，一些小组已经开始具备独立活动的能力。参加活动的几位老师，年龄、职业、性格和工作方式各不相同，但共同之处是对孩子们的爱心。由于年龄差很大，专业方面的收获不太平衡，有些大孩子笔记记了厚厚一本，有些小孩子则连一些名词还听不大明白。但无论地质和地震学到了多少，这次夏令营活动在大家的生活中，都是难忘的一课。

（中国地震学会　郝记川）

纪念近代地震学开创者李善邦先生诞辰 100 周年

2002 年是我国近代地震学开创者李善邦先生诞辰 100 周年。中国地震学界于 9 月 28 日在李善邦先生亲手创建的鹫峰地震台隆重集会，举行李善邦先生铜像揭幕仪式和纪念画册首发仪式，纪念这位为我国地震学做出卓越贡献的地震学家。

中国地震局宋瑞祥局长和曾经与李善邦先生一起在鹫峰地震台工作过的秦馨菱院士共同为李善邦先生铜像揭幕。中国地震局汤泉副局长讲话。陈运泰院士和地球物理研究所王椿镛所长也先后讲话，并向与会代表赠送了《中国地震事业的先驱李善邦》画册。他们高度评价了李善邦先生对中国地震事业所作的重大贡献，号召大家要学习和发扬李善邦先生爱党、爱国，艰苦奋斗，严谨治学的崇高精神，以“三个代表”重要思想为指导，坚持与时俱进、开创进取，开创我国防震减灾事业的新局面。

李善邦先生从事地震学研究 50 余年，进行了许多开创性的研究工作，为我国近代地震科学的发展奠定了坚实的基础。他在 1930 年创建的北京鹫峰地震台已有 70 多年的历史。这是第一个由中国人自己建立和管理的地震台。抗日战争期间，在极其困难的情况下，李善邦先生还勘探发现了四川攀枝花大型钛铁矿，研制成功了中国第一台地震仪——“霓式”地震仪，并建立了抗日战争期间中国大陆惟一的地震台——北碚地震台。1948 年，李善邦先生恢复了南京“水晶台地震台”，成为旧中国留下的惟一的地震台。解放后，李善邦先生主持研制的“511 式地震仪”装备了第一批 11 个地震台，建成了中国早期地震台网。在第一、二个五年计划期间，他负责提供国家基本建设所需的地震烈度，1955 年，他主持编绘出我国第一套地磁图，1956 年主持编纂《中国地震资料年表》，完成了我国第一幅《中国地震区划分图》，并主编了我国第一部《中国地震目录》，为我国地震学研究工作奠定了基础。1960 年，他主持组建了新丰江水库地震考察队，开创了我国水库地震研究的新领域。晚年，带病撰写成 50 万字的《中国地震》巨著，为中国地震事业留下了弥足珍贵的传世之作。

2002 年，中国地震局拨专款对鹫峰地震台进行了技术改造和扩建。地球物理研究所承担了鹫峰地震台的恢复观测工作。北京数字地震台网的同志负责台站数字化地震观测设备观测方案编制、设备选型、现场观测环境测量、仪器购置、安装、通信设施建设、模拟设备安装和调试以及台站观测综合调试等艰巨的工作。如今鹫峰地震台装备了当今世界上最先进的数字化地震仪，使这座废止于抗战初期的地震台再次焕发了青春，继续在中国的地震学研究和地震预测研究中发挥重要的作用。

出席纪念活动的还有国土资源部、林业局、中国气象局等部门和东南大学、北京林业大学的领导、地震学界的专家、学者以及李善邦先生的部分亲属、老同事和学生共 200 多人。

（中国地震局地球物理研究所　安镇文）

新世纪地震工程与防震减灾学术研讨会暨胡聿贤院士八十寿辰庆典在京举办

2002 年 10 月 14 ~ 16 日，新世纪地震工程与防震减灾学术研讨会在北京召开。会议由中国地震局地球物理研究所、工程力学研究所和工程地震研究中心共同举办。

学术讨论会上，开展广泛的学术交流和研讨，总结 20 世纪我国地震工程与防震减灾研究方面的成果与经验，展望 21 世纪地震工程与防震减灾领域的发展方向。胡聿贤等 9 位院士和张国民教授等分别作了题为“中国地震动参数区划图”、“基于人员伤亡控制的抗震设防决策分析”、“大陆强震机理与预测研究阶段进展”、“Impact study – A Gap Between Engineering and Sqcial Science：An Example of Insurance Application”、“My Adventures in Earthquake Engineering Research and Inf luence from Professor Hu Yuxian”、“台湾 9.21 集集地震近场地面运动的研究”的特邀学术报告。

为庆贺我国地震工程学的开创者之一胡聿贤院士八十华诞，会议出版了《新世纪地震工程与防震减灾——庆贺胡聿贤院士八十寿辰》论文集，并精心地为胡先生举办了一场隆重的生日庆典晚会。中国地震局党组书记、局长宋瑞祥出席并致辞，刘玉辰副局长、中国地震局老领导方樟顺局长、陈章立局长、何永年副局长，中科院林皋、陈颙、陈运泰、马宗晋、马瑾、张楚汉、周锡元、谢礼立、李玶和许绍燮等院士，胡先生及夫人戴月棣先生和部分亲属作为特邀嘉宾参加了庆典晚会。

胡先生 1922 年生于北京，3 岁随父母迁回湖北武昌。1946 年毕业于上海交通大学土木工程系。毕业后去武汉大学任教。1948 年赴美留学，就读于密执安大学土木工程系攻读研究生。1949 年获密执安大学土木工程系硕士学位，期间兼任该系助教。1950 ~ 1952 年在蒋士登教授领导下，作为主要研究者参加全国结构极限强度的研究工作，获密执安大学科学博士学位。1952 ~ 1954 年在美国纽约 HNTB 桥梁设计公司任结构工程师，1954 年任桥梁下部结构设计组长，为美国土木工程师协会中级会员，国际桥梁工程师协会会员。1955 年在美国 Hardesty & Hanover 桥梁设计公司任结构工程师。

1955 年 9 月，先生与夫人戴月棣女士，不顾美国政府的挽留与阻挠，带着将满周岁的长子毅然举家回国，参加祖国的建设事业。起初，被分配到清华大学。后受中科院土木建筑研究所刘恢先所长的盛情邀请，来到冬季冰雪严寒的哈尔滨工作，历时 30 余年。期间历任副研究员、研究员、副所长和所长。1986 年为加强地震工程与地震学、地质学研究的结合，辞去工力所所长职务，调入中国地震局地球物理研究所任研究员，并致力于推动地球科学与工程科学的有机结合。1991 年选为中科院院士。1993 年先生亲自组建了中国地震局工程地震研究中心。

多年来，先生锲而不舍、辛勤耕耘在地震工程研究领域的第一线，即使在最困难的情况下也义无返顾、毫不动摇。先生一生成就卓著、硕果累累，并为我国培养了一大批地震工程科学和防震减灾领域的学生，开创了许多基础性和边缘性的科学研究，解决了地震工程与防震减灾领域的若干科学难题，使我国在这个领域的研究达到了国际先进的行列。

（中国地震局地球物理研究所　安镇文）

全国钻孔应力应变观测技术研讨会在深圳召开

中国地震局地壳应力研究所作为钻孔应力应变管理牵头单位，在中国地震局监测预报司的大力支持下，于 2002 年 9 月 22 ~ 26 日，在深圳组织召开“全国钻孔应力应变观测技术研讨会”，出席会议的代表 70 多人，其中来自台站一线的监测人员 17 人，研究所仪器研制及预报、台站管理等人员 18 人，省局从事仪器研制及预报研究的人员 21 人。会议邀请 10 余位应力应变技术、理论研究专家到会，并作了学术报告。研讨会共收集、整理出版了会议论文 43 篇。

学术报告涉及的主要内容包括：钻孔应力应变手段在地震监测预报工作中的作用和地位，当前国内国际钻孔应力应变观测技术的最新发展趋势及急需解决的技术问题，钻孔应力应变资料处理方法和预报方法、台站工作经验交流等方面。会议全面反映了我国多年来从事应力应变观测工作在地震预报中所取得的成绩及存在的问题和发展方向。会议认为，监测是预报的基础，在地震预报这个科学难题尚未解决的今天，有很多东西是不明确的，尤其是前兆，争论很多，这是正常现象。经过“八五”科技攻关，目前保留的近二十几种前兆手段都有许多震例，在这二十几种前兆手段中，钻孔应力应变手段有其独特的优势，地震最终归结于地壳的应力变化，地应力是最直接的前兆，而其它地球物理场是一种间接反映，另外，该仪器具有抗干扰能力强、土建投资少、不受地形条件件的限制，可以用于地震短临跟踪和应急观测，几十年来在地震预报方面取得的实效越来越突出，越来越受到监测预报人员的广泛欢迎。如：乌什台的分量式仪器对250km范围内的中强地震对应率高达80%，而且都做了较好的预报，其他台也都有很好的震例；昆仑山口西8.1级地震中，全国所有的钻孔应力应变台站都记录到同震应变，部分台站记录到了前兆。这说明监测地应力的变化是获取前兆信息的一个好办法。有些同志结合新疆地区提出，如果钻孔应力应变台站的密度达到250km，6级以上的地震就不会有太多的遗漏。但遗憾的是和其它地震前兆形变类仪器相比，钻孔应力应变仪器不仅数量少，发展不平衡，而且投入严重不足，需要进行技术改造的地方很多，技术人员流失严重，这些都制约了该方法的发展。

会议最后一致呼吁：通过本次研讨会，首先认真深入研究钻孔应力应变观测技术的发展现状、存在的问题，制定好发展规划，把钻孔应力应变观测工作做好；第二，认真落实局党组提出的科研单位和台站相结合的思路；第三，争取国家局的大力支持，集中优势力量，集中资源，研制适合我国国情的新型应力应变观测仪器，使该手段在“十五”有更大的发展。

地震最终归结于地壳的应力变化，钻孔应力应变观测手段有其独特的优势，尽管目前还不能在全国加密台网，但有必要在适当的情况下集中资源在重点监视地区或地震多发地区建立应力应变观测网络，提高地震监测能力和地震预报水平。

（中国地震局地壳应力研究所　祝景忠）

天文、大地测量与地球动力学院士论坛在武汉举行

2002年9月9~16日，叶叔华、丁国瑜、魏子卿、许厚泽、宁津生、刘经南等6名中科院院士和中国工程院院士齐聚江城武汉，共论天文、大地测量与地球动力学学科发展大计。

我国著名天文学家、全国人大常委会委员、中国科协副主席叶叔华院士主持了这次会议。会议首先听取了中国地震局地震研究所所长李强研究员关于地震研究所人才结构、人才培养，承担的科研项目、成果、国际合作与交流以及今后的研究方向的报告。

论坛举行期间，各位院士报告了各自研究领域的最新进展。叶叔华院士重点向与会院士及专家学者报告了国际空间技术研究与应用的动态及发展前景。她说，中国要成为经济大国，科技必须先行，尤其是空间技术，在国际上要有中国的位置。21世纪对我们来说机遇与挑战并存，中国人一定要参与空间技术的开发与应用。中国地震局地震研究所的GPS观测工作，开辟了地震观测的新领域，实现了人类从空中俯视地壳变化的梦想。我们要在这些工作的基础上，联袂天文学、大地测量学和地球动力学等领域的技术优势加强国际合作，扩大合作范围，争取用几年时间，把我们国家的空间大地测量与地球动力学研究推向一个新的高度。

宁津生院士从大地测量学、摄影测量与遥感学、地图制图学与地理信息工程学、工程测量学和海洋测量学等5个方面详细介绍了中国测绘科技的进展。他指出：地球动力学模型的研究和大地水准面的精化都依赖于地面和全球重力实测的重力场数据，因此，建立国家重力基本网已势在必行。

刘经南院士报告了利用GPS资料研究中国大陆垂直形变特征的一些初步结果。研究结果表明：我国主要有两个隆升地区，一是青藏高原，其隆升速率达7~8mm/年；另一个是我国的东北地区，隆升速率较青藏高原小。西北、华北地区及东南地区呈下降趋势，在沉降区，地壳水平运动速率小，而沉降运动明显。中国大陆垂直运动分东西两种态势，垂直运动整体走向不同，西部近东西向，升降的幅度大，梯度变化大。东部近南北向，梯度与变化幅度相对较小。

魏子卿院士报告了近几年来大地测量与地球动力学方面所做的工作和取得的成就。他认为：近几年来，我国天文、大地测量与地球动力学研究领域的许多单位，在空间测量方面做了不少工作。为了加快这方面的研究，更好地利用空间测量技术探索地震的奥秘，揭示环境灾害成因，商讨工作中遇到的科学难题，广泛而及时地进行专业学术交流，已成为广大天文、大地测量与地球动力学专业工作者的共同愿望和迫切要求。

许厚泽院士在谈到地球物理研究的最新进展时认为：地球内部孕育地震处岩石的物理、化学、力学性质随时间和空间变化的异常量因地磁和地应力干扰太大而无法分离出来，给地震监测预报研究带来困难。今后应利用重力观测手段来研究地震，在重力仪器研制领域，地震研究所已经研制出微伽重力仪，今后应扩大研制领域，向超导重力仪进军。目前海军、南京大学都很重视海洋重力仪，希望地震研究所加强这方面的研制工作，以满足国防需求。

丁国瑜院士着重强调指出：地壳表面运动的测量是今后要加强的手段，大陆地球动力学的研究重点是造山带。

论坛期间，湖北省副省长王少阶看望了院士与专家学者。

（湖北省地震局　刘　敏）

广东省地震局邀请中外专家到局作学术报告

2002年4月22日，英国地质调查局地球物理学家戴恒昌博士应邀来广东省地震局作题为“转换波地震偏移成相在PC集机场上的并行处理”的学术报告，广东省地震局刘昌谋副局长、地震预报、地震监测、地震工程等方面科技人员约50人参加。就该技术方法在地球勘探上的应用，戴恒昌博士谈了自己的看法及在实际工作中的运用，同时还详细介绍了最新国际地磁网的分布及建设情况。

2002年11月15日，中国工程院第三世界科学院许绍燮院士应邀来广东省地震局作题为“探索当前值得思考的两个问题”的学术报告。就目前世界争论比较激烈的两个问题：①地震预报是不可能的吗？②孕震过程中的前兆是可以用于预报地震吗？许院士通过对我国及欧洲大地震实例研究后，提出了前兆是不能直接反映震源的“伴生现象”这一新概念。通过人们的努力可以发现直接反映震源的规律，这样有规律的前兆是可以预报地震的。有广东省地震局王正尚副局长以及分析预报、地震监测等科技人员约 70 人与会。

2002 年 12 月 27 日，中国科学院院士、著名地震专家陈颙应邀来广东省地震局作题为“地震灾害和地震科学的几个问题”的学术报告。报告的主要内容为：①地震学简要回顾；②中国数字地震网络工程；③数字地震学计划。参加者有广东省地震局局长韩黎珍等局领导，地震工程、地震预报、地震监测等方面科技人员约 130 人。

（广东省地震局　陈小芳）

为国民经济服务

中国地震局兰州地震研究所科技开发工作

（1）加强与外系统的合作。兰州地震研究所的开发项目在冶金、石油等系统具有良好的信誉，并一直保持合作关系；根据地震科技的特点，以市场为导向，积极拓展服务领域，组织和协调科技人员，深入部分大型企业和工程建设部门开发市场，在铁路、公路以及电力系统内完成大型地震安全性评价项目十多项，为今后进一步加强合作奠定了基础。

（2）加强和完善开发管理。根据市场需求对部分开发管理办法和制度进行了完善，并加强了对重大项目的协调管理，使开发管理走上了规范化。为了满足各地、县工程项目对技术的要求，兰州地震工程研究院先后在两个地、市建立工作站，并与地方地震工作部门就机构的运行等问题达成默契，进一步促进科技开发工作的全面发展。

（3）在面向国民经济建设服务中，充分发挥人才、技术和设备优势，在项目的具体实施中，技术人员严把工程质量关，使工程规范得到了建设单位和工程业主的认可，为兰州地震研究所的科技开发树立良好的社会形象。

本年度兰州地震研究所完成兰州—武威铁路复线、青海官亭—兰州榆中 750kV 输电线路、兰州第二热电厂、天水通讯大楼、银光公司等大型项目的地震安全性评价工作；黄河黑山峡大柳树及小观音坝址区域构造稳定性研究工作均通过国家及省地震安全性评价委员会的评审，并得到有关部门和专家的高度评价，为兰州地震研究所争得荣誉。此外，兰州地震工程研究院完成了伊朗塔里干水电站的地震动参数复核，工作质量得到了伊朗专家的好评。兰州地震研究所全年完成各类科技开发项目 40 多项，合同额达 480 万元，为西部大开发做出了较好的业绩，兰州地震研究所的科技开发工作步入良性发展的轨道。

（中国地震局兰州地震研究所　王多杰）

陕西省工程地震勘察研究院通过计量认证

陕西省工程地震勘察研究院（以下简称工勘院）是陕西省地震局下属事业单位。在完成事业单位法人登记的基础上，又通过了陕西省技术监督局组织的“计量认证”。2002年隶属工勘院的“陕西大地地震工程勘察中心”进行了独立的企业法人资格登记，并办理了省物价局、技术监督局、建设厅、科技厅和西安市地方税务局的各类资质证件，通过了地震安全性评价、勘察证照的资质年检。

面对激烈的市场竞争，工勘院为了谋求新的发展，一是加大硬件投入，筹资新购置了包括复合载体夯扩桩施工设备在内的打桩、测桩有关设备，增强了发展后劲。二是强化质量管理，编写了质量管理手册、印发了质量管理制度，对各类科技服务的技术报告实行三级审核制度。三是狠抓行业条例、规范和规定的学习，安排3.5万元，供院职工参加“人工地基质量检测人员上岗证”、“ISO9000—2000版质量管理内审员”、“地震现场建筑物安全鉴定”和“注册土木工程师”等学习班，提高职工业务技术水平。四是抓欠款清理，催回已开发票未收回的账款100余万元。通过以上措施，全年共完成各类开发项目150个，合同额达640余万元，工勘、地裂缝勘察占18.3%。其中人工地基检测占61.6%，地震安全性评价占17.6%，沉降观测、振动测试等项目占2.5%。这些项目的完成，不仅为政府决策和建设部门的质量管理提供了可靠的科学依据，同时也取得了明显的社会经济效益。

（陕西省地震局　吕　莲）

宁夏回族自治区地震局科技开发工作

2002年宁夏回族自治区地震局地震工程研究院始终坚持“质量第一，信誉至上”的原则，提前两个月保质保量完成500余项工程检测、地震安评和物探等项目，无重大质量和安全生产责任事故发生。总产值比上年度增加29.5%。建设工程地基检测是该院的强项，已占领自治区内建筑桩基市场份额的60%，进一步将市场扩展到周边省区，采用新技术和新方法，先后承担完成包头市稀土大厦13600kN和西宁移动通信大楼12000kN高吨位静载荷试验，受到工程建设单位的高度赞誉。在物探方面，承担完成国道309线宁夏境内固原黄峁山隧道3条线路物探项目、固原至沿川子高速公路固原二十里铺隧道和大湾隧道物探项目。承揽完成的兰州至西宁高速公路平西段31km路基质量检测项目，经业主青海省高速公路管理局现场开挖验证后给予很高的评价，增加了宁夏地震工程研究院的知名度和显示度，标志着宁夏地震工程研究院具有承担重大项目的技术条件和业务能力。

全局7个地震台站在切实做好2002年各项地震监测工作的基础上，克服了台站开发创收条件差的劣势，充分利用台站现有的各种条件，积极探索开发创收的路子，全年创收接近10万元。

在做好2002年科技开发工作的同时，宁夏地震局还着眼长远发展，重视科技开发人才的培训和设备更新。2002年仅工程研究院就投入10多万元，派出20多人次赴各地培训，通过培训，使科技开发人员更新了知识，了解和掌握新技术、新方法，开发创收技能有了很大提高。该院自筹资金200多万元，引进购置了美国劳雷公司SIR－2000型地质雷达系统、中国科学院武汉岩土所PD－204桩基动测仪和武汉岩海公司RS－1616K桩基动测仪；先后购置工程钻机车、吊车和大型运输车以及计算机设备和相应的软件系统，强化科技开发的硬件支持，改善工作条件，提高了测试精度和工作效率，从而增强了市场竞争力。另外宁夏地震局还切实执行科技开发创收的各种规定，保证政策兑现，保障了科技开发人员的收入随着创收的增加而增长，并对在开发创收中作出突出贡献的人员实行了万元重奖，激励和调动科技开发人员的积极性。经过多年的努力，在科技开发具备一定的技术和优势后，宁夏回族自治区地震局于2002年申请获得宁夏建设厅颁发的岩土工程勘察资质证书，为拓展新项目的开发奠定了基础。

（宁夏回族自治区地震局　谢建永）

地壳应力研究所科技成果推广工作

2002年，中国地震局地壳应力研究所（以下简称地壳所）继续坚持地震科技面向国民经济建设战场的方向，利用科技优势，做好科技成果的转化应用，努力拓宽地震科技为经济服务的领域和市场，积极推进科技开发工作，取得明显效果。

地壳所地应力测量方法和技术在西部大开发中的交通、能源、水利建设中得到广泛的应用。地理信息系统、工程地质灾害的监测预警技术等，在三峡等地区工程建设中得到应用，与重庆市和国家移民局合作，为三峡万州等地区建设移民地理信息系统；在国土资源部和三峡建设委员会的支持下，在三峡库区的滑坡、高边坡等地质灾害的重点地段建立两个地质灾害监测和预警的示范区，以领先的技术和高度的敬业精神赢得了上级部门和库区政府的信任；地壳所与上海市国土局合作完成的上海市地面沉降自动监测系统、与深圳市工程勘察院合作进行的深圳市建筑物安全监测研究项目取得了进展。

在做好地震安全性评价与结构抗震研究、遥感影像信息处理与检测识别震害方法研究等研究课题的同时，地壳所组织职工认真学习、宣传贯彻防震减灾法和地震安全性评价条例等法律法规，为国家重点工程建设项目和大中城市的生命线建设工程提出工程咨询、抗震设防的依据。全年承接大型工程建设项目的工程场地地震安全性评价项目多项，项目领域包括有青藏铁路、深港通道大桥，海洋石油平台、交通、水利、矿山等领域。这些项目的实施，拓宽了地震科技为国民经济建设服务的领域，为工程建设、经济建设解决了某些技术难题，提高了地震系统声誉，获得了一定的社会效益和经济效益。全年全所共承担各种科技开发项目70余项，完成合同额近千万元。

2002年，地壳所经过慎重研究，反复论证，对所属科技型企业北京中震地壳岩土工程勘察院面向社会公开招标，寻找共建合作单位，经过严格筛选，最终选定了技术实力、经济实力雄厚的山东省地矿工程勘察院为合作单位。北京中震地壳岩土工程勘察院于2003年1月1日起按完全企业化管理模式运行，进入工勘市场。

（中国地震局地壳应力研究所　祝景忠）

湖北省防震减灾技术服务收费管理办法

第一条　为规范我省防震减灾技术服务收费行为，根据《中华人民共和国价格法》、《中华人民共和国防震减灾法》、《地震安全性评价管理条例》（国务院令323号）等有关规定，制定本办法。

第二条　本办法适用于我省行政区域内新建、扩建、改建等建设工程项目及区域开发建设项目的地震安全性评价、抗震设防技术服务、震害预测、抗震性能鉴定等防震减灾技术服务工作。

第三条　防震减灾技术服务收费属有偿服务收费。

防震减灾技术服务收费单位和项目业主在签定技术服务合同时，应严格执行本办法规定的收费标准和有关法规与技术规范的要求。按照自愿互利、有偿服务、合理收费的原则，协商确定工作内容和收费额度。

第四条　从事地震安全性评价工作的单位，必须持有国家或省地震行政主管部门核发的《建设工程地震安全性评价许可证书》，并按照证书级别规定的范围从事地震安全性评价工作。外省（市、自治区）地震安全性评价单位在我省行政区域内承担地震安全性评价工作时，必须到我省地震行政主管部门注册登记，并按本办法规定的项目和标准收费。

省地震行政主管部门对从业单位的工作质量每年抽查一次，对从业单位的技术资格每两年复核一次。

第五条　防震减灾技术服务收费单位，应到同级价格主管部门办理《湖北省经营及服务价格收费监审证》，使用税务发票，并依法纳税。收费单位应自觉接受价格主管部门的年度审验和监督检查。

第六条　凡只收费不提供技术服务，或超出本办法规定的范围和标准的收费，均属乱收费行为，由价格主管部门依法查处。

第七条　本办法自发布之日起试行，试行期二年。

第八条 本办法由省物价、地震主管部门在各自职责范围内负责解释。

湖北省防震减灾技术服务收费项目及收费标准

表 1 地震安全性评价收费标准

序号	主要工作内容	收费标准/万元
1	1.1 区域地震活动性分析	0.50～0.70
	1.2 区域地震构造调查与综合分析	0.70～1.10
	1.3 地震区带划分	0.25～0.30
2	2.1 近场区地震活动性分析	0.20～0.25
	2.2 近场区和场区地震构造综合分析	1.00～1.20
	2.3 场区断层位置确定及活动性鉴定	按国家规定的有关工程勘察标准执行
3	3.1 场地勘察	
	3.2 场地土动力实验	
	3.3 场地工程地震条件评价	0.30～0.45
4	4.1 地震烈度衰减关系确定	0.25～0.30
	4.2 地震动衰减关系确定	0.30～0.40
5	5.1 地震危险性确定性分析（地震构造法）	3.00～4.50
	5.2 地震危险性确定性分析（历史地震法）	2.00～3.50
	5.3 地震危险性确定性分析（安全评价）	1.20～1.40
6	6.1 潜在震源区划分	0.40～0.60
	6.2 地震活动性参数确定	0.40～0.60
	6.3 地震危险性概率计算	0.60～0.80
	6.4 不确定性校正	0.20～0.30
	6.5 综合评价	0.20～0.25
7	7.1 基岩反应谱衰减关系确定	0.30
	7.2 基岩目标反应谱和形状函数确定	0.40
	7.3 基岩加速度时程	0.25
8	8.1 场地设计地震动参数计算模型及模型参数确定	0.40～0.50
	8.2 场地地震动效应分析	0.30～0.35
	8.3 地震动参数和场地相关反应谱确定	0.45～0.55
	8.4 场地设计地震动参数确定	0.35～0.45
	8.5 设计地震动时程	0.25

续表

序号	主要工作内容	收费标准/万元
9	9.1 地震动小区划	0.60～0.80
	9.2 地震地质灾害小区划	0.80～1.00
10	10.1 地震地质灾害一般性评估	0.80～1.50
	10.2 滑坡、砂土液化、震陷等特殊地震次生灾害评估	协　商
11	11.1 辅助工作	0.50～0.70
	11.2 工作成果评审	省级评审　0.60 国家级评审　1.50

备注：(1) 近场区面积超过半径 25km 圆形区域范围、工程场地超过 $2km^2$ 时，比照增加收费；

(2) 基岩反应谱及形状函数、地震动参数、场地相关反应谱、场地设计地震动参数的确定，以一个场点、水平向一个概率水准为计价单位；

(3) 基岩水平向加速度时程和场地设计地震动参数以一条为计价单位，竖向参数确定在此基础上增加 20%；

(4) 地震动小区划、地震地质灾害小区划的计费单位为 $50km^2$，工作内容为综合分析、编图。基础工作费用另计；

(5) 地震地质灾害和特殊地震次生灾害评价以一个场地，一种灾害为计费单位，不包括钻孔、特探和样品分析等基础工作费用；

(6) 大型桥梁、高层建筑等工程需要在同一场点多个层位提供地震动的，收费额度根据工作量确定；

(7) 表中给出的是国家标准《工程场地地震安全性评价技术规范》(GB17741－1999) 中的Ⅲ类工作收费指导价格。Ⅰ类、Ⅱ类工作可参照Ⅲ类工作收费价格和实际工作量协商确定收费额度。Ⅳ类工作按每场点 6 万～8 万元的价格具体协商确定。

表 2　抗震设防技术服务收费标准

序号	类别	主要工作内容	收 费 标 准
1	地震小区划成果有偿使用	1.1 根据地震小区划给出的地震动参数为一般建设工程提供抗震设防要求	工程项目投资总额在 1000 万元以内，按投资总额的 0.20% 收取；投资总额超过 1000 万元的，超过部分按 0.08% 收取

续表

序号	类别	主要工作内容	收费标准
2	抗震设防技术服务	2.1 对地震动参数区划图分界线两侧各4km范围内的一般工程场地地震动参数进行复核	每场址2.00万~2.50万元
		2.2 根据现场实际勘测结果和具体场址条件，提出克服场址抗震设防不利因素的方法和措施，给出在50年超越概率为10%的风险水平下，以地震动参数表述的一般建筑必须达到的抗震设防要求	进行现场勘测，按勘察测量收费标准收费 地震动参数确定收费： 单项工程投资总额在200万元以下，按投资额的万分之六收取；投资额在200万元以上，200万元以上部分按万分之三收取，但单项工程最高收费额不得超过3000元
		2.3 地震动、地脉动、爆破测量及对建筑物影响的评价	按勘察测量收费标准收费
备注：未开展地震小区划的，不能收取地震小区划成果有偿使用费。			

表3　震害预测收费标准

序号	工程类别	主要工作内容	收费标准
1	建筑物	1.1 收集有关技术资料	一般建筑物 单体：1.50元/m^2 群体：0.50元/m^2 特殊结构或有特殊难度的建筑物 单体：3.00元/m^2 群体：1.00元/m^2
		1.2 现场调查	
		1.3 关键部位取样	
		1.4 样品鉴定和参数测试	
		1.5 计算	
		1.6 综合分析	
2	构筑物与生命线工程	2.1 收集有关技术资料	小型：1.00~5.00（万元） 中型：6.00~20.00（万元） 大型：协商 有特殊难度的，乘以难度系数1.5~3.0
		2.2 现场调查	
		2.3 关键部位取样	
		2.4 样品鉴定和参数测试	
		2.5 建立计算模型	
		2.6 计算	
		2.7 综合分析	
备注：不含地震危险性分析等基础工作。			

表 4　建筑物、构筑物抗震性能鉴定收费标准

工程类别	主要工作内容	收费标准
建筑物、构筑物、生命线工程	1.1 收集资料	建筑物：不进行现场测试的，0.8 万元起价，每平方米 2.00 元；进行现场测试的，1.5 万元起价，每平方米 3.00 元 构筑物、生命线工程：协商确定收费额度
	1.2 现场调查、测试	
	1.3 关键部位取样、测试	
	1.4 计算	
	1.5 综合分析	

关于印发广西壮族自治区防震工作收费管理办法的通知

各地、市、县物价局、防震工作办公室：

自治区物价局、地震局《关于印发广西壮族自治区防震工作收费管理试行办法的通知》（桂价费字［1999］521 号）规定的试行时间已到。为进一步贯彻落实《中华人民共和国防震减灾法》、《地震安全性评价管理条例》（国务院令 323 号）、《广西壮族自治区工程建设场地地震安全性评价管理规定》（广西壮族自治区人民政府令 1997 年第 9 号）、国家物价局、财政部《关于发布地震安全性评价收费项目及标准的通知》（［1992］价费字 339 号）和《自治区人民政府关于取消 22 项、降低标准 4 项行政事业性收费和 24 项收费转轨的通知》（桂政发［2000］17 号）精神，规范防震工作的收费行为，根据《中华人民共和国价格法》有关规定，现正式颁布《广西壮族自治区防震工作收费管理办法》，请遵照执行。

广西壮族自治区物价局
广西壮族自治区地震局
二〇〇二年六月六日

广西壮族自治区防震工作收费管理办法

第一条　为进一步落实《中华人民共和国防震减灾法》、《地震安全性评价管理条例》

(国务院令 323 号)、《广西壮族自治区工程建设场地地震安全性评价管理规定》(1997 年广西壮族自治区人民政府令第 9 号)、《国务院关于进一步加强防震减灾工作的通知》(国发［2000］14 号)、国家物价局、财政部《关于发布地震安全性评价收费项目及标准的通知》(［1992］价费字 339 号)、财政部、国家发展计划委员会《关于将部分行政事业收费转为经营服务性收费(价格)的通知》(财综［2001］94 号)和《自治区人民政府关于取消 22 项、降低标准 4 项行政事业性收费和 24 项收费转轨的通知》(桂政发［2000］17 号)精神，规范防震工作的收费范围和标准，根据《中华人民共和国价格法》的有关规定，制定广西壮族自治区防震工作收费管理办法。

第二条 本办法适用于广西壮族自治区境内新建、扩建、改建建设工程项目及区域开发建设项目。

第三条 防震工作收费属有偿服务收费，其收费项目、收费标准、工作内容详见附表一、附表二、附表三。

抗震设防要求确认收费范围：地震小区划成果有偿使用、抗震设防要求技术咨询、地震动参数复核。

地震安全性评价收费范围：设计地震动参数确定、地震危险性分析、地震小区划、地震地质灾害评价等。

其它：震害预测、抗震性能鉴定。

第四条 本办法规定了依据《工程场地地震安全性评价技术规范》(GB17741—1999)确定的三级、四级地震安全性评价工作收费标准。一级和二级地震安全性评价工作收费由项目业主与承担地震安全性评价工作的单位根据本办法和其它相关规定协商确定；四级地震安全性评价工作依照《建设工程抗震设防要求管理办法》和《中国地震动参数区划图》(GB18306—2001)简化为地震动参数复核。项目业主有特殊技术要求的工程，收费由工程业主与承担地震安全性评价工作的单位依本办法和其他有关规定协商确定。

第五条 防震工作收费单位应严格执行本文规定的收费标准，体现自愿互利、有偿服务、合理收费的原则。

第六条 从事地震安全性评价工作的单位，必须持有国家或自治区地震行政主管部门核发的《建设工程地震安全性评价许可证书》，并按照证书级别的规定范围从事地震安全性评价工作。外省(市)评价单位在自治区辖区内承担地震安全性评价工作时，应向自治区地震行政主管部门注册登记，收费项目和标准按本办法规定执行。

各地、市、县防震部门如需收取抗震设防要求技术咨询费，必须先经自治区地震行政主管部门审核批准，再到当地价格主管部门办理《收费许可证》，亮证收费。地、市、县防震部门抗震设防要求技术咨询资格由自治区地震行政主管部门每两年复核一次。

第七条 抗震设防要求确认费和地震安全性评价工作费用由建设单位在项目经费中安排。抗震设防要求确认收费额度按《抗震设防要求确认收费标准》(附表一)执行，未进行地震小区划的市、县，不能收取地震小区划成果有偿使用费。三级地震安全性评价工作收费按《三级地震安全性评价收费标准》(附表二)执行。

第八条 抗震设防要求确认收费中的地震小区划成果有偿使用费由地、市、县防震工作部门代收，收费用于成果管理及偿还地震小区划投入经费和收费年限内银行利息。

抗震设防要求确认收费标准中的技术咨询费的收费只有在确实提供技术咨询服务(现场

调查、确认场地地震地质和场地类别等）的情况下方能收取。

第九条 收费主体的确认。“地震安全性评价收费”的收费主体是为项目业主提供地震安全性评价服务的单位；“地震小区划成果有偿使用费”的收费主体是提供地震小区划工作经费的部门或单位；“技术咨询费”的收费主体是提供咨询服务的市、县防震工作部门；“地震安全性评价成果评审收费”的收费主体是自治区地震安全性评定委员会办公室。《震害预测和抗震性能鉴定收费标准》（附表三）的收费主体是具有资质承担抗震性能鉴定和震害预测的部门或单位。

第十条 防震工作收费单位应到同级价格主管部门办理《收费许可证》，亮证收费。收费人员从事收费时，必须持有价格主管部门颁发的《收费员证》，持证收费，并按规定使用税务发票；收费收入依法纳税。防震工作收费单位应自觉接受价格、地震等部门的监督检查。

第十一条 凡违反本规定收费的，均属乱收费行为，由价格主管部门依法查处。

第十二条 本办法自发布之日起施行。

第十三条 本办法由自治区价格、地震主管部门在职责范围内负责解释。

附表一 抗震设防要求确认收费标准

（一）地震小区划成果有偿使用费

工程项目类别	计算单位	收费标准
项目投资总额在一千万元以下（含一千万元）	按总投资额征收	0.25%
项目投资总额在一千万元以上	按总投资额征收	
其中：一千万元以内部分（含一千万元）		0.2%
一千万元以上部分		0.06%

备注：1. 收费标准按“分段核算，累计缴纳”的方法进行。
2. 未进行地震小区划的市、县不能收取此项费用。

（二）抗震设防要求技术咨询费

1. 按工程项目总投资额的万分之七收取；

2. 最高不能超过 2600 元。

（三）地震动参数复核（四级地震安全性评价）

按实际工作量由双方商议，最高不能超过 25000 元。

附表二　三级地震安全性评价收费标准

<table>
<tr><th>编号</th><th>工作项目</th><th>单价（万元）</th></tr>
<tr><td rowspan="3">1</td><td>1.1 区域地震活动性分析</td><td>0.20</td></tr>
<tr><td>1.2 区域地震构造调查与综合分析</td><td>0.70</td></tr>
<tr><td>1.3 地震区带划分</td><td>0.15</td></tr>
<tr><td rowspan="2">2</td><td>2.1 近场区地震活动性分析</td><td>0.15</td></tr>
<tr><td>2.2 近场区和场区地震构造综合分析</td><td>0.70</td></tr>
<tr><td rowspan="3">3</td><td>3.1 场地勘察</td><td rowspan="2">按国家规定的有关工程勘察标准</td></tr>
<tr><td>3.2 场地土动力实验</td></tr>
<tr><td>3.3 场地工程地震条件评价</td><td>0.30</td></tr>
<tr><td>4</td><td>4.1 地震动衰减关系确定</td><td>0.20</td></tr>
<tr><td rowspan="5">5</td><td>5.1 潜在震源区划分</td><td>0.20</td></tr>
<tr><td>5.2 地震活动性参数确定</td><td>0.20</td></tr>
<tr><td>5.3 地震危险性概率计算</td><td>0.50</td></tr>
<tr><td>5.4 不确定性校正</td><td>0.15</td></tr>
<tr><td>5.5 综合评价</td><td>0.15</td></tr>
<tr><td rowspan="3">6</td><td>6.1 基岩反应谱衰减关系确定</td><td>0.20</td></tr>
<tr><td>6.2 基岩目标反应谱和形状函数确定</td><td>0.20</td></tr>
<tr><td>6.3 基岩加速度时程</td><td>0.20</td></tr>
<tr><td rowspan="4">7</td><td>7.1 场地设计地震动参数计算模型及模型参数确定</td><td>0.30</td></tr>
<tr><td>7.2 场地地震动效应分析</td><td>0.30</td></tr>
<tr><td>7.3 地震动参数和场地相关反映谱确定</td><td>0.40</td></tr>
<tr><td>7.4 场地设计地震动参数确定</td><td>0.30</td></tr>
<tr><td>8</td><td>地震地质灾害评估</td><td>0.60</td></tr>
<tr><td rowspan="2">9</td><td>9.1 辅助工作</td><td>0.40</td></tr>
<tr><td>9.2 工作成果评审</td><td>0.40</td></tr>
</table>

备注：1. 近场区面积超过半径 25km 圆形区域范围、工程场地超过 $2km^2$ 时比照增加收费。

2. 基岩反应谱及形状函数、地震动参数、场地相关反映谱、场地设计地震动参数的确定以一个场点、水平向一个概率水准为计价单位。

3. 基岩水平向加速度时程和场地设计地震动参数以一条为计价单位，竖向参数确定在此基础上增加 20%。

4. 地震地质灾害评价以一个场地、一种地震地质灾害为计价单位，不包括钻孔、物探和样品分析等基础工作。

5. 大型桥梁、高层建筑等需要在同一物点多个层位提供地震动的工程收费，根据工作量定。

附表三　震害预测和抗震性能鉴定收费标准

（一）震害预测

序　号	名　称	主要作业方式	收费标准（万元）
10.1	建筑物	收集资料、现场调查、计算、综合分析	单体：每平方米 1.50 元 群体：每平方米 0.50 元
10.2	构筑物	收集资料、现场调查、建模、计算、综合分析鉴定	根据工作范围，预测对象的难易程度及工作量议定
10.3	生命线工程		

备注：不含地震危险性分析等基础工作。

（二）抗震性能鉴定

序　号	名　称	主要作业方式	收费标准（万元）
11.1	建、构筑物	收集资料、现场调查、测试、计算、综合分析	不进行现场测试的 5000 元起价，每平方米 2.00 元；现场进行仪器测试的 10000 元起价，每平方米 2.50 元

机构与人事教育

这一部分主要收载机构设置及领导名单，人事教育工作，本系统院士、有突出贡献中青年专家、享受政府特殊津贴人员简介，入选跨世纪人才名单和新通过评审的研究员名单，以及表彰情况等。

机 构 设 置

中国地震局机关司、处级领导干部名单

（截止于2002年12月31日）

<table>
<tr><th>部　　门</th><th>职位</th><th>姓名</th><th>职能处室</th><th>职位</th><th>姓名</th><th>备注</th></tr>
<tr><td rowspan="10">办公室</td><td rowspan="10">主　任
副主任
副主任</td><td rowspan="10">李强华
胡春峰
吴卫民</td><td rowspan="2">秘书处</td><td>副处长</td><td>陈　锋</td><td></td></tr>
<tr><td>副处长</td><td>吴仕仲</td><td></td></tr>
<tr><td>文书处</td><td>处　长</td><td>（空缺）</td><td></td></tr>
<tr><td>信息化管理处</td><td>处　长</td><td>闫京波</td><td></td></tr>
<tr><td rowspan="2">机关财务处</td><td>处　长</td><td>王　蕊</td><td></td></tr>
<tr><td>副处长</td><td>申屠娟</td><td></td></tr>
<tr><td>行政处</td><td>处　长</td><td>董艺斌</td><td></td></tr>
<tr><td rowspan="2">档案处</td><td>处　长</td><td>张克里</td><td></td></tr>
<tr><td>副处长</td><td>陈贺永</td><td></td></tr>
<tr><td>保卫处</td><td>处　长</td><td>谢洪江</td><td></td></tr>
<tr><td rowspan="5">人事教育司</td><td rowspan="5">司　长
副司长
副司长</td><td rowspan="5">张　金
刘宗坚
潘怀文</td><td>干部处</td><td>处　长</td><td>刘铁胜</td><td></td></tr>
<tr><td>机关人事处</td><td>处　长</td><td>杨心平</td><td></td></tr>
<tr><td rowspan="2">机构工资管理处</td><td>处　长</td><td>孙晓竟</td><td></td></tr>
<tr><td>副处长</td><td>陈　光</td><td></td></tr>
<tr><td>科技人才教育处</td><td>处　长</td><td>宁为民</td><td></td></tr>
<tr><td rowspan="5">规划财务司</td><td rowspan="5">司　长
副司长
副司长</td><td rowspan="5">王延祜
张宏卫
方韶东</td><td>规划计划处</td><td>处　长</td><td>徐铁鞠</td><td></td></tr>
<tr><td rowspan="2">财务处</td><td>处　长</td><td>张雪洁</td><td></td></tr>
<tr><td>副处长</td><td>顾　劲</td><td></td></tr>
<tr><td>基建处</td><td>处　长</td><td>高　伟</td><td></td></tr>
<tr><td>资产条件处（统计处）</td><td>处　长</td><td>武守春</td><td></td></tr>
</table>

续表

部　　门	职位	姓名	职能处室	职位	姓名	备注
监测预报司	司　长 副司长 副司长	阴朝民 高荣胜 吴书贵	监测管理处	处　长	宋彦云	
				副处长	余书明	
			预报管理处	处　长	车　时	
				副处长	刘桂萍	
			应急管理处	处　长	苗崇刚	
			台网建设管理处	处　长	(空缺)	
震害防御司 (法规司)	副司长 副司长	杜　玮 孙　雄	抗震设防管理处	处　长	陶裕录	
			社会防御管理处	处　长	李　彪	
			法规处	处　长	杜安陆	
				副处长	唐景见	
			技术监督处	处　长	黎益仕	
科技发展司 (国际合作司)	司　长 副司长 副司长	朱世龙 吴建春 黄建发	综合处	处　长	张志波	
			基础研究处	处　长	李　明	
			科技成果与推广处	处　长	唐　毅	
			双边合作处	处　长	赵　明	
				副处长	王　剑	
			国际组织与国际会议处	处　长	王志秋	
直属机关党委	常务副书记 副书记兼纪委书记	宿景贵 杨小瑛	组织部	部　长	杨小瑛	(兼)
				副部长	王瑜青	
			宣传部	部　长	乔福生	
			团　委	书　记	王继斌	
			直属机关工会	主　席	张连瑛	
中纪委驻局 纪检组、监察司	副组长、 司长	丁秀芳	案件审理室	主　任	武丁辰	机关 副司级
			纪检监察室	主　任	傅　宏	
			审计室	主　任	(空缺)	
离退休干部 办公室	主　任 副主任	王　霞 王援朝	系统管理处	处　长	李春明	
			离休干部管理服务处	处　长	刘成海	
			机关退休干部管理服务处	处　长	张连达	
地震灾害紧急 救援工作协调 办公室	主　任 副主任	徐德诗 任利生				

(中国地震局人事教育司机关人事处)

中国地震局所属各单位领导班子成员名单

（截止于2002年12月31日）

序号	工作单位	姓　名	党政职务
1	北京市地震局	修济刚	局　长、党组书记
		郭大庆	副局长、党组成员、纪检组组长
		杜甫来	副局长、党组成员
		徐　平	副局长
		胡　平	副局长、党组成员
2	天津市地震局	刘连柱	局　长、党组书记
		郝团生	副局长、党组成员、纪检组组长
		赵国敏	副局长、党组成员
		牟光迅	副局长、党组成员
3	河北省地震局	艾润飙	局　长、党组书记
		杨国宝	副局长、党组成员、纪检组组长
		周清良	副局长、党组成员
		曹志成	副局长、党组成员
		王钟山	副局长
4	山西省地震局	赵新平	局　长、党组书记
		景呈国	副局长、党组成员、纪检组组长
		樊　琦	副局长、党组成员
		刘松清	副局长、党组成员
5	内蒙古自治区地震局	包东健	局　长、党组书记
		曹　刚	副局长、党组成员
		刘　美	副局长、党组成员、纪检组组长
6	辽宁省地震局	徐心同	局　长、党组书记
		蒋秀琴	副局长、党组成员
		张书栋	副局长、党组成员
		高常波	副局长、党组成员
		李国安	党组成员、纪检组组长

续表

序号	工作单位	姓　名	党政职务
7	吉林省地震局	董继川	局　长、党组书记
		郑雅琴	副局长、党组成员
		包晓军	副局长、党组成员、纪检组组长
		陈凤学	副局长、党组成员
8	黑龙江省地震局	郑继烈	局　长、党组书记
		冯俊生	副局长、党组成员
		张锡杰	副局长、党组成员
		孙文斌	副局长、党组成员、纪检组组长
9	上海市地震局	卢寿德	局　长、党组书记
		王　炜	副局长、党组成员
		王建军	副局长、党组成员
		朱元清	副局长、党组成员
		李红芳	党组成员、纪检组组长
10	江苏省地震局	李清河	局　长、党组书记
		张　骏	副局长、党组副书记
		褚志宏	副局长、党组成员
		张振亚	副局长、党组成员
		张大其	副局长、党组成员
		张锁喜	党组成员、纪检组组长
11	浙江省地震局 （中国地震局干部培训中心）	陈修民	局　长（主任）、党组书记
		苏晓梅	副局长（副主任）、党组成员
		陆南栋	副局长（副主任）、党组成员
		王美娥	党组成员、纪检组组长
12	安徽省地震局	黄田庚	局　长、党组书记
		朱煌武	副局长、党组成员
		张　鹏	副局长、党组成员
		姚大全	副局长、党组成员
		卫成波	党组成员、纪检组组长
13	福建省地震局	林思诚	局　长、党组书记
		朱金芳	副局长、党组成员
		黄向荣	副局长、党组成员
		史彝华	副局长、党组成员
14	江西省地震局	袁定强	局　长、党组书记
		张福平	副局长、党组成员、纪检组组长
		王建荣	副局长、党组成员

续表

序号	工作单位	姓　名	党政职务
15	山东省地震局	林趾祥	局　长、党组书记
		晁洪太	副局长、党组成员
		孙亚强	副局长、党组成员
		刘　峰	党组成员、纪检组组长
16	河南省地震局	梁宪章	局　长、党组书记
		卢国合	副局长、党组成员、纪检组组长
		王合领	副局长
		刘尧兴	副局长、党组成员
17	湖北省地震局 （中国地震局地震研究所）	李　强	局（所）长、党组书记
		陈发荣	副局（所）长、党组成员、纪检组组长
		吴　云	副局（所）长、党组成员
		姚运生	副局（所）长、党组成员
		邢灿飞	副局（所）长、党组成员
18	湖南省地震局	全德辉	局　长、党组书记
		胡奉湘	副局长、党组成员
		周剑峰	副局长、党组成员、纪检组组长
19	广东省地震局	韩黎珍	局　长、党组书记
		刘昌谋	副局长
		续新民	副局长、党组成员、纪检组组长
		黄剑涛	副局长、党组成员
		王正尚	副局长、党组成员
		梁　干	副局长、党组成员
20	广西壮族自治区地震局	袁家治	局　长、党组书记
		李竞志	副局长、党组成员
		劳王枢	副局长、党组成员、纪检组组长
		龙安明	副局长、党组成员
21	海南省地震局	孙福梁	局　长、党组书记
		周　昕	副局长、党组成员
		李战勇	副局长、党组成员
		赵庆辉	党组成员、纪检组组长
22	重庆市地震局	丁仁杰	局　长、党组书记
		胡正华	副局长、党组成员
		王　强	副局长、党组成员、纪检组组长

续表

序号	工作单位	姓　名	党政职务
23	四川省地震局	吴耀强	局　长、党组书记
		王云基	副局长、党组成员
		邓昌文	副局长、党组成员、纪检组组长
		王　力	副局长、党组成员
		吕弋培	副局长、党组成员
		朱　荃	副局长、党组成员
24	云南省地震局	皇甫岗	局　长、党组书记
		胡永龙	副局长、党组成员
		乔　森	副局长、党组成员
		陈铁牛	党组成员、纪检组组长
25	西藏自治区地震局	张周术	局　长、党组书记
		洛　追	副局长、党组成员、纪检组组长
		曹忠权	副局长、党组成员
		索　仁	副局长、党组成员
26	陕西省地震局	原廷宏	局　长、党组书记
		杜文和	副局长、党组成员
		姬丁义	党组成员、纪检组组长
27	甘肃省地震局 （中国地震局兰州地震研究所）	李　克	局（所）长、党组书记
		武冀新	副局（所）长、党组副书记、纪检组组长
		王兰民	副局（所）长、党组成员
		赵广堃	副局（所）长、党组成员
		张新基	副局（所）长、党组成员
28	青海省地震局	陈铁流	局　长、党组书记
		吴宗濂	副局长、党组成员
		任铁生	副局长、党组成员
		樊兰宝	党组成员、纪检组组长
29	宁夏回族自治区地震局	杨明芝	局　长、党组书记
		万自成	副局长、党组成员
		张思源	副局长、党组成员
		马贵仁	副局长、党组成员、纪检组组长
30	新疆维吾尔自治区地震局	张云峰	局　长、党组书记
		寇大兵	副局长、党组成员、纪检组组长
		吐尼亚孜	副局长、党组成员
		宋和平	副局长、党组成员
		王海涛	副局长、党组成员

续表

序号	工作单位	姓名	党政职务
31	地球物理勘探中心	张先康	主　任
		成双喜	副主任、党委书记
		李松岭	副主任
		方盛明	副主任、纪委书记
32	第一监测中心	章思亚	主　任
		耿　洪	副主任、党委书记
		刘广余	副主任
		薄万举	副主任
		刘振国	纪委书记
33	第二监测中心	丁　平	主　任、党委书记
		张尊和	副主任
		胡　斌	副主任、党委副书记、纪委书记
		李顺平	副主任
34	工程力学研究所	齐霄斋	所　长、党委书记
		薄景山	副所长、党委副书记、纪委书记
		金　星	副所长
		孙柏涛	副所长
		张　莹	副所长
35	地球物理研究所	王椿镛	所　长
		杨流平	副所长、党委书记
		高孟潭	副所长
		欧阳飚	副所长
		杨建思	副所长
		曹学锋	纪委书记
36	地质研究所	刘启元	所　长、党委书记
		张培震	副所长
		江　钊	副所长、党委副书记、纪委书记
		任金卫	副所长
		杨小峰	副所长
37	地壳应力研究所	唐荣余	所　长
		张卫东	副所长、党委书记
		谢富仁	副所长
		阮晓龙	副所长
		何　玉	纪委书记

续表

序号	工作单位	姓　名	党政职务
38	分析预报中心	阴朝民	主　任、党委副书记
		刘连柱	常务副主任、党委书记
		蔡晋安	副主任
		李志雄	副主任
		张晓东	副主任
		马文乔	副主任、党委副书记
		庄灿涛	总工程师
39	综合观测中心	徐德诗	第一主任
		巩曰沐	主　任、党委书记
		刘鹏飞	副主任
		黄宝森	副主任
40	防灾技术高等专科学校	何振德	校　长、党委书记
		齐福荣	副校长、党委副书记
		王　银	副校长、党委副书记、纪委书记
		钟南才	副校长
41	地震出版社	张　宏	社　长、党委书记
		蒋浩旋	副社长
		王天星	副社长
		周为莺	总编辑
42	地震信息中心	刘志远	主　任、党委书记
		贺　钦	副主任
		谭先锋	副主任
		李文清	副主任、党委副书记、纪委书记
43	机关服务中心	缪惟祥	主　任
		韩晓东	副主任、党委书记
		徐京华	党委副书记、纪委书记
		姚　全	副主任
		马铁民	副主任
44	中国地震局驻深圳办事处 深圳防震减灾科技交流培训中心	郑南忠	主　任、党组书记
		左开挺	副主任、党组成员、纪检组组长
		刘升礼	副主任、党组成员
45	地震工程研究中心	牛之俊	副主任
		陆　鸣	副主任
		孙建中	副主任

（中国地震局人事教育司干部处）

2002年中国地震局局属有关单位机构设置情况

（1）印发30个省级地震局的机构改革方案。

（2）根据中编办《关于中国地震局所属事业单位机构编制的批复》（中央编复字［2002］115号），将中国地震局第一地形变监测中心更名为中国地震局第一监测中心、中国地震局第二地形变监测中心更名为中国地震局第二监测中心、中国地震局地震数据信息中心更名为中国地震局地震信息中心。

（3）根据中编办《关于中国地震局所属事业单位机构编制的批复》（中央编复字［2002］115号），成立中国地震局地震工程研究中心。

（4）批准综合观测中心行政管理处更名为服务中心。

（5）根据工作需要，撤销原国家地震局驻上海办事处。

（6）发文成立中国地震局行政复议委员会。

（中国地震局人事教育司机构工资处）

山西省调整防震减灾领导组

由于人事变动，省人民政府决定调整山西省防震减灾领导组组成人员，其组成人员名单如下：

组　　长：	靳善忠	副省长
副 组 长：	李福龙	省人民政府副秘书长
	畅日宝	省委组织部助理巡视员
	袁升德	省委宣传部副部长
	赵新平	省地震局局长
	毕怀恕	省民政厅厅长
	张　诚	省经贸委副主任
成　　员：	肖作通	省军区副参谋长
	王援朝	省武警总队副总队长
	孔繁珠	省计委副主任
	石常明	省财政厅副厅长
	杨晓桥	省公安厅副厅长
	孙秉晨	省司法厅厅长

安焕晓　　省教育厅副厅长
刘文林　　省建设厅总工程师
廉毅敏　　省科技厅副厅长
郝光亮　　省卫生厅副厅长
宋元林　　省交通厅副厅长
姚高宽　　省水利厅副厅长
赵晋蓉　　省文化厅副厅长
许远秦　　省国防科工办副主任
刘继双　　省人防办副主任
贾雪峰　　省外事办副主任
牛辉林　　省广播电视局副局长
牛银虎　　省粮食局副局长
郭法顺　　省煤炭工业局副局长
刘松清　　省地震局副局长
刘永斌　　省通信管理局局长
杜培仁　　省环保局副局长
邹晋生　　太铁分局副局长
马　晟　　民航山西省管理局副局长
谷有才　　省储备局副局长
白树民　　省药品监督管理局副局长
于立滨　　省电力公司副总经理
刘　宽　　省财保公司总经理
王　明　　省人保公司副总经理
张毓勤　　省石油总公司副总经理
常建军　　省物资产业集团有限公司副总经理
姬和平　　太原市副市长
解廷香　　大同市副市长
李体柱　　阳泉市副市长
秦来英　　长治市副市长
赵学梅　　晋城市副市长
史占彪　　朔州市副市长
吴菊仙　　运城市副市长
苗元礼　　临汾市副市长
于培楼　　晋中市副市长
谌长瑞　　忻州市副市长
丁雪峰　　吕梁地区行政公署副专员

山西省防震减灾领导组办公室设在省地震局，主任：刘松清（兼）。

山西省人民政府办公厅

二〇〇二年五月十五日

浙江省调整防震减灾工作领导小组

因人事变动和工作需要，省政府决定调整浙江省防震减灾工作领导小组成员。现将调整后的成员名单通知如下：

组　　长：吕祖善

副 组 长：蒋泰维　　省政府

　　　　　裴晓光　　省军区

　　　　　陈修民　　省地震局

成　　员：高海浩　　省委宣传部

　　　　　赵詹奇　　省计委

　　　　　沈陇声　　省经贸委

　　　　　于　涟　　省科技厅

　　　　　张绪培　　省教育厅

　　　　　黄子钧　　省公安厅

　　　　　吴桂英　　省民政厅

　　　　　钱巨炎　　省财政厅

　　　　　陈小恩　　省人事厅

　　　　　华宣奎　　省国土资源厅

　　　　　张苗根　　省建设厅

　　　　　张治中　　省交通厅

　　　　　褚加福　　省水利厅

　　　　　杨泉森　　省卫生厅

　　　　　刘汉山　　省广电局

　　　　　邓茂盛　　省通信管理局

　　　　　钟传厚　　省武警总队

　　　　　景雄明　　省人防办

　　　　　韦国忠　　省电力公司

　　　　　朱守忠　　人保浙江公司

　　　　　陆南栋　　省地震局

领导小组办公室设在省地震局，陈修民同志兼任办公室主任。

浙江省人民政府办公厅

二〇〇二年九月十六日

湖北省防震减灾工作领导小组

组　　长：王少阶　　副省长
副 组 长：汤农生　　省政府副秘书长
　　　　　李　强　　省地震局局长
成　　员：熊茂浩　　省计委副主任
　　　　　詹才诛　　省经贸委副主任
　　　　　刘海新　　省科技厅副厅长
　　　　　武孟灵　　省建设厅副厅长
　　　　　李元江　　省财政厅副厅长
　　　　　陈正森　　省民政厅副厅长
　　　　　周厚霞　　省公安厅副厅长
　　　　　孙昌松　　省卫生厅副厅长
　　　　　万汉华　　省水利厅副厅长
　　　　　张　洪　　省信息产业厅副厅长
　　　　　蔡　潮　　省交通厅助理巡视员
　　　　　曹贤火　　省广电局副局长
　　　　　姚运生　　省地震局副局长
　　　　　徐才源　　省军区副参谋长
　　　　　张义生　　省武警总队副参谋长
领导小组办公室主任：姚运生（省地震局副局长）

海南省抗震救灾指挥部

指 挥 长：吴昌元　　省政府副省长
副指挥长：孙福梁　　省地震局局长
　　　　　陈国舜　　省政府副秘书长
　　　　　闫力平　　海南军区副司令员
　　　　　贺恒德　　武警海南省总队总队长
震情监视组：
组　　长：李战勇　　省地震局副局长

抢险救援组：
组　　长：符　戆　　海南军区副参谋长
副 组 长：赵福成　　武警海南省总队副总队长
　　　　　林书顺　　省公安消防总队副总队长
医疗卫生组：
组　　长：林方略　　省卫生厅副厅长
副 组 长：卓　英　　省红十字会常务副会长
　　　　　韩英伟　　省药品监督管理局副局长
交通运输保障组：
组　　长：戴启元　　省交通厅副厅长
副 组 长：黄宝贵　　民航海南省管理局副局长
　　　　　唐百钢　　海南铁路总公司总经理
通信保障组：
组　　长：薛良燕　　省通信管理局副局长
电力保障组：
组　　长：郑庭锦　　省经济贸易厅副厅长
副 组 长：齐雨田　　省电力有限公司总工程师
粮食食品物资供应组：
组　　长：赵莉莎　　省发展计划厅副厅长
副 组 长：宋建海　　省粮食局局长
　　　　　韩成光　　省经济贸易厅处长
灾民安置组：
组　　长：李远富　　省民政厅副厅长
副 组 长：卓　英　　省红十字会常务副会长
城市基础设施抢险与应急恢复组：
组　　长：李建飞　　省建设厅副厅长
副 组 长：秦孙贵　　武警海南省总队副参谋长
社会治安维护组：
组　　长：彭晓敏　　省公安厅副厅长
副 组 长：孙建锋　　武警海南省总队副参谋长
　　　　　李敬海　　省司法厅副厅长
重要目标警卫组：
组　　长：孙建锋　　武警海南省总队副参谋长
消防组：
组　　长：林书顺　　省公安消防总队副总队长
次生灾害防御组：
组　　长：符传智　　省经济贸易厅处长
灾害信息组：
组　　长：周　昕　　省地震局副局长

副 组 长：杨青年　　省建设厅副厅长
应急资金管理组：
组　　长：陈海波　　省财政厅副厅长
副 组 长：李远富　　省民政厅副厅长
外援物资管理组：
组　　长：李远富　　省民政厅副厅长
副 组 长：卓　英　　省红十字会常务副会长
　　　　　史张华　　省外事侨务办公室副处长
宣传报道组：
组　　长：吴清雄　　省委宣传部助理巡视员
副 组 长：申文庄　　省地震局办公室副主任
涉外事务组：
组　　长：刘　锦　　省外事侨务办公室副主任

甘肃省防震减灾工作领导小组

组　　长：洛桑灵智多杰　　副省长
　　　　　李重庵　　副省长
副 组 长：张天理　　省人民政府副秘书长
　　　　　张性忠　　省人民政府副秘书长
　　　　　李　克　　省地震局局长
办公室主任：李　克　　省地震局局长
办公室副主任：蒙炯明　　省民政厅副厅长
组　　员：石星光　　省委宣传部副部长
　　　　　张忠敬　　省计委副主任
　　　　　孟祥生　　省经贸委副主任
　　　　　屠锦敏　　省建设厅厅长
　　　　　吴新科　　省科学技术厅副厅长
　　　　　李卫国　　省教育厅副厅长
　　　　　侯志明　　省卫生厅副厅长
　　　　　徐拴龙　　省交通厅厅长
　　　　　贾德治　　省水利厅副厅长
　　　　　周多明　　省财政厅副厅长
　　　　　张浪亭　　省公安厅副厅长
　　　　　李光尧　　省广播电视厅副厅长

初义信	省电力局副局长
马正峰	省粮食局副局长
赵　良	兰州铁路局副局长
阎永年	省物资局副局长
恩广礼	省电信公司总经理
邵志忠	省气象局副局长
谭启俭	省保险公司副总经理
张思善	省石油公司总经理
乔正敏	兰州军区作战部副部长
常晓乱	省军区副参谋长
郑岁满	省武警总队副总队长

（甘肃省地震局　马尔曼）

新疆维吾尔自治区防震减灾工作领导小组

由于人事变动情况，自治区人民政府决定对自治区防震减灾工作领导小组成员进行调整。调整后的自治区防震减灾工作领导小组成员名单如下：

组　　长：	刘　怡	自治区副主席
副 组 长：	刘新齐	新疆生产建设兵团副司令员
	李　屹	自治区党委副秘书长
	吐尔逊·伊不拉音	自治区人民政府副秘书长
	程　兵	新疆军区副参谋长
	崔向荣	新疆武警总队副总队长
	张云峰	自治区地震局局长
成　　员：	韩学琦	自治区发展计划委员会主任
	陈泽瑜	自治区财政厅厅长
	刘克勤	自治区公安厅副厅长
	朱新安	自治区卫生厅副厅长
	铁木尔·帕孜勒	自治区民政厅副厅长
	袁进修	自治区国土资源厅副厅长
	王　宁	自治区建设厅副厅长
	李文森	自治区科学技术厅副厅长
	严　恢	自治区经贸委副主任
	刘　华	自治区教委秘书长
	尤努斯·玉素甫	自治区对外经济贸易合作厅副厅长

依德力希	自治区广播电影电视局副局长
李世新	自治区水利厅副厅长
吐尔逊·海吾	自治区贸易行业管理办公室主任
卫　晓	自治区交通厅副厅长
安尼瓦尔·阿不力孜	自治区地质矿产勘察开发局副局长
加帕尔·热西丁	自治区通信管理局副局长
洪连忠	自治区电力公司副总经理
王锦升	自治区粮食局党委副书记
凌　霄	新疆石油管理局副局长
李树森	乌鲁木齐铁路局副局长
吐尼牙孜·沙吾提	自治区地震局副局长
王海涛	自治区地震局副局长
王延辉	自治区保险公司副总经理
居来提·卡德尔	自治区科协副主席
张　鸿	乌鲁木齐市副市长
钟　波	生产建设兵团建设局副局长

自治区防震减灾工作领导小组下设办公室，具体负责自治区防震减灾工作领导小组的日常事务工作。办公室设在自治区地震局，办公室主任由张云峰兼任。

关于调整《中国地震年鉴》工作机构的通知

各省、自治区、直辖市地震局，各直属单位：

鉴于中国地震局领导分工调整和局机关部分人员岗位变动，经研究，决定调整《中国地震年鉴》编辑委员会及其编辑部，其组成如下：

《中国地震年鉴》编辑委员会

主　　编：赵和平

副 主 编：李强华

委　　员：胡春峰　潘怀文　张宏卫　阴朝民　杜　玮　吴建春　王志东　陈　静

《中国地震年鉴》编辑部

主　　任：胡春峰　陈　静

成　　员：李　玲　吴仕仲　孙晓竟　徐铁鞠　宋彦云　唐景见　张志波　王志东　申　裕　解桂华

中国地震局

二〇〇二年六月五日

中国地震局印发省级地震局机构改革方案

经过深入细致的工作，2002 年 6 月，中国地震局正式印发了省级地震局机构改革方案。

《中国地震局关于省、自治区、直辖市地震机构改革方案的实施意见》（中震发人［2001］216 号）下发后，各省级地震局按照《实施意见》要求，在上报方案前，征求了当地编制管理部门的意见，一些省（区、市）正式行文回函并提出了很好的意见。就审核上报方案中的有关问题，人事教育司多次征求局机关职能部门的意见，对职能表述、机构设置及名称、编制核定、领导职数等按照中编办的总体要求确定了审批原则。根据各单位上报方案，按照审批原则与每个单位多次进行沟通，并先后两次将方案审批样本传真给各单位，两上两下征求意见，根据反馈意见，进一步研究、修订，最终以局长办公会形式讨论、通过了各单位的“三定”方案。

为了推进各地的防震减灾工作，体现双重领导体制，广泛宣传省级地震局作为防震减灾主管机构，承担防震减灾工作政府行政管理职能以及省级地震局的主要职责，经中编办同意，在印发各省局“三定”方案正文中，商请当地人民政府有关部门转发本方案，同时将方案抄送当地人民政府和编制管理部门。

（中国地震局人事教育司　孙晓竞）

地震科技体制改革工作全面展开

在科技部、财政部、中编办的大力支持下，在局党组的高度重视和各科研机构的积极参与下，中国地震局直属科研机构管理体制改革工作在 2002 年 10 月全面启动。

中国地震局直属科研机构科技体制改革是 2002 年全局的工作重点，为力争成为第二批启动科技体制改革的部门，全面启动全局的科技体制改革工作，局各有关部门负责同志组成调研组，对第一批启动改革的四个部门和局直属科研机构进行广泛调研。在此基础上，制定了《中国地震局直属科研机构管理体制改革总体方案（征求意见稿)》，并通过座谈会和文件方式向局各直属科研机构和有关专家征求意见。经过修改，于 2002 年 7 月 8 日正式向科技部报送《中国地震局直属科研机构管理体制改革总体方案》。

2002 年 10 月 10 日，科技部、财政部、中编办下发《关于农业部等九个部门属科研机构改革方案的批复》(国科发政［2002］356 号)，正式批复了中国地震局的改革总体方案，中国地震局被确定为第二批启动改革的公益部门。

为加强对全局科技体制改革工作的领导，经局党组研究决定，我局于10月24日成立了局科技体制改革领导小组，刘玉辰副局长任领导小组组长，机关各相关职能部门和各直属科研机构主要负责人任成员，领导小组下设秘书处，由科技发展司、人事教育司、规划财务司有关领导组成，负责领导小组的日常工作。各直属科研机构也根据中国地震局的要求成立了相应的科技体制改革领导机构。

局科技体制改革领导小组根据国家对改革的总体要求和我局的实际情况，研究制定《中国地震局关于直属科研机构管理体制改革组织实施工作意见》，对改革的总体思路、结构调整、管理体制、运行机制、人事制度、财务和资产管理、实施进度、政策保障等方面提出了明确的指导性意见，是一份起到顶层设计作用的重要文件。在听取各方面意见后，经中国地震局党组审议通过，以局发文形式正式下发了《中国地震局关于直属科研机构管理体制改革组织实施工作意见》。此外，针对前期调研过程中的突出问题，局科技体制改革领导小组还研究制定《中国地震局直属科研机构理事会章程》、《关于武汉科技创新基地和兰州科技创新基地管理的若干意见》、《中国地震局直属科研机构客座研究人员管理办法》、《非营利科研机构科学事业费使用管理暂行办法》、《关于加强改革中的思想政治工作的意见》等改革政策文件。

按照《中国地震局关于直属科研机构管理体制实施意见》（以下简称《实施意见》）的精神，中国地震局保留地球物理研究所、地质研究所、地壳应力研究所、工程力学研究所和分析预报中心5个单位，建成非营利性科研机构。各科研机构进入创新基地的人数为：地球物理研究所210人，地质研究所175人，地壳应力研究所225人，分析预报中心235人，工程力学研究所190人，总共1035人。其中地震研究所保留50人、兰州地震研究所保留30人的精干科研队伍分别进入地壳应力研究所和分析预报中心的创新基地。

根据任务和学科特点，5个研究所（中心）的主要研究领域为：

地球物理研究所：以地震孕育与发生机制、地震灾害预测与工程应用为主要研究领域，开展地球物理学相关的基础研究与应用研究。

地质研究所：以大陆强震发生的地质构造环境及地点预测、火山喷发机理、大陆动力学为主要研究领域，开展地质学、地球化学相关的基础研究与应用研究。

地壳应力研究所：以大陆地震构造力学状态和地震强度预测、水库诱发地震为主要研究领域，开展大地测量学相关的基础研究和应用研究。

分析预报中心：以地震与火山监测、地震预测预报理论与技术为主要研究领域，承担全国地震分析预报科学技术集成工作。

工程力学研究所：以地震工程与防灾减灾工程为主要研究领域，开展地震工程学相关的基础研究和应用研究。

为加强各地震科研机构的交流与合作，形成合力，使4+X等于1，为推进第二步改革、建立地震科学院作准备，成立跨单位的虚拟地震科学研究院，并组建地震仪器集团。

按照《实施意见》的要求，首批招聘人员原则上不超过编制数的65%，并应有一定比例的外单位人员；原则上研究员、副研究员、助理研究员及以下岗位按1:2:2设置；管理、辅助部门编制原则上不超过人员编制的20%；流动岗位不少于人员编制的20%。

按照《实施意见》的进度安排，各单位在2003年3月底以前完成科技体制改革方案的制定，并报中国地震局审批；5月底以前中国地震局完成对各单位改革方案的批复；6月开始首批人员选聘工作，并在年底前完成；2004年6月底以前完成向企业转制的工作和人员的分流工作；9月底以前进行部门预验收，并组建地震科学研究院；2004年年底以前进行科技体制改革的验收工作。

2002年11月26日，中国地震局在北京召开直属科研机构科技体制改革实施动员大会，在第二批公益类科研机构改革部门中率先启动改革工作。中国地震局在京党组成员、地震系统两院院士、中国地震局各职能部门负责人、参加改革的7个科研机构以及京区各单位代表参加了大会，科技部体改司领导参加了会议并作了重要发言。

局科技体制改革领导小组组长刘玉辰副局长代表局党组就贯彻落实中国地震局关于改革组织实施工作的意见、做好改革实施工作作了报告。在报告中，刘玉辰副局长对中国地震局直属科研机构管理体制改革的总体思路作了介绍，并就做好科技体制组织实施工作提出了要求。

宋瑞祥局长在会上作了重要发言，指出：要以“十六大”精神统率科技体制改革工作，加强领导、统一思想，树立大局意识、历史责任意识，抓住机遇，认真细致地做好科技体制改革各个环节的工作，并以此带动全局的改革工作。他要求机关各管理部门要树立服务意识，全力支持改革。

改革动员会后，各直属科研机构立即向广大科技人员进行传达和动员，并按照局改革组织实施工作的意见，开展各单位改革方案的制定工作。通过动员和讨论，使广大科技人员充分认识到改革的意义、目的和任务，也激发了广大科技人员的积极性。

在局党组的高度重视和广大科技人员积极支持下，我局2002年的科技体制改革工作取得了显著的成效，在全局范围内形成强烈的改革气氛。

（中国地震局科技发展（国际合作）司　唐　毅）

中国地震局直属科研机构改革工作正式启动

2002年10月10日，科技部、财政部、中编办联合印发《关于农业部等九个部门所属科研机构改革方案的批复》，根据批复的改革方案，中国地震局地球物理研究所、地质研究所、地壳应力研究所、工程力学研究所、分析预报中心等5个单位按非营利科研机构管理和运行，保留1035人编制；地震研究所和兰州地震研究所转为地震事业单位。

2002年10月21日，科技部在京召开2002年公益类科研机构体制改革工作会议，徐冠华部长、李学勇副部长到会讲话，宣布启动第二批公益类科研机构体制改革工作并对下一步工作做出部署。

第二批启动改革的单位分别为农业部、广电总局、新闻出版总署、体育总局、地震局、粮食局、测绘局、供销合作总社和科技部等9个部门所属的107个科研机构，改革方案为：38个科研机构转为企业，4个进入大学，21个并入或转为其他事业单位，42个（涉及44个机构）按非营利机构管理。根据科技部要求，要在2004年底前按照改革方案全部实施到位。

这是继2001年国土资源部、水利部、国家林业局、中国气象局4个部门98个公益类科研机构改革工作启动以来，我国公益类科研院所体制改革的又一重大举措。

中国地震局党组高度重视科技体制改革工作，2002年10月23日，党组书记、局长宋瑞祥同志主持召开局党组会议，研究组织实施我局科研机构改革的有关问题。部分院士、局机关各部门负责人、7个科研机构负责人列席会议。会议听取局科技体制改革调研组就科技部等部门批复的改革方案和我局改革进展情况的工作汇报。决定成立由刘玉辰副局长任组长、局机关有关司室和7个科研机构负责人组成的中国地震局科技体制改革领导小组。会议还就改革中各部门的工作和要求提出指导性意见。

2002年10月24日，刘玉辰副局长主持召开中国地震局科技体制改革领导小组第一次全体会议，对近期工作进行了部署，改革领导小组组织起草了《中国地震局关于直属科研机构管理体制改革组织实施工作的意见》。11月26日召开了全局科技体制改革动员大会。

（中国地震局人事教育司　孙晓竞）

中国地震局机关对处级领导职位实行竞争上岗

为推行局机关干部人事制度的改革，进一步提高干部选拔任用工作的透明度，拓宽选人用人渠道，逐步建立富有生机和活力的用人机制，根据中组部、人事部《关于党政机关推行竞争上岗的意见》的精神，结合我局实际情况，中国地震局党组研究决定对局机关空缺的部分处长、副处长职位实行竞争上岗。中纪委驻中国地震局纪检组、监察司对此次竞争上岗工作进行了全过程监督。

此次竞争上岗工作程序主要包括制定下发实施方案、组织报名、民主推荐、笔试面试、考核、公示等环节。

陈建民副局长在机关全体人员及京区有关单位领导参加的动员大会上做了动员报告，对实行竞争上岗的目的和意义以及实施方案和相关政策等进行了说明，并对竞岗工作提出了要求。

此次竞争上岗的笔试试题由中组部考试中心代为命题，分公共、专业两部分，公共部分包括邓小平理论、党和国家的方针政策、时事政治；法律知识、行政管理知识、科学技术、历史知识、公文写作与处理等内容。专业部分包括防震减灾工作法律法规、方针政策、重要的规章制度，中国地震局重大事件，防震减灾工作的基本业务常识等。参加笔试的人员充分发挥了自己的水平，取得较好成绩。

面试人员是根据笔试成绩从高到低每个竞争职位取前三名，主要对参加人员的综合分析能力、计划组织与协调能力、决策能力、应变能力、语言表达能力及人际交往能力等进行全面测试。

考察阶段则按笔试、面试成绩之和从高分到低分确定每个竞争职位前2名进入考察，主要考察竞岗人员的德、能、勤、绩、廉等方面的情况。其后对拟任职人员名单及有关情况在机关及京区范围内进行了公示。

最后经局党组审定，七位同志通过竞争上岗就任七个处的处长。

（中国地震局人事教育司机关人事处）

河北省地震局机构改革工作基本完成

为进一步适应建设防震减灾三大工作体系的要求，更好地履行《中华人民共和国防震减灾法》赋予我们的职能，河北省地震局在中国地震局党组的领导下，以中国地震局批准的《河北省地震局职能配置、机构设置和人员编制规定》为依据，进行了机构改革，前后历时5个月，于4月底前基本完成。我局的这次机构改革有以下几个特点：

1. 加强领导，充分准备

河北省地震局领导高度重视机构改革工作，认真学习领会中编委、中国地震局、省政府关于机构改革的文件、规定，统一思想，广泛调查研究，学习兄弟省局先进经验，认真拟定机构改革实施方案及有关政策、方法；分别召开处级干部、机关工作人员、专业技术人员和事业单位干部职工座谈会，广泛听取大家的意见，成立机构改革办公室。做了大量深入细致的工作，为改革的顺利进行打下良好的基础。

2. 依靠群众，平稳改革

在改革的整个过程中，广大干部职工对改革充分理解，并积极参与改革，支持改革，响应局党组的号召，表现出很高的政治觉悟，确保了机构改革工作的顺利实施。

3. 引入竞争机制，双向选择，竞争上岗

河北省地震局机构改革以优化队伍结构，人员精干高效为目的。对工作人员上岗引入竞争激励机制，坚持公开、平等、竞争、择优的原则，按需设岗，按岗聘任，人尽其才，才尽其用。对空缺的处长、主任，采取竞争上岗的办法，依照公布职位、公开报名、资格审查、竞争演讲、民主测评、组织考察、党组研究决定的程序任命。共有13位处长、14位副处长、3名调研员、5名助理调研员正式上岗，13位处长中有6名是由副处长晋升的，14名副处长中也有6名是由主任科员晋升的（不包括提前退休、离岗的3名调研员和2名助理调研员）。专业技术人员和科长、主任科员及其以下职务的行政人员在处级人员定岗后，双向选择，竞争上岗。

4. 制定政策，妥善安置分流人员

为妥善安置分流人员，推进改革顺利进行，我局制定《河北省地震局机构改革人员分流办法》，对上岗年龄线、处级干部任职年龄线、提前退休、提前离岗、待岗人员条件做出规定，给予提前退休、提前离岗人员优惠条件。通过改革，我局共分流人员89名。进一步精简机构，压缩人员编制，使干部队伍更加年轻化。

5. 总结验收，巩固和完善改革成果

在实施工作基本完成后，各部门各单位迅速组织人员就位，修改完善岗位职责、健全管理制度、拟定责任目标，认真总结、抓紧解决个别遗留问题，巩固和完善机构改革成果。

（河北省地震局人事教育处　孟　娣）

浙江省地震局机构改革工作情况

根据中国地震局的统一部署，浙江省地震局于7～11月进行机构改革工作。通过机构改革推进政事分离、实行优化组合、调整人员结构，建立适应浙江省防震减灾事业发展要求的组织机构和管理体系。

1. 基本做法

（1）定编。合理确定管理机构各处室的职能、人员编制和领导职数，职位设置尽量做到工作不遗漏、事事有人管、不重复、不交叉。

（2）竞争上岗。各处室领导职务按照“公开、平等、竞争、择优”的原则，采取自荐和群众推荐相结合的办法，经组织考核，实行竞争上岗。各处室的科级领导、处及处以下非领导职位实行双向选择。

（3）全面推行事业单位聘用制和岗位管理制度。局下属各事业单位（不在杭州的台站除外）采取岗位公示、跨单位（部门）招聘、双向选择等方法，促进人才流动。目前，事业单位的职工已全部签订《聘用合同书》。并在此基础上，签订《岗位任用协议书》，进一步强化了岗位管理。

（4）打破“大锅饭”，强调“责、权、利”的统一，与3个具有独立法人资格的局直属事业单位签订责任承包协议。

改革后的浙江省地震监测预报研究中心内部建立了岗位管理制度，由原先的身份管理向岗位管理转变。收入分配向优秀人才和关键岗位倾斜，按岗位、项目、任务、业绩定酬。

浙江省工程地震研究所具有人员、经费使用和利益分配的自主权，积极探索符合社会主义市场经济的用人制度，促进人力资源配置的社会化和市场化，实行按劳取酬。

浙江省地震科技干部培训中心在保证系统内培训任务的同时，充分利用招待所等教育硬件设施，对外提供有偿服务进行创收，促进培训工作的良性循环。

（5）进行妥善分流和安置。本着工作需要、合理分流、人尽其才、各得其所的原则和对职工高度负责的精神，做好人员分流工作，处理好改革、发展、稳定的关系。8名原事业单位停薪留职人员得到妥善安置。

2. 取得的主要成效

（1）加强了管理机构的社会管理和行业管理职能。依照有关法律、法规的规定，加强了对浙江省防震减灾工作的监督和检查。对市、县防震减灾工作、省级以下（含省级）地震台网（站）实行了统一规划，使资源得以共享。

（2）精简内设机构，规范部门职能。我局的内设机构由原来的6个减少到现在的5个，机关党委、监察审计处、离退休干部办公室合署办公，体现了精干高效的原则。调整了各处室、事业单位的职责，使工作更加规范化。

（3）优化人员结构，提高管理机构的整体效能。

（4）干部队伍特别是处级干部趋向年轻化，提高了管理层的生机和活力。

（5）增强服务意识，提高工作效率。采取竞争上岗、双向选择等措施，使干部既有压力又有动力，干部作风明显转变，机关面貌焕然一新。事业单位聘用制度和岗位管理制度的全面推行，打破选人用人中论资排辈的观念和做法，促进人才合理流动，也为优秀人才脱颖而出营造良好的环境。

3. 经验和体会

（1）广泛调研，确立工作思路。局党组高度重视，周密计划。组织有关人员先后到浙江省委组织部、浙江省人事厅、兄弟省局等单位调研取经。经认真研究明确了改革的宗旨和目标。

（2）集思广益，积极动员。将改革总体安排、改革方案等材料，先下发至局属各单位、机关各处室征求意见，经反复酝酿修改后上报审定实施。多次召开机构改革动员大会，进一步提高认识、统一思想、转变观念，使改革深入人心，取得了职工的理解和支持。

（3）坚持民主、公平、公开的原则。充分发扬民主，坚持走群众路线，让职工知情，让职工参与，请职工监督。对有顾虑的职工，做到热情接待，耐心细致地做好思想教育工作。

（4）制定切实可行的政策。制定《浙江省地震局机构改革人员分流的实施意见》、《浙江省地震局管理机构处级领导职位竞争上岗科级领导和处及处以下非领导职位实行双向选择的实施意见》、《浙江省地震局事业单位聘用制实施细则》、《浙江省地震局事业单位岗位任用管理办法》、《浙江省地震局事业单位下岗待聘人员管理办法（暂行）》等5个配套措施。做到有章可循，有规可依，为改革的顺利进行提供有力的政策保障。

（浙江省地震局　梁　巍）

云南省地州市地震工作机构实行双重管理

截止到2002年底，云南省共有地震工作机构125个，其中地、州、市地震工作机构16个，127个县（市）中有109个设有地震工作机构。地、州、市、县观测台110个，观测台项283个；人员703人，其中正高2人，副高32人，中级140多人，每年各级政府对地震工作机构的投入超过1000万元。但在发展过程中也逐渐暴露出缺乏整体的、行业的统筹规划管理，没有形成完整的系统运作机制，以至于出现政令及信息传递不畅，相互协调配合不力，重复投入，资源浪费等现象。

如何实现省、地、县防震减灾统一规划、统一管理、团结合作、步调一致；如何推进全省“一盘棋”的思想，将整个防震减灾事业各种资源有机地结合在一起，达到最大限度的“共享”，一直是云南局长期思考的问题。

2002年，在云南省委省政府和中国地震局的关心和支持下，先后出台《关于调整云南省地震部门干部管理体制有关问题的通知》（云组通［2002］22号）和《关于我省地方地震工作机构建设有关问题的通知》（云编办［2002］75号）两个文件，要求对地、州、市、县地震工作机构主要干部和防震减灾工作实行双重领导，以地方为主，省地震局协助的管理体制。

为贯彻落实省委和省政府两个文件精神，云南省地震局从四个方面采取措施，并以文件的形式下发各级地震工作机构。

1. 地、州、市地震工作机构领导干部的管理

（1）地、州、市地震工作机构领导干部，实行以地方党委管理为主，省地震局党组协助管理的体制。

（2）向地方组织人事部门推荐省地震局的干部到地、州、市地震局挂职锻炼和安排地、州、市地震工作机构的干部到省地震局处、室挂职锻炼。

（3）县级地震工作机构干部（局长、副局长）的管理，实行以县（市）党委政府管理为主，地、州、市地震工作机构协助管理的体制。管理细则由地、州、市地震工作机构与县（市）党委政府组织人事部门协商确定。

（4）地震工作机构在干部双重管理中一定要严格执行中央《党政领导干部选拔任用工作条例》和中组部《关于干部双重管理工作若干问题的通知》的规定，加强与地方党委联系，及时沟通情况，共同做好地震部门的干部管理工作。

2. 地、州、市地震工作机构防震减灾工作的管理

（1）按照对口管理原则，划分出局机关八个职能处室对地、州、市地震工作机构管理的主要职责。将原地方地震工作处的职责分解到相关处、室，实行全面管理。各地、州、市地震工作机构按工作对口关系与各职能处、室联系。

（2）按照分级分类管理原则，县级地震工作机构的防震减灾工作主要由地、州、市地震工作机构管理。地、州、市防震减灾工作内容涵盖县（市）。

（3）按照行业管理原则，地、州、市防震减灾工作发展规划和年度计划纳入全省防震减灾工作规划和年度计划。在“十五”项目的实施过程中，将各地、州、市与全省结合起来，共同实施、共同完成，成果共享。

3. 云南省地震局下属地震台的管理

实行以云南省地震监测中心管理为主，地、州、市地震工作机构协助管理的体制。管理细则在云南省地震局人事部门的指导下，由云南省地震监测中心与地、州、市地震工作机构协商确定（昆明、贵阳两个处级基准台除外）。主要管理形式：

（1）移交代管。房地产观测仪器交给地、县地震工作机构代管，所有权仍然归省地震局。省地震局按规定划拨一定的运转经费给地、县地震工作机构，要求保证仪器正常运转和数据及时传输到监测中心。这类形式主要指无人管理的台站

（2）台办合一。台站和当地的地震工作机构合署办公，人事、财务及行政隶属关系不变。管理职能交叉互补，共同承担当地的防震减灾任务。这是一种过渡形式。

（3）实行双重管理。对台站的干部（台长、副台长）和监测预报管理工作实行双重管理

体制。以监测中心为主，当地地震工作机构（地、县）协助。台站的党、工、团工作按属地管理原则交给当地地震工作机构管理，这种形式是指省局重点台站。

4. 经费管理

总的原则是，从省财政厅每年下拨的“群测群防”经费中，留足台用部分，其余的全部划拨到各地、州、市地震工作机构，以便及早安排全年工作任务。改变过去经费下拨少、透明度差的状况，以及仪器设备和消耗材料采取领用制的弊端。

（1）按“项目预标”的要求，经费分为经常性经费和专项经费两类。经常性经费指仪器维护维修、消耗材料、管理工作的费用及设备购置等，这类经费是要进行“有偿核标”的。专项经费指新上台项的建设，这类经费是当地政府与省局共同投资，以当地政府为主。

（2）建立项目库，每年将各地、州、市地震工作机构申报的项目纳入项目库管理。

（3）经费由计划财务处负责进行跟踪管理，纪检监察审计处负责对经费进行审计监督，保证经费使用的合理性。

（云南省地震局）

新疆维吾尔自治区地震局深化改革情况

在深入调研的基础上，新疆维吾尔自治区地震局于2002年7月1日印发《新疆地震局事业单位深化改革意见》。明确了事业单位改革的指导思想、目标，基本思路和任务。同时制定并印发新疆维吾尔自治区地震局《关于事业单位岗位管理办法》、《关于竞争上岗和双向选择的程序和办法》、《关于人员分流办法》、《关于待岗人员管理办法》、《聘约》、《专业技术人员业绩考核办法》等五个配套的政策规定。2002年7月3日，下发《新疆维吾尔自治区地震机构改革方案》，对管理机构的职能调整、主要职责、内设机构的职能、人员编制和领导职数以及下属事业单位的主要工作任务、内设机构与人员编制、专业技术岗位设置、工资管理等做出明确规定。

2002年7月4日，局党组召开全体职工参加的深化改革动员大会，局党组书记、局长张云峰结合新疆维吾尔自治区地震局实际，就深化改革的背景及意义、关于事业单位改革的总体考虑、关于建立聘用制度、关于分配制度改革、关于建立人事监督制度、关于精简人员调整结构优化配置、妥善安置富余人员和正确处理好事业单位机构改革中的几个重要问题等7个方面进行了动员。

中层领导干部（含非领导职务）岗位的配备，严格按照中共中央关于《党政领导干部选拔任用工作条例》的要求，实行公开、公平、公正地竞争上岗，科技人员、一般干部和工人岗位，也全部实行竞聘上岗。

经过个人报名、竞职演说、民主推荐、组织考察、党组确定、任前公示等环节，有11名同志走上处级领导岗位，其中5名由副处提任正处，6人由一般干部提任副处（含助理调研员2名）。另有8名处级干部轮岗。

此次改革中，新疆维吾尔自治区地震局事业单位共设置岗位327个，其中专业技术岗位270个。实际聘任287人，其中专业技术岗位实聘244人，有3人高职低聘。通过改革，全局人员规模与2001年底相比，压缩18.6％，其中后勤和科技服务人员压缩34％，台站人员压缩17.6％。专业技术人员岗位设置数在事业单位人员中所占比例由75.1％上升到81.1％。

（新疆维吾尔自治区地震局　任郁亮）

中国地震局地质研究所科技体制改革试点工作进展

地质研究所作为科技部的全国公益性科研院所改革试点，2002年已进入改革试点工作的第三个年度，在科技部和中国地震局的领导下，科技体制改革试点工作进一步深化，主要取得以下进展：

1. 召开职代会，推进民主管理与监督

科技部及国家有关部门的文件明确指出，“职工代表大会是科研院所实行职工民主管理的基本形式。”“在深化科技体制改革进程中，要坚持和完善职工代表大会制度。”根据这一精神，地质所在改革试点工作之初，就已明确将“实行所长负责制，设立科学技术委员会和职工代表大会”列为管理体制和运行机制改革的重要内容。

开展改革试点工作两年来，地质所已顺利地完成了结构调整、岗位招聘、人员分流、分配制度改革、后勤第一期改革等项任务。所领导认为，在此情况下适时召开全所职工代表大会，认真总结地质所改革试点工作及其他方面的各项工作，建立并逐步完善职工代表大会制度，对于继续深化科技体制改革，加强民主管理，加快决策民主化、科学化、制度化的进程，对地质所今后的建设和发展，将起到积极的推动作用。

2002年2月，地质所隆重召开了第二届职工代表大会，并进行了换届选举。全所职工推选产生的54名职工代表作为正式代表，各部门负责人以及离退休老干部、老领导作为列席和特邀代表，地质所领导以及上级工会的负责人出席了大会。会议期间，代表们认真听取、讨论、审议通过了所长工作报告、上届工会工作报告和工会财政报告以及全所2001年度财政情况报告，选举产生了新一届工会委员会和职代会主席团，进一步明确了地质所今后的工作方向与任务。

与会代表认为，职工代表大会是科研院所实行民主管理的基本形式，是职工行使民主管理权力的机构。职代会行使的民主管理权利主要表现在：讨论、审议本所重大问题的决策，监督行政领导和维护职工合法权益等方面。研究所实行所长负责制是为了建立所长对全所管理工作的统一领导，建立目标明确，责任清晰，运作有序的正常工作程序，但是这并不排斥广大职工当家作主的民主权利，所领导和全所职工在根本利益上是一致的，在实行所长负责制的同时推进民主管理制度，是职工主人翁地位的充分体现。民主管理是实行所长负责制的基础，是行政领导统一指挥的保证，是增强研究所活力的重要途径。

代表们表示，本届职代会的召开表明地质所职工代表大会制度向着逐步健全、逐步完善的方向迈出了新的重要的一步。会议认为：职工代表大会制度在科研院所还是一个比较新的事物，在我所也尚属初级阶段。对于职代会的性质、职责、权利、任务，以及在改革后新的管理体制和运行机制下应当如何更好地发挥作用，仍需要所领导和全所职工认真思考，并在今后的工作实践中努力探索。

2. 规范管理，实行年度考核

根据地质所科技体制改革总体方案中关于“实行按需设岗、按岗聘任、按合同考核、优胜劣汰、实现人员双向流动”的有关规定，加强对上岗人员的聘后管理，严格实行考核制度，是我所人事制度改革的一项重要内容。对此地质所决定将 2001 年度的职工考核与上岗人员的岗位考核一并进行。

首先制定了对各类上岗人员的考核办法，岗位考核办法通过多次讨论、修改，在全所不同层次征求意见，所务会议研究决定等一系列程序后正式出台。

在考核方法上，采取年度考核和聘期考核相结合的方法，对科技人员以聘期考核为主，对管理、科研辅助人员则以年度考核为主，根据分级管理的原则，实行分级考核。首先组成所考核委员会，负责全所的考核工作，并分别制定出各类人员的考核办法与标准。已竞聘上岗的研究员及独立组建研究小组的副研究员为本研究小组带头人，由所考核委员会对其领导的研究小组进行年度和聘期内的工作检查、评估与考核。所各职能部门负责人在全所范围内接受考核评估。副高级、中初级科技人员和管理、辅助部门的一般工作人员则由所在研究室、部门组成考核小组进行考核。力求通过考核达到目的：对科技人员形成一个以研究员为核心的优秀研究团队，对管理部门形成精干高效的管理服务队伍。

在考核内容上，对不同岗位的人员有不同的侧重。对科技人员的考核实行重业绩，重贡献，从承担的科研项目、发表的科技论文、取得的研究成果、科研人才培养以及科研成果的影响力等几个方面，根据不同的量化标准分别进行考核评价。对管理、科研辅助人员则从德、能、勤、绩、廉几方面进行考核，重点考核工作实绩，并实行民主评议，根据岗位目标责任制的完成情况，聘任方及服务对象的认可程度进行综合评价，并给出量化评分标准。对考核中的优秀标准将采取从严把关，对有突出贡献的研究人员、管理、科研辅助人员及其他各类人员，在评定为优秀后，实行奖励，对不合格人员给予警告或相应的处罚，使考核激励机制进一步完善。

从地质所竞争上岗后首次岗位考核的情况来看，初步建立了一套比较合理的考核评价体系，考核工作基本达到了预期目的。岗位考核与职工年度考核结合进行的首次尝试，虽然取得了一些效果，但仍然存在有待改进的地方，如，年度与岗位考核如何更好地结合、考核标准的改进，以及考核方式等方面都有待认真地总结。

2002 年度地质所还对后勤服务中心 2001 年度的委托协议情况进行了评议，通过评议对后勤工作给予了肯定，同时签订了新年度的委托协议。三产开发服务中心调整了管理人员，进行了下属单位负责人的聘任，完成了年度目标任务。随着全局系统科研机构科技体制改革的启动，地质所将按中国地震局统一部署，完成好科研机构的科技体制改革工作。

（中国地震局地质研究所　李　齐）

人 事 教 育

2002 年度人事教育工作综述

一、抓好管理干部队伍建设，努力为防震减灾工作做好组织保障

（1）加强领导班子作风建设，提高领导班子政治素质。结合学习江泽民同志在中纪委第七次全会上的讲话精神，努力宣传、贯彻《党政领导干部选拔任用工作条例》，要求各单位领导干部认真学习、深入领会，统一思想、提高认识，树立正确的权力观。严格按照《干部任用条例》规定选拔任用干部，做到坚持原则、执行标准、履行程序、遵守纪律，用好的作风选人，选作风好的人。

（2）完成领导班子考核、调整任务。认真贯彻执行《干部任用条例》及其有关规定，积极推行干部任前公示制度和任职试用期制度。推进干部工作的科学化、民主化、制度化和群众的知情权、参与权、选择权、监督权。通过考核对班子和成员的成绩给予肯定，对问题实事求是地指出，对凝聚力不强以及结构不合理的班子适时进行调整，对于能力较差、不胜任领导岗位的干部调整出领导班子。

完成 3 个单位的换届考核，2 个单位的党委换届，17 个单位的届中考核及调整考核，7 个单位的个别调整考核，20 个单位班子或成员的宣布工作。

截至 2002 年底，共有局管干部 238 人；领导班子成员 197 人，平均年龄48.9 岁；一把手 45 人，平均年龄50.8 岁。

（3）规范管理，加强制度化建设。根据《党政领导干部考核工作暂行规定》，结合地震系统实际，制定了《中国地震局局管干部年度考核暂行办法》，使局管干部的年度考核工作进一步科学化、制度化。

（4）继续深化干部人事制度改革。对新提拔任用的领导干部实行试用期制，进一步推进公开选拔和竞争上岗工作，面向海内外公开招聘工力所所长。

在局机关实行处级干部竞争上岗。通过报名、资格审查、民主测评、笔试、面试、考察等程序，有 7 名同志通过竞争走上处长岗位。

（5）加强后备干部管理，进一步选拔优秀年轻干部。要求各单位做好后备干部选拔培养工作，通过岗位轮换、党校学习等措施，有计划地加强后备干部的锻炼，提高其处理复杂问题的能力，大多数单位已实行了后备干部的动态管理。注重后备干部的使用，在班子的调整中，一般从条件成熟的后备干部中选拔吸收。

(6) 加强领导干部队伍的培训。为贯彻《中共中央关于印发〈2001～2005年全国干部教育培训规划〉的通知》精神，加强地震系统的领导干部教育培训工作，拓宽培训渠道，经与各省委组织部协商，将我局各单位干部培训按属地化原则纳入到各省干部培训计划。举办了局管干部研讨班，聘请了中央党校等单位的知名专家和教授讲课。

选送了9名领导干部到中央党校、中央党校分校、科研院所长研讨班进修学习。局机关共有509人次参加了各类培训，取得了较好效果。

(7) 严把人口关，做好局机关和省级地震局新录用公务员的考录与培训工作。

二、充分调研，科学设置，进一步深化地震系统机构改革

(1) 人事教育司与有关司室联合组成省级地震局“三定”方案审批工作小组，审议了省级地震局上报的方案，将拟定的各省局“三定”方案与省局多次沟通，于7月份正式印发30个省级地震局机构改革方案。

(2) 科技部、财政部、中编办批复了我局科技体制改革方案；科技体制改革工作全面启动，根据科技部工作部署和科技体制改革的总体要求，并按照《中国地震局关于直属科研机构管理体制改革实施工作的意见》按计划积极推进。

(3) 根据事业单位试行聘用制的精神，草拟《中国地震局直属事业单位试行人员聘用制度的实施办法》和《中国地震局关于贯彻落实在事业单位试行人员聘用制度的指导意见》。

(4) 结合我局实际情况，启动了省级地震局事业单位登记工作。

(5) 为加强市县地震工作，草拟提交全国人大教科文卫委员会《中华人民共和国防震减灾法》执法检查组的《关于加强市县地震工作机构建设的意见》。

(6) 根据中编办《关于中国地震局所属事业单位机构编制的批复》和人事部《关于同意省、自治区、直辖市地震局管理机构依照国家公务员制度管理的复函》，对各省局依照公务员管理工作进行了部署。

三、整体规划，精心组织，加快专业技术人员的培养步伐

(1) 组织编制《2002～2005年专业技术人才队伍建设规划》。根据人事部等7部门“新世纪百千万人才工程实施方案”的有关安排，结合我局实际，制定了《中国地震局新世纪优秀人才百人计划》。拟在2002年至2010年期间逐步选拔出100名左右在地震各学科领域的优秀年轻专业技术人才，通过加大培养、锻炼和使用的力度，造就一批年轻学术、技术带头人和科技骨干，并以此带动整个专业技术队伍水平的提高。

为促进地震科技交流与合作，加速人才培养，推动防震减灾事业的发展，创新人才培养机制，组织制定并下发《中国地震局系统交流访问学者制度》，布置有关工作。

(2) 在职培训工作有了新进展。认真落实中国地震局2002年培训项目计划，为提高培训工作质量，规范培训行为，制定下发《中国地震局培训活动管理暂行规定》。为发挥网络优势，促进培训手段多样化、现代化，扩大培训收益面，指导和支持局杭州干部培训中心建设教育培训网站，已形成基本的框架结构，具备了基本的功能。

(3) 研究生教育与学位工作继续保持良好势头。指导局属科研机构完成2002年研究生

招生工作，设立“西部培养专项计划”，为西部地区定向培养研究生，继续集中选送在职人员到中国科技大学地震专业攻读硕士学位，努力在高层次人才培养上向西部多震、边远的地区倾斜。

（4）加强对防灾技术高等专科学校教育教学工作的指导和协调，学校办学规模进一步扩大，办学效益进一步提高。指导学校着重抓好地震专业建设，拓宽培养目标，培养和输送所需的应用技术型人才。

（5）在调整改革中推进职称工作。组织完成了全局研究员任职资格、高级会计师任职资格、出版和图书资料系列副高级专业技术职务任职资格评审工作。指导完成全局各级专业技术职务评审委员会调整换届工作，各级评委会的组建按要求都建立了评审委员库。同时在评审工作中推行公示制，使职称申报、评审自觉有效地接受公众的监督。

按照人事部要求，对原高级经济、统计、会计和审计系列技术职务任职资格联合评委会进行了调整，单独组建新的高级会计师评审委员会。按人事部要求分别委托有关部门进行了高级经济、统计和审计师任职资格评审。

（6）专家工作有了新举措。认真落实高级专家的待遇。发挥局专家办的职能作用，积极与规划财务部门协调，落实提高院士津贴标准。准确、及时地做好政府特殊津贴发放工作。做好回国专家服务工作。

（中国地震局人事教育司　孙晓竞）

2002年中国地震局干部培训中心教育培训工作

1. 大地形变资料处理与应用培训班

4月19～28日，来自23个省、市地震局的36名分析预报工作人员参加了培训。培训内容包括：

（1）地壳形变突变性与地震短期预报方法；

（2）跨断层形变测量资料处理及在地震预测中的应用；

（3）Mapinfo地理信息系统、MapSIS软件使用介绍；

（4）大地形变资料处理及地震预报的方法；

（5）固体潮观测及其在地震预报中的应用。

2. 电磁资料处理与应用培训班

5月17～26日，地震系统36名工作人员参加了培训。培训内容包括：

（1）地电、地磁及电磁波在地震预测中的思路和方法；

（2）MapSIS、Mapinfo软件的使用及其在地震预测中的应用。

3. 机要人员岗位证书培训班

5月28日至6月3日，60名地震系统机要工作人员参加了培训。培训内容包括：

(1) 关于公文处理工作；

(2) 密码安全保密教育；

(3) 文星 2000 公文排版系统应用；

(4) 加密通信网络的建立、数据加密设备使用；

(5) 公文通信系统应用；

(6) 政务信息处理系统应用。

4. GIS 技术及其在防震减灾中的应用培训班

10月8~22日，38名从事地震分析预报、工程地震、震害评估、地震应急指挥系统建设等工作的技术、管理人员参加了培训。培训内容包括：

(1) GIS 技术概述；

(2) 主要 GIS 产品的使用操作；

(3) GIS 在防震减灾中的应用概述；

(4) GIS 在地震中长期预测中的应用实例；

(5) GIS 在地震灾害损失评估中的应用；

(6) GIS 应用系统开发技术。

5. 新建筑抗震设计规范培训班

11月1~12日，从事地震安全性评价工作的科技人员和从事震害防御工作的管理人员共61人参加培训。培训内容包括：

(1) 建筑抗震基础知识；

(2) 抗震设计规范修订介绍；

(3) 房屋建筑的抗震设防目标、依据和标准；

(4) 建筑结构抗震设计的基本要求；

(5) 场地抗震性能评价与安评结果的衔接；

(6) 多层与高层钢筋混凝土房屋、多层砌体房屋等的抗震设计及一些有关的新规定。

6. 地震安全性评价工作培训班

11月13~20日，137名从事地震安全性评价、抗震设防管理的工作人员，参加了有关地震地质、活动性、危险性分析计算、安全性评价管理方面的培训。

7. 科技成果管理软件培训班

12月17~21日，来自各省、自治区、直辖市地震局，局直属单位的43名科技成果管理人员参加了培训。培训内容包括：

(1) 国家科技奖励政策变化及我局防震减灾优秀成果奖的设立；

(2)“国家科技成果登记系统”软件和“局防震减灾优秀成果管理系统”的使用；

(3) 推荐局防震减灾优秀成果奖及填写“推荐书”需注意的问题。

8. 地震灾害预测与信息管理技术培训班

12月21~28日，已申报中国地震局“十五”震害预测项目的省市地震局45名工作人员参加培训。培训内容包括：

(1)“我国若干城市震害预测与防御对策研究”项目简介；

(2) 地震灾害预测及其信息管理系统技术、规范简介；

(3) 工作区地震环境及场地地震地质灾害；

(4) 建筑物震害预测；

(5) 信息管理系统与防震减灾对策；

(6) 我国城市震害预测与防震减灾对策研究主要进展、存在问题与“十五”工作内容。

9. 继续教育网站投入试运行

为跟上科学技术的新发展，适应继续教育的新要求，中国地震局干部培训中心建立继续教育网站，利用互联网不受时空限制、开放性、共享性的特点，结合教育培训，进行网络教学新尝试。在广泛调研充分论证的基础上，提出教育培训网站建设的总体思路，进行软件设计与开发工作，开辟“首页”、“新知识讲座”、“培训园地”、“资料下载”、“科技与管理”、“自由论坛”、“友情链接”等九个栏目，在系统内受到关注和欢迎。

（浙江省地震局　梁　巍）

中国地震局局机关组织公务员信息技术与电子政务培训

根据《关于加强机关公务员培训工作的意见》（中震人函［2002］104号），人事教育司与办公室联合举办了局机关公务员信息技术与电子政务的培训，并对培训结果进行考核。

此次培训旨在提高机关工作人员对信息技术与电子政务的了解及提高计算机的应用能力。在为期两个月的培训时间里，各司室人员踊跃参加，反响强烈，共有509人次参加培训，其中还专门为局、司级领导开设了专题讲座。授课结束后进行了培训考核，共有106人参加了考核，其中有司级领导19人，所有参加考核的同志都顺利通过考核，取得了令人满意的成绩。

在此次培训中，机关工作人员对培训表现出了极大的热情，普遍反映通过培训受益匪浅，提高了计算机的应用水平，对日常工作有很大帮助。今后人教司还将进行针对性更强的业务培训，以全面提高机关工作的效率，进行科学化、规范化管理，更好地为基层服务。

（中国地震局人事教育司机关人事处）

防灾技术高等专科学校办学工作

一、扩大办学规模　提高办学层次

学校2002年共招新生2296人，在校学生数已达3863人，校外合作办学在籍生达3187

人。2002年有毕业生1230人，毕业生一次就业率达到70%。另有238人通过“专升本”进入本科院校学习，占专科毕业生的26%。

2002年，学校加强了国际交流与合作。4月，哈萨克斯坦共和国教育科学部第一副部长穆达诺夫等一行4人来我校访问。11月，与加拿大魁北克省玛丽·维克多学院签订2003～2004年合作计划意向书。

二、改善办学条件　加强师资建设

2002年投资200万元完成校园网建设工程并投入使用，组建学校网站，为建成数字化校园奠定了基础。总投资近2000万元的学校新图书馆建设工程于5月27日正式开工兴建，2003年8月将建成使用。投入400余万元购置教学仪器设备，新建改建各专业实验室和机房12个，学生用计算机总数突破500台，达到了国家对高职高专院校生均10人一台计算机的合格标准，改善了教学条件。投入40万元进行六号学生公寓的改造。

建成数字前兆台网中心台，建立了燕郊地质实习基地，在辽宁省地震局、山东省地震局、北京市地震局、天津市地震局、地壳应力研究所、工程力学研究所、地球物理研究所等单位建立了实习场点，对数字地震实验室进行了再建设，使之具有了小型仪器研发的硬件条件，增强了实验室的职业教育氛围，学生能在实践实训课中真正体会行业和职业的特点，增强实践课的教学效果。

2002年学校引进教师24位，其中硕士研究生5人，副高职称3人，享受国务院政府津贴专家1人，充实了教师队伍，改善了教师队伍结构。目前学校有2名教师参加在职博士学位研究生的学习，一位在职教师进博士后流动站做研究工作，42名教师在职攻读硕士学位，45名教师参加河北省高校师资岗前培训，20名教师参加现代教育技术培训，55位教师参加校内教学基本功培训，制定了《关于实施教学导师制的暂行办法》和《关于青年教师培养暂行办法》以规范青年教师的培养。

三、教学科研工作

为适应防震减灾三大工作体系的需要，学校积极调整防灾技术系专业结构和专业方向，确立了紧紧围绕防震减灾三大工作体系，继续巩固监测预报专业，完善震灾预防专业，积极创建紧急救援专业，全面培养防震减灾实用人才的指导方针。

2002年新建了“工程地震与工程勘察”专业，为适应社会需要又新建“广告制作与传播”、“英语”专业。信息技术与地球物理专业继被教育部定为国家级教学试点专业后，又被教育部定为国家级精品建设专业。结合课程改革编写的《地震信息分析技术》、《地震观测技术》被列为“十五国家级普通高等教育规划教材”，标志着学校专业建设与改革取得了突破性的进展。

10月份，学校数学课被列为省级优秀课程。《大学语文》和《重力观测技术》为校级优秀课建设课程。计算机辅助教学得到广泛应用，全校30多门课程采用了多媒体等现代化的教学手段。12月，学校组织了首届课件制作大赛，学校的现代教育技术应用达到了崭新的水平。体育课教学落实了“健康体育”的目标，在河北省大运会上荣获女子排球乙组第二名，团体总分第六名，健美比赛团体部分第三名的佳绩。

继续开展学生多证书制。2002年有1000余名学生分别获得电工职业技能等级、电算会计、会计资格、工程造价预算员、英语四六级、推销员等资格证书。

开始实施学年学分制。制定“监考人员行为规范”。加强了教学质量监控工作，组建了与周围高校的联合教学督导组，与校内督导专家组、教学秩序巡视组一起构成教学质量监控体系。

教（科）研工作进一步加强。2002年学校共有校级教（科）研立项16个；河北省教育厅立项3个；全国五年制立项10个；地震科学联合基金立项2个；教育部立项4个。在校外学术刊物发表论文10篇，其中有3篇论文在国家级核心刊物上发表，29篇论文在校刊发表。出台了《科技成果管理办法》；规范了学报编辑工作。

四、学 生 工 作

加强思想政治工作是高校的生命线，学校党委下大气力抓思想政治工作，注重用“三个代表”思想贯穿于教书育人、管理育人、服务育人的全过程。2003年党支部建设更加规范，全年发展党员240人，积极要求入党的教职工人数和学生人数明显增长。在学生公寓楼成立临时党支部，使思想政治工作进学生公寓。进一步理顺了学生工作体制，加强了学生工作队伍的建设，明确了“学校目标管理，各系过程管理”的两级管理体制，学校制定了“辅导员工作条例”，以顺利实现从班主任到辅导员制度的过渡。加强了社团组织建设，2002年社团组织已发展到14个。

制定了“防灾技术高等专科学校勤工助学活动条例”，“防灾技术高等专科学校学生勤工助学管理办法”，成立了勤工助学中心，从制度上保障了贫困生和特困生能够正常完成学业。

成功地举办了第五届文化艺术节，完成了1316名学生的军训工作，完成了文明宿舍评比、省级优秀毕业生、省级优秀学生干部、省级三好学生和省级先进班集体的评选工作，完成了64人28.4万元的国家奖学金和849人的校级奖学金的评定工作，完成了全校学生的人身伤害和意外伤害保险与大病医疗保险工作。

五、强化管理　推进各项改革

2002年学校召开教职工代表大会暨工会会员代表大会，完成了工会委员会的换届改选工作。

积极推进用人制度改革，制定了学校“机构改革方案”、“编制管理办法”、“岗位聘任实施方案”和“分配制度改革方案”等一系列人事改革制度，转换事业单位用人机制，逐步由身份管理向岗位管理转变。对新引进教师实行合同制。

后勤改革试行“小机关、多实体”的管理模式，建立校内后勤服务市场。

（防灾技术高等专科学校　尹景玉）

广东省地震局2002年度职工教育工作

2002年广东省地震局职工教育培训工作紧紧围绕防震减灾中心任务，针对不同对象开展教育培训。培训方式以局内自行办班培训与选派送出培训相结合，培训内容包括新技术培训、管理岗位业务培训、党政理论培训及法制教育培训、学历教育等。全年共自行办班8期，参加人员352人次（包括地方地震机构的89人次）；选派送出培训61人次，学历教育7人。2002年全局工作人员接受教育培训共384人次。

（广东省地震局　钱顺琴）

中国地震局地质研究所教育工作

一、研究生教育

1. 研究生招生

近些年，由于几所地质大学相继更名和改变办学方向，有关大学的地质系也减小招生规模，地学专业的本科生和研究生大幅度减少，再加上经济大潮的冲击和高校的保护和限制，造成了地震科学领域生源十分短缺。2002年经过招生部门和导师的共同努力，地质研究所共招收硕士研究生12名，博士研究生13名，超过计划数8名，是我所恢复研究生招生以来招生人数最多的一年。全年累计在学研究生和在站博士后达到107人，其中在站博士后9人，博士研究生58人，硕士研究生40人，是地质所在学研究生人数最多的一年。

2. 研究生培养

第一次严格执行研究生开题报告考核制度，按照新的开题报告考核办法，对2000级博士和硕士共21名研究生进行了开题报告考核，促进了研究生演讲等能力的提高。

强调并严格执行研究生中期考核筛选制度，对2000级博士和硕士共21名研究生进行了中期考核，全部一次通过。要求2000级以前未参加考核的研究生必须完成考核，杜绝了中期考核一拖再拖的现象，进一步强调了中期考核的严肃性和权威性。

3. 研究生就业

2002年地质所共有14名研究生毕业，其中有5名博士研究生和8名硕士研究生需要就业，经过各方努力，13名毕业生顺利落实了就业单位，就业率达到100%。其中在地震系统就业的有7名。

二、继 续 教 育

2002 年，紧密结合研究所的科研工作，坚持继续教育要有利于科研任务的完成，有利于学科发展，有利于提高竞争实力的方向。在培训内容上注重新理论、新技术和新方法的培训。在培训形式上，根据研究所的工作特点，重点强调学术报告这种灵活的形式，积极与科研业务部和各研究室合作组织国内专家、特别是国外知名的专家，举办学术报告。2002 年，共举办学术报告 19 场，有 338 人次出席，全所参加各类培训的职工有 127 人。

近几年来，地质所遥感与 GIS 的研究和应用迅速发展，为紧密跟踪科研动态，结合科研发展需求，举办“遥感与 GIS 软件培训班”，有 30 名科研人员报名学习，聘请专家详细介绍了遥感与 GIS 的知名软件，使科研人员更加熟悉了这方面的知识，提高了地质所相关学科遥感与 GIS 软件的应用水平，促进了地质所的遥感与 GIS 科研工作。

（中国地震局地质研究所　周玉亭）

新疆维吾尔自治区地震局职工教育培训工作

为了提高地震台长的综合管理能力和业务素质，适应数字观测技术的要求，2002 年 8 月，在乌鲁木齐举办为期一周的地震台长培训班。全疆 18 个专业地震台站和 12 个地方地震台站共计 33 名台长参加培训。培训内容为：各种监测、预报手段的运用、网络数据的传输、不同仪器数据格式存在的问题以及如何处理等。培训结束时进行了考试，学习成绩均存入本人档案。

2002 年 9 月，在乌鲁木齐举办为期 10 天的地震系统工人技术等级培训班，共有 20 名技术工人参加培训，培训内容为：测震观测技术、地震电磁观测技术、地下流体观测技术、地震形变观测技术等。

2002 年上半年由人事教育处和局机关党委在 35 岁以下青年职工中开展了“青年思想状况问卷调查”。问卷调查共分为两大类，即：政治思想类（46 道题）和工作学习类（40 道题）。题型主要分为填空、多项选择、问答等。内容涉及：个人信仰问题、对社会的关注程度、对个人生活的看法、对局团总支工作的看法以及工作和学习方面等问题。针对调查中反映出的主要问题，2002 年 11 月 15 日和 18 日，聘请自治区团校周小西副教授就“当代青年思想焦点问题浅析”为内容，分别以“让我们走进健康”和“青年职业生涯规划”为主题给我局青年职工上课，答疑解惑，提高认识。

2002 年度共有 135 人次参加了各种培训和学习，全员培训率为40.5 %。全年全局教育培训投入17.56 万元，其中：局直接投入 7 万元，各单位、各处室投入10.56 万元。参加培训人员中以高学历、地震监测预报大专学历和岗位培训为主。攻读研究生学历 16 人（其中在职 14 人，当年毕业 4 人）。在职参加中国防震减灾高等专科学校函授教育 5 人。党校培训 6 人次。

（新疆维吾尔自治区地震局　王克宁　尹畅宁）

中国地震局博士后流动站综合楼即将竣工

为加强地震系统高素质研究生和博士后的培养，积极吸引优秀留学人才回国工作，切实改善京区研究生、博士后的学习和生活条件，中国地震局 2001 年批准地球物理研究所建设“中国地震局博士后流动站（综合楼）”。

该工程为框架结构 7 层（地下 1 层和地上 6 层），建筑面积为 5089m²。该工程的主要功能包括：博士后公寓，博士、硕士研究生宿舍，教学、办公和物业管理用房等，同时为来访的国内外学者、专家提供学术交流和科研合作的场所。其中，1 层为学术交流、教学和办公之用，设有报告厅和教室等；2～4 层为博士和硕士研究生宿舍，共有 48 个带卫生间的标准间和 6 套一居室，以及 1 个公共厨房；5～6 层为博士后公寓，共有 10 套三居室、2 套二居室和 4 套一居室。

中国地震局博士后流动站（综合楼）于 2002 年 4 月 30 日正式动工，工程进展顺利，预计 2003 年 5 月即能投入使用。该工程建成后，可以安排 100 名以上研究生和博士后居住，将大大缓解中国地震局京区单位，特别是地球物理研究所博士后、博士和硕士研究生的住房困难，为他们提供良好的学习和居住条件。必将给研究生的培养和优秀青年人才的吸引工作带来崭新的面貌。

（中国地震局地球物理研究所　欧阳飚）

人　　物

中国地震局关于表彰2002年度地震监测预报及地震现场工作先进单位、优秀集体和先进个人的通报

各省、自治区、直辖市地震局，各直属单位：

根据对各单位2002年度地震监测预报及地震现场工作绩效综合评定结果，经研究决定：

一、授予以下10个单位为2002年度地震监测预报工作先进单位

（1）新疆维吾尔自治区地震局

（2）安徽省地震局

（3）四川省地震局

（4）中国地震局分析预报中心

（5）海南省地震局

（6）浙江省地震局

（7）山东省地震局

（8）河北省地震局

（9）广东省地震局

（10）云南省地震局

二、授予以下11个集体为2002年度地震监测预报及地震现场工作优秀集体

（1）四川省地震局震情短临跟踪工作队

（2）局地球物理研究所北京数字地震台网

（3）北京市地震局监测预报中心

（4）局分析预报中心预报部

（5）辽宁省地震局赴西藏地震监测工作组

（6）浙江省地震局监测预报中心分析预报室

（7）江苏省地震局高邮地震台

（8）局分析预报中心地震现场通信工作组

（9）云南省巧家县地震局

（10）黑龙江省地震局牡丹江地震台

（11）内蒙古自治区地震局西乌旗地震现场工作队

三、授予以下13位同志为2002年度地震监测预报工作先进个人

（1）甘肃省地震局预报中心	杨立明
（2）新疆维吾尔自治区地震局精河地震台	齐　健
（3）局分析预报中心预报部	关华平
（4）四川省地震局预报研究室	官致君
（5）浙江省地震局工程地震研究所	叶建青
（6）局分析预报中心数字地震台网中心	赵　永
（7）局综合观测中心服务中心	肖沛琪
（8）局地球物理研究所北京数字地震台网	姜旭东
（9）河北省地震局分析预报中心	孙佩卿
（10）山东省临沂市地震局	闫洪朋
（11）海南省地震局分析预报中心	沈繁銮
（12）黑龙江省地震局宾县地震台	常　征
（13）天津市地震局分析预报中心	刘喜兰

特此通报

（2002年12月31日）

中国地震局关于表彰2001年度地震科技外事工作先进单位和个人的通报

各有关单位：

2001年，在各级领导的支持和广大外事工作人员的不懈努力下，我局对外地震科技交流与合作工作，遵循“全面开拓、重点支持、引推结合、效益领先、实现目标”的原则，紧密配合局重点项目和重大事件，积极开展对外地震科技交流与合作，取得了显著成效，并在我国防震减灾事业中发挥了重要作用。

为表彰先进，我局决定对2001年度在开展对外科技交流与合作工作中做出突出成绩的下列单位和个人给予表彰：

一、先进单位

中国地震局工程力学研究所、中国地震局地质研究所、中国地震局分析预报中心、中国地震局地球物理研究所、广西壮族自治区地震局、新疆维吾尔自治区地震局、山西省地震局、天津市地震局、上海市地震局、云南省地震局、中国地震局地震研究所。

二、先进个人

齐霄斋、周清良、王树义、徐世芳、李京、张雪兰、钱京、李耀寰、苏小兰、韩斌、魏若平、张玉华、段志英、李博山、李秀英、范长青、谷一山。

在新的一年里，望广大科技外事工作人员，继续发扬成绩，勤奋努力，以与时俱进、奋发向上的精神状态，为我局对外科技合作与交流工作做出新的更大的贡献。

（2002 年 3 月 13 日）

中国地震局关于表彰齐霄斋等八位从事地震科技外事工作 20 年以上工作者的通报

各有关单位：

在党中央、国务院的亲切关怀下，在外交部、科技部、外专局、外经贸部等部门的指导和大力支持下，我国的地震科技国际合作与交流工作不断发展，现已与 40 多个国家（地区）和国际组织建立了多渠道、多层次、多形式的合作关系，为我国防震减灾事业的发展和地震科技水平的提高，同时也为国家整体外交工作做出了积极贡献。

多年来，广大科技外事工作者积极弘扬爱岗敬业、无私奉献的精神，扎实工作，努力开拓，为推进我国地震科技对外合作与交流发挥了重要作用。为鼓励在这一战线上辛勤工作并作出贡献的同志们，经研究决定，对从事地震科技外事工作 20 年以上的齐霄斋、周清良、王树义、徐世芳、李京、张雪兰、钱京、李耀寰同志予以表彰。

希望广大地震科技外事工作者向他们学习，继续弘扬爱岗敬业、无私奉献的精神，勤奋工作，求实创新，开拓进取，为推进地震科技外事工作的发展作出新的贡献。

2002 年 3 月 14 日

中国地震局关于表彰全国防震减灾宣传工作先进集体、先进个人的决定

各省、自治区、直辖市党委宣传部、地震局，中央直属机关工委、中央国家机关工委、中央金融工委、中央企业工委宣传部，中央宣传文化系统各单位，解放军总政治部宣传部，中国地震局各直属单位：

防震减灾宣传工作是防震减灾事业的重要组成部分，关系到人民群众的切身利益和社会的稳定。改革开放以来，特别是近十年来，在党中央、国务院和各级党委、政府的领导下，

各地区、各部门、各行业和解放军、武警部队指战员，高举邓小平理论伟大旗帜，坚持党的基本路线，认真贯彻党和国家防震减灾工作的方针政策，本着“积极、慎重、科学、有效”的原则，大力开展防震减灾宣传工作，取得了突出成绩，并涌现出一大批开展防震减灾宣传工作的先进集体和先进个人。

他们当中，有的积极主动宣传党和国家关于防震减灾工作的方针政策，开展多震灾的国情教育，帮助干部群众深入理解党和国家防震减灾工作的方针政策和防震减灾工作的重要性和艰巨性，提高群众的防震减灾意识；有的大力普及《中华人民共和国防震减灾法》和相关的法律法规，努力提高全社会依法参与防震减灾工作的法律意识；有的积极普及地震科学知识和防震避险、自救互救方法，帮助广大群众提高对地震灾害的心理承受能力和防震自救能力；有的多次深入地震灾区，及时准确地报道震情、灾情，大力宣传党和政府领导灾区人民开展抗震救灾斗争及抗震救灾中涌现出的大量先进事迹；有的积极探索防震减灾宣传的新途径、新方法，提高防震减灾宣传工作的针对性和有效性；有的积极创作群众喜闻乐见的宣传作品，编制通俗易懂的培训教材，多形式、多途径地开展防震减灾宣传和教育培训，提高防震减灾宣传的效果。

为表彰先进，树立典型，鼓励全社会积极参与防震减灾宣传工作，推动防震减灾事业的发展，经商中央宣传部，中国地震局决定对北京市地震局宣传教育中心等63个全国防震减灾宣传工作先进集体，修济刚等101名全国防震减灾宣传工作先进个人予以表彰（名单附后）。

希望受表彰的先进集体和先进个人，珍惜荣誉，谦虚谨慎，再接再厉，发扬成绩，再创佳绩，在防震减灾宣传工作及其他各项工作中发挥先锋模范作用。各地区、各部门、各行业，特别是从事防震减灾宣传工作的各有关单位和部门，要以江泽民总书记“三个代表”的重要思想为指导，以全国防震减灾宣传工作先进集体和先进个人为榜样，认真宣传贯彻党中央、国务院关于防震减灾及其宣传工作的各项方针政策，团结一心，扎实工作，与时俱进，开拓进取，为我国防震减灾宣传工作做出更大的贡献。

附件：全国防震减灾宣传工作先进集体、先进个人名单

2002年3月19日

附件：

全国防震减灾宣传工作先进集体、先进个人名单

一、全国防震减灾宣传工作先进集体名单（共63名，排名不分先后）

北京市地震局宣传教育中心

天津市地震局政策法规宣传处

河北省唐山抗震纪念馆

山西省运城市地震局

内蒙古自治区包头市地震局

辽宁省鞍山市地震局
吉林省延边朝鲜族自治州地震局
黑龙江省大庆市地震局
上海市地震局地方地震工作处
江苏省淮安市地震局
浙江省中国石化镇海炼油化工股份有限公司
安徽省安庆市地震局
福建省泉州市地震局
江西省赣州市地震局
山东省潍坊市地震局
河南省中原减灾报社
湖北省地震局震害防御处
湖南省邵阳市地震局
广东省中国石化集团茂名石油化工公司
广西壮族自治区地震局震害防御（地方地震工作）处
海南省地震局震害防御处
重庆市黔江区科学技术委员会
四川省攀枝花市防震减灾工作领导小组办公室
贵州省兴义市地震台
云南省地震局地方地震工作处
西藏自治区地震局震害防御处
陕西省咸阳市地震局
甘肃省兰州地震博物馆
青海省海东地区行署地震局
宁夏回族自治区吴忠市地震局
新疆维吾尔自治区乌鲁木齐市地震局

中央宣传部新闻局
民政部救灾救济司
交通部水运科学研究所
中国科学院遥感应用研究所

中国人民保险公司云南省思茅分公司
中国人寿保险公司丽江营业部
中国煤炭工业进出口集团公司大屯煤电（集团）有限责任公司
中国广东核电集团有限公司广东核电合营有限公司大亚湾核电站
中国石油化工集团公司工程抗震震动技术中心站
中国长江三峡工程开发总公司
上海宝钢集团公司

首钢总公司
中国路桥（集团）总公司中交公路规划设计院
中国核工业集团公司秦山核电公司
秦皇岛港务局
中国兵器工业集团公司内蒙古第一机械集团制造有限公司
中国石油天然气集团公司大庆石油管理局
神华集团公司神华包头矿业公司
武汉钢铁（集团）公司
攀枝花钢铁（集团）公司

人民日报社教科文部
法制日报社经济新闻部
中央电视台新闻中心社会新闻部记者五组
中国国际广播电台新闻中心国内新闻部
北京军区政治部战友报社
解放军报社记者部
成都军区政治部战旗报社
中国地震局分析预报中心技术部
中国地震局地震数据信息中心（宣教中心）宣教声像部
中国地震局综合观测中心办公室
防灾技术高等专科学校防灾技术系
中国地震学会

二、全国防震减灾宣传工作先进个人名单（共 101 名，排名不分先后）

修济刚	北京市地震局局长
唐继信	北京市崇文区科委助理调研员
付国忠	天津市汉沽五中副校长
申　俊	天津市红桥区人防办公室副主任
马春勤	河北省唐山市地震局处长
郭建素（女）	河北省地震局主任科员
石文新	河北省广播电视局总编室编辑
李国藏（女）	山西省委宣传部研究员（正处级）
师　箐（女）	山西省太原市地震局副科长
牛志远	内蒙古自治区通辽市地震局局长
张春玲（女）	内蒙古自治区赤峰市地震局副局长
张福杰	辽宁省委宣传部副处长（正处级）
徐　平（女）	辽宁省地震局副处长
于长江	辽宁省葫芦岛市地震局局长
孙继海	吉林省长春市地震局副局长
马铁成	吉林省白山市地震局局长

王纪伟	黑龙江省地震局助理调研员
黄永斌	黑龙江省牡丹江市地震局局长
肖功建	上海市地震局处长
蒋振立	上海市虹口区科委（地震办）主任
吉家林	江苏省东台市地震局副局长
王东来	江苏省苏州日报社城区部副主任
林锦南	浙江省杭州市科学技术局处长
胡其根	浙江省平湖市科学技术局副主任科员
缪小平	安徽省合肥市地震局办公室主任
林国泰	安徽省定远县地震办公室主任
张良资	福建省厦门市委宣传部处长
吴玉祥	福建省莆田市地震局局长
许佳鹏	福建省龙海市海澄镇大埕居委会党支部书记
邓凯生	江西省南昌市地震局总工程师
熊华明	江西省石城县地震局局长
马秉来	山东省龙口市教师进修学校讲师
李远志	山东省地震局主任科员
管志光	河南省地震局副主任科员
王新光	河南省三门峡市地震局科员
王佩莲（女）	湖北省地震局主任科员
许光炳	湖北省十堰市地震局副局长
晏向阳	湖南省委宣传部副处长
刘玉珍（女）	湖南省临澧县地震局局长
吴伟光	广东电视台新闻中心记者
王盛泽	广东省揭阳市地震局局长
罗润芳	广西壮族自治区党委宣传部副处长
陆良旭	广西壮族自治区南宁市防震工作办公室主任
蔡堪瑞	海南省地震局处长
李承国	海南省海口市第九中学退休教师
章　荣	重庆市地震局处长
唐章成	重庆市地震局办公室副主任
张少松	四川省十邡市人民政府地震办公室主任
王顺蓉（女）	四川省阿坝州地震局副局长
张　彦（女）	四川电视台记者
朱显灵	贵州省威宁县地震台台长
孙鲁林	贵州省晴隆县地震台科员
吴国华	云南省地震局副处长
程政宁	云南省建设厅厅长
殷荣祥	云南电视台记者

彭凤山	西藏自治区地震局副处长
宋文忠	陕西省秦川机床集团有限公司子弟学校教研组长
张向民	陕西省渭南市委宣传部副部长
石生泰	甘肃省委宣传部处长
张守洁	甘肃省地震局处长
韩自强	甘肃省天水市地震局局长
丁　平	青海省海南州地震局局长
崔鲁辉	青海省海东行署地震局局长
常振广	青海省格尔木市地震局局长
杨治山	宁夏回族自治区石嘴山市地震局副局长
许梦军（女）	银川市地震局副科长
薛　健	新疆维吾尔自治区石河子市地震局局长
胡能芬（女）	新疆维吾尔自治区乌鲁木齐市地震局处长
卡合尔曼	新疆维吾尔自治区地震局主任科员
黄世英	国土资源部文学创作室主任
邵清滢	人民公安报社业务专题部副主任
赵佳惠（女）	教育部办公厅副处长
和国欣	中国人民保险公司丽江分公司总经理
郭圣义	中国煤炭工业进出口集团公司太原煤气化（集团）公司防震办主任
张晓鹏	中国石油化工集团公司安全环保局抗震办副主任
余光良	上海宝钢集团公司安环处（三防办）副主任
王建文（女）	首钢总公司抗震办科长
李　成	北京铁路局房管中心副主任科员
叶耀先	中国建筑设计研究院顾问、总工程师
郭保林	中国兵器工业集团公司内蒙古第一机械集团制造有限公司党委书记
张维全	中国石油天然气集团公司规划计划部处长
尤志强	神华集团公司包神铁路公司副总经理
胡望明	武汉钢铁（集团）公司副总经理
蒋建科	人民日报社主任编辑
赵焕新	中国日报社记者
李　进	法制日报社主任编辑
李清波	中央电视台记者
万　灵（女）	中央电视台记者
耿庆庆（女）	国际广播电台记者
陈　辉	新华社解放军分社主任记者
田举德	解放军电视宣传中心上校记者

万　元	中央人民广播电台成都军区记者站处长
姜兴华	解放军报社记者部记者
孙海龙	武警河北总队政治部副营干事
何振德	防灾技术高等专科学校校长
谭先锋	中国地震局地震数据信息中心副主任
张少泉	中国地震局地球物理研究所研究员
刘宏伟	中国地震局分析预报中心处长
张周术	中国地震局地壳应力研究所处长
穆　英	中国地震局综合观测中心办公室副主任
郝记川	中国地震学会办公室主任

中国地震局关于2001年度市（地）防震减灾工作综合评比结果的通报

各省、自治区、直辖市地震局：

市（地）、县防震减灾工作是我国防震减灾工作的重要组成部分。2001年，在各市(地)、县人民政府的直接领导和各省（自治区、直辖市）地震局的指导下，经过市（地）、县地震工作部门全体干部职工的共同努力，我国市（地）、县防震减灾工作又取得了新的进展，涌现出了一大批取得突出成绩的单位。

按照《关于召开2001年度市（地）防震减灾工作综合评比会议的通知》（中震防函[2002］6号）的要求，各省（自治区、直辖市）地震局择优推荐了部分市（地）地震工作机构参加评比。2002年6月7～10日，中国地震局在青海省西宁市召开了2001年度市（地）防震减灾工作综合评比会，评审组对各参评单位2001年度的防震减灾工作进行了认真的评审。根据评审组的评分，并经中国地震局市（地）、县地震工作指导委员会核准，河南省焦作市地震局等2个单位获一等奖，辽宁省沈阳市地震局等8个单位获二等奖，江苏省镇江市地震局等24个单位获三等奖，安徽省淮北市地震局等32个单位获优秀奖。此外，辽宁省沈阳市地震局等5个单位获防震减灾法制工作单项奖，云南省玉溪市地震局等5个单位获地震监测预报单项奖，河南省焦作市地震局等5个单位获地震灾害防御单项奖，云南省保山市地震局等5个单位获地震应急单项奖，河南省地震局震害防御处等5个市（地）、县地震工作管理部门获管理奖。

为表彰先进，树立典型，鼓励市（地）、县地震工作机构积极开展防震减灾工作，特对以上获奖单位予以通报表彰。希望受表彰的单位，珍惜荣誉，发扬成绩，再创佳绩。全国各市（地）、县地震工作机构要以获奖单位为榜样，开拓进取，扎实工作，为我国防震减灾事业做出更大的贡献。

附件：2001年度市（地）防震减灾工作综合评比结果

2002年6月17日

附件：

2001年度市（地）防震减灾工作综合评比结果

一等奖

河南省焦作市地震局

云南省保山市地震局

二等奖

辽宁省沈阳市地震局

河南省安阳市地震局

河北省张家口市地震局

福建省福州市地震局

辽宁省抚顺市地震局

福建省泉州市地震局

山东省潍坊市地震局

山西省临汾市地震局

三等奖

江苏省镇江市地震局

海南省海口市地震局

山东省青岛市地震局

江苏省淮安市地震局

云南省玉溪市地震局

广东省潮州市地震局

广西壮族自治区柳州市防震工作办公室

山西省运城市地震局

云南省昆明市防震减灾局

陕西省渭南市地震局

四川省攀枝花市防震减灾办公室

广东省汕头市地震局

广东省广州市地震办公室

河南省郑州市地震局

内蒙古自治区包头市地震局

甘肃省天水市地震局

黑龙江省哈尔滨市地震局

甘肃省兰州市地震局

安徽省安庆市地震局
内蒙古自治区通辽市地震局
广西壮族自治区北海市防震工作办公室
黑龙江省大庆市地震局
新疆维吾尔自治区乌鲁木齐市地震局
陕西省西安市地震局

优秀奖

安徽省淮北市地震局
山东省临沂市地震局
四川省德阳市地震局
吉林省长春市地震局
天津市大港区地震办公室
湖北省十堰市地震局
宁夏回族自治区银川市地震局
浙江省宁波市地震局
海南省三亚市地震局
北京市昌平区地震办公室
新疆维吾尔自治区石河子市地震局
宁夏回族自治区吴忠市地震局
浙江省杭州市地震局
吉林省白城市地震局
上海市南汇区地震办公室
重庆市黔江区地震办公室
湖南省常德市地震局
新疆维吾尔自治区阿克苏地区地震局
上海市青浦区地震办公室
湖南省邵阳市地震局
湖北省武汉市地震办公室
上海市崇明县地震办公室
北京市怀柔区地震办公室
天津市静海县地震办公室
北京市顺义区地震办公室
青海省西宁市地震局
湖北省荆门市地震局
重庆市荣昌县地震局
江西省南昌市地震局
青海省海东地区地震局
天津市南开区地震办公室
江西省赣州市地震局

防震减灾法制工作单项奖
辽宁省沈阳市地震局
河南省安阳市地震局
江苏省镇江市地震局
江苏省淮安市地震局
山东省青岛市地震局
地震监测预报单项奖
云南省玉溪市地震局
辽宁省抚顺市地震局
广东省汕头市地震局
福建省福州市地震局
四川省攀枝花市防震减灾办公室
地震灾害防御单项奖
河南省焦作市地震局
河北省张家口市地震局
云南省昆明市防震减灾局
河南省郑州市地震局
福建省泉州市地震局
地震应急单项奖
云南省保山市地震局
山西省运城市地震局
天津市大港区地震办公室
内蒙古自治区包头市地震局
山西省临汾市地震局
管理奖
河南省地震局震害防御处
云南省地震局地方处
辽宁省地震局震害防御处
福建省地震局震害防御处
山西省地震局震害防御处

辽宁省地震局办公室被辽宁省直属机关精神文明建设委员会命名为2002年度省直机关“文明处室”

辽宁省地震局办公室被辽宁省直属机关精神文明建设委员会命名为2002年度省直机关

"文明处室"。王洪明同志被授予2002年度省直机关先进工作者。

（辽宁省地震局办公室　韩　平）

江西省地震局荣获江西省省直机关文明单位称号

在7月1日举行的江西省省直机关"双十佳"暨"新形象楷模"表彰大会上，江西省地震局被中共江西省直机关工委、直属机关文明委授予"首届（2000~2001年度）省直文明单位"称号。

（江西省地震局　王丽莎）

崔庆荣同志被陕西省人民政府授予"陕西省先进工作者"荣誉称号

陕西省地震局机关后勤服务中心服务科副科长崔庆荣同志，2002年4月29日在陕西省人民政府召开的"陕西省劳动模范（先进工作者）"表彰大会上被授予"陕西省先进工作者"荣誉称号，其先进事迹被《陕西日报》刊登。

（陕西省地震局　吕　莲）

中国地震局2002年度通过研究员任职资格评审人员名单

科学研究：吴庆举　温增平　尹功明　单新建　丁海平　张令新　黄金莉　田勤俭　张景发　申重阳　徐起浩　沈　军　张　先

工程技术：滕云田　刘　治　杨大克

分析预报：张永仙　杨立明　付　虹　刘希强　王双绪

地震监测：金仲明　黄　雍　蔡作馨
科技开发：王建军　甘家思　高常波
科技管理：刘连柱　郑雅琴　刘玉辰　朱煌武　陈修民　丁仁杰　刘志远

合作与交流

这一部分收载地震系统一年来双边、多边合作项目，出访和来访项目，以及国际学术交流会议活动情况，是了解国外地震学界的科研进展，交流各国间地震科技成果的窗口。

中国地震局2002年对外交流与合作综述

2002年中国地震局共派遣出访团组163个，计497人次；接待来访团组32个，计362人次。

一、突出重点、兼顾全面，推进双边合作关系持续发展

2002年中国地震局在双边合作的深度和广度方面得到进一步加强。中美地震科技合作，得到进一步发展，美方协调人两次访问中国地震局，与我方就开展重点项目合作与研究事宜进行了会谈。4月，中国地震局刘玉辰副局长出席中美科学技术合作联合委员会年会，并在联委会上介绍了中美地震科技合作的进展，会议期间，江泽民总书记接见了中美双方代表。11月，中法地震科技合作法方协调人菲力浦·维达尔来华出席了兰州地磁台加入国际地磁台网揭幕仪式。12月，在上海举办了“中国—东盟地震预报技术研讨会”，会议就东盟各国的地震灾害研究、管理等问题进行了研讨和交流。另外，中国地震局还先后与加拿大自然资源部签订了中加地震科技合作协定，与秘鲁签订中秘地震科技合作谅解备忘录。

2002年重要出访团组有：陈建民副局长率团访问泰国气象厅；汤泉副局长率团访问秘鲁；刘玉辰副局长率团访问德国自然资源研究院；赵和平副局长率团赴日本访问；组织吉林省刘淑莹副省长率团访问冰岛。

2002年度来访的重要团组有：哈萨克斯坦教育科学部副部长穆达诺夫率领的地震科技代表团；韩国气象厅气候局局长慎庆燮率领的地震科技代表团；秘鲁驻华大使玛尔塔托莱多·奥坎波女士拜访中国地震局商讨援秘地震仪器事宜；冰岛环境部部长斯夫女士顺访中国地震局；加拿大自然资源部副部长助理伊斯科维奇及加拿大地质调查局局长狄克顺访中国地震局；古巴科技部副部长丹尼艾尔·科多纽顺访中国地震局；法国宇宙科学院副院长菲力浦·维达尔访问中国地震局；新加坡民防部队总监陈赞诚率团访问中国地震局。通过上述活动，巩固了双边地震合作关系，推动了地震科技的共同发展。

二、科技外事工作服务于防震减灾三大工作体系建设，大力推进搜索与救援国际合作与交流

2002年双边工作的重点之一是在继续推进双边地震科技合作的基础上，全力做好搜索与救援国际合作与交流，并取得了较大的进展。2002年4月中国地震局宋瑞祥局长率团访问了新西兰、澳大利亚、新加坡，12月率团访问了瑞士、法国。在访问期间宋局长与以上

各国应急管理部门有关人士进行了广泛接触与交流，取得了丰富、详实的资料和经验。2月刘玉辰副局长以亚太地区2002年主席的身份参加了在日内瓦举行的联合国国际搜索与救援国际咨询团工作会议。我国有5名地震紧急救援队员入选联合国灾害评估队，其中3名队员参加了2002年8月在印度举行的灾害评估队员培训班。另外，中国地震局救援队还参加了在新加坡举行的联合国亚太地区国际搜索与救援联合演习和在瑞士举办的紧急救援培训与联合演练，出席了在南非举办的联合国搜索与救援队队长工作会议。同时，中国地震局还邀请了德国紧急救援局、瑞士外交部人道主义事务办公室和瑞士救援队的专家来华，就搜救领域进行讲学和培训。2002年11月，由中国地震局承办的2002年度联合国搜救与救援工作会议在上海举行，来自亚太地区的澳大利亚、文莱、柬埔寨等14个国家及联合国有关部门代表100多人出席了这次会议。2002年中国地震局与德国、瑞士签订了在搜救领域开展合作与交流的双边协议。通过这一系列活动，开阔了眼界，锻炼了队伍，积累了经验，为今后中国地震局开展搜索与救援方面国际合作与交流工作打下了良好基础。

三、积极争取重大国际科技合作项目，推进重点领域的科技进步

2002年中国地震局有4个国际科技合作项目获科技部批准，分别是“中国数字地震实时分析系统与海底地震观测”、“国际GPS服务镜像合作研究”、“重大工程地震损伤诊断和智能保护的理论与方法研究”、“中欧伽利略合作计划EGNOS测试与导航应用”。另外，环华地震台网取得了可喜的进展，2002年形成了建立“二个点、一条线、一个环”的境外地震观测布局的初步设想。2002年11月20日中国地震局两位专家随南极科考船前往南极中山站和长城站架设地震观测台，南极架台工作已经于2003年3月20日完成；另一个点将设在北极的斯匹次卑尔根群岛。“一条线”是指沿安第斯山脉在智利、秘鲁和墨西哥设置强震观测台网。2002年我方援助的强震设备已运抵智利，与秘鲁、墨西哥两国的合作也正式启动。“一个环”是指围绕我国大陆周边架设地震台，现已在乌兹别克斯坦、哈萨克斯坦和缅甸开展试验工作。

四、积极参与多边合作，提高中国地震局在国际地震界的影响

多边工作历来是中国地震局对外合作与交流的一项重点工作。2002年10月31日至11月3日，“第三届大城市防震减灾国际研讨会”在上海召开，来自世界26个国家的88位外宾和近百名中方代表出席会议，会议以“减轻易损性—增强世界大城市可持续发展的能力”为主题，围绕如何通过社会参与、公共政策行为、加强构筑物的安全和城市规划及防震减灾宣传教育四个专题展开讨论。2002年8月15～17日“地震工程学新进展与新挑战国际学术讨论会”在哈尔滨和香港召开，来自10个国家（地区）的近200专家学者出席了会议，其中110位专家在大会和4个分组会议上做学术报告，10位专家做了主题发言。会议期间举行了纪念刘恢先院士诞辰90周年的有关活动，成立了“黑龙江恢先地震工程学基金会”，该基金会还同美国“美中地震工程学基金会”签署了合作谅解备忘录。同时还召开了“亚太地震工程研究中心联合会（ANCER)”第一届年会。通过这些活动，各国科学家广泛地交流了地震工程的新成果，讨论了今后如何进一步加强国际交流与合作，共同分享防震减灾的经验与

教训。另外，2002年中国地震局还主办了“第一届地震灾害与减轻国际培训班”，组织参加了新西兰2002年西太平洋地球物理学会议，参加了亚洲地震委员会（ASC）第四次学术会议，举办了与地震监测预报有关的会议及培训班。通过这一系列活动展示了我国地震科技实力，也为地震科技人员走向国际舞台提供了锻炼的机会。

五、做好与港澳台地震合作交流工作，促进祖国和平统一

加强同港澳台的交流合作具有重要意义。中国地震局宋瑞祥局长于2002年5月在率团顺访了香港天文台和香港理工大学。2002年8月刘玉辰副局长率团赴香港出席“地震工程新进展与新挑战国际会议”香港会议，并顺访香港天文台和澳门地球物理暨气象局。通过中国地震局对香港、澳门的访问，加快了双方合作的进程，扩大了合作领域，增进了解。2002年，中国地震局就地震预测研究、深部结构探测与地球动力学研究、地震资料处理、地震前兆观测实验等方面同台湾地区有关单位和组织进行了深入广泛的交流与合作。通过这些活动，推进了海峡两岸地震科技发展，丰富了合作内容，为促进祖国的和平统一发挥了地震科技的作用。

六、规范出国用汇管理工作

为规范和加强对临时出国人员经费开支的管理，2002年财政部印发《非贸易非经营性购汇人民币限额预算工作规程》和《因公临时出国人员用汇管理办法》等文件。根据这些文件的规定，针对中国地震局具体情况，制定《中国地震局因公临时出国人员用汇管理办法》，对因公出国用汇的申请、审核、用汇、核销等做了明确规定，使办法具有较强的可操作性。该办法的制定对中国地震局因公出国用汇的规范化管理起了重要的作用。此外，还完成了对中国地震局2001年购汇人民币执行情况的调查、检查和汇总，为做好2003年购汇预算工作提供了依据。

七、做好引进工作

2002年向国家外国专家局申请并被批准项目3个，分别为赴德国地震监测台网技术人员培训、赴美国地震应急技术人员培训、赴俄罗斯地震监测预报技术人员培训。上述项目分别得到外专局资助30%、30%和50%。引进国外技术、管理人才项目3大类共27项，得到外专局资助25万元。

八、继续深入开展地震国际合作国别政策研究

2002年，中国地震局继续开展“地震国际合作国别政策研究”工作，在2001年调研的基础上，又进行了9个国家的地震科技发展动态和交流与合作情况的调研。为参加科技部新建的“中国国际科技合作网”积累了基本素材，为搭建科技交流与合作交流信息资源共享平台创造了条件，同时也为中国地震局今后对外开展更大范围、更广领域和更高层次的地震科

技交流与合作提供了参考信息。

另外，2002年7月，根据科技体制改革的需要，中国地震局还开展了“国外地震科研机构和应急机构”的调研工作，及时掌握了世界上20多个国家的地震研究和灾害应急机构职能、人员编制、机构归属关系、地震监测与科研所占的比例、经费来源、立法情况、政府重视程度、最近地震造成的经济损失、人员伤亡及其教训等内容，为中国地震局科技体制改革提供了重要的参考信息。

（中国地震局科技发展（国际合作）司　康小林）

2002年出访项目

1月15～25日

中国地震局研究员何永年等一行6人赴印度安娜大学参加“中印减灾研讨会”（科技部组团）。

1月20日～4月19日

中国地震局地质研究所研究员张家声赴英国利物普大学进行学术访问及合作研究。

1月27日～2月2日

中国地震局地质研究所副所长任金卫研究员等一行5人应欧洲空间局的邀请赴法国参加伽利略计划EGNOS项目工作组会谈。

2月1日～3月2日

中国地震局分析预报中心研究员郑斯华应日本防灾技术研究所的邀请赴日本就“震源机制及地壳上地幔各向异性”等问题进行学术交流与合作研究。

2月19～25日

中国地震局工程力学研究所研究员袁一凡应东京消防研究所的邀请赴日参加“地震灾害减轻信息技术及策略亚太研讨会”。

中国地震局地质研究所高级工程师陈建英应东京消防研究所的邀请赴日参加“地震灾害减轻信息技术及策略亚太研讨会”。

2月21日～2003年3月9日

中国地震局分析预报中心研究员高原赴英国苏格兰爱丁堡大学地质与地球物理系进行访问研究（持因私护照）。

2月24日～3月8日

中国地震局副局长刘玉辰等一行4人赴瑞士参加“国际搜索与救援顾问团工作会议”，并访问德国，续签中德地震科技协议。

3月1日～6月1日

中国地震局地球物理勘探中心高级工程师刘志赴捷克科学院地球物理研究所学习进修深

地震测深资料处理新方法。

3月4~25日

地球物理研究所硕士研究生秦立新赴美国科罗拉多大学参加“京西北地震试验场区地震定位高级方法”合作研究项目（持因私护照）。

3月5~10日

工程力学研究所副所长孙柏涛研究员等一行6人赴新加坡参加由国际人道主义办公室组织的搜索与救援联合演习。

3月8~20日

中国地震局地震灾害救援工作协调办公室处长尹光辉等一行5人赴德国、荷兰进行救援队搜索犬驯养及救援工作考察。

3月16~27日

中国地震局地质研究所研究员徐道一、杜品仁应神户大学理学部邀请赴日本参加“亚洲大陆地壳的构造和演化研讨会”。

3月21日~5月16日

地球物理研究所研究员陈培善、副研究员白彤霞二人赴美国麻省理工学院参加“关于亚洲构造和地震活动性讨论会”并学术交流。

3月22日~4月3日

河北省地震局研究员金学申等一行4人赴希腊塞斯洛尼卡大学执行地震科技合作项目。

3月28日~6月29日

中国地震局地球物理研究所研究员张伯明赴法国巴黎大学地球物理研究所执行中法地震科技合作GEOSCOPE项目合作研究。

3月31日~4月10日

中国地震局地质研究所研究员张家声等一行4人赴越南参加IGCP430项目第二届年会。

4月5~23日

中国地震局震害防御司副司长孙雄等一行28人赴美国进行地震灾害紧急救援技术人员培训。

4月9~29日

分析预报中心副主任李志雄赴美国考察（科技部组团）。

4月10~29日

中国地震局地质研究所工程师任群赴乌兹别克斯坦和哈萨克斯坦参加“中国科技日”展览会（科技部组团）。

4月13~21日

中国地震局副局长陈建民率团一行4人赴泰国续签地震科技合作协议并商讨合作事宜。

4月17日~5月1日

中国地震局副局长李友博率团一行10人赴美国进行地震科技考察。

4月20日~5月2日

辽宁省地震局高级工程师王玉莹赴法国参加“2002年欧洲地球物理年会”。

4月20日~5月4日

中国地震局分析预报中心研究员马丽赴法国参加“2002年欧洲地球物理年会”，并访问英国爱丁堡大学和利兹大学。

4月21~28日

中国地震局地球物理研究所研究员许绍燮赴挪威参加“地震事件比测和监视研讨会”。

4月21日~5月6日

中国地震局第二地形变监测中心研究员黄立人等一行6人应欧洲空间局的邀请赴法国、荷兰、挪威、意大利执行中欧合作 EGNOS 项目。

4月22日~6月12日

辽宁省地震局工程师杨威赴瑞士日内瓦大学参加地质灾害分析与管理培训。

4月26日~5月16日

中国地震局局长宋瑞祥率团一行4人赴新加坡、新西兰、澳大利亚考察访问。

4月29日~5月3日

中国地震局科技委员会研究员李裕澈赴韩国地质资源研究院进行学术访问。

5月4~15日

中国地震局兰州地震研究所副研究员刘旭应邀赴挪威 NORSAR 台阵院参加台阵评估研讨会。

5月4日~8月4日

中国地震局地球物理勘探中心主任张先康研究员等一行3人赴美地质调查局执行“中国大陆地震机理与预测”合作项目。

5月5~12日

中国地震局分析预报中心副主任蔡晋安等一行5人赴美国参加“亚太经合组织地震模拟小组第三届学术讨论会”。

云南省地震局研究员许昭永赴美国参加“第三届国际合作地震模拟专题学术讨论会”。

5月5~16日

中国地震局地质研究所研究员高名修赴美国科罗拉多奥泰罗专科学院参加“全球构造新概念国际会议”。

5月8~12日

中国地震局地球物理研究所研究员许绍燮赴英国参加“核查技术在民用与科学中应用讨论会”。

5月12~27日

中国地震局副局长汤泉率团一行6人赴秘鲁、美国进行访问考察。

5月12日~6月1日

中国地震局机关党委副书记杨小瑛赴德国进行行政监督问题研究培训（中共中央国家机关工委组团）。

5月14~21日

北京市地震局党委副书记彭岩赴日本进行友好访问（北京市人民政府组团）。

5月15日~6月2日

中国地震局地质研究所副研究员周永胜赴意大利参加“岩石变形机制和破坏形式转化国际研讨会”。

5月20日~6月2日

中国地震局地质研究所副研究员赵阿兴赴葡萄牙、法国参加2002年世界教育市场第三次年会、考察欧洲教育体制、汉语教学、对外交流及聘请外教渠道（北京市人民政府组团）。

5 月 21 ~ 26 日

中国地震局地球物理研究所研究员俞言祥赴韩国汉城国立大学进行学术访问。

5 月 21 日 ~ 6 月 5 日

中国地震局地球物理研究所研究员杨智娴赴美国参加“美国地球物理联合会（AGU）春季年会”。

5 月 23 日 ~ 7 月 29 日

中国地震局地壳应力研究所助理研究员雷建设赴日本爱媛大学进行短期工作访问。

6 月 1 日 ~ 7 月 2 日

中国地震局地球物理研究所副所长吴忠良赴意大利底里亚斯特大学进行工作访问。

6 月 7 日 ~ 22 日

北京市地震局副局长胡平等一行 7 人赴德国考察（中国仪器进出口（集团）公司组团）。

中国地震局地球物理研究所副研究员王凤霞等一行 4 人赴德国考察（中国仪器进出口（集团）公司组团）。

6 月 11 ~ 18 日

中国地震局地球物理研究所陈运泰院士和周公威研究员赴美国参加“美国地震学联合研究体与国际宽频带数字地震台网联合会年会”。

6 月 12 ~ 19 日

中国地震局分析预报中心工程师韩磊、新疆维吾尔自治区地震局高级工程师海力·阿不都热依木赴乌兹别克执行中乌地震科技合作“测试卫星接受信号项目”。

6 月 13 ~ 18 日

中国地震局分析预报中心研究员李大辉等一行 3 人赴泰国参加美国 LORAL 公司亚太地区年度用户会议。

6 月 16 ~ 23 日

中国地震局地质研究所研究员聂高众赴意大利参加 2002 年全球灾害信息网络大会。

6 月 18 ~ 28 日

中国地震局工程力学研究所所长齐霄斋赴美国参加中美地震科技合作协议附件 3 协调会（建设部组团）。

6 月 23 日 ~ 7 月 14 日

中国地震局地震研究所研究员蔡惟鑫等一行 5 人赴西班牙、比利时执行地震科技合作项目。

7 月 1 ~ 19 日

中国地震局副局长岳明生率团一行 11 人赴俄罗斯考察访问。

7 月 1 ~ 24 日

中国地震局地质研究所副研究员李涛、聂逢君赴俄罗斯伊尔库茨克国立工业大学进行学术访问。

7 月 6 ~ 14 日

中国地震局地质研究所研究员甘卫军赴新西兰参加西太平洋地球物理学会议。

7月6～16日

中国地震局地球物理研究所研究员许忠淮等一行4人赴新西兰参加西太平洋地球物理学会议。

中国地震局地震数据信息中心研究员赵仲和赴新西兰参加西太平洋地球物理学会议。

四川省地震局副研究员易桂喜赴新西兰参加西太平洋地球物理学会议。

7月7～14日

中国地震局地壳应力研究所研究员陈虹、崔效锋赴新西兰参加西太平洋地球物理学会议。

7月7～19日

中国地震局研究员陈颙院士等一行5人赴新西兰参加西太平洋地球物理学会议。

7月7～21日

甘肃省地震局副局长王建荣等一行17人赴法国、比利时进行综合灾害防御考察与交流。

7月7～22日

中国地震局京区基建办公室主任田植杰赴美国、加拿大考察住房建设与房产物业统计(国家统计局组团)。

7月8日

中国地震局地震研究所研究员王琪赴新西兰参加西太平洋地球物理学会议。

7月8～20日

中国地震局国际合作司处长王志秋、人事教育司副处长田柳赴新西兰参加西太平洋地球物理学会议。

7月15～23日

中国地震局分析预报中心总工程师庄灿涛等一行3人赴日本名古屋大学进行学术交流。

7月17～27日

中国地震局政策研究室研究员杨玉荣等一行17人赴韩国进行监测台站技术考察。

7月20日～8月26日

中国地震局地球物理研究所副研究员杨辉赴德国波茨坦参加“地震学、地震数据分析、灾害评估和风险减轻国际培训班”。

7月22日～8月6日

中国地震局分析预报中心副研究员姜立新等一行3人应美国环境系统研究中心澳大利亚分部的邀请，赴澳大利亚进行学术交流。

7月28日～8月7日

中国地震局紧急救援办公室副处长周敏等一行3人赴新西兰执行考察任务（中国仪器进出口（集团）公司组团）。

7月29日

中国地震局地质研究所研究员位梦华赴美国阿拉斯加北坡自治区进行北极合作研究。

7月31日～8月6日

中国地震局地壳应力研究所副所长谢富仁等一行3人赴日本考察。

8月2～16日

中国地震局数据信息中心副主任谭先锋赴意大利考察绿色包装及报刊印刷新技术（中国

包装总公司组团）。

8月4～8日

中国地震局紧急救援协调办公室主任徐德诗等一行7人赴新加坡考察紧急救援培训基地。

8月5～20日

中国地震局地质研究所研究员邓前辉赴俄罗斯执行合同验收项目（中国船舶重工集团公司组团）。

8月11～26日

中国地震局地质研究所研究员徐锡伟等一行4人赴法国访问并商讨地震科技合作事宜。

8月17日～9月13日

内蒙古自治区地震局局长包东健等一行14人赴德国进行地震监测台网技术人员培训（国家外国专家局组团）。

8月18日～9月1日

中国地震局工程力学研究所副所长孙柏涛等一行三人赴印度参加“联合国灾害评估队（亚太区）国际培训班”。

8月20日～9月17日

中国地震局分析预报中心研究员汪成民赴德国维斯玛海洋环境工程研究所进行学术访问。

8月27日

福建省地震局高级工程师黄宏生赴日本执行JICA地震与耐震技术研修任务（科技部组团）。

8月28日～9月16日

中国地震局地球物理研究所研究员郝锦绮等一行3人赴俄罗斯参加“第三届地震学及火山学中磁法、电法和电磁法国际研讨会”。

8月29日～11月27日

中国地震局地震研究所助理研究员刘少明赴比利时皇家天文台执行中比地震科技合作项目。

8月31日～9月10日

中国地震局工程力学研究所副所长薄景山、研究员崔杰赴德国参加“欧洲第五届结构动力学大会”。

中国地震局地质研究所助理研究员周伟新赴德国参加“欧洲第五届结构动力学大会”。

8月31日～9月11日

中国地震局工程力学研究所研究员陶夏新赴意大利参加“欧洲地震学会大会及世界行星监测与减轻地震灾害组织学术讨论会”。

9月2～11日

中国地震局地质研究所研究员赵国泽赴俄罗斯参加“第3届国际地震和火山学磁法、电法和电磁学术研讨会”。

9月2日～2003年1月28日

中国地震局地壳应力研究所助理研究员雷建设赴日本爱媛大学进行短期工作。

9月3～7日

中国地震局地球物理研究所副所长高孟潭和局科技发展司康小林赴韩国参加国际地震研讨会。

9月4日～2003年1月5日

中国地震局科技委员会研究员李裕澈应韩国气象厅邀请，赴韩国访问研究。

9月8～17日

中国地震局监测预报司司长阴朝民赴英国参加“自然灾害预防及减轻危险性国际研讨会”。

9月11～21日

广东省地震局副局长王正尚等一行11人赴法国进行防震减灾工作考察。

9月12日～12月2日

辽宁省地震局高级工程师王海英赴马其顿参加“第21届地震设计与结构”培训。

9月14～22日

中国地震局地质研究所研究员林卓然赴德国参加“ISO/TC2002年会”（国家质量监督检验检疫总局组团）。

9月15～18日

中国地震局监测预报司副司长牛之俊、地质研究所副所长任金卫赴法国参加“卫星导航技术联合工作会议”。

9月16日～10月6日

中国地震局兰州地震研究所副所长王兰民赴日本东京大学进行黄土液化与岩石地震工程学术交流访问。

9月18日～10月14日

中国地震局地球物理研究所高级工程师李春来、助理研究员于湘伟赴德国联邦地球科学院进行学术访问。

9月18日～12月16日

中国地震局地震研究所副研究员乔学军赴美国阿拉斯加大学执行地震科技合作项目。

9月20日～10月12日

中国地震局地球物理研究所博士研究生黄静赴意大利参加“第6届地震波产生、传播和反演三维模型培训班”（持因私护照）。

9月25日～10月7日

中国地震局人事教育司副司长刘宗坚等一行10人赴日本访问考察。

9月30日～10月15日

中国地震局地壳应力研究所研究员王恩福、局规划财务司总会计师于惠芳赴德国验收设备及考察（中国汽车工业总公司组团）。

10月4～19日

中国地震局科技发展司助理巡视员栾毅等一行7人赴冰岛、意大利进行火山公共管理考察。

吉林省人民政府副省长刘淑莹、中国地震局办公室副主任胡春峰等一行4人赴冰岛进行火山公共管理考察。

10月7～17日

中国地震局地球物理研究所副所长王椿镛、研究员吴建平赴意大利参加“地球三维模拟学术讨论会”和“特提斯造山带的结构和演化学术讨论会”。

10月7～20日

中国地震局地震出版社副社长蒋浩旋赴德国进行图书考察（国家经贸委组团）。

10月8～17日

中国地震局人事教育司司长张金赴日本考察（中共中央党校组团）。

10月11～31日

中国地震局办公室处长王蕊赴澳大利亚进行政府采购工作培训（国务院机关事务管理局组团）。

10月14～28日

中国地震局机关服务中心鑫宇宾馆总经理张广会赴美参加商务考察（中国商业联合会组团）。

10月16～26日

中国地震局地球物理研究所研究员丁志峰赴意大利执行“地震灾害确定性评价的地球物理学研究”合作项目。

陕西省地震局工程师戴王强、刘春赴奥地利执行“中奥地震研究和灾害防治新方法”合作项目。

10月18～24日

中国地震局科技委员会副主任陈颙院士、地球物理研究所研究员陈运泰院士赴印度参加“第三世界科学院院士会议”。

10月18日～11月7日

中国地震局综合观测中心副主任黄宝森一行3人赴美国、加拿大、澳大利亚进行紧急救援卫星系统考察。

10月20～24日

中国地震局地震研究所室主任李辉研究员赴日本东京大学执行地震预测合作研究项目。

10月21～28日

广西壮族自治区地震局副局长龙安明等一行8人赴越南执行合作项目。

10月23日～11月3日

福建省地震局副局长朱金芳等一行5人赴新西兰访问考察。

10月23日～11月5日

中国地震局工程力学研究所研究员赵振东赴日本考察（福建省人民政府组团）。

福建省地震局副局长史彝华等一行7人赴日本访问考察。

10月27日～11月9日

中国地震局政策研究室主任杜振民、科技委员会办公室主任卢桢赴俄罗斯、波兰进行社会转制时期科研机构与人员变化情况考察（中国科学院组团）。

11月6日～12月15日

中国地震局地震研究所高级工程师杜瑞林赴美国阿拉斯加大学执行地震科技合作项目。

11月13～28日

中国地震局地球物理研究所陈运泰院士赴德国进行学术访问。

11月16～27日

中国地震局副局长赵和平率团一行9人赴日本进行地震预报工作考察。

11月17日～12月5日

中国地震局地震灾害紧急救援协调办公室副主任任利生等一行11人赴荷兰进行国家救援队指挥员培训。

11月20～29日

中国地震局地球物理研究所研究员朱传镇等一行3人赴尼泊尔参加“亚洲地震委员会2002年会议”。

11月20日～12月3日

中国地震局震害防御（法规）司巡视员徐卫等一行8人赴加拿大进行访问考察。

11月20日～2003年3月19日

新疆地震局工程师魏斌、福建省地震局工程师朱海燕赴南极安装地震台（国家海洋局组团）。

11月21～28日

中国地震局地球物理勘探中心处长王夫运、四川省地震局副研究员易桂喜赴尼泊尔参加“亚洲地震委员会2002年会议”。

11月23日～12月9日

四川省地震局局长吴耀强、研究员李谊瑞赴美国赛贝斯软件有限公司访问考察。

11月25～27日

中国地震局工程力学研究所谢礼立院士等一行5人赴日本参加“双边学术讨论会”。

12月2～8日

总参作战部某局副局长田义祥和中国地震局地壳应力研究所研究员陈虹赴南非出席“INSARG国际救援队队长会议”。

12月2～9日

中国地震局工程力学研究所副所长孙柏涛等一行5人赴瑞士参加中瑞紧急救援联合演练。

12月3～14日

中国地震局局长宋瑞祥率团一行5人赴瑞士、法国考察访问。

12月5～22日

江苏省地震局局长李清河赴美国参加美国地球物理学会秋季大会并顺访有关机构，还赴韩国参加“国际地震研讨会”。

12月5日～2003年2月15日

中国地震局分析预报中心副研究员黄金莉赴日本爱媛大学执行“中国及其临近地壳上地幔三维速度结构”合作研究。

12月19～22日

中国地震局兰州地震研究所副研究员张元生赴韩国参加“国际地震研讨会”。

（中国地震局科技发展（国际合作）司　郑　沙）

2002年来华项目

1月20～30日

美国工程院院士W.D.Iwan教授和美国专家董伟民先生应中国地震局邀请来华访问，与工程力学研究所讨论有关地震工程方面的合作事项，并就建立刘恢先地震工程基金事宜进行详细的工作会谈。外宾还赴海南省和上海市访问。

4月9～16日

哈萨克斯坦教育科学部第一副部长穆达诺夫等一行4人应中国地震局邀请来华访问，就中哈地震科技合作协议的合作内容和我向哈提供和安装数字地震仪器设备的有关问题进行商讨。外宾除在北京访问我局及分析预报中心、地球物理研究所外，还赴天津市地震局访问。

4月27日～5月6日

日本岩土协会副主席、日本中央大学教授国生刚治（Takaji kokusho）先生应中国地震局邀请来华访问，主要在兰州地震研究所就"黄土震害的防御与减轻技术"开展合作研究与交流。

5月20日～6月11日

法国巴黎地球物理研究所教授波尔·塔波尼尔等一行7人根据中法地震科技合作协议来华访问，对2001年11月14日发生在青海省东昆仑断裂带上的昆仑山地震地表破裂带进行综合考察。

5月20～23日

由联合国教科文组织、美国地调局、中国地震局承办的第二届南亚地震分析研讨会在昆明举行，来自美国、印度、巴基斯坦、伊朗、尼泊尔、孟加拉国和联合国教科文组织的20名代表来华参加了会议。会议旨在加强中国及南亚各国之间的地震合作，加强数据共享，促进该地区防震减灾工作。

5月27日～6月5日

美国风险管理软件公司资深副总裁董伟民教授应中国地震局邀请来华访问，与我局商讨减轻地震灾害合作事宜。

6月4～10日

韩国气象厅局长慎庆燮等一行6人应中国地震局邀请来华访问，就进一步拓展中韩地震科技合作进行商讨，除访问我局、与京区有关专家在地震监测、地震数据分析等领域就具体合作进行探讨外，还访问安徽省、上海市地震局。

6月12～19日

葡萄牙里斯本大学地球物理中心主任门德斯·维克多（C.A.Mwndes－Victor）教授和克斯塔（Paula Teves Costa）博士应中国地震局邀请来华访问，与我专家共同商讨中国—葡萄牙合作项目"地震危险性预测与地震灾害预防"有关事宜并进行学术交流。外宾主要在局地球物理研究所进行学术活动，还访问局分析预报中心。

6月13～20日

由孟加拉国灾害管理和减轻部秘书长穆扎拉尔·哈克先生率领的孟加拉国政府代表团以及国际灾害风险管理研究所（菲律宾）负责人约翰·巴雷特先生（澳大利亚籍）等一行6人应中国地震局邀请来华访问，了解我国防震减灾工作。外宾除在北京访问我局及分析预报中心、地球物理研究所外，还顺访民政部，并赴唐山考察。

6月22日～7月7日

加拿大仪器供应商NANOMETRICS公司的戴维·莫尔（David Moore）和迈克·土科特先生根据联合国全面禁止核试验海拉尔和兰州地震台建设的需要，来华进行地震台阵当地通讯链路的安装与调试，外宾在局地球物理研究所和海拉尔及兰州工作。

6月23日～7月1日

美国达拉斯南卫理工大学地球科学系教授布兰·斯坦普（Brian Stump）和托马斯·黑伍德（Christopher Thomas Hayuard）博士应中国地震局邀请来华访问，与地球物理研究所商讨开展“延庆—怀来盆地和海城地区天然和人工地震活动性的对比研究”事宜。

7月9～18日

美国普渡（Purdue）大学凯莱斯博士应中国地震局邀请来华访问，考察乌鲁木齐GPS台站，协商在新疆东部地区开展地壳运动观测合作研究的有关事宜。

8月8～13日

日本东北大学灾害防御中心原荣（Motosaka）教授应中国地震局邀请来华访问，在新疆地震局商谈开展城市活断层探测和地震危险性评价方面合作的有关事宜。

8月17日～10月7日

英国帝国理工学院地球科学和工程系博士刘建国等一行4人应中国地震局邀请来华访问，在新疆维吾尔自治区地震局开展北天山博格达山地区地震科技合作，并商讨开展“乌鲁木齐城市活断层探测和地震危险性探测”项目和合作事宜。

9月16～22日

越南地球物理研究所阮庭川（Nguyen Dinh Xuyen）教授和Le Tu Sou教授应中国地震局邀请来华访问，在工程力学研究所就强震观测的有关问题进行深入细致的讨论。

10月6～20日

由中国地震局国际合作司主办、局地球物理研究所和分析预报中心联合承办的“第一届地震灾害与减轻国际培训班”在北京举办，参加培训班的18名外国学员来自埃及、印度、印度尼西亚、哈萨克斯坦、马其顿、蒙古、斯里兰卡、泰国、土耳其、越南等十个国家。

10月13日～11月4日

美国风险管理软件公司资深副总裁董伟民教授和美国基础工程公司总裁祁贵仲先生应中国地震局邀请来华访问，参加“胡聿贤先生80寿辰纪念活动”，并与我局商讨地震工程和地震灾害减轻合作事宜，还赴上海参加“第三届大城市与防震减灾国际研讨会”并顺访工程力学研究所、福建省地震局和上海市地震局。

10月31日～11月4日

由中国地震局、上海市人民政府和地震与大城市动议国际组织（EMI）联合主办的“第三届大城市与防震减灾国际研讨会”在上海市召开，会议主题是减轻大城市的易损性，增强其可持续发展的能力。参加会议的中外代表近180人，其中外国代表76人，分别来自阿尔及利亚、孟加拉、哥伦比亚、哥斯达黎加、厄瓜多尔、埃及、英国、德国、印度尼西亚、印度、伊朗、意大利、日本、韩国、墨西哥、尼泊尔、新西兰、尼日利亚、菲律宾、土耳其、美国和乌兹别克等22个国家。

10月15日

加拿大自然资源部副部长助理伊兹克维奇一行顺访我局，并签署中加地震科技合作备忘录。

古巴科技部副部长一行顺访我局。

11月1~4日

朝鲜地震局科技代表团崔顺钟等一行4人应中国地震局邀请来华访问，与我局有关专家就地震数字化观测技术、计算机网络技术和数据处理方法等进行学术交流，并讨论2003~2004年地震科技合作事宜。外宾除在北京访问局分析预报中心外，还赴天津市地震局访问。

11月8~30日

美国达拉斯南卫理工大学地球科学系斯德姆普（Brian williarn stump）教授等一行3人应中国地震局邀请来华访问，执行“延庆—怀来盆地和海城地区天然的和人为的地震活动性的对比研究”合作项目。外宾主要在延庆、怀来地区架设地震仪器。

11月11~13日

由联合国人道主义事务办公室、中国地震局和上海市人民政府联合举办的“联合国亚太地区搜索与救援会议”在上海举行，来自澳大利亚、文莱、中国、斐济、德国、印度、日本、韩国、老挝、缅甸、尼泊尔、新西兰、菲律宾、新加坡、泰国、越南、亚洲备灾中心和联合国人道主义事务办公室的有关代表及各省、市代表共约120人参加会议。会议就搜索指南修订、救援队分类、在亚太地区开展培训、加强亚太地区搜救能力建设方面进行了讨论。会后代表还观摩了由中国国际救援队组织的救援演习。

11月11~18日

新加坡民防局总监陈赞成先生等一行4人应中国地震局邀请来华访问，与我局商谈有关灾害管理和减轻方面的合作事宜，还参加在上海举办的联合国人道主义搜索与救援咨询团亚太区2002年年会，并访问江苏省地震局。

11月11~25日

德国格拉芬堡地震观测中心斯坦勒（Klaus stammler）博士等一行3人应中国地震局邀请来华访问，旨在进一步推动我局与德国联邦地球科学与自然资源研究院间“中—德科技合作流动台阵地震观测和北京地区防震减灾”合作项目，与我专家共同架设甚宽带数字地震仪并完成其他相关工作。

11月17~23日

韩国地学及矿物资源研究院地震工程研究所专家池宪哲（Chi heon cheol）博士等一行8人为执行中韩数字化地震台网合作项目，应中国地震局邀请来华访问，对有关台站的仪器进行维护，并与我局共同举办“中韩合作地震台网培训班”，代表团主要在天津市和辽宁省地震局开展工作。

11月23日

美国地质调查局、中美地震科技合作协调人访华，与中方商谈中美合作项目事宜。

11月28日~12月3日

日本东京大学地震研究所副教授森田裕一为落实中日宽频带地震台阵观测合作项目，应中国地震局邀请来华访问，主要与局分析预报中心商谈有关技术问题，并对太原地震台观测仪器进行常规检查和维护，并出席南京地震台纪念建台70周年学术讨论会。

11月28日~12月4日

法国宇宙科学研究院维达尔（Philippe vidal）教授等一行4人为执行中法合作建设兰州地磁台项目，应中国地震局邀请来华访问，在兰州地震研究所参加兰州地磁台建成入网仪式，并访问上海地震局。

12月8~13日

“中国—东盟地震预报技术研讨会”在上海市举行，会议代表就本国的地震灾害研究、管理问题做了报告，我局介绍了地震科研和防震减灾工作中取得的成果以及“十五”计划，各方就共同感兴趣的领域进行了进一步探讨。来自泰国、马来西亚、印度尼西亚、缅甸、老挝、柬埔寨、越南、新加坡及菲律宾等国家的20位代表参加了会议。

12月20~30日

俄罗斯科学院大地物理所副所长罗果金·伊文尼（Rogojine evegni）教授应中国地震局邀请来华访问，在局分析预报中心就地震地质构造、地震灾害评估及地震预报新方法等领域进行交流，并赴唐山参观地震遗迹。

（中国地震局科技发展（国际合作）司　郑　沙）

港澳台合作交流项目

出　访

1月8~12日

中国地震局地质研究所研究员马宗晋院士、曲国胜研究员赴香港理工大学就香港城市防震减灾项目进行考察与合作研究。

3月6日~6月6日

中国地震局地质研究所研究员叶洪应香港大学土木工程系邀请赴香港进行合作研究。

3月15日~4月15日

分析预报中心研究员刘杰应邀赴香港理工大学进行“强地面运动衰减”合作研究。

4月2日~5月16日

分析预报中心研究员郑斯华应邀赴香港理工大学进行“强地面运动衰减”合作研究。

4月9~23日

地球物理研究所助理研究员胥广银应邀赴香港大学进行学术交流。

5月13~22日

中国地震局分析预报中心助理研究员帅向华赴台湾参加“京台大城市灾害防御问题研讨会”(北京市台办组团)。

5月15日

中国地震局地球物理研究所高级工程师姚同起赴澳门地球物理暨气象局进行地磁观测合作研究（广东省人民政府组团)。

5月16~18日

中国地震局地球物理研究所副所长高孟潭研究员赴香港参加地震工程进展年度研讨会。

6月19~28日

中国地震局兰州地震研究所研究员郭增建、秦保燕应台湾中兴工程发展基金会的邀请，赴台湾就“大地震长期预测科技发展”作专题演讲并学术交流。

7月28日~8月10日

中国地震局地质研究所研究员马瑾院士等一行12人赴台湾参加“第三届海峡两岸地球科学夏令营”。

8月1~6日

中国地震局地球物理研究所研究员曾小苹应台湾“中央”大学太空科学研究所的邀请，赴台湾就地磁研究和地磁学预测自然灾害方法进行学术交流。

8月18~24日

中国地震局副局长刘玉辰率团一行10人赴香港参加“地震工程新进展与新挑战国际学术会议”。刘玉辰副局长等4人还顺访澳门。

8月20日

辽宁省地震局副研究员焦若明赴香港理工大学进行“应力、空隙度和颗粒大小对脆性岩石破坏过程影响的数值模拟”合作研究。

8月20~29日

中国灾害防御协会秘书长李格平等一行12人应台湾中华灾害预防协会的邀请，赴台湾进行减灾领域的考察和交流。

9月4~7日

中国地震局工程力学研究所副所长金星等一行4人赴台湾参加“APEC能源应用系统地震灾害管理研讨会”。

9月23~30日

中国地震局科技委员会副主任陈颙院士赴香港理工大学进行学术交流。

9月28日~10月2日

中国地震局地质研究所研究员徐道一赴台湾参加“国际易经研讨会”（河南省台办组团)。

11月11~18日

中国地震局地球物理研究所所长王椿镛等一行7人赴台湾参加“第九届台湾地区地球物理研讨会”。

11月27日~2003年2月27日

中国地震局地震研究所工程师卓力格图赴香港理工大学执行合作研究项目。

12月2日~2003年3月2日

中国地震局地质研究所研究员叶洪赴香港大学进行"滑坡危险性评估"合作研究。

12月3~6日

中国地震局工程力学研究所谢礼立院士赴香港理工大学参加"先进的建筑技术国际大会"。

12月15~18日

中国地震局分析预报中心副研究员王晓青、地壳应力研究所研究员张景发赴香港中文大学进行学术交流。

中国地震局地质研究所副研究员单新建赴香港中文大学参加"INSAR地表与形变测量高级研讨会"。

来　　访

1月14~21日

台湾中大地球物理研究所教授王乾盈等一行8人应中国地震局邀请来祖国大陆访问，与我局有关单位商讨地震预测及2004年海峡两岸联合研究台湾海峡地下构造的计划，并访问局地球物理研究所、分析预报中心、浙江省地震局和福建省地震局。

8月15~17日

"地震工程新进展与新挑战国际学术研讨会"在哈尔滨和香港分别举行，会议旨在推动国际地震工程研究的进展，加强防震减灾的国际交流，并纪念世界著名地震工程专家刘恢先教授诞辰90周年，同时也是亚太地震工程研究中心联合会的第一次年会。参加会议的有来自日本、韩国、美国、土耳其、加拿大、印度、新加坡以及台湾、香港地区的外宾共131人。

9月1~12日

以王乾盈教授为团长的台湾李国鼎科技发展基金会"两岸地震联合观测与长期合作研究"代表团一行13人来祖国大陆考察访问。

11月17~23日

台湾"中央"大学颜宏元教授等3人来祖国大陆访问，主要在福建省地震局开展地震资料处理工作。

（中国地震局科技发展（国际合作）司　郑　沙）

第一届发展中国家地震灾害与减轻国际培训班

第一届发展中国家地震灾害与减轻国际培训班于2002年10月6~20日在北京举办。培训班是科学技术部国际合作司“2002年发展中国家技术培训班”系列的重要项目之一。举办此类培训班是根据我国的外交政策，实施“走出去”的战略方针，适应“科教兴国”、“可持续发展”战略的需要，目的在于促进我国对外科技合作与交流，宣传和展示我国科技发展成就、水平和经验，向发展中国家提供技术援助，推动我国的技术和产品出口。

培训班学员共26位，分别来自埃及、印度、印度尼西亚、哈萨克斯坦、马其顿、蒙古、斯里兰卡、泰国、土耳其、越南和中国等11个发展中国家。他们之中大多从事地震科技工作和管理工作、建筑工作。学员的招收是通过中国地震局国际交流与合作的多边和双边渠道进行的。培训班授课教师由中国地震局的专家、北京大学教授以及国外学者组成。共进行了18次授课和实验，内容涉及减轻地震灾害、地震统计物理、震源物理、地震危险性分析和灾害管理、应用地震学、地震灾害评估、地震预报的理论学和现象学、地震情景和强地面运动等诸多领域。培训班组织学员赴唐山考察了地震遗迹，并参观北京国家地球观象台、局防震减灾指挥中心、数字台网观测中心、GPS地壳运动观测网络中心、地震前兆观测中心和地球物理研究所等科研机构。召开了研讨会，并和中方参加数字地球学术会议的青年代表举行了一次座谈会。

此次培训班的成功举办，为中国地震局今后继续承办国际学术培训班积累了丰富的经验。科技部对此也十分重视，科技部国际合作司的有关人员考察了培训班，对培训班的软件条件、硬件设施、组织工作和培训效果等均给予了充分的肯定和赞扬。我国是世界地震科技强国，通过举办国际培训班，可以更好地展示我国防震减灾的科技实力，扩大我国地震科技在国际上的影响，提高我国的国际地位，更好地为整体科技外交服务。

（中国地震局科技发展（国际合作）司）

第三届大城市防震减灾国际研讨会在上海召开

由中国地震局、上海市人民政府和地震与大城市动议（EMI）国际组织联合主办的“第三届大城市防震减灾国际研讨会”于2002年10月31日至11月3日在上海召开，来自世界26个国家的88位外宾和近百名中方代表汇集浦江，共商城市防震减灾大计。

此次会议的主题是“减轻易损性——增强世界大城市可持续发展的能力”，会议围绕如何通过实施社会参与、公共政策行为、加强构筑物的安全及城市规划和防震减灾宣传教育等措施，来减轻大城市易损性等专题展开了讨论。本次研讨会的成功召开，引起了国际社会对世界大城市防震减灾工作的进一步关注。会议一方面反映出世界各国对大城市防震减灾工作新思路、新技术、新方法的渴求，另一方面也暴露出一些大城市对城市防震减灾工作还不够重视。

此次会议突出的特点是：其一，层次高，范围广，所代表的机构多，与会人员中有国家政府部长、城市市长、联合国官员、EMI主席及理事会成员，我国参加的人员就包括了地震系统的国家、省市级领导及专家、学者和管理人员。他们的参与和关心充分证明了城市防震减灾和减轻城市危险性的重要性。其二，议程紧，内容丰富。大会共进行了3个主题报告，召开了4次全体会议，19位代表分别作了报告；所有与会代表还进行了为期一天的灾后重建决策模拟（RIMSIM）实践，RIMSIM主持人在会前还进行了一天半的培训；大会前，召开了EMI理事会会议；大会后，召开了EMI城市结对组第三次会议。欢迎宴会上，代表们欣赏了孩子们的民乐演奏；会议期间中外代表还分头参观了上海浦东开发区、市政规划展示厅、佘山地震台，并进行了游览市容、游览黄浦江夜景等活动。美丽、繁荣的上海给中外代表留下了深刻的印象。其三，三方主办单位分工明确，相互协调，密切合作，保证了研讨会顺利进行。本次研讨会还得到联合国教科文组织（UNESCO）、联合国国际减灾战略（UN/ISDR）、环太平洋委员会—环太平洋减灾对策动议（CTR）、亚洲备灾中心（ADPC）、国际岩石圈计划（ILP）、世界工程组织联合会（WFEO）、减轻地震灾害研究中心（EDM－NIED）等国际组织的支持。其四，研讨会的硬件设备先进，软件条件完备。中外代表下榻四星级酒店；大会使用同声传译和交传翻译交替进行；多媒体演示、打印、复印、传真、INTERNET网等现代化服务一应俱全；对与会代表的接送站也安排得井然有序，得到了中外代表的肯定和赞许。其五，研讨会得到国内各大新闻媒体的关注和报道，《人民日报》、《CHINA DAILY》、《新华网》、《文汇报》、《解放日报》、《青年报》、《劳动报》、《新民晚报》、《新闻晨报》、《新闻晚报》、《SHANGHAI DAILY》、上海电视台、东方电视台、上海人民广播电台、东方广播电台和东方网等16家媒体分别进行了报道，在社会上引起了一定反响。

本次会议是继1998年德国研讨会和1999年菲律宾研讨会之后召开的又一次大城市防震减灾研讨盛会，研讨会达到了预期目的，取得了丰硕成果：

（1）EMI国际组织的影响有所扩大，基础逐渐稳固，其宗旨得到了越来越多的世界大城市的响应，也引起了联合国等国际组织的关注；

（2）中国地震局在EMI中的作用和影响得到了充分肯定，中国的防震减灾事业，得到了EMI和一些国家和城市的了解和认同，EMI希望中国地震局对EMI和世界城市防震减灾工作继续给予大力支持和帮助；

（3）EMI通过实施城市结对组计划吸引了很多世界大城市的注意，目前已经有美国洛杉矶、墨西哥墨西哥城、哥伦比亚波哥大、厄瓜多尔基多、中国上海、菲律宾马尼拉、韩国汉城、日本神户、印度孟买、乌兹别克斯坦塔什干、尼泊尔加德满都、亚美尼亚埃里温、埃及开罗、土耳其伊斯坦布尔、意大利那不勒斯、伊朗德黑兰、中国天津和新西兰惠灵顿等18个城市参加了城市结对组计划，萨尔瓦多圣萨尔瓦多、中国北京、孟加拉达卡、阿尔及利亚阿尔及尔和印度尼西亚雅加达为观察员城市；

（4）中国地震局在城市结对组计划中，引入竞争机制，以外促内，通过挑选和选拔，率先推荐上海和天津参加城市结对组计划，继而又推荐北京参加该计划，这对三个城市乃至全国的防震减灾工作具有极大的推动作用；

（5）通过邀请中国的直辖市、省会城市和计划单列市的领导和地震系统的省局和市局领导出席国际研讨会，一方面为他们创造了学习和借鉴国际社会和国外大城市的防震减灾经验的机会，有利于洋为中用，以外促内；另一方面，又通过展示我国各大城市防震减灾工作的成绩和经验，宣传了我国的城市防震减灾工作；

（6）研讨会期间，由环太平洋委员会—环太平洋减灾对策动议（CTR）组织的灾后重建决策模拟（RIMSIM）实践，要求所有与会者参与，是一种新型的、互动式的决策讨论形式，具有社会调查性质，目的在于广泛征求社会各个阶层不同文化背景的人员对灾后重建决策的观点、意见和建议。我们将进一步研究 RIMSIM 形式，并将其应用到国际合作中；

（7）本次研讨会由三方共同主办，充分体现了相互间的协调、沟通和配合。中方主办者之间的合作充分考虑到了中国的国情，同外方的合作也做到了有理、有利、有节。

会议达到了预期目的，即唤起政府、公众和社会各阶层对减轻城市灾害危险性的关注和重视，提高全社会的防灾减灾意识，使城市得到可持续发展；同时通过国际交流与合作，进一步推动我国特别是大城市的防震减灾事业，宣传我国防震减灾工作的成就，为我国的总体外交事业服务。

（中国地震局科技发展（国际合作）司）

2002 年联合国国际搜索与救援咨询团亚太地区年会在上海召开

2002 年 11 月 12～13 日由联合国人道主义事务协调办公室、中国地震局和上海市人民政府联合主办的 2002 年联合国国际搜索与救援咨询团亚太地区年会在上海召开。来自亚太地区 18 个国家的代表、联合国人道主义事务协调办公室官员、欧洲和美洲地区代表以及中方有关部门和地方代表近 120 人出席了本次会议。本次会议交流了国际搜索与救援工作的新进展、新动态；讨论了国际搜索与救援指南，并听取亚太地区新成员国的搜救能力的情况汇报；通报了在新加坡举行的亚太城市搜索和救援演练的成果；美洲区、非洲及欧洲区代表还介绍了本地区开展搜救活动的进展。最后，对各成员国关心的共同问题展开了热烈的讨论，比如：美国国家救援队提出了如何将搜救小队分为轻、中、重三个种类的基本划分方案，以提高搜索与救援行动中的工作效率；新西兰国际搜索和救援队提出了“同行评估概念”，希望能够建立一个国际化的标准，对各成员国救援队伍的搜救能力进行客观评价，这样才能在实际的搜救行动中做到“有的放矢”。

会议期间，中国国际搜索和救援队进行了模拟地震现场搜救演示，向世界各国的代表以及联合国人道主义事务协调办公室官员展示了中国国际搜索和救援队的现代化设备和搜救能力，得到了观摩人员的一致好评。联合国人道主义事务协调办公室救灾处官员在演习后的现场点评中特别对中国国际搜索和救援队严格遵循《国际城市搜索与救援反应指南》的基本规则和要求的做法表示赞赏，并认为中国国际救援队目前已具备了国际救援能力，将在参与国际城市灾害搜索与救援的活动中起到积极的作用。

最后，会议确定 2003 年联合国国际搜索与救援咨询团亚太地区年会将于 2003 年 11 月 11 日至 15 日在日本神户举行。

国际搜索与救援咨询团（International Search and Rescue Advisory Group，简称 INSARAG）

成立于1991年，它的主要职责是协调处理城市搜索与救援以及与灾后应急相关的事务。INSARAG的主要宗旨是提供国际信息交流平台以确定国际城市搜索与救援（Urban Search and Rescue，简称USAR）援助标准，并发展国际地震应急行动与协调方法。INSARAG主要由地震多发国家和传统的国际援助提供国家组成。

（中国地震局科技发展（国际合作）司）

地震工程学新进展与新挑战国际学术讨论会在哈尔滨召开

为推动国际地震工程学研究的发展，加强防震减灾的国际交流与合作，同时纪念世界著名地震工程学家、中国地震工程学奠基人刘恢先教授诞辰90周年，由中国地震局主办的“地震工程学新进展与新挑战国际学术讨论会”于2002年8月15～17日在哈尔滨市香格里拉饭店召开。同时召开亚太地震工程研究中心联合会（Asian－Pacific Network of Centers for Earthquake Engineering Research，ANCER）第一届年会，以加强和推动亚太地震工程中心之间的交流与合作。

本次大会分为两部分：2002年8月15～17日为哈尔滨会议，由中国地震局工程力学研究所组织和承办，主题为地震工程面临的新问题和解决办法；2002年8月19～20日为香港会议，由香港理工大学组织和承办，主题为中等地震活动地区的新问题和智能结构工程。哈尔滨会议由中国地震局主办，亚太地震工程研究中心联合会（ANCER）、中华人民共和国科学技术部、国家自然科学基金会、中华人民共和国建设部和美国国家科学基金会（NSF）联合协办。

会议成立了学术委员会，由谢礼立院士任主席，成员由国际地震工程领域颇具影响力的59位知名专家学者组成。同时，还成立了国际顾问委员会，主席为齐霄斋所长和香港理工大学高赞明副校长，成员有韩国国家地震工程研究中心主任兼ANCER主席张承弼博士、美国多学科地震工程研究中心（MCEER）主任兼ANCER副主席李兆治教授、美国国家科学基金会刘师琦博士、美国伊立诺伊大学B.F.苏磐石教授。

哈尔滨会议与会代表近240余人，分别来自10个国家和地区，其中美国50人、韩国21人、日本22人、新加坡、印度和加拿大等6人、中国香港11人、中国台湾6人、中国大陆80多人。其中，多位国际地震工程学界著名的专家学者出席讨论会，他们是美国工程院J.潘金院士、W.D.伊万院士、斯坦弗大学H.C.夏教授、日本地震工程学会会长土歧宪三教授、日本国家地球科学和灾害防御研究所所长片山恒雄教授以及国内著名专家学者胡聿贤院士、陈厚群院士、谢礼立院士、廖振鹏院士、周锡元院士和林皋院士。

中国地震局局长、党组书记宋瑞祥、副局长刘玉辰以及几个司的负责人参加会议，国家自然科学基金会、建设部、科技部等单位也派人参加会议。

大会收到140多篇论文摘要，110位专家在大会和4个分组会议上做学术报告，其中10位专家做了主题发言，主要就世界范围内强震观测、工程地震、建构筑结构及生命线工程抗震、主/被动控制、智能材料及相关高科技技术的应用、重大工程的健康诊断及监测、震后应急救援、综合防震减灾，特别是新近发生破坏性地震的经验和教训等地震工程相关领域的内容进行广泛讨论，并做阶段性总结，为地震工程事业的发展指明方向。这些发言代表了当今国际地震工程学的最新研究动态和取得的最新研究成果。会议为研究者和设计师提供一个探讨地震工程领域各种问题、提出最新见解、进行学术争鸣的论坛。

开幕式当天举行刘恢先院士诞辰90周年纪念午餐会，并在下午举行的纪念大会上宣布“黑龙江恢先地震工程学基金会”成立，同时，黑龙江恢先地震工程学基金会同美国美中地震工程学基金会签署合作谅解备忘录。纪念会上，30多位国内外专家做热情洋溢的发言，深切缅怀和赞扬刘恢先教授为世界和中国地震工程学的发展所做出的卓越贡献。

会议期间，召开亚太地震工程研究中心联合会（ANCER）第一届年会，商讨吸收联合会新成员、下次国际学术讨论会主题和主办单位等问题。

通过这次会议，各国科学家广泛地交流地震工程的新成果，讨论如何进一步加强国际交流与合作，共同分享防震减灾的经验与教训，必将有力地推进地震工程学的发展，为切实减轻地震灾害做出更大贡献。

（中国地震局工程力学研究所　张雪兰）

第四届中日美三边生命线地震工程学术研讨会在青岛召开

第四届中日美三边生命线地震工程学术研讨会于2002年10月28～31日在青岛市召开。中日美三边生命线地震工程学术研讨会由中、日、美三方共同发起，每四年一次在我国召开。本届研讨会中方发起单位为中国地震局、建设部、国家自然科学基金会和青岛市政府；日方发起单位为神户大学和日本学术振兴会；美方发起单位为斯坦福大学和美国国家科学基金会。中方会议主席为中国地震局地球物理研究所胡聿贤院士；日方会议主席为日本神户大学高田至郎教授；美方会议主席为美国斯坦福大学 Anne S. Kiremidjian 教授。本届研讨会由中国地震局地球物理研究所承办，青岛市地震局协办。

来自中国、日本和美国三个国家的专家学者共60余人（中方25人、日方21人和美方15人）参加了本届学术研讨会，一共发表了学术论文51篇。本届研讨会所发表的学术论文涵盖了生命线地震工程的所有重要研究领域：

（1）生命线工程的实际震害以及破坏表现形式；

（2）生命线工程的地震反应分析以及结构控制；

（3）近场强地面运动以及地面永久位移；

(4) 生命线系统网络的危险性分析以及应急反应；

(5) 生命线系统的直接和间接经济损失估计以及投资分析。

本届研讨会为中日美三方在生命线地震工程领域的专家学者提供了一次很好的学术交流舞台，促进了三方学者在城市生命线工程抗震减灾领域的合作，有利于我国防震减灾事业的发展。青岛电视台、青岛日报等新闻单位都分别对本次会议进行了专门报道。

本届会议宣布下一届中方会议主席和日方会议主席将分别由中国建筑科学研究总院、北京工业大学的周锡元院士和神户大学的田中泰雄教授担任，斯坦福大学 Anne S. Kiremidjian 教授则继续担任下一届美方主席。本届会议还特别为胡聿贤院士和高田至郎教授举行了一个表彰仪式，以感谢他们多年来对会议所作出的巨大贡献。

本届会议决定下一届会议于 2006 年在中国举行，具体的地点将由下一届三方会议主席到时共同确定。会议最后，全体代表通过了本届会议的决议。在决议中三方专家学者对今后 4 年生命线地震工程的发展方向和合作领域达成共识。大家还一致认为三方互派年轻学者进行访问研究对于推动三方的学术交流和合作十分重要。

（中国地震局地球物理研究所　刘爱文　苏小兰）

中国—东盟地震预报技术研讨会在上海召开

为进一步加强我国与东盟各国在地震学领域的相互了解与合作，经中国—东盟合作基金委员会批准，“中国—东盟地震预报技术研讨会”于 2002 年 12 月 8 ~ 13 日在上海成功举行。来自东盟 9 个国家（泰国、马来西亚、印度尼西亚、缅甸、老挝、柬埔寨、越南、新加坡及菲律宾）和东盟秘书处的 18 位代表及中国地震局的 18 位代表参加了会议。

中国与东盟方的地震科技合作一直得到外交部和科技部的大力支持。2001 年，双方在北京举行中国—东盟地震研讨会，东盟各国和中国的代表们介绍了本国在地震科技领域取得的成就，探讨存在的问题，表达希望加强合作的强烈愿望，并交换看法，提出加强合作的领域。

2002 年，双方又把交流的重点集中在地震预报技术的领域。这次研讨会第一部分是重点发言，中国地震局分析预报中心首席研究员张国民教授作了“中国的地震监测和预报研究”的报告，介绍了我国地震预报的方法、手段，已取得的成绩及经验、教训；菲律宾火山和地震学研究所高级研究员 Jane T. Punongbayan 女士介绍了菲律宾地震预报和减灾项目的研究和发展情况；中国地震局地质研究所副所长任金卫研究员介绍了 2001 年 11 月 14 日中国昆仑山口西 8.1 级大地震科学考察情况。会议就地震活动性及其在地震预报中的应用、地震前兆的监测及判定、地震预报实例与研究以及地震预报技术系统建设等四个方面的议题进行大会发言。各国代表就本国的地震预报现状、地震前兆观测、台网布局等问题作了 19 个相关的报告。

上海地震局的刘文龙研究员介绍了一种基于地震图形预报地震的方法，越南地球物理研究所的 Pham Dinh Naguyen 作了“用地震资料检验长期预报”的报告，分析预报中心副主任吴忠良研究员介绍了有关地震活动性的经验和物理的认识，泰国气象厅地震监测中心的 Burin Wechbunthung 介绍了泰国的地震学研究，分析预报中心的刘杰研究员介绍了数字化地震资料在地震预报中的应用，分析预报中心的钱家栋研究员报告了地电阻率和地磁观测与地震预报研究，老挝气象与水文局的 Somphavanh Sitiphong 介绍了老挝地震台网的工作情况，分析预报中心的牛安福研究员介绍了利用地壳形变资料预报地震的研究，缅甸气象与水文局的 Hla Saw 介绍了缅甸的强震和主要断层，分析预报中心的黄辅琼副研究员宣讲了地下流体观测与地震预报研究，马来西亚气象局的 Zaridah Binti Mohd Jalil 介绍了马来地区的地震研究现状，分析预报中心副主任张晓东教授介绍了地震预报的震例经验，云南省地震局分析预报室主任苏有锦研究员介绍了云南地震预报实例，柬埔寨的 Vin Bunpov 介绍了柬埔寨的地震情况，分析预报中心的顾国华研究员介绍了 2001 年昆仑山口西 8.1 级地震前后中国大陆的地壳运动情况，分析预报中心的陈会忠副总工程师介绍了中国地震遥测台网和地震数据网络的情况，印度尼西亚气象和地球物理所的 Jaya Murjaya 介绍了印度尼西亚的地震台网和地震预报情况，上海市地震局副局长朱元清研究员介绍了上海地震台阵的建设和应用，新加坡国家环境署气象局的 Fong Tet Min Micheline 介绍了新加坡的地震台网。

会议期间，代表们参观了上海佘山地震台、地震科普馆及其中国地震观测仪器发展陈列室；参观了上海城市规划展示厅，了解了上海的过去、现在和将来。代表们对改革开放以来的中国，特别是上海市发生的日新月异的变化表示赞叹。

最后，会议通过讨论形成以下建议：

(1) 以备忘录的形式建立中国与东盟减轻地震灾害合作关系。

(2) 推进减轻大城市地震易损性的合作研究。

(3) 加强对青年地震工作者在地震学、工程地震和减轻地震灾害方面的培训。建议 2003 年在马尼拉召开强震灾害评估方面的培训班；东盟方面提出希望中方举办数字化地震台网方面的培训；中国地震局表示每年一期的昆明地震学培训班将优先考虑东盟成员国的学员。

(4) 逐步建立双边或区域地震数据交换。

(5) 积极参与国际间重大合作项目，鼓励中国和东盟的地震工作者参与亚洲地震委员会组织的亚洲地震灾害评估项目。

(6) 建议出版本次会议的论文集或电子版光盘。中国地震局分析预报中心副主任吴忠良研究员还为中国—东盟地震科技合作设计了会标，受到与会者的好评。

正如东盟秘书处资深官员 Donald Tambunan 博士所说，中国与东盟地震科技合作已走在其他领域合作的前列。这与各方面的积极态度和共同努力是分不开的。中国在开展与东盟各国在地震科技领域内的合作是有潜力、有优势的。它对于扩大我国的影响，加强地区性合作，提高地区性防震减灾的整体水平，推进技术与设备的输出具有积极的作用。中国地震局将继续发展与东盟各国在地震预报、灾害评估、人员培训与交流、观测设备改造与技术输出等方面的合作，为我国在东南亚地区的外交与科技工作做出更大的贡献。

（中国地震局分析预报中心　李　京
中国地震局科技发展（国际合作）司　赵　明）

兰州建成国际实时数字化地磁台

根据中国地震局和法国宇宙科学院地震科技合作框架协议，由法方投资现代化数字地磁观测设备，中方准备观测场地并由中方技术人员负责观测，共同建设一个国际实时数字化地磁台。该地磁台于2001年4月建成，2002年4月被正式接纳为国际实时地磁观测网（IMO）成员台。

1. 工程建设

（1）围绕原地地磁观测室新建围墙300m，有效阻止了对观测环境的磁污染。更换观测室和记录室屋顶，解决漏雨问题，提高记录室保温效果；对围墙地面进行加固，防止观测室地基下沉。所有材料均通过严格的无磁或弱磁测试，符合要求，经观测环境梯度表测试，磁场梯度小于1nT/m。

（2）架设供电线路200m，采取双回路供电，保证仪器电源不间断。

（3）将200m多芯信号电缆套上硬皮水管深埋2m，既消除外部干扰信号，又防止了日照、雨淋、雷击对信号线和仪器的损害。

2. 仪器架设

（1）安装了英国产磁通门地磁经纬仪3T2KP—NM（D、I）一套、加拿大产Overhauser—1（F）和Overhauser—2（F）磁力仪两套、法国产M390（D、H、Z）磁通门相对记录仪一套和相关设备及数据处理软件。整套设备角度分辨率能精确到秒，强度到0.1nT，观测精度$D_B \leqslant 0.1'$、$H_B \leqslant 1nT$、$Z_B \leqslant 1nT$。

（2）安装国产的磁通门CTM—DI250（D、I）绝对观测仪、磁通门GM3（D、H、Z）相对记录仪和FHD（F、H、D）准绝对核旋仪。整套设备虽然不能做F—P曲线分析，但是观测精确度能达到$D_B \leqslant 0.1'$、$H_B \leqslant 1nT$、$Z_B \leqslant 1nT$。

3. 观测运行

中外两套观测系统并行观测，绝对观测均实现高精度的（D、I、F）组合，相对记录对地磁场三个独立分量的变化进行秒或分采样数字连续记录。仪器间相互对比，取长补短，大大提高了观测资料质量，所有观测资料与国际实时数字地磁观测网进行准实时交换。观测资料已从2001年4月被该组织编入年报CD—ROM，并被广泛地用于军事、航天航海、精确探矿、环境保护、生物研究、油井定向、大型输电设备保护等领域。

4. 加入国际实时地磁观测网

兰州地磁台从2001年4月起获得连续、可靠、准确地磁观测资料，完整率达100%。2002年4月经国际实时地磁观测网（IMO）考核，在英国爱丁堡年会上通过严格评审，兰州地磁台被正式接纳为全球90个国际实时数字地磁台网（IMO）的成员。2002年11月甘肃省副省长李重庵、中国地震局副局长岳明生、法国宇宙科学院副院长维达尔出席了兰州地磁台正式加入国际实时地磁观测网（IMO）入网仪式。至此，兰州地磁台成为中国地震局第一个与国际地磁观测接轨的数字地磁台。

（甘肃省地震局　辛长江）

附　　录

收载本系统一年的重大事件、有关情况的统计表，一定震级以上的中国和世界地震目录，以及出版的重要地震科技图书简介。

2002年中国地震局系统有关情况统计

地震系统机构设置情况

独立机构分类	机构数/个
独立机构合计	45
其中：省（自治区、直辖市）地震局	31
中国地震局直属事业单位（研究所、中心、学校）	13
中国地震局直属企业	
中国地震局派出机构	1

地震系统人员分类情况

人员分类	人　数	占期末在职职工总人数的百分比/（%）
期末在职职工总数	12379	—
其中：管理人员	3555	28.71
科技人员	6418	51.85
教学人员	155	1.25
工　　人	2251	18.18

地震系统专业技术人员职称分类情况

职称分类	人　数	占专业技术总人数的百分比/（%）
各类专业技术人员合计	8945	—
其中：高级技术职务	2528	28.26
中级技术职务	3892	43.51
初级技术职务	2208	24.68
其　　他	317	3.54
院　　士	12	0.13
享受政府特殊津贴人员	309	3.45

地震观测台网基本情况

观测台站种类	观测台站个数/个	投入观测手段	投入观测仪器/台套	备　注
合　计	946	合　计	2427	强震观测点：286 个
基准地震台	42	测　震	721	骨干测报点：1758 个
基本地震台	262	地形变	465	一般测报点：5076 个
省级地震台	220	地　磁	411	投入经费：4123.7 万元
市、县级地震台	345	水化及地下水动态	668	
企业办地震台	77	重　力	20	
		地　电	142	

地震观测台网人员构成情况

台站人员	人数	占台站人员百分比/（%）	台站技术人员	人数	占台站科技人员百分比/（%）
合　计	3905	100.00	总　计	3618	100.00
其中：正副台长	686	17.57	其中：高级技术职务	392	10.83
管理人员	213	5.45	中级技术职务	1451	40.11
观测分析人员	2876	73.65	初级技术职务	1430	39.52
服务人员	130	3.33	其　他	345	9.54

地震遥测台网基本情况

遥测项目	项目个数	台网人员	人数	备　注
合　计	730	合　计	432	1. 遥测台网观测仪器 626 台套
		其中：台长	56	
有线传输子台	347	管理人员	20	
		观测分析人员	343	
		服务人员	13	
有线传输子台	335	其中：高级技术职务	89	2. 经费支出 1329.0 万元
		中级技术职务	176	其中：线路租金 866.1 万元
		初级技术职务	106	
中继站	48	未定技术职称人员	53	

（中国地震局规划财务司　祁凤平）

2002 年世界 7 级以上地震目录（$M_S \geqslant 7.0$）

编号	发震时间(BJT)	震中位置		深度/km	震级		地区
	月-日-时:分:秒	纬度(°)	经度(°)		M_S	M_W	
1	01-03-01:22:48.2	17.54S	168.34E	27	7.5	7.3	瓦努阿图
2	03-03-20:08:06.5	36.54N	70.44E	190	7.2B	7.4	阿富汗
3	03-06-05:16:08.7	5.74N	124.53E	50	7.2	7.5	菲律宾
4	03-26-11:45:46.7	23.37N	124.13E	31	7.1	6.4	中国台湾以东
5	03-31-14:52:49.9	24.22N	122.22E	31	7.4	7.1	中国台湾宜兰东
6	04-27-00:06:06.9	13.05N	144.93E	103	7.0B	7.1	马里亚纳群岛以南
7	06-27-13:50:35.1	7.00S	104.20E	11	7.3	6.6	印尼苏门答腊西南
8	06-29-01:19:31.3	43.68N	130.66E	578	7.1B	7.3	中国吉林
9	08-19-19:01:01.8	21.37S	178.86W	591	7.4B	7.6	斐济
10	08-19-19:08:28.8	23.23S	177.89E	675	7.6B	7.7	斐济
11	09-09-02:44:17.7	3.64S	143.86E	13	7.4	7.6	新几内亚
12	10-10-18:50:18.8	1.92S	134.60E	22	7.5	7.6	印尼伊里安
13	10-23-19:27:16.2	63.54N	148.35W	5	7.3	6.7	美国阿拉斯加
14	11-02-09:26:10.0	3.14N	96.04E	14	7.8	7.4	印尼苏门答腊西北
15	11-04-06:12:41.0	63.50N	147.40W	4	8.1	7.9	美国阿拉斯加
16	11-17-12:53:47.8	47.86N	146.32E	459	6.3B	7.3	鄂霍次克海

注：以上资料根据中国地震台网观测报告，其中矩震级 M_W 取自美国 PDE 月报。
M_B 是根据中国地震台网中长周期记录得到的体波震级。

（中国地震局分析预报中心　冯　浩）

2002 年中国及邻区 4.0 级以上地震目录（$M_S \geqslant 4.0$）

编号	发震时间(BJT) 月－日－时:分:秒	震中位置 纬度(°)	经度(°)	深度/km	震级 M_S	地区
1	01－04－00:48:49.2	25.72	99.72	8	4.3	云南漾濞
2	01－04－02:40:20.3	25.72	99.72	10	4.4	云南漾濞
3	01－05－04:30:17.1	32.93	95.50	33	4.6	青海杂多
4	01－07－01:00:43.8	25.72	99.73	14	4.4	云南漾濞
5	01－07－10:45:08.9	23.01	120.89	33	4.5	台湾台东
6	01－09－01:00:38.1	24.43	120.80	33	4.9	台湾苗栗
7	01－13－13:27:15.5	43.37	89.03	23	4.0	新疆吐鲁番
8	01－15－00:34:16.7	24.52	122.07	33	4.1	台湾宜兰
9	01－15－02:10:32.0	24.50	120.78	33	4.4	台湾苗栗
10	01－19－20:18:27.1	37.87	102.17	25	4.2	甘肃九条岭
11	01－20－06:14:15.1	21.33	101.53	3	4.6	云南勐腊
12	01－20－06:40:55.5	21.35	101.52	3	4.0	云南勐腊
13	01－22－14:47:06.4	21.85	121.60	33	4.2	台湾台东
14	01－29－10:24:24.5	22.98	121.38	22	4.4	台湾台东
15	02－03－03:34:59.0	21.72	99.12	30	4.1	云南孟连南
16	02－07－07:37:23.5	43.93	85.85	33	4.0	新疆石河子
17	02－08－02:43:48.4	37.95	92.11	16	4.5	青海茫崖
18	02－08－06:21:04.6	44.07	84.60	25	4.3	新疆乌苏
19	02－09－09:24:55.1	20.93	120.98	33	4.4	台湾恒春南
20	02－12－11:27:25.2	23.93	121.50	33	5.7	台湾花莲
21	02－12－11:42:58.0	23.93	121.47	33	4.3	台湾花莲
22	02－12－12:00:36.5	23.93	121.47	33	4.2	台湾花莲
23	02－18－06:58:20.1	35.98	92.50	10	4.0	青海库赛湖
24	02－24－05:33:38.9	48.69	92.95	33	4.0	新疆富蕴东北
25	02－24－15:38:18.8	33.73	89.66	9	4.0	西藏唐古拉山
26	02－24－15:38:43.9	33.28	89.40	32	4.4	西藏唐古拉山
27	03－01－04:14:44.2	23.99	122.72	33	4.0	台湾花莲
28	03－01－16:47:45.4	23.15	120.78	33	4.5	台湾高雄
29	03－02－16:48:31.1	23.12	120.75	33	4.1	台湾高雄
30	03－03－08:23:05.0	28.68	102.23	33	4.6	四川冕宁

续表

编号	发震时间(BJT)	震中位置		深度/km	震级	地区
	月-日-时:分:秒	纬度(°)	经度(°)		M_S	
31	03-04-17:04:26.4	23.81	121.40	33	4.2	台湾花莲
32	03-07-23:50:18.9	29.72	84.47	77	4.4	西藏仲巴
33	03-11-01:53:47.0	32.76	93.58	23	4.1	青海莫云
34	03-12-07:26:49.6	42.38	85.87	30	4.4	新疆和静
35	03-13-02:57:41.0	42.00	84.18	28	4.2	新疆轮台
36	03-17-20:39:18.8	34.34	80.87	30	4.2	西藏松西
37	03-18-09:33:11.1	23.45	124.27	53	5.0	台湾东南
38	03-19-00:17:52.7	24.70	122.60	33	4.9	台湾宜兰
39	03-19-00:18:44.2	24.80	122.70	33	5.0	台湾宜兰
40	03-19-00:38:46.6	24.94	122.66	21	4.2	台湾宜兰
41	03-21-13:02:10.3	35.08	86.14	8	4.3	西藏玛尼
42	03-22-21:49:40.3	43.80	83.88	31	4.0	新疆新源
43	03-23-12:56:29.1	30.20	88.29	28	4.4	西藏谢通门
44	03-26-11:45:46.7	23.37	124.13	31	7.1	台湾东南
45	03-26-14:51:43.7	23.41	124.05	26	4.8	台湾东南
46	03-26-15:24:35.0	23.56	124.07	25	4.8	台湾东南
47	03-31-14:52:49.9	24.22	122.22	31	7.4	台湾花莲
48	03-31-20:40:28.5	29.76	88.25	31	4.2	西藏谢通门
49	04-01-01:09:35.7	24.40	121.90	33	4.3	台湾南澳
50	04-02-09:15:36.2	23.01	124.56	56	4.1	台湾东南
51	04-03-03:34:11.5	28.71	86.94	33	5.0b	西藏拉孜
52	04-03-03:57:21.2	29.28	87.00	33	4.6b	西藏拉孜
53	04-03-14:47:37.8	24.28	122.07	33	4.5	台湾南澳
54	04-04-02:06:07.1	24.27	122.02	33	5.3	台湾南澳
55	04-04-21:04:47.6	24.35	121.78	33	4.2	台湾南澳
56	04-06-12:05:48.5	23.97	122.63	33	4.1	台湾花莲
57	04-08-07:20:43.5	24.28	121.88	33	4.4	台湾南澳
58	04-10-14:30:17.6	27.53	102.50	4	4.9	四川普格
59	04-12-04:19:42.0	39.86	73.94	43	4.3	新疆乌恰西
60	04-14-10:04:19.3	38.62	73.45	100	5.2B	帕米尔
61	04-15-03:21:29.4	25.68	121.39	10	4.1	台湾台北以北
62	04-16-02:46:16.2	25.18	121.59	10	4.0	台湾台北以北
63	04-16-03:16:21.2	22.12	121.38	33	4.0	台湾恒春
64	04-19-06:13:02.4	35.51	74.97	33	4.1	克什米尔
65	04-20-16:47:59.9	22.93	121.57	33	5.0	台湾台东
66	04-22-03:34:34.6	37.27	114.42	33	4.7	河北邢台

续表

编号	发震时间(BJT)	震中位置		深度/	震级	地区
	月-日-时:分:秒	纬度(°)	经度(°)	km	M_S	
67	04-22-23:14:27.7	24.30	122.08	33	4.5	台湾南澳
68	04-26-01:30:09.7	35.60	81.51	5	4.0	新疆于田
69	04-28-21:23:46.9	24.08	122.83	33	5.1	台湾花莲
70	05-09-09:09:17.6	29.68	88.04	24	4.0	西藏谢通门
71	05-10-12:17:12.4	22.47	121.27	33	4.7	台湾玉里
72	05-10-19:08:55.4	23.80	122.73	33	5.0	台湾花莲
73	05-11-19:17:55.8	34.98	83.13	32	4.0	西藏多木拉
74	05-13-09:52:06.2	25.29	103.08	33	4.7	云南嵩明
75	05-14-13:57:05.9	22.98	124.22	15	4.4	台湾东南
76	05-14-16:07:40.1	42.32	82.07	43	4.3	新疆拜城
77	05-15-06:59:49.5	35.80	89.53	29	4.4	西藏可可西里山
78	05-15-11:46:05.9	24.75	121.90	33	6.6	台湾宜兰
79	05-15-12:42:48.2	25.27	121.43	10	4.5	台湾台北以北
80	05-20-17:49:44.8	24.53	121.81	33	4.2	台湾宜兰
81	05-22-17:12:47.2	37.12	95.49	17	4.6	青海格尔木
82	05-23-22:26:38.0	27.47	102.75	33	4.2	四川布拖
83	05-27-09:36:09.6	31.30	85.37	33	4.3	西藏措勤
84	05-28-05:24:24.3	23.88	103.28	33	4.4	云南开远
85	05-28-12:00:13.9	33.87	95.91	29	4.2	青海治多
86	05-28-19:24:35.1	43.72	84.65	31	4.2	新疆乌苏
87	05-29-00:45:16.9	24.04	122.10	33	6.4	台湾花莲
88	05-30-01:54:16.9	37.14	95.34	13	4.3	青海格尔木
89	05-30-14:53:36.8	24.85	121.92	33	4.7	台湾宜兰
90	05-31-01:27:28.1	22.99	121.28	33	4.0	台湾台东
91	05-31-02:14:19.7	39.63	73.66	36	4.8	新疆乌恰西
92	05-31-05:11:37.5	33.38	90.74	46	4.8	青海唐古拉山
93	05-31-11:53:00.1	30.30	104.18	33	4.4	四川仁寿
94	06-02-10:57:59.9	35.84	92.91	33	4.8	青海格尔木
95	06-03-23:25:50.2	24.85	122.07	33	4.4	台湾宜兰
96	06-04-22:36:05.2	30.71	81.60	22	5.8	西藏普兰
97	06-04-22:47:15.6	30.39	81.60	33	4.4	西藏普兰
98	06-06-09:35:47.6	30.30	80.92	28	4.5	西藏普兰
99	06-08-09:44:16.6	38.99	106.43	23	4.2	宁夏石嘴山
100	06-10-00:17:11.2	30.28	81.04	52	4.7	西藏普兰
101	06-14-04:40:28.3	24.88	122.07	33	5.3	台湾宜兰
102	06-14-15:22:23.7	23.65	121.43	33	4.3	台湾花莲

续表

编号	发震时间(BJT)	震中位置		深度/km	震级 M_S	地区
	月-日-时:分:秒	纬度(°)	经度(°)			
103	06-14-20:52:53.4	23.62	121.33	33	4.0	台湾花莲
104	06-16-18:41:43.0	24.93	122.05	33	4.8	台湾宜兰
105	06-16-21:06:14.0	24.93	122.05	33	4.7	台湾宜兰
106	06-17-10:55:30.2	34.12	94.37	10	4.8	青海治多
107	06-17-22:03:01.6	23.19	121.40	33	4.4	台湾台东
108	06-18-04:20:09.4	24.88	122.10	33	4.3	台湾宜兰
109	06-19-18:38:01.7	24.98	122.07	33	4.4	台湾宜兰
110	06-21-09:21:02.8	23.36	125.79	19	4.4	台湾东南
111	06-21-22:15:56.2	34.36	80.90	32	4.6	西藏日土
112	06-24-09:12:21.6	24.08	121.39	33	4.3	台湾花莲
113	06-25-10:04:42.1	41.68	80.90	19	4.0	新疆拜城
114	06-27-19:37:14.6	35.81	93.01	23	4.5	青海格尔木
115	06-29-01:19:31.3	43.68	130.66	578	7.1B	吉林汪清
116	06-29-14:54:40.2	34.21	94.27	22	6.1	青海治多
117	06-30-05:33:38.9	34.09	94.24	23	4.4	青海治多
118	06-30-09:25:02.6	42.17	83.33	43	4.2	新疆库车
119	07-09-11:08:08.3	30.16	88.35	29	4.4	西藏谢通门
120	07-09-12:59:47.4	31.67	99.10	33	4.3	四川白玉
121	07-10-07:16:39.6	31.55	99.20	5	4.6	四川白玉
122	07-11-15:36:23.8	24.08	122.25	33	6.0	台湾花莲
123	07-11-17:11:10.9	24.07	122.08	33	4.3	台湾花莲
124	07-13-20:07:07.4	23.99	122.62	33	4.7	台湾花莲
125	07-18-00:57:20.6	24.02	122.17	33	5.0	台湾花莲
126	07-18-03:14:42.3	23.50	122.12	33	4.8	台湾花莲
127	07-18-12:52:29.6	21.98	120.06	28	4.0	台湾高雄南
128	07-18-17:50:38.1	21.67	98.55	33	4.6	云南孟连西南
129	07-18-23:52:51.9	21.70	98.64	33	4.3	云南孟连西南
130	07-23-20:48:05.8	35.53	122.22	10	4.8	黄海
131	07-25-08:34:57.5	25.62	101.05	3	4.2	云南大姚
132	07-30-10:12:40.5	31.29	99.29	33	4.1	四川白玉
133	08-01-23:17:20.6	30.02	88.33	29	4.2	西藏谢通门
134	08-07-07:30:02.0	30.03	88.27	31	4.5	西藏谢通门
135	08-08-19:42:00.4	30.83	100.02	33	5.4	四川新龙
136	08-10-17:03:16.1	24.20	121.68	33	4.9	台湾南澳
137	08-15-07:28:56.3	24.45	121.80	33	4.2	台湾宜兰
138	08-16-13:49:01.7	31.06	98.43	31	4.0	西藏贡觉

续表

编号	发震时间(BJT)	震中位置		深度/	震级	地区
	月-日-时:分:秒	纬度(°)	经度(°)	km	M_S	
139	08-16-15:14:35.4	29.89	88.30	21	4.1	西藏谢通门
140	08-17-03:53:54.2	27.83	100.82	33	4.5	四川盐源
141	08-20-03:35:59.2	35.71	95.62	27	4.2	青海格尔木
142	08-22-08:30:20.7	40.72	78.63	11	4.3	新疆阿合奇
143	08-22-12:50:14.5	29.78	88.17	39	4.5	西藏谢通门
144	08-26-23:32:10.5	24.35	122.54	51	4.3	台湾南澳
145	08-29-01:05:33.5	22.30	121.33	33	5.5	台湾大武
146	08-29-08:47:17.2	31.43	116.17	8	4.2	安徽霍山
147	08-29-09:38:19.0	35.75	92.91	33	4.2	青海库赛湖
148	08-29-21:36:32.4	23.92	120.95	33	4.3	台湾南投
149	08-30-04:05:53.5	24.88	121.55	33	4.4	台湾宜兰
150	08-31-20:40:33.7	29.86	88.23	16	4.7	西藏谢通门
151	09-01-13:56:23.7	24.10	122.18	33	5.7	台湾花莲
152	09-01-15:07:36.7	24.10	122.18	33	5.3	台湾花莲
153	09-03-01:52:53.0	37.85	112.58	18	4.1	山西太原
154	09-03-08:17:21.4	40.25	97.60	33	4.3	甘肃玉门
155	09-06-19:02:01.4	24.00	120.58	33	4.6	台湾彰化
156	09-08-06:59:32.3	24.57	121.47	33	4.4	台湾宜兰
157	09-10-01:37:05.1	40.68	88.93	24	4.0	新疆罗布泊
158	09-10-06:33:47.4	33.18	85.34	33	4.4	西藏改则
159	09-10-16:38:13.8	24.87	122.10	114	4.7B	台湾宜兰
160	09-15-09:06:55.7	24.10	122.27	33	5.0	台湾花莲
161	09-15-16:39:33.2	44.79	129.90	586	6.0B	黑龙江穆棱
162	09-18-04:26:09.1	24.55	122.90	105	4.6B	台湾宜兰
163	09-18-10:21:07.9	21.88	121.59	7	4.4	台湾兰屿
164	09-18-12:13:16.6	36.13	90.06	8	4.5	青海昆仑山
165	09-22-07:39:56.0	37.40	78.23	44	4.5	新疆叶城
166	09-25-06:43:23.4	22.72	121.10	33	4.9	台湾台东
167	09-27-13:07:47.5	24.23	120.87	33	4.2	台湾台中
168	09-28-01:14:37.8	33.40	93.50	31	5.4	青海治多
169	09-30-16:35:12.5	23.37	120.60	33	4.9	台湾嘉义
170	10-02-14:51:08.4	35.93	99.38	11	4.3	青海共和
171	10-07-07:38:33.1	24.33	121.98	33	4.4	台湾南澳
172	10-07-11:01:46.9	43.37	87.15	32	4.6	新疆乌鲁木齐
173	10-08-17:48:35.2	24.08	122.72	14	4.4	台湾花莲
174	10-12-05:07:10.7	31.24	88.47	69	4.2	西藏申扎

续表

编号	发震时间(BJT)	震中位置		深度/ km	震级 M_S	地区
	月-日-时:分:秒	纬度(°)	经度(°)			
175	10-13-11:43:29.8	22.70	121.20	33	4.2	台湾台东
176	10-15-22:20:30.8	21.30	120.82	33	4.8	台湾恒春南
177	10-18-00:31:45.0	29.84	97.82	81	4.1	西藏左贡
178	10-18-14:43:18.5	24.18	121.85	33	4.4	台湾南澳
179	10-18-16:04:56.0	24.18	121.85	33	4.4	台湾宜兰
180	10-18-16:45:20.9	24.18	121.80	33	4.2	台湾南澳
181	10-19-15:24:35.1	35.74	92.92	30	4.9	青海格尔木
182	10-19-19:11:32.7	25.88	102.23	33	4.3	云南武定
183	10-20-23:46:09.9	44.68	117.33	5	4.9	内蒙古西乌珠穆沁旗
184	10-20-23:51:59.3	44.66	117.35	5	4.2	内蒙古西乌珠穆沁旗
185	10-21-05:25:50.9	24.22	121.80	33	4.5	台湾南澳
186	10-21-06:19:46.9	24.20	121.72	16	4.3	台湾南澳
187	10-21-06:32:57.4	24.25	121.77	19	4.4	台湾南澳
188	10-27-04:28:46.0	35.19	95.96	31	5.5	青海都兰
189	10-27-17:55:57.5	24.23	121.83	33	4.0	台湾花莲
190	11-01-05:15:51.3	21.90	121.27	33	4.5	台湾恒春
191	11-01-22:02:49.2	46.02	94.09	9	4.8	新疆老爷庙东北
192	11-02-00:03:54.8	40.32	77.67	33	4.8	新疆阿合奇
193	11-06-07:39:47.0	31.27	86.90	41	4.5	西藏尼玛西南
194	11-08-03:27:55.1	24.03	122.30	33	4.3	台湾花莲
195	11-08-03:34:09.9	24.03	122.30	33	4.4	台湾花莲
196	11-09-12:23:17.1	37.92	91.65	23	4.1	青海茫崖
197	11-10-08:07:04.5	24.87	121.82	113	4.8B	台湾宜兰
198	11-10-11:19:02.4	34.26	80.85	33	4.3	西藏日土
199	11-13-03:58:03.9	36.99	95.76	6	4.3	青海锡铁山
200	11-15-22:08:34.8	42.90	130.78	572	4.6B	吉林珲春
201	11-16-16:52:22.3	29.76	90.47	7	4.3	西藏曲水
202	11-16-17:44:56.3	29.96	90.59	11	4.1	西藏曲水
203	11-17-05:59:12.5	34.93	98.45	27	4.1	青海玛多
204	11-18-05:22:05.0	32.34	95.68	32	4.1	西藏丁青
205	11-20-21:44:56.4	33.92	102.83	33	4.1	四川若尔盖
206	11-24-14:05:58.9	32.30	95.55	53	4.3	青海囊谦
207	11-25-14:11:01.5	30.83	99.90	33	4.8	四川新龙
208	11-26-13:49:45.5	21.45	121.35	33	4.1	台湾恒春南
209	11-26-23:29:45.7	23.88	122.35	33	4.5	台湾花莲
210	11-27-06:11:41.6	32.33	95.55	33	4.1	青海杂多

续表

编号	发震时间(BJT)	震中位置		深度/km	震级 M_S	地区
	月-日-时:分:秒	纬度(°)	经度(°)			
211	11-29-02:53:35.2	47.64	82.46	24	4.4	新疆塔城西北
212	11-29-08:29:41.2	35.77	89.49	22	4.3	西藏可可西里山
213	11-30-00:49:10.0	29.84	90.52	10	4.7	西藏曲水
214	11-30-10:52:03.6	28.78	95.16	31	4.6	西藏墨脱
215	12-01-20:35:16.9	24.08	122.13	33	4.1	台湾花莲
216	12-02-17:37:34.4	39.52	98.77	33	4.1	甘肃酒泉
217	12-06-01:34:06.1	41.72	81.47	18	4.2	新疆拜城
218	12-06-01:42:01.1	41.68	81.52	23	4.3	新疆拜城
219	12-07-11:45:14.6	21.63	121.81	7	4.5	台湾恒春
220	12-09-04:54:15.6	50.88	124.88	15	4.3	内蒙古鄂伦春旗
221	12-14-21:27:28.7	39.82	97.33	22	5.9	甘肃玉门
222	12-14-22:25:40.9	39.73	97.37	33	4.2	甘肃玉门
223	12-16-02:45:55.0	39.35	74.55	15	4.6	新疆乌恰
224	12-17-04:36:44.8	39.83	97.38	33	4.2	甘肃玉门
225	12-19-05:50:13.1	39.75	75.50	23	4.1	新疆乌恰
226	12-21-14:09:18.8	21.73	121.55	33	5.2	台湾恒春
227	12-23-19:54:18.6	23.39	121.30	33	4.2	台湾玉里
228	12-24-05:45:45.7	38.51	74.06	150	4.9B	帕米尔
229	12-25-15:01:29.5	24.57	121.58	33	4.6	台湾宜兰
230	12-25-18:29:06.4	37.60	115.10	10	4.0	河北宁晋
231	12-25-20:57:02.8	39.58	75.05	27	5.8	新疆乌恰
232	12-26-07:56:16.4	40.15	76.63	15	4.3	新疆伽师
233	12-30-07:14:42.3	37.79	76.60	39	4.0	新疆叶城

注：本资料根据中国地震月报目录和中国数字地震台网观测报告整理。

M_B 是根据中国地震台网中长周期记录得到的体波震级。

m_b 是根据短周期体波得到的体波震级。

（中国地震局分析预报中心　冯　浩）

中国地震局 2002 年大事记

1月3日

国务院任命宋瑞祥同志为中国地震局局长（正部长级），免去陈章立同志中国地震局局长职务。

1月7～10日

中国地震局召开2002年度全国地震趋势会商会，宋瑞祥、陈建民同志出席会议并讲话，汤泉、岳明生、刘玉辰、李友博、赵和平同志和各单位分析预报专家出席了会议。

1月10日

中国地震局和国务院法制办联合召开颁布《地震安全性评价管理条例》新闻发布会，陈建民同志出席新闻发布会并讲话。

1月19日

国务院任命赵和平同志为中国地震局副局长。

宋瑞祥同志签署第7号局长令，发布《建设工程抗震设防要求管理规定》。

1月22～27日

宋瑞祥同志赴昆仑山口西8.1级地震现场考察，并慰问现场工作人员。

1月29日

中共中央政治局委员、国务院副总理温家宝在国家防震减灾指挥中心主持会议，听取中国地震局关于2002年地震趋势和加强防震减灾工作意见的汇报，并作重要讲话。国务院防震减灾工作联席会议成员单位负责人及中宣部负责同志参加了会议。

1月29日

“中国数字地震观测系统建设和地震前兆台站（网）技术改造”项目及子项目验收会在京召开，汤泉、岳明生、赵和平同志参加了验收会。

1月29～31日

中国地震局召开2002年度计划财务工作会议，宋瑞祥、汤泉、赵和平同志出席会议并讲话。

1月31日

全国人大教科文卫委员会听取中国地震局关于我国2001年防震减灾工作情况和2002年地震趋势的专题汇报。

2月1日

中国地震局兰州地震研究所王兰民研究员主持完成的“黄土地区地震灾害预测预防技术研究”项目获国家科技进步二等奖。

2月6日

中国地壳运动观测网络工程执行委员会第九次会议在京召开，宋瑞祥同志主持会议，总参测绘局李志光局长、中国科学院陈宜瑜副院长、国家测绘局陈邦柱局长、中国气象局秦大河局长、中国地震局副局长陈建民、岳明生及有关单位负责同志出席了会议。

2月7日

中国地震局举办京区单位迎春团拜会。

2月9日

中国地震局成立地震与火山现场应急工作队伍，下设“中国地震局现场指挥应急工作组”、“中国地震局地震现场科学考察应急工作队”和“中国地震局火山现场应急工作队”。

2月27日

宋瑞祥同志签署第8号局长令，发布《地震安全性评价资质管理办法》。

2月28日

中共中央政治局常委、国务院总理朱镕基在中共中央政治局委员、国务院副总理温家宝、国务委员兼国务院秘书长王忠禹及国务院有关部委、北京市、总参作战部负责同志的陪同下视察中国地震局，并与部分院士、专家和司局级以上干部座谈。

3月1~2日

中国地震局2002年度纪检监察审计工作会议在京召开，宋瑞祥、李友博同志出席会议并讲话，陈建民同志、中纪委和审计署有关部门负责人以及各省（区、市）地震局、各直属单位纪检组长及局机关各部门负责同志参加了会议。

3月7~9日

国家地震灾害紧急救援队派出6人小组参加由联合国人道主义事务协调办公室“国际搜索与救援协调组”在新加坡举行的联合演习。

3月15日

中国地震局召开机关部分处级干部竞争上岗动员会，首次在局机关推行干部竞争上岗工作，陈建民、李友博同志出席会议并讲话。

3月19日

中国灾害防御协会在京召开常务理事会议。全国政协副主席、中国灾害防御协会会长李贵鲜同志出席会议并作重要讲话，汤泉同志参加会议。会后，宋瑞祥同志陪同李贵鲜副主席观看了国家地震灾害紧急救援队模拟演练。

3月20~21日

中共中央宣传部与中国地震局在京联合召开全国防震减灾宣传工作会议，总结近十年来防震减灾宣传工作经验，部署“十五”期间防震减灾宣传工作，表彰防震减灾宣传工作先进集体和先进个人。中宣部副部长高俊良和中国地震局副局长陈建民同志分别在会上作了讲话。

3月23~25日

2002年度地震科技外事工作会议在宜昌召开，刘玉辰同志参加会议并讲话。

4月12~15日

2002年度全国震害防御（地方）工作会议在长沙召开，汤泉同志到会讲话。

4月24日

中国地震局在河北三河举行地震应急模拟演练，北京市、天津市、河北省地震局、部分直属单位、国家地震灾害紧急救援队及局有关部门400余人参加了演练。

中国地震局所属的38个事业单位被财政部纳入2003年定员定额预算管理试点单位。

4月26~5月16日

宋瑞祥同志出访新西兰、澳大利亚、新加坡，考察灾害应急管理工作。

5月31日

国家计委批复中国地震局申报的“中国数字地震网络”项目建议书。

6月3日

陈建民同志主持机关司以上干部会议，传达学习江泽民总书记在中央党校省部级干部进修班毕业典礼上的重要讲话。陈建民、汤泉、岳明生、刘玉辰、李友博、赵和平及在京单位领导班子成员参加了会议。

6月7～10日

2001年度全国市（地）防震减灾工作综合评比会在西宁召开。

6月10日

中国地震局召开机关全体职工大会，总结2002年前5个月的工作，安排布置下一阶段任务，通报地震应急模拟演练和昆仑山口西8.1级地震科学考察情况。陈建民、汤泉、岳明生、刘玉辰、李友博、赵和平及在京单位领导班子成员参加了会议。

6月21～27日

中国地震局开展安全生产大检查工作。

6月21日

中国地震局成立行政复议委员会。

6月24日

宋瑞祥同志会见宁夏自治区党委书记陈建国、政府主席马启智，双方就如何加强宁夏防震减灾工作和重大建设工程地震安全性问题交换了意见。

6月27日

中国地震局印发30个省级地震局的职能配置、机构设置和人员编制方案。

6月29日

吉林省汪清县发生7.2级地震，地震造成东北全境和华北部分地区较大范围有感，但因震源较深，未造成建筑物明显破坏和人员伤亡。

7月1日

中国地震局召开庆祝建党81周年大会，陈建民同志出席会议。

7月2～5日

全国防震减灾法制工作会议在昌黎召开，汤泉、赵和平同志到会讲话。

7月21～22日

中国地震局在北京召开昆仑山口西8.1级地震综合科学考察工作总结报告会，陈建民同志到会讲话。

7月23日

中国地震局召开党组民主生活会，党组全体同志出席会议。

中国地震局第五届科技委全体会议在京召开，宋瑞祥、刘玉辰同志到会讲话。

7月25日

国家地震灾害紧急救援队在北京和唐山两地进行了首次远程空运演练，宋瑞祥、岳明生、赵和平及局有关部门负责同志观摩了演练活动。

7月26～28日

中国地震局和新闻出版总署在京联合举办中央国家机关党支部书记培训班，陈建民同志出席会议并讲话，局机关各部门党支部书记接受了培训。

7月27日

中国地震科普教育馆开馆仪式在香山培训中心举行，中国地震局、中宣部、中国科协、国家计委、教育部及北京市政府有关同志出席了剪彩仪式并参观科普展，宋瑞祥、方樟顺、陈建民、赵和平及机关各部门负责同志出席了仪式。

8月2日

中国地震局党组召集机关司以上干部学习《党政领导干部选拔任用条例》，宋瑞祥同志对学习贯彻工作提出了要求。

8月13日

中国地震局召开局机关全体职工大会。宋瑞祥同志就加强党风建设和机关作风建设作了讲话。陈建民同志通报了党组民主生活会的情况。

8月15～20日

中国地震局和美国国家科学基金会共同举办的地震工程学新进展和新挑战国际学术研讨会在哈尔滨和香港举行，宋瑞祥和刘玉辰同志出席哈尔滨会议，刘玉辰同志出席了香港会议。

8月19～21日

2002年全国地震局长会议在京召开。宋瑞祥同志在会上作了题为“认真实践‘三个代表’重要思想，努力开创防震减灾事业的新局面”的主题报告，陈建民、汤泉、岳明生、李友博、赵和平同志，各省、自治区、直辖市，各计划单列市地震局，各直属单位的主要负责人出席会议。

8月21～22日

全国人大常委会委员、教科文卫委员会主任委员朱开轩主持会议，听取中国地震局、建设部和民政部汇报《中华人民共和国防震减灾法》的实施情况。

8月22～24日

中国地震局举办2002年局管干部研讨班，陈建民和李友博同志出席了研讨班并讲话。

8月23日

国家地震安全性评定委员会审查通过了中国地震局工程地震研究中心完成的“青藏铁路昆仑山口—桑雄、羊八井—拉萨地段活动断层鉴定报告”。

8月26日

中国地震局将《中国地震局行政事业类项目支出预算管理办法（试行）》和《中国地震局行政事业类资金管理办法（试行）》印发系统执行。

8月28～29日

第十七届全国中心城市防震减灾工作会议在沈阳召开，汤泉同志到会并讲话，沈阳市有关领导和北京市地震局、各中心城市地震局主要负责人参加了会议。

9月9日

中国地震局决定撤销原国家地震局驻上海办事处。

9月11日

中国地震局将人事部《关于同意省、自治区、直辖市地震局管理机构依照国家公务员制度管理的复函》转发各省、自治区、直辖市地震局，要求各单位结合省局“三定”做好实施工作。

9月11～23日

全国人大教科文卫委员会对甘肃和青海两省贯彻执行《中华人民共和国防震减灾法》的情况进行了检查，汤泉同志参加检查活动。

9月13日

宋瑞祥同志主持召开中国地震局党组理论学习中心组扩大会议，学习《江泽民论有中国特色社会主义（专题摘编）》，刘玉辰、赵和平及京区单位负责同志、党办主任和机关各部门负责同志参加了会议。

9月16日

中国地震局办公室和建设部办公厅联合印发了中国地震局局长宋瑞祥、副局长汤泉与建设部副部长郑一军召开的会谈会纪要，进一步明确了双方在建设工程抗震设防管理工作中的职能职责并建立了联络协调工作机制。

9月18日

中国地震局与中国地质调查局签定关于地震和地质科学技术合作协议，宋瑞祥、赵和平同志出席签字仪式。

9月22～27日

岳明生同志率领中国地震局与国务院办公厅、国家计委、经贸委、民政部有关同志组成的检查组，对宁夏地震应急工作进行了检查。

9月28日

我国著名地震学家李善邦先生诞辰100周年暨鹫峰地震台恢复观测纪念活动在鹫峰地震台举行，宋瑞祥、汤泉、岳明生、李友博、赵和平同志参加了纪念活动。

9月30日

经中央机构编制委员会办公室批准，中国地震局成立地震工程研究中心，原工程地震研究中心并入新成立的地震工程研究中心。

10月7～17日

全国人大教科文卫委员会对云南省、重庆市实施《中华人民共和国防震减灾法》的情况进行了检查，宋瑞祥、汤泉同志参加了执法检查活动。

10月10日

“首都圈防震减灾示范区系统工程”项目通过了国家计委组织的验收。

10月15日

2001年度地震监测预报资料质量评比表彰会在京召开，岳明生同志到会讲话。

中国地震局建立“中国数字地震观测网络”项目联席会议制度并成立了项目专家委员会。

10月23日

中国地震局成立科技体制改革领导小组，负责指导中国地震局科研机构的改革工作。

10月24～27日

全国地震系统后勤工作研究会常务理事会在云南召开，赵和平同志到会讲话。

10月27～29日

中国地震局人事教育工作会议在京召开，宋瑞祥、陈建民同志到会讲话，局系统各单位和机关各部门负责同志参加了会议。

10月27～28日

中国地震局防震减灾优秀成果奖评审会在京召开，“中国地震动参数区划图编制”等3个项目获一等奖，“天津市海河隐伏断裂活动性定量评价”等18个项目获二等奖，“山西数字遥测地震台网建设”等30个项目获三等奖。

10 月 31 日

中国地震局编制完成“中国数字地震观测网络”项目可研报告，并报送国家计委。

10 月 31 ~ 11 月 3 日

由中国地震局、上海市政府和地震与大城市动议国际组织（EMI）共同举办的“第三届大城市防震减灾国际研讨会”在上海召开，宋瑞祥、刘玉辰同志到会讲话，来自 21 个国家的 200 余名代表参加了研讨会。

11 月 1 日

中国地震局组织召开 2002 年度研究员资格评审会议，吴庆举等 34 名同志取得了研究员资格。

11 月 1 ~ 2 日

“首都圈和西部重点省区震情判定联席会商会”在京召开，岳明生同志到会讲话。

11 月 8 ~ 14 日

宋瑞祥、陈章立同志出席中国共产党第十六次全国代表大会。

11 月 12 ~ 14 日

“联合国亚太地区搜索与救援顾问团年会”在上海召开，刘玉辰同志到会讲话。

11 月 13 日

国家地震灾害紧急救援队与上海消防特勤队在上海联合举行地震灾害搜救模拟演练，联合国人道主义事务协调办公室官员及中外 200 余名代表观摩了演练，刘玉辰同志出席演练活动。

11 月 16 日

宋瑞祥同志会见新加坡民防部队总监陈赞诚一行。

11 月 26 日

中国地震局召开直属科研机构管理体制改革实施动员大会，宋瑞祥、刘玉辰出席会议并讲话，岳明生、李友博同志、中国地震局部分院士、各科研机构负责人及机关各部门处级以上同志参加了会议。

12 月 2 日

《中国地震局会议管理办法》经局务会议审议通过。

12 月 3 ~ 5 日

2003 年度全国地震趋势会商会第一阶段会议在京召开，陈建民、岳明生同志参加会议。

12 月 3 ~ 13 日

宋瑞祥同志率团出访法国、瑞士，考察灾害应急管理与救援工作。

12 月 4 ~ 6 日

《中国地震年鉴》第八次工作会议在海口召开，赵和平同志出席会议并讲话。

12 月 14 日

甘肃省玉门市发生 5.9 级地震，2 人间接死亡，350 人受伤。

12 月 17 ~ 19 日

中国地震科普教育馆在全国科普工作会议上被科技部、中宣部、教育部、中国科协命名为第二批“全国青少年科普教育基地”。

12月18～20日

中国地震局党组召开各省局、各直属单位党组（党委）主要负责人会议，学习、贯彻十六大精神。

12月24～27日

“长白山天池火山研讨会”在长春召开，宋瑞祥同志、吉林省副省长刘淑莹出席会议并讲话。

12月24～29日

“中国数字地震观测网络”项目可研报告评估论证会在石家庄召开，汤泉同志参加会议。

12月29～31日

工程力学研究所“科技体制改革暨所长全球招聘动员会”在哈尔滨召开，刘玉辰同志出席会议并作动员报告。

地震科技图书简介

珠江三角洲地震活动及预测研究

魏柏林　孙崇赤　秦乃岗　闻则刚
刘特培　陈伟光　魏恒源　著

16 开　定价：20.00 元

珠江三角洲是我国经济发达的地区，也是我国改革开放的前沿地区。本书在广东省地震局广大科技人员经数十年所积累的地震预报、科研、生产所取得的大量资料基础上，用构造分析方法，查明了本区的地震地质环境，地壳的结构构造、新构造运动的剧烈程度，断裂及其活动性；同时，用周期分析和活动幕次的划分和地震学方法，探明了本区地震活动性及与东南沿海地震活动的关系；查明了历史上 12 次破坏性地震与近期 5 次重要地震事件的特征与发震的构造背景；最后，运用地质构造、新构造、活动断裂、地震活动性等多项指标，用 TIP 方法、剪切应力场、构造应力场的有限元计算、光弹实验和专家系统等多种手段，对珠江三角洲未来 10 年地震活动性进行了预测。

本书可供地震预报、地球物理、地震地质和工程地震等领域的科技人员及有关院校师生参考。

（广东省地震局　魏柏林）

中国西部大地形变监测与地震预测

江在森　丁　平　王双绪　刘文义　著

16 开　定价：20.00 元

该书介绍了中国西部大地形变监测布局；大地形变数据处理及形变信息分离方法；中国西部监测区域 20 多年来大地形变监测结果所反映的大地形变场演变及其所揭示的地壳运动的特征；在大量资料的基础上研究大地形变与强震活动的关系，以及进行地震预测的研究思路，途径和方法的探索，并以实例探索中长期强震危险区判定、地震大形势分析、中短期预测的方法途径，以及作者对推进地震预测研究的设想和发展战略的思考。

（中国地震局第二监测中心　单　鸣）

世界银矿资源潜力和可供性研究

戴自希　等 编著

16 开　定价：20.00 元

本书全面调研了世界白银主要资源国和生产国现状，侧重反映了世界白银资源和市场的全面信息，对白银资源的分布与潜力以及对未来白银的可供性进行了研究。

浅层地震勘探

熊章强　等 编著

16 开　定价：25.00 元

浅层地震勘探是工程物探的主要方法之一。本书主要叙述了一般的地震勘探理论、原理知识，充实了近年来发展迅速的一些浅层地震勘探新方法、新技术，并重点讲座了野外工作方法及浅层反射法资料数据处理方法。

辽宁阜新地区及多金属矿构造控矿分析与资源评价

朱大岗　等 编著

16 开　定价：25.00 元

本书重点分析探讨了辽宁阜新地区金及多金属矿的构造控矿作用，并对构造控矿形式和作用类型进行了系统分析，还对该区金及多金属矿成矿远景开展了资源评价。

中短期地震预报物理基础研究

中国地震局监测预报司

16 开　定价：35.00 元

本书是“九五”期间中国地震局地震科技攻关项目（96－913－03）的研究成果。本书详细阐述了大陆强震成组活动的机理及其在地震预报实践中的应用，通过模拟及实验给出了前兆时空场的演化图像及中短期地震预报物理基础。

地震中期预报方法及机理研究

中国地震局监测预报司

16 开　定价：19.00 元

本书是“九五”中国地震局地震预报科技攻关项目（95－04－06）的研究成果，内容包括 20 多项中期地震预报方法的优选及实用化研究；强震活动及前兆从中期向短期过渡标志的研究，以及中期预报新方法及其物理基础的研究。

地下流体数字观测技术

中国地震局监测预报司

16 开　定价：20.00 元

地下流体数字观测技术始于上世纪 80 年代，这是我国地震地下流体观测技术的一次革命，标志着我国地震地下流体观测技术迈入现代化的新阶段。此教材的编写为我国地震地下流体数字观测技术的应用与发展起到应有的作用，为我国防震减灾事业的发展起到积极的作用。

实验场区地震预报新技术新方法

中国地震局监测预报司

16 开　定价：28.00 元

本书通过系统研究，介绍了更加完善的实用性短临预报方法和技术及其相应的计算机应用程序，探讨了地震短临预报的新方法和相关前兆形成的机理，讨论了短临地震前兆的判定指标和参考工作步骤判定准则，同时介绍了关于地震孕育和前兆演化方面的新见解。

滑坡灾害的广义预警系统研究

耿大庆　著

32 开　定价：28.50 元

滑坡和泥石流灾害的预警系统研究在国内外不多见，本书不仅从方法上进行了创新，而且还结合我国宝鸡、重庆三峡地区，给出了预警系统的设计构想，提出了三级预警体系。全书还介绍了国外在滑坡及泥石流方面的最新进展。

中国地下水资源与环境

陈梦熊　等著

16 开　定价：65.00 元

本书论述中国地下水资源的分布、特征，指出各地区在开采利用地下水资源方面的成功经验及存在的问题，从地下水、地表水统一考虑的思想指导下，提出今后的工作意见。

强地震中短期预报方法及其效能研究

中国地震局监测预报司

16 开　定价：70.00 元

本书是中国地震局“九五”重点科研项目强地震中短期（一年尺度）预报技术研究的成果，全书共 17 章，分别介绍了当前广泛采用的各种中短期预报方法（含测震、地形变、地下流体、地震电磁及综合预报等）的使用及其效能，对地震预报（特别是中短预报）有重要的指导意义。

入世与山西煤炭工业的可持续发展

郝晋生　等编著

32 开　定价：38.00 元

本书结合山西煤炭工业的现状，系统、科学地介绍了煤炭工业可持续发展的理论，并就煤炭工业的资源开发，体系创新，人材培养及入世后山西煤炭工业的可持续发展战略做了详实的论述。

相对论再思考

宋正海　等主编

16 开　定价：30.00 元

本书收集了“天地人生学术讲座”开辟的“关于爱因斯坦相对论的争鸣”系列学术讨论、2000 年 7 月在北京召开的第一届全国爱因斯坦相对论问题学术会议的有关论文以及其他学者的文章，成为近年来中国有关相对论研究的一次集大成。

水资源与国家安全

王家枢　著

大 32 开　定价：10.00 元

本书是从国家安全的角度，在国际政治、经济的大背景下讨论水资源问题，探讨水资源的普及问题。内容包括：水资源是一种生命资源；水是农业发展的长期制约因素；供水安全已演变为国际性重大政治问题；探讨了应对水危机而采取的对策；当代水资源的革命性观念等。

幔枝构造理论与找矿实践

牛树银　等 著

16 开　定价：35.00 元

本书以地幔热柱多级演化为指导，在华北地幔亚热柱研究的基础上，重点研究了幔枝构造的形成、演化及其地质特征。

幔 柱 构 造

李红阳　等 著

16 开　定价：28.00 元

本书包括当前国内幔柱构造的研究现状和趋势；幔柱构造的基本理论体系和主要识别标志；幔柱构造与板块构造、岩浆作用、变质作用、成矿作用及全球环境变化等有关地质科学和地质作用的关系；幔柱构造在我国的应用与发展。

工程结构抗震

丰定国　主编

16 开　定价：28.00 元

本书内容包括：地基基础知识；地基基础抗震设计；结构地震反应分析；钢筋混凝土结构、砌体结构、钢结构房屋隔震与消能减灾结构设计以及高耸结构的抗震设计方法；并附有计算实例。

地震现场灾害损失评估地理信息系统

王晓青　等 著

16 开　定价：38.00 元

本书介绍了地震灾害损失评估的原理与方法，基于 ArcInfo 组件的地理信息系统开发工具，介绍了地震现场灾害损失评估地理信息系统（MapEDLES）的评估原理、系统设计、数据库设计和系统操作说明。

固体地球物理学概论

滕吉文　编著

32 开　定价：50.00 元

本书内容包括地球物理学、地震学、天文学、地质学、岩石学、地球化学等，是一本关于地球物理学的专著。广为收集并系统整理了国内外最新理论、方法和观测资料。

地　磁　学

徐文耀　编著

32 开　定价：30.00 元

本书试图用比较通俗的语言，阐明地磁学的一些基本概念。如：地磁场是什么？它的空间分布和时间变化有什么特征？地磁场是怎样产生的？研究地磁场有什么作用？未来时代地磁学会怎样发展？

重　力　学

王兼身　等 编著

32 开　定价：42.00 元

本书详细介绍了重力学的理论、方法、技术和应用等。特别对近年来在理论、方法、技术、仪器方面的新进展、新成就进行了重点讨论。

地球动力学

白武明　等 编著

32 开　定价：26.00 元

本书主要论述和分析岩石与矿物的力学性质、地球的结构和组成、岩石圈的应力状态、地球内部的热、重力、地幔流动以及板块构造学和大陆构造学的基本概念，为固体地球物理和地球动力学研究者提供基础理论知识。

勘探地球物理学

王妙月　编著

32 开　定价：30.00 元

本书阐述了勘探地球物理学的研究对象、内容及其发展阶段，阐述了勘探地球学与地质学、地球化学、计算机等相关学科之间相互渗透、交叉融合情况，阐述了 20 世纪勘探地球物理学的发展，并展望了 21 世纪勘探地球物理的潜在发展及应用前景。

中国西北地区地下水资源

赵运昌　著

16 开　定价：20.00 元

本书主要论述我国西北地区地下水资源分布、特征、开发利用状况及存在的主要环境地质问题与地下水资源的科学管理。

矿产资源与经济发展

王安建　等 著

16 开　定价：150.00 元

本书详细研究分析了 100 年来，主要发达国家，50 年来新兴工业化国家，20 年来典型发展中国家及印度、俄罗斯、中国经济发展与矿产资源消费的关系，分析了全球资源的现状和趋势，提出了中国的全球矿产资源战略。

地震信息网络

中国地震局监测预报司

16 开　定价：50.00 元

本书系统介绍了中国地震观测网络信息平台技术系统的构成，地震信息技术系统的关键技术，通信线路技术以及对外提供服务的网络节点的建设等，是地震信息网络技术较为全面的培训教材。

地震数字观测技术

中国地震局监测预报司

16 开　定价：70.00 元

本书介绍了中国地震数字观测技术系统，具体的仪器和应用软件，地震台网中心和台站的设置三者之间的通信，以及数据的分析处理软件。

地震电磁数字观测技术

中国地震局监测预报司

16 开　定价：30.00 元

本书介绍了地震测报系统的观测手段和数字观测技术——地震地电和地磁数字观测技术。其中重点介绍了地电地磁观测数据处理方法和数字电路的结构原理，以及操作方法、规范教程等。

20 世纪云南的地震活动

刘祖荫　等 编著

16 开　定价：38.00 元

云南 20 世纪发生大于或等于 5.0 级地震 289 次，本书系统总结整理了这些资料，分析研究了云南 20 世纪地震活动的基本特征、大区域地震活动背景与构造环境、地震活动图像和演变、地震序列、云南地震预报体系的建立等，为进一步搞好地震预报提供了非常好的基础。

平衡剖面技术及其在油气勘探中的应用

梁慧社　著

16 开　定价：18.00 元

本书介绍了平衡剖面技术的基本原理、方法及计算机模拟原理，从实际应用出发，讨论了平衡剖面制作时的关键技术问题。本书重点以中国中、西部前陆盆地为例，介绍了平衡剖面技术在盆地分析和油气勘探中的应用，提供了在复杂地区进行盆地定量研究的技术和方法。

中国震例（1995～1996）

陈琪福　主编

16 开　定价：80.00 元

本书记载了 1995～1996 年中国大陆发生的 24 个大地震，内容包括基本参数、地质背景、烈度及震害、地震序列、异常分析等，记录的地震主要有新疆、云南、青海、四川、内蒙古等。

2001 年昆仑山口西 8.1 级大地震

中国地震局监测预报司

16 开　定价：17.00 元

本书汇编了对 2001 年 11 月发生在我国大陆西部昆仑山口西 8.1 级大地震的参数、构造背景、地壳破裂、灾害损失、震源机制、震源破裂过程、余震活动、地震前后地震活动图像、地壳形变等地球物理场的异常变化，以及未来我国大陆强震活动趋势等的研究成果。

中国水文地质工程地质事业的发展与成就

陈梦熊　著

16 开　定价：96.00 元

本书分上、中、下三篇，介绍中国水文地质工程地质事业的发展史；作者历年论文著作选编和作者主要经历、从事地质工作 60 年来的体会与思考。

中国地震趋势预测研究

中国地震局分析预报中心

16 开　定价：27.00 元

本书为中国地震局分析预报中心关于 2003 年度全国地震趋势预测综合研究报告。包括 2003 年度地震趋势预测研究总报告，各学科组及相关研究室的 6 篇分报告和 3 篇专题报告。

中国昆仑山口西8.1级地震图集

中国地震局监测预报司

16开　定价：120.00元

本图集从地质地震专业角度，对2001年发生在昆仑山口西8.1级特大地震做了从西到东断裂带的特征说明，对地表破裂带分布、坡裂类型、地物位错及工程震害方面的实地照片结合了中英文图片说明，不仅具有科学价值也增加了其可读性和收藏价值。

《中国地震年鉴》特约撰稿人名单

贾笑蕾　北京市地震局
陈金林　天津市地震局
孟书和　河北省地震局
韩成太　山西省地震局
弓建平　内蒙古自治区地震局
韩　萍　辽宁省地震局
张碧吾　吉林省地震局
高树俊　黑龙江省地震局
金　胜　上海市地震局
孙晓春　江苏省地震局
庞银照　浙江省地震局
何小伟　安徽省地震局
包建新　江西省地震局
邱立钦　福建省地震局
郭　宏　山东省地震局
张建刚　河南省地震局
詹洁琼　湖北省地震局
张彩虹　湖南省地震局
孟小琼　广东省地震局
龙安明　广西壮族自治区地震局
邢增藻　海南省地震局
李建明　四川省地震局
李盛德　云南省地震局
罗远模　贵州省地震局
谢　镪　重庆市地震局
梅莉丽　西藏自治区地震局
吕　莲　陕西省地震局
杨立庭　甘肃省地震局
梁金仓　宁夏回族自治区地震局
曾包红　青海省地震局
任郁亮　新疆维吾尔自治区地震局
王广亚　中国地震局地球物理勘探中心
褚秋然　中国地震局第一监测中心
单　鸣　中国地震局第二监测中心
张雪兰　中国地震局工程力学研究所
安镇文　中国地震局地球物理研究所
蒋　伟　中国地震局地质研究所
祝景忠　中国地震局地壳应力研究所
马文乔　中国地震局分析预报中心
尹景玉　防灾技术高等专科学校
穆　英　中国地震局综合观测中心
王　伟　地震出版社
卢　桢　中国地震局科学技术委员会
尹光辉　地震灾害紧急救援工作协调办公室
王满达　中国地震局科技发展（国际合作）司（英文目录）